Le Guide Vert, mode d'emploi

Le Guide Vert, un guide en 3 parties

▶ **Organiser son voyage** : les informations pratiques pour préparer et profiter de son séjour sur place

▶ **Comprendre la destination** : les thématiques pour enrichir son voyage

▶ **Découvrir** la destination : un découpage en **régions**
(voir carte générale dans le 1er rabat de couverture et sommaire p. 4)

En ouverture de chaque **région,** retrouvez
un **sommaire** et une **carte** qui indiquent :
- les villes et sites traités dans le chapitre
- les circuits conseillés

Pour chaque chapitre, consultez « 😊 **Nos adresses…** » :
- des informations pratiques
- des établissements classés par catégories de prix
- des lieux où boire un verre
- des activités à faire en journée ou en soirée
- un agenda des grands événements de l'année

En fin de guide

▶ un **index général** des lieux et thèmes traités
▶ un **sommaire** des cartes et plans du guide
▶ la légende des symboles du guide
▶ la liste de nos publications

Et en complément de notre guide

▶ Créez votre voyage sur **Voyage.ViaMichelin.fr**

D1150774

Sommaire

1/ ORGANISER SON VOYAGE

ALLER DANS LE SUD-OUEST AMÉRICAIN

En avion 8

AVANT DE PARTIR

Identité des États 10
Adresses utiles 13
Formalités 14
Budget 15
Se loger 19
Se restaurer 19

SUR PLACE DE A À Z

Activités, loisirs, conseils 21

TYPES DE SÉJOUR

Tableau des types de séjour 36

MÉMO

Agenda 37
Bibliographie 39
Discographie 41
Films 41

2/ COMPRENDRE LE SUD-OUEST

LE SUD-OUEST AUJOURD'HUI

Le Sud-Ouest aujourd'hui 44
Le système politique 46
Les Américains 48
Économie et tourisme 56
Religions 60
Vie quotidienne 66
Costumes, bijoux, artisanat 74
Gastronomie 80
  Les vins américains *83*

UNE LONGUE ÉVOLUTION

Géographie 84
Histoire 92
Dates clés 100

ART ET CULTURE

Architecture 102
Habitat 105
Les arts 110
Littérature 113
Cinéma 116
Musique 120

3/ DÉCOUVRIR LE SUD-OUEST AMÉRICAIN

1 SAN FRANCISCO ET SES ENVIRONS

San Francisco 126
  Un destin hors du commun 136
East Bay 186
Silicon Valley 194
Marin County 199
Wine Country 206

2 SACRAMENTO ET LA SIERRA NEVADA

Sacramento 216
  Le rêve de Sutter 219
Lake Tahoe 223
Yosemite N. P. 228
Mono Lake 238
Kings Canyon - Sequoia N. P. 242
Death Valley 249

3 CENTRAL COAST

Santa Cruz 260
Monterey 268
  Une cité tournée vers la mer 271
Santa Barbara 288

4 LOS ANGELES ET LE SUD

Los Angeles 298
  La Cité des Anges 310
Disneyland Resort 341
Pasadena 344
San Diego 348
  Une mission stratégique 361

5 LE PLATEAU DU COLORADO

Las Vegas 372
  Mirages dans le désert 379
  Étoiles et toiles 381
Zion N. P. 391
Bryce Canyon N. P. 398
Capitol Reef N. P. 407
Arches et Canyonlands N. P. 411
Colorado N. M. 422
Great Sand Dunes N. M. 427
Mesa Verde N.P. 430
  Le mystère de Mesa Verde 434
Monument Valley 441
  Un site emblématique 443
Canyon de Chelly N. M. 447
Lake Powell 454
Grand Canyon N. P. 462
  Le canyon au microscope 471

6 LE SUD DE L'ARIZONA

Phoenix 484
Tucson 498
Flagstaff 513

7 LE NOUVEAU-MEXIQUE

Albuquerque 530
  Les secrets d'une réussite 533
Santa Fe 543
  De l'Espagne à l'Union 549
Taos 560
Chaco Culture N. H. P. 568
Gallup 574
White Sands N. M. 579
Ruidoso 584
Roswell 588

Index général 593
Index cartographique 603
Légende cartographique 604
Lexique .... 2e rabat de couverture

1/
ORGANISER
SON VOYAGE

Aller dans le Sud-Ouest américain

En avion

LIGNES RÉGULIÈRES

Toutes les grandes compagnies desservent la destination mais les prix varient énormément de l'une à l'autre et suivant les périodes.
Temps de voyage – Paris-San Francisco ou Los Angeles sans escale : 10 à 12h. Pour Las Vegas, Phoenix ou Albuquerque, une escale (*vol direct* low cost *pour Las Vegas, voir ci -contre*) ; durée totale du vol hors escale : 12 à 15h (10h pour Las Vegas).

Compagnies
Air France – 49 av. de l'Opéra, 75002 Paris, ℘ 36 54, www.airfrance.fr. Vols sans escale vers San Francisco ou Los Angeles, avec escale et en partenariat avec Delta Airlines pour Las Vegas, Phoenix, Albuquerque ou Salt Lake City.
Delta – Aérogare des Invalides, 2 r. Robert-Esnault-Pelterie, 75007 Paris, ℘ 0 892 702 609, www.delta.com. Vols quotidiens vers San Francisco et Los Angeles, correspondances vers Sacramento, San Diego…
KLM – ℘ 0 892 702 608, www.klm.fr. La compagnie néerlandaise est associée avec Air France. Son point fort : elle organise des départs depuis la province. Seule contrainte : une escale à Amsterdam, donc des voyages plus longs. Mais selon les périodes, les tarifs peuvent être très compétitifs.
United Airlines – Cette compagnie regroupe désormais United et Continental. Une seule agence à Paris, à l'aéroport Charles-de-Gaulle, aérogare 1, porte 16, ℘ 0 810 727 272, www.united.fr. Vols quotidiens (avec escale) pour Los Angeles et San Francisco et des correspondances vers beaucoup d'autres villes américaines.
American Airlines – Agence à l'aéroport Charles-de-Gaulle, aérogare 2, terminal A, ℘ 0 826 460 950, www.americanairlines.fr. Vol quotidien Paris-Los Angeles (avec escale). Correspondances vers San Francisco, San Diego, Las Vegas…
Air Tahiti Nui – 28 bd St-Germain, 75005 Paris, réserv. ℘ 0 825 024 202, www.airtahitinui.fr. Quelques vols vers Los Angeles selon les saisons.

CHARTERS OU OFFRES DISCOUNT

Pour les vols secs, c'est sur Internet que vous trouverez les meilleures offres, surtout en vous y prenant longtemps à l'avance : **www.anyway.com**, **www.opodo.fr**, **www.govoyages.fr**.
Sachez aussi que la compagnie *low cost* **XL Airways** propose au départ de Paris, plusieurs vols directs vers Las Vegas à des prix avantageux (autour de 600 €).

AÉROPORTS

Les départs de Paris se font à **Roissy-Charles-de-Gaulle**. Pour visiter la Californie, vous avez le choix entre les aéroports de San Francisco (SFO) et Los Angeles (LAX), qui peuvent aussi servir de point de départ pour certains parcs nationaux. Si vous souhaitez vous concentrer sur le Colorado, préférez Las Vegas (LAS), Phoenix (PHX) ou Albuquerque (ABQ). Ces deux derniers ne sont accessibles qu'après une escale.

BAGAGES

Renseignez-vous auprès de votre compagnie aérienne car les surcharges sont facturées parfois très cher. Attention, si vous faites une **première escale** sur le territoire américain pour prendre une correspondance, vous devrez passer à la douane, les retirer, passer au contrôle et les faire réenregistrer pour le vol intérieur. Au retour, en revanche, vous pourrez les enregistrer pour tout le trajet.

SÉCURITÉ AÉRIENNE

Après le 11 septembre 2001, les mesures de sécurité pour les vols au départ ou en direction des États-Unis ont été renforcées. Les liquides, aérosols, gels et substances pâteuses (eau minérale, parfums, boissons, lotions, crèmes, gels douche, shampoings, mascaras, sirops, dentifrices, déodorants…) sont interdits en cabine. Vous devrez, lors des contrôles de sûreté, présenter séparément dans un sac en plastique transparent fermé d'un format d'environ 20 cm sur 20 cm (type sac de congélation) vos flacons et tubes de 100 ml maximum chacun. Mettez tous vos liquides dans vos bagages de soute, sauf les produits indispensables pendant le vol (médicaments liquides, comme insuline et sirops), à condition de présenter une attestation ou une ordonnance à votre nom, idéalement traduite en anglais. Les médicaments solides, en comprimés et en gélules, et les aliments pour bébé sont autorisés en cabine.

Le premier contact avec le pays s'effectue lors du passage à l'immigration : vos empreintes et un cliché de votre visage seront pris et vous devrez répondre aux (nombreuses) questions d'un fonctionnaire plus ou moins accueillant. Faites-le sérieusement même si certaines questions peuvent paraître saugrenues, comme celles concernant la profession des parents, par exemple.
Voir aussi « Douanes » (p. 22) et « Formalités » (p. 13).

LES FORFAITS

Si vous devez effectuer plusieurs vols à l'intérieur du pays, vous pouvez acquérir un pass et faire vos réservations avant votre départ. **Air France-Skyteam** propose en partenariat l'**America Pass**, vendu uniquement dans les agences Air France (tarif préférentiel sur les vols intérieurs), mais il reste assez cher (comptez de 589 à 669 € pour 3 coupons selon les saisons, jusqu'à 1 359 € pour 10, hors taxes d'aéroport) : **fr.skyteam.com/about/products/america.html**. Sur le même principe, il y a aussi le **Pass Oneworld Visit North America** : **fr.oneworld.com/enfr/ow/air-travel-options/single-continent-fares/visit-north-america**.

SAISONS

D'une ville à l'autre, d'un parc à l'autre, le climat est très changeant selon les saisons.
Renseignez-vous sur Internet selon vos dates et votre destination. Il est par exemple plus agréable de visiter Las Vegas et Death Valley au printemps car, en été, la chaleur y est accablante. En revanche, à cette période à Yosemite, une partie des points d'intérêts ne seront pas accessibles à cause de la neige.

Avant de partir

Identité des États

Les trois États les plus représentés dans ce guide sont :

Californie
Capitale : Sacramento
Superficie : 403 466 km^2
Population : 37 253 956 habitants

Arizona
Capitale : Phoenix
Superficie : 295 014 km^2
Population : 6 595 778 habitants

Nouveau-Mexique
Capitale : Santa Fe
Superficie : 315 115 km^2
Population : 2 059 179 habitants

Points communs
Ils appartiennent à l'Union des États d'Amérique (États-Unis), ainsi que les États du plateau du Colorado : Utah, Colorado et Nevada.
Monnaie : dollar ($)
Langue : anglais.

Adresses utiles

OFFICES DE TOURISME

France – Renseignements auprès du Visit USA Committee, qui dépend de l'ambassade américaine (℘ 0 899 70 24 70 boîte vocale, www.office-tourisme-usa.com).

Représentations diplomatiques américaines
France – Ambassade : 2 av. Gabriel, 75008 Paris, ℘ 01 43 12 22 22 ; service des visas : 2 r. St-Florentin, 75001 Paris, ℘ 0 810 26 46 26 (appel payant) ; consulats : 10 pl. de la Bourse, 33000 Bordeaux, ℘ 05 56 48 63 80 ; 12 bd Paul-Peytral,

13006 Marseille, ℘ 04 91 54 92 00 ; 15 av. d'Alsace, 67000 Strasbourg, ℘ 03 88 35 31 04.
Belgique – Ambassade : 27 bd du Régent, 1000 Bruxelles, ℘ 02 508 21 11, french.belgium.usembassy. gov.
Suisse – Ambassade : Sulgeneck-strasse 19, 3007 Berne, ℘ 031 357 70 11, bern.usembassy.gov.
Canada – Consulat : pl. Félix-Martin, 1155 r. St-Alexandre, Montréal, Québec H3B 3Z1, ℘ (514) 398 9695, montreal.usconsulate.gov ; consulat général : 360 University Av., Toronto, Ontario M5G 1S4, ℘ (416) 595 1700, toronto.usconsulate.gov.

VOYAGISTES

S'il peut être plus avantageux de négocier directement un vol sec, pour les circuits et les séjours (surtout à thème), les voyagistes proposent des offres souvent intéressantes.
Directours – 90 av. des Champs-Élysées, 75008 Paris, ℘ 01 45 62 62 62, www.directours.com.
Go Voyages – 118 r. Réaumur, 75002 Paris, ℘ 0 899 651 951, www. govoyages.com.
Look Voyages – 11, av. de l'Opéra, 75001 Paris, ℘ 01 42 84 99 69, www.look-voyages.fr.
Nouvelles Frontières – 13 av. de l'Opéra, 75001 Paris, ℘ 01 42 61 02 62, www.nouvelles-frontieres.fr.
Thomas Cook – ℘ 0 826 826 777, www.thomascook.fr. Édite une brochure spécialisée USA.
Voyageurs du Monde – 55 r. Ste-Anne, 75002 Paris, ℘ 0 892 235 656, depuis l'étranger (33) 1 73 008 188, www.vdm.com. Voyages

NOUVEAU Guide Vert :
Explorez vos envies de voyages

Envie de découvertes ? Envie de sorties ? Envie de loisirs ?...
Avec 20 nouvelles destinations et 85 titres réactualisés, le nouveau Guide Vert MICHELIN répond à toutes vos envies de voyages. Informations mieux organisées, format plus pratique, carnet d'adresses enrichi pour découvrir, sortir, dîner, dormir... Il a tout prévu pour varier vos plaisirs tout en vous garantissant la meilleure sélection de sites touristiques étoilés et d'itinéraires conseillés.
Grâce au nouveau Guide Vert MICHELIN et à son complément Internet ViaMichelin Voyage, vous êtes sûr de construire le voyage qui correspond à vos envies.

et circuits culturels soigneusement organisés. 13 agences en région dont Lyon : 5 quai Jules-Courmont, ☎ 04 72 56 94 56 ; à Toulouse : 26 r. des Marchands, ☎ 05 34 31 72 73 ; à Marseille : 25 r. du Fort-Notre-Dame, ☎ 04 96 17 89 17. Une agence à Bruxelles : Chaussée de Charleroi, 23, ☎ (32) 02 54 39 550.

Bien sûr, c'est sur Internet que vous trouverez les tableaux comparatifs et les très bonnes affaires de dernière minute (**Anyway/ Expedia, Lastminute, Travelprice, Ebookers**).

SPÉCIALISTES DES ÉTATS-UNIS

Back Roads – 14 pl. Denfert-Rochereau, 75014 Paris, ☎ 01 43 22 65 65. L'un des meilleurs spécialistes des États-Unis : voyages organisés en tout genre, circuits en voiture, 4x4 ou camping-car, séjours sportifs (VTT, rafting), etc.

Compagnie des États-Unis et du Canada – 5 av. de l'Opéra, 75001 Paris, ☎ 0 892 238 438, www.compagniesdumonde.com. Voyages à thème ou originaux (Harley-Davidson, trekking, train).

Comptoir des États-Unis et du Canada – 344 r. St-Jacques, 75005 Paris, ☎ 0 892 239 339, www.comptoir.fr. Autre spécialiste organisant des circuits ou des séjours presque à la carte, combinant le vol et la location de voiture, de camping-car ou de moto. Agences à Lyon et Toulouse.

La Maison des États-Unis – 3 r. Cassette, 75006 Paris, ☎ 01 53 63 13 43, www.maisondesetatsunis.com. Propose également certains vols secs à tarifs avantageux.

Jet Set Voyages – 41-45 r. Galilée, ☎ 01 53 67 13 00, www.jetset-voyages.fr. Propose aux voyageurs tout le continent américain sous toutes les formes : séjours sur mesure, à la carte, circuits accompagnés, en toute liberté au volant, croisières, séjours golf, équitation…

VOYAGES CULTURELS

Arts et Vie – 251 r. de Vaugirard, 75015 Paris, ☎ 01 40 43 20 21, www.artsvie.asso.fr.

Clio – 27 r. du Hameau, 75015 Paris, ☎ 0 826 10 10 82, www.clio.fr.

VOYAGES AVENTURE

Pour les séjours sportifs à organiser sur place, reportez-vous aux pages pratiques des chapitres Moab, Taos, Monument Valley ou aux sites Internet de chaque État qui listent les offres locales avec leur lien. Pour ceux qui veulent un séjour clé en main, voici quelques adresses :

Allibert – 37 bd Beaumarchais, 75003 Paris, ☎ 01 44 59 35 35, www.allibert-voyages.com. Très beaux circuits de trekking ou de découverte des déserts de l'Ouest, des grands parcs ou des terres indiennes.

Aventuria – 213 bd Raspail, 75014 Paris, ☎ 01 44 10 50 50, www.aventuria.com. Offres de vols avec ou sans voiture et camping-car, vers la Californie et les grands parcs nationaux. 6 succursales en région.

Terres d'Aventure – 30 r. St-Augustin, 75002 Paris, ☎ 0 825 700 825, www.terdav.com.

TrekAmerica – ☎ (973) 983 1144. Depuis la France, contactez le bureau international en Angleterre : ☎ (44) 208 772 3758, www.trekamerica.com. Un site américain proposant une palette de circuits plutôt bon marché. 13 pers. max. par groupe, durée de 7 à 25 jours, circuits sur la côte californienne ou dans les parcs nationaux, hébergement motel ou camping.

West Forever – 4 imp. Joffre, ZA Holtzheim, 67202 Wolfish, ☎ 03 88 68 89 00, www.westforever.com (accueil clientèle sur RV). Des passionnés vous organisent des circuits en Harley-Davidson, notamment le long de la Route 66.

LIBRAIRIES SPÉCIALISÉES

France - Village Voice, 6 r. Princesse, 75006 Paris, ✆ 01 46 33 36 47 ; **W.H. Smith**, 248 r. de Rivoli, 75001 Paris, ✆ 01 44 77 88 99. Bibliothèque américaine : **American Library in Paris**, 10 r. du Gén.-Camou, 75007 Paris, ✆ 01 53 59 12 60.

Belgique - Sterling Books, r. Fossé-aux-Loups 38, 1000 Bruxelles, ✆ 02 223 62 23.

Suisse - OffTheShelf, 15 bd Georges-Favon, 1204 Genève, ✆ (41 22) 311 10 90.

INTERNET/TÉLÉPHONE

www.visitusa.org, site institutionnel (en anglais).
www.virtualtourist.com permet de visualiser le lieu où vous allez, d'interroger la météo et de trouver beaucoup de tuyaux pratiques.
www.about.com propose à la section **Travel** des listes d'hébergements, d'activités, de sites, de liens et surtout des cartes que l'on peut télécharger.
www.citysearch.com recense les propositions d'hébergement, restauration et loisirs des principales villes des États-Unis.
www.randmcnally.com permet de trouver les centres d'intérêt par région, l'hébergement (*lodging*), les travaux routiers en cours et des propositions de circuits.
www.nps.gov décline tous les sites des parcs nationaux.
www.parks.ca.gov est le portail des parcs de l'État de Californie.
www.nativeweb.org traite de tout ce qui touche aux intérêts des Indiens, journaux, associations, manifestations culturelles…
www.viamichelin.fr, www. mapquest.fr, services de cartographie et de calcul d'itinéraires mondiaux.

✆ Pour **téléphoner de France aux États-Unis** composer le 00, puis le 1, et enfin le numéro à 10 chiffres de votre correspondant (*voir aussi p. 33*).

Formalités

PIÈCES D'IDENTITÉ ET VISA

Dans tous les cas, vérifiez vos pièces d'identité **AVANT de réserver votre voyage** : si elles ne sont pas conformes ou vous imposent l'obtention d'un visa, il vous faudra prévoir de très longs délais, incluant un rendez-vous en personne aux services de l'ambassade des États-Unis à Paris.

Pour entrer aux États-Unis sans visa, il faut, y compris pour les **enfants**, posséder un **passeport à lecture optique** en cours de validité, délivré avant le 26 octobre 2005. Les passeports délivrés du 26 octobre 2005 au 26 octobre 2006 doivent être à lecture optique et à photo numérique. Les passeports émis après le 26 octobre 2006 devront impérativement être **biométriques**, sinon leur possesseur devra se munir d'un visa. En cas de doute, renseignez-vous auprès de votre préfecture ou sur le site de l'ambassade des États-Unis (www.amb-usa.fr).

Le **visa** n'est pas exigé pour les voyages touristiques inférieurs à 90 jours. Il l'est pour les étudiants et les séjours professionnels (les démarches peuvent prendre 2 à 6 mois). En outre, tous les voyageurs, avec visa ou non, sont soumis à la prise de leurs empreintes digitales et à la numérisation de leur photographie, en application du **programme US-Visit**.

Depuis janvier 2009, il est également obligatoire, pour les voyageurs sans visa, de remplir, au moins 72h avant le départ, une **demande d'autorisation de voyage électronique** à imprimer avant de partir car elle peut être demandée à l'aéroport. Vous trouverez ce questionnaire sur le site esta.cbp.dhs.gov.

Les Canadiens n'ont pas besoin de visa non plus, sauf s'ils sont fiancés à un ressortissant américain. Ils ne sont pas soumis aux mesures d'enregistrement de données d'identification. Sachez que sur place le **permis de conduire** est fréquemment demandé en plus du passeport lors des vérifications d'identité.

Les enfants, quel que soit leur âge, doivent être munis d'un passeport individuel, car les autorités américaines ne reconnaissent pas l'inscription des enfants sur le passeport des parents.

ASSURANCES RAPATRIEMENT

Ne faites surtout pas l'économie d'une véritable assurance santé, car les frais montent très vite, surtout si vous avez besoin de radios ou d'une hospitalisation.

Les tour-opérateurs proposent en général une police d'assurance très complète couvrant le remboursement en cas d'annulation, les frais de soin et de rapatriement, ainsi qu'un remboursement forfaitaire en cas de vol ou de détérioration de vos bagages. Sinon, vous pouvez vous adresser à titre individuel aux grandes compagnies spécialisées (Europ Assistance, Mondial Assistance), mais renseignez-vous avant auprès de votre banque, car certaines cartes bancaires, dont la **Visa Premier** ou **Gold Master**, donnent droit à une couverture à l'étranger. Les grosses compagnies mutuelles disposent aussi de ce service. Analysez les conditions de garantie : **vous ne devez pas avoir à faire l'avance des frais** et devrez

demander une couverture d'au moins 150 000 €.

AVA – 25 r. de Maubeuge, 75009 Paris, ℘ 01 53 20 44 20, www.ava.fr.

AVI International – 28 r. de Mogador, 75009 Paris, ℘ 01 44 63 51 00, www.avi-international.com.

Europ Assistance – 1 prom. de la Bonnette, ZAC des Barbanniers, 92230 Gennevilliers, ℘ 01 41 85 86 86, www.europ-assistance.fr.

Mondial Assistance – 54 r. de Londres, 75008 Paris, ℘ 01 53 05 86 00, www.mondial-assistance.fr.

Budget

BUDGET À PRÉVOIR

Les États-Unis sont une destination chère, où les coûts dépendent du cours du dollar. Les prix variant énormément d'un endroit à l'autre et en fonction de votre moyen de transport, il est difficile de fixer des budgets types. Ceux qui suivent sont établis **en pleine saison**. En semaine hors saison et l'hiver, il est possible d'obtenir des réductions sur les chambres d'hôtel (voir plus loin « Se Loger »).

Pour un séjour en motel bon marché, des repas modestes et une voiture de location, vous dépenserez de 100 à 140 $ par jour et par personne, sur la base de deux personnes partageant une chambre et la location du véhicule. Pour un motel de caractère ou un B & B de charme, des restaurants plus raffinés et la voiture de location, comptez un minimum de 200 $ par personne (sur la base de deux personnes partageant une chambre). Ces budgets, donnés à titre indicatif, incluent les taxes locales, une boisson de temps à autre et des visites (musées, parcs…), mais ils excluent le vol pour les États-Unis et les achats personnels. Un tableau résumant les prix moyens est fourni ci-dessus.

SERVICES OU ARTICLES	PRIX MOYEN EN $
Une chambre double dans un motel de grande chaîne	80-100
Un repas simple dans un restaurant de grande chaîne ou dans un quartier ethnique	10-20
Une location de voiture pour 1 semaine (catégorie A)	250
Une location de camping-car pour 1 semaine (2 pers.)	900
Un gallon d'essence (3,8 litres)	4 à 5
Un billet d'avion San Francisco-Albuquerque (aller simple)	250
Trajet aéroport de San Francisco/centre-ville en taxi	45
Carte d'entrée pour les parcs nationaux (Pass)	80
Rafting d'une demi-journée sur le Colorado	50
Location d'un kayak de mer pour observer les otaries (1h)	12
Une bouteille d'eau minérale	1
Une bière	3,50

* Selon le taux de change, le montant en euros est de − 20 à − 30 %. Moyenne ne prenant pas en compte les localités non touristiques, nettement moins chères.

Se loger

LES DIFFÉRENTS TYPES D'HÉBERGEMENT

Le motel est le type le plus répandu et le plus pratique. Le B & B est de plus en plus populaire et constitue un bon moyen de côtoyer vraiment les Américains.

Campings

Bon à savoir – Sauf sur la côte californienne, les nuits sont fraîches et les températures vite insupportables dès le mois de mai à l'interieur des terres. Tenez aussi compte de l'altitude élevée au Nouveau-Mexique ou sur le plateau du Colorado.

Les **parcs nationaux** sont équipés de campings bien aménagés (minimarket) et relativement bon marché (de 10 à 25 $ par emplacement). Vous pouvez acheter sur place une petite tente, à un prix inférieur à ceux pratiqués en France.

Ailleurs, les campings nationaux des principaux sites classés (*National Parks, National Monuments, National Recreation Areas, State Parks…*) sont assez rudimentaires. Il faut se ravitailler avant de s'y rendre.

Réservez au moins 3 mois à l'avance, et jusqu'à 5 mois pour les sites les plus célèbres comme le Grand Canyon, car les places sont très disputées le week-end et entre mai et septembre, aussi bien pour les tentes que pour les camping-cars (RV).

Service central de réservation, ☎ (518) 885 3639/1-877 444 6777, www.recreation.gov (*voir aussi dans les pages pratiques correspondantes*).

Les **campings privés** pratiquent à peu près les mêmes prix et sont souvent mieux équipés (douches chaudes, laverie, électricité, piscine…). La plus répandue des chaînes de campings est **KOA** (Kampgrounds of America), ☎ (406) 255 7402/1-888 562 0000, www.koa.com. Autres listes sur www.gocampingamerica.com.

Le **camping sauvage** est généralement possible sur le domaine public, mais il doit respecter des consignes strictes.

Dans les forêts et parcs d'État ou nationaux, des panneaux signalent la possibilité de faire du **backcountry camping** ou **backpacking**, sur des sites accessibles uniquement à pied (vous ne pouvez apporter que ce que vous portez sur le dos). Dans les parcs nationaux, vous devez retirer un *backcountry permit* (10 $, parfois gratuit) au *Visitor Center*. Sur place, il est demandé de ramener vos déchets, d'enterrer vos excréments, de ne faire du feu que si c'est permis et de l'éteindre soigneusement en partant (attention, il arrive que des *rangers* fassent des rondes…).

Motels et hôtels

Le **motel**, construit pour le voyageur motorisé, s'organise autour du parking. Les chambres donnent souvent sur l'extérieur (il y a rarement plus de deux étages) et vous pouvez garer votre véhicule juste devant. Ils se situent en général en périphérie des villes ou le long des routes. Le confort est variable, mais la plupart sont équipés d'une piscine et d'une laverie. Les chambres sont très grandes et l'on peut souvent y loger à quatre. Même la première catégorie dispose du confort de base : salle de bains ou douche, air conditionné, télévision, téléphone…

L'**hôtel** est plutôt situé en centre-ville, dans des immeubles plus importants et plus hauts. Pour le confort, tout dépend de la situation : en centre-ville, comme à San Francisco, les chambres sont fréquemment exiguës.

Réservez suffisamment à l'avance, par téléphone, fax ou Internet, surtout si vous voyagez entre mai et septembre. Il vous faudra toujours donner votre numéro de carte bancaire pour sécuriser la réservation.

Bon à savoir – Si vous devez annuler, **prévenez impérativement** avant 18h, sinon la nuit vous sera débitée.

Grandes chaînes

Beaucoup de motels et d'hôtels affiliés à de **grandes chaînes** n'ont guère de caractère et se trouvent au bord des routes, mais ils assurent un confort et un service standard. Réservation centralisée par téléphone (numéro gratuit) ou par Internet. Le web permet d'ailleurs de bénéficier de **rabais et d'offres spéciales**, notamment dans les catégories supérieures. Si vous tenez à une adresse précise, appelez-la directement *(voir pages pratiques locales)*. Les principales chaînes sont, par ordre de prix croissant :

Motel 6 – ☎ 1-800 466 8356, www.motel6.com. Une chaîne basique mais confortable. Situés à proximité des routes, les motels sont parfois un peu bruyants, mais ce sont vraiment les moins chers.

Red Roof Inn – ☎ 1-800 733 7663, www.redroof.com. Cette chaîne propose de petits motels gais et confortables et des promotions très attractives.

Econo Lodge – ☎ 1-877 424 6423, www.econolodge.com. Pour de petits motels simples mais confortables, souvent bien placés. Prix spéciaux pour les internautes.

Super 8 – ☎ 1-888 288 5081, www.super8.com. Un très bon rapport qualité-prix et un confort impeccable pour des motels encore très bon marché.

Travelodge – ☎ 1-800 578 7878, www.travelodge.com. Pratiques car situés à proximité des grands axes.

Comfort Inn – ☎ 1-800 267 3837, www.comfortinn.com. Un service de qualité : petit-déjeuner inclus, Wifi dans les chambres…

Quality Inn – ☎ 1-800 267 3837 (en français), www.qualityinn.com. Même genre que le précédent (du même groupe Choice Hotels).

LEGUIDEVERT
toujours plus de destinations
à travers le monde...

CORÉE DU SUD

LEGUIDEVERT

RAJASTHAN
Delhi et Agra

LEGUIDEVERT

PÉROU

LEGUIDEVERT

SYRIE
JORDANIE

LEGUIDEVERT

ROME

LEGUIDEVERT

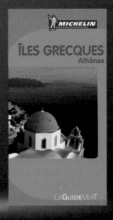

ÎLES GRECQUES
Athènes

LEGUIDEVERT

La Quinta – ✆ 1-800 753 3757, www.lq.com. Hôtels très confortables, à l'architecture néoméditerranéenne.

Ramada – ✆ 1-888 288 4982, www.ramada.com. Plusieurs catégories d'hôtels dans les centres-ville et de motels confortables.

Best Western – ✆ 1-800 780 7234, www.bestwestern.com. Un grand classique, avec des hôtels et motels de bonne qualité et un accueil efficace. Assez cher, surtout à proximité des sites touristiques. Numéro Vert depuis la France : ✆ 0 800 904 490.

Holiday Inn – ✆ 800 905 649, www.holidayinn.com. Déjà luxueux, avec de nombreux services et un très grand confort. Numéro Vert depuis la France : ✆ 0 800 911 617.

Bed & Breakfast et auberges de caractère

Dans un genre beaucoup plus raffiné, les B & B et les auberges de caractère (inns) se distinguent par leur taille modeste, le charme de leur accueil et de leur décoration. Ils pratiquent en général des prix élevés, mais on y est traité comme des invités : plantureux petit-déjeuner, ou souvent, en fin de journée, un verre de vin et un plateau de fromage, occasion de faire connaissance avec vos hôtes et les autres résidents. Les B & B n'ont cependant pas toujours le caractère convivial de ceux d'Irlande ou de Grande-Bretagne, car ils sont souvent tenus par une gouvernante (innkeeper) et les propriétaires n'y résident pas ou ne se mélangent pas aux hôtes. Ils peuvent compter plus de 20 chambres et ressembler à de petits hôtels de luxe. Plusieurs sites Internet répertorient ces établissements : www.selectregistry.com ; www.innkeeping.org ; www.bedandbreakfast.com ; www.bbonline.com…

LES PRIX DE L'HÉBERGEMENT

C'est sans conteste ce qui vous coûtera le plus cher. Il est cependant très difficile de citer des prix précis, car les tarifs changent quasiment tous les jours, en fonction du remplissage, de la saison, du jour de la semaine, du type de chambre. En règle générale, ceux qui sont indiqués sur le tableau ou les brochures sont les tarifs de base (rack rate), pratiqués lors des réservations. En réservant par téléphone, vous ne pourrez pas obtenir de réelle baisse, mais demandez cependant le **special rate** ou les **special offers**. Mentionnez si vous êtes affilié à l'AAA (voir p. 34), car cela vous donne souvent droit à une réduction. Enfin, pensez toujours à ajouter les **taxes**, variables selon les endroits (de 10 à 15 %).

Les prix figurant dans ce guide sont les prix de base, taxes incluses mais sans les pourboires, en **haute saison** et **sur la base d'une chambre double** (voir le tableau ci-contre).

Dans un motel basique, il faut compter de 50 à 90 $ pour deux selon les endroits. Ces prix sont ceux des établissements bas de gamme (équivalent 1 étoile). Pour la gamme intermédiaire (2 étoiles), comptez entre 80 et 100 $ pour deux. Les B & B démarrent à 120 $ pour deux et peuvent dépasser les 200 $. Les hôtels des grandes chaînes (3 étoiles) tournent entre 175 et 250 $, alors que le grand luxe (4 étoiles) se monnaye à plus de 250 $. Sachez que le prix d'une chambre diffère d'environ 10-15 $ selon la taille du lit, ce qui peut représenter une économie certaine et aussi, dans certains établissements, selon le fait qu'elle soit fumeurs (smoking) ou non.

NOS CATÉGORIES DE PRIX				
	Hébergement		Restauration	
	Grandes villes	**Hors grandes villes**	**Grandes villes**	**Hors grandes villes**
Premier prix	jusqu'à 75 $	jusqu'à 60 $	jusqu'à 25 $	jusqu'à 20 $
Budget moyen	de 75 à 120 $	de 60 à 110 $	de 25 à 40 $	de 20 à 35 $
Pour se faire plaisir	de 120 $ à 190 $	de 110 $ à 160 $	de 40 $ à 70 $	de 35 $ à 45 $
Une folie	plus de 190 $	plus de 160 $	plus de 70 $	plus de 45 $

Réservations et réductions

🛈 **Bon à savoir** – En réservant par Internet sur les sites de discount, vous pouvez économiser de 20 à 70 % du prix, notamment dans les grandes villes.

Plusieurs sites sont spécialisés : **www.hotels.com** (en anglais et en $), **thediscounthotel.com** (propose aussi des liens vers toutes les centrales de réservation des grandes chaînes), **www.ratestogo. com** (réductions pour les réservations de dernière minute). Sur place, en arrivant dans les aéroports, offices de tourisme et certains supermarchés, fast-foods et stations-service, demandez les livrets de **coupons** *(coupons guides)* qui offrent des réductions sur les nuits de certains hôtels (valables surtout en semaine et hors saison).

Se restaurer

OÙ SE RESTAURER

On peut manger pratiquement à toute heure. Un plat et une salade constituent souvent un repas complet. Notre sélection dans « Nos adresses à… » sont catégoriées sur cette base, boisson en plus.

🛈 **Bon à savoir** – Comme les plats sont très copieux, on vous propose toujours d'emporter vos restes. Sinon, n'hésitez pas à le demander.

Type d'établissement

L'appellation « restaurant » recouvre des genres allant des **snack-bars** (type fast-foods), **cafétérias** ou **restaurants familiaux** (Applebee's est d'un excellent rapport qualité-prix) de grandes chaînes aux **restaurants** personnalisés plus raffinés. Certains ne servent que le petit-déjeuner et le déjeuner, d'autres se limitent au dîner, certains proposent les trois. Les **bars** et **coffee-shops** (sortes de salons de thé) servent en général des plats simples, mais copieux et bon marché. Enfin, vous trouverez partout des **fast-foods** classiques (type McDonald's, très bon marché aux États-Unis), chinois ou mexicains. À de rares exceptions près, les pizzerias et les restaurants italiens ne sont pas les moins chers.

Les repas

Le petit-déjeuner – Souvent servi dès 7h du matin et jusqu'à 11h-11h30 (voire, dans certains établissements, toute la journée), le **breakfast** est très copieux et d'un bon rapport qualité-prix (selon le nombre d'ingrédients, de 5 à 15 $). Il comprend le plus souvent des **œufs** au plat *(sunny side up* ou *fried eggs)*, en omelette ou brouillés *(scrambled eggs)*, accompagnés de toasts, de **bacon grillé** ou de **saucisses** et de **pommes de terre** cuites en galettes à la poêle *(hash browns)*. Il est suivi de sucreries diverses, dont les **crêpes** *(pancakes)*, les **gaufres** *(waffles)*, le **pain perdu**

(french toast), les **muffins** (gâteaux individuels aux myrtilles, aux pépites de chocolat, au citron…), les **doughnuts** (beignets très sucrés), les **bagels** (petits pains en forme d'anneau mis à la mode par les communautés juives de New York), servis avec du *cream cheese*, et autres pâtisseries aux couleurs synthétiques. On accompagne le tout avec du thé ou du café, en général très léger.

Le samedi et surtout le dimanche matin, beaucoup de restaurants proposent le **brunch**.

Le déjeuner – Le **lunch** est le repas le plus léger de la journée, servi facilement jusqu'après 15h. Comptez de 4 à 9 $ pour un **sandwich**, chaud ou froid, souvent servi avec des frites, une salade ou de la soupe. Autre solution : la **salade** toute préparée et souvent gargantuesque *(Ceasar salad, oriental salad)*, ou celle à composer soi-même dans les *salad bars* (entre 6 et 12 $).

La plupart des restaurants et bars proposent un **lunch menu** avec des plats uniques, similaires à ceux du dîner, un peu moins copieux, mais surtout beaucoup moins chers (entre 6 et 12 $).

Petits budgets, pour changer, essayez les chinois et les mexicains. Ceux qui ont la meilleure réputation sont In & Out, pour la qualité de sa viande, et Fat Burger, qui utiliserait des produits bio. Et si vous rêvez de manger un bon **chili con carne** à petit prix, jetez un œil sur la carte, il est souvent inscrit avec les soupes. On le mange à la cuiller, nappé d'oignons émincés, de fromage râpé et accompagné d'un robuste quignon de pain pour environ 5 $! Autre solution bon marché, les **all-you-can-eat-buffets** (buffets à volonté, autour de 10 $ le week-end, moins cher à midi). À Las Vegas, la formule des buffets, en général de bonne qualité, est la grande mode.

Le dîner – Il se prend tôt (17h-19h), sauf dans les grandes villes. C'est traditionnellement le repas le plus copieux de la journée.

On retrouve les mêmes plats qu'au déjeuner (sandwichs, salades, buffets à volonté), mais encore plus généreux et facturés plus cher. Pour les gastronomes, c'est le moment de choisir des restaurants plus raffinés. La carte se divise en trois grandes sections. Appelées *hors d'œuvre*, les entrées sont parfois assez copieuses pour constituer un plat (7 à 15 $) ; les plats principaux se nomment *entrees* (15 à 30 $). Attention, les desserts sont énormes et très sucrés (6 à 10 $).

Les boissons

Beaucoup de restaurants familiaux ou populaires ne servent pas d'alcool, car pour cela, les restaurants doivent avoir une **licence** spéciale (*wine license* pour les vins, *full license* pour tous les alcools). Les établissements de qualité proposent souvent une **carte des vins** intéressante où vous retrouverez les principaux vins de Californie, mais aussi du Chili et de France. Ils sont chers, mais on peut souvent les commander au verre. D'une manière générale, à peine assis, on vous sert un immense verre d'eau du robinet, glacée, que l'on renouvelle tout au long du repas. L'eau minérale est rare et chère, car souvent importée. La plupart des Américains commandent des sodas ou bien de l'*iced tea*, un thé sucré ou non *(sweetened, unsweetened)*, toujours glacé. Au cours du repas, on vous proposera un *refill* : acceptez, le second verre est compris dans le prix. Dans les bars, vous pourrez choisir parmi les nombreuses **bières** américaines *(Coors, Budweiser, Michelob…)* ou mexicaines *(Corona, Dos Equis…)*. Pour avoir une pression, demandez une *draft beer* ou une *beer on tap*.

Sur place de A à Z

ACHATS

Où trouver les bonnes affaires

Les discount stores – Ces immenses solderies vendent à prix cassé des produits de marque d'anciennes collections ou avec des petits défauts. En Californie, *Ross Dress for Less* et *Marshall's* (San Francisco) en sont un exemple.

Les factory outlets – Véritables villages de magasins d'usine des grandes marques. Les prix y sont en principe inférieurs d'au moins 30 % par rapport aux magasins classiques. Le site www. premiumoutlets.com permet de les localiser.

Les trading posts – Ils se trouvent aux abords des terres indiennes. Ils vendent de l'artisanat indien de qualité et des objets d'occasion de valeur mis en gage et abandonnés par leurs propriétaires. Rapport qualité-prix remarquable. Sinon, les meilleurs endroits pour acheter de l'artisanat indien sont les villages eux-mêmes, notamment les *pueblos* du Nouveau-Mexique.

Faire attention

Pour l'**artisanat indien**, assurez-vous que les objets sont bien exécutés par des Indiens et non manufacturés ou copiés de façon semi-industrielle. Pour les bijoux, vérifiez bien les poinçons et les garanties attestant qu'ils sont réalisés en argent et décrivant la nature des pierres utilisées et le nom de l'artisan.

Pour les **objets électriques** et les **lampes**, rappelez-vous que la taille des douilles et le voltage diffèrent et que vous devrez prévoir une adaptation ultérieure. Pour le **linge de maison**, sachez que les tailles sont différentes des nôtres, notamment pour le linge de lit, pourtant splendide.

ADRESSES UTILES

Offices de tourisme

Chaque État possède un organisme supervisant le tourisme *(voir plus haut les sites Internet)*. Sur place, les bureaux s'occupant du développement touristique se trouvent dans l'annuaire sous la dénomination **Visitor Center**, **Chamber of Commerce** ou **Convention and Visitor's Bureau**.

Arizona – Arizona Office of Tourism, 1110 W. Washington St., Suite 1, Phoenix AZ 85007, ✆ (602) 364 3700/1-866 275 5816, www. arizonaguide.com.

Californie – California Office of Tourism, P.O. Box 1499, Sacramento CA 95812-1499, ✆ (916) 444 4429, www.visitcalifornia.com.

Colorado – Colorado Tourism Office, 1625 Broadway, Suite 1700, Denver, CO 80202, ✆ (303) 892 3885/1-800 265 6723, www. colorado.com.

Nevada – Nevada Commission on Tourism, 401 North Carson St., Carson City NV 89701, ✆ (775) 687 4322/1-800 638 2328, www. travelnevada.com.

Nouveau-Mexique – New Mexico Department of Tourism, 491 Old Santa Fe Trail, Santa Fe NM 87501, ✆ (505) 827 74 00/1-800 545 2070, www.newmexico.org.

Utah – Utah Travel Council, Council Hall, Capitol Hill, 300 N. State St., Salt Lake City UT 84114, ✆ (801) 538 1030/1-800 200 1160, www. utah.com.

Représentations diplomatiques

Toutes les ambassades nationales sont regroupées à Washington DC, mais localement des consulats sont ouverts dans les grandes villes.

♿ Voir pages pratiques de Los Angeles (p. 331) et San Francisco (p. 169) ou à la rubrique *Consulates* des pages jaunes locales.

ALCOOL

Il faut avoir 21 ans pour acheter ou consommer de l'alcool. On en trouve dans les boutiques spécialisées *(liquor stores)* ou dans les rayons séparés des grandes surfaces et des épiceries. La vente est interdite entre 2h et 6h du matin dans tous les États du Sud-Ouest à part le Nevada, où les bars peuvent rester ouverts 24h/24 et 7j/7. D'une manière générale, ne transportez pas de bouteilles entamées dans l'habitacle de votre voiture et ne buvez pas ouvertement sur la voie publique (même si certains le font en dissimulant bouteille ou canette dans un sac en papier).

Dans l'Utah – La vente d'alcool est interdite le dimanche, même dans les restaurants. Dans certains villages, il est même impossible de boire, quel que soit le jour, et là où c'est permis, vous devrez boire à l'intérieur, surtout pas en terrasse ou dans les patios.

Dans les réserves indiennes – La vente d'alcool est aussi interdite et son transport à éviter.

CIGARETTES

La législation concernant le tabac est très stricte (le plus intransigeant est encore l'Utah mormon, et le plus « libertaire » le Nevada). Il est ainsi **strictement interdit de fumer** dans les transports et les lieux publics (y compris les galeries marchandes), dans la plupart des restaurants, bars, clubs, etc. La Californie est intransigeante sur le sujet depuis 1994. Il vous faudra fumer dehors, à 7 mètres de la porte, très exactement. De surcroît, les cigarettes sont assez chères (les prix varient considérablement d'un État à l'autre et selon les magasins).

COURANT ÉLECTRIQUE

Aux États-Unis, le courant est en **110 volts** et les prises sont différentes. Certains appareils de voyage peuvent basculer du 220 V au 110 V : vérifiez avant de partir. Vous pouvez acheter de petits transformateurs ou des adaptateurs, mais beaucoup de motels et d'hôtels fournissent sèche-cheveux et fer à repasser.

DOUANES ET POLICE

À l'aéroport

Produits alimentaires et plantes sont interdits d'entrée, de même que les armes et les munitions. Depuis novembre 2006, tous **liquides**, gels, pâtes dentifrices… sont également interdits en cabine, à part la nourriture pour bébé. Parfums et alcools achetés à la boutique hors-taxes doivent vous être livrés dans des sacs scellés. Certains médicaments (notamment les narcotiques) sont interdits au passage de la douane. Si vous suivez un traitement, munissez-vous de l'ordonnance, traduite en anglais, avant le départ. La législation autorise l'**importation** de 1 l d'alcool par personne de plus de 21 ans, 200 cigarettes ou 50 cigares, ainsi que tout cadeau ne dépassant pas une valeur de 100 $. Pour connaître en détail cette réglementation, interrogez votre transporteur aérien et le site Internet www.aviation-civile.gouv.fr.

Sur la route

Attention aux limitations de vitesse (différentes selon les États). En moyenne, 55 mph (88 km/h) en ville et 65 mph (104 km/h) sur autoroute.

Cartes et Atlas MICHELIN
Trouvez bien plus que votre route

Les cartes et atlas MICHELIN vous accompagnent efficacement dans tous vos déplacements.

Laissez vous surprendre par la richesse des informations routières et touristiques : les principales curiosités Le Guide Vert MICHELIN, les pistes cyclables et voies vertes, les points de vues et hippodromes... autant de découvertes à portée de main, à partir de 2,95€ seulement.

Vous pouvez être soumis à des contrôles « volants ». Aux abords de la frontière californienne, il peut s'agir de contrôles « agricoles » vérifiant que vous n'introduisez pas d'essences ou de graines exogènes. Ces contrôles, qui peuvent prendre parfois la forme de barrages routiers, servent sinon à repérer les chauffeurs ivres ou auteurs d'autres délits… Ayez toujours vos papiers à portée de main.

DROGUE

Bien que la consommation de cannabis soit répandue, surtout en Californie, elle est passible d'une amende. La possession de drogues dures ou de stupéfiants est très sévèrement punie (longues peines de prison). Si vous suivez un traitement médical à base de tranquillisants ou de narcotiques, gardez votre ordonnance sur vous (si possible avec la traduction).

EAU POTABLE

L'eau du robinet ne présente aucun risque. L'eau minérale est assez chère. Si vous comptez utiliser l'eau de source lors de vos randonnées, achetez des pastilles désinfectantes. Attention, dans les déserts, certains parcs n'ont pas d'eau courante.

GOLFS

Le golf est un sport très répandu et les greens se multiplient, même dans les régions désertiques. Si les clubs les plus sélects pratiquent des prix prohibitifs, les golfs municipaux proposent des tarifs à la journée plus accessibles. La Californie en général, Palm Springs ou San Diego en particulier, sont de vrais paradis pour golfeurs.
Southern California Golf Association, www.scga.org.
Public Links Golf Association of Utah Golf Association, www.uga.org.

Colorado Golf Association, www.cogolf.org.
Southern Nevada Golf Association, www.snga.org.
Sun Country Amateur Golf Association (Nouveau-Mexique), www.newmexicogolf.org.
Arizona Golf Association, www.azgolf.org.

HABILLEMENT

Les tailles et pointures américaines sont différentes des françaises. Reportez-vous au tableau ci-contre.

HEURE

Fuseaux horaires
Les États-Unis s'étendent sur **quatre fuseaux horaires**.
Tenez-en compte lors de vos correspondances sur place, si vous ne prenez pas un vol direct.
La Californie et le Nevada observent le **Pacific Standard Time** (PST), soit un décalage de -9h avec la France (GMT -8).
Le Colorado, le Nouveau-Mexique, l'Utah et l'Arizona observent le **Mountain Time** (MT), qui a un décalage de -8h avec la France (GMT -7). Quand il est midi à Paris, il est 3h du matin à Los Angeles ou Las Vegas, et il est 4h du matin à Albuquerque, Moab ou Phoenix.
L'**horaire d'été** (on avance de 1h) s'applique du premier dimanche d'avril au dernier dimanche d'octobre pour tous ces États, à l'exception de l'Arizona qui se retrouve à cette période à la même heure que la Californie. Donc quand il est midi à Paris, il est 3h du matin à Los Angeles, Las Vegas et Phoenix, et 4h du matin à Albuquerque, Moab et dans la réserve navajo qui, elle, adopte les horaires d'été !

La date et l'heure
Aux États-Unis, la **date** s'écrit en mentionnant d'abord le mois, suivi du jour, puis de l'année : le 11 mai 2009 s'écrit 5/11/09. **L'heure** n'est

CONVERSION DES TAILLES DANS L'HABILLEMENT									
FEMMES				HOMMES					
Tailles		Chaussures		Costumes		Chaussures		Chemises	
USA	FR	USA	FR	USA	FR	USA	FR	USA	FR
2	36	4	35	36	46	71/2	40	14	37
4	38	5	36	38	48	81/2	41	15	38
6	40	6	37	40	50	91/2	42	151/2	39/40
8	42	7	38	42	52	101/2	43	16	41
10	44	8	39	44	54	111/2	44	161/2	42
12	46	9	40	46	56	121/2	45		

signalée que de 1 à 12, suivi ou non de AM (ante meridiem) pour le matin, toujours suivi de PM (post meridiem) s'il s'agit de l'après-midi : 8:00 ou 8 am, c'est avant midi, 8 pm, c'est le soir ; en revanche, 12:00 ou 12 pm, c'est midi ; 12 am, c'est minuit.

HORAIRES D'OUVERTURE

Banques, administrations et bureaux de poste ouvrent généralement la semaine de 9h à 17h, et parfois le samedi matin (hors administrations publiques). Les **commerces** ferment plus tard : 18h en moyenne, sauf les grands centres commerciaux (20h-21h) et les petites épiceries (23h ou plus). Le dimanche, beaucoup sont ouverts de 13h-14h à 17h-18h. En Californie, certains supermarchés ouvrent 24h/24, ou de 6h à 0h. Beaucoup de **restaurants** populaires ou familiaux ouvrent dès 7h. Ils servent sans interruption jusqu'à la fermeture trois menus différents : le petit-déjeuner (jusqu'à 11h-11h30), le *lunch* (12h-16h) et le dîner (17h-21h/22h). Les Américains dînant tôt, il est parfois impossible de dîner après 20h-20h30 dans les petites villes. L'appellation *early bird* ou, plus chic, *pre-theater*, désigne le dîner servi entre 17h et 18h30-19h. Il

est généralement bon marché et constitue une très bonne affaire, car les menus du soir sont chers. Dans les grandes villes ou le long des autoroutes, des snacks restent ouverts tard dans la nuit, voire jusqu'au petit matin.

INTERNET

Bon à savoir – Les cybercafés, sont de moins en moins nombreux à louer des ordinateurs depuis que le Wifi existe. Plus ingénieux : les **bibliothèques municipales** *(library)* fournissent un accès souvent gratuit contre une pièce d'identité (15 à 60mn). Seule limite : vous ne pouvez aller sur certains sites, ni faire d'achats.

JOURS FÉRIÉS

Nouvel An – 1er janvier.

Martin Luther King's Day – 3e lundi de janvier.

Presidents Day – 3e lundi de février, en l'honneur des présidents Lincoln et Washington.

Memorial Day – Dernier lundi de mai, jour du souvenir à la mémoire des victimes de guerre.

Independence Day – 4 juillet, fête nationale des États-Unis.

Labor Day – 1er lundi de septembre, fête du Travail.

Columbus Day – 2e lundi d'octobre, jour où Christophe Colomb a « découvert » l'Amérique.
Veterans Day – 11 novembre, à la mémoire des vétérans de la Première Guerre mondiale.
Thanksgiving – 4e jeudi de novembre, jour d'action de grâces.
Noël – 25 décembre.

JOURNAUX

Les journaux français (Le Monde, Le Figaro) et internationaux sont distribués dans les grandes villes et les stations touristiques (surtout en Californie).
Le plus lu des journaux populaires américains est **USA Today**. En Californie, le **Los Angeles Times** (le plus à gauche des quotidiens à fort tirage du pays) et le **San Francisco Chronicle** sont des quotidiens de qualité. Au Nouveau-Mexique, le **Santa Fe New Mexican** sort chaque vendredi un bon supplément culturel. Au niveau national, les deux quotidiens les plus appréciés sont le **Washington Post** et le **New York Times**. Les plus célèbres hebdomadaires sont **Time** et **Newsweek**. Les Navajos possèdent un journal, le **Navajo Times**, consultable sur Internet (www.navajotimes.com).

MARIAGES

Le **Code civil français** prévoit la possibilité du mariage à l'étranger à condition que celui-ci soit célébré dans les formes prévues par le pays où il a lieu.
Pour que votre mariage soit valable en France, il faudra donc qu'il soit célébré dans les formes de l'État américain dans lequel il aura lieu.
Il faut également que vous soyez aptes au mariage au regard du droit français, c'est-à-dire être majeurs ou avoir l'accord de vos parents si vous êtes mineurs.
Enfin, il faudra, avant le mariage, faire publier les **bans à la mairie** de votre domicile en France.

Sur place, la procédure est très simple. Il suffit d'aller chercher une **marriage licence** à la mairie du comté (county courthouse). Vous devrez remplir un formulaire, présenter une pièce d'identité avec photo (le passeport suffit). C'est un prêtre, un juge, un commissioner of a court of record ou le county clerk lui-même qui vous mariera ensuite. Il n'existe pas, comme en France, un mariage civil et un mariage religieux. Le mariage peut avoir lieu dans n'importe quel endroit et nécessite la présence d'un **témoin**. Le juge ou le prêtre remplira le **certificate of marriage** que vous a donné le county clerk et le retournera à ce même county clerk 30 jours après la cérémonie.
Il vous faudra demander ensuite au service de l'état civil de la mairie de votre lieu de naissance de procéder à la **transcription de votre mariage**. Vous devrez produire un justificatif, conservez bien celui qui vous sera remis aux États-Unis.
Voir aussi à Las Vegas et Santa Fe.

MÉTÉO

Il existe une chaîne météo sur le câble. Consultez sinon www.weather.com ou les quotidiens. Surveillez surtout les **conditions au printemps et à l'automne**, et avant d'entamer de longues randonnées dans les parcs. Dans ce cas, interrogez les rangers au Visitor Center.

MUSÉES, MONUMENTS ET SITES

Musées – Dans les grandes villes, beaucoup de musées n'ouvrent qu'à 11h et ferment en général vers 17h, sauf un soir par semaine pour une nocturne.
Vérifiez toujours l'**heure de la dernière entrée**, qui dépend du temps nécessaire à la visite. Pour les tarifs, comptez de 5 à 15 $ (il y a généralement une réduction pour les enfants et les étudiants).

Les parcs nationaux – Les heures d'ouverture et de fermeture des barrières d'accès sont souvent alignées sur celles du lever et du coucher du soleil. Il arrive que les *Visitor Centers* observent des horaires plus réduits (9h-17h ou 18h). Comptez 10 à 20 $ par véhicule. Le billet est valable pendant 7 jours.

☺ **Bon plans** – Le **National Parks Pass** (80 $) permet un accès illimité aux parcs nationaux durant 1 an, pour votre véhicule et ses passagers. On l'achète au guichet du premier parc visité. Attention toutefois, il n'inclut pas les *state parks* ou parcs d'État. Dans les grandes villes (San Francisco, Los Angeles, Santa Fe…), des **forfaits** associent musées ou monuments aux transports en commun. Ils sont toujours très intéressants.

PHOTOGRAPHIE

Les pellicules

Leur usage devient rare avec le développement du numérique. Elles s'achètent dans les drugstores, les boutiques de souvenirs et les magasins de matériel photo. Pour les diapos *(slides)*, en revanche, cela peut s'avérer difficile. Approvisionnez-vous avant de partir ou dans les grandes villes. Attention, transportez vos pellicules ou votre appareil numérique dans votre bagage à main afin d'éviter qu'ils ne soient endommagés sous les rayons X de la sécurité des bagages enregistrés.

Que photographier

Demandez toujours la permission avant de photographier des gens. Dans les **réserves indiennes** et les *pueblos*, le droit de photographier est limité et souvent accordé moyennant un **paiement**. Pour les portraits ou les clichés de maisons privées, demandez la permission (on vous demandera parfois de

l'argent) et n'insistez pas en cas de refus. Les photos ne sont en général pas tolérées durant les cérémonies sacrées (renseignez-vous avant). Dans tous les cas, ne passez pas devant ni entre les participants et respectez ce qui est pour eux une manifestation rituelle.

POLITESSE

À table

Les bonnes manières exigent que l'on garde la main gauche sur les genoux quand elle ne sert pas.

Les sujets qui fâchent ou pas

Le **patriotisme** étant très répandu dans la société, évitez de toucher par exemple, à leur réputation de liberté, de justice et de bonté, et ne contestez pas la politique étrangère du pays.

La **religion** est un autre sujet très important. L'adhésion à une secte ou à une autre est parfaitement acceptée et il est malvenu de critiquer la religiosité ambiante ou tout simplement la notion de foi. En revanche, ne soyez pas surpris si l'on vous pose des questions sur votre métier et si l'on tente de mesurer votre **niveau de vie** : le travail est la valeur fondamentale des Américains, de même que la réussite sociale. Beaucoup de conversations tournent donc autour des succès matériels.

La politesse à l'indienne

Deux mots résument le savoir-vivre indien : **sobriété** et **discrétion**.

Contact – La poignée de main est acceptée et pratiquée, mais le contact physique est restreint et les accolades vigoureuses sont déplacées.

Conversation – Il est considéré comme mal élevé de fixer les gens du regard, même dans les conversations. Au contraire, regarder un point précis du menton, de l'oreille ou du front pendant la conversation est un signe d'éducation et de respect. Il est aussi impoli de poser des questions trop personnelles, qui sont perçues comme une intrusion. Procédez par petites touches, peut-être en racontant un fait précis, puis en laissant votre interlocuteur s'engager dans la conversation. Tout est affaire de mesure et de respect de l'autre. Les Indiens aplanissent eux-mêmes bien souvent les difficultés.

Alcool – Ne commettez pas l'impair d'en proposer : l'alcoolisme est un fléau dans le monde indien et l'alcool est interdit dans les réserves.

POSTE

Le courrier met de 6 à 15 jours pour l'Europe, en fonction de la ville d'envoi. De San Francisco ou Los Angeles, il peut mettre moins d'une semaine. Les timbres sont vendus uniquement dans les bureaux de poste : 0,94 $ pour une carte postale et 1,10 $ pour une lettre de moins de 28 g. Service postal américain USPS (US Postal Service), www.usps.com

Poste restante

Pour recevoir votre courrier en poste restante, faites indiquer : M. Dupont - c/o General Delivery - adresse du bureau de poste correspondant avec son code postal - USA. Pour avoir les coordonnées exactes et le code, renseignez-vous sur place, car tous les bureaux ne font pas office de poste restante. Pour retirer votre courrier, vous devrez présenter une pièce d'identité. Attention, les bureaux ne conservent pas le courrier plus de 10 jours, sauf si votre correspondant écrit lisiblement en haut de l'enveloppe « Hold for Arrival ».

Envois express et colis

Les services postaux sont lents et chers, et les tarifs varient en fonction des assurances, de la rapidité et, bien sûr, du poids.

Lettres express – De 5 à 9 $ pour une livraison entre 4 et 6 jours, 17 $ entre 3 et 5 jours.

Colis vers l'Europe – Par train et bateau (30-45 j.), vous paierez de 23,25 à 50 $ pour un colis de 2 à 9 kg. Vous pouvez envoyer un paquet pesant jusqu'à 30 kg. Pour un envoi par avion (7-10 j.), comptez de 20 à 73 $. Pour envoyer des livres ou magazines (*printed matter*), demandez le **M-bag**, beaucoup plus économique. La lenteur et les colis égarés ont fait la fortune de sociétés comme **FedEx**, qui vous font payer beaucoup plus cher, mais garantissent une livraison ultrarapide.

Bon à savoir – Si vous ne voulez pas payer de taxes à la réception du colis, précisez qu'il s'agit d'effets personnels ou d'un cadeau sans valeur marchande. Pour les envois précieux, faites-vous assister par le commerçant qui vous vend l'objet.

POURBOIRE

Le pourboire est **incontournable**, car il fait partie de la rémunération des employés, dont le salaire de base est bas. La coutume veut qu'on laisse 15 % de la note dans les restaurants (sauf si le service est inclus) et les taxis.

Dans les hôtels

Il convient de laisser entre 3 et 5 $ par nuit pour la gouvernante (*housekeeper*), avec un mot de remerciement pour lui indiquer que l'argent lui est destiné, et un minimum de 5 $ pour le porteur (1 à 2 $ par valise).

Dans les restaurants

Si vous payez par carte bancaire, le bordereau comporte une case spéciale pour le pourboire (*tip*). La somme correspond à la note avec les taxes. Vous devez écrire dans la case correspondante le montant du pourboire que vous laissez et faire l'addition totale avant de signer. Quoi que vous laissiez, remplissez toujours à la main la case « total » pour éviter des indélicatesses après votre départ…

PRÉVENTION DES RISQUES

Le site français du ministère des Affaires étrangères liste les risques par régions. Pour le Sud-Ouest des États-Unis, ce sont principalement les incendies et les séismes. www.diplomatie.gouv.fr, rubrique « Conseils aux voyageurs ».

En cas de **tremblement de terre** : ne pas chercher à quitter le bâtiment (la première impulsion) mais s'éloigner des baies vitrées, s'abriter sous une table solide ou dans l'encadrement d'une porte. À l'extérieur, trouver un endroit loin des arbres, poteaux électriques, murs ou bâtiments. Si vous êtes dans un véhicule, arrêtez-vous au bord de la route, loin des ponts, et attendez la fin des secousses à l'intérieur.

RAFTING

Sport mythique des grands rapides de l'Ouest, il se pratique de façon strictement réglementée, sur de gros canots pneumatiques de 6 à 12 passagers. Les rapides sont classés de I à VI, par ordre de difficulté croissante.

Les grands sites le long du **Colorado**, du **Rio Grande** et de la **Green River** regorgent d'organismes proposant des sorties pour tous les niveaux (env. 100 $ la journée/pers.).

♿ Voir les pages pratiques de Monument Valley, Santa Fe, Taos, Moab, Page, Grand Canyon.

Pour les débutants, le **tubing**, un radeau ressemblant à une grosse chambre à air, offre déjà des sensations dans un rapide de classe I !

RANDONNÉES

Les **parcs nationaux et d'État**, les forêts et les bases de loisirs *(recreation areas)* sont sillonnés de nombreux sentiers bien aménagés. Certains sont même goudronnés et accessibles aux handicapés. Les circuits sont cartographiés ; pensez à demander les **fiches de randonnée** et les consignes particulières à l'entrée ou au *Visitor Center*. D'autres ne sont ouverts que si vous avez retiré un **permis** *(voir pages pratiques correspondantes)*. Le long des routes touristiques, vous verrez de petits panneaux marron avec le logo du randonneur et le nom du sentier *(trail)*.

Pour les grandes randonnées, surveillez la météo (pluies et crues au printemps, orages en été, blizzard en hiver) et emportez beaucoup d'**eau**.

REPAS

Reportez-vous à notre rubrique « Se restaurer » *(p. 19)* ou à notre chapitre Gastronomie *(p. 80)*.

SANTÉ

Bien qu'il n'y ait pas de problème sanitaire particulier aux États-Unis, il est impératif de prendre une assurance avant de partir *(voir la rubrique Formalités dans « Avant de partir » p. 13)*.

Urgences – Composez le **911**, où que vous soyez.

Le climat et l'environnement

La chaleur – Le **coup de soleil** peut vous prendre par surprise en altitude, au bord de la mer et dans les déserts. Attention aussi au **coup de chaleur** qui peut être très dangereux : il se signale par de violents maux de tête, des vertiges et une difficulté à se mouvoir. Pour l'éviter : **boire beaucoup d'eau**, mettre un chapeau par forte chaleur ou au vent, ne pas boire d'alcool. Si cela vous arrive, installez-vous au frais ou à l'ombre, ventilez-vous, appliquez des linges mouillés et appelez un médecin d'urgence.

La montagne – L'altitude demande un temps d'adaptation. Prévoyez-le si vous comptez faire du sport ou de la randonnée dans le **Colorado** et au **Nouveau-Mexique**. Sinon, le risque est de ressentir une grande fatigue, un essoufflement, des maux de tête ou des nausées et de violentes courbatures après l'effort. Là encore, **buvez beaucoup d'eau** et évitez l'alcool. Rassurez-vous, on ressent toutefois rarement des troubles sérieux en dessous de 3 500 m.

Morsures ou piqûres – Les déserts du Sud-Ouest sont fréquentés par divers serpents, araignées et scorpions. Portez des **chaussures fermées** et soyez vigilant lors de vos promenades. En cas de morsure, ne tentez pas de sucer le venin ou d'inciser la blessure, mais rendez-vous au plus vite chez un médecin qui vous administrera un **antivenin**.

Le virus *West Nile* sévit dans le Colorado, mais a tendance à se répandre dans d'autres États, les infections sont généralement bénignes et le meilleur moyen de les prévenir est de se protéger des moustiques, vecteurs de la maladie.

Dermatite – Avant de faire une randonnée dans l'arrière-pays californien, apprenez à reconnaître le **sumac** vénéneux, appelé « herbe à puce » par les Québécois, *poison oak* par les Américains et *Rhus toxicodendron* par les botanistes. Cette plante sauvage redoutable se reconnaît à ses feuilles, qui poussent toujours par groupes de trois (photo sur www.seatoseatrail.org/index. cfm/safety). La plante elle-même peut prendre la forme d'un arbuste ou d'une vigne grimpante. Elle déclenche démangeaisons et boutons qui peuvent se propager et persister deux ou trois semaines. Lavez les parties contaminées soigneusement au savon et à l'eau. Si des boutons apparaissent, demandez une crème antihistaminique en pharmacie. Rassurez-vous, dans les forêts comme Yosemite, vous craignez peu de la rencontrer ; c'est une plante qui aime plutôt les zones en friche.

Trousse à pharmacie

Si vous suivez un traitement particulier, emportez vos médicaments, avec l'ordonnance du médecin, originale et traduite. Une trousse de base comporte un désinfectant ou un antiseptique (Bétadine), un antidiarrhéique (Imodium) et un antiseptique intestinal (Ercéfuryl, Intétrix), des comprimés de sel pour éviter la déshydratation, un antihistaminique (contre le rhume, les allergies, le mal des transports et les piqûres d'insectes), des pansements, bandages et sparadraps, des pastilles pour purifier l'eau (Micropur) si vous randonnez dans les parcs, une crème solaire et une autre pour traiter les coups de soleil ou les brûlures superficielles (Biafine), un baume cicatrisant pour les lèvres. Une crème anti-inflammatoire et un antimycosique peuvent s'avérer utiles.

Services médicaux

Faites-vous préciser par votre assurance santé complémentaire quelle est la **marche à suivre** en cas de maladie ou d'accident, et quels sont les formulaires éventuels à remplir. Envisagez toutes les éventualités (radios, dentiste, hospitalisation, maladie…).

En cas de besoin, appelez les urgences ou rendez-vous à l'hôpital le plus proche. Quand il n'y a pas d'urgence vitale, allez dans les **medical clinics**, qui sont moins chères que les hôpitaux.

Hôtels ?   Restaurants ?
Savourez les meilleures adresses !

Envie d'une bonne petite table entre amis, d'une chambre d'hôtes de charme pour s'évader le temps d'un week-end, d'une table d'exception pour les grandes occasions ? Plus de 7800 restaurants, hôtels et chambres d'hôtes vous sont recommandés partout en France. Savourez les meilleures adresses avec le guide MICHELIN !

France

Pharmacies

Les médicaments sont vendus dans les **drugstores** et **pharmacies**. À l'exception des médicaments délivrés sur ordonnance, tous sont en libre-service et le choix est immense. Ils sont rangés par affections (yeux, nez, gorge, oreille, etc.). La plupart des magasins d'alimentation et des supermarchés ont aussi un rayon petite pharmacie.

SÉCURITÉ

Avec un minimum de précautions, vous ne connaîtrez pas de soucis. Malgré leur réputation sulfureuse, Phoenix et Los Angeles sont tout à fait fréquentables. Dans les grandes villes, évitez les quartiers centraux à la nuit tombée et le dimanche (Downtown de Los Angeles et Phoenix, Tenderloin et SOMA à San Francisco), et si vous y logez, prenez un taxi pour regagner votre hôtel tard le soir.

Méfiez-vous du **vol à la tire**, à proximité des distributeurs de billets. N'exhibez pas un matériel photo ou vidéo luxueux et des bijoux de prix. Ne laissez pas d'objets de valeur dans votre voiture ni dans votre chambre d'hôtel (déposez-les dans le coffre à la réception). Ne gardez dans vos poches ou votre sac qu'un minimum de monnaie. Gardez le reste, vos cartes de crédit et vos papiers, dans une poche spéciale, sous vos vêtements.

En cas d'agression, cédez ce que vous avez dans vos poches.

SOUVENIRS

N'oubliez pas que les prix indiqués sont **hors taxes** (7 à 15 % selon les États).

Confection

Les **grandes marques américaines** à la mode en Europe (Ralph Lauren, Tommy Hillfiger, Calvin Klein, Levi's…) sont nettement moins chères, mais les styles sont parfois différents et adaptés aux goûts américains.

Les **chaussures de sport** sont aussi une bonne affaire (Nike, New Balance). Enfin, les **bottes de cow-boy** et le **Stetson** sont incontournables pour qui passe par le Colorado et le Nouveau-Mexique.

Bons plans

L'**électronique** et la musique. Appareils photo numériques, lecteurs MP3, ordinateurs… sont aussi moins chers aux États-Unis, tout comme les **CD**. L'occasion de découvrir des titres ou des groupes introuvables en France.

Artisanat et bijoux

Les pièces les plus intéressantes sont indiennes (poteries, couvertures, tapis…) et chères. Certaines précautions sont à prendre au moment de l'achat *(voir Achats)*. L'artisanat américain est connu quant à lui pour le **travail du bois et du cuir** (ceintures, sacs…) et les **patchworks**, du jeté de table au jeté de lit en passant par la tenture murale (de 150 à plus de 1 000 $).

Alimentation

Pensez aux **condiments**, barbecue sauces et toutes les préparations à base de chile, emblème du Nouveau-Mexique. Ramenez aussi du **jerky**, la viande de bœuf séchée des cow-boys.

TAXES

À l'exception de l'essence, la plupart des denrées ou services sont soumis à des taxes. Comme elles varient beaucoup d'un État à l'autre (de 3 à 9,59 %), les prix sont toujours indiqués hors taxes. À cette première taxe d'État se rajoutent les taxes locales, variables elles aussi selon les villes.

Enfin, les restaurants et les hôtels facturent des taxes particulières. L'ensemble majore la facture de 10 à 15 %.

Tenez-en compte en faisant vos achats et vos réservations. Pour les hôtels, demandez le prix *including tax*. Dans les restaurants, il est en général précisé sur le menu si les prix incluent ou non les taxes.

TÉLÉPHONE

Les numéros

Numéros utiles – **Urgences**, 911 ; **renseignements**, 411. Pour une aide téléphonique, faites le 0 de n'importe quelle cabine et vous aurez un opérateur qui vous passera le numéro souhaité.

Appels locaux et nationaux – Les numéros américains sont composés d'un indicatif régional à 3 chiffres, suivi du numéro de votre correspondant à 7 chiffres. Pour les appels locaux (même indicatif régional), ne composez que les 7 chiffres. Pour appeler une autre région (indicatif régional différent), composez le 1 + l'indicatif régional + le numéro du correspondant.

Appels internationaux – Pour appeler vers la France, composez le 011 + 33 + le numéro de votre correspondant à 9 chiffres (sans le 0 initial). **Autres indicatifs nationaux** : 32 pour la Belgique, 41 pour la Suisse et 1 pour le Canada.

Numéros gratuits et spéciaux – Les numéros commençant par 1-800, 1-877, 1-888, 1-866… sont gratuits (*toll free*, toujours indiqué), souvent utilisés par les compagnies aériennes, les hôtels, B & B et loueurs de voitures. Ils fonctionnent depuis la France mais sont alors payants. Si vous devez appeler un numéro commençant par 800, 877, 888, etc. faites-le toujours précéder du 1. Ils se présentent souvent avec des noms ou des mots (exemple : 1-800 5 FRANCE) pour une mémorisation plus facile ; il suffit de repérer sur les touches du téléphone à quels numéros correspondent les lettres.

Appeler

L'hôtel – Pour téléphoner à l'étranger de votre chambre, composez le 9 suivi du 011 + l'indicatif du pays + le numéro de l'abonné (sans le 0 initial en France). Le coût de l'appel sera comptabilisé sur votre facture. Si vous laissez sonner plus de cinq fois, la communication vous sera facturée même si personne ne répond.

Cabines téléphoniques – Elles fonctionnent avec des pièces de 25 cents qui défilent très vite et sont très peu commodes pour les appels internationaux. Elles ne rendent ni la monnaie ni les pièces non utilisées.

Cartes téléphoniques prépayées (*prepaid phonecards*) – Elles s'achètent dans les épiceries, les gares routières, les stations-service, les bureaux de poste et chez les marchands de journaux. Comptez 5 à 20 $ pour l'international. Dans certains quartiers de forte immigration on trouve des tarifs très avantageux. Composez le Numéro Vert (1-800), le code à 16 chiffres fourni avec la carte, puis le numéro de votre correspondant. On vous indiquera alors de combien de minutes vous pouvez bénéficier.

Téléphone portable français – La communication vers la France est chère : en moyenne 2,30 €/mn et 1,50 € pour la réception d'un appel. Mieux vaut garder le contact par texto (env. 0,30 €).

Téléphone portable prépayé (*prepaid cell phone*) – Pratique pour les séjours prolongés. Tous les magasins de téléphonie en proposent. Vous achetez l'appareil et un temps de communication (premier prix env. 30 $), que vous alimentez ensuite par des cartes à code achetées dans les mêmes lieux que les cartes téléphoniques (*voir ci-avant*). Attention : appels sortants comme entrants sont facturés.

TEMPÉRATURES

La température est donnée en degrés Fahrenheit, système très différent de celui des degrés centigrades (ou Celsius) : le 0 °C correspond à 32 °F, et l'eau bout à 212 °F. Pour convertir les degrés Fahrenheit en degrés Celsius, on soustrait 32 à la température donnée, puis on multiplie par 5 et divise par 9. 76 °F correspondent à 24 °C. Inversement, pour passer des degrés Celsius aux degrés Farenheit, on multiplie la température d'origine par 9, puis on divise par 5 et enfin on ajoute 32. Une température de 30 °C équivaut donc à 86 °F.

VOITURE

Permis de conduire

Le permis national est en théorie suffisant (jusqu'à 3 mois de séjour), mais mieux vaut vous munir d'un **permis international**, qui s'obtient en France dans les préfectures. Ayez toujours l'un ou l'autre sur vous, même si vous ne conduisez pas. Idem pour le permis moto.

Location de voiture

Assurez-vous que votre **location de véhicule** est bien **inter-États**. En principe, vous la prenez avec le plein fait, mais il faut parfois la rendre vide ! Assurez-vous que le manuel de la voiture est dans la boîte à gants et faites-vous expliquer comment **bloquer la vitesse** (très utile pour les longues distances sur autoroutes ou dans les réserves indiennes où les contrôles de vitesse sont draconiens). Vérifiez toujours l'état des **pneus** et contrôlez-en la **pression** pendant votre séjour afin d'éviter l'éclatement (on voit de nombreux débris le long des routes). Attention aussi dans les régions enneigées, la plupart des loueurs interdisent le port de chaînes sur leurs voitures. En montagne, certains véhicules sont toutefois loués avec des pneus neige adaptés.

Conduite

Les voitures sont presque toutes équipées d'une **boîte de vitesses automatique** : D *(drive)* pour avancer, R *(reverse)* pour la marche arrière, P pour parking, N *(neutral)* pour point mort et L *(low gear)* pour les vitesses basses (1re ou 2e) en montagne.

Code de la route

Il est permis de **tourner à droite** lorsque le feu est rouge, en faisant attention aux voitures arrivant de la gauche et qu'aucun panneau n'indique le contraire. En ville, un couloir est souvent dessiné au centre de la chaussée : il est réservé aux voitures qui désirent quitter le trafic pour tourner à gauche. Respectez les limitations de vitesse aux abords des écoles et ne doublez pas si le panneau « Stop » du bus scolaire est abaissé. Enfin, sur les voies rapides à proximité des villes, la voie de gauche marquée d'un losange est réservée au **covoiturage**.

Essence

Moins chère qu'en France, elle est vendue par **gallon** (3,8 l). Les prix varient beaucoup d'un État à l'autre, et entre les villes et la campagne (l'Arizona est l'un des États les moins chers). Excepté pour les grosses voitures, le **regular unleaded** suffit. Beaucoup de stations fonctionnent avec la carte de crédit et des automates 24h/24. Sinon, observez les autres : soit vous vous servez et allez payer ensuite, soit vous payez avant de vous servir, soit vous attendez le pompiste. Les pourboires n'ont pas cours dans les stations-service.

Avantages club

Pour un séjour de trois mois, il est sage d'adhérer sur place à l'**AAA (American Automobile Association)**, ℘ 1-800 874 7532, www.aaa.com. L'adhésion coûte entre 50 et 95 $ selon les États. Elle donne droit à un dépannage

UNITÉS DE MESURE		
	USA	**FR**
POIDS	1 ounce (oz)	28 g 1 g : 0,035 oz
	1 pound (lb) = 16 ounces	450 g 1 kg : 2,20 lb
VOLUMES	1 pint (pt) = 16 ounces (fl. oz)	0,473 l
	1 quart (qt) = 2 pints 1 gallon US = 4 quarts (qt) : 3,8 l	env. 1 l 1 l : 0,26 gallon US
LONGUEURS	1 inch	2,5 cm
	0,39 inch	1 cm
	1 foot (ft) = 12 inches	0,30 m
	39 inches	1 m
	1 yard (yd) = 3 feet	0,91 m
	1,09 yd	1 m
	1 mile	1,6 km
	0,62 mile	1 km
SUPERFICIES	1 acre (a)	0,4 ha
	2,47 acres	1 ha

d'urgence, des itinéraires personnalisés sous forme de livrets (à commander à l'avance) ainsi qu'à d'importantes réductions dans les hôtels. Les membres de l'Automobile Club de France, de la Fédération française des Automobiles Clubs, du Camping Club de France ou de la Fédération française de sport automobile ont droit à tous les services de l'AAA en montrant leur carte française. Dans tous les cas, il faut téléphoner au centre d'appels national, ☎ 1-800 222 4357, pour que le dépannage soit gratuit.

Se diriger
En ville – Aux intersections, les panneaux indiquant les rues que vous croisez sont suspendus aux feux face à vous, de l'autre côté du croisement. Vous ne voyez donc pas le nom de l'axe sur lequel vous roulez.

Sur la route – Les distances sont données en miles (1 mile = 1,6 km). Pour repérer votre destination, ne vous contentez pas du nom de la ville, mais faites attention au **numéro de la route** et à la **direction** (*north, south, east, west*). Les grandes intersections sont appelées *Junctions* et sont en général signalées à l'avance : on vous annonce la jonction avec la route que vous traversez (Jct-70 annonce que vous croisez la Route 70). Les routes précédées de la lettre I (I-25, I-40), pour *interstate highways*, sont de grandes **autoroutes fédérales**. Les impaires (I-25) sont orientées globalement du nord au sud. Les paires (I-40) vont d'est en ouest. Celles qui comportent 3 chiffres (I-405, autour de Los Angeles) ceinturent des grandes villes. Les autres routes : code US (US-50) pour les **routes fédérales**, code de l'État suivies de chiffres pour les **routes d'État** (AZ-86, CA-1, CO-145, NV-96, NM-666, UT-12). Les petites **routes secondaires** sont des *country roads* (entretenues par le comté) ou *township roads* (entretenues par une municipalité) ou, dans les réserves, des *Indian reservation routes*.

Types de séjour

Mer, montagne, déserts, grandes villes ou villes fantômes : le Sud-Ouest américain offre des destinations multiples convenant à toutes les humeurs. Randonneurs et sportifs se régaleront des grands espaces bordant le Colorado tandis que les amateurs d'art visiteront les grandes collections californiennes. Les nostalgiques du Far West se rendront quant à eux en Arizona ou au Nouveau-Mexique sur les traces de Billy the Kid ou dans les réserves indiennes, pour découvrir leurs sublimes sites archéologiques et leurs traditions bien vivantes. Enfin, ceux qui ont gardé leur âme d'enfant ne manqueront pas l'étape incontournable de Disneyland.

SÉJOURS « RÊVE AMÉRICAIN »	ÉTAPES ET CONSEILS
Flower power : sur les traces de la beat generation.	San Francisco - Berkeley - Marin County - Central Coast. Au printemps ou en automne, quand les universités sont ouvertes.
Séquence cinéma : d'Hollywood aux sites mythiques de tournage.	Los Angeles - Santa Barbara - Carmel - San Francisco. En juillet et août, les studios sont bondés.
Au pays des westerns	Las Vegas - Grand Canyon - Lake Powell - Monument Valley - Arches - Canyonlands - Las Cruces - Ruidoso. Évitez les mois les plus chauds, durant lesquels la randonnée est impossible.
Culture indienne	Albuquerque - Santa Fe - Taos - Mesa Verde - Canyon de Chelly - Gallup - Chaco Culture. En été, lorsque se tiennent les plus grands pow-wows et rodéos.
Sur la Route 66	Los Angeles - Flagstaff - Gallup - Albuquerque - Santa Fe. Louez une moto et dormez dans des motels des fifties.
New Age : dans les hauts lieux de la nouvelle culture alternative.	Santa Fe - Taos - Sedona. Essayez les dernières techniques de relaxation inspirées par l'héritage indien.
SÉJOURS AVENTURE	**ÉTAPES ET CONSEILS**
Surf	Marin County - Santa Cruz - Santa Barbara - Santa Monica - Venice - San Diego.
Rafting	La Colorado River et le Rio Grande au printemps, quand les rivières sont grosses.
Randonnée	Grand Canyon - Canyonlands - Yosemite - Zion - Bryce Canyon.
Ski	Taos Valley - Lake Tahoe - San Juan Mountains.
👪 AVEC DES ENFANTS	**ÉTAPES ET CONSEILS**
Au pays de Mickey Mouse et des attractions	Hollywood - Disneyland - Venice - Santa Barbara - Santa Cruz - Las Vegas.
Culture indienne, Far West et séjour sportif.	Bryce Canyon - Arches - Mesa Verde - Durango/ Silverton - Taos - Santa Fe - Petrified Forest - Meteor Crater - Grand Canyon.
Merveilles de la nature	Les parcs les plus tempérés en camping-car (Yosemite, Kings Canyon, Great Sand Dunes...) et la côte californienne pour les plages, les otaries et, en saison, l'observation des baleines.

Mémo

Agenda

La diversité des cultures a donné naissance à une kyrielle de fêtes colorées : défilés costumés au milieu des gratte-ciel, fiestas bruyantes aux parfums de maïs frit, ou danses effrénées au son des tambours…

♿ Retrouvez ces manifestations ainsi que d'autres dans la rubrique « Nos adresses à… » de la partie Découvrir les sites.

JANVIER

Taos (NM) – Turtle, Deer et Buffalo Dances (les 1er et 6) : danses sacrées indiennes à Taos Pueblo.
Pasadena (CA) – Tournament of Roses (les 1er et 2) : la Parade des roses rassemble des milliers de personnes au Rose Bowl.
San Diego (CA) – Boat Show (début janv.) : rassemblement de bateaux dans la marina.

FÉVRIER

San Francisco (CA) – Chinese New Year : Nouvel An chinois.
Tucson (AZ) – Gem and Mineral Show : foire internationale aux pierres précieuses.

MARS

Los Angeles (CA) – Le marathon, grand rendez-vous sportif.
Tucson (AZ) – Wak Pow-wow : à la mission San Xavier del Bac.

AVRIL

Las Cruces (NM) – L'American Indian Week (première sem.) est celle de la culture indienne avec pow-wow et danses.

Albuquerque (NM) – Gathering of Nations (dernières sem.) : le plus grand pow-wow d'Amérique du Nord (danses, concours de costumes…).
San Diego (CA) – Flower Show : floralies sur l'île de Coronado.

MAI

Cinco de Mayo Fiesta – Fête célébrée vers le 5 mai dans toutes les communautés mexicaines. Ambiance très latine avec musiques, danses et dégustations.
San Felipe (NM) – San Felipe Pueblo Feast (le 1er mai) : San Felipe Pueblo fête son patron avec une Corn Dance spectaculaire, au nord d'Albuquerque.
Taos (NM) – Santa Cruz Corn Dance (le 3 mai) : à Taos Pueblo, l'une des plus importantes danses sacrées des Indiens pueblos.
Gallup (NM) – Inter-tribal Ceremonial Pow-wow (vers la mi-mai) : rassemblement de 2 jours.
Carlsbad (NM) – Mescal Roast & Mountain Spirit Dance (à la mi-mai) : quatre jours durant, près de Carlsbad, célébration en l'honneur du mescal, plante de base de l'alimentation des Apaches. On le fait cuire selon la tradition, en exécutant les danses rituelles.
San Diego (CA) – Bud'n Blooms : le mois des fleurs est célébré par des expositions (Balboa Park).

JUIN

Taos (NM) – Corn Dances (les 13 et 24 juin) : à Taos Pueblo, danses pour la San Antonio et la San Juan.
Santa Fe (NM) – Rodeo (aux env. du 21 juin) : quatre jours de shows.
Taos (NM) – Rodeo (dernier w.-end) : un rassemblement coloré fréquenté aussi bien par les Blancs que par les Indiens.

Grand Junction (CO) – Country Jam USA (4e sem.) : l'un des festivals de musique country les plus populaires du Sud-Ouest, où se produisent les stars.

San Francisco (CA) – Gay Pride (fin du mois) : la communauté homosexuelle organise une fête d'une semaine qui culmine le dernier week-end par un défilé géant.

JUILLET

Ruidoso (NM) – Coming of Age Ceremony (début juil.) : le rite de la puberté est célébré dans la réserve apache de Mescalero. Durant 4 jours, les jeunes filles pubères endurent un rituel entrecoupé de danses qui marque leur entrée dans l'âge adulte.

Roswell (NM) – UFO Festival (1re sem.) : festival des ovnis. Conférences et mises en scène pour fanatiques de soucoupes volantes…

San Diego (CA) – Festival of the Bells (14-15 juil.) : commémoration de la fondation de la première mission de Californie, la mission San Diego de Alcala.

Taos (NM) – Pueblo Pow-wow (2e w.-end) : de nombreuses tribus se réunissent à cette occasion. Costumes et danses très variés.

Dulce (NM) – Little Beaver Roundup (3e w.-end) : fête des Apaches jicarillas, avec pow-wow, rodéo et danses, à env. 90 miles à l'est de Farmington, sur la Hwy 64.

Taos (NM) – Corn Dances : à Taos Pueblo, pour célébrer Santiago (Saint-Jacques, le 23) et Santa Ana (le 24).

Santa Fe (NM) – Santa Fe Spanish Market (fin juil.) : durant 2 jours, tous les artisans de tradition hispanique se rassemblent sur la Plaza pour une gigantesque fête.

AOÛT

Santo Domingo Pueblo (NM) – Santo Domingo Feast (le 4 août) offre l'une des plus belles Corn Dances du Sud-Ouest. Foire d'artisanat indien. Au nord d'Albuquerque.

Gallup (NM) – Inter-tribal Ceremonial Pow-wow (2e sem.) : pendant 4 jours, près de Gallup, peut-être le plus important rassemblement de tribus d'Amérique du Nord.

Tucson (AZ) – Fiesta de San Augustin (le 20 août) : animations festives en l'honneur du saint patron de la ville, à Tucson.

Santa Fe (NM) – Santa Fe Indian Market (3e w.-end) : le plus grand marché d'artisanat indien des États-Unis : nombreuses démonstrations de danses et de costumes.

San Diego (CA) – World Body Surfing Championship : compétition internationale de surf.

Los Angeles (CA) – Long Beach Blues Festival (w.-end de Labor Day).

SEPTEMBRE

Santa Fe (NM) – Santa Fe Fiesta (sem. suivant Labor Day) : la plus ancienne grande fête des États-Unis. Mélange de fête religieuse, avec procession de la Vierge, de défilés et de réjouissances populaires.

Monterey (CA) – Monterey Jazz Festival (mi-sept.) : ce festival de jazz est l'un des plus réputés de la côte Ouest.

San Francisco (CA) – San Francisco Blues Festival (2 j. fin sept.) : les plus célèbres bluesmen du monde sont réunis.

Taos (NM) – San Geronimo Feast (les 29 et 30) : à Taos Pueblo, danses rituelles, messe et foire pour la fête du saint patron.

OCTOBRE

Albuquerque (NM) – International Balloon Fiesta (9 j. à partir du 1er w.-end) : le premier rassemblement au monde de montgolfières. Un spectacle inoubliable.

Lincoln (NM) – Lincoln County Cowboy Symposium (3 j. vers la mi-oct.) : festival de musique country et de poésie, non loin de Ruidoso. Atmosphère chaleureuse et bon enfant avec barbecues et danses.

Santa Fe (NM) – All Children Pow-wow (vers la mi-oct.) : un pow-wow attachant réservé aux enfants.

San Francisco (NM) – San Francisco Jazz Festival (entre fin oct. et début nov.) : un festival de renommée internationale qui s'étale sur 2 semaines.

Tucson (NM) – Heritage Experience Festival : festival multiculturel.

NOVEMBRE

Gallup (NM) – Red Rock Balloon Rally (3 j. fin nov.) : grand rassemblement de montgolfières dans un cadre splendide.

Los Angeles (CA) – Hollywood Christmas Parade (dernier dim. de nov. ou premier de déc.) : parade de stars sur Hollywood Blvd.

DÉCEMBRE

Albuquerque (NM) – Christmas Luminarias (tout le mois) : Old Town est illuminé de jolies lanternes enfermées dans des sacs en papier.

Santa Fe (NM) – Christmas Farolitos (le 24 déc.) : une procession en chantant dans les rues illuminées de farolitos.

Taos (NM) – Deer Dance (le 25 déc.) : à Taos Pueblo.

San Diego (CA) – San Diego Harbor Parade of Light : les décorations de Noël des bateaux illuminent la baie de San Diego.

Bibliographie

HISTOIRE ET SOCIÉTÉ

Hollywood, l'usine à rêves, Découvertes Gallimard, 1992.
Le Nouvel Hollywood, Le Cherche Midi, 2002.

Sexe, Mensonges et Hollywood, Le Cherche Midi, 2006.
Le Western, quand la légende devient réalité, Découvertes Gallimard, 1995.
La Beat Generation, Découvertes Gallimard, 1997, 2004.
DAVIS William, *La Conquête de l'Ouest*, Solar, 1993.
Cadillac Desert, Penguin Books, 1986.

À propos des Indiens

Arts traditionnels des Amérindiens, Éd. Hurtubise HMH, 2001.
Histoire des Indiens d'Amérique du Nord, Larousse, 2001.
Pieds nus sur la terre sacrée, Denoël, 1976, 2001. Textes du patrimoine écrit et oral des Indiens, illustrés de photos d'Edward Curtis.
Traditions indiennes - La vie quotidienne des Indiens d'Amérique, Nathan, 1997.
RIEUPEYROUT Jean-Louis, *Histoire des Navajos - Une saga indienne, 1540-1990*, Albin Michel, 1991.

BEAUX LIVRES, PAYSAGES

États-Unis II - Les Derniers Mondes sauvages, coll. Grandeur Nature, Éd. A. Barthélemy, 2006. Balade photographique dans les parcs nationaux américains.
Heart of a Nation, National Geographic, 2000. Regards d'écrivains et de photographes sur les paysages américains.
Itinerrance dans l'ouest des USA, Éd. de la Boussole, 2001.
L'Ouest américain, territoires sauvages, coll. Grands Voyageurs, Éd. du Chêne, 1999.

LITTÉRATURE GÉNÉRALE

Romans

BOYLE T.C., *América*, Livre de Poche, 1999. La rencontre improbable entre deux couples, l'un blanc, américain et bourgeois, l'autre latino, clandestin et pauvre…

BUKOWSKI Charles, *Hollywood*, Livre de Poche, 1989. L'expérience romancée de l'auteur en tant que scénariste à Hollywood.

EASTON ELLIS Brett, *Zombies* (1985), *Moins que zéro* (1988), 10/18 ; *Suite(s) impériale(s)*, la suite de *Moins que zéro*, Robert Laffont, 2010.

FANTE John, *La Route de Los Angeles* (1933), *Bandini* (1938), *Demande à la poussière* (1939), *Rêves de Bunker Hill* (1982), 10/18. Cycle autobiographique de ce fils d'émigrés italiens né dans le Colorado en 1909.

KEROUAC Jack, *Sur la route* (1957), *Les Clochards célestes* (1963), *Big Sur* (1966), Folio Gallimard.

KINGSOLVER Barbara, *L'Arbre aux haricots*, suivi de *Les Cochons au paradis*, Rivages Poche, 1999. Un beau roman par un écrivain sensible, installé en Arizona.

LONDON Jack, *Martin Eden*, 10/18, 1999. Le chef-d'œuvre de Jack London. Un roman d'apprentissage en même temps qu'un récit du désenchantement.

MAUPIN Armistead, *Chroniques de San Francisco*, 10/18, 1994, 2003. Les aventures d'une poignée de colocataires dans le San Francisco des années 1970 (6 tomes).

OTTO Whitney, *Le Jour du patchwork*, Rivages Poche, 1996. Les vies parallèles de quelques femmes conventionnelles au cœur de la Californie profonde.

STEINBECK John, *Rue de la Sardine* (1947), *Les Raisins de la colère* (1947), *Des souris et des hommes* (1955), *Tortilla Flat* (1961), Folio Gallimard.

UDALL Brady, *Le Destin miraculeux d'Edgar Mint*, Albin Michel, 2001, 10/18, 2003. Belle et émouvante histoire d'un enfant apache handicapé, par l'un des écrivains les plus talentueux, vivant en Arizona.

Nouvelles

BOYLE T.C., *25 histoires de mort*, Livre de Poche, 2004. Humour grinçant et réalisme décapant pour un portrait de l'Amérique au vitriol. *25 histoires d'amour*, Livre de Poche, 2002, en est le pendant, tout aussi corrosif.

CARVER Raymond, *Les Vitamines du bonheur*, Livre de Poche, 1985. Récits amers de la vie américaine. *Tais-toi, je t'en prie*, Bibliothèque cosmopolite Stock, 1987.

UDALL Brady, *Lâchons les chiens*, 10/18, 1998. Morceaux de vie ordinaire en Arizona et Utah.

Policiers

CHANDLER Raymond, *Le Grand Sommeil* (1939), *Fais pas ta rosière !* (1949), *Adieu ma jolie* (1940), Folio policier.

CONELLY Michael, *Les Égouts de Los Angeles* (1993), *La Blonde en béton* (1994), *Le Poète*, certainement son meilleur roman (1998), *Los Angeles River* (2004), *La Défense Lincoln* (2006), Points Seuil. Polars noirs par un chroniqueur judiciaire du *Los Angeles Times*.

ELLROY James, *White Jazz* (1992), *L.A. Confidential* (1990), *Le Dahlia noir* (1987), *Le Grand Nulle Part* (1988), Rivages Noir. Une série noire située à Los Angeles. *Los Angeles Noir* (2010). La découverte de la ville à travers des nouvelles écrites par plusieurs auteurs dont Michael Conelly.

Récits de voyage ou d'aventure

ABBEY Edward, *Désert solitaire*, Payot, 1995. Récits d'une saison comme ranger à l'Arches N. P.

BRYSON Bill, *Motel Blues*, Payot, 1995, 2003. Traversée de l'Amérique profonde décrite sur un ton humoristique et doux-amer.

CENDRARS Blaise, *L'Or*, Folio Gallimard, 1997. L'épopée en Californie de John Suter, le fondateur de Sacramento.

GORIN François, *L'Améryque (Journal Intime)*, Éd. de l'Olivier, 1998. Carnet de route d'une traversée des États-Unis d'est en ouest.

STEVENSON Robert Louis, *La Route de Silverado*, Payot, 1991, Phébus, 2000.

Littérature indienne

ALEXIE Sherman, *Phoenix, Arizona*, 10/18, 2001. Des nouvelles tendres et drôles, par un Indien vivant à Seattle. Lire aussi *Dix petits Indiens*, Albin Michel, 2004.

HILLERMAN Tony, *Le Vent sombre* (1986), *Là où dansent les morts* (1986), *La Voie de l'ennemi* (1990), *Porteurs-de-peau* (1990), *Coyote attend* (1991), Rivages Noir. On suit le détective navajo, Joe Leaphorn, à travers les réserves indiennes.

MOMADAY Scott, *La Maison de l'aube*, Folio Gallimard, 1993. Entre sacré et profane, toute l'ambiguïté du monde indien. Prix Pulitzer 1969. Du même auteur, *L'Enfant des temps oubliés*, Folio, 1998. Un roman aux descriptions superbes.

TALAYESVA Don, *Soleil hopi*, coll. Terre humaine, Éd. Pocket, 1982. Autobiographie d'un Hopi dans sa tribu, première moitié du 20e s.

TREUER David, *Little*, 10/18, 1998. La bouleversante histoire d'une poignée d'Indiens marginaux dans le froid du nord des États-Unis.

TREUER David, *Comme un frère*, 10/18, 2004. Balade désenchantée dans les tribus indiennes.

WATERS Frank, *L'homme qui a tué le cerf*, Folio Gallimard, 1992, 2001. Roman situé dans les pueblos.

Discographie

MUSIQUE INDIENNE

ALLEN Michael et STRAMP Barry, *Coyote Oldman* (1989).

MIRABAL Robert, *Land* (1995), *Song Carrier* (1995), *Native Suite* (1996), *Taos Tales* (1999). Arrangements de flûte riches et innovants.

NAKAI Carlos, *Canyon Trilogy* (1989), *Desert Dance* (1990), *Migration* (1992), *Mythic Dreamer* (1998). Flûtiste navajo-ute.

SHENANDOAH Joanne, *Orenda* (1998). Chants rituels.

POP / ROCK / FOLK (ACTUEL)

BEN HARPER, *Welcome to the Cruel World* (1993), *The Will to Live* (1997).

CALEXICO, *Garden Rain* (2006), *Carried to Dust* (2008).

COLD WAR KIDS, *Robbers and Cowards* (2006), *Loyalty to Loyalty* (2008), *Mine is yours* (2011).

COUNTING CROWS, *August and Everything After* (1993).

LOCAL NATIVES, *Gorilla Manor* (2010).

RED HOT CHILI PEPPERS, *Blood Sugar Sex Magik* (1991), *Californication* (1999).

Films

La Chevauchée fantastique (1939), *Le Massacre de Fort Apache* (1948) ou *La Prisonnière du désert* (1956) de John Ford, *Citizen Kane* (1941) d'Orson Welles, *Le train sifflera trois fois* (1952) de Fred Zinnemann, *La Captive aux yeux clairs* (1953) de Howard Hawks, *La Rivière sans retour* (1954) d'Otto Preminger, *Règlement de comptes à O.K. Corral* (1957) de John Sturges, *Sueurs froides* (1958) d'Alfred Hitchcock, *Il était une fois dans l'Ouest* (1968) de Sergio Leone, *Bullitt* (1968) de Peter Yates, *Easy Rider* (1969) de Dennis Hopper, *Little Big Man* (1970) d'Arthur Penn, *Blade Runner* (1982) de Ridley Scott, *Rain Man* (1988) de Barry Levinson, *Bagdad Cafe* (1988) de Percy Adlon, *Danse avec les loups* (1989) de Kevin Costner, *Thelma et Louise* (1991) de Ridley Scott, *Casino* (1996) de Martin Scorsese, *Las Vegas Parano* (1998) de Terry Gilliam, *Windtalkers, Les messagers du vent* (2002) de John Woo, *Sideways* (2004) d'Alexander Payne, *Collateral* (2004) de Michael Mann, *Le Dahlia noir* (2006) de Brian de Palma, *Echo Park L.A.* (2006) de R. Glater et W. Westmorland, *Harvey Milk* (2009) de Gus Van Sant, *Somewhere* de Sofia Coppola (2010), *The Social Network* (2010) de David Fincher.

2/
COMPRENDRE LE SUD-OUEST AMÉRICAIN

Basin Overlook à Dead Horse Point S. P.
A. de Valroger / MICHELIN

Le Sud-Ouest aujourd'hui

Entre décor de western et mégalopoles démesurées, quelle image retenir du Sud-Ouest américain qui continue de faire rêver tant de voyageurs ? Le mythe est en effet solide, entretenu par le cinéma, la littérature et quelques spectaculaires success-stories. Les États de la région ont su protéger et mettre en valeur les canyons spectaculaires, les parcs nationaux sauvages tandis que des villes tentaculaires se développaient, notamment le long du Pacifique. Ce n'est qu'un des nombreux paradoxes d'une société en pleine mutation aujourd'hui confrontée, sans doute plus que d'autres, à d'importants défis humains et environnementaux. Y aller, c'est se préparer à un périple mémorable dans une contrée imprégnée d'un esprit d'invention permanente. Un voyage où l'on va pouvoir retrouver l'Amérique pionnière dans sa capacité de tirer le monde occidental au-delà des vieux clichés conservateurs.

UN DÉCOR GRANDEUR NATURE

Le survol de la région à haute altitude peut surprendre ou inquiéter. N'y a-t-il que d'interminables plateaux désertiques ? Rien de plus déconcertant en effet que la découverte des hautes terres du Sud-Ouest américain. De vastes plans inclinés dissymétriques, scandés par de brusques ruptures. Ces reliefs sont à la fois très anciens et très récents, puisque le soulèvement des chaînes pacifiques se poursuit lentement, rythmé par des tremblements de terre et des éruptions. Le résultat est une extraordinaire variété de paysages. Le Sud-Ouest devient ainsi un **écran gigantesque** où l'on peut projeter tout à loisir nos rêves d'espace. On peut y voir une invitation à partir sur les traces des grands chefs indiens tels Geronimo, Sitting Bull ou Cochise pour retrouver leurs terres dorées de lumière, théâtres de tant de combats désespérés. D'autres préféreront suivre le parcours de pionniers, des explorateurs ou l'installation de mormons. D'autres encore succomberont au chant des sirènes de Las Vegas qui brille de tous ses feux, en plein désert…
Le temps ne s'est pas arrêté et cet incroyable décor en perpétuelle évolution est aujourd'hui confronté à d'incroyables défis.

AU-DELÀ DES CLICHÉS

L'élection d'Obama, un président métis, une forte immigration mexicaine, de graves sécheresses, des incendies, une crise économique mondiale : la donne change profondément et les yeux du monde se tournent plus que jamais vers cette région puissante, qui a si longtemps symbolisé le rêve et la réussite. Les États du

San Francisco, Alamo Square.
L. Decoudin / MICHELIN

Sud-Ouest apparaissent comme le **sismographe** de l'Amérique. On connaît leur légendaire dynamisme et on espère y trouver la renaissance d'une société américaine abattue par la crise économique. Au-delà des clichés du cow-boy ou d'une nouvelle frontière, aller dans ces villes et ces espaces hors du commun, c'est chercher à comprendre une partie des convulsions du monde actuel. Une véritable **révolution culturelle** est en marche. Elle est tout d'abord le fruit d'un incroyable métissage avec les cultures noires, indiennes, et mexicaines. Ces mutations particulièrement visibles dans le Nouveau-Mexique sont encore plus marquées et plus variées dans les grandes villes comme San Francisco. Autre moteur de changement, la **crise économique** vient changer le mode de vie si privilégié et dépensier de la région. Le temple de la consommation est ébranlé, toute l'industrie automobile vacille, entraînée par les puissants 4 x 4 et les imposantes berlines si gourmandes en carburant.

LE TOURNANT ÉCOLOGIQUE

La richesse suprême mais aussi la plus rare dans la région est l'**eau**, un trésor difficile à préserver mais aussi à partager. Le Sud-Ouest, qui regroupe déjà de nombreuses zones désertiques souffre depuis plusieurs années de **sécheresse**. En 2009 l'état d'urgence a été décrété en Californie, les incendies ont été violents, menaçant même les zones urbanisées. Et les impacts risquent d'être lourds pour les agriculteurs avec la limitation de l'irrigation. Le contexte est difficile, mais l'Ouest américain a des **ressources**. On y découvre encore des fossiles de dinosaures… mais le pays attend beaucoup de la recherche qui bat son plein autour de la Silicon Valley. Il y a des signes encourageants. Les **villes vertes** ou **écovillages** se développent, les baleines réapparaissent au large de Malibu et les canoëistes réinvestissent la rivière de Los Angeles. La « vitalité » américaine doit se tourner vers un autre modèle économique forcément plus sobre.

Le système politique

La Constitution des États-Unis, inchangée depuis plus de deux siècles, est la plus ancienne au monde. La volonté de rompre avec un pouvoir colonial a certainement prévalu lors de la création des institutions et influença l'esprit que les pères fondateurs donnèrent à cette république du Nouveau Monde. La jeune puissance joua pourtant très vite à son tour la carte de l'expansionnisme, s'attachant à conquérir les grands espaces de l'Ouest. Elle acquit rapidement un statut de superpuissance, symbolisant le dynamisme et la réussite, avant d'être ébranlée par les attentats de 2001 et la dernière crise économique mondiale. En 2009, Barack Obama est le premier afro-américain a accéder à la magistrature suprême. Un mandat marqué par l'adoption d'une réforme de la couverture santé très controversée et, en 2011, par la mort de Ben Laden.

Le gouvernement fédéral…

La naissance des États-Unis d'Amérique repose sur la déclaration d'indépendance du **4 juillet 1776**, par laquelle les treize colonies de l'Est s'affranchirent du pouvoir colonial anglais. Soucieux de réguler les échanges économiques, les treize États nouvellement créés se réunirent dix ans plus tard à Philadelphie pour rédiger la **Constitution de 1787**, qui créa un État fédéral et en définit les instances communes.

La Constitution américaine établit la séparation des pouvoirs et l'égalité entre les États au sein du corps législatif. Le Congrès comprend en effet deux assemblées : la **Chambre des représentants** se compose de 435 membres, renouvelés tous les deux ans, et représentent les États proportionnellement au nombre d'habitants ; le **Sénat**, renouvelé par tiers tous les deux ans, est constitué de deux sénateurs par État, élus pour six ans. Si le texte de la Constitution reste inchangé, il est prévu que des amendements puissent y être ajoutés, afin de préciser certains points et régler définitivement des questions laissées en suspens. En 1791, les dix premiers amendements, ou *Bill of Rights*, précisèrent les droits individuels et ceux des États, par opposition à ceux du gouvernement fédéral. Le pouvoir exécutif est confié au **président** et à son vice-président, élus pour quatre ans selon un système de collège électoral (les citoyens votent pour une liste d'électeurs, qui soutient un candidat et procède elle-même à un vote plusieurs semaines après l'élection générale). Le Président est conseillé par **14 secrétaires d'État**, responsables des différents ministères. Le pouvoir judiciaire est confié à la **Cour suprême**, la plus haute instance du pays, composée de neuf juges nommés à vie par le président, après accord du Sénat. Elle remplit tout à la fois le rôle de Conseil constitutionnel, de Conseil d'État et de Cour de cassation.

… et celui des États

Si le gouvernement fédéral exerce son autorité dans les affaires étrangères (défense et diplomatie), dans les échanges commerciaux internationaux et en partie dans la justice, chacun des **50 États** dispose par ailleurs de son propre gouvernement, en charge de l'enseignement, de la politique sociale, des équipements, de la police et de la justice (ce qui explique que tous les États n'adoptent pas les mêmes réglementations, ni la même position face à la peine de mort). Un **gouverneur**, élu pour deux ou quatre ans, est désigné comme chef de l'exécutif, tandis que le pouvoir législatif est assuré par **deux assemblées**.

LE RATTACHEMENT TARDIF DU SUD-OUEST

À l'époque où la Constitution fut rédigée, le pays se composait uniquement des États de la côte Est. Certains n'ayant aucune frontière commune avec les terres de l'Ouest, il fut prévu, pour éviter tout

conflit, que les nouveaux espaces conquis reviendraient à l'État fédéral. La Constitution précisait par ailleurs que tout territoire regroupant 60 000 habitants pourrait postuler pour rejoindre l'Union, et obtiendrait les mêmes droits et les mêmes devoirs que les autres. L'explosion démographique générée par la ruée vers l'or permit à la Californie de dépasser rapidement le seuil nécessaire. En 1850, elle fut ainsi le 31e État à entrer dans l'Union, précédant de plusieurs années tous les autres États du Sud-Ouest : le Nevada (1864), le Colorado (1876), l'Utah (1896), le Nouveau-Mexique et l'Arizona (1912).

DU CINÉMA A LA POLITIQUE

Hasard ou coïncidence, deux acteurs ont été gouverneurs de Californie. Après avoir commencé sa vie professionnelle au cinéma et à la télévision, l'ancien président **Ronald Reagan** avait d'abord été gouverneur de l'État qui abrite Hollywood de 1967 à 1975. **Arnold Schwarzenegger**, plus connu pour son jeu très musclé dans *Conan le Barbare* et *Terminator* et élu plusieurs fois « Monsieur Univers », a lui occupé cette fonction de 2003 à 2011. C'est le démocrate **Jerry Brown**, qui a succédé à l'ex-gouvernator républicain et a pris les rênes de la Californie, comme il l'avait fait 36 ans auparavant après Ronald Reagan.

LE BIPARTISME

Dès l'origine, les deux grands partis qui dominent la vie politique américaine se sont différenciés par leur interprétation des textes constitutionnels. Pour les républicains, le pouvoir fédéral ne doit en aucun cas empiéter sur les prérogatives des États. Ils préconisent la libre entreprise, qui doit conduire à une moindre dépendance des citoyens envers l'État fédéral. À l'inverse, les démocrates sont plus interventionnistes : l'importance d'une politique économique et sociale à l'initiative du pouvoir fédéral fait partie de leurs revendications traditionnelles.

Les Américains

Si une région de la planète illustre bien la notion de « melting pot » c'est bien cette partie ouest des États-Unis qui concentre un nombre incroyable de nationalités et de minorités. Il n'est qu'à parcourir les différents quartiers de San Francisco pour s'en convaincre définitivement. Ce creuset démographique doit résorber des situations historiques complexes, liées à l'esclavage ou au traitement des Indiens, mais également de forts flux migratoires, notamment en provenance du Mexique. Il n'est pas question d'assimilation, le communautarisme est ici très fort, mais de gros efforts ont été faits pour normaliser les relations entre tous ces Américains. La communauté noire a ainsi beaucoup évolué grâce à l'Affirmative action (discrimination positive) qui a permis la naissance d'une classe moyenne et l'élection du premier président noir, Barack Obama. Mais le chemin reste encore long, la crise vient ralentir une évolution encore fragile et nombreux sont les oubliés du « miracle américain ».

Une démographie galopante

La population globale américaine est estimée en 2011 à près de **309 millions d'habitants** avec une croissance démographique d'environ + 1 % par an. Mais cette progression est bien plus élevée dans l'Ouest qui compte la plus forte concentration de minorités : les Asiatiques, les Latino-Américains s'y installent davantage que dans le reste du pays.

En plus des importants flux migratoires, la **natalité** est très variable selon les communautés, avec un boom du côté des Hispaniques qui devraient représenter près de 30 % de la population américaine vers 2050.

La **Californie** est l'État le plus peuplé avec plus de 37 millions d'habitants en 2011. Les autres États du Sud-Ouest sont plus faiblement peuplés, en dehors de quelques régions urbanisées.

Parmi les **agglomérations** qui enregistrent la croissance la plus rapide depuis 1990, Las Vegas arrive ainsi en première position, avec + 111 %, suivie par Phoenix, + 48,6 % et Tucson, + 27,1 %. Enfin, les grandes agglomérations de Los Angeles (2e ville du pays), de Phoenix (6e ville), San Diego (7e ville) et San Francisco (14e ville) comptent parmi les zones urbaines les plus peuplées des États-Unis.

UNE FORTE IMMIGRATION

Longtemps considérés comme un Eldorado pour les Européens, les États-Unis ont conservé leur pouvoir d'attraction car le pays a accueilli, légalement ou illégalement, près de 8 millions de personnes entre 2001 et 2005, selon le Centre d'Étude de l'Immigration. La tendance se confirme, malgré des législations plus restrictives et un mur de plus de 1 000 km sur la **frontière avec le Mexique**. Une image, celle de la ville frontière de Tijuana, illustre mieux que tous les discours cette incroyable pression migratoire. La ville, très dense, semble s'écraser contre la barrière de fer tandis que de larges espaces se déploient côté américain. L'**Arizona** a reçu près de 2 millions d'immigrants entre 1970 et 2009, soit le tiers de sa population actuelle. Si l'on se réfère à l'augmentation du nombre d'habitants entre 2000 et 2010, le **Nevada** arrive en tête avec une augmentation de 35 % (la moyenne nationale est de 5,3 %), suivi par l'Arizona (24,6 %) et l'Utah (24 %).

Les Indiens

Voyager dans les terres rouges du côté de Santa Fe ou de Phoenix, ou même encore vers les profonds canyons du Colorado, c'est partir à la recherche des terres indiennes. Et comment ne pas constater cette contradiction qui tenaille les tribus indiennes d'aujourd'hui ? Les Indiens sont en effet tiraillés entre les tentations et surtout les excès de l'« *American way of life* », et la conviction qu'ils doivent perpétuer leurs valeurs et retrouver la dignité de leurs ancêtres.

Aujourd'hui, les mobile homes côtoient les **hogans** (habitat traditionnel navajo) isolés, perdus dans les montagnes. Les descriptions minutieuses des rituels anciens ont certainement contribué au succès de la région navajo comme destination touristique. Elles ont surtout aidé à faire admettre dans le patrimoine national américain une culture encore méprisée. La récompense, dont le romancier Tony Hillerman restait le plus fier, était le titre de « Special Friend of the Dineh », ami notable du peuple navajo, que lui avaient conféré les autorités tribales. Les mentalités évoluent mais les Indiens restent confrontés à d'importants défis.

VERS UN LENT RENOUVEAU

Les 2 millions d'Indiens ne représentent aujourd'hui que 0,8 % de la population totale des États-Unis (au Nouveau-Mexique la proportion atteint les 10 % et en Arizona elle est de 5 %). Malgré les progrès, leur espérance de vie moyenne ne dépasse pas 50 ans. Environ la moitié d'entre eux vivent dans des **réserves**, principalement à l'ouest du Mississippi. Elles sont gouvernées de façon indépendante par les autorités tribales, possèdent leur police et tentent de créer leur propre économie, basée sur le tourisme (parcs, complexes hôteliers, services), les jeux (les réserves sont autorisées à ouvrir des casinos) et les ressources minières. Malheureusement, le chômage (flirtant souvent avec les 50 %), le niveau insuffisant de l'éducation (seuls 2,1 % poursuivent des études supérieures contre 7,6 % pour l'ensemble de la population), l'alcoolisme et la drogue maintiennent beaucoup de villages dans un état de dénuement proche de la misère, avec son cortège de suicides, de frustrations et de violences.

Pourtant, l'échec de leur intégration dans les villes et le renouveau des traditions parmi les nouvelles générations sont à l'origine d'un **retour des jeunes vers les réserves**. La rénovation du système scolaire pour les enfants indiens, la promotion de l'art et de la littérature (l'enseignement des langues ancestrales leur est peu à peu proposé) et la mode de la culture indienne (malgré ses dérives factices ou pseudo-ésotériques) ont contribué à la renaissance du patrimoine autochtone et à une approche plus respectueuse des rites et de la philosophie de vie des Indiens. Des cérémonies traditionnelles ont encore lieu, et chaque année

LA PLACE DES INDIENS DANS LE NATIONAL PARK SERVICE

Dans les années 1990, une loi reconnut l'importance du rôle des Indiens dans les programmes de préservation des sites historiques. En 1992, des tribus ont ainsi pu elles-mêmes demander le rattachement de certains sites au registre national des sites historiques. On leur reconnut par ailleurs le droit et les compétences pour donner des conférences sur le bien-fondé de la préservation de certains sites. En 1996, le directeur du NPS a mis en place un véritable partenariat avec 12 tribus indiennes, notamment les Hualapais (Arizona), les Yuroks (Californie) et les Navajos (Arizona, Utah, Nouveau-Mexique), qui, au même titre qu'un État, sont chargées de l'administration des parcs ou « monuments » situés sur leurs territoires. Elles sont ainsi parties prenantes dans la préservation de leur héritage, dans le respect de leur culture et selon leurs priorités tribales. Parmi les grands sites gérés par les Indiens figurent Monument Valley, le canyon de Chelly et le fameux Grand Canyon Skywalk (passerelle panoramique).

de grands rassemblements intertribus, les **pow-wows**, leur permettent de montrer leurs costumes et de présenter leurs danses. Chaque année, le 23 juin, c'est le jour du soleil. Face à la montagne, les Indiens du Nouveau- Mexique se livrent à de mystérieuses cérémonies pour saluer l'apparition du soleil. « Nous aidons quotidiennement notre père le soleil, à travers le ciel, disent-ils. Si nous arrêtons nos pratiques, le soleil ne se lèvera plus. Ce sera la nuit à jamais. »

LES COMMUNAUTÉS INDIENNES

Au nombre de 2,5 millions, les *Native Americans* vivent aujourd'hui en majeure partie à l'ouest du Mississippi, où, depuis le 19e s., le gouvernement américain leur a alloué des terres. La plupart des Indiens vivent dans ces quelque **300 réserves** et travaillent dans les villes. La majorité des terres appartient aux tribus qui les administrent selon leurs propres lois, sauf prérogatives fédérales, mais les gouvernements tribaux restent très dépendants des fonds fédéraux. La majeure partie des Indiens du Sud-Ouest vit en Arizona (21 réserves) et au Nouveau-Mexique (25 réserves). La réserve la plus étendue du pays, celle des Navajos, s'étend sur 70 825 km², à cheval sur l'Arizona, le Nouveau-Mexique et l'Utah, et accueille 219 000 personnes. À la différence des Indiens des Grandes Plaines, qui ont été chassés vers l'ouest, hors de leurs territoires historiques, les tribus d'Arizona et du Nouveau-Mexique possèdent encore une partie des terres qui étaient occupées par leurs ancêtres. Leurs cultures en sont d'autant mieux préservées et vivantes.

Occupés depuis la préhistoire par les ancêtres des Indiens, des peuplades venues d'Asie par le détroit de Béring (mongoloïdes) et peut-être d'Europe continentale par la banquise (caucasoïdes), les vastes territoires du continent nord-américain ont fait l'objet de toutes les convoitises à partir du 16e s., attirant des vagues successives d'immigrants d'origines très diverses d'où est issue une société composite et colorée.

LES TRIBUS INDIENNES

Les Navajos

Avec quelque 270 000 membres, ils constituent aujourd'hui la tribu la plus nombreuse du Sud-Ouest et la deuxième d'Amérique du Nord après les Cherokees. Ils se désignent eux-mêmes par le nom de *Dineh* ou *Diné*, qui veut dire « le peuple », tout en revendiquant le terme de *Navajo Nation*. Jadis, les Navajos se livraient à de fréquents raids sur les Indiens pueblos, mais avec le temps, les méthodes d'agriculture ou d'artisanat des deux tribus se sont mêlées et influencées. Les chants occupent une place importante dans leur culture, non seulement pour transmettre les mythes et les traditions, mais aussi lors des cérémonies, notamment les rites de guérison, où ils exécutent des peintures de sable *(sand paintings)* chargées de symboles sacrés. Ils bénéficient aujourd'hui de la plus vaste réserve des États-Unis, sur le plateau du Colorado, à cheval sur la frontière du Nouveau-Mexique, de l'Arizona et de l'Utah (environ 160 000 Navajos y vivent), mais les jeunes partent en masse vers les villes pour échapper à l'inactivité et souffrent souvent de déracinement.

Les Apaches

Ils composent l'autre grande tribu nomade du Sud-Ouest, avec 57 000 personnes réparties entre le Nouveau-Mexique, l'Arizona et le sud-ouest de l'Oklahoma. Ne connaissant pas une organisation tribale centralisée, ils se déplaçaient plutôt en bandes, et leurs chefs les plus célèbres furent Cochise et Geronimo. Ils appartiennent au même groupe linguistique que les Navajos. Leur organisation sociale repose largement sur les lignées féminines, qui se chargent de l'administration des familles.

Les Pueblos

Les descendants des anciens Anasazis *(voir le site exceptionnel de Mesa Verde)* sont environ 59 000, dispersés dans leurs réserves du Nouveau-Mexique (62 %) et d'Arizona (17 %). Habitant des *pueblos* structurés depuis le 9e s., ils sont les plus religieux des Indiens du Sud-Ouest (les villages ont été évangélisés très tôt par les missionnaires catholiques).
Ce sont les Espagnols qui les ont surnommés Pueblos en raison de leur culture sédentaire. Leur rite le plus spectaculaire est la *Corn Dance* (danse du Maïs), mais ils sont tout aussi célèbres pour leurs danses animales, du Cerf, de l'Ours ou de l'Aigle.
Les villages, composés de maisons à étages réalisées en terre crue (adobe), sont séparés en deux, le peuple de l'Hiver et le peuple de l'Été, qui administrent la communauté chacun leur tour. Les Pueblos sont particulièrement

LE RITE DE LA PUBERTÉ

Après leur première menstruation, les jeunes filles apaches doivent se livrer à un rite long et éprouvant, que la tribu tient de « Femme Peinte en Blanc » (White Painted Woman, aussi dénommée Changing Woman ou « Femme Changeante »), l'une des déesses fondatrices. Les Apaches croient que la jeune fille pubère est douée de pouvoirs de guérison spéciaux. Durant quatre jours, elle se tient dans un tipi construit spécialement pour l'occasion, son corps est enduit de blanc, ses vêtements peints en jaune comme le pollen sacré du maïs, et elle ne doit ni se laver ni sourire. Elle regarde en permanence vers l'est, d'où est arrivée « Femme Peinte en Blanc », et doit accueillir quiconque demande ses soins. Le chaman qui la soutient se livre à des chants sacrés, tandis que chaque soir on exécute la danse des Esprits de la Montagne. La fête s'achève au bout des quatre jours, mais la jeune fille doit attendre neuf jours pour se laver et être acceptée comme une femme à marier.

appréciés pour leur vannerie, leur poterie et leurs bijoux. Parmi eux, les **Zunis** occupent une place à part, en raison de la complexité de leurs rites et de leur artisanat particulier (fétiches de pierre, *kachinas*, bijoux opulents et très élaborés…).

Les Hopis
Formant une tribu très pacifique du nord-est de l'Arizona, les quelque 10 000 Hopis sont encerclés par les Navajos avec lesquels ils entretiennent un âpre conflit de territoire. Proches de la culture pueblo à laquelle on les rattache souvent, ils parlent une langue sho-shone et sont longtemps restés isolés des autres tribus. Cette société matriarcale tire son originalité de ses rites complexes impliquant les **kachinas**, figurines sculptées et habillées, symbolisant les différents esprits des plantes, des animaux ou des forces de la nature. Leur danse la plus typique est la Snake Dance (danse du Serpent), mais ils se livrent aussi à de pittoresques danses des Kachinas et à la cérémonie des flûtes censée amener la pluie. Leurs maisons en terre crue sont proches de celles des Pueblos.

Les Shoshones
Ils occupent une large partie du Grand Bassin, les zones centrales du Nevada, l'ouest de l'Utah, le sud-est de la Californie (Death Valley) et l'ouest du Texas (tribus comanches).

Les heurts avec les hommes blancs vinrent surtout de l'arrivée massive des mormons en Utah, puis des chercheurs de minerais. Nomades, les Shoshones vivaient à l'origine de la cueillette et de la chasse au bison et habitaient des huttes sommaires, les *wickiups*. Aujourd'hui, comme les autres Indiens, ces tribus vivent dans de modestes maisons, le plus souvent préfabriquées, assemblées en villages pauvres. Parmi ces autres tribus, les **Paiutes** (un peu moins de 10 000) évoluent entre les Rocheuses, la Sierra Nevada et le plateau du Colorado. Les **Utes** (environ 7 000), qui appartiennent au même groupe linguistique, ont valu son nom à l'Utah. Ils se déplaçaient en bandes de chasseurs et se livraient à des raids sur les tribus voisines. Aujourd'hui rassemblés dans des réserves de l'ouest du Colorado (notamment près de Mesa Verde) et du sud de l'Utah, les Utes célèbrent toujours les impressionnantes *Bear Dance* (danse de l'Ours) et *Sun Dance* (danse du Soleil).

Les Indiens de Californie
Peu nombreux, ils ont été anéantis par l'immigration massive des Européens et dépossédés de leurs traditions. La tribu des **Chumashs**, sur la côte centrale, se distinguait par ses barques fabriquées en planches, alors que les autres évidaient des troncs ou tendaient des peaux sur une ossature en bois. Principalement regroupés autour

UNE PLANTE VÉNÉRÉE
Le **maïs** (corn), base de leur alimentation, est une plante vénérée par la plupart des tribus du Sud-Ouest. Sa culture exige des trésors d'ingéniosité et de soins dans ces climats arides et témoigne de l'harmonie de l'homme avec la nature et les éléments. C'est sans doute pour cette raison que la plante est l'un des symboles sacrés les plus forts. Le pollen sert d'offrande lors des cérémonies, où il représente le renouveau de la vie et le cycle de la nature. Sa couleur jaune évoquant celle du soleil figure la force de vie. L'une des divinités les plus respectées des Pueblos est Corn Mother, assimilée à la Terre Mère.

Los Angeles est à moitié hispanique et compte également 10 % de Noirs.
G. Kullenberg / Stock Connection/Age Fotostock

de Santa Barbara, ils ont presque disparu après la colonisation. Sédentaires, ils se sont facilement enrôlés dans les missions, y perdant toute leur identité. Les quelques survivants vivent du tourisme, et surtout des bénéfices de leur casino, dans la réserve de Santa Ynez. Les **Miwoks** vivaient le long de la côte, au nord de San Francisco, et au bord des rivières Sacramento et San Joaquin, sur le flanc ouest de la Sierra Nevada. Décimés après l'arrivée massive des chercheurs d'or, ils occupent encore quelques petites réserves où ils se sont mélangés avec d'autres tribus voisines. Parmi les traditions qu'ils ont gardées, on retient le travail des perles et la vannerie.

Les communautés d'immigrants

Explorateurs et missionnaires espagnols venus du sud par le Mexique, trappeurs ou colons anglais, français, allemands cherchant fortune dans l'Ouest, travailleurs chinois fuyant les incertitudes de leur pays, esclaves noirs affranchis constituèrent au fil du temps une mosaïque d'immigrants d'une incroyable diversité, remplaçant les tribus indiennes peu à peu mises à l'écart (au Nouveau-Mexique et en Arizona, les Indiens n'obtinrent le droit de vote qu'en 1948). Toutes ces communautés se mélangent très peu et se replient sur elles-mêmes dans des quartiers clairement délimités qui deviennent parfois des ghettos. Bien que les communautés blanches américaines restent provisoirement majoritaires dans l'ensemble de l'Ouest, les disparités sont grandes entre les régions, la Californie du Sud et le Nouveau-Mexique étant composés pour plus de la moitié de populations dites minoritaires (Latinos, Noirs, Indiens et Asiatiques). Cette bascule ne peut que s'accélérer, puisque plus des 4/5 de la croissance démographique est aujourd'hui le fait de ces minorités (immigration et taux de fécondité élevé).

DES COMMUNAUTÉS BIEN ÉTABLIES

Les Anglo-Américains

Les premiers immigrants d'origine anglo-saxonne (Anglais, Écossais et Irlandais) sont devenus américains à la déclaration de l'Indépendance. Ils ont rapidement été suivis par d'autres Européens, moins nombreux – Français, Allemands, Scandinaves – fuyant la pauvreté de leur pays d'origine ou la persécution religieuse ou politique. Tous sont arrivés progressivement dans l'Ouest avec les caravanes de pionniers pour posséder enfin des terres ou chercher de l'or. Entreprenants, ils ont souvent posé les fondements de l'économie locale. Sûrs d'eux, ils ont aussi imposé leurs idées, religieuses ou sociales, et pris les rênes du pouvoir politique. Ils constituent la frange la plus riche de la société américaine, même si la pauvreté les touche de plus en plus. Ils sont les plus nombreux (67 %), malgré des disparités selon les États. Ils rassemblent toute la diversité héritée de l'Europe, tant sur les plans religieux et culturels que dans le domaine politique. Dans l'Ouest américain, leur proportion est en constante diminution.

Les Noirs

« Importés » de force depuis l'Afrique, ils sont arrivés comme esclaves dans les plantations de coton des États du Sud. Malgré la guerre de Sécession, l'abolition de l'esclavage et le droit de vote théorique à partir de 1870, ils firent l'objet d'une ségrégation sans pitié et rejoignirent progressivement les grandes villes industrialisées. Dans l'Ouest, ils sont surtout regroupés à **Los Angeles** (9,8 % de la population et un premier maire noir en 1973) et ont représenté jusqu'à 36 % de la population d'Oakland. Pourtant, leur intégration se fait mal et beaucoup vivent en dessous du seuil de pauvreté, isolés de la société dans des ghettos où la violence flambe. En moyenne et à qualifications égales, le salaire d'un Noir ne s'élève qu'à 60 % de celui d'un Blanc. En 1992, Los Angeles fut le théâtre de violentes émeutes raciales après l'acquittement de quatre policiers blancs qui avaient frappé un Noir. Bien que ne représentant que 13 % de la population des États-Unis, les Noirs forment près de la moitié de la population carcérale, en raison de la délinquance, mais aussi du coût prohibitif d'une défense juridique efficace. Comme dans la plupart des communautés pauvres, les mouvements religieux trouvent un terrain favorable, notamment les sectes d'origine chrétienne ou l'islam, sur les traces du célèbre Malcolm X, délinquant converti en prison. Le terrain politique et revendicatif est occupé par des associations non violentes, à l'image du mouvement de Martin Luther King, ou révolutionnaires, dont le symbole est resté le mouvement des Black Panthers, fondé à Oakland par des militants d'extrême gauche. En vingt ans, la communauté noire a accompli des progrès extraordinaires, même si les pauvres restent encore marginalisés.

Les Asiatiques

Les **Chinois** constituent une communauté très originale. Ils se sont surtout installés en Californie (plus de 12 % de la population) et dans les villes où passait le chemin de fer, à la construction duquel ils ont beaucoup contribué. Très attachés à leurs traditions, ils se regroupent en quartiers très typés, les *Chinatowns*, où la langue et les boutiques restituent l'ambiance des villes asiatiques. Le respect des valeurs familiales, la solidarité et un solide sens du commerce leur fournissent une protection contre l'extrême pauvreté.

Les **Japonais** ont quant à eux formé dès le 19e s. une communauté très dynamique, mais souvent en butte au racisme. Après l'attaque de Pearl Harbor par le Japon (1941), tous les Japonais des États-Unis, même ceux qui avaient pris la nationalité américaine, ont été internés dans des camps (puis libérés après la guerre), ce qui a considérablement freiné leur intégration.

LA MONTÉE EN PUISSANCE DES HISPANIQUES

Avant de devenir américains, en 1848, les États du Sud-Ouest ont longtemps été colonisés par les Espagnols, puis rattachés au Mexique. Aujourd'hui encore, le Nouveau-Mexique, la Californie et l'Arizona accueillent les communautés hispanophones les plus importantes du pays. Avec près de 45 millions d'individus, la population hispanique dépasse maintenant la population noire (40 millions) et représente 15 % de la population américaine. Les statistiques tablent sur une croissance continue de cette communauté dans les années à venir, de sorte que l'on parle de « brunissement de l'Amérique ». Cela n'est pas sans inquiéter la frange conservatrice de la communauté blanche, car les Hispaniques, animés d'un esprit très communautaire, se soucient peu de la culture dominante et sont très attachés à leur langue et à leurs traditions, qu'ils continuent de pratiquer dans les quartiers où ils se regroupent.

Les Latinos

Venus surtout du Mexique (ils sont alors appelés Chicanos), ils constituent la plus importante des populations dites minoritaires du Sud-Ouest américain (plus de 43 % au Nouveau-Mexique, 34 % en Californie, 28 % en Arizona), voire la première communauté par endroits. La population de Los Angeles est à moitié hispanique (48,5 % contre 29,4 % d'Anglo-américains) et c'est un fils d'immigrants mexicains qui en est le maire. Leur immigration est la plus ancienne et remonte au temps de l'occupation espagnole, mais elle s'est accentuée avec l'industrialisation des États-Unis et l'appauvrissement du Mexique. L'**immigration clandestine** est un tel problème que des murs et des barbelés ont été érigés le long de la frontière. Ces immigrés forment une communauté profondément catholique, d'origine pauvre et rurale, peu éduquée (moins de 8 % suivent des études au-delà du niveau bac) et très attachée à ses racines. Dans les quartiers latinos et les grandes exploitations agricoles, il est d'ailleurs rare d'entendre parler anglais…

Économie et tourisme

Les villas de stars à Beverly Hills continuent de fasciner, les plages de Malibu ont toujours du succès, mais la réalité n'est pas toujours aussi glamour dans l'Ouest américain. La difficulté des États, en particulier de la Californie, pour voter des budgets en 2009 illustre bien les remises en question nécessaires avec la crise. Des restrictions budgétaires drastiques ont été décidées dans les administrations et les défis futurs exigent désormais l'invention de nouveaux modèles basés sur la croissance verte, les énergies renouvelables et un secteur bancaire plus régulé. La réduction des émissions de gaz à effet de serre sur le sol américain d'ici à 2020 est une étape importante et nécessaire qui contient une promesse de création d'industries nouvelles et d'emplois. Cette prise de conscience nouvelle est urgente pour les États du Sud-Ouest, composante en grande partie de cette « Sun Belt » qui n'a pas fini de faire rêver toute une génération de jeunes entrepreneurs épris de liberté d'entreprise et de passion pour les technologies nouvelles.

Le tourisme

Les célèbres plages californiennes, les machines à sous de Las Vegas, des parcs nationaux spectaculaires et, même, la faiblesse actuelle du dollar… Le Sud-Ouest américain ne manque pas d'atouts pour attirer les touristes. Ce n'est pourtant pas l'euphorie, la crise a provoqué un ralentissement même si les touristes commencent à revenir. Le président Obama a signé en 2010 le **Travel promotion Act**, une taxe pour financer la promotion touristique des États-Unis dans le monde.

LES GRANDES VILLES

Déroutantes à cause de leurs impressionnantes dimensions, les grandes villes sont des points d'entrée passionnants sur le territoire américain. San Francisco bien sûr, mais aussi Los Angeles et ses 84 quartiers. On aurait tort de ne retenir que la première impression où dominent l'asphalte et le béton. Ces **mégalopoles** recèlent de nombreuses richesses, humaines et culturelles bien sûr, mais aussi naturelles (Golden Gate Park, Griffith Park, etc.). Sensibilisées par les problèmes de pollution, les mentalités évoluent, les pratiques aussi. Pourra-t-on bientôt y flâner ? Si c'est déjà possible dans certains quartiers de San Francisco, cela semble moins évident à Los Angeles, royaume de la voiture. Et pourtant, l'apparition de l'**écovillage** de Bimini Place annonce de profonds changements et de nouveaux échanges sociaux. Plus qu'un choix, c'est devenu une nécessité pour assurer l'avenir.

Route 66 à Tucumcari (Nouveau-Mexique).
Jon Arnold / Hemis.fr

LES GRANDS ESPACES

C'est en partant à l'aventure dans le Grands Ouest que l'on comprend le goût des Américains pour les voitures confortables. Les kilomètres défilent, mais ces territoires offrent une gamme d'**activités de pleine nature** sans doute unique au monde. Elle comprend le littoral, les grandes étendues désertiques et leurs reliefs inoubliables, sans oublier le tourisme viticole et les lacs. Autour des grandes retenues de barrage se sont développés des marinas et des sites récréatifs très fréquentés.

LES GRANDS PARCS

Le trésor du Sud-Ouest est avant tout ce magnifique ensemble de **Parcs nationaux**. Yosemite, Death Valley, Bryce Canyon, Canyonlands ou bien sûr Grand Canyon, ces joyaux sont des jalons indispensables pour un voyage réussi. Il y a bien sûr des parcours organisés, mais il faut prendre le temps de randonner, si possible d'y séjourner pour en prendre un peu la mesure. Tout cela est possible grâce aux Rangers, qui comptent de nombreuses femmes et des membres de la communauté indienne. Ils sont souvent de très bons guides en plus d'avoir un rôle important dans l'entretien des pistes, le repérage des incendies et la lutte contre le braconnage.

LA MYTHIQUE ROUTE 66

Longue de 3 943 kilomètres, elle traverse le pays de Los Angeles à Chicago. Immortalisée en 1939 par John Steinbeck qui l'avait surnommée la **Route Mère** (Mother Road) dans *Les Raisins de la colère*, la Route 66 s'est illustrée par des nouveautés qui vont transformer le visage d'une partie de l'Amérique de l'Ouest. Tout d'abord les motels, puis les stations-service, les restaurants routiers où l'on mange sans même descendre de voiture. En 1985, elle est baptisée « route historique » et est désormais sillonnée par des passionnés, à moto souvent, qui ont envie de traverser les paysages les plus extraordinaires du Nouveau-Mexique et de l'Arizona.

LA CALIFORNIE, UN ÉTAT PIONNIER

Avec près de 37 millions d'habitants en 2011, la Californie est de loin l'État le plus peuplé et constitue un vrai pays à elle seule. Son isolement géographique par rapport au reste du territoire fut à l'origine de son rapide développement. Aujourd'hui, grâce à une **activité économique très diversifiée** et à une position de leader dans la production agricole, l'industrie et le tourisme, elle est la plus puissante des États-Unis, avec 13 % du PIB total, et occupe la 8e place dans l'économie mondiale. Véritable laboratoire de l'innovation, la Californie reste pionnière dans bien des domaines. Qu'il s'agisse du développement de l'informatique et des industries de haute technologie, de questions sociales (contestations étudiantes, mouvements syndicaux, revendications des communautés noires ou homosexuelles) ou écologiques. Longtemps réputé État le plus pollueur de l'Amérique, elle cherche des solutions pour inventer un autre modèle de développement durable. Le meilleur exemple est **San Francisco** qui se fait désormais l'apôtre d'une façon de s'enrichir plus respectueuse des hommes et des écosystèmes. De plus en plus de créateurs d'entreprises, échaudés par l'éclatement de la bulle Internet, choisissent l'écologie et le commerce équitable. Poussée par cette vague, la ville mise sur l'énergie solaire ou marémotrice, les produits de nettoyage non toxiques, le recyclage des ordures et les transports non polluants.

La question de l'eau

C'est devenu un problème crucial car on constate le tarissement général des cours d'eau dans le Sud-Ouest. 95 % de l'eau arrivant sur le sol de l'Arizona est repris par l'évaporation et la transpiration des végétaux. Les scientifiques ont observé une **baisse des précipitations** dans le bassin du Colorado de plus de 20 % en un siècle.

En 1878, un grand géologue, **J.-W. Powell**, avait formulé la doctrine de l'eau, qu'il appelait une « démocratie technologique ». Il proposait de découper l'Ouest en bassins versants hiérarchisés dont les potentiels en eau et en terre seraient évalués. Il était facile, selon Powell d'équiper 40 millions d'hectares où pourraient s'installer plus d'un million de fermes familiales. Cette utopie a sans surprise été balayée par les lobbies de grands propriétaires fonciers. Pour **irriguer** les terres arides et subvenir aux besoins croissants de la population, de l'industrie, de l'agriculture et de l'élevage, des projets de mise en valeur ont été soutenus au cours du 20e s. par le gouvernement fédéral ou par les États. Les premiers **grands barrages** ont ainsi été édifiés en Arizona en 1911 (Roosevelt Dam, *voir p. 494*) et au Nouveau-Mexique en 1916 (Elephant Butte Dam). D'autres chantiers, plus modestes, ont été mis en œuvre. Les plus importants sont situés sur le fleuve Colorado : près de Las Vegas, la construction du Hoover Dam commença en 1931 pour s'achever quatre ans plus tard *(voir p. 379 et 383)*, tandis qu'en amont du Grand Canyon le Glen Canyon Dam était terminé en 1963 *(voir p. 455)*. Aujourd'hui, la situation n'en demeure pas moins préoccupante. La **surexploitation** des nappes souterraines qui alimentent les États du Sud-Ouest fait que celles-ci tendent à s'épuiser rapidement et il est devenu nécessaire que chaque État, en charge de la gestion des ressources en eau, fixe des limites au pompage.

La place de l'agriculture

Grâce à un climat ensoleillé, d'importants efforts d'irrigation, une industrie très mécanisée et une main-d'œuvre hispanique bon marché, la Californie s'est hissée au premier rang de la production agricole américaine.

De vastes régions, comme la vallée Centrale ou la vallée de Salinas, se consacrent ainsi aux **cultures maraîchères** (choux, brocolis, artichauts, ail) et fruitières (abricots, fraises, nectarines, kiwis). La Californie assure par ailleurs plus de 90 % de la production de raisins aux États-Unis, et les **vignobles** des vallées de Sonoma et de Napa (voir p. 206) lui valent de figurer parmi les grands producteurs de vins mondiaux (4e rang). Avec plus de 1 600 km de côte, la Californie occupe par ailleurs une place de choix dans le domaine de la **pêche**. Les autres États du Sud-Ouest, s'ils sont moins tournés vers l'agriculture, se consacrent davantage à l'élevage du bétail. Aujourd'hui, les fréquentes sécheresses posent le problème du stockage de l'eau et celui de la salinisation des sols, une des prémices hélas bien connues de la désertification.

Les richesses du sous-sol

Comme au temps des pionniers, l'exploitation des mines de **cuivre** et l'extraction du **charbon** occupent toujours une place prépondérante dans l'économie des États du Sud-Ouest (44 % de la production nationale), notamment en Utah, au Nouveau-Mexique et en Arizona. L'épuisement rapide de ces richesses non renouvelables et les cicatrices laissées par l'exploitation dans le paysage inquiètent les écologistes, dont les préoccupations commencent à être prises au sérieux. L'État fédéral joue en ce sens un rôle important, car la majeure partie des terres fédérales se trouve dans le Sud-Ouest. En 1996, Bill Clinton a ainsi créé le Great-Staircase-Escalante National Monument (Utah), soustrayant 6 879 km² de terrains à toute exploitation.

Le développement de l'industrie et des services

Durant la Seconde Guerre mondiale, les forces aériennes de l'armée américaine installèrent leurs principales bases d'entraînement dans les déserts du Sud-Ouest, tandis que la marine s'implantait en Californie, en particulier à San Diego. Dès lors, les **industries aéronautiques et navales** connurent un développement sans précédent dans la région et furent soutenues par le gouvernement fédéral pendant la guerre froide. Par ailleurs, les **recherches nucléaires** débutèrent au Nouveau-Mexique dès 1942 et le premier essai atomique fut effectué en juillet 1945 près d'Alamogordo (voir p. 581). Quand les commandes militaires commencèrent à baisser, la Californie (Silicon Valley), mais aussi les régions d'Albuquerque, de Phoenix et de Tucson ont su se reconvertir dans les industries de **haute technologie**, dynamisées par les laboratoires de recherche de prestigieuses universités.

Enfin, on ne peut manquer d'évoquer l'importance de l'industrie cinématographique, avec l'installation des grands studios de cinéma à Hollywood à partir des années 1920 (voir p. 311).

Religions

Dieu est partout aux États-Unis, dans le « God Bless America » de l'hymne national, dans la « Nation under God » de la Constitution, ou encore le « In God we trust » sur les billets de banque. L'une des originalités de la société américaine est sa religiosité intense, même si elle semble plus libérée et sécularisée en 2011 qu'il y a 25 ans.

La Bible est une référence militante. Les Américains ont besoin d'elle pour organiser leur vie sociale et trouver l'harmonie avec l'ordre divin. Entouré de ses ministres, un président des États-Unis est capable de prier avant une séance de travail. On peut trouver dans chaque chambre d'hôtel une Bible, ou dans certains secteurs de l'Ouest américain, le Livre de Mormon. Il suffit d'écouter les discours politiques de tous bords pour mesurer la place de la foi et des bons sentiments dans la vie collective, d'allumer la télévision ou la radio pour tomber sur l'une des multiples chaînes évangéliques, où des pasteurs haranguent une audience subjuguée.

Croyants ou laïcs ?

En tant qu'avant-garde d'un monde meilleur, les Américains se doivent d'être des missionnaires. Déjà, Alexis de Tocqueville, dans son voyage en Amérique (1835-1840) avait noté que, dès le début, « la politique et la religion se trouvèrent d'accord, et depuis elles n'ont point cessé de l'être ».

Aux États-Unis « être citoyen et **croyant** est un plus et un gage de valeur morale », analyse Sébastien Fath, chercheur au CNRS. Dans ce pays d'immigration, les Églises sont un lieu de socialisation et d'**intégration**. Elles ont joué un rôle clé dans le projet de peuplement. Peut-être à cause de cette forte pression des néochrétiens, les **Américains agnostiques** (environ 15 %, mais en progression régulière) se rassemblent en lobby pour s'assurer que la séparation de l'Église et de l'État soit bien appliquée.

Le protestantisme

AUX ORIGINES, LE PURITANISME

Au 17e s., les premiers colons calvinistes fuient la répression religieuse en Europe. À bord du Mayflower, venus d'Angleterre et de Hollande, les célèbres **Pères Pèlerins** (Pilgrims Fathers) voguent vers le Nouveau Monde, avec le projet de créer une nation en alliance avec Dieu. Rejoints par d'autres dissidents protestants, ils décident de créer « une véritable société puritaine qui forcerait la régénération de la métropole », relève Isabelle Richet, auteur de *La Religion aux États-Unis* (Que sais-je ?). Un nouveau migrant s'illustre, **John Winthrop** (1588-1649), et son discours « La cité sur la colline » enflamme les foules. C'est le début de la **tradition messianique** américaine. Elle ne cessera pas et continue aujourd'hui d'influencer la politique de dirigeants américains.

Le protestantisme et les églises dérivées forment la **première grande famille religieuse** (52 %), celle qui a conditionné les fondements de la société américaine. Cette branche réformatrice et rigoriste du protestantisme faisait partie de l'Église presbytérienne, qui prône des paroisses autonomes plutôt qu'un clergé nommé par un pouvoir central. Ils considéraient l'Amérique comme leur Terre promise, leur « **Nouvelle Jérusalem** », et pensaient être le peuple élu de Dieu, en opposition avec les Indiens, race maudite, vouée au culte de Satan. Pour eux, l'Église est au centre de la vie sociale, ses règles font office de loi civile et une morale stricte est le fondement de la société. Le travail acharné est une vertu, et le succès économique la preuve du soutien divin (si l'on échoue, c'est qu'on l'a mérité). Cette conception explique toute l'évolution des mentalités, notamment l'importance attachée à la **réussite matérielle** et aux **valeurs morales** (même si on se contente hypocritement des apparences).

LES BAPTISTES

Parmi les autres branches protestantes très répandues, et dont l'essor est caractéristique de la vie religieuse américaine, les plus nombreux sont les baptistes, pour qui le **baptême par immersion**, réservé aux adultes, suit une profession de foi ostentatoire : parmi les baptistes célèbres, les présidents Carter et Clinton, mais aussi Martin Luther King, Rockefeller ou Britney Spears…

LE COURANT ÉVANGÉLISTE

Le protestantisme évangélique regroupe environ 70 millions de personnes. Dans le Sud-Ouest américain, le nombre d'églises a doublé ces dix dernières années. Sur le campus de la méga-église de Saddleback, en Californie, Le Christ est au centre des discours et des activités rassemblées sur une sorte de parc à thèmes, pas bien éloigné de l'esprit Disneyland. L'évangélique croit que la Bible est la parole de Dieu et que tout le monde a besoin d'entendre « la Bonne Nouvelle ». Né au début du 18e s. d'une scission au sein des églises protestantes, le mouvement regroupe trois branches, le **pentecôtisme**, le **fondamentalisme** et le **néoévangélisme**, davantage orienté vers un dialogue œcuménique. Un de ses leaders actuels les plus charismatiques, **Rick Warren**, n'hésite pas à afficher l'objectif : préparer le second avènement du Christ sur la Terre. Le courant évangéliste prospère dans les quartiers pauvres des grandes villes. D'ailleurs, il existe des évangélistes de gauche qui n'ont pas forcément le désir de convertir l'Amérique et de révolutionner la planète.

UNE TRADITION DE PROSÉLYTISME

La multiplication des prêcheurs de rue et des manuels spirituels en tout genre souligne cette évolution. Partout, des groupes d'influence se constituent pour intervenir sur la vie politique. Dans certaines prisons, on cherche à réhabiliter les détenus par la conversion intensive, sept jours sur sept. Il n'est pas rare de voir un détenu porter un bracelet aux couleurs arc-en-ciel sur lequel sont inscrites les initiales WWJD (What Would Jesus Do). « Que ferait Jésus à ma place » se dit-il. À la fin de chaque session, les prisonniers, quelle que soit leur religion, se lèvent, se prennent la main, ferment les yeux et prient. Chrétiens ou musulmans. Qu'importe !

Le catholicisme

Beaucoup moins nombreux (26 %) que les protestants, les immigrés catholiques (Irlandais surtout à l'origine) cherchaient avant tout à échapper à la misère et venaient de milieux défavorisés. La sauvegarde de leur foi et de leurs valeurs n'était pas en cause : ils se battaient pour leur survie et pour faire fortune. Les protestants les ont longtemps regardés de haut, les assimilant aux classes sociales inférieures. Dans le Sud-Ouest américain, en revanche, le catholicisme est plus ancien, hérité de la conquête espagnole et des Mexicains, et il s'est surtout enrichi des fêtes hispaniques. Le **culte de la Vierge et des saints** y prend nettement le pas sur celui du Christ. En règle générale, le catholicisme américain diffère de celui de l'Europe par sa plus grande implication sociale, caritative et politique. Dans les communautés noires, il se rapproche du pentecôtisme et de ses offices exubérants et spectaculaires. Chez les Indiens, notamment les Pueblos, le culte des saints est toujours associé à des rites ancestraux et à des danses sacrées.

Les religions asiatiques

Les communautés asiatiques sont restées profondément attachées à leurs croyances. **Bouddhistes** ou **taoïstes**, les Chinois sont les plus fidèles aux traditions ancestrales. Malgré l'engouement des Occidentaux pour les religions orientales, ils ont su rester à l'écart des dérives sectaires et des courants ésotériques. Le respect des anciens et des valeurs familiales, ainsi que la solidarité entre les générations forment le ciment de ces communautés qui célèbrent toutes les fêtes traditionnelles.

Les mormons

Bien que ne se réclamant d'aucune des grandes Églises, les mormons donnent un exemple original de la façon dont de nouvelles religions ou sectes ont pu apparaître et se développer à la faveur de la colonisation. Fondée à New York en 1830, l'**Église de Jésus-Christ des saints des derniers jours** s'appuie sur une « révélation » de Dieu à un certain **Joseph Smith**. Une belle journée de printemps 1820, le jeune homme, fils d'un modeste fermier, résolut de se retirer dans un bois proche, le Bosquet sacré, pour découvrir dans le ciel « une colonne de lumière plus brillante que le soleil descendre peu à peu jusqu'à tomber sur lui ». Un nouveau « Prophète » était né. Ses adeptes allaient porter le nom de « Saints », nom donné aux enfants de Dieu aux premiers temps du christianisme. **Le Livre de Mormon** qui en résulta définit les croyances du groupe comme complément de la bible et base d'une religion nouvelle. Convaincus d'être les pionniers du royaume divin sur Terre, et en particulier aux États-Unis, les mormons devaient être des missionnaires et répandre leur croyance par des prédications. Leur **polygamie** (prétendant à cet égard s'inspirer de l'Ancien Testament) leur valut bien des oppositions au cœur d'une société protestante par ailleurs très « moralement correcte » ! Faute d'un public réceptif, fuyant la société « impie » de la côte Est, les pionniers mormons prirent donc la route de l'Ouest, déterminés à y installer le Royaume de Dieu. C'est au bord du Grand Lac Salé, au nord de l'Utah, qu'ils s'établirent finalement, jetant les fondations de ce qui deviendra **Salt Lake City**, qui demeure encore aujourd'hui leur capitale mondiale. De là, ils partirent coloniser les déserts environnants, où fleurirent les noms bibliques (Zion, Moab, Ephraïm…) et où ils imposèrent leurs valeurs morales intransigeantes et leur sens de la famille. Outre la propagation de leurs croyances, ils s'attachent à réussir matériellement et forment l'une des communautés les plus riches de l'Ouest. L'**Utah** est devenu leur État (62,4 % des habitants, dont près de 60 % sont très actifs), tandis que, dans le reste du Sud-Ouest, les communautés de Los Angeles et d'Oakland (Californie) ou de Mesa (Arizona) sont les plus importantes.

Depuis des dizaines d'années, les mormons créent une **base généalogique** gigantesque dans les profondeurs des Granite Mountains, à proximité de Salt lake City. D'ici à 2015, les mormons vont terminer l'enregistrement de toutes les archives d'Europe et inventorier un nombre considérable de noms.

Depuis 1958, il est en effet possible de recevoir un baptême *post mortem* pour ne pas être injustement privé de tout espoir d'accéder aux béatitudes éternelles. Ce qui frappe le visiteur de l'Utah, c'est le nombre important de petites exploitations agricoles maîtrisant un **réseau d'irrigation** pour produire des céréales et arbres fruitiers, malgré la sécheresse environnante.

Actuellement, cette Église compte près de quatre millions de fidèles, la grande majorité aux États-Unis.

Les rites Indiens

Bien que leur quotidien ait été profondément influencé par les rites sacrés, on ne peut pas parler de religion pour désigner l'ensemble des croyances des Indiens. La notion même de religion ne correspond à aucun mot dans beaucoup de langues indiennes. Ils ne possèdent pas de clergé ni de structures religieuses proprement dites. Les villages pueblos possédaient bien des lieux de réunion sacrés, les *kivas*, les tribus avaient recours aux offices des chamans, sortes de médecins dotés de pouvoirs surnaturels, mais l'ensemble des croyances repose sur une culture orale, transmise par les anciens de la tribu, qui sont souvent chargés de l'éducation des jeunes enfants. Les cérémonies sont des célébrations collectives qui évoquent les grands mythes fondateurs, différents d'une tribu à l'autre. Ces rites rassemblent et unissent les participants dans un esprit de communion avec la nature.

LES MYTHES FONDATEURS

Il existe un grand nombre de légendes pour expliquer la création du monde, mais la plupart des tribus indiennes croient en des mythes similaires. Les récits épiques sont longs et compliqués, mais on y retrouve l'idée d'émergence à partir d'un monde sombre et souterrain grâce à l'aide des esprits bienveillants de la Mère Nature.

Selon les **Navajos**, Premier Homme et Première Femme sont nés du maïs. Ils aidèrent le « Premier Peuple » à traverser une succession de mondes souterrains obscurs et hostiles, peuplés de monstres et jalonnés de nombreuses épreuves, avant de trouver l'entrée de ce monde-ci, à travers un roseau qui menait au centre de l'univers (les Navajos le situent entre quatre sommets du plateau du Colorado). Premier Homme et Première Femme créèrent alors la lune et les étoiles pour les éclairer, mais le malicieux Coyote les dispersa dans le ciel. À ce moment-là naquit Femme Changeante, aussi identifiée à la Mère Nature avec ses saisons, qui épousa le Soleil et l'Eau pour donner naissance aux Dieux Jumeaux de la Guerre.

Tous font partie du panthéon des Navajos, avec les esprits des animaux et des plantes, mais c'est Femme Changeante qui décida enfin de créer les humains à partir de morceaux de sa propre peau. Chez les **Pueblos**, le mythe de l'émergence est plus simple. Les hommes, créés par la volonté de Femme qui Pense, ont dû également traverser de sombres mondes souterrains avant d'accéder à la vie et à la lumière. Pour ce faire, ils ont reçu l'assistance des plantes, des oiseaux et des animaux, qui ont construit une pyramide pour qu'un pic-vert puisse percer un trou au centre du monde, le *sipapu* (symboliquement représenté dans les *kivas*). À leur sortie, le monde était froid et humide, jusqu'à ce que le Soleil, père des Dieux Jumeaux, vînt le réchauffer. Les humains errèrent ensuite jusqu'à la Maison Blanche, lieu mythique où les divinités, les *kachinas*, leur enseignèrent le nécessaire à la survie. À sa naissance, chaque humain reçoit une âme et un esprit gardien et, lorsqu'il meurt, ces deux entités regagnent le *sipapu* pour rejoindre les mondes souterrains.

LES CYCLES DE LA VIE

La plupart des rites indiens reposent sur leur rapport à la nature. Ils célèbrent les **cycles des saisons**, les récoltes, la pluie ou la fécondité. On y fait appel aux **esprits de la nature**, aux forces des éléments, aux animaux ou aux plantes qui composent le panthéon des divinités indiennes, qui ont aidé les hommes à émerger du néant et peuvent leur apporter abondance et force. D'autres rites ont un lien avec les étapes de la vie, assurent la guérison, préparent à la chasse ou au combat… Les sites sacrés, comme Shiprock (*voir p. 572*), revêtent une

importance particulière, car on y vient pour entrer en communion avec l'esprit du lieu, pour recevoir des visions ou pour être initié. La mort n'est pas crainte par les Indiens, qui voient l'au-delà comme un monde neutre et qui l'acceptent totalement comme une partie de l'**équilibre de la nature**.

UNE PHILOSOPHIE

Pour les Indiens, le principe fondamental est celui de l'**harmonie**, qui exige d'être à tout moment en accord avec soi-même, les autres et l'univers, animaux, plantes et éléments. Tout conflit ou problème vient d'une rupture de cette harmonie et il suffit de rétablir l'**équilibre** pour que le problème soit résolu. C'est ainsi que l'on traite les divergences : les notions de **consensus** et de respect de la différence sont essentielles.

Les Indiens n'envisagent pas de convaincre ou de convertir celui qui est différent. La notion de décision à la majorité leur est étrangère, de même que le concept de propriété. Cela explique l'accueil favorable et patient réservé aux premiers missionnaires chrétiens et leur incapacité initiale à revendiquer une terre qu'ils ne pensaient pas pouvoir posséder.

C'est ce souci de respect et d'harmonie qui a engendré le mélange des fêtes chrétiennes et des danses sacrées, pour Noël ou pour les jours des saints patrons des villages. D'autres groupes ont intégré encore plus étroitement les rites anciens à la pratique chrétienne, comme les adeptes de la **Native American Church**, qui utilisent le peyotl (cactus hallucinogène dont la consommation rituelle fut instituée par les Aztèques) comme un sacrement lors des cérémonies.

Des hippies à l'écologie militante

Fuir le conformisme bourgeois : le credo de Kerouac et de ses amis a inspiré les hippies héritiers des beatniks. Un style de vie en rupture avec celui de leurs parents et une approche des relations humaines. Le fameux « Peace and Love » des hippies se répand sur les campus de la côte californienne. « Tout m'appartient car je suis pauvre », déclame Allen Ginsberg, ami de Kerouac.

À partir des années 1950, la Californie fut le berceau de la **contre-culture**. La contestation ne s'arrêta pas à la politique ou à la création littéraire et artistique, mais toucha aussi la religion. Toute une génération était en quête de nouvelles valeurs, rejetant le matérialisme ambiant, les luttes de pouvoir et les traditions des générations précédentes. Un grand nombre de mouvements associatifs ou sectaires naquirent à cette époque. De Californie, ce renouveau s'étendit au reste de l'Amérique et au Nouveau-Mexique. Santa Fe en devint un centre important.

UN RENOUVEAU EXOTIQUE

L'une des caractéristiques de ce courant est l'adhésion à des valeurs et à des cultures lointaines, vues comme une alternative au conformisme chrétien. De là sont nées les sectes **néohindouistes** (Krishna, Méditation transcendantale), **néobouddhistes**, **néomusulmanes**, voire de curieux mélanges, comme la secte messianique coréenne de Moon. Tous ces mouvements ont en commun une volonté de retour à la vie communautaire, un éveil de la conscience, et souvent le charisme d'un gourou.

Dans un autre registre, moins exotique, l'**Église de Scientologie** prend une place considérable, faisant des émules parmi les élites, surtout à Hollywood (Tom Cruise en est un des piliers), où une avenue porte même le nom de son fondateur, L. R. Hubbard. Grâce à la puissance de la pensée et à son pouvoir sur le corps, l'adepte doit surmonter tous ses problèmes et parvenir à un état supérieur. Livres, séances de travail sur soi et instruments pseudo-scientifiques sont ainsi vendus à prix d'or.

LE NEW AGE

Sous cette appellation sont regroupés un grand nombre de mouvements plus ou moins ésotériques, extrêmement populaires dans l'Ouest américain, partout où les anciens hippies se sont installés (Californie, Arizona, Nouveau-Mexique). Selon eux, l'humanité entre dans l'ère du Verseau, qui doit s'accompagner d'un retour de l'amour, de la libération des esprits et d'un éveil des consciences… Il s'agit de trouver en soi l'**énergie cosmique** », grâce à diverses techniques comme l'astrologie, le chamanisme ou le spiritisme. Ainsi, des lieux comme Sedona, en Arizona, attirent beaucoup d'adeptes à la recherche de « vortex sacrés »…

On cherche à revivre ses vies antérieures, à retrouver l'harmonie avec la nature, à se guérir naturellement. De nombreux centres de retraite spirituelle, de méditation ou de médecine douce canalisent la manne commerciale des milliers de convaincus.

Pour certains la route américaine peut se lire comme une route intérieure, le « **chemin qui mène vers soi** ».

Vie quotidienne

Les gens qui quittent leur pays pour tenter leur chance aux États-Unis sont généralement des optimistes capables de travailler dur pour assurer l'avenir de leur progéniture. Vont-ils rester aussi entreprenants et inventifs face à la crise économique actuelle ?
C'est une nécessité car il n'y a pas ici d'État Providence et les Américains comptent surtout sur eux-mêmes, sur leur légendaire mobilité, pour repartir sur de nouvelles bases. La « vitalité » américaine se tourne désormais vers l'intérêt social, la responsabilité face aux dégradations de l'environnement, vers l'urgence d'une politique de santé et d'éducation. Il faudra plus qu'une récession économique pour briser le rêve de tous ceux qui sont venus dans cet Ouest américain pour avoir une vie meilleure.

À LA MAISON

Les villes étant très étendues, l'habitat américain s'organise très différemment du nôtre. Les immeubles des centres-villes regroupent principalement des bureaux et, à l'exception des très grandes villes, peu d'appartements. Les familles préfèrent vivre à la périphérie, où les quartiers populaires alignent des rangées de petits bungalows modestes, tandis que les banlieues chic sont parsemées d'énormes demeures à l'architecture ostentatoire. La plupart des maisons sont construites en bois, ce qui est beaucoup plus rapide et moins cher qu'en pierre. En règle générale, les pièces sont spacieuses et très claires. Jusqu'à l'éclatement de la crise des *subprimes* en 2008, le marché des petites maisons préfabriquées était florissant. Le marché de l'immobilier s'est effondré, laissant des milliers d'Américains sans toit et entraînant une crise financière mondiale. Dans certaines villes, les communautés de logement à titre expérimental partagent les valeurs montantes de l'entraide et de l'écologie.

AU TRAVAIL

Changer de poste ou de carrière au cours d'une vie n'est pas du tout ressenti comme un problème ou un échec. Les emplois étant beaucoup moins protégés qu'en France et le chômage moins important, les Américains sont professionnellement plus mobiles et prêts à se remettre en cause pour améliorer leurs conditions de vie. Le travail est cependant la seule garantie contre beaucoup des inégalités de la société américaine. Les grandes entreprises offrent par exemple des assurances santé à des prix abordables (elles sont hors de prix autrement) ou des plans épargne pour la retraite (ce qui peut s'avérer dramatique lorsque l'entreprise fait faillite). Les horaires sont très lourds et les employés sont jugés aux résultats et au rendement. En raison des bas salaires et du nombre de postes à temps partiel, il n'est pas rare pour les plus modestes de cumuler deux emplois.

L'EMPLOI DES SENIORS

Selon les statistiques fédérales, les 65 ans et plus compteront en

Fresque dans West Hollywood, Los Angeles.
L. Decoudin / MICHELIN

2016 pour 6,1 % des actifs, contre 3,6 % à peine en 2006. Budget serré, vie trop chère, désir de contacts humains, de plus en plus de retraités décident de vivre avec leurs enfants. La moitié d'entre eux souhaite trouver une activité pour pouvoir aider les autres.

SUR LA ROUTE DES VACANCES

Les Américains prennent très **peu de vacances**, car la plupart des entreprises accordent peu de congés payés. Comme ce sont souvent des congés sans solde, les vacances sont courtes et concentrées autour des grands week-ends fériés. Les **parcs d'attractions** sont populaires auprès des familles, de même que les pique-niques et barbecues en plein air. Très fréquentés aussi, les **parcs nationaux** attirent les visiteurs épris de grands espaces et de nature, mais souvent agglutinés sur les sentiers principaux et les aires aménagées. Les **retraités**, à l'inverse, ont beaucoup de temps, et beaucoup de ceux qui ont pu se ménager une confortable retraite

choisissent le **camping-car** pour arpenter le pays, durant parfois des mois. Ils sont très nombreux en hiver dans les régions ensoleillées du Sud des États-Unis.

Prendre la route, reste parfois une démarche romantique, une façon de se mesurer à l'immensité de ce pays. Il reste des utopistes pour reprendre le thème du **voyage**, conçu comme un élargissement de la conscience. La « **route** » est toujours une promesse de liberté pour les Américains. L'Ouest rappelle la piste des pionniers. Pur produit de la civilisation actuelle, le citoyen américain garde une âme nomade et la nostalgie d'une vie naturelle et primitive.

Le voyageur peut imaginer les caravanes de chariots qui taillaient leur route au-delà des Rocheuses. Il peut songer au chef sioux Sitting Bull : « Mon peuple souhaite vivre libre comme l'air. Je n'ai rien vu de ce qu'un homme blanc possède, maisons, chemins de fer ou vêtements, qui égale le droit de se déplacer en rase campagne et de vivre selon notre mode de vie. »

UN MYTHE, LA ROUTE 66

La Route 66 renaît de son délabrement grâce à une poignée d'irréductibles. Lunettes noires, chapeau vissé et salopette, le look de Peter Fonda et Dennis Hopper chevauchant leurs Harley Davidson, devant les caméras d'Easy Rider, les nostalgiques sillonnent régulièrement les 3 943 kilomètres sur leur Ford Mustang des années 1965 ou leur bike rutilante, avec la garantie d'un T-Bone steak à l'étape du jour, lorsqu'ils feront halte dans un motel à l'enseigne à néon. Ils redonnent vie aux villes fantômes si nombreuses en Arizona. Seul compte le plaisir d'être ensemble, de faire tourner de vieilles cylindrées ou de s'offrir une séance de brûlage de pneus à l'étape de Kingman. Les gens sont aimables ici, parce que ça leur rappelle leurs grands-parents et puis c'est difficile de frimer sur des parcours accidentés où les moteurs chauffent vite. L'entraide est nécessaire. La Cadillac 1946 a besoin d'eau pour remplir son radiateur vorace avant de franchir le poste de Needles, à l'entrée de la Californie en venant d'Arizona.

AU RESTAURANT

Il y a deux catégories bien distinctes de restaurants. Les premiers valorisent gastronomie et art de vivre. Ils offrent une cuisine qui n'est pas toujours très fine, mais souvent inventive. L'atmosphère y va de l'élégance branchée des intellectuels citadins à la convivialité bruyante des bons vivants des petites villes perdues. Les plus nombreux sont toutefois les restaurants familiaux ou populaires et les grands bars, à l'ambiance chaleureuse. On y vient pour manger beaucoup et pour un prix modeste. À l'intérieur des terres, là où les distractions sont rares, c'est une occasion de sortie ; on y écoute de la musique, on assiste parfois à un karaoké pittoresque, et on y pratique même des danses oubliées ailleurs, telles que quadrille ou polka…

LES LOISIRS

Les loisirs occupent une place de choix, mais diffèrent selon les moyens financiers des familles. Les écoles accordent une très large place au **sport**, et des performances hors du commun peuvent offrir à un jeune, même pauvre, un passeport pour l'université, dont les équipes sportives grandissent le prestige.

Parmi les sports les plus populaires, le basket, le football américain et le base-ball sont des institutions et les équipes fonctionnent comme de véritables entreprises.

La **télévision** fait partie intégrante du quotidien, et les enfants la regardent durant des heures, puisque l'école termine tôt dans la journée. La qualité déplorable des programmes, reposant exclusivement sur des séries violentes ou insipides et des *reality shows*, finit par poser de graves problèmes d'éducation, dans un contexte où les familles vivent de façon de plus en plus éclatée. De la même manière, à l'exception des grands **journaux** de qualité (*New York Times, Washington Post, Los Angeles Times*…), la plupart des quotidiens lus par le grand public développent surtout les faits divers sordides et les thèmes les plus superficiels de la politique intérieure, à l'exclusion des informations internationales ou des problèmes de société.

Le long chemin de l'éducation

Les problèmes d'éducation soulignent toutes les ambiguïtés de l'Amérique. Devant l'école, les inégalités deviennent encore plus criantes. La dérive de l'enseignement et la ségrégation par l'argent condamnent les enfants issus des minorités ou des couches pauvres à ne pas faire mieux que leurs parents. Pourtant, « l'ascenseur social » fonctionne. Peu de pays permettent à un tel degré la réussite rapide, l'esprit d'entreprise et l'absence d'inhibitions. Mais cela ne doit pas cacher que ceux qui réussissent le font au bout d'une compétition acharnée. Dans certaines familles immigrées récentes on hérite de ce fameux rêve américain. Sans doute plus motivées que d'autres, elles investiront tout, leur vie et leurs économies dans leur entreprise pour donner un avenir correct à leurs enfants.

LE CURSUS

Les enfants commencent l'école à 5 ans et effectuent une première année de *Preschool*, équivalente à notre système d'école maternelle. Ensuite, l'écolier intègre l'*elementary school* (école primaire) où il restera six ans, du *1st grade* au *6th grade*. Il entre ensuite dans une *junior high school* pour les *7th* et *8th grades* (de 12 à 14 ans, l'équivalent du collège en France), suivie de la *high school* (lycée) où il étudiera durant quatre ans pour obtenir le *general education diploma* (genre de baccalauréat), à la fin du *12th grade*.

Les **études supérieures** sont encore plus spécialisées. Le cursus est décomposé en quatre ans de *college*, suivis de deux ou quatre ans d'*university*.

Le diplôme de *Junior College* peut demander à l'étudiant un à cinq ans selon qu'il devra ou non cumuler ses études avec un travail rémunéré. La plupart des étudiants occupent d'ailleurs un emploi et contractent de lourds emprunts

auprès des banques. Après ce premier niveau, l'étudiant est un *junior graduate*. Il peut poursuivre son cursus universitaire.

Les quatre ans de *college* mènent au stade du *senior graduate* (niveau bac + 4) qui lui donne le *bachelor's degree*, diplôme décerné à l'issue de ce cycle.

Un deuxième cycle mène au *master's degree* (bac + 6), et enfin un troisième cycle au *doctorate* (bac + 8). Les quatre premières années sont consacrées aux matières les plus générales, littéraires ou scientifiques. La spécialisation (droit, médecine, commerce…) se fait à partir du niveau du *master's* et du *doctorate*.

PRIVÉ OU PUBLIC

Tout le système américain repose sur ce choix qui souligne le rôle prépondérant de l'argent. Dans le principe, les programmes éducatifs sont censés être similaires, mais dans la pratique, les écoles publiques rassemblent une majorité d'enfants issus des classes moyennes et défavorisées. La violence et l'insécurité y sont de plus en plus un problème, comme le montrent régulièrement de sinistres faits divers, tel celui de Columbine.

Le niveau d'éducation y a tellement baissé depuis la dernière décennie (graves difficultés de lecture, absence totale de culture générale, manque de motivation des élèves) qu'il est devenu un enjeu politique majeur et requiert des investissements financiers énormes que le gouvernement hésite à engager.

L'enseignement privé fonctionne grâce aux frais d'inscription payés par les familles (entre 3 000 et 7 000 $ par an) et aux différentes subventions (églises, sponsors privés, legs de mécènes…). Les écoles catholiques sont souvent les plus abordables, suivies par celles des autres Églises. En haut de l'échelle se trouvent celles qui sont gérées par de prestigieuses fondations, à l'image de l'université Stanford.

Comme pour le primaire et le secondaire, les **universités** sont publiques ou privées, mais les études sont toujours payantes (même dans le public, le coût moyen des frais annuels de scolarité est de 5 500 $; dans le privé, les prix montent beaucoup plus haut, au-delà de 21 000 $). Seul le *junior college* se contente d'un modeste 2 000 $ annuels…

LA VIE SUR LE CAMPUS

En rejoignant l'université, l'étudiant est fortement encouragé à vivre dans une résidence du campus (souvent obligatoire jusqu'à 21 ans) où il sera accueilli par les étudiants des années supérieures. L'année commence par de grandes réjouissances, de la soirée *ice cream* au barbecue géant, en passant par la soirée dansante, le match amical ou la messe d'accueil. Les nouveaux sont présentés en procession devant les anciens, le président et le corps professoral. La **vie associative** est très intense, sportive, intellectuelle ou caritative, d'autant que les différentes Églises sont très présentes. Garçons et filles résident dans des étages séparés, à deux ou quatre par chambre, les studios étant réservés aux plus anciens. L'une des particularités de cette vie estudiantine est celle des **confréries** (*fraternities* pour les garçons, *sororities* pour les filles), sociétés quasi secrètes, aux rites pittoresques et mystérieux, qui se constituent suivant des critères variés et forment la base de réseaux d'amitié et de soutien qui perdurent bien après l'entrée dans la vie professionnelle.

Les aléas du féminisme

Comme pour beaucoup de sujets de société, la place de la femme révèle encore les paradoxes de l'Amérique. À côté de femmes émancipées, indépendantes et engagées, on trouve la femme au foyer, encore pétrie des codes moraux du protestantisme strict ou du catholicisme latin, tandis que, dans la tradition indienne, la femme reste souvent la clé de voûte de la tribu.

UN FÉMINISME ENGAGÉ

Bien que des courants féministes aient déjà agité l'Europe, c'est aux États-Unis qu'a eu lieu la révolution néoféministe, dès les années 1960, avec le **Women's Rights Movement**, puis en 1968 avec le radical **Women's Liberation Movement** (*Women's Lib*). L'Amérique blanche lutta très tôt contre les inégalités entre les sexes et inventa le terme de sexisme pour suggérer un parallèle avec le racisme.

Au début des années 1970 naquit un important courant éditorial, s'inspirant de l'essai de Simone de Beauvoir, *Le Deuxième Sexe*, considéré aux États-Unis comme la bible des féministes, et mettant en avant la littérature écrite par et pour des femmes (Germaine Greer, Kate Millett…). Une presse engagée et radicale se fit le porte-parole de ce féminisme américain qui était violemment revendicatif. On parlait d'oppression, d'exploitation et de libération. Dans un climat conflictuel, on critiquait le système patriarcal à la base de la société américaine.

Celle-ci a gardé de ces années d'antagonisme une propension à voir le **conflit** et l'exploitation partout. Le nombre de cas de plaintes, parfois cocasses, pour harcèlement sexuel, les multiples procédures ou règlements qui ordonnent la vie professionnelle ou sociale font parfois du quotidien un parcours du combattant. Nombre d'éditorialistes stigmatisent régulièrement le **désarroi** de l'homme américain devant ce nouveau rapport de force.

ENTRE PURITANISME ET OBSESSION

Une large frange de la population reste profondément marquée par l'acquis protestant hérité du puritanisme fondateur de l'Amérique *(voir p. 60)*. Ce sont tous ceux qui passent leur temps à pointer les « péchés » des autres. Il suffit, pour s'en convaincre, de suivre n'importe quelle campagne politique pour savoir que la vie sexuelle non conventionnelle ou les entorses à la **morale** disqualifient plus d'un candidat. Qui a oublié le rocambolesque scandale de la liaison du président Clinton avec Monica Lewinsky ?

Les dérapages existent. Il y a quelques années, un fait divers sordide défrayait la chronique. Un jeune garçon de 11 ans était emprisonné, témoignage « visuel » des voisins à l'appui, pour attouchement sur sa petite sœur : il n'avait fait que la mettre sur le pot…

LES MODÈLES TRIBAUX

Bien des tribus indiennes, en revanche, fonctionnent depuis l'origine suivant un modèle radicalement différent. La vie primitive, surtout pour ceux qui s'organisaient en bandes, était précaire et instable. Tandis que l'homme partait de longues semaines chasser ou se livrer à des raids, les femmes veillaient sur le cercle familial et géraient les problèmes. Des femmes se consacraient à la médecine *(medicine woman)* ou même devenaient chamans.

La **filiation** est fréquemment matrilinéaire (les ascendantes déterminent la lignée) et la demeure familiale est celle de la mère (lorsque les filles se marient, elles restent vivre chez leur mère avec leur époux), ce qui rend parfois la position des hommes difficile et explique qu'ils apprécient le secret et la compagnie des autres hommes pour certains rites (bains de sueur chez les Navajos, *kivas* chez les Pueblos) ou, plus prosaïquement, pour boire ensemble.

Certaines tribus, comme les Hopis, admettaient même l'adultère des femmes, bien que, par ailleurs, celles-ci soient souvent frappées d'ostracisme au moment de leur menstruation.

Après la conquête de l'Ouest et la déportation des tribus, les femmes ont souvent assuré la survie du groupe, tandis que beaucoup d'hommes sombraient dans l'alcoolisme ou la drogue. Elles occupent aujourd'hui de nombreux postes à **responsabilité** dans les instances tribales, s'engagent en politique et s'investissent dans l'éducation et l'économie, conscientes de leur rôle pour la préservation des traditions et de la culture de la tribu.

Objectif : qualité de vie

Pour beaucoup, la Californie est restée le symbole du paradis, l'« État d'or » *(Golden State)* où tout est toléré, où le climat est clément et où les modes de vie alternatifs sont monnaie courante. Le Nouveau-Mexique, surtout aux environs de Santa Fe et de Taos, est aussi devenu le refuge des marginaux.

UNE VIE SAINE ET NATURELLE

Tout commence par le culte de la beauté et de la santé. Culturistes musclés sur la promenade de Venice Beach, starlettes bronzées patientant devant les studios de Hollywood, mères de famille inconditionnelles de produits bio, de vitaminothérapie et d'aromathérapie : la règle est d'aimer son corps, de le cultiver et de le préserver jusqu'à un âge avancé. Officines de chirurgie, de massages, gommages et autres savoir-faire lipophages se disputent les faveurs des belles… et des beaux.

Le **culte du corps** et de l'éternelle jeunesse est certainement l'une des caractéristiques de l'Ouest, là où un grand nombre de retraités viennent passer une vieillesse qu'ils espèrent heureuse et saine. Le contraste avec la proportion inquiétante des jeunes obèses dans la population est souvent frappant. Nettement plus intellectuels sont les passionnés d'**écologie**, de domotique et d'énergies alternatives, qui pensent toute leur vie en fonction du respect de la nature. Demeures exubérantes et originales, comme les maisons flottantes de Sausalito, pensées pour la lumière (systèmes ingénieux de parois coulissantes, immenses baies vitrées, plafonds transparents…) ou orientées en fonction des courants magnétiques pour que ceux-ci n'interfèrent pas sur la santé, maisons utilisant les produits de récupération (vieux bois, bouteilles vides, canettes, pneus) ou préconisant les énergies renouvelables (solaires, éoliennes), architectures intégrées au paysage, matériaux naturels et biodégradables : ces habitations vont-elles rester exceptionnelles ou annoncent-elles un nouveau mode de consommation ?

LA SANTÉ

La raison pour laquelle des millions d'Américains choisissent un job plutôt qu'un autre est souvent liée au type d'assurance-maladie offerte par l'entreprise. Aux États-Unis, les problèmes de santé ont contribué à 62,1 % des banqueroutes individuelles. Actuellement, près de 50 millions d'Américains sont dénués de **couverture maladie**, alors que les dépenses de santé sont passées de 5 % du PIB en 1960 à près de 20 % en 2011, l'un des taux les plus élevés au monde. L'**obésité** qui touche un tiers de la population représente plus de 9 % des dépenses de santé. Maîtriser les coûts sanitaires est un enjeu national et le défi du président Obama dans un contexte de déficit abyssal.

L'année en fête

La diversité des cultures a donné naissance à une kyrielle de fêtes colorées : défilés costumés, surréalistes au milieu des gratte-ciel, fiestas bruyantes aux parfums de maïs frit, ou danses effrénées au son des tambours indiens…

LE SACRÉ…

Célébré le 4e jeudi de novembre, **Thanksgiving** (« action de grâces ») demeure la tradition la plus symbolique, observée par la plupart des Américains. C'est une fête paisible et très familiale qui remercie Dieu pour la première récolte des immigrants puritains. On célèbre cette occasion autour d'un repas traditionnel et de l'incontournable dinde. Beaucoup plus spectaculaire et nettement moins religieux, **Noël** est célébré par une profusion de lumières et de nombreux concours de la maison la mieux illuminée. Rues, monuments et boutiques prennent alors une allure féerique.

De nombreuses *fiestas* animent par ailleurs la communauté latino, comme la *Fiesta de Santa Fe* ou les célébrations en l'honneur des saints locaux, mais la plus importante demeure **Cinco de Mayo** (5 mai), en souvenir de la victoire des Mexicains sur les Français en 1862.

… ET LE PROFANE

Hormis les fêtes religieuses, qui sont les moins nombreuses, l'année est jalonnée d'autres grands rendez-vous festifs dont l'origine tient aux différentes communautés, à l'histoire ou aux traditions.

La **Saint-Valentin** (14 février) est ici la fête de l'amour en général. Vous serez surpris par l'ampleur du phénomène : on trouve des cartes pour tous les membres de sa famille, pour ses amis, ses collègues, voire son chien ou son chat (!), et on considère comme une tragédie de ne pas en recevoir soi-même plusieurs à cette occasion.

La **Saint-Patrick** (17 mars) est la grande fête des Irlandais, célébrée là où ils sont le plus nombreux, à grand renfort de bière, de casquettes aux couleurs irlandaises – vert et blanc.

Memorial Day, le dernier lundi de mai, est l'occasion de rendre hommage à tous les morts pour le pays.

Independance Day (4 juillet) est la fête nationale et commémore la proclamation de la déclaration d'indépendance en 1776 : elle est l'occasion de défilés et de feux d'artifice.

D'origine celtique et introduite aux États-Unis par les Irlandais, **Halloween** (31 octobre) est devenu une immense fête commerciale. Difficile d'échapper aux costumes orange et noir. Dans les quartiers résidentiels, les enfants sortent déguisés le soir et sonnent aux portes en disant *trick or treat* (farce ou surprise) : s'ils ne reçoivent pas de bonbons, ils vous font une farce. San Francisco est le théâtre des plus belles célébrations du **Nouvel An chinois**, qui se fête fin janvier-début février dans toutes les communautés chinoises des États-Unis. Foires et spectacles durent une semaine, mais le clou en est la parade finale et son dragon géant.

FESTIVALS MUSICAUX ET RODÉOS

Typiques de l'Ouest profond, surtout du Colorado et du Nouveau-Mexique, le **rodéo** et la **musique country** sont les symboles de la vie du Far West et des cow-boys (Grand Junction, Durango, Albuquerque, Santa Fe, Taos, Lincoln…). Très conviviaux et populaires, ces festivals s'accompagnent de gigantesques barbecues fréquentés par les ranchers isolés qui viennent y voir les chevaux et s'offrir un ou deux jours de bon temps. En Californie, les festivals musicaux sont plus élitistes, les meilleurs se consacrant au **jazz** ou au **blues** (San Francisco, Monterey).

POW-WOWS ET FÊTES INDIENNES

L'année des Indiens est rythmée par des fêtes religieuses et sacrées souvent interdites au public. Les danses et les rituels les plus beaux ont lieu au Nouveau-Mexique, notamment dans les *pueblos* et chez les Apaches mescaleros. Les **pow-wows** sont en revanche de grands rassemblements entre tribus, à l'occasion desquels sont organisés des concours de costumes ou de beauté et des démonstrations de **danses rituelles**. Les plus célèbres sont ceux de Gallup, d'Albuquerque et de Taos Pueblo.

Costumes, bijoux, artisanat

Dans l'Ouest, les costumes des cow-boys et les parures de plumes des Indiens ont disparu de la vie quotidienne, même si le style western a laissé sa marque sur les vêtements, les chapeaux et les bottes (cloutage, boutons et ornements de métal argenté, cuir et franges, imprimés style couverture). Les Indiens ne sortent plus les costumes de gala que pour les cérémonies et les pow-wows où ils rivalisent de couleurs vives.

Costumes et bijoux indiens

TENUES DE FÊTES

Là où, autrefois, la tradition voulait que l'on se vêtisse de peaux finement tannées, de tissus naturels tissés à la main, brodés de perles, garnis de longues franges, de coquillages et de plumes minutieusement choisis, la modernité a amené les tissus synthétiques et leurs tons criards, le plastique et les plumes teintes. Le résultat reste toutefois spectaculaire et pittoresque, dès que les danses et le rythme des percussions font oublier la perte d'authenticité.

Les Indiens du Sud-Ouest ont toujours favorisé un habillement plus modeste que les Indiens des Grandes Plaines.

En général, lors des danses, les hommes portent des mocassins et des jambières richement décorés, au-dessus de pantalons recouverts d'une jupe ou d'un kilt. Les **ceintures** sont larges et somptueuses, les gilets sont brodés ou recouverts de franges, de pendeloques de métal ou de corne. Pour certaines danses, ils portent sur les reins une énorme **parure de plumes** colorées, un peu à la manière d'un paon faisant la roue. Sauf dans les grands pow-wows, vous ne verrez pas les énormes coiffes de guerre à plumes des Indiens des Plaines (Sioux, Cheyennes…), mais plutôt une variété de coiffures rituelles variant selon les tribus et selon les danses. Pour la danse du Cerf, par exemple, la coiffure des danseurs comporte une ramure symbolisant l'animal. L'habillement des femmes pour les pow-wows est souvent plus discret que celui des hommes, qui animent les cérémonies.

Selon les tribus, elles portent des robes très simples, droites, fendues sur les côtés pour faciliter les mouvements et retenues par de riches ceintures. En fonction du climat et de la saison, elles chaussent des sandales de cuir ou des mocassins brodés surmontés de jambières de peau ou de fourrure. Elles peuvent aussi conjuguer une longue jupe, un corsage et un gilet, brodés ou décorés de pendeloques

Parure traditionnelle en plumes et perles.
J. Parkin / fotolia.com

diverses. Les cheveux sont tressés et ornés de plumes, perles ou coquillages. L'hiver, elles se drapent dans une ou deux couvertures traditionnelles. Les femmes navajos ont emprunté à celles des pionniers leurs larges jupes froncées, portées plutôt longues, et de simples corsages en velours. Cet habillement reste encore aujourd'hui le plus courant dans la réserve navajo. Les principaux ornements sont la ceinture et les bijoux.

UNE MULTITUDE DE SYMBOLES

Les **plumes** ont gardé une symbolique très forte. Pour les hommes, elles marquent le courage, chacune correspondant à un acte de bravoure. Un code précis pour les encoches ou les taches qu'elles portent indique la nature des exploits. Les coiffures élaborées ne sont sorties que pour les grandes cérémonies. Les plumes, par leur forme, figurent aussi la croissance végétale et la fertilité. Ainsi, lors des danses, les participants en portent des bouquets pour faire monter vers les esprits leur incantation pour des récoltes abondantes. Les Zunis utilisent des sortes de bâtons de prière surmontés d'un tel bouquet. Dans d'autres tribus, les coiffes les arborent en éventail au-dessus du front, évoquant le soleil, également symbole de force et de fertilité. L'origine des plumes varie en fonction de l'esprit que les Indiens veulent mobiliser, comme celui de l'aigle, ou de ce qu'ils ont à disposition (plumes de dindon, de corbeau…). Chez les Apaches, les coiffures rituelles arborent les quatre couleurs des esprits de la Montagne (blanc pour le pollen, jaune pour le cerf, noir pour l'aigle et bleu pour la turquoise).

Les **cheveux** sont aussi liés à la fertilité. Portés dénoués, ils symbolisent la pluie. Les tresses sur les épaules sont l'apanage des femmes mariées ; les célibataires les portent dans le dos. Chez les Hopis, les jeunes filles à marier portent les cheveux partagés en deux et noués en « fleur de courge », formant de larges oreilles de chaque côté de la tête. Les hommes portent encore les cheveux longs, qu'ils retiennent avec un bandeau coloré (parfois un simple foulard) ou brodé de perles. Le tissage de **perles** sur les costumes et les parures ne remonte qu'à la fin du 17e s., lorsque les trappeurs européens introduisirent des perles de Bohême pour le troc contre les peaux. Certaines tribus en font des costumes et des accessoires splendides, comme les Sioux, les Shoshones, les Kiowas (tribu apache) ou les Miwoks…

Les **coquillages** sont également utilisés pour décorer les costumes et les coiffures, surtout dans les tribus du littoral, mais on les retrouve ici et là, en raison de l'important troc entre régions. Une partie originale du costume de certains Pueblos (Zunis, Hopis) est le **masque**, utilisé pour la danse des *Kachinas*. Chaque masque représente un esprit divin, issu du monde animal ou végétal, et doit faciliter l'entrée en contact avec cet esprit. De forme généralement cylindrique, peint de couleurs vives et orné de plumes, il constitue la partie la plus pittoresque du costume, comme chez les Hopis, où l'on dénombre près de 500 *kachinas* différents. Les pouvoirs et les symboles des oiseaux et des autres animaux mimés par les costumes (plumes, cornes, peaux) varient selon les mythes de chaque tribu.

LES FONCTIONS DES BIJOUX

Impossible de parler du costume indien sans évoquer les bijoux de toute nature que l'on empile littéralement sur soi. L'abondance de bijoux caractérise autant l'homme que la femme. Bracelets superposés, colliers en grand nombre, bagues énormes, broches grandes comme des assiettes, ceintures d'argent et de pierres au poids impressionnant, cravates et ornements de col, agrafes de chapeau : dans certains cas,

l'ensemble tient un peu de l'arbre de Noël…

Exécutés en **argent** et en **pierres**, les bijoux remplissent deux fonctions. La première est de protéger celui ou celle qui les porte par sa symbolique et par la nature de ses pierres.

La **turquoise**, par exemple, largement utilisée par les tribus du Sud-Ouest car on la trouve en abondance en Arizona et au Nouveau-Mexique, est le symbole du dieu Soleil et apporte force et vigueur. La forme des bijoux figure aussi la protection de tel ou tel esprit – comme c'est le cas pour les **fétiches de pierre** des Zunis –, la fertilité, le courage… En second lieu, les bijoux sont un moyen traditionnel pour les Indiens d'investir leur richesse et de posséder des objets faciles à troquer. Peu confiants dans les banques, ils ont, depuis l'arrivée des Blancs, utilisé leurs bijoux pour obtenir des prêts sur gages *(voir p. 574)*. L'abondance de bijoux portés par une seule personne, stupéfiante lorsque l'on fréquente les marchés du week-end, témoigne de sa richesse, un peu comme si l'on transportait son compte en banque sur soi…

LES STYLES DE BIJOUX

Malgré la grande diversité des bijoux indiens, on reconnaît quatre grands styles que les artisans de toutes les tribus déclinent d'une façon ou d'une autre.

Les **Navajos** fabriquent principalement des bijoux très lourds, en **argent** incrusté de **turquoises**, dont la taille peut être impressionnante. Ce sont surtout les hommes qui les fabriquaient autrefois, même si de plus en plus de femmes s'y mettent. Le motif le plus célèbre est celui du **Squash Blossom** (fleur de courge), juxtaposition de perles d'argent en forme de pétale et d'un large anneau ouvert portant les pierres. Certains y voient un symbole de fertilité, mais le dessin fut emprunté à un motif espagnol, lui-même reçu des Arabes.

Toutes sortes de pièces sont réalisées dans le même style, boucles de ceinturon, colliers, broches et bracelets. Les Navajos sont connus pour leur capacité à intégrer les savoir-faire et les modèles des tribus voisines pueblos. Les **Zunis**, auxquels les Navajos ont emprunté bien des motifs, sont considérés comme les maîtres en matière de bijoux. À base d'argent et de turquoises, mais aussi de corail, de nacre et de pierres de différentes couleurs, leurs bijoux sont délicatement ouvragés, incrustés de pierres minuscules, taillées avec une telle précision qu'on parle de style **petit point** (needlework). Les mêmes pierres sont aussi utilisées pour composer une fine **marqueterie** et réaliser bibelots précieux ou bijoux. Leurs motifs les plus populaires sont la **fleur stylisée circulaire**, censée évoquer la toile d'araignée (une des divinités indiennes), et l'**aigle**, très vénéré. Les petits damiers figurent les nuages et les formes aiguës la pluie.

Les **Hopis** possèdent un style original, très différent de celui des autres tribus. L'argent y occupe la place de choix, avec un usage beaucoup plus parcimonieux des pierres. Le bijou est constitué de deux couches de métal. La couche inférieure, qui donne la forme, est patinée pour garder une couleur noire. La couche supérieure, de même forme, est soigneusement évidée suivant un motif géométrique ou symbolique, puis elle est fixée sur la couche du dessous et polie. Le contraste de l'argent brillant et du noir donne des bijoux au style très contemporain.

Santo Domingo Pueblo est le berceau d'un style encore différent qui utilise les **coquillages** et quelques pierres. Il s'agit d'un travail long et d'une extrême minutie. Le coquillage ou la pierre sont coupés en petits fragments plats et minces que l'on meule pour en faire des perles en forme de disques de taille régulière ou croissante. Ces disques sont ensuite enfilés en constituant une séquence de couleur ou de taille. Le collier obtenu peut aussi être noué pour former des boucles ou assemblé à d'autres pour constituer un bijou plus important. Bien que très sobres, ces colliers sont rares et chers, en raison de la difficulté du travail. Santo Domingo est aussi le village d'origine du **liquid silver** (« argent liquide ») : l'argent est débité en fines bandes étroites que l'on façonne en tubes, puis que l'on coupe pour faire des perles. Chaque collier compte un grand nombre de rangs de ces perles et donne l'illusion du métal en fusion.

L'artisanat indien

⊚ **Bon à savoir** – Assurez-vous que les mentions d'origine figurent sur la pièce de votre choix et que les métaux ou les pierres utilisés font l'objet d'une garantie.

Soyez prêt à payer un bon prix, car, lorsqu'il est de **qualité**, l'artisanat indien se vend la plupart du temps très cher.

LA VANNERIE

La vannerie est le plus ancien des artisanats indiens, puisque les paniers furent longtemps les seuls récipients : tissés très serrés, ils étaient imperméabilisés par un genre de poix pour retenir les liquides. Pour faire chauffer la nourriture, on y plaçait des pierres brûlantes. La vannerie indienne se fabrique en enroulant les fibres en spirale (roseau ou yucca selon les endroits, ou même crin de cheval pour de délicates miniatures), puis en solidarisant chaque rangée par une sorte de tissage. Les fibres sont teintées de différentes couleurs pour former un motif géométrique ou symbolique.

Les meilleurs fabricants de paniers sont les **Tohonos O'odhams** (sud de l'Arizona) et les **Hopis**. Aujourd'hui, ceux que fabriquent les Indiens des États-Unis sont de plus en plus rares, et beaucoup de boutiques proposent à leur place ceux des **Séris** (Indiens du Nord-Ouest du Mexique), beaucoup moins chers.

LA POTERIE

Les **Pueblos** sont les plus anciens potiers de la région. Chaque village et chaque artiste définissent un style, des formes et des décors qui leur sont propres.

Le procédé de fabrication traditionnel (sans tour de potier) reprend celui de la vannerie : le vase ou le pot est monté progressivement en enroulant en spirale un fin boudin de terre qu'on lisse avant de le cuire.

Cette **technique de la spirale** explique que les formes restent très sobres. Les motifs décorant les pots et les couleurs varient d'un *pueblo* à l'autre. Zia se distingue par son argile rouge et ses dessins noirs, Acoma, Zuni, Santa Clara ou Jemez Pueblo proposent une variété de motifs compliqués, géométriques ou figuratifs. San Ildefonso privilégie le rouge ou le noir : les dessins sont formés par le contraste entre surfaces mates et brillantes.

LE TISSAGE

Initialement nomades, les **Navajos** apprirent le tissage des Pueblos. Ils utilisent un métier vertical sommaire devant lequel la tisseuse travaille assise.

Au début, les motifs étaient très simples, et les couleurs celles de la laine naturelle, blanche, brune ou noire. Peu à peu, ils introduisirent des motifs plus élaborés et se mirent à teindre la laine à l'aide de différents végétaux et de teintures achetées aux Espagnols.

Après s'être longtemps contentés de tisser des couvertures et des pièces sommaires pour les robes, ils s'attaquèrent aux petits **tapis**. Les premiers motifs ne comportaient pas de bordure et n'étaient que des variations plus ou moins travaillées de la rayure.

Puis les Blancs rencontrés dans les *trading posts* leur firent découvrir les tapis à bordures périphériques décorées qu'ils ajoutèrent par la suite pour encadrer les dessins navajos traditionnels. Ces tapis atteignent aujourd'hui des prix considérables.

KACHINAS ET FÉTICHES

Les *kachinas* sont des esprits pour les Indiens pueblos et s'intègrent surtout dans les rites hopis et zunis. Ils en font une représentation par leurs costumes lors des cérémonies. Comme les enfants sont exclus des rites, des **poupées kachinas** sont fabriquées pour les familiariser avec la tradition. Ce ne sont en aucune façon des jouets, mais des objets dûment révérés. Façonnées traditionnellement dans une racine de peuplier, ces poupées sont sculptées puis peintes à la main, décorées de plumes, de fourrure, de coquillages ou de métal. Les plus belles sortent des mains d'artistes reconnus et sont signées. Il ne faut pas les confondre avec les banales statuettes multicolores représentant des danseurs en costume, ou les copies de modèles anciens exécutées industriellement et que l'on trouve dans les boutiques pour touristes.

Les **fétiches** sont des représentations animales (ours, tortue, cerf…) sculptées dans différentes pierres naturelles (turquoise, quartz, malachite…). Particulièrement répandus chez les Pueblos (les plus beaux sont ceux des Zunis), ils sont censés contenir et transmettre une partie de l'esprit de l'animal et de ses pouvoirs. On les trouve sous forme de statuettes miniatures, ornées de morceaux de coquillage, de turquoise ou de corail pour augmenter leur pouvoir, ou intégrés dans des colliers.

LES PEINTURES DE SABLE

Toutes les boutiques proposent les célèbres **sand paintings** navajos, motifs variés exécutés avec des sables colorés et fixés sur un support en bois. Il faut toutefois souligner que ce procédé n'est pas authentique et ne correspond pas au rituel réel, qui est par définition éphémère. Achetez-les s'ils vous plaisent, mais n'imaginez pas posséder un objet sacré. La plupart sont de fabrication semi-industrielle.

LES BIJOUX

Ils sont très importants dans la culture indienne, mais attention aux contrefaçons *(voir p. 21)*.

L'artisanat latino

Bien que très répandu au Nouveau-Mexique, dans le sud de l'Arizona et de la Californie, cet artisanat n'est pas fabriqué sur place, mais importé d'Amérique du Sud par la communauté latino. Le meilleur côtoie le pire et le plus artificiel.

LES RETABLES MINIATURES

La plupart des boutiques hispaniques vendent ces petits autels ouvrants, représentant une scène naïve de l'Évangile. C'est un artisanat typique d'Amérique du Sud, notamment du Pérou, où l'on utilisait la pomme de terre réduite en poudre pour faire une pâte que l'on façonnait ensuite en petits personnages.

LE CULTE DE LA RÉCUP

Incontournable dans les pays pauvres, la récupération de matériaux est à la base d'un artisanat populaire naïf et émouvant. De la boîte de conserve à l'objet du culte, c'est l'ingéniosité et la tendresse qui transparaissent dans ces crucifix ou ces icônes en fer-blanc découpé, poinçonné, martelé, peint…
Dans son film *Into the Wild* (2008), Sean Penn braque ses caméras sur un lieu hors du commun où l'art brut est roi, **Slab City**. Dans un ancien camp militaire abandonné, en plein désert, une petite communauté de vétérans, d'artistes et de hippies tente de survivre loin du modèle américain de rentabilité. Les sculptures éoliennes de Lyman Whitaker animent les rues de Santa Fe (Wiford Gallery) tandis que Gendron Jensen dessine, près de Taos, les ossements des grands animaux. Au Nouveau-Mexique, artistes et artisans ne sont décidément pas comme ailleurs.

LA DURE VIE DU SQUELETTE

Au Mexique, la mort fait partie de la vie. Le jour des Morts donne lieu à des célébrations conviviales, puisqu'à cette occasion les défunts reviennent voir les vivants. Pour les célébrer, on met en scène toutes sortes de squelettes (en papier mâché, bois, fer-blanc, argile), dans des compositions pleines d'humour, voire parfaitement délirantes, que l'on peut acheter toute l'année. Il en découle un artisanat coloré et inventif, à base de matériaux récupérés ou bon marché, peints de couleurs vives.

Gastronomie

La diversité culturelle de l'Ouest américain garantit une palette de cuisines très différentes. Chaque communauté garde ses spécialités et vous pourrez manger mexicain, indien, chinois, japonais, coréen, thaï, italien ou basque… Bien que la Californie ait la réputation d'avoir une cuisine plus saine qu'ailleurs, la plupart des Américains mangent trop et mal. Hormis dans les grandes villes où les chefs doués sont nombreux, attendez-vous à une alimentation décevante et trop riche. Si vous ne supportez plus l'idée de manger encore un hamburger, vous pouvez vous rabattre sur les salades, qui sont souvent énormes et suffisent à un repas, les plats végétariens ou la cuisine asiatique, qui reste la plus équilibrée. Les cuisines mexicaine et indienne sont en revanche plus riches, souvent frites, à base de maïs et de féculents.

La cuisine

LA CUISINE AMÉRICAINE

Bien que cette appellation ne recouvre pas une réelle tradition, certains plats sont des incontournables. Le **hamburger** en est un. Faites-en au moins l'expérience, dans un restaurant et non dans un fast-food, surtout dans les quartiers peu touristiques ou dans les petites villes. Dans les menus, vous le trouverez souvent à la rubrique sandwichs et serez agréablement surpris de sa préparation. La viande y est copieuse et de qualité. Le *fried chicken* (poulet frit) est une autre recette typique, héritée des États du Sud, de même que le *cajun chicken* (poulet cajun), une recette épicée et très parfumée. Côté grillades, surtout dans les régions d'élevage (Colorado et Nouveau-Mexique), le **bœuf** est à l'honneur. Attention, la découpe est différente de celle pratiquée en France. Pour le steak, préférez le *prime rib* ou le

T-bone steak (issus de la côte de bœuf). Demandez-le *rare* (saignant), *medium* (à point) ou *well done* (cuit). Bien plus légères sont les **salades**, qui comportent souvent du poulet ou des fruits de mer, une large variété de crudités, voire de fruits frais, et un choix de sauces *(dressings)* toutes un peu sucrées. La plus proche de celle que nous connaissons est l'*italian dressing*, le *french dressing* étant assaisonné de ketchup. Le *blue cheese* ou *Roquefort dressing* contient du fromage bleu, le *ranch dressing* de la crème aigre et le *thousand island dressing* est un mélange de mayonnaise, de ketchup et de cornichons hâchés. Les desserts sont toujours très sucrés, gâteaux très riches à la crème, au chocolat, aux cacahuètes, glaces énormes… Parmi les spécialités plus familiales, goûtez le *pecan pie* (sorte de tarte à la noix de pécan) ou le *carrot cake*, un délicieux gâteau où le sucre, le girofle et la cannelle s'allient au goût de la carotte. Bien sûr, les Américains croient que leur *apple pie* est la meilleure du monde. Elle se déguste parfois avec du fromage cheddar ou « à la mode », c'est-à-dire avec une boule de glace.

FUSION FOOD

À côté des cuisines asiatiques et étrangères (méditerranéenne, française…) à la réputation établie, la Californie est devenue le temple de la *fusion food*, un mélange de différentes traditions culinaires et un métissage heureux de saveurs et d'épices de toutes les origines. Poisson à la vanille ou aux cacahuètes, viande laquée à la compote de légumes, ragoûts aux épices : surprise des papilles garantie. Une cuisine légère et créative que vous pourrez notamment découvrir à San Francisco, à Santa Barbara ou à Santa Fe.

L'INFLUENCE MEXICAINE

À la base de l'alimentation mexicaine sont le **maïs**, les **haricots**, les différentes variétés de **poivrons** et de piments, la tomate et le fromage. La viande est assez rare et n'entre que dans la composition des plats de luxe. La plupart des recettes s'organisent autour des *tortillas*, de fines crêpes de maïs ou de blé roulées *(burritos, enchiladas)*, pliées avec du fromage *(quesadillas)* et frites ou empilées autour de farces variées. La *salsa* est une autre spécialité de base. C'est une sauce épaisse, faite à partir de piments, de poivrons, de tomates, de jus de citron vert et d'épices. Elle est servie froide en apéritif avec des chips de maïs ou chaude en accompagnement des plats. Les *chiles rellenos* sont des poivrons farcis de viande, de pommes de terre et de haricots, panés puis frits, et servis avec une sauce à base de tomate et de poivron. Petits chaussons de pâte fourrés de viande ou de fromage, les *empanadas* acceptent à peu

près tous les contenus et sont cuits au four ou frits. Autre plat typique, les *tamales* consistent en une farce de viande ou de fruits de mer enroulée dans de la pâte, puis dans l'enveloppe séchée d'un épi de maïs, et cuite à la vapeur. Les *fajitas* sont de fines lanières de viande (poulet, bœuf, ou *combo*, c'est-à-dire les deux viandes mélangées) sautées avec des poivrons et des oignons, servies grésillantes sur une pierre chaude, accompagnées de crème, de fromage et de **guacamole**, une purée d'avocat assaisonnée de citron vert et d'une pointe de Tabasco. Le *green chile* et le *red chile* sont des ragoûts de porc très piquants avec poivrons verts ou rouges et pommes de terre. À ne pas confondre avec le **chili** (ou **chili con carne**), un plat tex-mex servi comme une soupe, saupoudré d'oignons émincés et de fromage râpé.

Depuis quelques années, les cuisiniers proposent de nouvelles boissons sucrées pour remplacer le sempiternel Coca : le *horchata* est un lait d'amandes ou de riz parfumé de cannelle, le *jamaïca* une tisane rouge rafraîchissante préparée avec des fleurs d'hibiscus ; vous trouverez également des jus de melon et pastèque.

Dans le Sud-Ouest, la nourriture des Indiens utilise la même base que celle des Mexicains : maïs, haricots secs de toutes sortes, tomates et poivrons. La spécialité est le **pain de maïs frit**, en fait une *tortilla* jetée crue en pleine friture, qui sert de support à la nourriture (à la manière d'une pizza ou d'un pain pour hamburger) ou comme une crêpe saupoudrée de sucre et de cannelle.

L'ESSOR DU BIOLOGIQUE

Les rayons et les marchés bio *(organic)* se multiplient, poussés par une mode déjà bien ancrée à

San Francisco. Les prix restent chers mais la tendance est forte. Ainsi le samedi matin à Santa Monica, les petits producteurs débarquent sur les trottoirs, envahissent les rues ramenant des fermes environnantes fruits et légumes garantis 100 % naturels. Moins de matière grasse dans les menus des restaurants et plus de légumes du cru.

Les boissons

POUR ÉTANCHER SA SOIF…

Bien que la Californie soit devenue l'une des patries du **vin**, la plupart des Américains n'en boivent pas souvent à table, d'abord parce qu'il reste cher et réservé à une élite, mais aussi parce qu'il ne fait pas partie de la culture gastronomique populaire. Les bons restaurants proposent toujours une carte des vins, mais, en matière d'alcool, la **bière** est le choix le plus répandu. Ne confondez pas la *root beer* avec de la bière. Il s'agit en fait d'une boisson gazeuse sans alcool, souvent artificielle (vérifiez la composition sur les canettes), très parfumée, qui était à l'origine fabriquée à partir des racines de certaines plantes. Depuis les années 1990, les « microbrasseries » et autres fabricants de bières artisanales sont devenus du dernier chic, surtout en Californie (bien que L'Anchor Steam Beer soit la boisson fétiche de San Francisco depuis 1896). La qualité d'une bière se juge comme le vin à la robe, au goût, au nez, mais aussi à la consistance de la mousse *(head)*. Tout cela est affaire d'ingrédients de base : le houblon, l'orge, l'avoine, le blé parfois (pour une bière d'été), et, bien sûr, l'eau. En attendant de savourer le produit, goûtez à cette sélection de noms de bières californiennes (vous constaterez que les Belges ont fait école dans ce domaine !) :

Hairy Eyeball Ale, North Coast Old, Rasputin Russian Imperial Stout, Snowshoe Grizzly Brown Ale, Stone Arrogant Bastard Ale…

Pour la majorité, la consommation d'alcool est réservée aux sorties dans les bars ou les clubs, sous forme de cocktails ou d'alcool forts, dont la **tequila** dans les régions à forte composante latino. Cette dernière est une boisson AOC distillée produite à partir du cactus agave autour de la ville de Tequila (État de Jalisco) au Mexique. Avant l'arrivée des Espagnols en 1521, les Aztèques produisaient un alcool nommé *pulque*, à base d'agave. Fortifié par le processus de distillation introduit par les Européens, il devint la tequila, produit à échelle industrielle depuis 1965. Quatre catégories de tequila sont reconnues : la *Claro*, la tequila de base, à la couleur transparente, due à l'absence de vieillissement ; la *Especial*, distillée deux fois avant d'être vieillie en fût de chêne (on y ajoute parfois du caramel pour lui donner sa couleur dorée typique) ; la *Reposado*, vieillie en fût de chêne entre 2 mois et 1 an ; et la *Anejo*, vieillie en fût de chêne pendant 3 ou 4 ans.

Dans les réserves indiennes, où l'alcoolisme fait des ravages, il est interdit et impossible de boire de l'alcool. En Utah, beaucoup de restaurants tenus par des mormons n'en servent pas non plus. En fait, la boisson nationale, même avec un bon repas, reste l'incontournable **Coca-Cola** ! En outre, on vous proposera souvent de l'**iced tea**, qui est bien ce que son nom indique, un thé banal, froid et servi sur une pile de glaçons.

Quant au café, il est très allongé et manque souvent de goût. Pour boire un bon expresso, rabattez-vous sur les grandes chaînes spécialisées.

Les vins californiens

Des débuts difficiles – L'histoire du vin dans la région remonte à Cortès, qui conquiert le Mexique en 1524. Au 18e s., les franciscains se lancèrent dans la viticulture en développant leurs missions (de la région de San Diego à Sonoma), notamment pour subvenir aux besoins de vin de messe. Il faut attendre le milieu du 19e s. pour que les vignobles se développent vraiment, avec la ruée vers l'or et l'annexion de la Californie par les États-Unis. Peu après 1830 un Bordelais, Jean-Louis Vignes, fut un des premiers à conseiller de planter des variétés de raisins nobles et il importa des boutures de choix. Il fut suivi par d'autres Français et par Haraszthy, aristocrate hongrois qui rapporta des centaines de variétés d'Europe. L'essor fut brutalement interrompu par le phylloxera (fin 19e s.) et surtout la Prohibition (1920-1933). Mais la renaissance des vignobles fut spectaculaire, surtout à partir des années 1970, avec, pour beaucoup, le choix de privilégier la qualité. Grâce à ces efforts, les vins californiens comptent aujourd'hui dans le monde des grands vins.

UN CONTEXTE FAVORABLE

Si les vignobles se développent si bien en Californie c'est que le climat, les reliefs, les sols et les autres conditions sont ici proches de ceux qui prévalent dans la plupart des bonnes régions viticoles. Ainsi, les comtés les plus frais, au nord de l'État, produisent des vins d'une excellente qualité : vallées de Napa, de Sonoma, de Livermore, Santa Cruz Mountains, Mendocino, etc.

Mais il y a le problème de l'eau. Avec les campagnes écologiques menées pour le respect des fleuves et des vallées, les vignerons ont de plus en plus de difficultés à trouver l'eau nécessaire pour combattre les gelées de printemps, qui peuvent détruire 75 % d'une récolte.

Les cépages – Les vins californiens mettent en avant sur l'étiquette le nom du cépage. La transition entre le cépage d'origine, baptisé « mission », et les belles variétés européennes se réalisa grâce à Agoston Haraszthy. La région de San Francisco profita énormément de sa démonstration : on peut produire des vins de haute qualité sur des terrains non irrigués. Les vins californiens comptent aujourd'hui plus de 100 cépages dont les plus célèbres sont le cabernet sauvignon, le chardonnay, le merlot et le local de l'étape, le Zinfandel.

PRODUCTION ET TERRITOIRES

Plus de 90 % des vins américains viennent de Californie qui produit près de 16 millions d'hectolitres. La fureur de planter a fait passer au début des années 1990 de 40 000 à 132 000 ha la surface des vignobles. Elle est actuellement de plus de 200 000 ha. Du nord au sud, on distingue cinq grandes régions : la côte nord, les vallées de Sacramento et de San Joaquin, la côte centrale, et la côte sud qui ne joue pas un grand rôle dans la production totale de l'État. Le classement géographique des vins peut se faire sur plusieurs niveaux : **États**, **Comtés**, et des zones géographiques spécifiques, les **Avas (American Viticultural Areas)**. Contrairement à d'autres pays, ces appellations ne sont que géographiques et n'imposent pas de réelles contraintes de fabrication. On compte plus de 1 000 *wineries* en Californie, dont certaines de taille moyenne, proposant à des prix raisonnables des produits de bonne qualité et même des vins fins. Les plus célèbres se situent dans la Napa Valley avec par exemple le domaine Chandon à Yountville ou la Robert Mondavi Winery à Oakville.

Géographie

Des rivages du Pacifique à la Sierra Nevada et ses séquoias géants, des vastes étendues désertiques de l'Arizona aux gorges vertigineuses du plateau du Colorado et aux crêtes escarpées des montagnes Rocheuses, le Sud-Ouest américain renferme une extraordinaire variété de merveilles naturelles. Les éléments se sont combinés pour façonner, ici des arches ou aiguilles, là de profonds canyons, chefs-d'œuvre démesurés, d'une éblouissante beauté.

Un peu de géologie…

L'immense faille du Grand Canyon laisse apparaître des couches de roches parmi les plus anciennes, celles qui constituent le socle du sol américain (2 milliards d'années environ) et qui sont très rarement visibles ailleurs. Elles ont été formées suite à la collision d'îles volcaniques avec la plaque continentale.

LA FORMATION DU SOUS-SOL

Durant l'**ère primaire** (– 550 à – 250 millions d'années), des avancées et des reculs des mers se succèdent sur le continent, déposant des sédiments qui s'accumulent pour former les couches qui dessinent les falaises du Grand Canyon. L'ensemble des continents forme encore une seule grande masse compacte.

NAISSANCE DES RELIEFS

Durant la période suivante (– 250 à – 65 millions d'années, **ère secondaire**), les eaux se retirent vers les océans, créant un continent sec et élevé. Aux sédiments marins s'ajoutent les alluvions déposées par les cours d'eau et les vents. Le relief se forme de plateaux étagés à la manière d'un escalier géant *(Grand Staircase)*, montant progressivement depuis le Grand Canyon, le plus bas et le plus ancien, jusqu'à Bryce Canyon, plus au nord, où sont exposées les roches les plus récentes. En même temps, c'est l'apogée des reptiles, notamment des dinosaures, et l'apparition des premiers oiseaux et des mammifères. La seconde moitié de cette période (à partir de – 140 millions d'années environ) est marquée par un événement important : le continent nord-américain, maintenant séparé de l'Europe par l'océan Atlantique,

Paysage du Yosemite National Park.
C. Barrely / MICHELIN

entre en collision avec la plaque pacifique, qui s'enfonce sous la plaque continentale. Ce phénomène est à l'origine de bien des reliefs du Sud-Ouest, notamment la Sierra Nevada et les montagnes de l'Arizona.

LES MONTAGNES PLUS RÉCENTES

Au début de l'ère tertiaire (– 65 à – 5 millions d'années), les mouvements des plaques continentales se poursuivent et donnent naissance aux montagnes Rocheuses *(Rocky Mountains)*, ainsi qu'au Grand Bassin *(Great Basin)*, une vaste dépression où alternent des chaînes montagneuses parallèles.

À cette même époque, l'ensemble du **plateau du Colorado** *(Colorado Plateau)* est surélevé à quelque 3 200 m au-dessus du niveau de la mer. Après cette dernière élévation, le fleuve Colorado entame son lent travail d'érosion, creusant le Grand Canyon et révélant ainsi nombre de trésors géologiques.

Les paysages du Sud-Ouest

Les États-Unis d'Amérique s'étirent sur 4 500 km d'est en ouest et sur 2 500 km du nord au sud. À l'Ouest, les Rocheuses sont longues de près de 2 000 km, entre le Canada et le Mexique. Longtemps considérées comme un formidable défi elles apparaissent encore comme un rêve d'espaces inviolés.

Le Sud-Ouest américain se caractérise par une grande sécheresse. À titre de comparaison, l'embouchure du Rio Grande, dans les montagnes Rocheuses (l'État du Colorado), est située à la même latitude (le 26e parallèle) que l'oasis d'In Salah, dans le Sahara algérien.

TECTONIQUE DES PLAQUES : QU'EST-CE QUE C'EST ?

Cette théorie scientifique explique la géologie par l'existence, à la surface du globe, de plaques rigides mais en mouvement. À l'origine, tous les continents étaient solidaires. Puis, à la fin de l'ère primaire, ce bloc massif s'est séparé en plusieurs plaques qui ont donné les continents. Ces plaques continentales ont peu à peu dérivé pour aboutir à la configuration que nous connaissons aujourd'hui. Quand les plaques s'éloignent, cela donne naissance à une faille, comme celle qui partage l'océan Atlantique en deux. Quand elles se rapprochent, comme le long de la Californie, cela provoque des séismes, voire, beaucoup plus tard, des soulèvements du relief.

Mais du vignoble de Napa à la Vallée de la Mort ou aux grands Parcs nationaux du Colorado, la diversité des paysages est stupéfiante et en fait une magnifique destination touristique.

LA CÔTE CALIFORNIENNE

Adossée aux **Coast Ranges**, une chaîne montagneuse dont les sommets avoisinent les 1 000 m, la côte Pacifique s'étire sur plus de 1 300 km du nord au sud. À l'est de cette barrière rocheuse s'étend la luxuriante **vallée Centrale** (*Central Valley*), rendue fertile grâce aux travaux d'irrigation, et largement dédiée à l'horticulture ou à la viticulture comme dans les régions de Napa et de Sonoma (*voir p. 206-208*). La côte sud de Californie bénéficie d'un climat méditerranéen, marqué par des étés chauds et secs (23-25 °C) et des hivers doux (15-18 °C), tandis que la partie nord, qui connaît un climat tempéré, accuse des températures un peu plus fraîches et se révèle plus humide, avec des saisons intermédiaires assez pluvieuses.

La faune et la flore

La côte Pacifique est plantée d'une végétation composée principalement de buissons épineux et persistants. Si elle constitue un véritable éden pour les oiseaux (goélands, pélicans, hérons, cormorans, geais, sternes…), la côte californienne est aussi l'un des grands lieux de migration des **baleines**. Les baleines grises migrent entre novembre et mai. Les baleines bleues et les baleines à bosse, de juin à novembre. Les meilleurs sites pour les voir sont Point Reyes National Seashore (*voir p. 202*), Carmel, Santa Barbara et Cabrillo National Monument. Otaries, phoques et éléphants de mer, fréquentent quant à eux la côte toute l'année. À San Francisco, vous les verrez au Pier 39, et le long de la côte à Año Nuevo State Reserve ou Cabrillo National Monument.

LA SIERRA NEVADA

La Grande Vallée de Californie est bordée à l'est par la Sierra Nevada, longue de 650 km et culminant entre 1 500 et 2 700 m. Le versant occidental, raviné par les eaux, descend en pente douce vers la vallée. Parmi ses hauts sommets, le **mont Whitney** (4 418 m) est le point culminant des États-Unis (hors Alaska et Hawaï). Dans sa partie basse, la Sierra Nevada est encore sous l'influence du climat méditerranéen, chaud et aride, mais, en altitude, les précipitations se font plus abondantes et les sommets connaissent un **climat alpin**, très froid et sec, avec de fortes chutes de neige en hiver.

LA FAILLE DE SAN ANDREAS

Après les terribles séismes qui ravagèrent San Francisco et les environs de Los Angeles au 20e s., les Californiens ont dû apprendre à vivre avec la peur que la terre ne tremble à nouveau. La région la plus instable suit la faille de San Andreas, qui marque la frontière entre les plaques pacifique et nord-américaine et sépare le sud-ouest de la Californie du reste du continent américain. Les deux plaques glissent le long de cette fracture de l'écorce terrestre et se déplacent l'une par rapport à l'autre de 5 cm par an en moyenne. Ce mouvement est chaque année à l'origine de centaines de secousses, souvent imperceptibles, mais qui peuvent se révéler d'une incroyable violence si ce coulissement est bloqué par une roche et que la pression entre les plaques augmente.

Sur le versant ouest, entre 700 et 2 000 m d'altitude, d'importantes précipitations ont permis la croissance de forêts de conifères, où se concentrent d'impressionnantes futaies de séquoias géants, des arbres pouvant atteindre plus de 80 m de hauteur et 30 m de circonférence. Les prairies d'altitude sont le royaume des **ours noirs**, très redoutés, qui sont une espèce protégée. Elles abritent aussi des **cerfs mulets** (*mule deers*), qui se déplacent souvent à plusieurs, ainsi que des **mouflons d'Amérique** (*bighorns*), aujourd'hui assez rares et beaucoup plus farouches.

LES DÉSERTS DU SUD-OUEST

Le Sud-Ouest des États-Unis compte quatre déserts remarquables, occupant des zones montagneuses ou de basses plaines. Ils subissent un climat continental semi-désertique, caractérisé par de très faibles précipitations, des températures estivales toujours très élevées et, selon l'altitude, des hivers plus ou moins frais. Les plus hauts sommets reçoivent même de la neige en hiver. Au sud-est de la Californie, le **désert Mojave** est le plus petit, le plus aride et le plus chaud de tous. La Vallée de la Mort y est le point le plus bas de l'hémisphère Nord (– 86 m au-dessous du niveau de la mer, à Badwater). Au nord du désert Mojave s'étire le **désert du Grand Bassin**, le plus grand et le plus froid des déserts américains. La barrière rocheuse de la Sierra Nevada empêche les vents océaniques chargés d'humidité de faire route vers l'est, où commencent les vastes étendues semi-arides du Grand Bassin. Les vallées et les hauts plateaux qui couvrent le Nevada et une bonne partie de l'Utah, au nord du plateau du Colorado, s'apparentent davantage à une steppe. Les étés

y sont très chauds, propices aux orages violents, tandis que les hivers sont rigoureux et enneigés. Ce désert comporte peu d'arbres et de plantes cactées, mais quelques espèces d'arbustes.

Le **désert du Sonora** occupe le sud de la Californie et de l'Arizona et la partie nord-ouest du Mexique (les deux tiers de ce désert sont au Mexique). Il possède une végétation plus diversifiée en raison des pluies hivernales et des violents orages de fin d'été. Quand ceux-ci sont assez généreux, le désert se couvre d'un parterre de fleurs très colorées.

Le **désert du Chihuahua**, enfin, est situé pour l'essentiel au Mexique, mais il couvre aussi le sud-est du Nouveau-Mexique et l'ouest du Texas. Il possède la plus grande variété de cactus et reçoit l'ensemble de ses précipitations pendant l'été.

La faune et la flore

La flore et la faune se sont adaptées à cet environnement extrême. Les cactus qui peuplent les déserts sont capables de constituer une réserve d'eau dans leurs racines creuses et dans leur tronc, recouvert d'une substance grasse, tandis que leurs épines leur permettent de contrôler l'évaporation et de se protéger des prédateurs.

L'imposant **saguaro**, ou cactus-chandelier, aux larges ramifications dressées vers le ciel, est devenu le symbole du Sud-Ouest. La famille des cactées comprend bien d'autres spécimens : le **cactus-tonneau** (*barrel cactus*), de forme cylindrique et de 1 à 2,5 m de haut, le **cactus tuyau d'orgue** (*organ pipe cactus*), qui forme de véritables bouquets pouvant atteindre près de 6 m, ou le **cholla**, aux multiples branches d'apparence duveteuse, mais hérissées d'épines redoutables. Assez proche du cactus, le **buisson de créosote**, reconnaissable à ses feuilles minuscules et à ses fleurs jaunes, perd quant à lui ses feuilles et vit parfois uniquement en sous-sol, pour mieux renaître après les pluies. Très répandu dans les déserts du Sud-Ouest, il était apprécié des Indiens pour ses vertus médicinales. Les **yuccas** leur fournissaient également nourriture, détergent et fibres, ou étaient utilisés lors des cérémonies rituelles. Cette famille de plantes compte une quinzaine d'espèces différentes, dont le célèbre **arbre de Josué** (*Joshua Tree* ou *Yucca brevifolia*), qui peut atteindre près de 15 m de haut et domine largement le désert Mojave. L'**ocotillo**, frêle buisson aux branches graciles, à l'extrémité desquelles s'épanouissent de jolies fleurs rouges, est également un familier de ces contrées. Le **palo verde**, un arbre dont le tronc et les branches se parent d'un joli vert tendre, orne quant à lui les places des villes du sud de l'Arizona comme les versants des collines. Ces buissons et plantes basses servent d'abris aux petits rongeurs, comme les souris, les écureuils ou les **rats-kangourous** (*kangaroo rats*), d'étonnantes créatures qui peuvent se passer de boire, car leur métabolisme fabrique des déjections presque sèches et des urines extrêmement concentrées. Les seuls liquides qu'ils ingèrent sont contenus dans les plantes et les graines dont ils se nourrissent. Ils profitent des températures plus clémentes de la nuit pour sortir et chercher de la nourriture. L'un de leurs prédateurs, le **serpent à sonnette**, ou crotale, effraie ses ennemis en agitant sa queue, dotée d'anneaux en écaille dure, qui émet un bruit dissuasif. Extrêmement rapide, il attaque par surprise et son venin est mortel, même pour l'homme.

Le **coyote**, qui erre en solitaire, est l'un des principaux prédateurs du **roadrunner**. Cet étonnant coucou, appelé aussi « coq du chaparral » et popularisé par les dessins animés de la Warner Bros, est un coureur infatigable qui détale sur ses deux pattes et peut atteindre 40 km/h sur terrain plat. Malgré les épines, de nombreux oiseaux viennent creuser leur nid dans les cactus, comme le **cactus wren** ou le **Gila woodpecker** et, en retour, sont des agents de pollinisation pour ces plantes.

LE PLATEAU DU COLORADO

Occupant une superficie de 331 776 km², le plateau du Colorado couvre quatre États voisins : l'Arizona, l'Utah, le Colorado et

EL NIÑO

Rendu célèbre par ses conséquences désastreuses lors des hivers 1982-1983 et 1997-1998, ce phénomène est bien connu des pêcheurs de la côte Pacifique de l'Amérique. Il s'agit d'un courant océanique chaud qui apparaît en général vers Noël pour durer quelques mois. L'augmentation de température de l'Océan est en moyenne de 1 à 2 °C et fait seulement fuir les poissons. Mais lorsqu'elle est plus forte (5 à 8 °C), cela cause un affaiblissement et un changement de direction des vents, une montée du niveau de la mer et une détérioration du climat. Quand El Niño est intense, les orages violents, les pluies torrentielles et les inondations se multiplient sur la côte sud-ouest des États-Unis, tandis que les chaînes de montagne connaissent un hiver très doux et un manque de neige. C'est cependant en Amérique latine que les conséquences d'El Niño sont les plus dramatiques. Fréquemment, les années à fort El Niño sont suivies d'années à La Niña, où, à l'inverse, la température de l'eau chute. Les conséquences en sont aussi opposées : sécheresse ou hivers très froids.

Canyonlands National Park.
A. de Valroger / MICHELIN

le Nouveau-Mexique, dont les frontières se coupent à angle droit, définissant la région des **Four Corners** (quatre coins). Il est traversé d'est en ouest par le puissant **fleuve Colorado**, qui court des montagnes Rocheuses au golfe de Californie. Avec ses nombreux affluents, celui-ci a entrepris depuis près de 5 millions d'années un lent travail d'érosion, donnant naissance à de profondes gorges, dont le Grand Canyon. Les vents, les pluies, la neige et le gel ont fini de façonner le paysage, sculptant arches, aiguilles et autres formations pittoresques dans les couches de roche mises au jour. Toutes ces merveilles naturelles sont protégées au sein de parcs nationaux et de sites classés, tels que Zion Canyon, Bryce Canyon, Capitol Reef, Canyonlands, Arches, Mesa Verde, Canyon de Chelly et Grand Canyon.

La faune et la flore

Le plateau s'élève en moyenne à 1 500 m, mais les chaînes de montagnes peuvent y culminer jusqu'à 3 300 m. Il connaît lui aussi un climat continental semi-désertique, mais plus contrasté. Entre 1 600 et 2 500 m d'altitude, la végétation la plus répandue est la **forêt pygmée**, composée de genévriers et de pins pignons de taille modeste. Les **pins ponderosa**, le **pin de Douglas** et les **trembles** habillent les régions plus élevées, où les précipitations sont plus abondantes et où l'on trouve de la neige en hiver. Parmi la faune très variée qui peuple les parcs, vous apercevrez de petits mammifères rongeurs, comme le **chien de prairie**, un proche parent de la marmotte (qui tient son nom du fait que son cri ressemble à un aboiement), ou le **chipmunk**, un écureuil peu farouche qui n'hésitera pas à vous approcher de près pour mendier quelques friandises. **Coyotes**, **pumas** *(mountain lion)* ou **cerfs mulets** *(mule deer)*, qui habitent également ces contrées sauvages, se font en revanche plus discrets. L'**antilope d'Amérique** *(pronghorn)* qui avait quasiment disparu à cause de la chasse a été réintroduite dans l'Utah dans les années 1970.

ATTENTION OÙ VOUS METTEZ LES PIEDS...

En marchant dans les déserts du plateau du Colorado, vous remarquerez la croûte grisâtre et noueuse qui recouvre le sable sur près de 75 % de sa surface. Ne cédez pas à la tentation de la réduire en poussière ou de marcher dessus : il s'agit de la croûte cryptobiotique, un système naturel et vivant, essentiel à la vie dans le désert. Si vous aviez un microscope, vous verriez que les grains de sable sont agglutinés grâce à de longs filaments, ceux de la cyanobactérie. Cette bactérie capture le nitrogène de l'air pour fertiliser les plantes et produit de longs filaments retenant les minéraux essentiels à la vie végétale et constituant un filet très dense qui solidarise les grains de sable et les microlichens et prévient l'érosion. Dès qu'il pleut, les filaments se gonflent, jusqu'à dix fois leur taille, et stockent l'eau indispensable pour les mois secs. Mais cet équilibre est fragile. Pour construire une telle croûte, il faut jusqu'à 250 ans ! Un pas hors des sentiers marqués peut ainsi ruiner des décennies de patient travail de la nature...

LES MONTAGNES ROCHEUSES

Cette immense chaîne montagneuse, entrecoupée de larges bassins, de plaines et de plateau, s'étire du Canada au Mexique selon un axe nord-sud. Les Rocheuses dites méridionales, qui traversent le Colorado et le Nouveau-Mexique, se composent en fait d'un ensemble de chaînes parallèles, parmi lesquelles les Black Ranges, les monts San Andres et les Sangre de Cristo Mountains. Elles culminent à plus de 4 000 m (Mount Elbert, Wheeler Peak), avant de perdre de l'altitude dans le nord du Nouveau-Mexique. Le **Rio Grande**, qui prend sa source dans les monts San Juan, au sud-ouest du Colorado, court selon le même axe nord-sud, au fond de la vallée d'effondrement qui abrite son lit, pour rejoindre le golfe du Mexique au terme de 3 036 km.

Les paysages sont ceux de la haute montagne, avec ses profondes vallées boisées et ses crêtes escarpées couronnées de neiges éternelles. Les versants des montagnes Rocheuses, plus humides que la vallée du Rio Grande en contrebas, sont couverts de **genévriers** et d'autres arbustes épineux, qui laissent place en altitude aux forêts de **pins ponderosa**, aux épicéas et aux bouleaux. Enfin, les plus hautes altitudes se caractérisent par une végétation très clairsemée, typique du climat alpin, très froid en hiver.

Préserver les richesses naturelles

Tant qu'il y avait de nouveaux espaces à conquérir, les richesses semblaient illimitées, mais quand le territoire américain prit sa forme définitive, certaines voix s'élevèrent pour rappeler que les ressources n'étaient pas inépuisables.

LES PREMIERS ESPACES PROTÉGÉS

La vallée de Yosemite et le bosquet de Mariposa Big Tree furent les premiers, en 1864, à faire l'objet d'un décret visant à la préservation d'espaces sauvages. Le Congrès octroya ces terres à l'État de Californie à condition qu'elles soient dédiées à l'agrément public. Le premier parc national, administré par le pouvoir fédéral, fut créé en 1872 : il abrite les geysers et les sources d'eau chaude de Yellowstone (Wyoming). Ainsi, près de 90 000 ha devinrent interdits à la colonisation et à l'exploitation. Cependant, près de vingt ans s'écoulèrent avant que ne soient créés, en Californie, les parcs de Sequoia, General Grant (aujourd'hui rattaché à Kings Canyon) et Yosemite. **John Muir**, un naturaliste d'origine écossaise qui parcourut la Sierra Nevada, joua un rôle primordial pour la sauvegarde de l'environnement et parvint à sensibiliser l'opinion et le gouvernement fédéral grâce à ses nombreux écrits *(voir p. 231)*. À sa demande, le président Theodore Roosevelt en personne vint découvrir ces merveilles de l'Ouest, au début du 20e s.

UNE VOLONTÉ FÉDÉRALE

Le nombre d'espaces protégés ne cessant d'augmenter, leur administration aboutit, en 1916, à la création d'un organisme central : le **National Park Service** (NPS), placé sous l'égide du ministère de l'Intérieur. Il régit aujourd'hui 58 *National Parks* et un peu moins de 400 *National Monuments*, sites historiques *(National Historic Sites)*, mémoriaux *(Memorial National Park)*, bords de mer *(National Lake and Seashores)* ou bases de loisirs *(National Recreation Areas)*… En 2009, ces sites protégés couvraient 35 millions d'hectares et accueillaient 300 millions de visiteurs par an.

Parmi les quelque vingt dénominations données à ces espaces, les plus répandues sont celles de « parc national » *(National Park)* et de « monument national » *(National Monument)*.

Les National Parks

Premiers à avoir vu le jour, ils sont établis par un vote du Congrès, irrévocable, et visent à protéger des formations naturelles extra-ordinaires, des ressources forestières ou minières, ou des sites historiques d'exception (villages indiens, missions, bâtiments).

Les National Monuments

L'Antiquities Act, voté en 1906 par le Congrès, autorise le Président à créer des National Monuments sur des terres contrôlées par l'État fédéral. Dernier en date, le Great Staircase Escalante National Monument (Utah) a été créé en 1996 par le président Bill Clinton, préservant ainsi 687 990 ha d'espaces sauvages pour les générations futures. Ce statut peut être révoqué, mais nombre d'entre eux, souvent les plus importants, acquièrent par la suite le statut de parc national.

Autres Parcs

Outre les *National Parks* ou *National Forests* administrés au niveau fédéral, le Sud-Ouest des États-Unis compte également des *State Parks* (parcs d'État) ou *State Forests* qui sont définis et dirigés par chaque État. Tous s'attachent à la protection de la nature et à l'agrément des visiteurs. Les States Parks rencontrent souvent des difficultés financières, aggravées par la crise économique. Des débats ont régulièrement lieu sur l'avenir de nombre d'entre eux.

Gardiens de lieux d'exception

On les reconnaît à leur chapeau beige à bords plats. Ce sont les **Rangers**, hommes et femmes, des Indiens dans certains secteurs. Ils sont des gardiens, mais aussi des guides passionnés pour faire découvrir les fragilités de ces écosystèmes. Grâce à eux on apprend que les séquoias de la Sierra Nevada ont besoin d'incendies contrôlés pour se développer, que les grenouilles de montagne à patte jaune vont peut-être survivre dans les plaines glaciaires du Yosemite si les botanistes isolent le parasite qui attaque l'espèce. Face aux difficultés financières, la priorité est donnée aux services offerts aux visiteurs.

Histoire

Avant de devenir cet Ouest mythique où plusieurs générations de trappeurs et de marchands vinrent chercher fortune, les immenses terres vierges du Sud-Ouest de l'Amérique du Nord étaient le centre du monde, pour les tribus indiennes. Convoité par les Espagnols, les Mexicains puis les Anglo-Américains, le Sud-Ouest est l'une des dernières régions rattachées à la fédération des États-Unis, mais cette conquête s'est effectuée au prix de beaucoup de sueur et de sang.

Les premiers hommes

Il y a quelque 20 000 ans environ, lors de la dernière grande glaciation, des hommes venus d'Asie passèrent vraisemblablement par le détroit de Béring pour se disperser sur le continent américain. Ces **chasseurs nomades**, qui traquaient les mammouths pour assurer leur survie, arrivèrent, semble-t-il, dans l'actuel Sud-Ouest américain vers 12000-10000 av. J.-C. À la fin de la période glaciaire (8000-7000 av. J.-C.), d'importants changements climatiques vinrent toutefois bouleverser leur mode de vie : les températures augmentèrent, le climat devint plus sec, la végétation se fit moins abondante et les troupeaux se raréfièrent. Rien ne permet d'affirmer que les peuples qui ont succédé à ces chasseurs étaient leurs descendants directs, mais ces derniers ont dû s'adapter à une région devenue aride. De récentes découvertes dans l'Utah (Range Creek) sont venues apporter des éléments sur les **Fremont**, un peuple de cultivateurs et de chasseurs.

LES ANCÊTRES DES INDIENS

Le Sud-Ouest recèle de vestiges préservés, permettant l'étude des ancêtres des Indiens. Peu après le début de notre ère, trois grandes civilisations sédentaires vivaient dans la région. Ces peuples voisins entretenaient des échanges commerciaux et culturels, et s'influencèrent dans leurs techniques de construction et leur artisanat.

Les **Hohokams** (550-1450) occupaient la partie sud de l'Arizona. Ils s'établirent peu à peu dans des villages qui, à partir de 1100, début de la période dite classique, se dotèrent d'enceintes et de bâtiments sur plusieurs étages. Dans un environnement désertique, ils réussirent à récolter maïs, orge, haricots, coton, tabac et courges grâce à la maîtrise des techniques d'**irrigation**. Dans la vallée de la Salt River, on dénombre pas moins de 300 miles de canaux.

Les **Mogollons** (300-200, 1300), qui vivaient principalement de la chasse et de la cueillette, peuplaient les montagnes du sud-est de l'Arizona et du sud-ouest du Nouveau-Mexique. Ils furent les premiers à utiliser les **poteries** pour

Pétroglyphes indiens.
M. Norton / fotolia.com

emmagasiner eau et vivres. Quand, à partir de 700, ils possédèrent quelques rudiments d'**agriculture**, ils se sédentarisèrent et s'installèrent au sommet des montagnes ou sur les mesas. Ils finirent toutefois par s'implanter de plus en plus dans les vallées, sans doute sous l'influence des Anasazis, auxquels ils finirent, selon certains scientifiques, par s'assimiler. Les **Anasazis** apparurent sur le plateau du Colorado au début de l'ère chrétienne. Ils se nourrissaient des produits de l'agriculture (maïs, courges, haricots) et de plantes sauvages. Pendant mille ans, ils bâtirent leurs habitations dans le sol, creusant la terre et posant des toits sur des poteaux en bois, puis la période 1100-1300 connut l'apogée de leurs **techniques de construction** avec l'édification de maisons sur plusieurs étages *(voir p. 105)*.

Des vestiges de villages, nichés dans les falaises, admirablement préservés, permettent aujourd'hui d'admirer l'ingéniosité et la solidité de leur maçonnerie.

L'implantation espagnole

Les Espagnols prennent pied dès le 16e s. au centre et au sud du continent américain, tandis que la première colonie anglaise, Jamestown, est fondée en 1607 sur la côte Est, en Virginie. Mais pendant deux siècles, malgré les incursions espagnoles, les territoires de l'Ouest demeurent très peu connus.

LES PREMIERS EXPLORATEURS

Au 16e s., un grand nombre d'Espagnols, attirés par les récits de voyage des premiers explorateurs, s'embarquent pour le Nouveau Monde, sur les traces de Christophe Colomb. Les conquistadores, partis à la recherche des trésors aztèques et mayas, s'établissent en Amérique centrale et du Sud. Les richesses qu'ils amassent servent à financer des expéditions de reconnaissance au nord de leurs possessions : la région du Texas est ainsi la première à être explorée. En 1540,

Francisco Vasquez de Coronado entreprend une expédition de deux ans, à la recherche de l'or mythique des Sept Cités de Cibola. Il explore pour la première fois le Nouveau-Mexique et l'Arizona, pousse jusqu'au Kansas, au centre du pays, mais l'entreprise est un échec. À la même époque, **Juan Rodriguez Cabrillo** ouvre la voie maritime du Pacifique et découvre la baie de San Diego (1542), mais il faut attendre 1769 pour que des campements durables soient installés sur la côte californienne *(voir p. 310 et 358)*.

LE TEMPS DES MISSIONS

Les missionnaires espagnols réussissent là où les conquistadores avaient échoué, en s'implantant dans le pays. Cela se fait toutefois au détriment des peuples indigènes, qu'ils s'appliquent à convertir et à sédentariser dans les missions, au mépris de leur mode de vie. En 1598, quand l'Espagne décide de coloniser la région de l'actuel Nouveau-Mexique, des missionnaires s'installent dans la vallée du Rio Grande et, en 1609, le gouverneur **Don Pedro de Peralta** choisit Santa Fe pour devenir la capitale des nouvelles possessions *(voir p. 549)*. Soldats, colons et marchands empruntent **El Camino Real** (la route Royale), qui relie Mexico à Santa Fe. Les relations avec les Indiens sont extrêmement tendues ; la violence et l'intolérance des colons conduisent à la **révolte des Pueblos** qui éclate en 1680, et chasse les Espagnols pour un temps. Ils ne reviendront que douze ans plus tard. Plus à l'ouest, le père Eusebio Francisco Kino, un jésuite d'origine italienne, sillonne pour le compte des Espagnols le sud de l'Arizona, où il fonde une vingtaine de missions entre 1692 et 1711. La Couronne espagnole concentre ensuite ses forces sur les territoires côtiers de la Californie, où les Russes, venus du nord, menacent d'avancer.

En 1769, l'expédition de Gaspar de Portola et du père **Junípero Serra** ouvre ainsi la voie à la colonisation de la Californie par la construction de missions et de forts *(presidio)*. La première des 21 missions de Californie est fondée à San Diego la même année, puis les Espagnols s'établissent à San Francisco en 1776 et à Los Angeles en 1781.

La fin des colonies et l'expansion territoriale

Tandis que l'Espagne règne dans le Sud de l'Amérique, les deux autres puissances coloniales, l'Angleterre et la France, cohabitent dans l'Est, où elles se disputent les territoires en s'alliant les tribus indiennes. Le rapport de force change en 1776, lorsque les treize colonies de la côte atlantique décident de s'affranchir de la tutelle anglaise et proclament leur **indépendance**, qui ne sera toutefois effective que sept ans plus tard, en septembre 1783. L'Ouest reste un territoire lointain, en grande partie inexploré par les Américains, trop occupés par la guerre d'Indépendance.

UN PREMIER PAS VERS L'OUEST

En 1803, Napoléon Ier accepte de vendre la Louisiane aux États-Unis (l'Union compte alors seulement treize États). Ce territoire permet à la jeune nation de doubler pratiquement sa surface.
Les terres qui s'étirent à l'ouest du Mississippi, connues simplement par quelques récits de trappeurs, commencent à attirer l'attention du président Thomas Jefferson, qui organise une expédition officielle, visant à décrire ces régions, à en évaluer les richesses et à nouer des liens avec les Indiens en vue d'échanges commerciaux.

LES TRIBUS PERDUES DE CALIFORNIE

En Californie, peu de vestiges témoignent des populations indiennes qui habitaient les régions montagneuses, les plaines et le long de la côte Pacifique avant l'arrivée des colons. Les tribus miwoks, yuroks, kuroks, yupas et chumashs, pour ne citer qu'elles, ont été littéralement décimées au milieu du 19e s. par l'arrivée massive des Européens, les épidémies et l'alcool. La période coloniale leur fut fatale : 150 000 en 1848, les Indiens de Californie n'étaient plus que 31 000 en 1870 et 16 000 en 1900.

LES GRANDES EXPÉDITIONS

En 1804, **Meriwether Lewis** et **William Clark** s'embarquent pour un voyage de deux ans qui les conduira de Saint Louis, sur les rives du Mississippi, jusqu'à l'estuaire du fleuve Columbia, au nord de la côte Pacifique. Le succès de l'expédition et les récits qu'ils en rapportent aiguisent la curiosité pour ces nouvelles régions. Des expéditions suivent, comme celle de **Zebulon Pike**, le premier, en 1807, à atteindre le Nouveau-Mexique. Ses descriptions du désert ne suscitent toutefois guère l'intérêt des Américains, qui vivent dans des régions humides et boisées. Grande figure parmi les explorateurs, **Jedediah Smith** découvre le *South Pass* dans les Rocheuses, point de passage décisif pour les pionniers en marche vers le Pacifique. Il est le premier à rejoindre la côte Ouest par le sud, traversant le Grand Bassin et le désert Mojave, en 1826. Il est brièvement emprisonné à son arrivée par les Espagnols qui ne souhaitent pas qu'il dévoile sa route. Il faut attendre les récits enflammés de **John Charles Fremont** sur ses cinq périples à travers les Rocheuses (de 1842 à 1853), pour que naisse le mythe d'un Ouest paradisiaque.

LES TRAPPEURS

Les expéditions laissent la place à une véritable ruée de trappeurs à la recherche de fourrure. Les premiers chariots de ces « Mountain men » franchissent les Rocheuses vers 1830, la Sierra Nevada en 1840. Les quelques fortins mexicains (*presidios*) étaient bien incapables de lutter contre l'infiltration de migrants étrangers. Dans la première moitié du 19e s. quelques voyageurs ouvrent de nouvelles pistes vers l'Ouest lointain. Des rendez-vous annuels (*parties*) de la fourrure rassemblent des trappeurs, coureurs des bois, marchands et Indiens.

LA GUERRE CONTRE LE MEXIQUE

Pendant ce temps, le Mexique cherche à se débarrasser de la tutelle espagnole et entame sa marche vers l'indépendance, qu'il proclame finalement en 1821. Il possède alors les territoires du Texas, du Nouveau-Mexique et de l'Arizona. Les étrangers, trappeurs et marchands, avec qui les Espagnols commerçaient depuis le 18e s., y sont tolérés. Les Mexicains décident d'ouvrir la ville de Santa Fe aux Américains et une multitude de chariots se succèdent le long de la **piste de Santa Fe**, qui débute à Kansas City : le nombre des migrants américains augmente considérablement. Mais la question de la frontière du Texas est un sujet de discorde entre Américains et Mexicains, qui finit par conduire à la guerre contre le Mexique. Les troupes américaines ne se contentent pas de défendre la région du Rio Grande, mais marchent vers l'ouest jusqu'en Californie. À l'automne 1846, les territoires du Sud-Ouest sont aux mains des Américains. En février 1848, l'armée américaine marche sur Mexico. La capitale est prise et la signature du **traité de Guadalupe Hidalgo** marque la fin de la guerre. Le Sud-Ouest (Californie, Arizona, Colorado, Utah, Nouveau-Mexique et Nevada) devient officiellement américain. En 1853, l'Arizona atteint sa taille actuelle grâce à l'achat des terres les plus au sud (*Gadsden Purchase*).

LES GUERRES INDIENNES

L'expansion du territoire américain se fait au détriment des Indiens, repoussés toujours plus à l'ouest. En 1830, sous la présidence d'Andrew Jackson, le Congrès vote l'**Indian Removal Act**, qui recommande le déplacement par la force des tribus indiennes du Sud-Est américain vers les territoires indiens, à l'ouest du Mississippi (dans l'actuel Oklahoma). Les premières réserves indiennes sont ainsi créées dès 1860. La terre constitue la principale richesse de l'Ouest, aussi l'arrivée massive de colons sur leurs territoires de chasse et le massacre systématique des bisons, indispensables à leur survie, attisent-ils la colère des Indiens, principalement ceux qui sont restés nomades, comme les Navajos ou les Apaches. Malgré le **traité de Bear Springs** signé avec les Navajos au lendemain de la victoire des États-Unis sur le Mexique, les raids indiens contre les villages colons perdurent, notamment en Arizona et au Nouveau-Mexique. Décidés à mettre un terme à ces soulèvements, les Américains, guidés par le colonel **Kit Carson**, pourchassent les Navajos dans le Canyon de Chelly au cours de l'hiver 1864 et les déportent en masse à Fort Sumner (Nouveau-Mexique), à 700 miles de là (*voir p. 590*). Plus de 300 Navajos périssent lors de cette **Longue Marche**, et les survivants ne seront autorisés à retourner sur leurs terres qu'en 1868, au terme de quatre années de captivité dans des conditions épouvantables.

Les **Apaches**, menés par Cochise puis Geronimo, résistent durant plus de vingt ans aux Américains en lançant de nombreux raids contre les Blancs. Les guerres menées contre les Apaches prennent fin en 1886, avec la reddition de Geronimo. Les forts de l'armée américaine sont peu à peu abandonnés, et les Indiens, parqués dans des réserves, n'ont d'autre choix que d'apprendre à survivre.

« Soyons justes, nous les avons mal traités. C'est une véritable tache dans notre histoire. » Ainsi parle John Ford lorsqu'il réalise en 1964 son dernier et magnifique western *Cheyenne Autumn*.

Go West !

Au milieu du 19e s., les immenses espaces de l'Ouest demeurent très peu peuplés. La colonisation de ces **Territoires** (immenses terres conquises sur les Mexicains qui n'avaient pas encore acquis le statut d'État), demeure un enjeu important pour la cohésion de la nation américaine. La ruée vers l'or de Californie va, en ce sens, jouer un rôle déterminant.

L'ARRIVÉE DES MORMONS ET LA CRÉATION DE L'UTAH

Fondée en 1830 par Joseph Smith, la secte des mormons est née dans l'État de New York. Persécutés pour leur position en faveur de la polygamie, ses membres finissent par émigrer vers l'ouest, avant d'atteindre la vallée déserte du Grand Lac Salé en 1847. Près de 5 000 mormons s'y installent et travaillent pour creuser des canaux d'irrigation, développer l'agriculture et participer à la construction de Salt Lake City. Bientôt, ces pionniers industrieux envoient des expéditions dans le sud de ce qui deviendra le Territoire d'Utah en 1850, puis un État de l'Union en 1896. Ils découvrent la vallée de la Virgin River, le Zion Canyon, Bryce Canyon et Capitol Reef auxquels ils attribuent des noms bibliques. *Voir aussi p. 62.*

LES ÉCLATS DE L'OR

Le traité de Guadalupe Hidalgo à peine signé, la nouvelle de la découverte de filons d'or près de l'actuelle Sacramento se répand comme une traînée de poudre. Les histoires les plus folles circulent : fermiers, industriels, prospecteurs, marchands, soldats venus de la côte Est, quittent tout pour le mirage d'une fortune facile. Des milliers de migrants venus d'Europe affluent vers ce mythique Eldorado.

Ceux qui arrivent par voie terrestre suivent le **California Trail** (piste de Californie), qui se confond jusqu'aux montagnes Rocheuses avec l'*Oregon Trail* (piste de l'Oregon), emprunté dans les années 1840 par une première vague d'immigrants.

Une deuxième piste, le **Butterfield Trail**, accessible en hiver, est ouverte dans le Sud, le long de ce qui constitue aujourd'hui la frontière avec le Mexique. Elle traverse les Territoires du Sud-Ouest, mais peu s'arrêtent dans ces contrées qui semblent inhospitalières.

La Californie connaît en revanche un **afflux massif de population**, passant de 20 000 habitants en 1849 à 250 000 en 1852. San Francisco, qui compte 500 âmes en 1849, en recense 35 000 l'année suivante ! L'État entre d'ailleurs dans l'Union dès 1850, en 31e position, bien avant la plupart des États du centre du pays. Une fois la fièvre retombée, certains chercheurs d'or décident de s'installer et se lancent dans l'élevage, l'agriculture ou le commerce. Une population cosmopolite forge les prémices de la culture californienne, reposant sur l'idéal du « tout est possible ». En 1859, après la découverte d'un important filon d'argent à Comstock Lode, le Nevada voisin attire à son tour les prospecteurs et intègre l'Union en 1864.

L'OUEST ET LA GUERRE DE SÉCESSION

La guerre de Sécession, qui a notamment pour enjeu l'abolition de l'esclavage, oppose de 1861 à 1865 les États du Nord, industriels et abolitionnistes, aux États agricoles du Sud, qui ont intérêt à maintenir l'esclavage (plus de 600 000 Américains y laisseront la vie). Le Sud-Ouest n'est qu'indirectement affecté par cette guerre civile puisque, à part la Californie, aucun de ces Territoires n'appartient encore à l'Union. Les États confédérés, situés au sud du pays, occupent brièvement l'Arizona en 1861 et le convainquent de les rejoindre, mais ils sont chassés du Nouveau-Mexique et contraints de se replier au Texas.

DE L'IMPORTANCE DES CHEMINS DE FER

Avec le développement de la Californie, il devient indispensable d'améliorer les moyens de communication, car les distances constituent un obstacle pour l'acheminement de l'or et de l'argent. En 1857, une compagnie de transport inaugure la première liaison postale est-ouest par diligence, le long du *Butterfield Trail* : il ne faut plus qu'une vingtaine de jours pour acheminer le courrier, alors que le délai était d'un mois par le canal de Panama. La demande est d'autant plus pressante que l'émigration se poursuit et que l'arrivée du chemin de fer augure de nouvelles possibilités. Par ailleurs, en pleine guerre de Sécession, le besoin d'unir les membres disparates de l'Union passe par le peuplement des Territoires. Ce n'est donc pas un hasard si le Président appuie le Congrès pour la mise en œuvre d'une **liaison transcontinentale**. La construction, par les milliers d'immigrants chinois, est achevée le 10 mai 1869 : la voie venant de Californie, construite par la Central Pacific Railroad Company, et celle bâtie à l'est par l'Union Pacific Railroad se rejoignent en Utah. Désormais, il suffit d'une poignée de jours pour traverser le pays. Au sud, les lignes de la Southern Pacific Railroad et de la Santa Fe Railroad, l'une des plus dynamiques, relient San Francisco et Los Angeles au reste du pays et desservent l'Arizona, le Nouveau-Mexique et le Colorado.

L'OCCUPATION DE L'ESPACE

À la tête d'un territoire immense, le gouvernement doit procéder à une **distribution des terres** afin de permettre leur développement. Les compagnies qui financent la construction des lignes de chemin de fer se voient allouer d'importantes parcelles de terrain.

C'est ainsi que naît la ville de Las Vegas, dont le site a été choisi pour installer une station de ravitaillement *(voir p. 379)*. La situation est plus difficile pour les pionniers, auxquels l'État propose, depuis le vote en 1862 du *Homestead Act*, de cultiver un petit lopin (65 ha) pour une somme modique pendant cinq ans, au terme desquels ils deviennent propriétaires. Mais la sécheresse du Sud-Ouest rend l'exploitation des terres hasardeuse et pénible : seul l'élevage donne des résultats satisfaisants. Certains sites exceptionnels commencent par ailleurs à faire l'objet d'une attention toute particulière et donneront bientôt lieu à la création de parcs nationaux.

L'âge d'or du Far West

Les années 1870-1890, qui font suite à la guerre de Sécession, se traduisent par la conquête des derniers espaces vierges : les plaines du centre des États-Unis et le Sud-Ouest, cet Ouest lointain ou *Far West*, où sont nées une bonne partie des valeurs dans lesquelles veut se reconnaître le pays.

LA LÉGENDE DE BUFFALO BILL

William Frederick Cody est né dans l'Iowa en 1854. Ayant perdu son père à l'âge de 11 ans, il subvient courageusement aux besoins de sa mère et de ses sœurs. Après avoir participé à la guerre de Sécession dans les rangs du 7e de cavalerie du Kansas, il est engagé par l'Union Pacific Railway Company où on le surnomme « Buffalo Bill », en raison de son talent particulier à chasser le bison. Il en aurait tué plusieurs milliers ! Il affronte à maintes reprises les Indiens, allant jusqu'à défier leur chef en combat singulier. Bientôt, le récit de ses exploits se répand dans toute l'Amérique. En 1880, les guerres indiennes achevées, il réunit cow-boys et Indiens dans un incroyable spectacle, le « Wild West Show », dont le succès s'affirme dans tous les États-Unis et jusqu'en Europe. Après avoir connu la fortune, malheureusement dilapidée par des spéculations hasardeuses, il meurt en 1917, à l'âge de 63 ans. Il repose maintenant dans une tombe creusée dans le roc, au-dessus de Denver.

La **Frontière** n'est plus cette zone extrême de la colonisation, cette limite qui recule toujours plus vers l'ouest, mais elle habite toujours l'imaginaire de chaque Américain. Cette période explique l'attachement viscéral des Américains pour la liberté, mais aussi la puissance des lobbys qui soutiennent le port d'armes.

L'ÉLEVAGE ET LE MYTHE DU COW-BOY

Les cow-boys américains sont héritiers des garçons vachers espagnols *(vaqueros)*, dont ils ont conservé l'équipement et le mode de vie. Ils mènent une existence rude et monotone, rassemblant les troupeaux qui paissent en liberté dans les immenses espaces du Nouveau-Mexique et de l'Arizona. Les cow-boys connaissent un âge d'or pendant les années 1865-1885, car ils assurent la transhumance, des régions désertiques du Sud vers les Grandes Plaines et les pâturages des Rocheuses, et sont chargés de mener les troupeaux à l'abattoir, dans les villes du Kansas. Ces longues expéditions, fatigantes et dangereuses, dont beaucoup de westerns se sont inspirés, ont grandement contribué au mythe du cow-boy : l'homme seul, courageux, confronté à une nature sauvage qu'il finit par dompter et à l'opposition des Indiens qui peuplent encore ces contrées. Les cow-boys commencent à disparaître avec la fin de l'élevage extensif et l'arrivée du fil de fer barbelé, dans les années 1870. À partir des années 1880, l'élevage se cantonne aux grands ranchs, de plus en plus nombreux.

LE TEMPS DES SHÉRIFS

À la fin du 19ᵉ s., après la guerre de Sécession, un grand nombre de hors-la-loi, attirés par les profits tirés des mines et de l'élevage, se réfugient dans le Sud-Ouest. Joueurs professionnels, bandits de grand chemin et tueurs à gages se côtoient et sèment la violence sur les routes ou dans les saloons qui fleurissent sur les traces des pionniers. Des figures devenues mythiques, comme **Wyatt Earp**, **Billy the Kid** *(voir p. 581)*, **Jesse James** et **Butch Cassidy**, illustrent cette époque mouvementée. Le développement des villages et l'arrivée des shérifs ou *marshals*, souvent d'anciens tueurs chargés de faire respecter la loi contre le port d'armes en ville, contribuent à ramener quelque peu l'ordre.

LA FIN DU FAR WEST

Après la ruée vers l'or de Californie, certains immigrants continuent de tenter leur chance partout où des veines sont mises au jour. En Arizona, comme à Bisbee *(voir p. 508)*, certains filons de cuivre et d'argent perdurent jusqu'au 20ᵉ s. D'autres sont abandonnés, et seules quelques **villes fantômes** témoignent aujourd'hui de l'activité passée *(voir p. 240 et 254)*. Le temps où le prospecteur partait seul dans les collines avec son âne est révolu : les chercheurs indépendants cèdent la place aux mineurs qui travaillent pour des sociétés exploitant de grandes mines. L'Arizona, l'État du Cuivre *(The Copper State)*, devient le 48ᵉ État de l'Union en février 1912, un mois après le Nouveau-Mexique. Ce sont les deux derniers États (hors Hawaii et Alaska) à entrer dans l'Union. À l'aube du 20ᵉ s., le Sud-Ouest est un monde en transition : le barbelé a clos les espaces, les nouveaux arrivants rejettent la violence, le train a remplacé les diligences, les touristes affluent dans les parcs et le cuivre devient la principale des richesses du sous-sol. L'Ouest sauvage n'est plus qu'un mythe.

Dates clés

Avant l'arrivée des Européens

● **20000-12000 av. J.-C.** – Des chasseurs nomades en provenance d'Asie rejoignent le continent américain par le détroit de Béring.

● **500-1450** – Apogée des civilisations archaïques du Sud-Ouest.

L'époque coloniale

● **1492** – Christophe Colomb découvre l'Amérique.

● **1540** – Francisco Vasquez de Coronado lance une première expédition dans le Sud-Ouest.

● **1542** – Juan Rodriguez Cabrillo découvre la baie de San Diego.

● **1579** – L'explorateur Francis Drake débarque en Californie et la revendique au nom de l'Angleterre.

● **1609** – Fondation de Santa Fe au Nouveau-Mexique.

● **1680** – La révolte des Pueblos chasse les Espagnols du nord du Nouveau-Mexique.

● **1692-1711** – Le père Eusebio Francisco Kino fonde une vingtaine de missions dans le sud de l'Arizona.

● **1769** – L'expédition sainte de Gaspar de Portola et du père Junípero Serra marque le début de la colonisation de la Californie.

De l'indépendance à l'entrée de l'Ouest dans l'Union

● **1776** – Déclaration d'Indépendance.
Fondation de San Francisco.

● **1781** – Fondation de Los Angeles.

● **1787** – La Constitution des États-Unis d'Amérique est signée à Philadelphie.

● **1803** – Les États-Unis achètent la Louisiane à la France.

● **1804-1806** – Expédition de Lewis et Clark.

● **1821** – Indépendance du Mexique et ouverture de la piste de Santa Fe.

● **1830** – L'Indian Removal Act contraint les Indiens du Sud-Est américain à s'implanter à l'ouest du Mississippi.
Joseph Smith fonde la secte mormone dans l'État de New York.

● **1835** – Début de la guerre contre le Mexique.

● **1848** – Le traité de Guadalupe Hidalgo marque la fin de la guerre contre le Mexique – les territoires compris entre la Californie et le Texas reviennent aux États-Unis. Début de la ruée vers l'or en Californie.

● **1850** – Entrée de la Californie dans l'Union.

● **1861-1865** – Guerre de Sécession.

● **1862** – Le Homestead Act propose d'allouer 65 ha de terre à bas prix à toute personne qui les cultive pendant cinq ans.

● **1864** – Entrée du Nevada dans l'Union. La vallée de Yosemite fait l'objet d'un décret visant à la préservation des espaces sauvages.

● **1869** – Première liaison transcontinentale par voie ferrée.

● **1872** – Yellowstone devient le premier parc national.

● **1876** – Entrée du Colorado dans l'Union.

● **1896** – Entrée de l'Utah dans l'Union.

L'histoire moderne

● **1906** – San Francisco est dévastée par un terrible séisme dont la puissance est évaluée à 8,3 sur l'échelle de Richter.

● **1911** – Le 1er grand barrage (Roosevelt Dam) est édifié en Arizona.

● **1912** – Entrée du Nouveau-Mexique et de l'Arizona dans l'Union.

● **1913** – Les premiers studios de cinéma s'installent à Hollywood.

● **1914-1918** – Première Guerre mondiale.

● **1916** – Création du National Park Service.

● **1924** – L'Indian Citizenship Act reconnaît la citoyenneté américaine à tous les Indiens nés aux États-Unis.

● **1929** – Krach du marché boursier et début de la Grande Dépression.

● **1941** – Attaque de Pearl Harbor et entrée des États-Unis dans la Seconde Guerre mondiale.

● **1942** – Début des recherches sur la bombe atomique à Los Alamos, au Nouveau-Mexique.

● **1945** – Essai de la première bombe atomique au Nouveau-Mexique. Bombardement de Hiroshima (6 août) et de Nagasaki (9 août).

● **1955** – Naissance du mouvement beatnik à San Francisco. Inauguration de Disneyland à Anaheim, près de Los Angeles.

● **1959** – L'Alaska et Hawaii sont les derniers États à entrer dans l'Union.

● **1960** – John F. Kennedy accède à la présidence des États-Unis.

● **1963** – le président John F. Kennedy est assassiné à Dallas (22 novembre). Lyndon Johnson lui succède.

● **1964** – Manifestations étudiantes à l'université de Berkeley.

● **1965** – Violentes émeutes dans le quartier noir de Watts à Los Angeles. Début de la guerre du Viêtnam.

● **1966** – Création du mouvement des Black Panthers à Oakland.

● **1967** – Des milliers de hippies se retrouvent à San Francisco pour le Summer of Love.

● **1968** – Robert F. Kennedy est assassiné à Los Angeles.

● **1968** – Robert Nixon, ancien sénateur de Californie (1951-1953), est élu 37e président des États-Unis. Neil Armstrong est le premier homme à marcher sur la Lune.

● **1980** – Ronald Reagan, ancien gouverneur de Californie (1967-1975), est élu 40e président.

● **1989** – Le séisme de Loma Prieta (7,1 sur l'échelle de Richter) touche le sud de la baie de San Francisco. George Bush est élu président.

● **1991** – Guerre du Golfe.

● **1992** – L'affaire Rodney King déclenche de violentes émeutes dans le quartier noir de Watts à Los Angeles. Bill Clinton est élu président.

● **1994** – Un séisme d'une ampleur de 6,8 sur l'échelle de Richter secoue la vallée de San Fernando, près de Los Angeles.

● **1996** – Réélection de Bill Clinton.

● **2000** – George W. Bush devient le 43e président des États-Unis.

● **2001** – Attentat contre le World Trade Center de New York.

● **2003** – Les États-Unis, alliés à la Grande-Bretagne, déclarent la guerre à l'Irak sans l'aval de l'ONU.

● **2004** – George W. Bush est réélu.

● **2005** – La Cour suprême des États-Unis interdit la peine de mort pour les criminels mineurs au moment des faits.

● **2008** – La crise des subprime provoque une crise financière mondiale. Le démocrate Barack Obama, premier président métis, est élu à la présidence des États-Unis.

● **2009** – Décès de Ted Kennedy. Le président Obama reçoit le prix Nobel de la Paix ; il lance la difficile réforme de la Santé.

● **2011** – Mort de Oussama Ben Laden, tué par les forces spéciales américaines au Pakistan.

Architecture

L'architecture américaine est marquée par une contradiction : le souci de s'émanciper des modèles européens et la persistance, malgré tout, de l'influence coloniale. Point de rencontre de plusieurs civilisations, l'Ouest porte toutes ces empreintes espagnole, indienne, anglo-saxonne, avec en plus une note exubérante et fantaisiste liée à l'atmosphère ambiante de liberté. L'absence de normes contraignantes, l'immensité de l'espace et la diversité des climats ont donné naissance à une palette infinie de styles, parfois assemblés au petit bonheur, mais dégageant souvent un charme très pittoresque. De nombreux édifices publics, mais aussi des résidences privées ont été signées par de grands architectes comme Frank Lloyd Wright, Richard Neutra, Rudolph Schindler, Pierre Koenig ou Frank Gehry.

UN HÉRITAGE ÉCLECTIQUE

Jusqu'à la guerre de Sécession, l'architecture américaine, tributaire des modèles espagnol ou anglais, n'avait aucune originalité. L'Ouest, en revanche, présentait une particularité, celle de la présence ancienne des Indiens sédentaires, dont l'architecture était spécifique et aboutie. La colonisation est donc venue y greffer des styles radicalement différents. Dans le Sud-Ouest, c'est le **style espagnol** qui a d'abord prévalu, caractérisé par les murs lisses et sobres, les toits peu inclinés, les porches profonds bordés d'arcades. On y retrouve aussi l'influence du **style indien pueblo**, notamment l'usage de l'adobe *(voir p. 105)*, les toits plats et les poutres aux saillies apparentes. Avec l'arrivée des Anglo-Américains, ils sont relayés par **le style anglais**, d'abord **géorgien**, avec son extrême symétrie, son dépouillement et son élégance, puis **victorien**, de plus en plus chargé et asymétrique. Le réel développement d'une architecture indépendante date de la seconde moitié du 19e s. avec l'apparition des gratte-ciel et les innovations de l'habitat individuel. Pourtant, les uns comme les autres garderont la trace des apports européens.

ÉDIFICES PUBLICS ET RELIGIEUX

En matière de monuments officiels, l'architecture américaine puise principalement dans le répertoire historique européen. Après de larges emprunts, au 18e s., à l'architecture anglaise géorgienne et palladienne (elle-même néoclassique), la déclaration de l'Indépendance amena une prise de distance par rapport à l'Europe, et en particulier à l'Angleterre. C'est le président Jefferson (1801-1809), passionné d'architecture, qui imprima leur style aux édifices publics. Il s'inspira de l'Antiquité grecque et romaine. Impressionné par la Maison carrée de Nîmes, en France, il importa aux États-Unis le modèle du temple romain et imposa un **style néoclassique** à base de colonnes, de frontons, de corniches et de rotondes. Le 19e s. a confirmé ce retour des valeurs

Le Walt Disney Concert Hall par Frank Gehry, Los Angeles.
L. Decoudin / MICHELIN

antiques, privilégiant le **modèle grec** (on parle de *Greek Revival*, Renaissance grecque). Banques, universités et cathédrales se mirent à ressembler au Parthénon (comme la Bank of California à San Francisco). De nombreux architectes se rapprochèrent alors de l'École des beaux-arts de Paris, y étudièrent la Renaissance et l'héritage antique. Il en découla ce que l'on nomme le **style Beaux-Arts**, qui perdurera jusqu'après la Première Guerre mondiale. Tous les édifices officiels sont conçus selon ce modèle, le plus célèbre étant le Capitole à Washington, dont celui de Sacramento est inspiré. En Californie, le campus de Berkeley en est une bonne illustration, de même que le City Hall ou le Palace of Fine Arts de San Francisco, et le palais de justice de Los Angeles. L'architecture religieuse et civile s'inspire de grands monuments européens, inaugurant le **style néogothique** (Grace Cathedral de San Francisco) ou **néoroman** (université de Stanford à Palo Alto, université de Californie à Los Angeles), des styles qui se retrouveront dans les gratte-ciel.

L'ARCHITECTURE URBAINE

Les villes américaines ont bénéficié d'un essor spectaculaire, accentué dans l'Ouest par la ruée vers l'or. Après des débuts désordonnés, on a vite rationalisé l'espace par un plan en damier, avec des blocs réguliers et des rues à angle droit. Au centre des villes, le manque de place et la croissance économique débouchèrent très vite sur la nécessité de construire en hauteur. Le long de la côte Pacifique, la menace des tremblements de terre a ralenti ce développement sans toutefois le stopper. Les gratte-ciel californiens n'atteignent pas les hauteurs de ceux de Chicago ou de New York, mais la recherche stylistique est tout aussi poussée. La véritable histoire du gratte-ciel commença à Chicago dans les années 1870. Des architectes formés en France y testèrent la construction d'immeubles à ossature métallique, permettant des édifices plus élevés et plus d'ouvertures. Ils constituèrent ce que l'on nomme l'**école de Chicago**. Ces immeubles de plus en plus hauts comportaient à l'origine des façades recouvertes de brique, de pierre ou de céramique, et adoptaient tous les styles en vogue, Beaux-Arts, néoroman (Mills Building à San Francisco) ou néogothique (Russ Building à San Francisco). Le décor se concentre sur les premiers et derniers niveaux. Le **style Art déco**, en vogue après l'Exposition des arts décoratifs de Paris (1925), imprime un profond renouveau à l'architecture des deux décennies qui suivent (partie centrale du Los Angeles Times Building ou encore l'Eastern Columbia Building à Los Angeles). On renonce au répertoire classique pour adopter les motifs végétaux stylisés, les chevrons et zigzags, les lignes parallèles qui accentuent l'impression de hauteur et envahissent aussi la décoration intérieure. Pour éviter que les rues ne soient trop assombries, on construit des immeubles à gradins, dont les retraits successifs laissent passer la lumière, comme le Pacific Telephone Building à San Francisco. En Californie, le style Art déco est très populaire, surtout dans le Sud, pour les gratte-ciel autant que pour les cinémas et les théâtres, mais il n'atteint pas la splendide élégance du Chrysler Building de New York. À partir du milieu des années 1930, sur les traces des Allemands exilés du Bauhaus, naît le **style international**, préfigurant la période moderne. On joue de la légèreté de l'ossature métallique et du verre pour réaliser des murs-rideaux, uniquement interrompus par des bandes de brique ou de céramique qui donnent le rythme vertical et l'impression de transparence et de légèreté. Le décor disparaît au profit de la fonctionnalité et de l'uniformisation. Ce style va déterminer un grand nombre de très hauts gratte-ciel des décennies suivant la Seconde Guerre mondiale, comme la Bank of America de San Francisco.

Dans le même temps, d'autres courants refusent les contraintes de la rationalisation prônée par le style international. On parle d'**architecture organique**, représentée dans l'Ouest par **Frank Lloyd Wright** (Taliesin West à Phoenix) et **Bernard Maybeck** (First Church of Christ Scientist à Berkeley). Les lignes courbes, les décrochements, voire les formes symboliques et les volumes originaux (cônes tronqués, pyramides, cubes évidés) viennent rompre l'uniformité et évoquent les formes de la nature.

Par réaction, le **style postmoderne** rejette à la fois le minimalisme et l'asymétrie pour privilégier un retour à la symétrie et à la surcharge, voire à l'ostentation avec corniches ou colonnes, comme à la grande époque du néoclassique. Plus récemment, des courants très éclectiques agitent les milieux des architectes *(voir le J. Paul Getty Center à Los Angeles)*. **Frank Gehry**, le célèbre créateur du Guggenheim de Bilbao, a construit le Chiat-Day-Mojo Building à Venice. **Renzo Piano** a recouvert l'Académie des Sciences de San Francisco d'un toit d'environ 1 ha, couvert de verdure et de panneaux solaires.

Enfin, dans les villes de moyenne importance ou à forte identité, les urbanistes et les architectes s'accordent à privilégier un **style régionaliste** marqué et des édifices de hauteur limitée, comme c'est le cas à Santa Fe avec le **style pueblo** (Santa Fe Museum of Fine Arts) ou à Santa Barbara avec l'**architecture hispanique** (Santa Barbara County Court House). Quant aux friches industrielles, elles redeviennent des espaces naturels, comme sur le site de Cornfield à Los Angeles.

Habitat

La terre et le bois, deux matériaux présents en abondance, sont à la base de presque tout l'habitat de l'Ouest américain. Du premier on fit l'adobe et le second permit à des villes entières de surgir très vite du néant. Un ingénieux système de charpente semi-préfabriquée, sur laquelle on montait très vite de larges panneaux en bois, servait de base à des maisons de styles très divers : seules les finitions faisaient la différence, genre tantôt Nouvelle-Angleterre, tantôt victorien, tantôt danois… L'habitat doit tenir compte des contraintes antisismiques et de la nouvelle donne écologique, avec une matière première intarissable ici : le soleil.

AU COMMENCEMENT ÉTAIT LE PUEBLO

Les premières habitations étaient celles des Indiens pueblos sédentaires. Leurs villages sont construits en **adobe**, de la terre crue séchée au soleil, et composés de maisons originales, parfois nichées au creux des falaises. L'unité de base est une pièce de forme cubique, sans porte, à laquelle on accède par le toit au moyen d'une échelle. Ce dernier, soutenu par des poutres aux extrémités saillantes (*vigas*), est plat et porte les pièces de l'étage suivant. Les premiers colons espagnols retinrent les matériaux et la forme générale des maisons, mais y ajoutèrent des détails issus de leur propre culture (crépi peint, porches ombragés, portes et fenêtres en bois ouvragé, couverture de tuiles pour les toits). C'est ainsi que les premières missions furent fondées au cœur des *pueblos* (Acoma Pueblo, Ranchos de Taos). À partir du début du 20e s., notamment sous l'influence des nombreux artistes qui fréquentaient le Nouveau-Mexique, les urbanistes décidèrent de revenir à ce style ancestral (Santa Fe, Taos…) pour les maisons contemporaines, tout en utilisant les techniques actuelles. L'architecture navajo est extrêmement rudimentaire, puisque les Navajos étaient des nomades. Après leur sédentarisation, ils ont commencé à construire les **hogans**, des huttes coniques en branches couvertes de terre, puis hexagonales ou

MAISONS EN TERRE CRUE

L'adobe est un matériau de construction obtenu en fabriquant des briques à partir de terre crue, de paille et d'eau, que l'on mélange jusqu'à obtention d'une pâte épaisse. Celle-ci est ensuite versée dans des moules en bois sommaires et sèche pendant un ou deux jours. Les briques crues sont démoulées, séchées plus longuement au soleil et utilisées au moins un mois plus tard. Après la construction, un crépi extérieur à la chaux régulièrement entretenu protège la structure des intempéries.

Le pueblo indien

Le style pionnier

Le style territorial

Le style néo-mexicain

Le style italianisant

Le style Queen Anne

octogonales. L'ouverture était toujours orientée vers l'est. Même s'ils sont devenus rares, on en trouve encore à proximité des maisons : ils servent d'annexe. Le modèle du *hogan* a été repris pour l'architecture du bâtiment administratif du Navajo Community College, dans la réserve de la tribu.

LE STYLE COLONIAL

Les premiers Mexicains utilisaient aussi l'adobe pour construire leurs maisons, qui comprenaient un porche, une cour intérieure et un simple toit presque plat. Initialement, ces habitations étaient longues et basses. Avec l'arrivée progressive des Anglais, on construisit de plus en plus de **maisons à étage**, toujours en adobe, mais avec balcon couvert formant véranda. Ce style mixte est visible à Monterey ou à Albuquerque. Plus la colonisation se diversifia, plus les matériaux varièrent. Le **bois** prit peu à peu la place de l'adobe, car il se prêtait à des constructions rapides et faisait partie du patrimoine des Anglo-Américains. La **tôle** s'ajouta aux matériaux traditionnels pour la même raison. Du côté des styles, les nouveaux venus importèrent ce qu'ils avaient vu chez eux, tout en l'adaptant aux maisons encore modestes de l'Ouest. Dans le sud de la Californie, le style espagnol fit un grand retour à partir du début

du 20e s., avec ses arcades, ses profonds préaux, ses céramiques décorées et ses stucs.

LE STYLE TERRITORIAL

Lorsque les maisons mexicaines rencontrent la pompe du style néoclassique, cela donne un curieux mariage appelé « style territorial ». Les Territoires étaient ces immenses terres conquises sur les Mexicains, mais qui n'avaient pas encore accédé au statut d'État (Nouveau-Mexique, Arizona…). Les colons connaissaient la vogue urbaine du *Greek Revival*, avec ses colonnades et ses frises. Le corps de la maison reste le même, long et bas, mais les encadrements des fenêtres et des portes se décorent de frises ou de modestes corniches, tandis que le porche repose sur des colonnes en bois.

LES FOLIES VICTORIENNES

Quand les villes devinrent mieux organisées, on abandonna progressivement les sommaires maisons en bois des pionniers pour adopter les styles européens, plus sophistiqués. Durant la seconde moitié du 19e s., tous les styles anglais se succédèrent, le plus populaire étant le style victorien. En fait, il s'agissait plutôt d'une interprétation de ce qui se pratiquait en Angleterre, tant les variations pouvaient être diverses et excentriques. Les maisons

LA CHARPENTE BALLON

Mise au point à Chicago vers 1830, cette technique préfigure l'arrivée du préfabriqué. Une charpente légère en planches, clouées entre elles, sert d'armature à la maison en suivant un catalogue de plans standard. Seuls les piliers de soutien sont en brique. On termine ensuite la maison avec de larges panneaux en bois, recouverts de crépi, bardeaux ou frisette… De cette façon, on peut construire très vite des maisons dont l'originalité tient à leurs finitions (fenêtres, corniches, portes, couleurs). Toutes sortes de styles ont survécu grâce à ce système, depuis la maison en planches des pionniers jusqu'aux bungalows couverts de bardeaux. Même les jolies maisons victoriennes sont assemblées suivant ce principe.

sont construites en bois suivant un plan standard, imposé par les lotissements étroits et profonds des villes. De la largeur d'une pièce, elles s'étirent vers l'arrière le long d'un couloir qui dessert toutes les pièces. Les chambres sont à l'étage, et les communs en sous-sol ou à l'arrière. Des dizaines d'habitations, presque identiques, sont ainsi alignées le long des rues, comme à San Francisco, dans les quartiers de Haight-Ashbury ou à Alamo Square. Parmi les variétés de styles, on distingue le **style italianisant** (en raison des éléments rappelant la Renaissance italienne, corniches, frontons…), le **style Eastlake** (du nom d'un concepteur de meubles), avec ses fenêtres rectangulaires et ses finitions en bois ouvragé, et le **style Queen Anne**, asymétrique, avec une façade-pignon, des tourelles et des toits très pointus (Haas-Lilienthal House à San Francisco).

DE L'ARTS AND CRAFTS AU RÊVE CALIFORNIEN

En réaction à l'uniformisation des villes et à l'industrialisation de la construction, le mouvement *Arts and Crafts* naquit en Angleterre au début du 20e s. Rejetant les principes de la fabrication de masse, il marque un retour aux valeurs de l'artisanat d'art et à la communion avec le milieu naturel. La maison doit être simple, harmonieuse, et se fondre dans son environnement. Tout est soigné jusque dans le moindre détail. Le design est sobre et fonctionnel. On prône les décors végétaux, la céramique artisanale, le travail minutieux du bois, la peinture au pochoir…
C'est le règne du bungalow tout simple, avec son porche ouvrant sur le jardin et ses fenêtres dans le toit. En Californie, les architectes les plus connus sont les **frères Greene**

(maisons à Pasadena) et **Bernard Maybeck**. Le bungalow californien deviendra d'ailleurs presque un style à lui tout seul. La Californie est aussi la terre du rêve et de toutes les folies, en matière d'architecture comme du reste. Que ce soit autour de la baie de San Francisco ou le long des côtes, l'abondance du bois de séquoia, la clémence du climat et le relief accidenté ont donné naissance à des maisons d'architecte audacieuses et complètement intégrées dans la nature : multiples niveaux, terrasses, décrochements, énergies renouvelables, larges baies…

LES MAISONS DU FUTUR

On a longtemps imaginé que les principales évolutions de l'habitat seraient des perfectionnements de la domotique : des maisons intelligentes. Mais les maisons de demain doivent obéir à d'autres paramètres : elles doivent résister aux secousses sismiques et avoir une très faible consommation d'énergie. Parmi les nouveaux concepts, les maisons de **Nader Khalili** à Hesperia, près de San Bernardino, sont intéressantes car construites uniquement avec les matériaux de la région : baptisées « **superadobes** » elles sont bâties avec des sacs d'adobe, résistent aux feux et aux secousses.
Sous le soleil de Taos, **Earthship** est un programme pionnier de logements « responsable » conçu par l'architecte **Michael Reynolds** : la chaleur est autoproduite et tous les déchets sont recyclés.
L'objectif californien : créer d'ici à 2017 un million de maisons à l'énergie solaire. Le fort ensoleillement de la région est un atout majeur. On comprend l'importance des « immeubles verts » pour réduire les effets de la pollution.

Les arts

La diversité des cultures de l'Ouest a donné naissance à un foisonnement de visions différentes, allant de la simplicité d'un vase indien au souffle d'un peintre paysagiste californien, en passant par la violence colorée des fresques murales des Latinos. En plus des grandes villes californiennes, Santa Fe et Taos, dans le Nouveau Mexique, concentrent un très grand nombre d'artistes.

L'art indien

La notion d'art n'existait pas vraiment dans la culture des premiers Indiens puisque chaque chose était conçue pour servir. En revanche, un soin particulier fut apporté très tôt à tout ce qui touchait au sacré, comme le montrent les **pétroglyphes** *(voir photo p. 93 et le Petroglyph N. M. p. 532)* ou les peintures rupestres retrouvés sur les sites archéologiques, les poteries des Indiens pueblos et les motifs des peintures de sable éphémères des Navajos. Peintures rituelles, tissages de perles, jeux de plumes et de couleurs, bijoux *(voir p. 74)* attestent une sensibilité à la beauté. De nombreux motifs géométriques ou symboliques utilisés par les Indiens ont d'ailleurs envahi la création artistique. En matière de peinture et de sculpture, la création, si elle est abondante, reste décevante et atteint rarement l'élégante sobriété des arts anciens. Impressionnée par une vision romantique de la nature et des grands mythes indiens, elle se caractérise souvent par un hyperréalisme baignant dans une lumière surnaturelle, et par un mélange très « New Age » d'animaux, de portraits et de sites

naturels idéalisés… Certains artistes se détachent cependant, comme **Pablita Velarde** (1918-2006), **Harrison Begay** (1917), le sculpteur apache **Allen Houser** (1914-1994), le peintre navajo **R.C. Gorman** (1931-2005), né au Canyon de Chelly, ou le Hopi **Dan Namingha** (1950), mais la qualité est à rechercher surtout du côté des artisans d'art, potiers ou joailliers.

L'héritage hispanique

C'est dans l'**art religieux** que l'apport hispanique fut le plus riche : retables, fresques murales ou sculptures sacrées des missions et des sanctuaires (San Juan Bautista, Chimayó…), mais aussi objets rituels modestes, comme les images pieuses en fer-blanc ou peintes sur bois. Le style est d'une émouvante simplicité, mélange de baroque espagnol, de naïf et d'héritage indien *(voir le Museum of International Folk Art de Santa Fe, p. 550)*. Mais l'héritage mexicain le plus pittoresque et le plus populaire est celui des **fresques murales** aux couleurs violentes, qui racontent de véritables histoires et mettent en images les malheurs, les revendications et les espoirs des Latinos. Celles de Mission District à San Francisco, d'Albuquerque ou de Santa Fe sont d'excellents exemples de cet art populaire, porté par des artistes mexicains de renom comme **Diego Rivera** (1886-1957), qui en fut l'un des initiateurs (Panamerican Mural au City College de San Francisco), **José Orozco** (1883-1949) ou **David Siqueiros** (1896-1974), qui a signé des fresques à Los Angeles. Dans cette perspective de l'art pour la révolution, plusieurs lieux d'exposition et de pratiques artistiques ont vu le jour dans les années 1970 à Los Angeles pour les Chicanos. Les **murals** collectifs – tel le *Great Wall of Los Angeles* – permettaient de rassembler les jeunes autour d'un projet commun valorisant, tout en les détournant des gangs, et de développer un sentiment de fierté et d'appartenance.

La peinture

Dans un premier temps, l'Ouest américain et la Californie, terres sauvages et mal balisées, ne furent que des sujets de peinture. Les artistes aventureux y séjournaient, en ramenaient des tableaux, mais toute l'effervescence artistique se concentrait à l'est du pays. La seconde partie du 19e s. vit ainsi arriver toute une génération d'artistes marqués par le style romantique allemand ou les débuts de l'impressionnisme français et formés dans les écoles européennes. Le genre en vogue à l'époque est le grand **paysage**, baigné de lumières étranges ou noyé de couleurs chaudes et de brumes automnales *(voir le Oakland Museum, p. 188)*. Les clients sont les nouveaux riches qui investissent dans l'Ouest ou ceux qui veulent en faire la promotion, comme les compagnies de chemin de fer, ou encore ceux qui veulent vanter

certaines régions devant le Congrès pour leur assurer le statut de parc national. Parmi ces paysagistes, on note **Albert Bierstadt** (1830-1902), **Thomas Moran** (1837-1926), **William Henry Jackson** (1843-1942), **Thomas Hill** (1829-1908), **Alfred Jacob Miller** (1810-1874), **William Keith** (1839-1911), **Charles Rollo Peters** (1862-1928)… Un autre genre populaire est le **portrait épique**, tout à la gloire de la conquête de l'Ouest. Indiens, cow-boys, diligences et petites villes minières envahissent les tableaux de **George Catlin** (1796-1872), de **Frederic Remington** (1861-1909) ou de **Charles Russell** (1864-1926)… Il faut attendre le début du 20e s. pour que l'**impressionnisme** devienne à son tour populaire, suivi du **fauvisme**. Oakland et San Francisco deviennent des centres de création artistique grâce à la création de l'Art Institute de San Francisco et de plusieurs musées. Comme en France, les peintres pratiquent la peinture de plein air et se regroupent en écoles informelles, comme le **Groupe des Six**, à Oakland. Le Nouveau-Mexique est un autre foyer actif. Taos accueille une petite colonie de peintres, venus dans l'Ouest au début du 20e s. pour croquer quelques paysages, mais qui furent séduits par la lumière exceptionnelle et décidèrent de s'y établir. La **Taos Society of Artists**, constituée par Ernest Blumenstein (1874-1960), Bert Phillips (1868-1956), Joseph Sharp (1859-1953), Herbert Dunton (1878-1936) et beaucoup d'autres, produisit un grand nombre de paysages et de scènes de genre. À Santa Fe, dans les années 1920, un autre groupe, **Los Cincos Pintores** (Les Cinq Peintres), investirent le quartier de Canyon Road et y fondèrent une petite colonie d'artistes, ouvrant la porte à ce qui est devenu l'un des premiers marchés d'art des États-Unis.

L'EXPLOSION CONTEMPORAINE

Les premières expositions d'art moderne aux États-Unis rencontrèrent d'abord un accueil très hostile. Le public ne comprenait ni n'appréciait les Matisse, Picasso ou Braque. La crise de 1929 fit renaître un nationalisme réactionnaire et un refus des influences artistiques européennes. Il fallut attendre les années 1940 pour que l'art moderne fasse une réelle percée. Malgré tout, avant cette époque, **Georgia O'Keeffe** (1887-1986) fut remarquée pour sa vision intimiste et dépouillée. Installée au Nouveau-Mexique, près de Taos, elle imposa ses paysages austères et les détails magnifiés de ses fleurs ou de ses crânes de vache *(voir le Georgia O'Keeffe Museum de Santa Fe, p. 544)*. Avec la montée du nazisme, les États-Unis accueillirent un grand nombre d'artistes exilés (Mondrian, Chagall, Léger…) qui contribuèrent au renouveau. Les riches mécènes exposèrent de plus en plus d'œuvres inédites et finirent par imposer un art nouveau. Dès la fin des années 1940, des peintres comme **Clyfford Still** (1904-1980) ou **Mark Rothko** (1903-1970), membres de l'Art Institute de San Francisco, éveillent l'enthousiasme de leurs étudiants pour la **peinture abstraite**. Parmi eux, on note **Sam Francis** (1923-1994) ou **Robert Motherwell** (1915-1991).

La période suivante vit en réaction le retour d'un mouvement figuratif, qui prit le nom de **Bay Area Figurative**, dont les peintres les plus célèbres sont **Richard Diebenkorn** (1922-1993) et **David Park** (1911-1960), exposés au SF MoMA et à l'Oakland Museum. La fin des années 1950 et les années 1960 amenèrent le pop art, né à New York autour de Robert Rauschenberg et d'Andy Warhol, mais rapidement très populaire en Californie. La présence de riches mécènes et la création de nombreux musées (notamment le LACMA à Los Angeles en 1967), écoles d'art, galeries attirèrent nombre d'artistes en mal de public, parmi lesquels **David Hockney** (1937), **Jonathan Borowsky** (1942) ou **Edward Ruscha** (1937) sont les plus remarqués.

À la fin des années 1960, la scène artistique de Los Angeles, grande rivale de celle de New York, vit naître des mouvements tel que le **minimalisme californien** dit « L.A. Look » ou « Finish Fetish », en référence à l'attention quasi obsessionnelle apportée par les artistes à la finition de leurs œuvres. Celles-ci se caractérisent par leurs surfaces colorées et réfléchissantes, inspirées des formes et des couleurs des voitures et des planches de surf, ainsi que des nouvelles matières technologiques. **Craig Kauffman** (1932), le premier artiste à travailler le plastique à une grande échelle, ou **John McCracken** (1934) en sont les emblèmes. Parallèlement, abandonnant les formes traditionnelles de la sculpture, les artistes du mouvement **Light & Space**, notamment **James Turrell** (1943), **Robert Irwin** (1928) et **Larry Bell** (1939), s'intéressent à la perception en proposant une expérience corporelle au visiteur. Ils utilisent la lumière comme matériau artistique. Cela préfigure l'art de la **performance**, qui se développe à Los Angeles sous l'influence d'**Allan Kaprow** (1927-2006), célèbre dès les années 1950 pour ses *happenings*, et devient un mode de création privilégié pour des artistes comme **Chris Burden** (1946) et **Paul McCarthy** (1945) : leur corps est le sujet et le matériau artistique avec lequel ils travaillent.

Les paysages du Sud-Ouest ont largement inspiré les adeptes du **land art**, comme **Michael Heizer** *(Double Negative)* ou **Nancy Holt** *(Sun Tunnels)*.

Littérature

Le héros type de la littérature américaine est en quête perpétuelle : de racines, de liberté, d'absolu, de lui-même, du salut. Éperdu, rebelle et insatisfait, il peuple aussi bien les épopées du Far West que les romans de la beat generation. Comme si après avoir fondu toutes ses cultures, l'Amérique se cherchait un but... Les cultures se métissent, les accents et les tonalités délimitent des territoires, mais cette terre, cette géologie incroyable est à l'origine d'un langage : celui de la pierre et de l'eau, de la sédimentation des sols et des mémoires, de la « granulation du réel », pour reprendre une expression de Cormac Mac Carthy. On comprend mieux l'attachement de J.-M. G. Le Clézio pour le Nouveau-Mexique, son « port d'attache ».

L'ÉPOPÉE

Pour beaucoup d'écrivains du 19e s., l'Ouest parle d'aventure et d'exploration. Dans un premier temps, la littérature de ces contrées est celle des commencements, écrite par les témoins visuels, les explorateurs eux-mêmes et les historiens. Les premiers récits ne sont que les carnets des premiers colons, comme le bouleversant journal de **Virginia Reed Murphy** (1834-1921), rescapée de la tragique expédition Donner en 1846 *(voir p. 226)*, ou les œuvres de **Laura Ingalls Wilder** (1867-1957), telle *La Petite Maison dans la prairie*. D'autres sont des carnets de route beaucoup plus précis, écrits à l'usage des colons : *La Piste de l'Oregon* a été publiée en 1849 par **Francis Parkman** (1823-1893), un Bostonien en quête d'héroïsme. Dans la même veine, les guides de **John Frémont** (1813-1890) et de son épouse, **Jesse** (1824-1902), racontant en détail la découverte de l'Ouest, furent des best-sellers de l'époque. **Frederick Jackson Turner** (1861-1932) préférait la lecture historique des événements et la conquête progressive (*La Frontière*, 1893).

Durant la seconde moitié du 19e s., la ruée vers l'or servit de cadre aux premiers grands romans populaires de **Bret Harte** (1836-1902) et fit naître un genre qui prendra ensuite vie au cinéma, le western. Une abondante littérature de qualité inégale inonda alors les bibliothèques, mélangeant amour et aventure, violence et vertu. À cet égard, *Le Virginien*, d'**Owen Wister** (1860-1938), apparaît comme le précurseur. Au 20e s., on note les romans de **Zane Grey** (1872-1939) (*Les Cavaliers de la sauge violette*, 1912), de **Willa Cather** (1876-1947) (*Pionniers*, 1913 ; *La Mort et l'Archevêque*, 1927) ou de **Wallace Stegner** (1903-1993) (*Vue cavalière*, 1976). Mais bien sûr, l'archétype du romancier de l'Ouest reste **Jack London** (1876-1916), né à Oakland, auteur aventurier universellement traduit de *L'Appel de la forêt* (1903), de *Croc-Blanc* (1906) et *Martin Eden* (1909).

À peu près à la même époque, revues littéraires et journaux de la côte Ouest publièrent des récits, nouvelles et chroniques d'auteurs ou de journalistes qui vécurent ou séjournèrent en Californie, comme **Mark Twain** (1835-1910) ou **Ambrose Bierce** (1842-1914), chroniqueur au *San Francisco Examiner*, qui a laissé des nouvelles irrévérencieuses et cyniques sur la période de la guerre de Sécession. D'autres attirèrent l'attention sur l'environnement, pressentant déjà le besoin de le préserver, comme le célèbre naturaliste **John Muir** (1838-1914), **Mary Austin** (1868-1934), qui défendit la cause des déserts, ou Edward Abbey (1927-1989), dont *Désert solitaire* (1968) est devenu le livre culte de générations d'écologistes.

CONSCIENCE SOCIALE ET TRANCHES DE VIE

La littérature américaine parvint à une maturité nouvelle lorsqu'elle commença à aborder les problèmes humains et sociaux posés par la création très rapide du pays. **Frank Norris** (1870-1902) s'y attaqua dès la fin du 19e s. avec *Les Rapaces* (1899) ou *La Pieuvre* (1901), dans lesquels il dénonce l'avidité des barons du chemin de fer. Mais dans l'Ouest, c'est bien sûr **John Steinbeck** (1902-1968), prix Nobel de littérature en 1962, qui porta le mieux les couleurs des fermiers et des ouvriers pauvres, dans *Tortilla Flat* (1935), *Des souris et des hommes* (1937), *Les Raisins de la colère* (1939), qui lui valut le prix Pulitzer, *À l'est d'Éden* (1952)… Même le mythe de l'Ouest perd de son lustre, comme chez **Arthur Miller** (1915-2005), le dramaturge isolé à Big Sur, dans *Les Désaxés* (1961). Son homonyme **Henry Miller** (1891-1980), aussi célèbre que controversé, pourfend le puritanisme et se montre assez morose sur la région de Big Sur qui, selon lui, va devenir une « banlieue

de Monterey, avec l'insipide agitation qui rend si odieuse la banlieue américaine ».

À l'enracinement tant recherché par les générations précédentes se substitue une quête insatisfaite et rebelle. Entre jazz, alcool et nuits sans sommeil, **Jack Kerouac** (1922-1969) entame en 1949 sa traversée hallucinée des États-Unis sur plus de 5 000 km d'est en ouest (*Sur la route*, 1957, adaptation cinématographique par un autre écrivain majeur, **Russell Banks**, pour Francis Ford Coppola). Jack Kerouac et ses amis de la **beat generation** *(voir p. 143)* posent un regard sans concession sur l'Amérique maccarthyste et prônent le détachement et l'errance. En marge de ce mouvement, **Charles Bukowski** (1920-1994) dépeint avec violence la société américaine, le règne de l'argent, la morale hypocrite et la modernité médiocre (*Journal d'un vieux dégueulasse*, 1969). Dans les années 1970 et 1980, de nouveaux auteurs ont préféré mettre en avant de minuscules tranches de vie, à la manière poignante d'un **Raymond Carver** (1938-1988), dont les nouvelles minimalistes sont d'une tendresse amère. Dans un genre plus cynique, **T.C. Boyle** (1948), qui vit dans le sud de la Californie, met en scène des histoires tragicomiques stigmatisant les travers de l'Amérique moderne. Dans les années qui suivent, le sulfureux **Bret Easton Ellis** (1964), brosse, à la manière des plus grands satiristes mondains, le tableau d'une société blasée et d'une jeunesse dorée et perturbée.

Des auteurs féminins se font aussi remarquer au tournant du 21e s. par des fresques très vivantes sur les différentes communautés, comme **Amy Tan** (1952) ou **Barbara Kingsolver** (1955), dont les romans décrivent souvent l'Arizona, avec toujours une forte empreinte

---

LES LANGUES INDIENNES

Certaines sont encore parlées aujourd'hui dans les réserves et dans les familles. Après s'être d'abord attaché à préserver les droits civils et territoriaux des Indiens, le renouveau culturel a remis les langues à l'honneur en encourageant la création artistique et littéraire. Dans les réserves, des écoles primaires et secondaires sont repassées sous contrôle indien et on y enseigne de nouveau les langues, surtout à l'écrit, ce qui est une victoire pour une culture initialement orale. Il existe même des campus indiens, comme le Navajo Community College, fondé en 1969. Dans les réserves, des radios indiennes diffusent en langue tribale, comme chez les Navajos ou les Apaches d'Arizona.

Les Cherokee ont été les premiers Amérindiens à développer une écriture. Les caractères de leur alphabet se mêlent avec leurs symboles et à leurs dessins d'animaux sur les parois des roches.

écologique. Le roman noir est un autre genre qui atteint la notoriété mondiale, avec des écrivains tels que **Dashiell Hammett** (1894-1961) et son *Faucon maltais*, **James Ellroy** (1948), explorateur des bas-fonds de Los Angeles, **Raymond Chandler** (1888-1959) ou, actuellement, **Michael Connelly** (1956), qui a vécu à Los Angeles et écrit sur cette ville, qui sert de toile de fond à tous ses romans, et fut un temps journaliste au *Los Angeles Times*.

Jim Harrisson trouve des méthodes dans son dernier recueil de nouvelles, *L'été où il faillit mourir (2008)*, pour agrandir, intensifier la vie.

Pour **Cormac Mac Carthy** il est temps de passer d'autres frontières, de chercher d'autres limites pour « trouver du nouveau » (*The Crossing*, 1994). C'est l'envers du décor que nous présente **Richard Lange** avec *Dead Boys* (2009), un recueil de nouvelles sur les paumés de Los Angeles.

LES ÉCRIVAINS INDIENS

Issus d'une culture orale, les Indiens ne devinrent écrivains que tardivement et souvent avec difficulté, en raison de la barrière de la langue. Dans le Sud-Ouest, le plus célèbre de ces nouveaux auteurs indiens est **Scott Momaday** (1934), né de père kiowa et de mère cherokee, vivant en Arizona, et dont *La Maison de l'aube* obtint le prix Pulitzer en 1969. Il dépeint les contradictions du monde indien déchiré entre traditions et modernité.

Dans un tout autre genre, le Navajo **Tony Hillerman** (1925) a mis à la mode le roman policier navajo qui se déroule toujours dans les réserves indiennes, sur fond de rites et de traditions.

Simon Ortiz (1941), originaire d'Acoma Pueblo, est pour sa part reconnu comme le poète de talent. Plus au nord, dans les Grandes Plaines, le jeune **David Treuer** (1972), qui appartient à la tribu ojibwé, brosse dans *Little* le tableau sans concession des laissés-pour-compte et des marginaux de la communauté indienne.

QUELQUES ÉCRIVAINS FRANÇAIS ET L'OUEST RÊVÉ

Un homme accidentel (2008) de **Philippe Besson**, explorant les faux-semblants d'Hollywood et le monde des films noirs.

L'Implacable Brutalité du réveil (2009) de **Pascale Kramer** : « J'aime Los Angeles, sa couleur si particulière, ces teintes roses et ce ciel turquoise en raison de la… pollution. »

Cinéma

Si le cinéma est né en Europe, c'est à Hollywood qu'il atteint la démesure. La ville est surtout associée aux films à gros budget. En Europe, près de 60 % des films vus sont des productions américaines. Difficilement, des cinéastes indépendants travaillent aussi, engagés pour les minorités ou posant, à la demande d'un public cinéphile, un regard critique sur une société de plus en plus déchirée. Après les attentats du 11 septembre 2001, Hollywood a été poussé à remettre en cause cette escalade de la violence. La discrétion qui s'ensuivit dans les milieux du cinéma, tout à fait inhabituelle, n'a pas duré, mais des voix s'élèvent pour que plus de retenue tempère la surenchère de l'argent et du sensationnalisme.

LA MECQUE DU CINÉMA

Rien ne destinait la Californie à devenir la terre promise du cinéma. Jusqu'aux années 1910, la création et les affaires se faisaient à New York. C'est en 1913 que **Cecil B. De Mille**, venu à Hollywood pour tourner un film, installa le premier studio dans une grange. Les prix bas, le climat et les paysages variés à portée de main séduisirent le cinéaste et nombre de ses confrères. Tout ce que le cinéma comptait de personnalités afflua sur la côte, les Charlie Chaplin, Douglas Fairbanks et Mary Pickford…

Certains sièges sociaux demeurèrent à New York, mais tous les grands studios étaient à Hollywood. À partir de 1928, la cérémonie des Oscars acheva d'en faire la Mecque du cinéma.

Entre les deux guerres, le cinéma devint une énorme industrie avec la création des *majors*, ces compagnies florissantes qui firent la fortune des producteurs et propulsèrent les stars au firmament : Paramount, Metro Goldwyn Mayer (MGM), Warner Brothers, Twentieth Century Fox, Universal, Columbia, United Artists…

LE WESTERN

Le western est un film épique racontant des épisodes de la **conquête de l'Ouest** au 19e s. et au début du 20e s. Les personnages sont initialement très manichéens, les bons d'un côté et les méchants de l'autre. Les héros sont des aventuriers, souvent instables et rebelles, confrontés à des difficultés et qui finissent toujours par les vaincre en se dépassant. La popularité des premiers films s'explique par l'attachement des Américains à ce pan de leur histoire, par ailleurs très courte, et aux vertus de courage et d'ambition qu'ils permettent d'idéaliser.

Au milieu des années 1940, un glissement s'opéra et les scénarios devinrent moins simplistes ; on commença à porter un regard plus critique sur les excès de la conquête, notamment à l'égard des Indiens.

Les rues pentues de San Francisco, un décor de cinéma particulièrement prisé.
R. Martini / Look/Photononstop

Parmi les grandes figures du western, deux noms viennent aussitôt à l'esprit, ceux de **John Ford** et de **John Wayne**. Le premier est l'un des réalisateurs les plus prolifiques, avec 130 films entre 1917 et 1966. Il est notamment l'auteur de *La Chevauchée fantastique* (1939), *Le Massacre de Fort Apache* (1948) ou *Rio Grande* (1950). Le second, devenu l'acteur préféré du premier, est immanquablement associé à l'image du western (*La Prisonnière du désert*, 1956 ; *L'homme qui tua Liberty Valance*, 1961).

On retrouve dans tous les westerns les grandes étapes de la conquête de l'Ouest, comme l'exploration (*La Captive aux yeux clairs* de **Howard Hawks**, 1953 ; *Rivière sans retour* d'**Otto Preminger**, 1954 ; *Jeremiah Johnson* de **Sidney Pollack**, 1972), l'épopée du chemin de fer (*Le Cheval de fer* de John Ford, 1924), les guerres indiennes (*Le Massacre de Fort Apache* de John Ford, 1948 ; *Little Big Man* d'**Arthur Penn**, 1970), les hauts faits des bandits (*Butch Cassidy et le Kid* de **George Roy Hill**, 1970 ; *Pat Garrett et Billy le Kid* de **Sam Peckinpah**, 1973)…

À partir des années 1960, le western aborda avec recul les guerres civiles du Mexique et l'intervention des États-Unis (*Les Cent Fusils* de **Tom Gries**, 1968), l'oppression des Indiens ou la réalité sordide de la vie au Far West. Dans son dernier et magnifique western, *Cheyenne Autumn* (1964), John Ford rend hommage aux Indiens maltraités, reconnaissant cette « tache dans notre histoire ».

Le déclin de ce genre s'amorça dans les années 1970, malgré la résistance de certains cinéastes, dont **Clint Eastwood** (*Pale Rider*, 1985 ; *Impitoyable*, 1992) et la popularité momentanée des westerns spaghettis des Italiens. Le succès inattendu de *Danse avec les loups* (1989), de **Kevin Costner**, montre peut-être que la vision trop unilatérale du western classique a fait son temps…

Il y a eu également de nombreuses adaptations de bandes dessinées européennes, réputées pour leur ton très humoristique, comme les aventures du célèbre **Lucky Luke** (d'après les albums de Morris), un personnage très à l'aise dans le Far West…

LA COMÉDIE

À l'opposé du western qui place l'action au cœur d'une vaste et spectaculaire épopée, la comédie à l'américaine s'attache aux situations cocasses du quotidien, et stigmatise les mœurs et les défauts de la classe moyenne.

À côté de **Charlie Chaplin** et de son humour corrosif ou du burlesque des **Marx Brothers**, l'Allemand **Ernst Lubitsch** (*Le ciel peut attendre*, 1943) donne à ce genre un style sophistiqué et raffiné que cultiveront par la suite **George Cukor** (*Une étoile est née*, 1957 ; *Le Milliardaire*, 1964), **Frank Capra** (*New York-Miami*, 1934), **Howard Hawks** (*L'Impossible Monsieur Bébé*, 1938), tout en y ajoutant un message social (dans les années 1940-1950).

La veine comique est exploitée par **Jerry Lewis**, **Blake Edwards** ou **Billy Wilder** (*Sept ans de réflexion*, 1959 ; *Certains l'aiment chaud*, 1959).

Plus récemment, la comédie a développé une approche satirique avec des films comme *La Guerre des Rose* (1990) de **Dany De Vito**, dramatique avec *Thelma et Louise* (1991) de **Ridley Scott**, ou romantique avec *Quand Harry rencontre Sally* (1989) de **Rob Reiner**, *Pretty Woman* (1990) de **Garry Marshall**, *Mary à tout prix* (1998) des **frères Farrelly** ou *Lost in Translation* (2004) de **Sofia Coppola**, auteure talentueuse du très noir *The Virgin Suicides* (2000).

Dans un autre registre, la comédie musicale est l'une des grandes spécialités du cinéma américain, avec *Un Américain à Paris* (1951) de **Vincente Minnelli**, *Chantons sous la pluie* (1952) de **Gene Kelly** et **Stanley Donen**, *Les hommes préfèrent les blondes* (1953) de Howard Hawks et *Phantom of the Paradise* (1974) de **Brian De Palma**…

LE FILM NOIR

Ce genre devint populaire avec l'acteur **Humphrey Bogart** (*Le Faucon maltais* de John Houston, 1941 ; *Casablanca* de Michael Curtiz, 1943) et les films d'**Otto Preminger** (*Autopsie d'un meurtre*, 1959), de **Fritz Lang** ou de **Hitchcock** (*Fenêtre sur cour*, 1954 ; *Sueurs froides*, 1958 ; *Les Oiseaux*, 1963). Plus récemment, **Martin Scorsese** (*Taxi Driver*, 1976 ; *À tombeau ouvert*, 2000), **Ridley Scott** (*Blade Runner*, 1982), **Quentin Tarantino** (*Reservoir Dogs*, 1992 ; *Pulp Fiction*, 1994), **David Fincher** (*Seven*, 1996), les **frères Coen** (*Fargo*, 1996), **David Lynch** (*Sailor et Lula*, 1990 ; *Mulholland Drive*, 2001) ou **Sam Mendes** (*American Beauty*, 1999) ont su saupoudrer les scénarios d'humour noir et leur donner un rythme proche de la comédie.

UN CINÉMA ENGAGÉ

Dès les années 1940, des cinéastes comme **Orson Welles** (*Citizen Kane*, 1941) dressèrent un portrait sans concession d'une certaine Amérique.

Après la Seconde Guerre mondiale et le Viêtnam, beaucoup prirent du recul par rapport à l'idéalisme ambiant. Des films engagés et critiques abordèrent les questions sociales et politiques. Beaucoup étaient l'œuvre de cinéastes indépendants, libres des contraintes commerciales des grands studios, tels **Joseph Losey** (*Cérémonie secrète*, 1968 ;

Les Damnés, 1969) ou **Elia Kazan** (*Un tramway nommé désir*, 1951 ; *À l'est d'Éden*, 1955).

Même des cinéastes voués au grand public, comme **Dennis Hopper** (*Easy Rider*, 1969), **Spike Lee** (*Malcolm X*, 1992) ou **Steven Spielberg** (*La Couleur pourpre*, 1986), abordent le racisme et les coulisses de la politique. Il en va de même pour **Francis Ford Coppola** avec *Apocalypse Now* (1979), **Oliver Stone** avec *Platoon* (1986), *JFK* (1991) et *Nixon* (1995) ou **Michael Cimino** avec *Voyage au bout de l'enfer* (1978) et *La Porte du paradis* (1981).

Plus récemment, le documentaire engagé s'est imposé comme un genre à part entière : la Palme d'or de **Michael Moore** au Festival de Cannes 2004, pour *Fahrenheit 9/11* en est un exemple.

Paul Thomas Anderson signe avec *There will be blood* (2008) une saga américaine magistrale, de la fin de la ruée vers l'or au règne des derricks : un film où l'on voit la puissance physique et financière fonder l'ordre social.

LES SUPERPRODUCTIONS HOLLYWOODIENNES

Ben Hur (1959) de **William Wyler** ou *Autant en emporte le vent* (1939) de **Victor Fleming** ont ouvert la voie aux films à grand spectacle, dont certains coûteront si cher (*Cléopâtre* de **Joseph L. Mankiewicz**, 1963), qu'ils menaceront la survie des studios. Dans cette veine immensément populaire, on trouve aussi bien les grandes **fresques historiques** (*Le Parrain* de Francis Ford Coppola, 1971) que les **épopées futuristes** (*La Guerre des étoiles* de **George Lucas**, 1977), la **science-fiction** (*Jurassic Park* de Steven Spielberg, 1993), les **désastres** (*La Tour*

infernale de **John Guillermin**, 1974 ; *Titanic* de **James Cameron**, 1997) ou l'**aventure** (*Indiana Jones* de Steven Spielberg, 1984). L'importance croissante du jeune public détermine aussi l'attribution de budgets énormes et un succès à la mesure : *E.T.* (1982) de **Steven Spielberg** ou *Harry Potter à l'école des sorciers* (2001) de **Chris Colombus**. La plupart de ces productions restent de qualité moyenne, pourtant certains auteurs réputés se lancent dans les films grand public, tel **Quentin Tarentino** et sa série des *Kill Bill* (2003, 2004).

Lors de la sortie d'*Avatar* (2009), on évoque le début d'une nouvelle ère au cinéma. Avec ses effets spéciaux innovants, le film de **James Cameron** devient le plus gros succès commercial de tous les temps, battant le record d'entrées d'un autre de ses films : *Titanic* (1997).

LE CINÉMA D'ANIMATION

Les nouvelles technologies bouleversent le monde de l'animation qui a connu d'innombrables succès avec les studios **Disney** ou **Tex Avery**. Il s'agissait de productions quasiment industrielles qui ont fait le tour de la planète.

Toutes ces superproductions ne sauraient faire oublier tous les indépendants qui sont plus nombreux avec les développements informatiques. Le plus célèbre d'entre eux, **Pixar Animation Studios**, a été racheté par Disney en 2006. Il a accumulé Oscars et récompenses depuis *Toy Story* en 1995. Son dernier film en 3D, *Là-haut* (2009) réussit le tour de force de réjouir adultes et enfants sur un sujet pas forcément drôle puisqu'il s'agit de solitude et de fin de vie.

Musique

Si les plus importants courants créatifs trouvent leur origine dans l'est et le sud des États-Unis, l'Ouest tient une place à part en raison des nombreux artistes qui s'y sont installés et de l'héritage des Indiens et des premiers colons. Ces derniers avaient emporté avec eux les instruments de musique de la vieille Europe. La musique country est l'aboutissement de ce folklore typiquement blanc américain, qui a évolué dans l'Ouest en style western, dit aussi « cow-boy ». Au sud de la Californie est depuis apparu le Bakersfield sound, un genre harmonique et profond.

PERCUSSIONS ET MÉLOPÉES

La musique accompagne les **danses sacrées** des Indiens. Lentes mélopées, incantations, battements lancinants des percussions rythmant les danses rituelles ou mélodies cristallines des flûtes en bois ont laissé une tradition très vivante que le renouveau de la culture indienne remet à l'honneur. Parmi les interprètes contemporains, certains connaissent un réel succès, comme le flûtiste d'ascendance ute et navajo **Carlos Nakai**, dont certaines créations sur les thèmes du Sud-Ouest et des Grandes Plaines ont inspiré des chorégraphies à Martha Graham, danseuse contemporaine renommée. Dans un autre genre, **Robert Mirabal**, de Taos, a entrepris de faire revivre le patrimoine musical sacré et de le métisser de rock ou de rythmes aborigènes. Selon la tradition, ces mélodies sont « inspirées », reçues lors de rêves ou de visions. Beaucoup incluent les bruits de la nature dans leurs compositions. Sur les traces des Indiens, des compositeurs blancs du **courant New Age** puisent dans le répertoire traditionnel l'inspiration pour leurs compositions de relaxation ou de méditation.

AUTOUR DES FEUX DE JOIE…

Née au début du 20e s., la **musique country** est le grand courant musical de la communauté rurale blanche du Midwest et de l'Ouest. Elle est héritée des premiers colons et des cow-boys qui chantaient autour des feux de camp. On y retrouve des influences écossaise et irlandaise, entre ballades et danses endiablées. Privilégiant le violon, la guitare et surtout le banjo, la musique country a bénéficié de la vogue western due au cinéma à partir des années 1940.

Par la suite, le blues, le swing et le rock l'ont fait évoluer, pendant que d'autres restaient attachés au style originel, tels **Johnny Cash** ou **Dolly Parton**. Avec **Hank Williams**, dans les années 1950, le mélange de country, de blues et de *honky-tonk* prépara le terrain pour le rock and roll. Chet Atkins, Elvis Presley, Neil Young ou Bob Dylan ont d'ailleurs utilisé les sources de la musique country. D'autres encore sont fidèles aux rythmes et mélodies, tout en glissant vers le folk, comme **Emmylou Harris**.

LA SCÈNE DU ROCK

L'héritage de la musique country se ressent dans les créations de certains groupes de rock, dont les Californiens de **Creedance Clearwater Revival**. Le sud de la Californie vit aussi l'émergence des **Beach Boys** et de leur rock ludique, idéal pour les plages de Los Angeles.

Mais c'est San Francisco qui sera le théâtre de la création la plus dynamique, surtout autour du mouvement *Peace and Love* de 1967. Des artistes de renommée internationale y donneront de mémorables concerts comme **Janis Joplin**, **Jimi Hendrix** ou les **Grateful Dead**… Los Angeles voit en 1965 les débuts sur scène des **Doors** et de **Mothers of Invention** (Frank Zappa), groupes qui expriment la révolte de la fin des *sixties* contre le puritanisme américain.

Au crépuscule du *flower power* apparaît le guitariste et chanteur californien **Ben Harper**, dont le folk-blues couvre toutes les variations de la musique noire américaine.

Red Hot Chili Peppers est un groupe de rock californien, fondé en 1983, qui va intégrer le phrasé rap et la syncope funk à un rock très musclé. Au tournant des années 1990, le rock commence en effet à accepter les apports du hip-hop et les fusions se font entendre.

Le label de hip-hop déviant du collectif d'Oakland Anticon produit notamment **Why?**, groupe de rap mâtiné de rock et folk au phrasé hip-hop atypique.

Plus intimiste, la scène rock alternative de Tucson (Arizona) a un émérite représentant, **Calexico**, qui compose un « desert-rock » mélangeant musique des *sixties*, influences world music et rock indie. À Silverlake, dans la banlieue de Los Angeles, les clubs se comptent à la pelle et les managers des grands labels signent les contrats de groupes à la notoriété locale qui donneront bientôt des concerts aux quatre coins du monde, comme **Cold War Kids**, **Ariel Pink**, **Darker my love**, **Giant Drag** ou **Local Natives**.

LE STYLE WEST COAST

Né dans l'est et le sud des États-Unis dans les années 1950, le jazz prend en Californie un caractère cool qui est devenu un courant à part entière, le **West Coast Jazz**. Joué par des musiciens blancs décontractés, sur les traces de Lee Konitz ou de Gerry Mulligan, il privilégie une musique feutrée et fluide. **Stan Getz**, installé en Californie à partir de 1947, y a formé avec trois autres saxophonistes les **Four Brothers**, privilégiant les timbres harmonieux et la beauté des sons. Les orchestres intègrent des instruments moins traditionnels du jazz, comme le hautbois, la flûte ou le vibraphone…

LA MUSIQUE MINIMALISTE

La musique répétitive, appelée aussi minimaliste, est apparue dans les années 1960 sur la côte Ouest. Ses principaux représentants en Californie sont **John Adams** et **Terry Riley**. On pourrait faire remonter les prémices de cette musique à certaines œuvres d'Erik Satie ou à la composition 4'33 de **John Cage**. La plus forte influence découle des théories indiennes classiques qui furent l'inspiration de **La Monte Young**, représentant le plus radical de cette musique.

JACKSON, KING OF THE POP

Révélé dès l'âge de 11 ans dans les *Jackson Five*, **Michael Jackson** (1958-2009) s'impose comme le prodige pop de sa génération. Il travaille avec le danseur Poppin'Taco pour ses célèbres chorégraphies dont la fameuse *Moonwalk*. Personnage contesté mais artiste vénéré, il est l'une des plus grandes stars du 20e s.

3/
DÉCOUVRIR
LE SUD-OUEST
AMÉRICAIN

Bryce Canyon (Utah).
A. de Valroger / MICHELIN

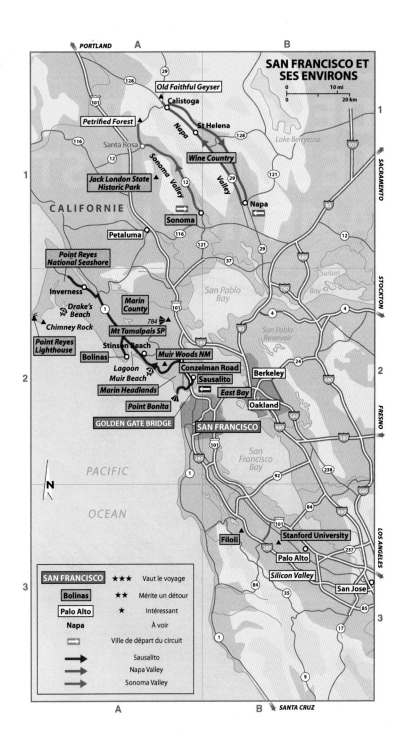

SAN FRANCISCO ET SES ENVIRONS

0   10 mi
0   20 km

PORTLAND

Old Faithful Geyser
Calistoga
Petrified Forest
St Helena
Napa
Santa Rosa
Wine Country
Jack London State Historic Park
Sonoma Valley
Valley
Napa
CALIFORNIE
Sonoma
Petaluma
Lake Berryessa
SACRAMENTO

Point Reyes National Seashore
Inverness
Drake's Beach
Chimney Rock
Marin County
Point Reyes Lighthouse
Mt Tamalpais SP
784
Bolinas
Stinson Beach
Muir Woods NM
Lagoon
Muir Beach
Conzelman Road
Marin Headlands
Sausalito
Point Bonita
GOLDEN GATE BRIDGE
Berkeley
East Bay
Oakland
San Pablo Bay
San Pablo Reservoir
Suisun Bay
STOCKTON

SAN FRANCISCO
San Francisco Bay
FRESNO

PACIFIC
N
OCEAN

Filoli
Stanford University
Palo Alto
Silicon Valley
San Jose
LOS ANGELES

SAN FRANCISCO   ★★★   Vaut le voyage
Bolinas   ★★   Mérite un détour
Palo Alto   ★   Intéressant
Napa   À voir
                        Ville de départ du circuit
                        Sausalito
                        Napa Valley
                        Sonoma Valley

SANTA CRUZ

San Francisco et ses environs 1

Carte Michelin Regional 585 – Californie

▶ **SAN FRANCISCO**★★★   **126**

À 15,5 miles à l'est de San Francisco :
▶ **EAST BAY**★★   **186**

À 33 miles au sud de San Francisco :
▶ **SILICON VALLEY**★   **194**

À 9 miles au nord de San Francisco :
▶ **MARIN COUNTY**★★ **ET SON CIRCUIT**   **199**

À 44 miles au nord de San Francisco :
▶ **WINE COUNTRY**★★ **ET SES CIRCUITS**   **206**

San Francisco

★★★

805 235 habitants – plus de 8 millions d'habitants dans la Bay Area

 NOS ADRESSES PAGE 165

S'INFORMER

San Francisco Convention & Visitors Bureau – *Hallidie Plaza* (Plan II B3), *à l'angle de Market St. et de Powell St., au niveau souterrain* - ✆ *(415) 391 2000/391 2003 pour les informations en français* - www.onlyinsanfrancisco. com - *lun.-vend. 9h-17h, w.-end et fêtes 9h-15h - fermé dim. de nov. à avr.* Personnel multilingue, infos et plans gratuits dans toutes les langues, nombreuses documentations touristiques et promotionnelles. Vous pouvez consulter en ligne les programmes culturels, voire réserver. Reportez-vous aussi au site Internet www.citysearch.com ou au site de l'hebdomadaire San Francisco Bay Guardian, www.sfbg.com.

SE REPÉRER

Carte de région AB2 *(p. 124)* – *carte Michelin Western USA 585 A 8 - plan de la ville (p. 128-129)*. San Francisco se trouve à 395 miles (632 km) au nord de Los Angeles. La ville s'étend au nord de l'aéroport international, sur une longue presqu'île fermant la baie. Elle occupe une succession de collines formant des quartiers au caractère bien spécifique. Son plan quadrillé s'organise selon des rues orientées nord-sud et est- ouest.

SE REPÉRER

Les autorisations de stationner sont matérialisées par des couleurs le long du trottoir *(voir p. 166)*.

À NE PAS MANQUER

Prendre le cable car tôt le matin ; traverser le Golden Gate à pied au coucher du soleil ; visiter Alcatraz à la tombée de la nuit ; la vue sur la ville depuis le dernier étage du De Young Museum.

ORGANISER SON TEMPS

Consacrez au moins **3 jours** à la découverte de San Francisco, avec, le premier jour, Chinatown, le SF MoMA, le Golden Gate Bridge et une soirée à North Beach. Le lendemain, flânez à Nob Hill et Russian Hill, avant d'em-

Le Golden Gate et la baie de San Francisco.
Q. Alex / fotolia.com

barquer, à Fisherman's Wharf, pour une croisière dans la baie ou jusqu'à Alcatraz. Le troisième jour, promenez-vous dans Haight-Ashbury et Golden Gate Park. Si vous avez un jour supplémentaire, faites la randonnée du bord de mer, du Palace of the Legion of Honor au Golden Gate Bridge et découvrez les quartiers au sud du centre : Mission, Noe Valley et Castro.

AVEC LES ENFANTS

Observer les otaries à Fisherman's Wharf, les bisons au Golden Gate Park et la faune aquatique du Bay Aquarium ; monter à bord des bateaux du Maritime National Historic Park ; faire un tour en cable car et au musée qui lui est consacré ; faire fonctionner les automates du Musée mécanique. Avec leurs activités interactives, l'Exploratorium et le California Science Museum plaisent aussi beaucoup.

Au bord du Pacifique, à la pointe d'une péninsule qui ferme son immense baie, San Francisco est d'abord connue pour ses paysages splendides et son climat océanique, qui lui garantit une lumière toujours changeante, soleil doré ou écharpes de brouillard accrochées aux ponts. La quatrième ville de Californie est la véritable capitale culturelle de la côte Ouest, quoique, sur ce terrain, Los Angeles lui livre une guerre féroce. On la vante comme la plus européenne et la plus tolérante des villes américaines, on aime son histoire en forme d'épopée, l'air incontestable de liberté qui flotte dans les rues, son atmosphère cosmopolite et bigarrée, son relief accidenté, tout en collines vertigineuses, l'inénarrable grincement de ses cable cars, sortes d'antiques funiculaires qui dévalent les pentes, l'élégance surannée et colorée de ses demeures victoriennes, le patchwork culturel de ses quartiers…

Se promener

Bon à savoir – San Francisco est coupée par un grand axe diagonal, **Market Street**, qui marque le passage des quartiers résidentiels et financiers au nord vers les zones populaires au sud, bien que ces distinctions tendent à s'estomper. La partie nord est coupée par l'axe nord-sud de **Van Ness Avenue**. La partie sud est également partagée en deux par **Mission Street**.
L'un des charmes de la ville tient à ses collines qui rompent la monotonie du quadrillage des rues et délimitent des quartiers bien distincts. Le centre, **Downtown**, s'organise autour d'**Union Square** *(p. 130)* (Plan II), bordée de

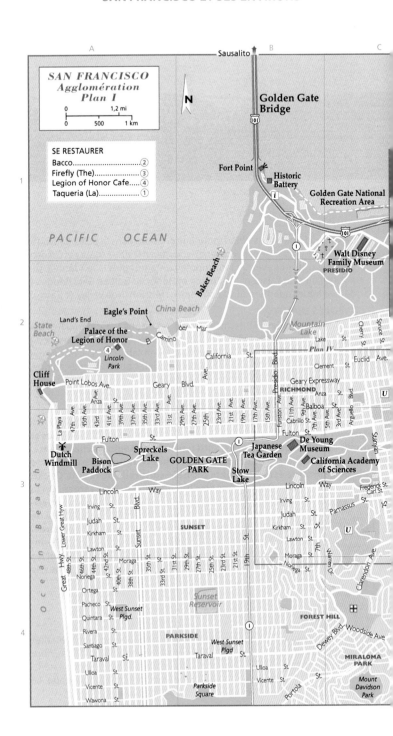

SAN FRANCISCO
Agglomération
Plan I

0   1,2 mi
0 500   1 km

SE RESTAURER

Bacco.................................②
Firefly (The).......................③
Legion of Honor Cafe.....④
Taqueria (La)...................①

PACIFIC   OCEAN

Golden Gate
Bridge

Fort Point

Historic
Battery

Golden Gate National
Recreation Area

Walt Disney
Family Museum

PRESIDIO

Eagle's Point   China Beach

Land's End

State
Beach

Palace of the
Legion of Honor

Del Mar

Camino

Baker Beach

Mountain
Lake

Lake   St.

Plan IV

Lincoln
Park

Cliff
House

Point Lobos Ave.

California   St.

Euclid   Ave.

Clement   St.

Geary   Blvd.

Geary Expressway

RICHMOND

Anza   St.

Balboa

Dutch
Windmill

Fulton   St.

Spreckels
Lake

Bison
Paddock

GOLDEN GATE
PARK

Japanese
Tea Garden

De Young
Museum

Fulton   St.

California Academy
of Sciences

Lincoln   Way

Stow
Lake

Frederick St.
Carl St.

Irving   St.

Judah   St.

Parnassus

Irving   St.

Judah   St.

Kirkham   St.

Lawton   St.

SUNSET

Kirkham   St.

Lawton   St.

Moraga

Noriega   St.

Moraga   St.

Noriega   St.

Ortega   St.

Sunset
Reservoir

Pacheco   St.

West Sunset
Plgd.

Quintara   St.

FOREST HILL

Rivera   St.

West Sunset
Plgd

Santiago   St.

PARKSIDE

Taraval   St.

Taraval

MIRALOMA
PARK

Ulloa   St.

Ulloa   St.

Vicente   St.

Vicente   St.

Parkside
Square

Portola

Mount
Davidson
Park

Wawona   St.

Sausalito

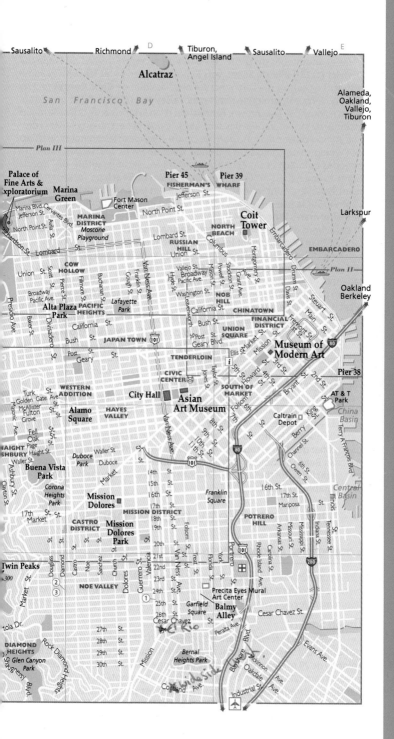

Sausalito · Richmond D · Tiburon, Angel Island · Sausalito · Vallejo E

Alameda, Oakland, Vallejo, Tiburon

Alcatraz

San Francisco Bay

Plan III

Palace of Fine Arts & Exploratorium · **Marina Green**

Larkspur

Pier 45 · Pier 39

FISHERMAN'S WHARF

Marina Blvd
Jefferson St.
North Point St.
Fort Mason Center
Jefferson St.
North Point St.

MARINA DISTRICT
Moscone Playground

NORTH BEACH

Coit Tower

EMBARCADERO

Plan II

Lombard St.

RUSSIAN HILL

Union St.

Columbus

Oakland Berkeley

Union St.
COW HOLLOW
Broadway
Pacific Ave.

Vallejo St.
Broadway
Pacific Ave.

NOB HILL

Washington St.

Alta Plaza Park
Lafayette Park
PACIFIC HEIGHTS

CHINATOWN

California St.

FINANCIAL DISTRICT

UNION SQUARE

Bush St.

Museum of Modern Art

JAPAN TOWN
101

Post St.
Geary Blvd.

TENDERLOIN

Pier 38

Geary St.

Ellis St.

SOUTH OF MARKET

CIVIC CENTER

i

WESTERN ADDITION

Turk St.
Golden Gate Ave.
McAllister St.
Fulton St.
Grove

Alamo Square

HAYES VALLEY

City Hall

Asian Art Museum

AT & T Park

China Basin

Fell St.
Oak St.
Page St.

HAIGHT ASHBURY

Haight St.
Waller St.

Buena Vista Park

Duboce Park
Waller St.
Duboce

Corona Heights Park

Mission Dolores

Market St.

MISSION DISTRICT

CASTRO DISTRICT

Mission Dolores Park

14th St.
15th St.
16th St.
17th St.
18th St.
19th St.

Franklin Square

16th St.
17th St.
Mariposa

POTRERO HILL

Central Basin

Caltrain Depot

Berry St.
Channel St.
Owen St.

17th St. Market

20th St.
21st St.
22nd St.
23rd St.
24th St.
25th St.
26th St.
Cesar Chavez

Twin Peaks

NOE VALLEY

Garfield Square

Precita Eyes Mural Art Center

Balmy Alley

Cesar Chavez St.

27th St.
28th St.
29th St.
30th St.

Bernal Heights Park

DIAMOND HEIGHTS

Glen Canyon Park

Cortland Ave.

Evans Ave.

Industrial St.

boutiques et d'hôtels prestigieux. De part et d'autre se sont installés les deux pôles économiques de la cité : les banques et les gratte-ciel de **Financial District** (p. 131) (Plan II) à l'est, vers le port et les quais, et les centres administratifs et culturels à l'architecture néoclassique de **Civic Center** (p. 138) (Plan IV) à l'ouest, prolongé par **Hayes Valley** (p. 139) (Plan IV) et ses restaurants. À l'ouest de Downtown, **Tenderloin** (Plan II) représente la face la moins glamour de la ville : refuge des sans-abris, le quartier est aussi celui de la drogue et de la prostitution. Au nord du centre s'étendent les premiers quartiers de l'immigration chinoise et italienne. **Chinatown** (p. 140) (Plan II), avec ses pagodes colorées et ses échoppes parfumées, se situe autour de l'axe de Grant Avenue. Il est prolongé au nord par **North Beach** (p. 142) (Plan III), le quartier italien, dont les restaurants animés et les bars rappellent l'épopée beatnik. Sur la rive de la baie, vers le nord, dans le quartier très touristique de **Fisherman's Wharf** (p. 145) (Plan III), se succèdent boutiques de souvenirs et attractions diverses. Plus à l'ouest, **Marina District** (p. 150) et **Cow Hollow** (p. 152) (Plan III) deviennent les zones résidentielles branchées, notamment autour d'Union St. Les collines du nord de la ville, **Nob Hill** (p. 154), **Russian Hill** (p. 153) et **Pacific Heights** (p. 152) (Plan I), présentent belles maisons victoriennes et rues abruptes. À l'ouest, **Haight-Ashbury** (p. 155) (Plan IV), ancien repaire des hippies des années 1960, se poursuit par **Golden Gate Park** (p. 156) (Plan IV), son Japanese Garden et ses musées. Au nord du parc, **Richmond** (Plan IV) est un quartier peu touristique, peuplé d'immigrés asiatiques et russes. Au sud de Market Street, le quartier de **South of Market (SoMa)** (p. 134) (Plan II), quartier d'anciens entrepôts reconvertis en bureaux, accueille le prestigieux musée d'art moderne SF MoMA et des lieux de fête pour *yuppies*. Au sud-ouest, **Mission District** (p. 160) (Plan IV), cœur historique de la ville, est le quartier latino : restaurants sud-américains, boutiques *vintage* et fresques sur les murs du quartier attirent les visiteurs. Tout proche, **Castro District** (p. 162) (Plan IV) est le fief branché de la communauté gay. Un peu au sud, la paisible enclave de **Noe Valley** (p. 162) (Plan IV), autour de 24th St. rappelle que San Francisco conserve un charme tout provincial. Enfin, pour ne pas oublier que l'on est au bord du Pacifique, **le front de mer** (p. 163) (Plan I), d'Ocean Beach au Golden Gate, offre de superbes balades entre la plage, le musée du Palace of the Legion of Honor et la silhouette rouge du pont le plus photographié du monde.

★★ Un centre-ville au bas des pentes

★ DOWNTOWN : AUTOUR D'UNION SQUARE Plan II B2

Comptez 2h, avec le lèche-vitrines. De nombreux transports en commun permettent d'accéder à Union Square qui se trouve réellement au centre de la ville, notamment le cable car et le BART, station Powell St.

Union Square

Cette vaste place, rénovée dans les années 1990, doit son nom aux partisans de l'Union qui s'y rassemblaient au temps de la guerre de Sécession. La haute colonne de 29 m érigée en son centre porte une statue de la Victoire, célébrant celle de l'amiral américain Dewey sur la flotte espagnole en 1898. Fréquenté par de nombreux sans-abri, le quartier n'en est pas moins le temple de la consommation effrénée. Powell Street borde Union Square à l'ouest. C'est le trajet emprunté par la plus populaire des lignes du *cable car*, avec un terminus à Market Street, l'immense avenue qui traverse San Francisco.

GLIDE MEMORIAL UNITED METHODIST CHURCH

Le dimanche matin à 9h et à 11h, venez vous laisser emporter par les chants gospel du chœur de cette église située en plein Tenderloin *(330 Ellis St.)*, à quelques blocs au sud-ouest d'Union Square. Comme le sanctuaire se remplit vite, arrivez avec une bonne demi-heure d'avance. Que vous soyez fan de musique gospel ou simple curieux, vous ne serez pas déçu. La passion dure depuis trente ans, faisant de cette institution multiculturelle et chaleureuse un vrai monument vivant. L'obole que vous versez soutient les bonnes œuvres du pasteur : un « Resto du cœur » qui sert plus d'un million de repas par an, une clinique, un centre d'accueil pour les sans-abri, un immeuble de 52 logements, une crèche et un centre de formation.

Westin St Francis Hotel – *335 Powell St., sur le côté ouest de la place.* Il a déterminé l'essor du quartier dès sa construction, en 1904. Très endommagé par le tremblement de terre de 1906, il fut restauré dans un style Renaissance baroque, lourd et imposant. Même si vos finances vous interdisent d'y séjourner, jetez au moins un œil sur le hall d'entrée, avec ses énormes colonnes de marbre, son plafond à caissons et son horloge, point traditionnel de rendez-vous pour les San-Franciscains. Les amateurs de belles vues emprunteront les ascenseurs de verre de la tour annexe pour contempler les tours de Financial District *(au fond du hall à droite, après le concierge).*

Les grands magasins – Parmi les plus célèbres enseignes qui bordent la place, on trouve **Macy's**, **Saks Fifth Avenue** et, à l'angle sud-est, **Neiman-Marcus**, qui a remplacé l'ancien magasin City of Paris, le plus prestigieux de la ville, ouvert en 1850 par un Français. À sa reconstruction, en 1982, on a décidé de conserver la belle rotonde intérieure et ses vitraux aux armoiries de Paris.

Maiden Lane

Cette étroite ruelle, qui s'ouvre à l'est d'Union Square, à l'opposé du Westin St Francis Hotel, s'appelait autrefois Morton Street ; les prostituées et filles de mœurs légères y faisaient jadis commerce de leurs charmes. De quartier chaud de la cité, elle est devenue l'une de ses adresses les plus exclusives, réunissant des boutiques de luxe, telles que Chanel, Jil Sanders ou Marc Jacobs, des bars huppés et des galeries d'art. Son nom actuel de « rue des Jeunes-Filles » lui fut donné dans les années 1920, sans doute en souvenir…

Frank Lloyd Wright Building – *Au nº 140.* L'édifice a été conçu en 1949 par le célèbre architecte qui réalisa en 1956 le musée Guggenheim de New York. La galerie héberge une **collection d'art populaire** du monde entier *(Xanadu Gallery, ℘ (415) 392 9999, www.xanadugallery.us. Tlj sf dim. et lun. 10h-18h. Gratuit).* On remarque notamment la maîtrise incomparable de la lumière au service des œuvres exposées.

De là, vous pouvez ensuite poursuivre jusqu'à Market St. pour rejoindre Financial District.

FINANCIAL DISTRICT Plan II C1/2-D1

◔ *Comptez 2h, un peu plus si vous visitez les musées. Longez Market St. vers l'est, jusqu'à l'angle de Montgomery St. et de Post St. Devant vous se dresse une forêt de gratte-ciel.*

◉ **Bon à savoir** – Quartier de bureaux, Financial District est sinistre le soir et le week-end. En revanche, l'animation règne autour du Ferry Building y compris les samedis et dimanches matin.

Le « Wall Street » de San Francisco s'étend sur un triangle délimité par Market St. au sud, Montgomery St. à l'ouest et le front de mer côté baie. L'ensemble du quartier a été bâti sur une zone remblayée remplaçant les dunes et anciens marécages qui bordaient le rivage. Ce sont des banques, fondées pendant la ruée vers l'or, qui ont donné naissance au San Francisco des affaires.

La visite débute au n° 1 de Montgomery St., occupé par une filiale de la **Wells Fargo** (C1/2). Il fut construit pour une autre banque après le tremblement de terre, en 1906, et son grand hall d'accueil restitue la grandeur de l'époque. *Empruntez Post St.*

Sur votre droite en sortant de la banque, s'ouvre la Crocker Galleria, petite arcade commerçante de luxe surmontée d'une verrière. *Traversez-la pour rejoindre Sutter St.*

À la sortie de la Crocker Galleria, le **Hallidie Building**★★ *(C2, 130-150 Sutter St.)* dresse ses six étages à parois de verre et corniches gothiques. Construit en 1917, il est l'un des premiers immeubles de ce type au monde. *Suivez Sutter St. vers l'est et tournez à gauche dans Montgomery St.*

★ **Mills Building** (C2) – *220 Montgomery St.* Construction de style néoroman aux riches sculptures, elle date de 1892 et fut commandée par l'un des fondateurs de la Bank of California. La tour qui lui fut ajoutée par la suite sur Bush St. a adopté le style d'origine.

★★ **Russ Building** (C2) – *235 Montgomery St., de l'autre côté de la rue.* Ce bâtiment néogothique de 30 étages fut érigé en 1927. Admirez sa façade en céramique vernissée, ses nombreux décrochements et ses arches en ogives. À l'intérieur, le hall carrelé de mosaïques, les couloirs voûtés et les panneaux d'ascenseur très décorés évoquent l'opulence des Années folles. *Suivez Montgomery St. jusqu'à California St., où vous tournez à gauche.*

★ **Bank of America Center** (B2) – *555 California St.* Haut de 237 m, c'est l'un des plus imposants gratte-ciel de la ville, avec 51 étages de verre et de granit. Bâti en 1971, il abrite le siège mondial de cette banque, qui compte parmi les plus importantes du pays. Initialement, elle se nommait Bank of Italy et accueillait la clientèle des immigrés italiens qui lui apportèrent le succès. *Revenez sur vos pas. Traversez Montgomery St. et suivez California St.*

Merchants Exchnage Building (C2) – *465 California St.* Il concentrait jadis les activités commerciales et financières. Dès qu'un bateau arrivait, des vigies postées sur les toits le signalaient aux marchands ou spéculateurs, réunis pour les négociations dans la **salle de l'ancienne Bourse aux grains**, décorée de marines du peintre irlandais Coulter *(salle fermée au public, mais vous pouvez jeter un rapide coup d'œil sur le plafond du hall de la California Bank & Trust).* Des modèles réduits de bateaux sont répartis aux 4e, 6e, 8e et 12e étages *(devant les ascenseurs, 1 ou 2 par étage).* *Regagnez Montgomery St., où vous tournez à droite.*

Wells Fargo History Museum (C1/2) – *420 Montgomery St., ☏ (415) 396 2619. Lun.-vend. 9h-17h. Gratuit.* Il fait revivre l'histoire de cette florissante compagnie californienne qui débuta en exploitant des diligences. Avec la ruée vers l'or, elle commença à transporter le précieux minerai, puis à le garder en dépôt et à accorder des prêts aux négociants, jusqu'à devenir l'une des plus riches banques du pays. Photographies d'époque, vieilles monnaies, pépites d'or, maquettes et même une authentique malle-poste raviront les passionnés de conquête de l'Ouest, autant que l'histoire de Black Bart, ce gentleman-cambrioleur qui dévalisait les diligences pour redistribuer l'argent aux pauvres.

En continuant sur Montgomery St., vous traversez Commercial St., l'une des plus anciennes artères de la ville des affaires. Au début, ce quartier bor-

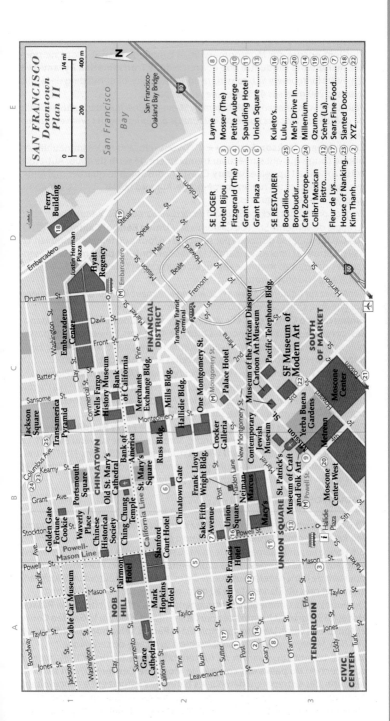

SAN FRANCISCO Downtown Plan II

0   200   400 m
0   ¼ mi

N

San Francisco Bay

San Francisco-Oakland Bay Bridge

Ferry Building ⑱

Justin Herman Plaza

Embarcadero Center

Hyatt Regency

FINANCIAL DISTRICT

Transbay Transit Terminal

Jackson Square

Transamerica Pyramid

Wells Fargo History Museum

Bank of California

Merchants Exchange Bldg.

Mills Bldg.

One Montgomery St.

Palace Hotel

Museum of the African Diaspora

Cartoon Art Museum

Pacific Telephone Bldg.

SOUTH OF MARKET

SF Museum of Modern Art ㉒

Moscone Center

CHINATOWN

Golden Gate Fortune Cookie

Portsmouth Square

Chinese Historical Society

Old St. Mary's Cathedral

Ching Chung Temple

Bank of America

St. Mary's Square

Hallidie Bldg.

Russ Bldg.

Crocker Galleria

Contemporary Jewish Museum

Yerba Buena Gardens

Metreon

Moscone Center West

NOB HILL

Cable Car Museum

Fairmont Hotel

Grace Cathedral

Mark Hopkins Hotel

Stanford Court Hotel

Frank Lloyd Wright Bldg.

Chinatown Gate

Saks Fifth Avenue

Union Square

Neiman Marcus

Macy's

Westin St. Francis Hotel

UNION SQUARE

St. Patrick's

Museum of Craft and Folk Art

TENDERLOIN

CIVIC CENTER

SE LOGER
Hotel Bijou .... ③
Fitzgerald (The) ... ④
Grant .... ⑤
Grant Plaza .... ⑥
Layne .... ⑧
Mosser (The) ...... ⑨
Petite Auberge .... ⑩
Spaulding Hotel ... ⑪
Union Square ..... ⑬

SE RESTAURER
Bocadillos........ ㉕
Borobudur........ ①
Cafe Zoetrope.... ㉔
Colibri Mexican Bistro........ ⑫
Fleur de Lys... ⑰
House of Nanking. ㉓
Kim Thanh....... ②
Kuleto's.......... ⑯
Lulu.............. ㉑
Mel's Drive In.... ⑳
Millenium........ ⑭
Ozumo........... ⑲
Scène (La)....... ⑮
Sears Fine Food... ⑦
Slanted Door..... ⑱
XYZ.............. ②

dait des marécages. Un très long quai prolongeait l'axe de cette rue et menait aux mouillages en eau profonde.

Plus loin encore sur Montgomery St., à l'angle de Clay St., vous ne pouvez manquer la silhouette fine et acérée de la **Transamerica Pyramid★★** *(C1, 600 Montgomery St.)*, construite en 1972, le plus haut building de la ville avec ses 260 m et ses 47 étages *(ne se visite pas)*.

Poursuivez votre chemin sur Montgomery St. pour gagner la partie la plus ancienne du quartier. Le bloc des numéros 700 compte quelques-uns des premiers gratte-ciel de la ville.

En atteignant **Jackson Square★★** (C1), vous remarquez des immeubles en brique rouge qui ont survécu au tremblement de terre de 1906. Autrefois, cette zone était appelée Barbary Coast et constituait le quartier mal famé, avec ses tripots et ses ruelles coupe-gorge. Aujourd'hui réhabilitée, elle abrite galeries d'art et antiquaires.

Prenez à droite dans Jackson St., puis à droite dans Sansome St., jusqu'à California St. À l'angle de Sansome St. et de California St., l'**Union Bank of California★** (C1/2, *400 California St.*) se distingue par sa façade en forme de temple corinthien. Le hall d'entrée est impressionnant et le sous-sol abrite un **petit musée** présentant les différentes monnaies ayant eu cours dans l'Ouest (*℘ (415) 765 3213. Lun.-vend. 9h-16h30. Gratuit).*

Continuez sur California St. vers l'est, le long d'immeubles futuristes, et tournez à gauche dans Davis St. pour rejoindre Embarcadero Center.

Embarcadero Center (C1) – Ce vaste complexe occupe quatre blocs juxtaposés, constitués de quatre énormes tours de 40 étages, reliées par des passerelles, dont les trois premiers niveaux forment une galerie commerciale assez impersonnelle. La balade sur les passerelles est néanmoins agréable.

Poursuivez votre périple en ressortant par l'est, sur la Justin Herman Plaza.

Du côté de Market Street, notez l'élégant hôtel **Hyatt Regency** (D1) à l'architecture ambitieuse et poussez la curiosité jusqu'à admirer à l'intérieur l'extraordinaire atrium qui s'élève sur 17 étages !

Point de départ des ferries qui sillonnent la baie, le **Ferry Building★**, au bout de Market St., a été entièrement rénové après un séisme survenu en 1991. Le bâtiment abrite boutiques *(lun.-vend. 10h-18h, sam. 9h-18h, dim. 11h-17h)*, traiteurs et restaurants. Ne manquez pas le marché qui se tient aux alentours le sam. matin : ambiance sympathique et produits bio garantis !

★ SOUTH OF MARKET (SOMA) Plan II BC3

◐ *Comptez une demi-journée. Prenez n'importe lequel des bus qui longent Market St. Les centres d'intérêt sont à 5mn à pied.*

Créé grâce au remblaiement des terrains au sud de Market Street, ce quartier est longtemps resté celui des usines et des entrepôts, triste et mal famé. On tenta pourtant de l'aménager à plusieurs reprises, notamment autour de South Park au sud, et près de Market Street au nord, pour étendre Financial District.

Quelques beaux immeubles témoignage de ces efforts, comme le **Palace Hotel** *(639 Market St.)*, remplacé après le séisme de 1906 par le **Garden Court** et son toit de verre. Un autre exemple est le **Pacific Telephone Building** (C3, *140 New Montgomery St.)*, reconnaissable à sa façade de céramique.

Mais l'ensemble du quartier ne fut réhabilité qu'à partir de 1981, avec la construction du palais des congrès, le **Moscone Center** (C3). On se mit à restaurer des entrepôts, à démolir les bâtiments vétustes et à concevoir un quartier résolument moderne, dont Yerba Buena Gardens et le musée d'Art moderne forment le pivot. Depuis quelques années, SoMa attire de plus en

plus les artistes, les galeries, les théâtres avant-gardistes et les bars branchés. En plein essor, il change de physionomie de mois en mois.

★★★ San Francisco Museum of Modern Art (SF MoMA) C3

Comptez 1 à 2h. 151 3ʳᵈ St., ☏ (415) 357 4000, www.sf moma. org. Tlj sf merc. 11h-17h45 (20h45 le jeu.); ouvre à 10h de Memorial Day à Labor Day. 18 $, gratuit 1ᵉʳ mar. du mois.

Ce musée est installé depuis 1995 dans une ambitieuse **architecture★★** contemporaine, conçue par Mario Botta, l'architecte de la cathédrale d'Évry, en France. Pour se faire une idée de l'ensemble, montez les marches du jardin, de l'autre côté de la rue. Vous remarquez alors la juxtaposition et le graphisme des blocs de brique rouge, ainsi que l'énorme cylindre tronqué qui permet à la lumière du jour de pénétrer à l'intérieur. L'atrium ouvre sur un escalier monumental qui dessert les différents niveaux jusqu'à la passerelle supérieure au niveau de la rotonde.

Mais ce sont surtout les **collections★★** qui font du SF MoMA le deuxième musée d'Art moderne et contemporain des États-Unis, après celui de New York.

Au 2ᵉ étage, tous les grands courants de la peinture et de la sculpture du 20ᵉ s. sont représentés, avec des œuvres européennes, sud et nord-américaines, et une place spéciale pour l'art californien. Parmi les plus célèbres, on note la merveilleuse et colorée *Femme au chapeau*★★★ de Matisse (1905), les *Femmes d'Alger*★★★ (1955) de Picasso, *Les Valeurs personnelles*★★ de Magritte (1952), des tableaux de Braque, Mondrian, Miró, Dalí et un remarquable ensemble de travaux sur la couleur de Paul Klee. Au nombre des toiles les plus récentes, on retrouve Pollock, Rothko, Warhol ou Rauschenberg, ainsi qu'une importante collection de Clyfford Still. Enfin, ne manquez pas la collection sud-américaine, dont *La Porteuse de fleurs*★★ de Diego Rivera (1935), qui illustre à la fois la dignité des travailleurs et dénonce l'exploitation par le travail, ou le touchant *Frida y Diego Rivera*★★ de Frida Kahlo (1931), symbole de l'amour entre les deux artistes.

Le 3ᵉ étage présente des expositions photos du 19ᵉ s. à nos jours et les 4ᵉ et 5ᵉ étages des expositions temporaires. Agréable café dans un jardin au 5ᵉ étage.

★ Yerba Buena Gardens BC3

Juste en face du musée, ce jardin offre une enclave de verdure et de calme au cœur des gratte-ciel qui poussent de tous côtés.

Ses bancs, ses jeux de fontaines et son esplanade ponctuée de sculptures en font le rendez-vous des jeunes cadres à la pause-déjeuner, des enfants et des couples de retraités. Jonquilles, iris, azalées, hortensias, roseaux et saules pleureurs se relaient tout au long de l'année.

Sur le côté opposé au SF MoMA, le **Metreon** est un centre commercial, dédié à Sony et ses jeux vidéos, où vous trouverez boutiques et restaurants *(101 4ᵗʰ St., ☏ (415) 369 6000. Lun.-jeu. 10h30-20h30, vend.-sam. 10h30-21h30, dim. 10h30-21h30).*

👪 En face du Metreon, **Zeum**, un musée d'arts multimédia, donne entre autres aux enfants les moyens de créer leurs propres films d'animation *(☏ (415) 820 3320, www.zeum.org. Été tlj sf lun. 11h-17h; pendant l'année scolaire, merc.-vend. 13h-17h, sam. et dim. 14h-17h. 10 $).*

San Francisco Museum of Craft and Folk Art

51 Yerba Buena Lane, entrée sur Mission St. entre 3ʳᵈ et 4ᵗʰ St. ☏ (415) 227-4888, www.mocfa.org. Merc.-sam. 11h-18h, fermé dim.-mar. 5 $.

Un destin hors du commun

Les Indiens ont occupé la région bien avant les colons européens. Les **Miwoks**, au nord et à l'est, et les **Ohlones**, au sud, vivaient de la pêche, de la chasse et du troc dès mille ans avant l'ère chrétienne.

UNE BAIE BIEN CACHÉE

Les explorateurs

En 1542, l'Espagnol **Juan Rodriguez Cabrillo** explora la côte californienne et la décréta propriété de la couronne d'Espagne, mais il ne remarqua même pas la baie de San Francisco, invisible du large, cachée par les collines et noyée dans les brouillards. On doit sa découverte officielle à **Francis Drake**, en 1579, qui explorait, lui, pour le compte de la reine d'Angleterre. Isolée et difficile d'accès, elle resta toutefois loin des préoccupations générales. Il fallut attendre 1769 pour qu'une nouvelle expédition espagnole la redécouvrît par hasard. Après une rumeur d'expéditions russes venant d'Alaska, des troupes espagnoles furent dépêchées du Mexique pour défendre la colonie de Monterey. Faute d'une bonne cartographie, elles manquèrent Monterey et se retrouvèrent à San Francisco…

Espagnols et Mexicains

Très vite, les autorités espagnoles qui gouvernaient la Californie devinèrent l'intérêt de cet avant-poste défensif au nord. En 1776, elles y installèrent donc une garnison militaire, puis fut fondée une mission accueillant les **moines évangélisateurs**. Dans un premier temps, San Francisco n'était qu'un village de pionniers et un centre spirituel pour les moines qui convertissaient activement les Indiens. On s'y livrait à l'élevage, à la culture, à l'artisanat et au commerce du cuir et du suif. Puis, quand en 1821 le Mexique devint indépendant de l'Espagne, des **colons mexicains** s'y installèrent. Mais en 1846, lors de la guerre contre les États-Unis, le Mexique, vaincu, renonça à la Californie, et une nouvelle vague de colons arriva alors de la côte Est. Le village, qui ne comptait que quelques centaines d'âmes, Mexicains, Européens et Indiens, se nommait alors Yerba Buena, « la bonne herbe », désignant la menthe sauvage qui poussait là en abondance.

LE TEMPS DES BOOMS

La ruée vers l'or…

Le destin de la ville bascula en janvier 1848, lorsque la nouvelle de la découverte d'or dans la Sierra Nevada toute proche se répandit comme une traînée de poudre. Le paisible village fut pris d'assaut par des hordes de chercheurs d'or et la population atteignit très vite 40 000 habitants.

Dix ans plus tard, c'est un filon d'argent, toujours dans la Sierra, qui attira de nouveaux arrivants. Les navires se comptaient par centaines dans le port. La ville tira sa richesse du commerce à destination des chercheurs d'or et de leurs familles. Son isolement l'obligea à développer son industrie et elle ne cessa de s'étendre. Enfin, on décida de construire des chemins de fer.

QUAND LA TERRE TREMBLE…

5h13 du matin, ce 18 avril 1906 : la terre tremble à San Francisco. Durant 48 secondes interminables, le sol ondule et se crevasse, rompant les canalisations de gaz, engloutissant les maisons. 52 incendies éclatent en même temps, achevant de ravager la ville qui n'est plus qu'un champ de ruines fumantes. Durant trois jours, le brasier est tel qu'on l'aperçoit à plus de 80 km. Vingt-huit mille édifices disparaissent, 10 km² sont réduits à l'état de gravats, plus de 3 000 personnes perdent la vie, les deux tiers des habitants sont sans logis. Pourtant, il ne faudra que six ans pour que la ville renaisse de ses cendres. 17 octobre 1989 : le cauchemar recommence, mais les dégâts sont moindres. Une autoroute et une travée du pont d'Oakland s'effondrent ; 11 victimes sont à déplorer. Les normes antisismiques des constructions modernes font leurs preuves.

… et l'or des chemins de fer

Des hommes d'affaires prospères investirent. La communauté chinoise de San Francisco, concentrée dans le quartier de Chinatown, fournit le gros de la main-d'œuvre. On évalue à 15 000 le nombre d'ouvriers chinois qui travaillèrent à la pose des rails, beaucoup y perdant la vie. Après sept ans de travaux, la voie fut achevée en 1869. La population de la ville atteignit dès lors 150 000 habitants. Celle-ci s'était tellement étendue qu'un moyen de transport fiable et adapté aux reliefs du terrain devint nécessaire : le *cable car* fit alors son apparition en 1873, desservant les zones résidentielles de la ville.

CROISSANCE ET MYTHE

Une période de développement

Le 20e s. est celui de la croissance économique, malgré la crise de 1929. Après l'horreur du grand tremblement de terre de 1906, ce fut la période des innovations architecturales, des buildings toujours plus hauts, et la construction, dans les années 1930, des deux grands ponts de la baie, l'Oakland Bridge et le Golden Gate Bridge. Avec la Seconde Guerre et la guerre contre le Japon, le port et ses constructions navales redevinrent un enjeu majeur, entraînant un formidable renouveau industriel et urbain. La population recommença à croître. San Francisco fut alors le théâtre de durs affrontements entre les syndicats de dockers et les toutes-puissantes compagnies de navigation. Pourtant, le vent de rébellion le plus étonnant vint des intellectuels et des étudiants, qui conditionnèrent pour les générations à venir la réputation de San Francisco.

Le foyer des contestataires

Le mouvement des beatniks naquit en 1955, au cœur de North Beach, le quartier italien. Il ouvrit la voie aux mouvements estudiantins hippies des années 1960, dont Berkeley et ses célèbres *sit-in* sont le symbole. À son apogée, lors du Summer of Love de 1967, le mouvement hippie s'est répandu dans le monde entier. Les années 1970 marquèrent ensuite l'affirmation de l'identité de la communauté homosexuelle, qui s'épanouit dans l'ambiance générale de tolérance.

1

Situé dans une ruelle ouverte en 2002 et bordée de jolies boutiques et de restaurants tendance, ce petit musée d'**artisanat et d'art populaire** accueille des expositions temporaires et, bien sûr, possède une boutique.

Ce lieu culturel est surtout une vitrine pour des jeunes artistes qui sont formés à l'ébénisterie ou à la céramique contemporaines dans des écoles d'art américaines.

St Patrick's Church B3

736 Mission St., ☎ (415) 777 3211, www.noontimeconcerts.org. Contribution suggérée pour les concerts : 5 $.

Cette modeste église en brique, presque incongrue au milieu du verre et du béton, égrène les heures.

Si vous êtes fatigué du tumulte de la cité, vous pouvez entrer écouter les **concerts de musique classique** d'une trentaine de minutes qui ont lieu à 12h30 *(programme sur place et sur le site Internet).*

★ Contemporary Jewish Museum B3

736 Mission St., ☎ (415) 655-7800, www.thecjm.org. Jeu. 13h-20h, vend.-mar. 11h-17h. Fermé merc. et pour les fêtes juives. 10 $.

Ce beau musée qui a ouvert ses portes en juin 2008 a été conçu par l'architecte Daniel Libeskind, également à l'origine du Musée juif de Berlin. L'aspect extérieur est surprenant. Son extension vers l'ouest donne l'impression d'un bloc de granit posé sur la vaste esplanade, dont la présence paraîtrait presque incongrue, coincé entre la St Patrick's Church et les immeubles d'affaire.

Il permet de découvrir, à travers de nombreuses expositions temporaires et différentes manifestations (concerts, projections…) très orientées sur l'art contemporain, tous les **aspects de l'histoire et de la culture juive** en Amérique et à travers le monde.

Mission Street C3

Les amoureux de la BD ne manqueront pas une escale au Cartoon Art Museum tandis que les curieux s'intéresseront au Museum of the African Diaspora.

Cartoon Art Museum – *655 Mission St., ☎ (415) 227 8666, www.cartoonart.org. Tlj sf lun. 11h-17h. 6 $; le 1ᵉʳ mar. du mois, vous payez ce que vous voulez.* Ici, la BD et le dessin animé ont acquis une valeur de témoin de l'histoire sociale de leur époque. La collection, très dense et répartie sur un espace assez réduit, court du 18ᵉ s. aux plus récentes caricatures politiques, en passant par les *comics* et les planches des productions à succès de Disney des années 1950-1960 *(Bug's Bunny, Les 101 Dalmatiens…).* Consultez le site Internet du musée pour connaître les dates des vernissages, ils commencent à 18h et l'entrée est gratuite.

Museum of the African Diaspora (MoAD) – *685 Mission Street, ☎ (415) 358 7200, www.moadsf.org. Merc.-sam. 11h-18h, dim. 12h-17h, fermé lun. et mar. 10 $.* Dans un bâtiment moderne et sous un angle résolument contemporain, ce musée retrace, à travers des expositions temporaires (rotations tous les 3 à 4 mois), des fragments de l'histoire de la diaspora africaine aux États-Unis et une partie de héritage culturel qu'elle a légué. La musique occupe une place importante (et notamment le jazz). Vidéos, photos et objets constituent l'essentiel des présentations.

★ CIVIC CENTER ET HAYES VALLEY Plan IV DE1

🕐 *Comptez au moins 3h, avec la visite de l'Asian Art Museum. Empruntez les lignes 5, 9 ou F le long de Market St., ou la ligne 19 si vous venez de Fisherman's*

Wharf. À pied, vous y serez en moins de 10mn depuis le bas de Powell St., en longeant Market St.

Bon à savoir – Tout le quartier prend vie à l'heure des spectacles et pour les dîners d'avant-théâtre.

Depuis Market Street, vous abordez ce quartier administratif par l'**United Nations Plaza** (E1), une petite place fréquentée par les sans-abri mais qui accueille tous les samedis et mercredis matin le *Farmers Market*, un sympathique marché du terroir où les agriculteurs des environs viennent vendre leurs produits. *Ethnic Market* les jeudis et vendredis matin.

Dirigez-vous vers l'ouest, le long de la Public Library (bibliothèque municipale), et prenez à droite dans Larkin Street.

★★★ Asian Art Museum E1

200 Larkin St., ☎ (415) 581 3500, www.asianart.org. Tlj sf lun. 10h-17h (21h le jeu. de fév. à sept.). 12 \$ (10 \$ jeu. après 17h), gratuit 1ᵉʳ dim. du mois.

Ce musée rassemble les plus belles collections d'art asiatique du pays. La part la plus importante est consacrée à l'**art chinois★★★**, mais tous les pays du Sud-Est asiatique sont représentés.

Parmi ces trésors, on note un bronze doré figurant un **bouddha assis★★** chinois, daté de 338, le plus ancien découvert au monde. Passionnants sont les **ustensiles et vases rituels★★★**, dont certains remontent à plus de 1 000 ans av. J.-C.

L'**art japonais★★** est particulièrement mis en valeur grâce aux **paravents peints★★** ou à un ravissant **palanquin** en bois laqué et argent.

D'Inde, on remarque une série de délicates peintures de la vie de Krishna ou des sculptures très ouvragées, évoquant des thèmes érotiques. L'**art indien★★** est très bien représenté, de même que ceux du Tibet ou du Sud-Est asiatique.

La **collection coréenne★** possède de rares poignards de schiste remontant à six siècles avant notre ère.

Face au musée s'étend la vaste Civic Center Plaza, dominée par la masse orgueilleuse de l'hôtel de ville (City Hall).

★ Autour du City Hall E1

Malgré son allure néoclassique intemporelle et ses multiples colonnes, l'édifice ne date que de 1915. Il est dominé par un énorme dôme de 94 m. À l'intérieur, la **rotonde** est tout aussi impressionnante, avec ses 55 m de haut et son grand escalier en marbre.

Derrière le City Hall, sur Van Ness Ave., le **San Francisco War Memorial and Performing Art Center** est constitué de deux bâtiments jumeaux, élevés à la mémoire des soldats morts à la guerre. La **War Memorial Opera House** héberge les prestigieux Opéra et Ballet de San Francisco. Le **Veterans Building** accueille des bureaux administratifs et un théâtre. Au sud de ce complexe, à l'angle de Grove St. et de Van Ness Ave., le **Davies Symphony Hall** est la salle de l'Orchestre symphonique de San Francisco.

Pour goûter le charme discret du quartier, poussez jusqu'à Hayes Street.

★ Hayes Valley D1

C'est une enclave tranquille, avec ses galeries, ses boutiques, ses bâtisses traditionnelles et ses arbres touffus. De là, Hayes Street mène, vers l'ouest, à **Alamo Square★★**, l'une des cartes postales les plus célèbres de la ville, soulignant ses paradoxes : une rangée de délicieuses maisons victoriennes aux couleurs pastel, les **Painted Ladies★**, sert de premier plan à une **vue★★** stupéfiante des gratte-ciel de Financial District. Les sept maisons de bois peint datent de 1895 et ont toujours été soigneusement restaurées *(pour y aller en bus, prenez la ligne 21 le long de Market St. : elle longe Alamo Square).*

★★ **CHINATOWN** Plan II B1/2

▶ *Comptez de 2 à 3h pour ce circuit, en visitant les échoppes. À pied, entrez dans le quartier chinois par Grant Ave., à l'angle de Bush St. Pour le marché du matin sur Stockton St., prenez les lignes de bus 30 ou 45.*

🅐 **Bon à savoir** – Allez-y de préférence le matin, lorsque les habitants du quartier font leurs achats.

Votre périple débute au **Chinatown Gate**★ (B2) par un grand portail coloré, gardé comme dans la tradition des villages chinois par des carpes et des dragons porte-bonheur. C'est la République populaire de Chine qui l'offrit en 1969 à la communauté chinoise de la ville, la diaspora la plus importante au monde en dehors de la Chine. Sa forme de pagode et ses tuiles vernissées, les lampadaires assortis, les panneaux en idéogrammes ou les étals chatoyants des bazars vous projettent en plein exotisme.

★ **Grant Avenue** B1/2

Avec son fouillis de vraies et fausses antiquités, de souvenirs aux couleurs violentes et de porte-bonheur traditionnels, **Grant Avenue**★ est le grand axe touristique du quartier.

Des airs disco aux sonorités asiatiques s'échappent des boutiques, tout comme le fumet des *dim sum* et canards laqués.

À l'angle de Grant Ave. et de California St., l'**Old St Mary's Cathedral** (B2. *Lun.-vend. 7h-16h30, sam. 10h-18h, dim. 8h-15h30)*, la première cathédrale de la ville, toute de briques rouges, accolée entre buildings modernes et edifices chinois, a été érigée en 1854 grâce à la main-d'œuvre chinoise. Malgré les ravages du feu, elle a survécu au tremblement de terre de 1906.

Sur California St., en face de l'église, **St Mary's Square** (B2) sert de paisible écrin à la **statue de Sun Yat-sen**. Le révolutionnaire chinois séjourna deux ans dans la ville et y prépara l'avènement de la république dans son pays.

De retour sur Grant Ave., en face de la cathédrale, n'hésitez pas à entrer dans le **Ching Chung Temple**★ (B2, *entrée par la boutique au 615 Grant Ave., 4ᵉ étage. Tlj 10h-18h)*, où se pratique le culte taoïste. Odeurs d'encens et riches ornementations.

Flânez ensuite le long de l'avenue, au gré des boutiques. Jetez un œil dans le **Wok Shop** (718 Grant Ave. Tlj 10h-18h), étonnant déballage d'ustensiles de cuisine chinoise et de luminaires en papier. De l'autre côté de la rue, au **Kite Shop** (717 Grant Ave. Tlj 10h-19h), cerfs-volants chinois les plus colorés et les plus poétiques, clin d'œil à un passe-temps ancestral.

Tournez à gauche dans Clay St.

COULEURS ET SYMBOLES

En Chine, le dragon conduit à l'immortalité et symbolise la toute-puissance, les forces de vie et de la fertilité.

La carpe, associée à la longévité, protège les maisons et marque le courage, la persévérance et la supériorité intellectuelle.

Le rouge, couleur du feu, représente la vie, la richesse et le bonheur.

Le jaune, traditionnellement la couleur de l'empereur et de la divinité, est censé porter chance. Le vert symbolise la longévité et l'immortalité. Le bleu signe la sagesse.

San Francisco, Chinatown.
L. Decoudin / MICHELIN

Clay Street B1

La **Chinese Historical Society of America** *(965 Clay St., ☎ (415) 391 1188, www.chsa.org. Mar.-jeu. 12h-17h et sam. 11h-16h. 3$)* possède un petit musée qui retrace l'histoire de la communauté chinoise à San Francisco… en omettant discrètement les périodes sombres du quartier… Le lieu accueille de nombreuses expositions temporaires de qualité.

Redescendez Clay St.

À l'angle avec Grant Ave., imaginez un instant que vous êtes de retour en 1835 : c'est ici que, le premier, un marin anglais aurait planté sa tente, avant que la petite colonie ne devienne une vaste métropole.

En descendant Clay Street en direction de la Transamerica Pyramid, vous atteignez une petite place pittoresque, surnommée le « salon de Chinatown ».

★ **Portsmouth Square** – Tôt le matin, vous y verrez les évolutions hiératiques des pratiquants de taï-chi, remplacés plus tard par les familles et les vieillards. Sous les abris et sur les bancs, les hommes jouent aux cartes ou au mah-jong, les billets verts passant prestement d'un joueur à l'autre. Jadis, ce fut le cœur de la ville naissante, là où, en 1848, la nouvelle de la découverte de l'or se répandit comme une traînée de poudre…

Quittez la place par le nord-ouest et Washington St.

Washington Street B1

Le long de Washington Street, après avoir goûté à l'un des laits de tapioca aux étranges parfums de la **Washington Bakery** *(733 Washington St., voir p. 180)*, ne manquez pas l'immeuble de la **EastWest Bank** *(au 743)*, remarquable par son style chinois exubérant : jusqu'en 1945, il abritait le *Chinese Telephone Exchange*, standard téléphonique de Chinatown, où les opérateurs connaissaient par cœur les numéros et les habitudes de tous les abonnés du quartier.

Traversez Grant Ave. et continuez la rue.

Sur la gauche s'ouvre **Waverly Place**★, une rue étroite et tranquille, dite la « rue des balcons peints », en raison de ses couleurs vives et de ses détails

architecturaux, mêlant styles chinois, anglais et coloniaux. Il y flotte un parfum composite d'encens, d'épices et de viandes marinées. On y recense trois temples *(aux n° 109, 3e étage, 125 et 146)*, dont le **Tin How Temple** *(n° 125, 3e étage. Tlj 10h-16h)*, l'un des plus anciens des États-Unis (1910), bouddhiste, dédié à la reine du Ciel et des Sept Mers, protectrice des marins.
Revenez sur vos pas et prenez à gauche dans Grant Ave.

Vers Ross Alley B1

Au milieu des bazars pour touristes, quelques échoppes plus authentiques vendent des potions miracles à base de racines, de graines ou d'herbes médicinales mystérieuses. L'herboriste de **Nam Hai Corporation** *(919 Grant Ave. Tlj 9h-18h30)* vous conseillera la cure de jouvence ou de santé idéale… Le **Ten Ren's Tea** *(949 Grant Ave. Tlj 9h-21h)* vend pour sa part un grand choix de thés que vous pourrez déguster avant de choisir.
Tournez à gauche dans Jackson St. et montez jusqu'à **Ross Alley**.
Cette obscure venelle conserve l'atmosphère du vieux Chinatown, avec ses ateliers exigus où travaillent les nouveaux immigrants, remplaçant les anciens tripots. C'est ici qu'officient, depuis 1962, les ouvrières de la **Golden Gate Fortune Cookie Company**★ *(56 Ross Alley. Tlj 9h-20h30. 25 cents la photo)*. Dans un espace minuscule envahi par une bonne odeur de crêpe chaude, elles enveloppent prestement dans la pâte à biscuit de minuscules messages portant des prédictions. Offerts avec l'addition dans tous les restaurants chinois, les *fortune cookies* ont été inventés à San Francisco.
Reprenez Grant Ave. et tournez à gauche dans Pacific Ave.

Pacific Avenue B1

Vous quittez l'exotisme un peu factice de Grant Avenue pour pénétrer dans le quotidien des Chinois de la ville. Le long de **Pacific Avenue**, les échoppes sans décor alignent marchandises empilées et idéogrammes. La **Kee Cheung Company** *(718 Pacific Ave. Tlj 9h-18h30)* est l'un de ces herboristes à l'ancienne, où dénicher les préparations les plus mystérieuses, comme l'extrait de queue de cerf, aux pouvoirs quasi magiques…
Poursuivez jusqu'à Stockton St., où vous tournez à gauche.

★ Stockton Street B1

Loin des magasins pour touristes, les étals de **Stockton Street**★ sont fréquentés par tous les Chinois de la ville, qui viennent tôt le matin s'y ravitailler. Ils sont si nombreux à prendre les bus qui longent cette rue que l'on surnomme cette ligne l'« Orient-Express ». Fruits et légumes exotiques, marchands de journaux et traiteurs se succèdent en un kaléidoscope de sons et de couleurs. Les parfums d'épices et de canard laqué planent sur une foule, dense et affairée…

★★★ En bordure de baie, au nord du centre

★★ NORTH BEACH Plan III DE2/3

⏺ *Comptez 3h avec l'ascension de Telegraph Hill qui se trouve juste à côté (voir ci-après). À pied, North Beach succède à Chinatown, en suivant Grant Ave. vers le nord. Le quartier s'étend de Broadway et Columbus Ave. jusqu'autour de Washington Square. En bus, les lignes 15 et 30, au départ de Kearny St. (Downtown), longent Columbus Ave. et Washington Square.*

GÉNÉRATION BEATNIK

Né à New York dans l'immédiat après-guerre, le mouvement *beat* (d'un mot signifiant pulsation ou battement) réunit des poètes et des écrivains désabusés, à la recherche d'un autre souffle, alors que l'Amérique étouffe sous la contrainte du maccarthysme. **Jack Kerouac** et **Allen Ginsberg**, deux pionniers de cette remise en cause, prennent la route de l'Ouest et arrivent à San Francisco, ville de tous les possibles. En compagnie de **Lawrence Ferlinghetti**, libraire et poète, ils y deviennent les chantres d'une génération qui fuit toutes les contraintes, morales, littéraires ou artistiques.

Bon à savoir – Le quartier est particulièrement agréable en soirée grâce à ses nombreux bars et restaurants.

Comme son nom l'évoque, North Beach s'étendait à l'origine au bord d'une plage, que l'on a remblayée depuis. Ce fut l'un des premiers quartiers de la ville naissante, d'abord fréquenté par les prostituées que couraient les chercheurs d'or, puis par les Irlandais. À la fin du 19ᵉ s., il se peupla surtout d'immigrés italiens.

Dans les années 1950, les intellectuels anticonformistes de la **beat generation** y refaisaient le monde, dans les librairies et les bars enfumés, se nourrissant de pâtes, de vin local et de substances plus hallucinogènes… Malgré l'extension inexorable du quartier chinois, North Beach a conservé son charme latin et bohème, mélange de restaurants intimes où flottent des parfums d'ail, de tomate et de poivron, de cafés intemporels hantés par les artistes et de bars à jazz vibrant tard dans la nuit.

Beat Museum

540 Broadway (à deux pas de City Lights Bookstore, voir ci-dessous, en remontant sur Broadway), ☏ (415) 399 9626, www.thebeatmuseum.org. Tlj 10h-19h. 5 $.
Un hommage appuyé à la beat generation, illustré par cette citation, plaquée sur un mur : « *La beat generation était à la littérature ce qu'Elvis était à la musique et James Dean et Marlon Brando au cinéma* ». Film, affiches, photos et coupures de presse retracent cette époque. Parmi les objets intéressants, de nombreuses éditions étrangères de *Sur la route*, le chef-d'œuvre de Jack Kerouac, une veste lui ayant appartenu (période 1954-1956), ainsi que le miméographe et l'orgue d'Allan Ginsberg.

Columbus Avenue E3

C'est le grand axe du quartier, bordé de restaurants et de bars.
Près de l'angle avec Broadway (la rue chaude des peep-shows), au n° 300, par exemple, se tenait jadis le Condor Club où, pour la première fois, en 1964, une danseuse se produisit les seins nus ! Presque en face, moins scandaleux mais tout aussi marginal à l'époque, le **City Lights Bookstore★** *(261 Columbus Ave., www.citylights.com. Tlj 10h-0h)* était la librairie de Ferlinghetti, l'un des premiers poètes *beat* de la ville, qui lança en 1953 sa propre maison d'édition, les City Lights Books, publiant des petits ouvrages brochés bon marché destinés à faire connaître les auteurs d'avant-garde. Écrivains et artistes s'y retrouvaient pour des lectures et des manifestations culturelles.
Toujours active aujourd'hui, la maison reste l'un des derniers vestiges de cette épopée, avec le **Vesuvio Cafe★★**, au coin de l'impasse voisine *(255 Columbus Ave. Jusqu'à 2h du matin)*. Tenu par Henri Lenoir, un Français, ce bar était un repaire beatnik, envahi par la fumée des joints et par les habitués les plus étonnants : on y a même vendu de façon humoristique le kit du parfait beatnik, sandales de cuir, pull et lunettes noirs…

1

Plusieurs cafés des environs reflètent cette atmosphère *funky*, comme le **Tosca Cafe** *(242 Columbus Ave.)*, qui vibre au son de la musique d'opéra, ou le **Spec's** *(12 Saroyan St., près de Columbus)*, conservant un bric-à-brac digne d'un musée.

Suivez Columbus Ave. vers le nord-ouest et prenez à gauche dans Stockton St.

North Beach Museum *(1435 Stockton St., dans la mezzanine de la banque, ℘ (415) 391 6210. Lun.-jeu. 9h-16h, vend. 9h-18h. Gratuit)*. Collection de souvenirs de la grande époque du quartier, depuis sa création en passant par l'arrivée des Italiens et des Chinois, et le tremblement de terre de 1906.

Retournez sur Columbus Ave., que vous suivez vers la gauche jusqu'à Washington Square.

Washington Square DE2

Les Chinois matinaux pratiquent le taï-chi dans cet agréable petit parc verdoyant, tandis que les vieux Italiens préfèrent tailler une bavette, assis sur les bancs.

Au centre, l'effigie de Benjamin Franklin rivalise avec l'autre statue du parc, l'étonnant groupe de **pompiers de bronze**, offert par Lillie Coit, richissime admiratrice des soldats du feu. Inattendues, les deux flèches blanches de la **Sts Peter and Paul Church** *(666 Filbert St. Messes en anglais, italien et chinois)* ressemblent à un montage en sucre. C'est la grande église italienne de la ville, datant de 1924 et attestant l'économie florissante de la communauté. Celle-ci comptait beaucoup de pêcheurs dans ses rangs, d'où la grande procession organisée chaque année, en octobre, en l'honneur de leurs saints patrons, Pierre et Paul, et en l'honneur de la Vierge.

La procession quitte l'église et descend au port bénir les bateaux. C'est aussi dans cette église que Marilyn Monroe épousa en 1954 le joueur de base-ball Joe Di Maggio, son premier mari.

★★ TELEGRAPH HILL Plan III E2

◖ *Quittez Washington Square par son angle nord-est et remontez Filbert St. pour rejoindre Telegraph Hill. Attention, l'ascension est rude. Vous pouvez aussi vous y rendre par le bus 39, que vous prenez à l'angle sud-est du parc, au coin de Stockton St. et d'Union St.*

On repère facilement la colline à la silhouette caractéristique de la fine tour qui la couronne. La colline ne s'élève qu'à 86 m, mais ses flancs abrupts et ses ruelles escarpées forment l'un des sites les plus charmants de la ville.

Elle doit son nom à un ancien sémaphore, construit en 1850 pour avertir les habitants de l'arrivée des bateaux. Le terrain peu pratique et très accidenté, la proximité du port et des rues chaudes en firent longtemps le quartier des pêcheurs et des dockers, piqué de modestes masures. Du côté est et nord-est, les versants furent même exploités comme carrières de pierre, laissant des falaises inhabitables.

Les **vues**★★ de la ville, du port et de la baie qui se déroulent au sommet font désormais de Telegraph Hill un quartier cher et très couru.

★★★ Coit Tower

Ouvert de 10h au coucher du soleil. Visite du hall gratuite, accès au sommet 5 \$.

Cette curieuse tour fait la célébrité de la colline. Haute de 65 m, en béton cannelé, elle fut construite en 1933. Bien que ses concepteurs s'en défendent, beaucoup y reconnaissent la forme d'une lance à incendie, ce qui serait d'autant plus approprié qu'elle est dédiée aux pompiers!

Tout comme les statues de Washington Square, on la doit à un legs de Lillie

LA PETITE FILLE ET LES POMPIERS

Lillie Hitchcock avait 7 ans lorsqu'elle échappa de justesse à la mort dans un incendie qui tua ses amies, en 1851. Dès l'adolescence, elle se lia avec une brigade de pompiers, dont elle devint la mascotte. Elle se fit faire un uniforme et porta le casque de la brigade n° 5 dont elle était devenue un membre honoraire. Excentrique et indépendante, elle fumait le cigare, jouait au poker et tirait au pistolet. Elle épousa le riche Howard Coit, mais ne changea rien à son style de vie. Après une tentative de meurtre entreprise par l'un de ses courtisans, dans laquelle un de ses amis fut tué, elle rallia Paris où elle devint l'une des favorites de Napoléon III. À sa mort, en 1923, elle se fit enterrer avec son badge et les honneurs de la brigade. Elle légua le tiers de sa fortune pour ériger un monument à ses chers pompiers. Ce fut la Coit Tower…

Coit, qui voulait laisser à la postérité un hommage bien visible de sa ferveur… L'ascenseur menant au sommet permet d'embrasser la **vue spectaculaire★★** sur la ville.

De toute façon, ne manquez pas le hall du rez-de-chaussée et ses **fresques murales★★**, financées par le gouvernement dans le cadre des grands travaux du New Deal pour embellir l'Amérique.

Près d'une trentaine d'artistes exécutèrent sur 340 m^2 un ensemble de vastes tableaux, qui est nettement inspiré de l'art populaire de rue mexicain. Les thèmes abordés, s'ils figurent des scènes banales de la vie quotidienne, économique ou industrielle, véhiculent dans leurs dessins une critique à peine voilée de la société à l'époque de la Grande Dépression. Les commanditaires fédéraux n'apprécièrent pas du tout ce réalisme, d'autant que la ville était alors agitée par une grève des dockers. On suspendit même l'ouverture de la tour durant plusieurs mois.

★ Les Filbert Steps

En ressortant de la Coit Tower, dirigez-vous vers la droite pour rejoindre un lacis d'escaliers en brique ou en bois dégringolant de la colline au milieu des arbres et des massifs de fleurs. Le voisinage est depuis longtemps un repaire d'artistes. Tout près de là, dans Alta St., résidait Armistead Maupin, écrivain désormais célèbre de la série des *Chroniques de San Francisco* dans le *San Francisco Chronicle*.

La seconde partie des Filbert Steps ouvre sur **Napier Lane**, une allée en bois datant de l'époque où les marins occupaient le quartier. Vous atteignez la **Levi Strauss Plaza**, siège du célèbre fabricant de jeans qui démarra à San Francisco. Près de là, vous remarquez la forme ronde du **Fog City Diner** *(1300 Battery St., voir Nos adresses)*, l'une des nombreuses curiosités de San Francisco, illuminé de néons dans la nuit.

★★ FISHERMAN'S WHARF ET LA BAIE Plan III CDE1/2

▶ *Comptez une demi-journée (une journée si vous faites une croisière dans la baie). Vous pouvez prendre le cable car Powell-Hyde ou Powell-Mason et descendre au terminus, ou prendre les bus 30, 15 (descendre à North Point St.), 19 (descendre au bout de Polk St.), 39 ou 49 (qui arrive par Van Ness). Une option pittoresque : prendre la F-line, le vieux trolley qui vient de Downtown depuis Market St. en longeant Embarcadero.*

Bon à savoir – Choisissez plutôt la fin de matinée ou l'après-midi pour faire un tour en bateau dans la baie souvent noyée sous la brume le matin La visite d'Alcatraz est impressionnante le soir *(en saison, réservez bien à l'avance).*

Fisherman's Wharf (« quai du Pêcheur ») est très fréquenté par les touristes et vous risquez de lui trouver un côté artificiel. Il regroupe plusieurs jetées *(piers)*, envahies par les bazars, les restaurants, les musées et les centres commerciaux. Le fumet des soupes de poisson évoque l'Océan voisin, mais les embarcations de pêcheurs deviennent de plus en plus rares dans les bassins et il vous faudra venir tôt le matin pour les voir débarquer leur cargaison.

★ **Pier 39** D1

Ce quai est annoncé par les cris des **otaries**★ qui ont élu domicile sur les pontons flottants. Ce sont surtout des mâles et des jeunes, car les femelles restent avec leurs petits au large, sur les Channel Islands où leur progéniture voit le jour.

Pour des raisons mal connues, la troupe a colonisé cette partie de la baie après le tremblement de terre de 1989. Grands paresseux devant l'Éternel, les mâles apprécient de ne pas avoir à bouger lors des marées. Ils dorment beaucoup, empilés les uns sur les autres, paressent énormément, jouent parfois, crient ou plongent, jetant un œil placide sur la foule de leurs admirateurs (ne les nourrissez surtout pas, car ils deviendraient dépendants des humains et moins méfiants à l'égard des pêcheurs et des embarcations !). Le reste de la jetée est aménagé en centre commercial (nombreux restaurants) et d'attractions.

★ **Aquarium of the Bay** – ☏ *1-888 732 3483, www.aquariumofthebay.com. En saison touristique, à partir d'avr. tlj 9h-20h, hors saison lun.-jeu. 10h-18h, 19h le vend. et le w.-end. 16,95 $.* Il rassemble plusieurs aquariums présentant les milieux marins de la région. Un long tunnel traverse les deux plus vastes, permettant d'évoluer sous l'eau, comme en plongée.

Pier 45 D1

Pour rejoindre le Pier 45, longez les quais vers l'ouest et passez le Pier 41, d'où partent certaines vedettes de croisière dans la baie. C'est le fumet des crabes chauds et de la soupe de poissons qui vous indiquera le chemin, le long de ce que l'on appelle ici les *seafood grottos* (cavernes à fruits de mer), succession d'étalages de fruits de mer, proposant en saison *(de novembre à juin)* le célèbre crabe Dungeness que l'on cuit sous vos yeux. Juste en face, sur la petite place, la **boulangerie Boudin** porte le nom de son fondateur, Isidore Boudin, un Français arrivé à l'époque de la ruée vers l'or.

Le long du quai, le petit **Musée mécanique** présente plus de 200 jouets anciens animés que l'on actionne avec des pièces de monnaie *(au bout de Taylor St., ☏ (415) 346 2000, www.museemecanique.org. Tlj 10h-19h, w.-end et vacances 10h-20h. Gratuit).* Adjacente au Pier 45, la **Fishermen's Chapel** *(chapelle des Pêcheurs)* évoque la mémoire des marins disparus en mer.

★★ **USS Pampanito** – ☏ *(415) 775 1943. En été tlj 9h-20h, hors saison lun.-jeu. et dim. 9h-18h, vend.-sam. 9h-20h. 10 $.* C'est le long du Pier 45 qu'est amarré ce sous-marin-musée. Construit en 1943, il patrouilla dans les eaux du Pacifique et coula six navires japonais. La visite du bâtiment, du pont supérieur à la salle des torpilles, fait revivre l'angoisse d'un équipage calfeutré par 200 m de fond dans les eaux ennemies…

★ **Jeremiah O'Brien** – ☏ *(415) 544 0101, www.ssjeremiahobrien.org, brochures en français disponibles. Tlj 9h-16h, sauf lorsqu'il prend la mer pour une croisière, 2 ou 3 fois par mois. 10 $.* Un peu plus loin sur le Pier est aussi amarré ce *liberty ship*, petit cargo conçu pour ravitailler les troupes. Il fut l'un des 5 000 navires impliqués dans le débarquement du 6 juin 1944.

Pour gagner le Jefferson St. Lagoon et Fish Alley, tournez à droite dans Jefferson St. et longez les docks.

FISHERMAN'S WHARF
Plan III

0 — 250 — 500 m
0 — 1/4 mi

N

San Francisco Bay

SE LOGER
Argonaut .... ①
Hi-Fishermans Wharf . ⑤
Hotel Bohème .... ⑥
Jackson Court .... ⑦
Union Street Inn .... ⑪
Washington
Square Inn .... ⑫

Embarcadero

Battery St.
Sansome St.
Montgomery St.
Kearny St.
Beat Museum
Grant Ave.
Stockton St.
Powell St.
Mason St.
Broadway
Pacific Ave.
Jackson St.
Washington St.
Clay St.
Sacramento St.
Pine St.
California St.

Transamerica Pyramid
Russ Building

Plan II

CHINATOWN
California Line
Chinatown Gate

NOB HILL

Columbus Ave.
⑲
⑧ ②
⑨ ⑥
③

TELEGRAPH HILL
Coit Tower ⑩
Filbert Steps

NORTH BEACH
Sts. Peter and Paul Church ④
Washington Square
North Beach Museum ⑫

Alcatraz

Pier 39
Aquarium of the Bay

Jefferson St.
Beach St.
Francisco St.
North Point St.
Bay St.
Chestnut St.
Greenwich St.
Union St.
Filbert St.
Green St.
Vallejo St.
Broadway
Pacific Ave.

Jefferson Street Lagoon
USS Pampanito
Musée mécanique ⑮
The Cannery ①
Fish Alley ⑬

FISHERMAN'S WHARF

Hyde Street Pier
Pier 45

San Francisco Maritime National Historical Park
San Francisco Maritime Museum

Ghirardelli Square ⑭

Taylor St.
Jones St.
Leavenworth St.
Hyde St.
Larkin St.
Polk St.
Van Ness Ave.
Franklin St.
Gough St.
Octavia St.
Laguna St.
Buchanan St.
Webster St.
Fillmore St.
Steiner St.
Pierce St.
Scott St.

Powell-Mason Line
Macondray L.
Florence St.

Powell-Hyde Line

San Francisco Art Institute

RUSSIAN HILL
Lombard St.

Haas-Lilienthal House

Octagon House
Charlton Ct

Spreckels Mansion
Lafayette Park ⑦

PACIFIC HEIGHTS
Clay St.

Alta Plaza Park

COW HOLLOW ⑪
Union St.

Fort Mason Center ⑯

MARINA DISTRICT
Moscone Playground ⑰

Marina Green

Marina Blvd.
Jefferson St.
Beach St.
North Point St.
Francisco St.
Cervantes Blvd.
Avila St.
Chestnut St.
Lombard St.
Greenwich St.
Filbert St.
Green St.
Vallejo St.
Broadway
Pacific Ave.
Jackson St.
Divisadero St.

⑱

Golden Gate Nat. Recreational Area

PRESIDIO
Palace of Fine Arts & Exploratorium ⑩

Marina Blvd.
Jefferson St.
Beach St.
North Point St.
Francisco St.
Richardson St.

SE RESTAURER
Alioto. .... ⑮
Ana Mandara. .... ⑭
Betelnut. .... ⑰
Cafe Kati .... ⑱
Fog City Dinner. .... ⑩
Gold Mountain. ..... ②
Greens. .... ⑯
House (The). .... ⑨
Mama's. .... ④
Mo's Burgers .... ③
Quince. .... ⑲
Rain Forest Cafe. .... ⑬
Stinking Rose (The). .⑧

1

Fish Alley et les docks qui l'entourent sont le refuge des derniers pêcheurs de San Francisco. Dès les années 1850, les immigrants asiatiques et italiens, principalement des Génois et des Siciliens, laissèrent tomber la course à l'or pour se consacrer à la pêche. Ils ramènent chaque matin dans leurs soutes crabes, crevettes, soles, bars ou seiches, qui seront dégustés dans les nombreux restaurants des quais. Si vous souhaitez acheter des fruits de mer, les pêcheurs de **Alioto Fish Co.** vendent généralement leur pêche au n° 440 de Jefferson St. le matin. C'est le long du bassin de **Jefferson Street Lagoon** (D1) que se termine la procession sacrée de la fête des pêcheurs de Santa Maria del Lume, le premier dimanche d'octobre.

The Cannery D2

De l'autre côté de Jefferson St., ce centre commercial occupe les anciennes conserveries de pêche Del Monte, construites en 1907. Du bâtiment d'origine, il ne reste que l'extérieur, l'intérieur ayant été habilement reconverti en boutiques.

Avant la visite du San Francisco Maritime National Historical Park, le Visitor Center dispose d'un petit **musée** qui présente les grandes routes commerciales des bateaux, quelques objets et des explications techniques sur les naufrages, courants et marées notamment *(tlj 9h30-17h, 17h30 en été. Gratuit)*.

★★ San Francisco Maritime National Historical Park C1/2

Au bout de Hyde St., www.nps.gov/safr. Tlj 9h30-17h30 (17h sept.-mai) Accès payant à bord de certains bâtiments : 5 $.

🅸 Le *Visitor Center* du parc est hébergé dans une ancienne conserverie et présente une exposition interactive et des animations *(☎ (415) 447 5000, mêmes horaires que le parc)*.

Suivez Jefferson St. jusqu'à Hyde St.

Le **Hyde Street Pier** (C1) est un ancien quai en bois où l'on embarquait pour Sausalito et Berkeley avant la construction des deux grands ponts de la ville. Aujourd'hui transformé en musée à ciel ouvert, il réunit une rare collection de navires anciens. Une évocation très vivante de la vie à bord, sur les voiliers qui passaient le cap Horn, les navires qui croisaient en Alaska ou les anciens remorqueurs.

★ **Eureka** – Construit en 1890, il fut le plus grand ferry à aubes et à vapeur de son époque. Il pouvait prendre jusqu'à 2 300 passagers et 120 véhicules, et sillonna la baie jusqu'en 1941. De vieilles automobiles sont exposées sur le pont.

★ **C.A. Thayer** – Très différent, ce trois-mâts en bois est l'un des deux derniers d'une flotte de 900 goélettes qui transportaient le bois pour la construction des villes depuis la côte nord-ouest. Il convoya par la suite le saumon entre l'Alaska et la Californie.

★★ **Balclutha** – Le plus beau de tous. C'est un autre trois-mâts à coque d'acier et à voiles carrées. Construit en Écosse en 1886, il suivait la route du cap Horn entre l'Europe et la Californie. Comparez les quartiers élégants du capitaine et ceux, rudimentaires, de l'équipage, tout en imaginant les terribles tempêtes des Quarantièmes Rugissants !

Hercules – Remorqueur de haute mer, il fut construit en 1907 dans le New Jersey. Il tirait les voiliers vers la haute mer, remorquait des radeaux de grumes ou des troncs bruts qu'il acheminait vers les scieries le long de la côte.

Alma – C'est une sorte de barge, goélette à fond plat et à faible tirant d'eau, pratique pour transporter le bois et le foin dans les recoins peu profonds de la baie.

Eppleton Hall – Cet autre remorqueur, à aubes et à vapeur, a été lancé en Angleterre en 1914.

Le musée gère aussi le **Wapama**, une goélette à vapeur en cours de restauration à Sausalito.

Remontez Hyde St. et prenez à droite dans Beach St. pour rejoindre Larkin St., à l'angle de Ghirardelli Square.

★ **Ghirardelli Square** C2

Voici un autre ensemble industriel superbement réhabilité en espace commercial. Ces bâtiments en brique, qui abritaient des filatures de laine, furent rachetés en 1893 par un chocolatier italien, Domingo Ghirardelli, qui voulait développer sa chocolaterie. Jusqu'en 1916, il agrandit petit à petit ces locaux de façon originale et ambitieuse : une pelouse centrale permettait aux ouvriers de prendre l'air, et une imposante **tour-horloge**, à l'image du clocher du château de Blois, fut érigée en 1916 à l'angle de North Point et de Larkin Street. La production de chocolat se poursuit de l'autre côté de la baie depuis 1962, mais les bâtiments ont échappé à la démolition et ont bénéficié d'un *lifting* réussi. Parmi les nombreuses boutiques et cafés, ne manquez pas de goûter aux célèbres chocolats, à croquer, à boire, ou sous forme glacée tout à fait pantagruélique…

Traversez Beach St. en face de Polk St., où vous verrez le Maritime Museum.

★★★ **La baie**

Minicroisières autour du Golden Gate et d'Alcatraz et traversée vers Sausalito (voir p. 199). Billet compris dans le forfait City Pass. Sinon comptez environ 25 $ pour un adulte et 17 $ pour un enfant (voir notamment la compagnie Blue Gold Fleet au Pier 39) ; coupons de réduction dans les dépliants publicitaires. Prévoyez un coupe-vent et un pull.

La baie est bien sûr ce qui fait le charme du port et on apprécie mieux depuis le large le plan en damier de la ville qui monte à l'assaut des collines. La lumière est plus agréable en seconde moitié d'après-midi. Vous croiserez voiliers ou cargos et serez impressionné par le Golden Gate vu du dessous.

★★★ **Alcatraz** D1

Comptez 3h. S'adresser à Alcatraz Cruises LLC, Pier 33, Hornblower Alcatraz Landing, ☏ (415) 981 7625, www.alcatrazcruises.com. Départ ttes les 30mn de 9h à 15h55 (14h15 de fin oct. à avr.) ; 2 départs entre 18h et 19h pour les croisières de nuit. 26 $ (visite diurne, avec audioguide), 33 $ (visite nocturne, avec guide). En saison, réservez suffisamment à l'avance. Prévoyez vêtements chauds et bonnes chaussures.

Le plus célèbre pénitencier du monde est aussi le site le plus mystérieux et fascinant de la baie. D'une superficie de 5 ha, cette île est à moins de 2,5 km du rivage, mais les courants glaciaux qui la cernent en ont rendu l'évasion quasiment impossible. Ne manquez pas sa visite, si possible celle du soir, encore plus impressionnante. Les Espagnols l'avaient initialement nommée Yerba Buena Island, mais, par suite d'une méprise cartographique, elle prit en 1826 le nom d'Isla de Alcatraces (île des Fous de Bassan), qui désignait une langue de terre voisine. En 1850, elle devint une **réserve militaire** et fut fortifiée, servant parfois de prison à partir de 1861. Quand les fortifications s'avérèrent obsolètes, elle perdit son rôle de poste de défense pour devenir officiellement une prison militaire en 1907. En 1934, elle fut vendue au Service fédéral des prisons qui en fit un **pénitencier**. Les conditions extrêmement dures d'incarcération la destinèrent rapidement aux criminels les plus endurcis, dont les plus célèbres gangsters comme Al Capone ou Alvin Karpis. Fermée en 1963, car trop chère à entretenir, l'île fut réclamée par des Indiens qui l'occupèrent de 1969 à 1971. Alcatraz fait partie du Golden Gate National Recreation Area depuis 1972. Les fans de cinéma se rappelleront *L'Évadé d'Alcatraz* avec Clint Eastwood (1979), ou encore *The Rock* avec Nicolas Cage et Sean Connery (1996).

Après 15mn de traversée, la visite propose la découverte de l'île et de ses jardins créés par les prisonniers, la projection d'un court film documentaire et l'exploration du **pénitencier★★★**, que l'on rejoint par un sentier raide. En progressant dans le sinistre bâtiment, vous imaginez les conditions de vie épouvantables des prisonniers, les cellules terriblement exiguës (1,50 m x 3 m), et les pièces d'isolement *(dark holes)* où l'on jetait les pensionnaires récalcitrants. La cassette audio fournie pour la visite, très réussie, rend l'atmosphère encore plus pesante.

★ **MARINA DISTRICT ET PRESIDIO** Plan III AC2 et I BC1

◑ *Comptez une demi-journée. En bus, selon l'endroit où vous vous rendez, empruntez les lignes 30, 41 ou 45. Cette visite s'enchaîne facilement à pied à partir de North Beach et Fisherman's Wharf, en suivant le sentier qui longe la baie jusqu'à Fort Mason.*

Ce quartier, dédié aux loisirs, s'étend à l'ouest de Fisherman's Wharf, le long de la baie. Résidentiel, il s'est développé après le tremblement de terre de 1906. La prairie marécageuse qui bordait la baie a été remblayée en vue de l'édification des bâtiments de l'Exposition internationale Panama-Pacifique, en 1915. À la clôture de l'exposition, ils furent tous détruits, à l'exception du Palace of Fine Arts. Des maisons particulières de style néoméditerranéen prirent leur place, mais le quartier souffrit beaucoup lors du tremblement de terre de 1989.

Le rivage, colonisé par un port de plaisance, est aménagé en promenade familiale verdoyante, **Marina Green** (III B2), très fréquentée par les rollers, joggers et marcheurs. À pied, on peut ainsi rejoindre le Golden Gate Bridge et les plages au-delà *(voir plus loin)*.

Fort Mason III III C2

Fort Mason occupe une avancée de terre, à l'extrémité est de Marina District. Le site servit de base défensive aux Espagnols, puis aux Américains pendant les guerres indiennes du 19e s. Durant la Seconde Guerre mondiale, surtout après l'attaque de Pearl Harbor en 1941, Fort Mason devint une base stratégique d'embarquement et de commandement de la flotte du Pacifique où transitèrent 1,5 million de soldats. Encore utilisée pendant le conflit coréen, la base fut abandonnée par l'armée en 1962.

★ **Golden Gate National Recreation Area** Plan I C1

Ce vaste parc, dont l'administration gère également le Presidio, Alcatraz et Fort Mason, fut acquis en 1972 par loi fédérale quand le National Parks Service acheta les terrains à l'US Army et Gulf Oil, entre autres. Aujourd'hui, l'ensemble est un lieu de promenade *(cartes et informations sur les activités et randonnées au Fort Mason Center, ℰ (415) 441 3400, www.fortmason.org)*. Il accueille des manifestations culturelles, comme le **San Francisco Blues Festival** *(en septembre, rens. ℰ (415) 979 5588, www.sfblues.com)*.

★★ **Palace of Fine Arts** III A2

Accès direct de Downtown par la ligne de bus 30. 3001 Lyon St.

Le pavillon des Beaux-Arts est l'une des images fétiches de la ville, avec son énorme rotonde néoromaine et ses élégantes colonnades se mirant dans les eaux d'un étang. Il s'agit de la reconstitution en béton (de 1962 à 1975) de l'un des bâtiments de l'Exposition de 1915, initialement construit en bois et en plâtre pour présenter les collections impressionnistes.

San Francisco, Haight Ashbury.
L. Decoudin / MICHELIN

Œuvre conçue par **Bernard Maybeck**, un architecte réputé de l'époque, elle mêle les inspirations romantiques et romaines. Notez les nymphes éplorées au sommet des colonnes : elles symbolisent la tristesse de la vie sans l'art et tournent le dos aux passants, car leurs larmes devaient arroser des plantes dans les grands bacs auxquels elles s'appuient.

★★ Exploratorium III A2

Accès direct de Downtown par la ligne de bus 30. 3601 Lyon St. ☎ (415) 661 0360, www.exploratorium.edu. Tlj sf lun. 10h-17h, ouv. certains lun. pendant les vac. scol. 15 $. Tactile Dome : 5 $ en sus et réservation recommandée.

👨‍👦 Derrière le pavillon des Beaux-Arts. Les enfants adorent ce musée des sciences particulièrement vivant.

Les lois de la physique, de la biologie et de la chimie sont présentées et expliquées dans plus de 600 stands interactifs, où le visiteur est invité à reproduire une expérience et à en comprendre les lois. Vous jouerez ainsi à Alice au pays des merveilles grâce à des illusions d'optique dans la **Distorted Room**, ou tenterez de vous orienter à travers le **Tactile Dome**, insonorisé et obscur.

★ Walt Disney Family Museum Plan I C1

Accès depuis Stockton St. par le bus 30 jusqu'au Palace of Fine Arts puis bus 28. 104, Montgomery St., ☎ (415) 345 6800, www.waltdisney.org. Tlj sf mar. 10h-18h. 20 $ (enfants 12 $). Réservation par Internet recommandée, au maximum dans les deux mois qui précèdent votre visite.

👨‍👦 C'est en hommage à Walter Elias Disney, génial créateur de Mickey et de Bambi notamment, que sa fille a dépensé près de 100 millions de dollars et consacré 5 ans de sa vie pour voir naître un imposant musée qui présente la vie de l'homme aux 26 Oscars. Plusieurs galeries évoquent cette épopée, depuis son arrivée du Missouri, avec une poignée de dollars en poche, jusqu'à sa mort à Los Angeles en décembre 1966.

Les familles apprécieront les bornes interactives et moniteurs qui permettent de voir des extraits de films et de jouer sur des partitions musicales.

★★ Vers les hauteurs

★ COW HOLLOW Plan III B3

▶ *Comptez 1 à 2h, en incluant une pause-café. Union St. est desservie par les lignes de bus 41 et 45, mais la visite du quartier suit aisément celle de Marina District. En sortant de l'Exploratorium, vous pouvez rejoindre Union St. à pied (20mn) en suivant Baker St. vers le sud.*

Vers l'intérieur des terres, au pied des collines du Presidio, de Pacific Heights et de Russian Hill, s'étend une vallée jadis occupée par des pâturages, d'où son nom de Cow Hollow (« creux des vaches »). Transformée en faubourg résidentiel à la fin du 19ᵉ s., c'est l'un des quartiers commerciaux branchés, surtout autour de l'axe d'**Union Street★**, entre Steiner Street et Gough Street.

Parmi les nombreuses boutiques à la mode, jetez un œil à **Images of the North** (*2036 Union St.*), une galerie spécialisée dans l'art inuit, où découvrir la culture étonnante des peuples du Grand Nord. Les rues perpendiculaires, comme **Steiner Street**, sont riches de belles maisons victoriennes ou de folies exubérantes, comme l'incroyable faux palais de maharajah à l'angle de Filbert Street.

★ PACIFIC HEIGHTS Plan III BC3

▶ *Comptez 2h. Les lignes de bus 22 et 49 traversent le quartier du nord au sud, le long de Fillmore St. et de Van Ness Ave.*

S'élevant à l'ouest de Nob Hill et de Russian Hill, Pacific Heights domine la cuvette de Cow Hollow. Au nord, les rues escarpées dégringolent vers Marina District, tandis qu'au sud la pente descend moins sévèrement vers Japantown. Il s'agit de l'un des quartiers les plus prisés de San Francisco et l'on y dénombre encore d'énormes demeures ou **manoirs**. **Fillmore Street★** constitue l'axe commerçant, mais le principal intérêt du quartier réside dans son architecture très éclectique.

★ Octagon House C3

2645 Gough St., entre Union St. et Green St., ☏ (415) 441 7512, www.octagonhouse. org. Ouverte à la visite le 2ᵉ dim. et les 2ᵉ et 4ᵉ jeu. de chaque mois, sf en janv. et pendant les vac. ; 12h-15h. visite sur rdv. C'est l'une des cinq maisons de forme octogonale de San Francisco, comme ce fut la mode au milieu du 19ᵉ s.

★★ Haas-Lilienthal House C3

2007 Franklin St., près de Washington St. ☏ (415) 441 3004, www.sfheritage. org. Merc. et sam. 12h-15h, dim. 11h-16h ; visite guidée de 1h ttes les 30mn. 8 $. Renseignez-vous, car la maison accueille parfois des réceptions privées le sam.

Plus au sud, cette imposante demeure victorienne est tout en bois peint, gris et blanc. C'est un exemple des belles villas de la classe moyenne au 19ᵉ s. On reconnaît le style Queen Anne grâce à sa tourelle et à ses nombreux pignons ornés. L'intérieur est entièrement meublé dans le style de l'époque.

Longez Washington St. vers l'ouest jusqu'à Lafayette Park, à l'angle d'Octavia St.

★★ Spreckels Mansion C3

Cet autre exemple d'architecture orgueilleuse est l'une des plus belles demeures privées de la côte avec ses colonnades et ses frontons sculptés. Construite en 1913 par un planteur de canne à sucre, elle compte 26 salles de bains et une piscine. C'est aujourd'hui la maison de l'auteur de romans à l'eau de rose Danielle Steel.

Plus à l'ouest, **Alta Plaza Park** (B3) offre un panorama sur la Marina et sur Japantown, et constitue une étape idéale pour pique-niquer.

★ JAPANTOWN Plan IV D1

Comptez 2h pour prendre le temps de flâner dans les boutiques remplies d'incroyables gadgets. La ligne 38 longe Geary Blvd entre Japantown et la St Mary's Cathedral. Le quartier japonais de la ville s'étire le long de Post St., entre Fillmore St. et Gough St.

La communauté japonaise, très importante au début du 20e s., a toujours été victime d'ostracisme, bien qu'elle se soit progressivement intégrée. Durant la Seconde Guerre mondiale, après l'attaque de Pearl Harbor, tous les Nippo-Américains, même ceux qui étaient nationalisés, furent internés dans des camps. Après la guerre, la plupart d'entre eux avaient tout perdu et les générations suivantes durent reconquérir leur place malgré la xénophobie ambiante.

Aujourd'hui, les mariages mixtes et la vitalité économique de la communauté garantissent une bonne assimilation dans la société américaine. Cependant, les valeurs traditionnelles japonaises d'honneur, de famille, d'ordre et de travail restent des règles très vivantes qui transparaissent dans la vie du quartier, dominé par la haute silhouette de la **pagode de la Paix**, offerte par le Japon. Chaque année en avril, le quartier s'anime pour le **Cherry Blossom Festival**.

★ St Mary's Cathedral

À l'angle de Geary Blvd et de Gough St., www.stmarycathedralsf.org.

Située à la limite du quartier, la cathédrale est un chef-d'œuvre de l'architecture contemporaine, une immense nef carrée dont la voûte nervurée s'élève en pointe vers le ciel, à 58 m de haut. L'intérieur est clair et serein. Notez à droite l'orgue sur son piédestal et les spectaculaires baies vitrées dominant la ville. De très bons organistes s'y produisent presque tous les dimanches à 15h30 *(rens. sur le site Internet)*.

★ RUSSIAN HILL Plan III ACD2-3

Comptez 1h. Pour prendre Lombard Street en voiture, venez de Hyde St. En cable car, ligne Powell-Hyde, arrêt Lombard. En bus, ligne 30 le long de Columbus St., arrêt Lombard : c'est à 5mn à pied.

Située au nord de Nob Hill, cette autre colline doit son nom à la découverte de tombes marquées en caractères cyrilliques, sans doute celles de marins ou de trappeurs russes descendus d'Alaska. Tout comme sa voisine, elle se développa surtout à la fin du 19e s. Ce fut alors le fief des artistes et des écrivains, dont Mark Twain ou Robert Louis Stevenson.

La colline se caractérise par nombre de ruelles en pente et d'escaliers qui atteignent les deux sommets et dégagent un superbe panorama. Une vraie image d'Épinal. Au fil de la balade, vous découvrirez de nombreux exemples de maisons anciennes. Prenez par exemple les **Vallejo Steps**, ces escaliers de Vallejo St. qui joignent Mason St. et Taylor St. en passant par l'adorable **Florence Street★** (D3). Empruntez aussi la pittoresque **Macondray Lane★** (D2), un peu plus au nord, entre Taylor St. et Jones St.

★★ Lombard Street D2

Russian Hill se vante de posséder la rue la plus sinueuse du monde, rendue célèbre par l'incroyable poursuite impliquant Steve McQueen dans le film *Bullitt*. Pour adoucir une pente à 27 %, on a construit une chaussée avec huit

virages en épingle à cheveux, qui conserve toutefois une déclivité de 16 % !
Les automobilistes s'en donnent à cœur joie, au grand dam des riverains qui
subissent cet incessant ballet. D'en haut la vue est belle, mais la perspective
vue d'en bas est aussi impressionnante.

San Francisco Art Institute D2

*800 Chestnut St., ☏ (415) 771 7020, www.sfai.edu. Horaires aléatoires mais offi-
ciellement tlj 9h30-17h30.*
Agréable cour d'entrée de conception très andalouse. L'École des beaux-arts
abrite des expositions de qualité. Ne manquez pas la fresque *The Making of
a Fresco Showing the Building of a City* de Diego Rivera (1931), dans la galerie
qui porte son nom (après l'entrée dans la cour, sur la gauche). Ce trompe-l'œil
montre l'artiste admirant, en retrait, le travail de ceux qui bâtissent la ville. De
la terrasse, la vue sur la Coit Tower et le front de mer est très plaisante.

★ **NOB HILL** Plan II A1/2

◖ *Compter 2h. Prenez le cable car le long de Powell St. et descendez au niveau
de California St. Vous pouvez aussi prendre le cable car de California St. dans
Financial District et vous arrêter à Mason St. Les bus (lignes 1, 31, 38) longent Bush
St. et Pine St. mais ne vous éviteront pas un minimum d'effort.*

◉ **Bon à savoir** – Les distances ne sont pas énormes, mais les pentes abruptes rallongent les temps de la marche.
Cette colline escarpée, juste au nord d'Union Square, offre des vues spectaculaires sur la ville et la baie. Elle resta inhabitée jusqu'à la création du *cable car*,
les voitures à cheval ne pouvant y monter. Très vite, elle devint **le quartier le
plus chic** de la ville, où vivaient les nababs (*Nob* viendrait d'une contraction
de ce mot). Les plus connus sont les *Big Four* (les quatre grands) de la Central
Pacific Railroad Company – Stanford, Huntington, Hopkins et Crocker – qui
ont laissé leurs noms en de multiples endroits. Bien que la plupart des palais
grandioses aient disparu lors du grand tremblement de terre, le quartier reste
très élitiste, comme l'attestent ses hôtels luxueux.

California Street A2

La portion de California Street entre Powell Street et Mason Street rassemble
les plus prestigieux hôtels.
★ **Fairmont Hotel** – *À l'angle nord-est de California et Mason St.* Il doit son nom
au propriétaire originel du terrain, James Fair, qui avait fait fortune dans les
mines d'argent. Le premier hôtel était presque terminé lorsqu'il fut ravagé
par les incendies du tremblement de terre de 1906. Par la suite, il accueillit des
hôtes de marque et servit de cadre à la signature de la charte des Nations unies
en 1945. Un ascenseur extérieur mène au 24e étage, au restaurant Crown Room
(très cher) d'où le **panorama★★** est époustouflant.
Stanford Court Hotel – De l'autre côté de California Street, cet hôtel occupe
l'emplacement de la résidence de Leland Stanford, magnat des chemins de
fer et fondateur de la célèbre université.
Mark Hopkins Hotel – *À côté, à l'angle de Mason Street.* Cet établissement a
remplacé le manoir d'origine des Hopkins. Le restaurant huppé qui occupe
le dernier étage offre également des vues superbes.
Suivez California St. vers l'ouest jusqu'à l'angle de Taylor St.
Grace Cathedral – Pour bâtir l'édifice, les architectes se sont visiblement
inspirés de Notre-Dame de Paris. Commencée en 1929, sa construction ne
fut achevée qu'en 1964, pour des raisons financières et techniques. Outre les
particularités copiées ailleurs, tels le portail est, identique aux portes du bap-

TINTEMENT DE LA CLOCHE ET CÂBLES GRINÇANTS

Son de la cloche qui danse avec vigueur, vibration des rails et grondement poussif du câble qui circule en permanence dans sa gorge annoncent l'approche du **cable car**. Ce vénérable moyen de transport est l'un des symboles de San Francisco. En service depuis 1870, ce funiculaire urbain est inspiré des wagons qui transportaient l'or des mines californiennes. Presque inchangé depuis lors, classé Monument historique dès 1964, il sillonne dans un joyeux tintamarre les deux grands axes entre le centre-ville et les quais. Notez les efforts fournis pour freiner ou relancer la machine… Pour faire avancer la voiture, le chauffeur actionne le levier de commande d'une pince qui accroche le câble ; pour s'arrêter, il le lâche et actionne les freins. Uniquement adapté aux lignes droites, le *cable car* achève son parcours sur une plate-forme tournante et doit être réorienté dans l'autre sens par la force des bras de son chauffeur. Un tintement de cloche signale le départ, deux annoncent l'arrêt.

tistère de la cathédrale de Florence, et la rosace, inspirée de celle de Chartres, notez les **vitraux** et les **peintures murales** où les saints sont remplacés par des figures modernes comme Roosevelt, Einstein ou même le cosmonaute John Glenn ! Ne manquez pas non plus le très beau **retable des Flandres**, en bois sculpté, de la fin du 15e s.

Revenez sur vos pas et prenez à gauche dans Mason St. jusqu'à Washington St.

1

★ Cable Car Museum A1

1201 Mason St., ☎ (415) 474 1887, www.cablecarmuseum.org. Tlj 10h-18h (17h d'oct. à avr.). Gratuit.

C'est en fait le bâtiment où est logée la **machinerie** du *cable car*. Depuis la mezzanine, vous verrez, dans le vacarme ambiant, les énormes roues autour desquelles s'enroulent les câbles qui tractent les voitures. Ne manquez pas non plus le film documentaire d'explication, les objets historiques et les **voitures anciennes**, dont l'une remonte à la création du système en 1873.

★★ Aux abords de Twin Peaks

★★ HAIGHT-ASHBURY Plan IV C2

🕐 *Comptez 2h. Commencez la visite à Buena Vista Park, desservi par les lignes de bus 7 et 71.*

😊 **Bon à savoir** – Venez dans le quartier en fin de matinée, avant de partir vers le Golden Gate Park.

Devenu célèbre dans les années 1960 pour sa contre-culture et ses hippies adeptes du *peace and love* et du **flower power**, ce quartier doit son nom à Haight Street qui en est l'axe commerçant et à Ashbury Street qui la croise. Très populaire après la création du Golden Gate Park tout proche, il a relativement peu souffert du séisme de 1906 et conserve un grand nombre de maisons victoriennes. Dans les années 1950, les loyers bon marché attirèrent artistes et beatniks, amoureux du charme des vieilles demeures. Puis, en 1965, ce fut le tour des **hippies**.

Cafés, boutiques de fripes, de livres et de disques d'occasion se sont multipliés, tandis que la marijuana laissait peu à peu la place aux drogues dures et à la violence. Parallèlement, les belles maisons victoriennes reprirent des couleurs, en écho à la culture alternative qui régnait dans le quartier. San Francisco devint alors un temple de la nouvelle scène rock. Les *Grateful Dead* emménagèrent dans le quartier, de même que Janis Joplin et bien d'autres. Outre la musique, les arts graphiques connurent une éclosion formidable avec les artistes dits psychédéliques qui réalisaient affiches, pochettes de disques, bandes dessinées, aux caractères gonflés et violemment colorés. Un paroxysme fut atteint durant l'été 1967, le **Summer of Love**, quand 500 000 jeunes hippies affluèrent de tout le pays. Mais la drogue et la violence infiltrèrent le mouvement pacifique, et un groupe d'idéalistes décida d'enterrer symboliquement le mouvement dans Buena Vista Park, le 6 octobre 1967.

Après un long déclin, Haight-Ashbury entama sa renaissance dans les années 1980, lorsque les investisseurs réalisèrent la valeur potentielle des superbes maisons victoriennes. Friperies et bazars indiens laissèrent peu à peu la place à des boutiques plus convenues et plus rangées, même si Haight Street conserve sans conteste un indéniable charme baba-cool et cultive une ambiance très décontractée, entre désinvolture assumée et attitude branchée. N'hésitez pas à flâner dans les rues adjacentes pour découvrir des perles architecturales, amoureusement peintes de toutes les couleurs.

Commencez par les pentes verdoyantes de **Buena Vista Park**. Face au parc, à l'angle de Baker Street et de Haight Street, notez une belle maison de style Queen Anne. Plus à l'ouest, c'est dans Lyon Street, au nord du parc, que s'installa Janis Joplin.

Prenez ensuite Buena Vista Avenue West pour voir **Spreckels Mansion** *(n° 737)*, où aurait écrit Jack London. Également parcourir les rues au sud-ouest du parc, notamment Delmar Street pour sa variété de styles architecturaux.

Revenez vers Haight Street.

★★ Haight Street

Le visage d'Haight Street est aujourd'hui celui d'une rue tapissée de fresques qui témoignent de son passé et le long de laquelle s'égrènent disquaires indépendants de qualité *(dont l'impressionnant Amoeba, au 1855, voir p. 184)*, tatoueurs, cafés, et boutiques de prêt-à-porter aux standings variés.

Quelques magasins ont gardé l'esprit de la grande époque hippie, comme l'étonnant **Pipe Dreams** *(1376 Haight St. Dim.-jeu. 11h-18h45, vend.-sam. 11h-19h45)*, qui vend depuis 1969 des pipes en tout genre à usage plus ou moins légal et des affiches psychédéliques… La sombre **Bound Together Anarchist Collective Bookstore** *(1369 Haight St. Tlj 11h30-19h30)*, cette librairie ouverte depuis 1976, est un témoin de la période plus noire du quartier et reste une référence.

Vers l'ouest, vous atteignez **Ashbury Street**. À gauche, le n° 710 est une belle maison victorienne, autrefois quartier général des *Grateful Dead*.

Vous pouvez poursuivre par le Golden Gate Park (ci-dessous), Castro, tout proche (voir p. 162) ou Alamo Square Park (voir p. 139), qui est à quelques encablures du quartier en prenant Scott St. à gauche.

★★ GOLDEN GATE PARK Plan IV AB2 et plan I ABC3

◗ *Comptez une demi à une journée. Le parc est desservi par les bus 5, 7, 21, 33, 44 ou 71. Entrez par Stanyan St., au bout de Haight St., car la plupart des musées et sites se situent à l'est du parc. La partie ouest, du côté de l'Océan, est occupée par les équipements sportifs et de loisirs. Le City Pass comprend l'entrée des musées. Les week-ends et les jours fériés, une navette circule à l'intérieur du parc (2 $). Sinon, louez un vélo à l'entrée du parc, côté Haight St., car les distances sont grandes.*

LES TRIBULATIONS D'UN JAPONAIS

Makato Hagiwara était le jardinier japonais en charge de l'entretien du jardin entre 1895 et 1942. C'est lui qui, à la fin du 19e s., inventa les *fortune cookies* mis à la mode par les restaurants chinois. Malgré cinquante ans de bons et loyaux services, il fut interné dans un camp avec sa famille pendant la Seconde Guerre mondiale. Il n'eut même pas le droit de se réinstaller dans son jardin à la fin du conflit. Pour compenser et enfin reconnaître le mérite de la famille, on leur éleva par la suite une statue dans le parc…

 Bon à savoir – Vous pouvez acheter un plan du parc dans les différentes billetteries et centres d'information qui s'y trouvent *(3 $)*. Le dimanche est particulièrement agréable, car John F. Kennedy Drive est fermée aux voitures.

★★ Le parc

Alors que le centre-ville est tristement dépourvu de parcs, cette immense **coulée verte** se déroule depuis Haight-Ashbury jusqu'à l'océan Pacifique, sur une distance de 5 km et une largeur de 800 m. Il n'y avait à l'origine que des dunes mouvantes et arides.

En 1870, on confia leur aménagement à William Hall, qui définit le plan général des collines, dessina des rues incurvées et commença des plantations pour fixer le sable toujours déplacé par le vent. Il fut remplacé en 1890 par **John McLaren**, un paysagiste écossais qui donna au parc son allure actuelle en plantant de nombreuses essences rares venues du monde entier. Il acheva de fixer les dunes et les fertilisa en utilisant le crottin de tous les chevaux de la ville. Désigné par le surnom affectueux d'Uncle John, il présida aux destinées de Golden Gate Park pendant cinquante-trois ans, jusqu'à sa mort.

Durant cette période, le parc connut de nombreux épisodes. En 1894, il accueillit la Midwinter Fair, une grande foire internationale dans l'esprit des Expositions universelles. De nombreux pavillons furent construits pour représenter une vingtaine de pays. Le **Japanese Tea Garden** (jardin japonais) en reste le plus bel exemple. Lors du **séisme de 1906**, la zone fut relativement épargnée et servit de refuge à plus de 200 000 personnes qui fuyaient les incendies. Des milliers d'entre elles y restèrent dans les semaines et les mois qui suivirent, en attendant la reconstruction. Enfin, au cours du *Summer of Love* de 1967, ce sont les concerts et les manifestations hippies qui animèrent les vastes pelouses. Sa superficie (400 ha) permet des activités variées, de la visite des musées à la pratique du polo, du roller, du tennis, de l'aviron ou de la pêche…

À droite de l'entrée, **McLaren Lodge**, l'ancienne résidence d'Uncle John, offre toutes les informations utiles sur le parc et ses activités.

Prenez à droite après le tunnel qui passe sous Kennedy Dr. et continuez sur 800 m.

★★ Conservatory of Flowers Plan IV B2

John F. Kennedy Dr., (415) 666 7001, www.conservatoryofflowers.org. Mar.-dim. 10h-16h30. 7 $. L'immense serre tropicale victorienne est le plus ancien bâtiment du parc (1878). Initialement élevée pour une propriété privée, elle fut importée d'Irlande et rachetée pour le parc. Très endommagée en 1995 par une tempête (plus de 3 000 vitres s'étaient brisées, détruisant beaucoup de plantes), elle a été réouverte après plus de huit ans de restauration soigneuse. Destinée aux nénuphars et aux fleurs tropicales, elle abrite 10 000 spécimens rares ou en voie de disparition. Notez par exemple les plantes carnivores ou la collection d'orchidées.

Revenez sur Kennedy Drive et suivez les panneaux Music Concourse.

Music Concourse A2

Vaste esplanade aménagée à la française, **Music Concourse** donne accès à plusieurs musées. Le pavillon de musique, une large coquille en béton construite en 1899, accueille des démonstrations de taï-chi ou des concerts municipaux.

★★ California Academy of Sciences Plan IV A2

55 Music Concourse Dr., ℘ (415) 379 8000, www.calacademy.org. Lun.-sam. 9h30-17h, dim. 11h-17h. 29,95 $.

Fondée en 1853, l'Académie des sciences de Californie s'installa dans le parc en 1915. Elle a rouvert ses portes en 2008 après 10 ans de travaux au terme desquels l'architecte Renzo Piano l'a transformée en un modèle d'architecture écologiquement correcte. Dans le bâtiment comme dans les collections, l'accent est d'ailleurs largement mis sur le développement durable et la préservation de l'environnement. Sur quatre niveaux, on découvre des expositions passionnantes sur la **vie sauvage** avec des reconstitutions de milieux naturels, les **minéraux**, l'**évolution des espèces vivantes**, de l'homme et de sa culture à travers les âges, les secrets de la terre et de l'espace ; le **Steinhard Aquarium** qui compte plus de 6 000 spécimens aquatiques ; le **Morrison Planetarium**, premier construit dans le pays. Depuis le toit, couvert de verdure, le panorama est magnifique.

★★ M.H. De Young Memorial Museum Plan IV A2

50 Hagiwara Tea Garden Dr., à l'angle de John F. Kennedy Dr., ℘ (415) 666 7001, www.famsf.org/deyoung/. Mar.-dim. 9h30-17h15 (20h45 le vend.). 10 $ (inclut l'entrée le même jour au Legion of Honor, à 10mn en voiture), gratuit 1ᵉʳ mar. du mois. Accès gratuit à l'observatoire du dernier étage.

Rouvert en 2005 dans un nouvel édifice à l'architecture audacieuse, œuvre de Herzog et de Meuron, concepteurs du nouveau stade de Munich, le musée est principalement consacré à l'**art d'Amérique** (peinture et sculpture), d'Afrique et d'Océanie (sculptures, objets usuels ou rituels, œuvres d'artistes contemporains tels qu'El Anatsui et Magdalene Odundo) et au textile (tissages, tapisseries, costumes…).

La collection Rockefeller regroupe des tableaux de John Singleton Copley, Winslow Homer, Thomas Eakins et Mary Cassatt. Parmi les acquisitions d'art américain les plus récentes, sont représentés des artistes de renommée internationale, comme Mark Rothko, Richard Diebenkorn, John Marin ou Robert Motherwell. La **galerie Art of the Americas** possède le plus grand groupe de fresques de Teotihuacan en dehors du Mexique, ainsi que des antiquités mayas. L'**observatoire** au sommet de la tour, tout en verre, offre des vues magnifiques de l'ouest de San Francisco, jusqu'au Golden Gate Bridge. Pour sa réouverture, le musée a commandé des œuvres de cinq artistes contemporains : Andy Goldsworthy, Gerhard Richter, Kiki Smith, Ed Ruscha et James Turrell.

★★ Japanese Tea Garden Plan IV A2

Au sud-ouest de Music Concourse. Tlj 9h-18h (16h45 de nov. à fév.). 7 $, gratuit les lun., merc., vend. de 9h à 10h,⛩.

Le jardin de thé japonais est l'un des lieux les plus enchanteurs du parc. Créé pour la Midwinter Fair de 1894, il réunit un jardin zen, une rocaille de bonsaïs, une jolie **pagode** à cinq étages, un *Wishing Bridge* (« pont des Souhaits »), si bombé qu'il forme un cercle avec son reflet dans l'eau, et un beau bouddha de bronze de 3 m de haut, daté de 1790. Ne manquez pas de goûter à une tasse de thé vert, servie avec des *fortune cookies*, à la maison de thé.

GOLDEN GATE PARK - MISSION-CASTRO
Plan IV

| 0 | 250 | 500 m |
| 0 | 1/4 mi | |

A Civic Center Plaza
B Davies Symphony Hall
C United Nations Plaza
D War Memorial & Performing Art Center

RICHMOND

GOLDEN GATE PARK

De Young Museum

California Academy of Sciences

Conservatory of Flowers

McLaren Lodge

Japanese Tea Garden

Music Concourse

Stow Lake

Strybing Arboretum

Spreckels Lake

J.F. Kennedy Drive

Lincoln

SE LOGER

Château Tivoli .... ①
Hayes Valley Inn ...... ③
Inn San Francisco (The) ⑤
Parker Guest House ... ⑧
Red Victorian B & B ... ⑨
Whelan House .... ⑩

SE RESTAURER

Ananda Fuara .... ④
Benihana's .... ⑪
Cafe Ethiopia .... ⑯
Catch .... ⑱
Foreign Cinema .... ⑰
Frjtz Fries .... —
Jardinière .... ⑦
Magnolia .... ⑬
Metate (El) .... ⑮
Pork Store Cafe ...... ⑫
Suppenküche .... ⑥
Tinajas (Las) .... ⑭
Zuni Cafe .... ②

CIVIC CENTER

Asian Art Museum

City Hall

Public Library

Civic Center

JAPAN TOWN

St. Mary's Cathedral

Kimbell Playground

WESTERN ADDITION

Alamo Square

Jefferson Square

HAYES VALLEY

HAIGHT ASHBURY

Buena Vista Park

Buena Vista Ave. W.

Corona Heights Park

Duboce Park

Delmar St.

Ashbury St.

CASTRO DISTRICT

Castro Theatre

Gay Lesbian bisexual transgender history community

Mission Dolores

Dolores Park

NOE VALLEY

Liberty St.

MISSION DISTRICT

Precita Eyes Mural Art Center

Z

★★ Botanical Gardens at Strybing Arboretum Plan IV A2

Entrée au sud du Japanese Tea Garden. Lun.-vend. 8h-16h30, w.-end et j. fériés 10h-17h. www.sfbotanicalgarden. org. 7 $.

Les jardins botaniques occupent 28 ha de relief vallonné rassemblant une large collection de plantes de tous les continents. Leur originalité tient à l'organisation par thèmes qui permet de voyager à travers paysages et parfums. On passe ainsi du jardin biblique à celui du Chili ou de l'Afrique du Sud, du jardin des parfums où tout est expliqué en braille à la forêt de séquoias, typiques de la côte californienne.

Si vous venez ici à la saison des roses *(mai-sept.)*, revenez sur vos pas jusqu'à Kennedy Dr. et tournez à gauche pour traverser le **Rose Garden** et profiter de ses fragrances.

★ La partie ouest du parc Plan I AB3

À l'ouest de l'arboretum, **Stow Lake★**, la plus grande pièce d'eau de Golden Gate Park, encercle **Strawberry Hill**, une colline de 130 m de haut. Le sentier qui fait le tour de l'étang et monte au sommet de l'île est l'une des promenades favorites des familles. Le petit pavillon chinois que vous apercevez au passage près de la cascade artificielle est un don de la ville de Taipei (Taïwan).

Au-delà de Stow Lake, vers l'Océan, se succèdent d'autres pièces d'eau, comme **Spreckels Lake**, populaire auprès des fans de modèles réduits téléguidés, des terrains de sport, un parc à bisons, **Bison Paddock**, et un moulin à vent hollandais, **Dutch Windmill**, souvenir de l'ancienne alimentation en eau du parc.

★ MISSION DISTRICT Plan IV et Plan I

◗ *Comptez une demi-journée. Le quartier est accessible par les bus 14 ou 49, le tramway J, le BART, stations 16th St. Mission ou 24th St. Mission.*

Taquerias aux odeurs de *chili*, tempo de salsa, fresques murales violemment colorées, bandes de machos gominés défilant dans leurs voitures rutilantes, villas un peu fanées et grands plumeaux des palmiers plantent un cadre très éloigné des tours de verre de Downtown. Mission District est le **quartier latino** de la ville. Au début de la colonisation, les militaires choisirent la colline du Presidio au nord, qui gardait l'entrée de la baie. Les premiers missionnaires espagnols, arrivés à San Francisco en 1776, fondèrent la **mission Dolores**. Les colons vinrent peu à peu du Mexique et s'installèrent tout près, le long de ce qui est aujourd'hui 16th Street. Le quartier fut ensuite progressivement intégré à la ville, mais il resta le lieu d'immigration des populations latinos.

Bien que très prisé par les autres communautés immigrantes, irlandaise, scandinave ou allemande, Mission District a gardé son atmosphère méditerranéenne et vibre toujours en espagnol.

Ses axes les plus vivants et traditionnels sont **Mission Street** et **16th Street**, tandis que Dolores Street et ses hauts palmiers sont l'un des endroits les plus reposants de la ville. Enfin **Valencia Street** représente la nouvelle vitrine du quartier : moins latina, plus branchée et plus bourgeoise. Le long de cette artère, restaurants aux cadres modernes alternent avec cafés bohèmes, sans oublier les nombreuses boutiques de fripes qui feront le bonheur des adeptes de la mode *vintage*.

★ Mission Dolores Plan IV D3

À l'angle de Dolores St. et de 16th St., ✆ (415) 621 8203, www.missiondolores.org. Tlj mai-oct. 9h-16h30 ; nov.-avr. 9h-16h. Contribution suggérée.

Fondée par les moines franciscains, c'est la 6e des 21 missions édifiées dans toute la Californie. Elle se composait à l'origine d'une chapelle, de logements,

San Francisco, Haight Ashbury.
L. Decoudin / MICHELIN

d'une école, d'ateliers, de communs, d'un jardin clos et d'un cimetière, mais elle n'existe plus en l'état. La **chapelle★★** actuelle date de 1791 et est le plus ancien monument de la ville. Construite en adobe (briques de terre séchées au soleil) et couverte de tuiles roses, elle illustre parfaitement l'influence espagnole. Les moines utilisèrent la main-d'œuvre indienne pour la bâtir et on reconnaît certaines de leurs techniques, comme les dessins du plafond que l'on retrouve sur leurs poteries. Les énormes poutres en bois de séquoia sont assemblées au moyen de bandes de cuir (on suppose que la souplesse de l'ensemble sauva la chapelle des tremblements de terre). L'autel somptueux de style mexicain date du 18ᵉ s. Un petit **musée** rassemble des objets sacrés et un émouvant registre des baptêmes de l'époque. Le paisible **cimetière**, gardé par la statue du moine franciscain Junípero Serra, est, avec la chapelle, le seul vestige de la mission d'origine. Contrastant avec la modestie de l'ensemble primitif, la **basilique** fut érigée juste à côté en 1918 dans un impressionnant style baroque : elle sert aujourd'hui d'église paroissiale.

Remontez Dolores Street.

Mission Dolores Park fut jadis un cimetière juif. Les palmiers ont été plantés par John McLaren, le paysagiste du Golden Gate Park. La vue sur la ville y est particulièrement agréable.

★★ Circuit des fresques murales Plan I

Elles sont réparties dans tout le quartier de Mission District. Il vous suffit d'ouvrir l'œil pour voir ici et là des exemples de cet art populaire plein d'humour et de poésie. Parmi les plus belles fresques, ne manquez pas celles situées à l'angle nord-est de Mission Street et de 24ᵗʰ Street, et à l'angle de 24ᵗʰ Street et de South Van Ness Avenue. Vous en verrez également de superbes le long de 24ᵗʰ Street et dans les rues perpendiculaires. Mais la plus grande concentration se trouve dans **Balmy Alley★★** (D4), une venelle défraîchie qui joint 24ᵗʰ à 25ᵗʰ Street au niveau de Garfield Square. L'art de la fresque étant de plus en plus populaire, de nouvelles œuvres fleurissent un peu partout et s'offriront à vous au fil de la marche.

Precita Eyes Mural Art Center – *2981 24th St., ☏ (415) 285 2287, www.pre citaeyes.org.* L'association s'attache à préserver et promouvoir les fresques existantes et à soutenir la création d'œuvres nouvelles en fournissant des **plans de visite** ou en organisant des excursions guidées *(rens. sur Internet et sur place).*

★ CASTRO DISTRICT Plan IV CD3

▶ *Comptez 1h. Prenez le tramway ligne F.*

Castro Street, au sud de Market Street, est le cœur de la **communauté gay**, sans aucun doute la plus libérée des États-Unis. Le nombre d'homosexuels augmenta considérablement à San Francisco du temps où la ville était un grand port militaire. De nombreux soldats furent refoulés pour leurs préférences sexuelles et s'installèrent sur place. Chaque fois qu'une épuration avait lieu dans une administration ou une autre, la communauté s'enrichissait de nouvelles recrues. Finalement, le vent de liberté qui souffla sur la ville dans les années 1960 et 1970 permit aux homosexuels de sortir de l'ombre et de s'afficher. C'est à cette époque que Castro District devint leur quartier général, comme l'annoncent sans équivoque les nombreux drapeaux arc-en-ciel.

En 1977, **Harvey Milk** fut le premier conseiller municipal gay à être élu. Son assassinat l'année suivante par un ancien policier homophobe et la déferlante du sida après 1981 mirent toutefois un terme à l'euphorie générale, obligeant la communauté à se discipliner et à s'organiser pour offrir un front efficace contre la maladie. Aujourd'hui, l'atmosphère s'est allégée et les homosexuels sont très actifs dans la ville, où ils évoluent ouvertement et sans complexes.

En 2001, un transsexuel (ils sont plus de 30 000 à San Francisco et dans les environs) a pour la première fois été nommé dans une instance municipale. En 2004, les nombreux mariages gays célébrés par le maire de la ville, exploitant une faille de la Constitution, ont lancé le débat dans tous les États-Unis.

Impossible de rater votre entrée dans le sanctuaire de la communauté gay : un énorme drapeau arc-en-ciel flotte à l'angle de Castro St. et de Market St. et CASTRO s'affiche fièrement en lettres blanches sur fond rouge au-dessus du **cinéma★** du quartier *(Castro Theatre, 428 Castro St.,* C3). Magnifique avec sa façade de style mexicain et ses affiches encadrées par des azulejos, il est l'un des endroits emblématiques du quartier. L'intérieur est joliment préservé et les séances – annoncées par un air d'orgue – se déroulent dans une atmosphère souvent joyeuse, voire délirante !

Prenez la température du quartier en sillonnant Castro St. (C3) et Market. St. et en faisant des incursions dans les rues perpendiculaires, au rythme des drapeaux arc-en-ciel qui jalonnent Castro. Certaines de ces rues ont conservé bon nombre de jolies demeures victoriennes. **Liberty Street★** (D3) compte par exemple une belle rangée de ces cottages en bois multicolores.

Vous pouvez conclure votre visite par un passage au **Gay Lesbian bisexual trangender history community** *(4127 18th St.* C3, *www.glbthistory.org/museum. Merc.-sam. 11h-19h, dim. 12h-19h. 5 $, gratuit 1er merc. du mois).* Second musée du genre après celui de Berlin, il relate l'histoire du mouvement gay aux États-Unis et présente notamment des objets ayant appartenu à Harvey Milk.

★ NOE VALLEY Plan I CD4

▶ *Comptez 1h. Prenez la ligne J. Depuis Castro, remontez Castro St. jusqu'à 24th St., qui redescend dans Noe Valley.*

Noe Valley est un quartier résidentiel qui a gardé le charme d'un village. **24th Street** (CD4) en est l'axe principal : de part et d'autre, superbes maisons, jardins exubérants et ruelles aux pentes vertigineuses.

★★ **Twin Peaks** C4

Bus 37 ou ligne K, L, M et bus 36.

Si vous voulez embrasser la ville d'un seul regard, faites l'ascension de ces deux collines jumelles qui culminent à 300 m d'altitude au sud-est de Castro District et de Noe Valley. Les Espagnols, beaucoup plus poétiques, les nommaient « les seins de la jeune Indienne ». L'impressionnant **panorama**★★★ englobe l'ensemble de San Francisco et de la baie.

★★★ Vers le Golden Gate par le littoral

★★ DE LINCOLN PARK AU GOLDEN GATE BRIDGE Plan I A2-B1/2

▶ *Comptez une journée. Pour le Palace of the Legion of Honor, empruntez le bus 18 (Cliff House est ensuite à 15mn à pied). Pour Cliff House et l'accès au sentier côtier, prendre les bus 5, 18, 31 ou 38, pour le Golden Gate Bridge, les bus 28 ou 29.*

◉ **Bon à savoir** – L'idéal est de commencer par le Palace of the Legion of Honor, dans le Lincoln Park, le matin, de déjeuner au bord de l'Océan, puis de faire la randonnée côtière (2h environ) et d'arriver au Golden Gate Bridge pour le coucher du soleil.

★★ Palace of the Legion of Honor A2

Comptez 2h. ✆ (415) 863 3330, www.famsf.org. Tlj sf lun. 9h30-17h15. 10 $, inclut une visite le même jour au De Young Museum dans Golden Gate Park. Gratuit le 1er mar. du mois.

Il s'agit à plus d'un titre de l'un des plus beaux musées de la ville. Son architecture et son cadre exceptionnel invitent déjà à une balade de charme, et ses magnifiques collections d'art européen en font une étape unique. L'édifice est une copie à l'identique du palais de la Légion d'honneur de Paris. Il fut érigé dans les années 1920 sur l'initiative d'Alma Spreckels, épouse du magnat du sucre, qui était tombée en admiration devant le pavillon de la France à l'exposition Panama-Pacifique de 1915. Passionnée par la France, elle y rencontra Rodin qui devint son artiste fétiche. Le musée est d'ailleurs le plus riche en œuvres du sculpteur (106) en dehors du musée Rodin à Paris. Il possède aussi toutes les collections léguées par Alma Spreckels, notamment celle des arts égyptiens.

La visite vous conduit dans chacune des 19 salles qui s'organisent autour d'une rotonde centrale. Les **sculptures de Rodin** sont évidemment au cœur du musée, ainsi que de nombreuses et fascinantes études préparatoires aux grandes œuvres. La peinture européenne est très bien représentée avec une salle splendide réservée aux **primitifs italiens**★★ marqués encore par l'influence byzantine. L'évolution est passionnante entre cette période et la **Renaissance**, comme le montrent successivement la *Madone à l'Enfant*, raide et majestueuse, de Bartolo (1400), celle déjà plus réaliste de Vivarini (1481) et une autre Madone, tendre, gironde et respirant l'émotion, exécutée en 1515 par Granaci. La salle consacrée à la Renaissance du Nord de l'Europe permet de mesurer les différences avec le Sud : ici, Byzance est loin, mais le gothique austère très présent.

Parmi les autres œuvres majeures, on note le *Saint Jean-Baptiste* du Greco (vers 1600), une *Madone à l'Enfant* du Tintoret, mais aussi un merveilleux **triptyque en émail de Limoges**★★★ (1500) représentant le mariage de Louis XII et d'Anne de Bretagne. Les **peintures flamande, anglaise et française** sont représentées par Rubens, Van Dyck, Van Ruysdael, Gainsborough, Constable,

1

Reynolds, Watteau et Fragonard. Les **impressionnistes** occupent une salle, avec Monet, Renoir, Pissarro, Sisley, Seurat, Degas et Manet, tandis qu'Émile Bernard, Cézanne, Matisse, Picasso et Braque annoncent déjà la **période moderne** et l'évolution du 20e s. Enfin, n'oubliez pas les collections de mobilier des 17e et 18e s., de tapisseries médiévales et de porcelaines.

Pour rejoindre à pied Cliff House ou le Golden Gate Bridge, le sentier côtier passe en contrebas du musée.

Cliff House A2

1090 Point Lobos Ave., ℰ (415) 386 3330, www.cliffhouse.com.
L'un des buts de promenade favoris des San-Franciscains fut d'abord une auberge, remplacée par un manoir prétentieux de 7 étages, lui-même dévasté par les flammes en 1907. Le bâtiment actuel, rénové en 2003-2004, ne présente pas d'autre intérêt que son site grandiose et la **vue★★** sur la côte, du cap Pedro au sud au cap Reyes au nord, en passant par les îles Farallon, à une cinquantaine de kilomètres au large.

★★ La randonnée côtière

Comptez de 1h30 à 2h. Facile.
🚶 Elle relie Cliff House et le Golden Gate Bridge, avec un détour possible par le Palace of the Legion of Honor.

Juste au nord de Cliff House, se dressent les ruines des Sutro Baths, vestiges du luxueux établissement balnéaire construit à la fin du 19e s. par l'homme d'affaires Adolph Sutro, qui posséda, au temps de sa gloire, jusqu'à un douzième des terrains de la ville ! La promenade traverse le golf et mène à **Eagle's Point★★** (A2). Un escalier descend vers la falaise d'où l'on a un splendide panorama sur les plages, le Golden Gate Bridge et les Marin Headlands, de l'autre côté du pont.

La balade suit **El Camino del Mar**, une jolie avenue bordée de luxueuses maisons de style néoméditerranéen. Suivez la rue parallèle à la côte, puis tournez à gauche dans 25th Avenue North pour rejoindre **Baker Beach★★** (B2), balayée par les énormes vagues du Pacifique. Au bout de la plage, un escalier assez raide vous ramène en haut de la dune. La promenade suit alors la route, se perdant parfois dans un labyrinthe de sentiers verdoyants qui dominent les falaises. Très loin en contrebas, la houle se brise en blanc pur sur des rochers noir et vert. On devine entre les arbres la silhouette du Golden Gate Bridge qui se rapproche, puis soudain le sentier passe sous le pont *(méfiez-vous des cyclistes qui roulent à toute allure !).*

★★★ Golden Gate Bridge B1

Desservi par le bus Muni 29 et le bus 10 de la compagnie Golden Gate (Northbound ; plusieurs arrêts dans le centre dont 7th St. et Market St.). Il est possible de traverser le pont à pied ou à vélo (voie ouverte tlj 5h-21h) et de poursuivre jusqu'à Sausalito à 5 km ; la descente à pied jusqu'au village ne présentant pas grand intérêt, vous pouvez aussi reprendre le bus une fois le pont franchi. Vérifiez bien les horaires des passages.

Voici le **symbole par excellence de San Francisco** : 2,6 km de chaussée à 67 m au-dessus de l'eau, deux piles jumelles de 227 m de haut, 520 000 m³ de béton, 1 million de tonnes d'acier et 129 000 km de câbles (ceux qui portent le tablier mesurent 1 m de diamètre…).

Il faut l'approcher pour mesurer son énormité, alors même que sa silhouette gracile et élégante semble enjamber sans peine **le détroit qui sépare San Francisco du Marin County**. Le projet de réunir ces deux rivages remonte au 19e s., mais il ne se concrétisa qu'en 1916 et il fallut encore de longues études pour qu'un plan soit arrêté. La grande crise de 1929 acheva de ralentir les choses et ce n'est qu'en janvier 1933 que la construction débuta. Le brouillard fréquent, les vents violents, les courants, l'alternance des marées et la houle étaient autant d'éléments hostiles qui compliquaient le travail des équipes. Il était particulièrement difficile aux plongeurs qui devaient ancrer les piles du pont d'opérer par 30 m de fond dans ces conditions. Les tours d'acier, hautes de 227 m, étaient exposées aux rafales, à la pluie ou à un soleil de plomb. Malgré ces dangers, la construction fit « seulement » neuf morts. Le 27 mai 1937, pour l'inauguration, une foule de 200 000 curieux envahit le tablier, ouvrant une semaine de festivités. Depuis, le Golden Gate Bridge fait l'objet d'une attention constante et possède une équipe d'inspecteurs et de techniciens à l'affût du moindre défaut. Vingt-cinq peintres le repeignent en permanence pour le protéger de la corrosion. Sa célèbre couleur, appelée *international orange* et choisie parce qu'elle est visible même dans le brouillard, est fixée une fois pour toutes et on en consomme 2 tonnes par semaine…

Les vues les plus spectaculaires du pont se déroulent depuis le pied des falaises, côté Océan pour ceux qui auront longé le rivage par le bas *(difficile et escarpé)*, ou de l'autre côté du pont, sur le promontoire de Vista Point. En voiture, le passage est gratuit à l'aller, mais il vous faudra acquitter 5 \$ au retour. Les vues depuis les bateaux qui croisent dans la baie sont impressionnantes, car on voit l'énorme structure du dessous *(pour les croisières, voir p. 184)*. Le plus agréable reste la **traversée à pied★★** *(prévoyez des vêtements chauds et un coupe-vent)*.

Après le pont, vous pouvez continuer sur le sentier côtier en suivant les panneaux vers *Picnic Area* et **Historic Battery** (B1). Passez ces anciennes fortifications défensives du 19e s., où les munitions étaient conservées dans des dépôts souterrains, et descendez sur la gauche, en direction de la baie, pour jouir d'un beau **point de vue★★** sur le Golden Gate Bridge. Après 10mn, vous atteignez **Fort Point** (B1), puis le Marin Headlands Visitor Center, qui explique l'environnement naturel des îles Farallon.

😊 NOS ADRESSES À SAN FRANCISCO

TRANSPORTS

Depuis l'aéroport
San Francisco International Airport (SFO) – *Au bord de la baie, à 14 miles au sud de la ville, par la Hwy 101,* 📞 *(650) 821 8211, www. flysfo.com.*

Compagnies – Pour se renseigner ou pour confirmer votre vol :
Air France, 📞 *1-800 237 2747 ;*
Continental Airlines, 📞 *1-800 523 3273 ;* **Delta,** 📞 *1-800 2211212,* **United Airlines,** 📞 *1-800 538 2929 ;* **British Airways,** 📞 *1-800 247 9297 ;* **KLM/ Northwest,** 📞 *1-800 225 2525.*

Navettes et bus – L'aéroport est relié à San Francisco par le **Bart** (Bay Area Rapid Transit, 8,50 \$ jusqu'à Downtown ; ttes les 15mn jusqu'à 23h45). Il est desservi aussi par les lignes de bus **SamTrans,** « 292 North » (1h ; 2 \$) et l'express « KX North » (35mn ; 5 \$), qui s'arrêtent au Transbay Terminal, 425 Mission St., entre 1st St. et Fremont St., et à l'angle de Mission St. et de 5th St. (ttes les 30mn).

Shuttles – Plus rapides, les navettes privées *(shuttles)* assurent la liaison avec les hôtels de la ville pour un prix d'environ 15-20 \$ (même si vous n'allez pas à l'hôtel, certains *shuttles* vous conduisent

1

à votre lieu de résidence). Les compagnies sont nombreuses et très concurrentielles, n'hésitez donc pas, surtout le soir, à choisir parmi celles qui sont déjà devant l'aéroport. Pour le retour, pensez à guetter leurs coupons de réduction dans tous les magazines publicitaires (ou visitez leurs sites Internet et imprimez-en un vous-même). Appelez pour réserver : **Quake City Shuttle**, ℘ *(415) 255 4899* ; **American Airporter Shuttle**, ℘ *(415) 202 0733* ; **Supershuttle San Francisco**, ℘ *1-800 258 3826*.

Taxi – Les taxis sont plus chers *(de 30 à 45 $)* et sont intéressants si vous êtes plus de deux. Le prix augmente rapidement en cas d'embouteillage.

En voiture – Si vous arrivez du sud, vous aurez déjà choisi entre l'US-101 (plus rapide) ou la PCH (Rte 1 qui serpente au-dessus du Pacifique). Depuis la 101, à Sunnyvale, vous pouvez prendre l'I-280 vers le nord, pour passer au centre de la péninsule (la 101 suit sa côte est). La Rte 1 rejoint l'I-280 environ 3 miles au sud de la banlieue Daly City, puis continue vers le nord pour devenir 19th Ave. Celle-ci vous mènera aux quartiers ouest de la ville, Haight-Ashbury, Richmond, Marina… avant d'aboutir au Golden Gate Bridge. Vous pouvez sortir de la 101 et de l'I-280 à Cesar Chavez St. pour les destinations au sud de Market St., comme le Mission District.

La 101-N devient Van Ness Ave. et vous conduira aux quartiers du nord-est (Russian Hill, Nob Hill, Chinatown, North Beach, etc.).

Dans la région

En bus – Les bus régionaux partent et arrivent au Transbay Terminal, *425 Mission St.* (Plan II C2), *ouv. 24h/24 (consigne).* Berkeley et Oakland sont desservis par la compagnie **AC Transit**, ℘ *(415) 817 1717, www.actransit. org*, Sausalito et le Marin County par **Golden Gate Transit**, ℘ *(415) 455 2000, www.goldengatetransit. org*. Depuis la région de San Francisco, vous pouvez également appeler un numéro gratuit, ℘ *511*, pour des informations sur toutes ces compagnies, ou consulter le site Internet *www.511.org*.

En ville

Bon à savoir – N'utilisez surtout pas de voiture. Le mieux est de la garer dans une des rues de Western Addition ou Hayes Valley (Plan I), en faisant bien attention aux pancartes annonçant « No Parking » tel jour sur telle tranche horaire pour le nettoyage de la rue, et ensuite de partir à pied et d'utiliser le réseau de **transports en commun** très développé et assez bon marché. Dans les quartiers très vallonnés, la marche est un peu sportive, mais agréable, car les centres d'intérêt sont concentrés dans des périmètres restreints. Pour les zones éloignées, nous vous indiquons la ligne de bus la plus pratique.

En voiture – Si vous tenez absolument à vous déplacer en voiture, sachez que les bus, *cable cars* et piétons sont toujours prioritaires.

Pour vous garer, en raison des rues très pentues, une **règle absolue** s'impose (faute de quoi vous risquez une amende) : face à la montée, braquez vos roues vers la chaussée ; face à la pente, braquez-les vers le trottoir. Les autorisations de **stationner** sont matérialisées par des **couleurs** le long du trottoir. Pas de couleur : stationnement autorisé, mais qui peut être payant (voir les panneaux). Évitez absolument tout ce qui comporte du rouge, du jaune ou du noir. Le vert autorise un arrêt de 10mn, le blanc un arrêt de 5mn pour embarquer ou débarquer les passagers. Ne prenez pas le risque d'ignorer ces règles, il vous en coûterait l'équivalent local du sabot de Denver (et vous trouverez sur le pare-brise la petite phrase « Heavens ! My car has been booted ! » en guise de confirmation) ou, au mieux, une amende de plus de 200 $. Toutes les informations pour régulariser ces diverses situations se trouvent sur le PV.

Si vous avez commis une énorme infraction (par exemple vous garer sur un passage piéton, plus sévèrement punie qu'en France) et que votre voiture a été enlevée, réglez l'amende à Auto Return, *850 Bryant St., ouvert 7j/7, 24h/24*.

En bus et tramway – Dès votre arrivée, procurez-vous (dans une librairie ou à l'office de tourisme Plan II B3) la *Street & Transit Map* (3 $) qui répertorie les lignes de bus et de tramways. Le prix du billet est fixe (2 $; 0,75 $ pour les enfants de 5 à 17 ans et les plus de 65 ans) : prévoyez le compte exact, car on ne rend pas la monnaie. Si vous devez prendre une correspondance, demandez le *transfer ticket* au chauffeur en précisant où vous allez. Ce ticket vous sera demandé dans le bus suivant (le transfert n'est pas valable sur le *cable car*).

⊙ Notez bien l'heure mentionnée sur le ticket : elle indique la limite de validité du billet ; durant ce temps, de 90mn à 2h, vous avez droit à autant de transferts que vous voulez, y compris le retour sur la même ligne. À vous de calculer si cela est plus intéressant que le forfait à la journée.

Les **forfaits illimités**, les Muni passports, valables sur les bus, Muni Metro et *cable cars*, sont vendus à l'office de tourisme : 1 jour (13 $), 3 jours (20 $) et 7 jours (26 $). Le City Pass (64 $) est aussi valable 9 jours et comprend, en plus, des billets d'entrée pour le SF MoMA, l'Academy of Sciences et son aquarium, l'Exploratorium, le De Young Museum, l'Asian Art Museum et une croisière de la ligne Blue & Gold dans la baie. Vous pouvez aussi les acheter dans n'importe lequel de ces sites ou sur www.citypass.com, en précisant l'adresse de votre hôtel à San Francisco et la date à laquelle vous voudriez que le Pass soit livré.

⊙ Dès que la qualité de l'air est jugée mauvaise, la régie des transports SF Muni décide d'une journée « Save the Air » et toutes les lignes sont gratuites.

Les chauffeurs de bus sont en général aimables et acceptent volontiers de vous renseigner ou de vous prévenir lorsque vous arrivez à la destination demandée. Tirez sur le cordon qui court le long des vitres pour demander l'arrêt suivant.

La plupart des lignes passent le long de Market St. Les **lignes 7 et 71** s'arrêtent dans Market St. et conduisent à Haight-Ashbury et à l'entrée de Golden Gate Park. La **ligne 30** part près de Caltrain Station (angle de 4th St. et Townsend St.), remonte par 3rd St. et Kearny St., desservant le centre-ville et Chinatown, longe Columbus Ave., traversant North Beach, et continue ensuite à l'ouest, desservant Ghirardelli Square, pour aboutir au Marina District. La **ligne 15** part aussi près de Caltrain Station par 3rd St., remonte Stockton St. et une partie de Columbus Ave. jusqu'à North Beach, vous approchant encore plus de Fisherman's Wharf. La **ligne 21** longe Market

St., puis Civic Center et Hayes Valley vers le Golden Gate Park, via Alamo Square. La **ligne F**, utilisant des trolleys historiques, dessert l'Embarcadero jusqu'à Fisherman's Wharf et emprunte Market St. pour aboutir au Castro. Attention, les lignes J, K, L, M, N et S du réseau Muni longent Market St. sous terre. On les prend aux stations souterraines du BART.

En cable car – Préparez-vous à attendre 45mn au moins en saison (prenez-le avant 8h30 le matin si vous ne voulez pas attendre). Trois axes sont desservis par cet incontournable moyen de transport. Le premier, **Powell-Mason**, part de Powell St. au niveau de Market St., en direction de Fisherman's Wharf. Le deuxième, **Powell-Hyde**, conduit à l'ouest de celui-ci, près de l'Aquatic Park. Le troisième longe California St., entre Market St., dans Financial District et Van Ness Ave. Ce dernier est le moins fréquenté, idéal pour goûter au trajet sans faire trop de queue. Les correspondances entre les trois lignes se font à l'arrêt Powell & California. Attention : en raison de la très forte déclivité, le *cable car* s'arrête au milieu des carrefours où la pente est interrompue.

⚠ Méfiez-vous du trafic en descendant. Le billet vaut 5 $; le forfait est donc très vite amorti, car il n'y a pas de *transfer ticket* vers les bus.

En BART – Le **Bay Area Rapid Transit** (*www.bart.gov*) est l'équivalent du RER et applique une tarification à part. Il dessert les banlieues et les autres villes de la baie. Toutes les lignes passent sous Market St. par les stations d'Embarcadero, Montgomery, Powell, Civic Center, et sous Mission St. par les stations de 16th St. et 24th St. Les billets s'achètent dans les stations à des machines automatiques. Si vous mettez plus que le prix de base du ticket, vous pourrez réutiliser ce dernier jusqu'à concurrence de la somme introduite.

Le **Caltrain** est un train de banlieue qui couvre les comtés de San Mateo et de Santa Clara. C'est le moyen de transport indiqué en direction de San Jose et de la Silicon Valley. Le terminal est situé à l'intersection de 4th St. et de King St., au sud de SoMa (Plan I E3) (relié au réseau Muni par les lignes de bus 10, 15, 30, 38L, 45, 47, 76 et la ligne souterraine N).

En taxi – Vous en trouverez devant les grands hôtels, sinon placez-vous au bord de la chaussée et faites un signe bien visible. Pour traverser la ville d'est en ouest, vous en aurez pour maximum 20 $. Ajoutez 15 % de pourboire.

Location de voiture – Réservez de préférence votre véhicule avant de partir en faisant appel à un organisme national qui négociera les prix. Sinon, les grandes compagnies sont représentées à l'aéroport (transfert gratuit par navette vers le centre de location où sont réunies toutes les enseignes) et dans le centre-ville.

Location de motos, vélos, rollers – Pour chevaucher une Harley-Davidson le long des rues mythiques (*130 $ par jour*), adressez-vous à **Eaglerider**, *1060 Bryant St.* (Plan I E2), ☏ (415) 503-1900, *www.eaglerider.com*. Réservation conseillée.

Pour les vélos, l'une des adresses les plus pratiques est **Blazing Saddles**, *1095 Columbus Ave.* (Plan III D2), *près du terminus du cable car Powell-Mason*, ☏ (415) 202 8888, *www.blazingsaddles. com*. Un autre site de cette chaîne de boutiques, *www.bikethebridge. com*, propose plusieurs itinéraires, dont la traversée à vélo du Golden Gate Bridge jusqu'à Sausalito (avec un retour par ferry, 13 km) ou Tiburon (23 km pour les plus courageux). **Golden Gate Park Skate & Bike**, *3038 Fulton St.* (Plan IV B1), *(415) 668 1117, www. goldengateparkbikeandskate. com*, loue des vélos et des rollers pour profiter de l'étendue du Golden Gate Park ainsi que **Bicycle & Skate Rentals**, *899 Columbus St.* (Plan III D2), *(415) 229 2000, www. bicyclerental.com*, qui organise aussi des sorties en groupe à San Francisco et dans les environs.

 Une tradition sympathique pour les fans de roller : chaque vendredi soir, une foule de *rollerbladers* font une grande boucle dans la ville de 20h à minuit à partir du Ferry Building (Embarcadero), par Fisherman's Wharf, Marina District, Union Square, South of Market pour revenir dans Financial District, désert le soir, avec entre-temps un passage à pleine vitesse dans le tunnel de Broadway St. Une randonnée sportive en raison des nombreuses collines !

VISITES

San Francisco City Guides – *(415) 557 4266, www. sfcityguides.org*. Découverte de la ville à pied, quartier par quartier, 7j/7, avec des guides bénévoles de la bibliothèque centrale ; contribution suggérée min. 5 $.

Victorian Homes Walk – *(415) 252 9485, www.victorianwalk. com, 25 $*. Le point de rencontre est à Union Square, départ 11h, 7j/7 quel que soit le temps, et la destination Pacific Heights et Cow Hollow (durée env. 2h30, pas de réservation nécessaire).

Vampire Tour of San Francisco – *1-866 424 8836, www.sfvampire tour.com*. Il propose aux amateurs

de gothique un rendez-vous chaque vend. et sam. (sf en cas de forte pluie) à 20h, à l'angle de California et Taylor St., env. 20 $ (durée env. 2h, pas de réserv. nécessaire).

INFORMATIONS UTILES

Internet – On peut se connecter gratuitement dans les bibliothèques municipales (**Main Library**, 100 Larkin St. (Plan IV E1), en face de Civic Center), mais il y a souvent la queue et le temps de connexion est limité à 15mn. Le **Visitors Bureau** propose aussi quelques terminaux payants, ainsi que la liste des **cybercafés**. Vous trouverez aussi des accès Internet dans des **cyber-laveries** comme : **Brain Wash Café and Laundry** (SoMa) *(1122 Folsom St.)*.

Représentations diplomatiques – **France**, *540 Bush St.* (Plan II B2), *(415) 397 4330. Lun.-mar. 9h-12h et 14h-15h30, merc.-vend. 9h-12h30.*

Belgique, *1663 Mission St., Suite 400* (Plan IV E2), *(415) 861 9910.*

Suisse, *456 Montgomery St., Suite 1500* (Plan II C1-2), *(415) 788 2272.*

Luxembourg, *1 Sansome St., suite 830* (Plan II C2), *(415) 788 0816, sanfrancisco.cg@mae.etat.lu.*

Centres culturels – **L'Alliance française de San Francisco** (Plan I D2), *1345 Bush St.*, *(415) 775 7755*, possède une bibliothèque *(lun.-jeu. 9h-21h, vend. 9h-19h, sam. 9h-17h, dim. 9h-13h)* de 25 000 livres.

Journaux – Le **San Francisco Examiner** est un quotidien local dont l'édition du lundi contient les programmes culturels *(www.examiner.com)*. Autre titre, le **San Francisco Chronicle** consacre une partie de son numéro du dimanche aux loisirs et sorties *(www. sfgate.com/chronicle/)*. Gratuit,

1

disponible dans les distributeurs de rue, les commerces et les restaurants, le **San Francisco Bay Guardian** répertorie les restaurants branchés, les sorties incontournables du moment et la liste des films et pièces de théâtre (www.sfbg.com).

Sécurité – Après la nuit tombée, évitez les rues mal éclairées du centre-ville. Union Square et Market St. peuvent être mal fréquentées, de même que le quartier de Tenderloin, entre Civic Center et Downtown. Les petites rues perpendiculaires au haut de 5e St. sont, même en journée, un lieu de prostitution. Si vous sortez le soir dans Mission District ou SoMa, rentrez à plusieurs ou en taxi. Évitez Golden Gate Park la nuit. En cas de problème, appelez le 911. Les sans-abri sont rarement agressifs, sauf sous l'emprise de l'alcool ou de la drogue.

HÉBERGEMENT

Bon à savoir – San Francisco est une ville chère et très touristique de mai à septembre. Réservez bien à l'avance et demandez les offres spéciales (special offers) ou une réduction si vous restez plus de 3 ou 4 nuits. Depuis la France, pensez à surfer sur Internet pour obtenir des tarifs discount. Les abords d'Union Square et de Market St. sont les plus pratiques pour prendre les transports en commun, mais ils constituent aussi la zone la plus chère. Les **meilleurs rapports qualité-prix** se trouvent un peu à l'écart, dans les quartiers résidentiels généralement bien desservis. La ville étant assez étendue, tenez compte des problèmes de transport. Certains quartiers mal fréquentés, comme Tenderloin, sont moins chers, mais pour votre sécurité, vous devrez sans doute rentrer en taxi tard le soir.

Faites vos comptes avant de vous décider.

Autour d'Union Square Plan II

PREMIER PRIX

Spaulding – 240 O'Farell St., ℰ (415) 397 4924/1-800 459 6347, www.spauldinghotel.com - 128 ch. À partir de 80 $. ☐ À seulement un bloc d'Union Square, l'un des hôtels traditionnels les moins chers du quartier. Frigo sur demande, petit-déj. continental. Laverie et accès Internet gratuit.

BUDGET MOYEN

Layne Hotel – 545 Jones St., ℰ (415) 922 3568, www.laynehotel. com - 40 ch. 90/199 $ 🅿 À trois blocs et 5mn à pied à l'ouest d'Union Square, à la limite de Tenderloin, hôtel agréablement remis à neuf. Porte sur la rue fermée en permanence. Frigo, micro-ondes et fer à repasser dans chaque chambre. Parking payant.

The Fitzgerald – 620 Post St., ℰ (415) 775 8100, www. fitzgeraldhotel.com - 46 ch. 119/139 $ ☐ ✕ 🅿 Une jolie demeure victorienne qui abrite des chambres plutôt bien équipées (frigo, micro-ondes, machine à café, planche à repasser). Petit-déj. continental, accès Wifi gratuit. Parking payant. L'agréable bar à vin **The Hidden Vine** (mar.-sam. à partir de 17h) permet de goûter des productions régionales avec un repas léger.

Hotel Bijou – 111 Mason St., ℰ (415) 771 1200, www.hotelbijou. com - 65 ch. Autour de 130 $ ☐. Bel hôtel dont chaque chambre porte le nom d'un film tourné à San Francisco ; décoration colorée et soignée avec photos de stars. Joli théâtre où regarder ces films (2/j.) et ligne téléphonique directe pour les programmes des cinémas de la ville ! Chambres bien équipées.

Hotel Union Square – *114 Powell St., ℘ (415) 397 3000, www. hotelunionsquare.com - 131 ch. 139/199 $* ⌷ ✕ 🅿 Un hôtel élégant et chaleureux à la décoration moderne, à deux pas d'Union Square. Les chambres sur l'arrière sont sombres, mais celles sur la rue agréables. Petit-déj. continental. Journaux, thé et café inclus. Parking payant. Excellent rapport qualité-prix.

South of Market Plan II

PREMIER PRIX

The Mosser – *544th St., ℘ (415) 986 4400, www.themosser. com - 166 ch. 79/209 $* ✕ De loin le meilleur établissement du quartier, ce bel hôtel historique a pour cadre une construction victorienne réaménagée dans un style contemporain. Également une quarantaine de chambres, sans sdb privées, les moins chères. Accès Internet payant. Café et muffins le matin. Le restaurant **Annabelle's** *(tlj 11h30-15h et 17h30-22h30. 15-25 $)* est l'occasion de déguster une cuisine typiquement californienne.

Civic Center et Hayes Valley Plan IV

BUDGET MOYEN

Hayes Valley Inn – *417 Gough St., ℘ (415) 431 9131, www. hayesvalleyinn.com - 28 ch. 84/115 $* ⌷. À l'ouest de Civic Center, dans un quartier calme et verdoyant, un petit hôtel impeccable et tout proche des théâtres et de l'Opéra. Une belle cuisine est à disposition.

Château Tivoli – *1057 Steiner St., ℘ (415) 776 5462, www. chateautivoli. com - 9 ch. 100/290 $. Ligne de bus 22 ou 5 à Steiner St.* Dans un opulent pavillon victorien, ancien hôtel réservé aux artistes de l'Opéra Tivoli, aux chambres spacieuses et décorées :

lits à baldaquin, meubles anciens et tableaux.Celles partageant une sdb sont moins chères. Parking facile aux alentours.

Chinatown Plan II

PREMIER PRIX

Grant Plaza – *465 Grant Ave., ℘ (415) 434 3883, www.grantplaza. com - 72 ch. Env. 80 $.* Tout près du China Gate, une adresse centrale mais relativement basique. Accès Internet gratuit.

North Beach Plan III

POUR SE FAIRE PLAISIR

Hotel Bohème – *444 Columbus Ave., ℘ (415) 433 9111, www. hotelboheme.com - 15 ch. 174/194 $.* Un mignon petit hôtel à l'accueil chaleureux, très bien situé, car au cœur de North Beach. Wifi gratuit. Réservez.

Washington Square Inn Bed & Breakfast – *1660 Stockton St., ℘ (415) 981 4220, www.wsisf. com - 15 ch. 180/280 $* ⌷. En face de l'église Sts Peter and Paul, au pied de Telegraph Hill, une adresse calme, raffinée… et très demandée. Joli mobilier ancien et bon accueil. Apéritif le soir compris.

Fisherman's Wharf Plan III

🕙 **Bon à savoir** – Les hôtels localisés près des quais sont très chers.

UNE FOLIE

Argonaut Hotel – *495 Jefferson St., ℘ (415) 563 0800, www. argonauthotel.com - 252 ch. 215/322 $* ✕ Aménagé dans une ancienne conserverie, ce grand hôtel offre une décoration parfaite alliant brique rouge (un classique de San Francisco), bois et objets de marine. Un très beau cadre pour un service de luxe. SPA. Wifi et Internet gratuits.

1

Marina District Plan III

PREMIER PRIX

HI - Fishermans Wharf Hostel – *Building 240, Fort Mason, ℘ (415) 771 7277, www.sfhostels.org - 172 lits env. 26 $ en dortoir/à partir de 65 $ pour une double* ☐ 🄿 Bien qu'éloignée du centre, c'est la plus agréable des auberges de jeunesse de la ville, près de la verdure du Presidio. Elle est desservie par les bus (lignes 10, 49 et 30). Belle vue. Dortoirs et chambres privées, laverie et cafétéria. Accès Wifi et parking gratuits. Réservez suffisamment à l'avance.

Cow Hollow Plan III

😊 **Bon à savoir** – Cet agréable quartier est chic et cher.

POUR SE FAIRE PLAISIR

Union Street Inn – *2229 Union St., ℘ (415) 346 0424, www. unionstreetinn.com - 6 ch. 199/329 $* ☐. *Ligne de bus 45.* On n'a plus envie de partir de cette maison chaleureuse, au décor parfait et au confort douillet. Petit-déj. copieux et toutes sortes d'attentions charmantes. Ravissant petit jardin. 2 nuits min. le w-end.

Pacific Heights Plan III

POUR SE FAIRE PLAISIR

Jackson Court – *2198 Jackson St., ℘ (415) 929 7670, www. jacksoncourt.com - 10 ch. 190 $* ☐. Pas un panneau n'indique ce B & B chic et discret, aussi a-t-on l'impression d'arriver chez des amis. Tout est d'un goût exquis. Petit-déj. plantureux, thé, conseils avisés et cuisine à disposition. Une excellente adresse.

Nob Hill Plan II

PREMIER PRIX

Grant Hotel – *753 Bush St., ℘ (415) 421 7540, www.granthotel.net - 76 ch. 85/100 $.* Proche des lignes de *cable car*, ce grand hôtel est très bien tenu. Les chambres sont spacieuses, mais les moins chères très sombres. Préférez celles qui donnent sur Bush St., la différence de prix est justifiée. Petit-déj. continental, accès Internet gratuit.

POUR SE FAIRE PLAISIR

Petite Auberge – *863 Bush St., ℘ (415) 928 6000, www. petiteaubergesf.com - 26 ch. 110/200 $* ☐. Ce petit hôtel a du charme avec sa jolie façade et son décor romantique. Copieux buffet pour le petit-déj., thé et apéritif inclus. Accès Wifi gratuit.

Haight-Ashbury Plan IV

😊 **Bon à savoir** – Très peu d'hébergements dans le quartier et ils sont chers.

BUDGET MOYEN

Red Victorian Bed & Breakfast – *1665 Haight St., ℘ (415) 864 1978, www.redvic.net - 18 ch. 75/139 $* ☐ 🄿 Seules six chambres ont une sdb, mais celles à partager sont impeccables. La déco signe une adresse de charme. Copieux petit-déj. Parking payant.

Mission District Plan IV

BUDGET MOYEN

The Inn San Francisco – *943 S. Van Ness Ave., ℘ (415) 641 0188, www.innsf.com - 21 ch. 120/285 $* ☐. Un petit hôtel qui a pour cadre une jolie maison victorienne rose meublée d'ancien et entourée d'un jardin plein de charme. La plupart des chambres disposent de sanitaires privés. Copieux petit-déj.

Castro District Plan IV

BUDGET MOYEN

Whelan House – *300 Castro St., ℘ (415) 621 7736, www. homeguest.com - 3 ch. 90/130 $* ☐. La quiétude d'une maison de campagne, un jardin planté d'arbres et un hôte amoureux de sa ville font de ce B & B un bijou.

La chambre du capitaine, en haut de la maison, a une terrasse privée. Accès Wifi gratuit.

POUR SE FAIRE PLAISIR

Parker Guest House – 520 Church St., ℘ (415) 621 3222 - www.parkerguesthouse.com - 21 ch. 150/259 $ 🍽 🅿. Bien qu'orienté vers une clientèle gay, ce B & B est très ouvert sur les autres choix de vie. Les chambres de la grande maison jaune sont propres et accueillantes et les jardins sont agréables. Dégustation de vin et fromages, et accès au hammam gratuits.

RESTAURATION

😋 **Bon à savoir** – Pour bénéficier d'un meilleur prix, vérifiez si le restaurant que vous avez choisi propose un menu *Early bird* (dîner avant 19h) et n'hésitez pas à vous procurer la liste des établissements qui participent à l'opération *Dine about town* et qui offrent à cette occasion des menus abordables *(voir www.onlyinsanfrancisco.com/ dineabouttown)*.

Outre les restaurants que nous présentons ici, de nombreuses adresses détaillées dans les rubriques Petite pause et Boire un verre proposent également de la (petite) restauration.

Autour d'Union Square Plan II

PREMIER PRIX

Borobudur – 700 Post St. (A2) *(à l'angle de Jones)*. Lun.-jeu. 11h30-22h, vend.-sam. 11h30-23h, dim. 13h-22h. Plats entre 10 et 16 $. Un restaurant familial indonésien à la décoration simple, mais aux petits détails qui font mouche : grand panneau décoratif en bois, ombrelles, porte encadrée par des bambous. Outre les inévitables (mais bonnes) brochettes de viande sauce *satay* (cacahuètes),

plats plus élaborés de viandes ou poissons. Accueil gentil.

Kim Thanh – 607 Geary St. (A3), ℘ (415) 928 6627. Lun.-vend. 11h-23h, w.-end 17h-23h. Moins de 15 $. Cuisine vietnamienne ultrafraîche pour un petit restaurant très fréquenté par les familles asiatiques. En saison, goûtez absolument le crabe poivre et sel.

Sears Fine Food – 439 Powell St. (B2), ℘ (415) 986 1160. Tlj 6h30-22h. Moins de 15 $. Cet établissement qui a ouvert ses portes en 1938 résiste depuis soixante-dix ans au temps et aux modes. Un décor désuet et une carte de plats américains très classiques assurent son succès. Idéal pour le petit-déj., servi jusqu'à 15h.

BUDGET MOYEN

Colibri Mexican Bistro – 438 Geary St. (A3), ℘ (415) 440 2737. Lun. 11h30-22h, mar.- jeu. 11h30-23h, vend. 11h30-0h, sam. 10h-0h, dim. 10h-22h. Plats 16-18 $. Dans un restaurant à la décoration moderne, des spécialités mexicaines préparées avec un grand souci de fraîcheur, loin des standards du tex-mex. Les margaritas et le guacamole (fait à votre table) sont particulièrement recommandés.

POUR SE FAIRE PLAISIR

Millennium – 580 Geary St., au Savoy Hotel (A3), ℘ (415) 345 3900. Tlj à partir de 17h30. Plats env. 25 $. Restaurant végétarien à la cuisine éclectique, asiatique et européenne. Plats très élaborés : on ne ressent pas du tout l'absence de viande. Menu aphrodisiaque très spécial, les soirs de pleine lune… (réserver).

La Scène – 490 Geary St. (A3), ℘ (415) 292 6430. Tlj sf lun. 17h-21h30, brunch le dim. 10h30-14h. Le menu de 17h à 20h est à 36 $. Sinon, comptez 25-30 $ pour un plat. Juste en face des théâtres, associé au

Warwick Regis Hotel. Une table raffinée, d'inspiration européenne et méditerranéenne, dans un décor élégant et sobre. Piano-jazz le w.-end. Excellent rapport qualité-prix.

Kuleto's – *221 Powell St.* (B2), ☎ *(415) 397 7720. Lun.-jeu. 7h-22h30, vend. 7h-23h, sam. 8h-23h, dim. 8h-22h30. Plats de viande ou de poissons env. 28 $, les pâtes sont moins chères*. Un décor de brasserie parisienne pour un excellent restaurant italien qui renouvelle chaque jour une partie de sa carte. On peut dîner autour de la cuisine ouverte. Gardez une place pour un sorbet maison. Parfait aussi pour un petit-déj. raffiné.

UNE FOLIE

Fleur de Lys – *777 Sutter St.* (A2), ☎ *(415) 673 7779. Dîner seulement, fermé dim. et lun. Env. 80 $*. Régulièrement élue parmi les trois meilleures tables de la ville, c'est aussi l'une des plus chères. Un chef très inventif, inspiré par les cuisines française, californienne, voire japonaise, mais fidèle à son terroir alsacien, ce qui donne un mariage savoureux, comme une salade de pommes de terre et choucroute au saumon, ou un filet de biche aux pommes rôties. Pensez à réserver.

Financial District Plan II

☺ **Bon à savoir** – Les restaurants et snacks sont nombreux. Pour un plat à emporter, mais raffiné, la galerie du Ferry Building (D1) abrite de nombreux traiteurs aux influences variées.

POUR SE FAIRE PLAISIR

Slanted Door – *Ferry Building, angle nord-est* (D1), ☎ *(415) 861 8032. Tlj à partir de 11h30. Plats 16/38 $*. Un restaurant vietnamien, dont le succès ne se dément pas. La nourriture y est tout simplement excellente, inspirée par la créativité du chef qui privilégie les produits bio locaux. La grande salle est parfois bruyante. Réserv. indispensable.

Ozumo – *161 Steuart St.* (D2), ☎ *(415) 882 1333. Lun.-vend. 11h30-14h et tlj 17h30-22h. Plats 14/30 $*. Un excellent choix pour les amateurs de sushis et de mets japonais de grande qualité. Belle salle moderne, avec vue sur la baie. Atmosphère à la fois raffinée et décontractée.

South of Market Plan II

PREMIER PRIX

Mel's Drive In – *801 Mission St.* (B3), ☎ *(415) 227 0793. Dim.-merc. 6h-1h (2h le jeu.), vend.-sam. 24h/24. Env. 10 $*. Pour retrouver l'ambiance de *Happy Days* ou d'*American Graffiti*, une cafétéria style années 1950, tout en néons colorés, moleskine, acier dépoli et juke-box. Salades, burgers et milk-shakes à petits prix.

POUR SE FAIRE PLAISIR

Lulu – *816 Folsom St.* (hors pl. par C3), ☎ *(415) 495 5775. Tlj à partir de 11h30. Plats 15/30 $*. Une grande salle à la décoration sobre, agencée autour d'une large cheminée où les viandes rôtissent à la broche. Une autre salle pour les grillades de poissons au feu de bois. Excellent bar à huîtres. Très beau choix de vins. Ambiance globalement chic et originale.

XYZ – *181 3rd St.* (C3), ☎ *(415) 817 7836. Lun.-vend. 6h30-10h30, 11h30-14h30 et 18h-22h30 (23h le sam.), brunch le w.-end 10h-14h30, bar jusqu'à 2h. Plats 15/30 $*. Le restaurant de l'hôtel W propose une cuisine californienne contemporaine aux influences française et italienne, dans un cadre élégant et moderne. Le bar, idéal pour prendre un verre en soirée (en voyant et en étant vu), est magnifique.

Civic Center et Hayes Valley
Plan IV

PREMIER PRIX

Frjtz Fries – *581 Hayes St.* (D1), *☎ (415) 864 7654. Lun.-jeu. 11h30-22h, 23h vend., sam. 11h-23h, dim. 11h-21h. Env. 10/15 $*. Petite salle avec un adorable jardinet à l'arrière. Très bon café, énormes salades, crêpes, sandwichs et frites belges avec un grand choix de sauces. Vente à emporter. Une autre adresse à Mission (590 Valencia St.).

Ananda Fuara – *1298 Market St.* (E1), *angle avec 9ᵗʰ St., ☎ (415) 621 1994. Lun.-sam. 11h-20h (15h merc.), fermé dim. Comptez env. 10 $*. Strictement végétarien, avec un large éventail de salades, currys, sandwichs… Souvent bondé. Très bien aussi pour le petit-déj. Vente à emporter.

BUDGET MOYEN

Suppenküche – *525 Laguna St.* (D1), *à l'angle avec Hayes St., ☎ (415) 252 9289. Tlj 17h-22h, brunch le dim. 10h-14h30. Plats 14/19 $*. Spécialités culinaires et bières allemandes servies sur des grandes tables en bois, partagées par de joyeux convives assis sur des bancs. Une adresse originale au cœur de Hayes Valley où la cuisine est copieuse mais allégée !

UNE FOLIE

Jardinière – *300 Grove St.* (D1), *☎ (415) 861 5555. Tlj à partir de 17h. Plats env. 35 $ et menu dégustation à 159 $ avec les vins*. Dans le quartier de Hayes Valley, une table raffinée, aux notes françaises et californiennes. La carte est en partie renouvelée quotidiennement.

Chinatown Plan II et plan III

⌂ **Bon à savoir** – Le quartier compte d'innombrables restaurants et peu de mauvaises surprises. Suivez votre intuition !

PREMIER PRIX

House of Nanking – *919 Kearny St., à l'angle de Columbus St.* (II B1), *☎ (415) 421 1429. Lun.-vend. 11h-22h, sam. 12h-22h, dim. 12h-21h30. Moins de 15 $*. House of Nanking, tout le monde connaît ! Cet incontournable du quartier, fréquenté par les touristes et les étudiants, propose une cuisine chinoise authentique et savoureuse. Très bons calamars frits, relevés par une sauce légèrement épicée, à l'ail et au citron. Service pressé.

BUDGET MOYEN

Gold Mountain – *644 Broadway St., à la limite de North Beach,* (III E3), *☎ (415) 296 7733. Tlj 10h30-15h et 17h-21h30. Env. 15/20 $*. L'un des plus grands restaurants de Chinatown, avec plus de 1 000 couverts, et aussi l'un des plus réputés pour ses *dim sum* (uniquement le midi). Parmi les autres spécialités cantonaises du chef : le crabe et le poisson-chat.

North Beach Plan III et plan II

PREMIER PRIX

Mo's Burgers – *1322 Grant Ave.* (III E3), *☎ (415) 788 3779. Dim.-jeu. 9h-22h30 (23h30 vend.-sam.). Moins de 15 $*. Le chef grille sa viande sous vos yeux. Poulet ou burgers gigantesques et succulents. Les petits budgets se contenteront d'un bol de chili, très nourrissant. Pour boire, goûtez l'*old fashion shake* ou la *root beer*. Autre adresse à Yerba Buena Gardens.

Mama's – *1701 Stockton St.* (III E2), *☎ (415) 362 6421. Mar.-dim. 8h-15h. Moins de 15 $*. Il faut souvent patienter pour avoir une table, car la qualité de sa cuisine est plébiscitée par le tout San Francisco. Omelettes, *breakfasts* copieux et sucrés, confitures maison et sandwichs. Pas de réserv.

1

BUDGET MOYEN

Cafe Zoetrope – *916 Kearny St.* (II B1), ☎ *(415) 291 1700. Lun.-vend. 11h-22h, sam. 12h-22h, dim. 12h-21h. Plats 10/18 $.* Cinéaste, vigneron et gourmand, Francis Ford Coppola, le propriétaire de ce monument de Little Italy, a créé la sélection de plats rustiques, pasta et pizzas. Excellente ambiance, belle décoration classique mettant à l'honneur les vins du domaine de Coppola dans la Napa Valley sur fond d'affiches de cinéma. Belle carte des vins donc, dominée par les rouges.

Bocadillos – *710, Montgomery St.* (II B1), ☎ *(415) 982 2622, www.bocasf.com. Lun.-vend. 11h-22h, sam. 17h-22h. Pintxos (bouchées) 3 $, bocadillos (sandwichs) autour de 6 $ et plats entre 10 et 18 $.* Quand San Francisco vit l'une de ses dernières modes, les sorties à l'espagnole, cela donne *Bocadillos* ! Au pied de la Transamerica, un petit établissement moderne, animé par des collègues de bureau et des groupes d'ami(e)s, qui propose tapas et plats plus élaborés, tendance fusion, à accompagner de bières et vins. Ambiance décontractée et sympathique.

POUR SE FAIRE PLAISIR

The Stinking Rose – *325 Columbus Ave.* (III E3), ☎ *(415) 781 7673. Tlj 11h-22h (23h vend.-sam.). Plats env. 20 $.* Décor à l'italienne, bric-à-brac de bouteilles, de bouchons et de tresses d'ail. Celui-ci est roi : on l'utilise à profusion et c'est plutôt réussi. Plats copieux, salades, pâtes à la viande ou aux fruits de mer… Certaines assiettes peuvent néanmoins être servies sans ail. Par contre, évitez le vin maison (Château du Garlique !) qui, lui aussi, dévoile des arômes d'ail ! Bon pain fait maison.

The House – *1230, Grant Ave.* (III E3), ☎ *(415) 986 8612, www.thehse.com. Lunch lun.-sam. 11h30-14h, dîner dim.-jeu. 17h30-22h, vend.-sam. 17h30-23h. Plats 20/25 $.* Quand l'Asie, et plus particulièrement le Japon, rencontre la Californie, cela donne une cuisine savoureuse, tout en mélange de saveurs et en finesse, alliée à une très jolie présentation dans l'assiette. Service professionnel et aimable, décor sobre et élégant. Seul bémol : les tables rapprochées ne favorisent que peu l'intimité entre convives… Une très bonne adresse.

Telegraph Hill Plan III

POUR SE FAIRE PLAISIR

Fog City Diner – *1300 Battery St.* (E2), ☎ *(415) 982 2000. Tlj 11h30-22h (23h vend.-sam.). Plats env. 20 $.* Restaurant renommé pour sa forme de péniche ronde, ses aciers chromés et ses néons brillants. Quelques scènes de films y ont été tournées. Une partie du menu reste la même depuis sa création en 1985. Cuisine californienne, spécialités de fruits de mer mais les burgers sont délicieux.

Fisherman's Wharf Plan III

BUDGET MOYEN

Rain Forest Cafe – *145 Jefferson St.* (D1), ☎ *(415) 440 5610. Tlj 11h-21h15. Env. 20 $.* Pour les fans de Disneyworld et d'attractions spectaculaires : l'impression de se retrouver dans *Le Livre de la jungle* ! Bruyant, un peu cher pour une nourriture convenue, mais le décor enchante les enfants.

POUR SE FAIRE PLAISIR

Ana Mandara – *891 Beach St.* (C2), ☎ *(415) 771 6800. Lun.-vend. 11h30-14h, dim.-jeu. 17h30-21h30 (22h30 vend.-sam.). Jazz live jeu.,* *vend. et sam. soir. Plats 21/38 $.* Un décor grandiose, avec cascade et fougères, qui donne l'impression d'être dans une jungle où l'on vous servirait une cuisine vietnamienne des plus raffinées… Parfait aussi pour prendre un verre le soir autour du superbe bar.

Alioto – *8 Fisherman's Wharf, au niveau de Taylor St.* (D1), *(415) 673 0183. Tlj 11h-23h. Plats 18/38 $.* L'un des restaurants de poisson les plus anciens de la ville et l'un des plus réputés. Beaucoup de spécialités italiennes. Les plats à base de crabe sont particulièrement savoureux. Carte des vins impressionnante.

Marina District Plan III

POUR SE FAIRE PLAISIR

Greens – *Fort Mason, building A* (B2), *(415) 771 6222. Tlj 11h30-14h30 et 17h30-21h30, sf lun. midi, brunch le dim. 10h30-14h. Plats env. 20 $, menu à prix fixe sam. soir 49 $.* Excellente cuisine végétarienne gastronomique, à base de produits bio ultrafrais. Le menu change tous les jours. Vue superbe sur le Golden Gate Bridge. Réserv. indispensable. Vente à emporter.

Cow Hollow Plan III

BUDGET MOYEN

Betelnut – *2030 Union St.* (B3), *(415) 929 8855. Tlj 11h30-23h (0h le w.-end). Plats 10/20 $.* Cuisine asiatique éclectique, fusionnant avec le savoir-faire européen. Essayez les anchois sautés avec cacahuètes et piments ou le bar fumé au concombre et au gingembre.

Pacific Heights Plan III

POUR SE FAIRE PLAISIR

Cafe Kati – *1963 Sutter St., entre Webster et Fillmore St.* (hors plan par B3), *(415) 775 7313. Mar.-sam. 17h30-22h. Plats 14/30 $.* Très bonne table à la croisée des cultures, genre nouvelle cuisine californienne. Goûtez le bar mariné à la japonaise ou le saumon grillé au beurre noir. Choix rare de vins californiens.

UNE FOLIE

Quince – *470 Pacific Av.* (E3), *(415) 775 8500. Lun.-sam. 17h30-22h, fermé dim. Env. 50 $.* Restaurant distingué dont la taille contraste avec le succès de sa cuisine italienne, enrichie d'influences françaises. La carte est renouvelée quotidiennement. Réserver absolument.

Japantown Plan IV

Bon à savoir – Les galeries commerçantes autour de la pagode et surtout le Kintetsu Mall regorgent de restaurants asiatiques. En arrivant de bonne heure, vous n'aurez que l'embarras du choix.

BUDGET MOYEN

Benihana's – *1737 Post St., Kinetsu Mall* (D1), *(415) 563 4844. Lun.-jeu. 11h30-14h, 17h-21h (22h30 le vend.), sam. 12h-22h30, dim. 12h-21h30. Env. 20 $, mais l'addition peut monter bien plus haut selon ce que vous choisirez.* Sous un des nombreux toits de bois de la grande salle, vous pourrez déguster une cuisine japonaise délicieuse préparée devant vous par des artistes du couteau, qui vous feront leur numéro pour le plaisir des yeux et des papilles ! Très animé à partir de 19h30 lorsque la clientèle japonaise s'attable. Réservez alors. Tables de 6 ou 8 à partager.

Haight-Ashbury Plan IV

PREMIER PRIX

Pork Store Cafe – *1451 Haight St.* (C2), *(415) 864 6981. Tlj 7h-15h30,* *w.-end 8h-16h. Env. 10 $.* La cuisine est faite derrière le comptoir où l'on s'assoit coude à coude avec les nombreux clients et habitants du quartier qui viennent déjeuner dans cette petite salle rose et blanche, chaleureuse et animée. Omelettes, *pancakes*, burgers, sandwichs… Parfait pour le petit-déj. et le lunch.

BUDGET MOYEN

Magnolia Gastro Pub & Brewery – *1398 Haight St. (C2), ☎ (415) 864 7468. Lun.-jeu. 11h-0h, vend. 11h-1h, sam. 10h-1h, dim. 10h-0h. Plats 15/20 $, grandes assiettes de charcuteries à partager (4 portions, 19 $).* Le principal attrait de ce bar reste ses excellentes bières, toutes brassées sur place. Décor assez agréable : larges baies vitrées reflétant l'animation de la rue, tables en bois et fauteuils de cuir noir. Cuisine classique américaine, avec burgers plantureux, moules à la bière et quelques plats d'inspiration méditerranéenne. Le brunch y est particulièrement populaire.

Golden Gate Park

Selon la saison, vous pouvez pique-niquer en emportant des provisions avec vous. Vous pouvez déjeuner au restaurant du De Young Museum ou encore boire un thé au Japanese Tea Garden.

Mission District Plan I et plan IV

PREMIER PRIX

La Taqueria – *2889 Mission St. (I D4), ☎ (415) 285 7117. Tlj 11h-21h (20h dim.).* Une cafétéria à l'allure banale où les *burritos (moins de 4 $)* sont considérés comme les meilleurs de la ville : la nombreuse clientèle locale le prouve.

Las Tinajas – *2338 Mission St. (IV E3), ☎ (415) 695 9933. Lun.-sam. 10h-16h30. Plats 8/16 $.* Une cantine nicaraguayenne toute simple qui propose des petits plats du pays : viande (bœuf, poulet ou porc) cuisinée de diverses façons et accompagnée de haricots rouges, riz, tajadas (tranches de bananes frites) et yuca (manioc). Également des fruits de mer. Décor quelconque, seuls des peintures colorées et des maillots à la gloire d'un joueur de base-ball local égayent la vaste salle.

El Metate – *2406 Bryant St. (hors plan IV par E3), ☎ (415) 641 7209. Tlj 10h-22h. Moins de 10 $.* Les *flautas* au poulet, à déguster accompagnées de guacamole, font le bonheur des clients attablés à la terrasse. Ne manquez pas de goûter à leur *horchata*, un lait de riz sucré et parfumé de cannelle.

Cafe Ethiopia – *878 Valencia St. (IV DE3), ☎ (415) 285 2728. Lun.-mar. 17h30-21h, merc.-jeu. 17h-21, vend. 17h-21h30, sam. 11h30-21h30, dim. 12h-21h. Plats env. 10 $.* Cadre simple et cuisine africaine, servie avec des galettes de pain qui font office de couverts. Cela va des salades au ragoût de bœuf, d'agneau ou de poulet, avec des sauces très parfumées et épicées.

POUR SE FAIRE PLAISIR

Foreign Cinema – *2534 Mission St., entre 21st St. et 22nd St. (IV E3), ☎ (415) 648 7600. Mar.-jeu. 18h-22h, 23h vend. et sam. Plats 15/25 $.* C'est ici que le staff de Chez Panisse, le légendaire restaurant de Berkeley, tient sa fête annuelle, c'est une garantie ! Des classiques du cinéma sont projetés sur le mur du fond avec des sous-titres, d'où le nom du lieu ; les plats sont une « fusion » heureuse des cuisines méditerranéenne, polynésienne, française et indienne. La carte des vins est épique. Un régal. Magnifique bar à huîtres.

Castro District Plan IV

POUR SE FAIRE PLAISIR

Catch – *2362 Market St.* (D2), ☎ *(415) 431 5000. Lunch : lun.-vend. 11h30-14h30, sam.-dim. 11h-15h30 ; dîner dim.-mar. 17h30-21h, jusqu'à 22h merc.-jeu. et 23h vend. et sam. Plats entre 15 et 25 $.* Le poisson dans tous ses états avec une cave bien fournie et des cocktails étonnants. On apprécie la fraîcheur d'une salle intérieure avec une grande baie vitrée ouverte sur la rue. Bar à huîtres.

Zuni Cafe – *1658 Market St.* (D2), ☎ *(415) 552 2522. Mar.-jeu. 11h30-23h, vend.-sam. 11h30-0h, dim. 11h-23h, fermé lun. Plats 12/30 $.* Vers Castro, trois blocs après Van Ness Ave., un endroit branché avec une ambiance animée. Cuisine aux accents méditerranéens et produits bio. Les plats les plus simples sont les meilleurs, comme la salade César ou le poulet rôti dans un plat d'argile. Bar à huîtres.

Noe Valley Plan I

POUR SE FAIRE PLAISIR

Bacco – *737 Diamond St.* (C4), ☎ *(415) 282 4969. Lun.-jeu. 17h30-21h30, vend.-sam. jusqu'à 22h, dim. 17h-21h. Plats 16/30 $.* Un excellent restaurant italien qui concurrence, voire dépasse, ceux de North Beach. Accueil sympathique, bon rapport qualité-prix pour les classiques ainsi que pour les recettes plus inventives.

The Firefly – *4288 24th St.* (C4), ☎ *(415) 821 7652. Tlj à partir de 17h30. Menu prix fixe 36 $ dim.-jeu., plats env. 20 $.* Robuste cuisine comme à la maison, mais en bien meilleur. Décor agréable. Plats végétariens également.

De Lincoln Park au Golden Gate Bridge Plan I

☺ **Bon à savoir** – Emportez un pique-nique pour la plage.

BUDGET MOYEN

Legion of Honor Cafe – *Palace of the Legion of Honor* (A2), ☎ *(415) 750 7638. Tlj sf lun. 9h30-16h30. Comptez 15 $, moins pour une pâtisserie et un thé.* Le restaurant du musée possède une carte éclectique teintée d'influences mexicaines. Le dimanche : brunch au son d'une formation musicale *(11h-15h ; prix fixe, env. 50 $, comprenant l'entrée à une exposition temporaire)* ; réservez ce jour-là.

PETITE PAUSE

☺ **Bon à savoir** – La plupart des musées possèdent de très belles cafétérias où il est très plaisant de s'arrêter.

Autour d'Union Square Plan II

Café de la Presse – *352 Grant Ave.* (B2), ☎ *(415) 398 2680. Lun. vend. 7h30-21h30, w.-end 8h-22h.* Point d'ancrage des Français, une adresse style bistrot où le café et les croissants sont bien de chez nous, où l'on peut manger un croque-monsieur en lisant la presse internationale et où les serveurs parlent français. Un bain pour les nostalgiques du pays.

Financial District Plan II

Ferry Building Teahouse – *1 Ferry Building Plaza* (D1), ☎ *(415) 544 9830. Tlj 10h-18h (9h-18h30 sam., 10h30-18h dim.).* Un lieu élégant et raffiné, hors du temps et du tumulte du quartier, pour assister à une cérémonie du thé chinoise. Dégustation et vente.

South of Market Plan IV

Brain Wash Cafe – *1122 Folsom St., entre 11th St. et 12th St.* (E2), ☎ *(415) 431 9274. Tlj 7h (8h dim.)-22h (23h vend.-sam.).* Boire, manger un snack pendant que votre lessive tourne et que vous surfez sur le Net, tout en écoutant de la musique rock… Voilà le concept de ce lieu inattendu où les rencontres sont souvent originales et sympathiques.

Civic Center et Hayes Valley
Plan IV

Citizen Cake – *399 Grove St., à l'angle avec Gough St.* (D1), *$ (415) 861 2228. Lun.-sam. 10h-22h, dim. 11h-21h.* Une pâtisserie de bonne réputation qui régale les gourmands depuis 1997 avec des spécialités comme le Mocha Mi Su (génoise aux mousses de moka et de crème fraîche), un régal ! C'est aussi un très bon restaurant *(plats 15-20 $)* et un lieu parfait pour un brunch.

Chinatown Plan II
Washington Bakery & Restaurant – *733 Washington St.* (B1), *$ (415) 397 3232. Tlj 7h30-21h.* Clientèle surtout chinoise pour cette adresse proposant un grand choix de gâteaux, des jus de fruits et des *milkshakes*. Idéal pour reprendre des forces. Pour les petites et les grosses faims, large choix de soupes, *congees* (porridges), *noodles* et raviolis. Salle bruyante mais cuisine délicieuse.

North Beach Plan III
XOX Truffles – *754 Colombus Ave.* (D2), *$ (415) 421 4814, www. xoxtruffles.com. Lun.-sam. 9h-18h, dim. 10h30-18h. Une truffe au chocolat est offerte avec toute boisson commandée.* Jean-Marc Gorce, ancien chef cuisinier, est arrivé il y a une vingtaine d'années à San Francisco. Il est devenu chocolatier et a ouvert sa boutique. Pour accompagner cafés, thé, chocolat au lait (fait avec du vrai chocolat), goûtez ses créations : chocolats à la cannelle épicée, à la crème de menthe, au vin rouge (!), pur noir ou blanc, à déguster sur un minuscule comptoir et/ou à emporter.

Fisherman's Wharf Plan III
Boudin at the Wharf – *160 Jefferson St., proche de Pier 43 ½* (D2), *$ (415) 928 1849. Tlj 8h-22h.* Parfait pour grignoter. On peut voir les boulangers à l'œuvre. La spécialité maison est un pain au levain, que l'on mange volontiers rempli de soupe aux coques *(clam chowder in sourdough bread).*

Russian Hill Plan III
Pete's Cafe – *San Francisco Art Institute, 800 Chestnut St.* (D2). *Tlj sf w.-end 9h-15h.* En haut de la colline, la cafétéria des étudiants de l'Institut offre une jolie vue sur la baie. Sandwichs, salades à composer, plat du jour, mais le choix est limité. Accès Internet gratuit sur deux ordinateurs.

Nook – *angle de Hyde St. et de Jackson St.* (D3), *lun.-vend. 7h-22h, sam. 8h-22h, dim. 8h-21h. Happy hours 17h-20h.* Un café tranquille plébiscité par les habitants du quartier. Petite restauration *(bagels* et très bons sandwichs). Quelques tables en terrasse bien agréables quand le soleil daigne se montrer.

Haight-Ashbury Plan IV
People's Cafe – *1419 Haight St.* (C2), *$ (415) 553 8842. Tlj 7h-22h.* Un grand café à la décoration sobre où les gens du coin viennent boire leur café le matin en lisant les journaux à disposition. Bien pour se reposer au calme un moment et pour prendre le petit-déj., quelle que soit l'heure.

Mission District Plan IV
Dolores Park Cafe – *501 Dolores St., à l'angle de 18th St.* (D2), *$ (415) 621 2936. Tlj 7h-20h (ferme à 22h le vend. et ouvre à 8h le dim.).* Un café clair face au parc, pour manger des sandwichs chauds et plantureux au poulet ou au

pastrami, des salades, des *bagels*, et choisir l'un des jus de fruits frais pressés.

Mitchell's Ice Cream – *688 San Jose Ave., entre 21st St. et 22nd St. (D2),* 📞 *(415) 648 2300. Tlj 11h-23h.* La maison ne paie guère de mine mais attire des foules multiculturelles avec ses glaces maison parfumées à la noix de coco, à l'avocat ou au melon, en plus des classiques chocolat ou *French vanilla.*

Valencia St. possède également de nombreux cafés, aux ambiances variées et tranquilles, tendance bohème. Difficile d'en retenir quelques-uns, le quartier étant à la mode, les adresses subissent une rotation assez importante.

Castro Plan IV

Harvey's – *500 Castro St.* (C3) *(à l'angle de Castro St. et de la 18th St.). Tlj 10h-23h (jusqu'à 0h le w.-end.). Happy hours 15h-19h sur les bières.* Rendant hommage au « maire de Castro », Harvey Milk *(voir p. 162),* ce café moderne (et militant) aux grandes baies vitrées propose bières et cocktails, ainsi que de la restauration très classique (burgers, salades, sandwichs). Aux murs, des photos en noir et blanc font revivre l'atmosphère du quartier, période 1960-1970. Ambiance sympathique.

Noe Valley Plan IV

Martha & Bros Cafe – *3868 24th St.* (D3), 📞 *(415) 641 4433. Lun.-sam. 5h15-20h, dim. 6h-19h.* Au cœur de Noe Valley, l'endroit où boire son café pour les 30 sortes de grains grillés et moulus sur place. Possibilité de les aromatiser à la cannelle, à la noisette, à la noix de coco, à l'orange, mais également au chocolat. Et quand il fait beau, on le boit dehors, sur un banc, en regardant les passants…

BOIRE UN VERRE

Autour d'Union Square Plan II

Minx – *827, Sutter St. (et Jones)* (A2), 📞 *(415) 346 7766. Tlj 17h-2h.* Ambiance décontractée et musique indie-rock de qualité dans ce sympathique bar au décor hétéroclite, mêlant animaux empaillés, fauteuils de cuir, canapés en velours et miroirs. Les habitués apprécient les cocktails, assez efficaces.

Swig – *561 Geary St.* (A3), 📞 *(415) 931 7292, www.swig-bar.com. Mar.-vend. 14h-2h, sam.-lun. 16h-2h.* Un petit bar sombre aux murs de brique et à la déco design et épurée (avec une agréable cheminée) qui propose un large choix d'alcools (whiskies surtout) et de cocktails à base de produits frais. Jazz et blues live alternent avec la présence d'un DJ. L'ambiance peut se révéler bruyante après 22h.

South of Market Plan II

Thirsty Bear – *661 Howard St., près de 3rd St.* (C3), 📞 *(415) 974 0905. Lun.-vend. 11h30-22h (23h le vend.), sam. 12h-23h, dim. 17h-22h.* Vaste micro-brasserie en face de l'hôtel W (qui abrite le restaurant XYZ, *voir p. 174).* Cadre assez quelconque dont l'intérêt est relevé par le beau mur en brique rouge. Animé les soirs de w.-end. et bien plus calme le reste de la semaine. Atmosphère chaleureuse et détendue, tapas excellents.

Également les **bars de l'hôtel W**, en face, pour un cadre plus *trendy* et branché. Le W Cafe, au rez-de-chaussée *(tlj 11h30-1h30)* propose une petite restauration (légère et bonne) et une belle sélection de vins au verre. Le bar du restaurant dominant la salle à manger est, lui, magnifique.

Enfin, n'oubliez pas l'étonnant **Brain Wash Cafe** *(voir p. 180).*

1

Chinatown Plan II

Li Po – *916 Grant Ave.* (B1), ☏ *(415) 982 0072. Tlj 14h-2h*. Un bar de quartier en plein Chinatown, à la décoration très couleur locale. Une lumière avare sous le regard bienveillant d'un bouddha rend l'ambiance d'un film de Hong-Kong. Pour déguster une bière chinoise sur fond de sirupeuses chansons…

North Beach Plan III

Vesuvio – *255 Columbus Ave., près de Broadway* (E3), ☏ *(415) 362 3370. Tlj 6h-2h*. À côté du City Lights Bookstore, ce bar au décor patiné, envahi par les vieilles photos, fut le repaire des beatniks qui refaisaient le monde dans les années 1960. Artistes et écrivains s'y donnent rendez-vous, dans une ambiance délicieusement funky.

Caffe Trieste – *601 Vallejo St., à l'angle de Grant Ave.* (E3), ☏ *(415) 392 6739. Tlj 6h30-23h (0h vend.-sam.)*. Café italien fréquenté par les intellos nostalgiques de la beat generation. On y débat et philosophe en buvant un café, moulu à la porte d'à côté, et en mangeant une pâtisserie. Sam. apr.-midi, concert à l'italienne.

Tosca Cafe – *242 Columbus Ave.* (E3), ☏ *(415) 986 9651. Mar.-sam. 17h-2h, 19h-2h le dim*. Du bois et des banquettes en moleskine pour un café-bar qui vibre au son de l'opéra, sorti du vieux juke-box. Boissons alcoolisées ou non, à base de café, chocolat, whisky… Beaucoup d'atmosphère, surtout en début de soirée. Après, le bruit de la boîte voisine gâche tout.

Fisherman's Wharf Plan III

Buena Vista Cafe – *2765 Hyde St.* (C2), ☏ *(415) 474 5044. Lun.-vend. 9h-2h (à partir de 8h le w.-end)*. Entre Fisherman's Wharf et Ghirardelli Square, ce bar est devenu célèbre pour son *Irish coffee*, dont le patron aurait inventé la recette. On peut aussi y manger des snacks.

Mission District Plan IV

Zeitgest – *199, Valencia St.* (D2) *(au niveau de Duboce et de la 13th St.)*, ☏ *(415) 255 7505. Tlj 9h-2h*. Si la première impression peut laisser planer un doute (ambiance motards, tatouages et rock metal), ce bar à bières dévoile son trésor derrière le comptoir : un vaste espace extérieur où sont posées de nombreuses tables en bois. Un endroit idéal et très fréquenté lors des beaux jours. Grand choix de bières pression et restauration (burgers).

Doc's Clock – *2575 Mission St., entre 21st St. et 22nd St.* (E3), ☏ *(415) 824 3627. Lun.-sam. 18h-2h (à partir de 12h dim.)*. Ambiance assurée par les habitués branchés et par une clientèle de rockers qui vibrent sur la musique punk. Des soirées à thème (« Venez avec votre chien ») et divers tournois sont régulièrement organisés.

Atlas Cafe – *3049 20th St., à l'angle d'Alabama St.* (E3), ☏ *(415) 648 1047. Lun.-vend. 6h30-22h, sam.-dim. 8h-20h*. Le jeudi soir entre 20h et 22h, du blues acoustique, du *bluegrass* ou du ragtime se dégustent avec les salades, sandwichs et pizzas proposés par le chef. Pas de limite d'âge, ambiance bon enfant-mini budget.

SPECTACLES

Autour d'Union Square Plan II

Biscuits & Blues – *401 Mason St.* (A3), ☏ *(415) 292 2583, www.biscuitsandblues.com. Tlj sf lun. 18h-0h*. Un temple à la musique blues du Sud, sorte de club de jazz en sous-sol, où l'on peut manger une cuisine typique (avant 23h).

Entrée payante pour les concerts *(5-15 $)*. Tenue décontractée.
Fillmore – *1805 Geary Blvd, à l'angle de Fillmore St. (bus 38 à prendre sur Geary St.), assez éloigné d'Union Square* (Plan IV D1), *(415) 346 6000, www. thefillmore.com. Concerts de qualité presque ts les soirs, à des prix accessibles.* C'est dans ce lieu mythique qu'ont notamment débuté Carlos Santana et Janis Joplin. Le Fillmore, fier de son passé, reste encore aujourd'hui le rendez-vous obligé de toute la scène rock mondiale, comme en témoignent les affiches et photos qui tapissent les escaliers, le bar et le restaurant (sans intérêt). Bar superbement installé car surplombant la salle. De capacité moyenne (1 200 places env.), celle-ci possède du charme avec ses rideaux rouges et ses lustres. Après les concerts, évitez de traîner dans le quartier.

Mission District Plan IV
Roccapulco – *3140 Mission St.* (hors plan, par E3, entre Cesar Chavez St. et Precita Ave.), *(415) 648 6611, www.roccapulco.com. Mar.-dim. à partir de 20h, se renseigner pour le programme.* La boîte de salsa la plus célèbre de la ville. Tous les grands noms de passage viennent s'y produire. Très bonne programmation de musiciens locaux. Possibilité de dîner sur place au restaurant. Il faut avoir minimum 21 ans pour entrer.

ACHATS

Autour d'Union Square Plan II
Vêtements - Levi Strauss & Company – *300 Post St.* (B2), *(415) 501 0100. Lun.-sam. 10h-21h (11h-19h le dim.).* Une des plus grandes boutiques consacrées aux fameux jeans Levi's, nés à San Francisco à l'époque de la ruée vers l'or. Possibilité de faire « customiser » son denim.
Dans un style beaucoup moins couleur locale, l'Anglais **Ben Sherman** *(15, Stockton Street* B3) possède un magasin bien agencé, aux très belles références, sobres mais distinguées. Modèles historiques et nouveautés cohabitent pour un style *casual* très british, à des prix plus intéressants qu'en France.

Fisherman's Wharf et la baie Plan III
Souvenirs - Route US 66 – *2633 Taylor St., près de Fisherman's Wharf* (D2), *(415) 749 0781.* Pour ramener une jolie réclame rétro en tôle peinte. Tout y est à la gloire de Coca-Cola, Chevrolet et Harley-Davidson.
The Cable Car Store – *Pier 39* (D1), *(415) 989 2040, www. cablecarstore.com. Tlj 9h-21h.* Très touristique mais presque incontournable : vous trouverez réunis ici tous les objets possibles et imaginables à l'effigie du fameux moyen de transport.

Japantown Plan IV
Équipement- Soko Hardware – *1698 Post St.* (D1), *(415) 931 5510. Lun.-sam. 9h-17h30.* Une quincaillerie qui évoque une véritable caverne d'Ali Baba : des couteaux à sushis aux éventails, des carillons aux services à thé, tous les objets traditionnels japonais, décoratifs ou utilitaires, qu'on peut rêver trouver dans l'empire du Soleil-Levant.

Haight-Ashbury Plan IV
Musique - Amoeba Music – *1855 Haight St.* (B2), *(415) 831 1200, www.amoebamusic.com. Lun.-sam. 10h30-22h, dim. 11h-21h.* Un magasin de disques, vinyles et CD, rassemblant tout ce que vous

1

imaginez en matière de création musicale sur les cinq continents. Vente également sur le site Internet. Concerts réguliers de groupes locaux.

Mission District Plan IV
Musique - Ritmo Latino – *2401 Mission St., à l'angle de 20th St.* (E3), ✆ *(415) 824 8556. Tlj 10h-21h30.* Comme son nom l'indique, cet immense magasin de disques est essentiellement consacré à la musique sud-américaine. Ne manquez pas de remarquer les empreintes des mains des célébrités passées par là (Tito Puente, Celia Cruz…), un peu à la façon des stars hollywoodiennes devant le Chinese Theater de Los Angeles.

Vêtements - Pour les amateurs de vêtements et objets *vintage*, **Valencia St.** *(voir p. 160)* possède de nombreuses boutiques de fripes et d'antiquités. Il faut évidemment bien chercher pour trouver son bonheur mais les bonnes affaires ne sont pas rares et les prix très démocratiques.

ACTIVITÉS

Excursions
Sur l'eau – En croisière, le **Red and White Fleet** (✆ *(415) 673 2900, redandwhite.com),* propose une visite de la baie, Golden Gate et Alcatraz, avec des commentaires en français *(24 $, tarif réduit pour les enfants et les familles, 8 à 14 départs/j. selon la saison de Pier 43½).* Croisière semblable et service de ferry avec **Blue and Gold Fleet,** ✆ *(415) 705 5555, www.blueandgoldfleet. com.* Des coupons de réduction pour les deux compagnies sont disponibles dans le fascicule *San Francisco Chaperon,* dont vous trouverez une édition française au *Visitors Bureau.* Le ferry vous

emmènera à Sausalito et Tiburon (départ soit du Ferry Building, soit de Pier 41) pour *21 $ AR* (mais sans commentaires).
Pour le **bateau d'observation de la faune aviaire et aquatique** *(non accessibles aux enfants), à partir du Fort Mason Center, réserv.au moins 15 j. à l'avance,* ✆ *(415) 474 3385/1-800 326 7491, www.oceanic-society.org. Selon les programmes, env. 85 $.* Entre décembre et mai, vous pourrez observer le passage des baleines grises, de juin à novembre, ce seront les baleines à bosse et les baleines bleues.

À pied – 🐾 Procurez-vous les dépliants de la **Golden Gate National Recreation Area** pour repérer les sentiers côtiers (14,5 km depuis le Golden Gate Bridge) et les accès aux différentes parties du parc qui s'étend de part et d'autre du Golden Gate.

Dans les environs – De San Francisco, il est possible de visiter **Oakland et Berkeley** *(voir p. 186),* le **Marin County** *(voir p. 199),* la **Napa Valley** *(voir p. 208)* ou la **Silicon Valley** *(voir p. 194).* Adressez-vous à **Tower Tours,** *865 Beach St.* (Plan III C2), ✆ *(415) 345 8687, www.towertours. net* qui organise des excursions en autocar à la journée vers Monterey et Carmel *(voir p. 268),* Yosemite Park *(en été seulement ; voir p. 228)* ou la Napa Valley. *Comptez de 65 $ à 130 $ par pers.*

Activités sportives
Base-ball – Pour les fans de **base-ball,** l'équipe des **San Francisco Giants** soulève les foules au AT & T Park, au sud de l'Oakland Bay Bridge (Plan I E2). *Infos : giants. mlb. com. Saison avr.-oct. Les places assises coûtent entre 15 et 75 $ pour un match en semaine ; le week-end, les prix max. tournent autour de 85 $.*

Football américain – Tout aussi populaire, il est représenté par les célèbres **San Francisco 49ers** (fortyniners), qui jouent au Monster Park, au sud de la ville à Candlestick Point. *Comptez entre 60 et 70 $. Rens. www.sf49ers.com. Saison août-janv., généralement dim.*

Plages – Les eaux de la baie de San Francisco sont glaciales et agitées de courants très dangereux. Même en été, la température de l'eau n'excède pas les 15 °C. Côté Océan, vous trouverez des plages splendides, accessibles par les transports en commun ou en marchant un peu. Attention toutefois aux vagues qui peuvent être très puissantes. **Ocean Beach** (ligne de bus 5, 18, 31, 38) : accès handicapés, surf. **Land's End** (bus 18 puis 5mn à pied) : bien pour se baigner. **China Beach** (bus 29 puis 5mn à pied) : baignade, surf, accès handicapés et possibilité de camper. **Baker Beach** (bus 29 puis 5 à 10mn à pied) : baignade, surf. Si vous louez une voiture pour visiter les environs, les plus belles plages se trouvent à Marin County *(voir p. 199)* ou, plus loin, le long de la côte Centrale (Santa Cruz 105 km, Carmel 190 km, Big Sur 200 km…).

AGENDA

Chinese New Year – *Entre mi-janvier et mars, selon les années.* Le Nouvel An chinois de San Francisco est l'une des fêtes les plus vivantes et colorées des États-Unis. Elle dure presque une semaine et la grande parade finale traverse le centre-ville pendant toute une journée. *Rens. www. sanfranciscochinatown.com et www.chineseparade.com.*

Cinco de Mayo – *La semaine précédant le 5 mai.* Cette fête latine célèbre la victoire des Mexicains sur Napoléon III. Elle est prétexte à des danses, concerts et festins dans les rues de Mission District. La parade finale se déroule le dimanche le plus proche du 5 mai *(rens. sfcincodemayo.com).* Le dernier week-end de mai, la communauté latino célèbre aussi le **carnaval**. *Rens. www.carnavalsf. com.*

Gay Pride – *La dernière semaine de juin.* Elle prend tout son relief à San Francisco, où la communauté gay est importante et influente. Le défilé final constitue le clou du spectacle et attire plus de 300 000 spectateurs chaque année, dans un fouillis coloré et une ambiance bon enfant. *Rens. www.sfpride.com.*

San Francisco Blues Festival – *Sur deux jours, vers la fin sept.* C'est l'un des plus anciens des États-Unis. Les meilleurs bluesmen du monde se produisent à Fort Mason. *Rens. www.sfblues.com.*

San Francisco Jazz Festival – *Sur un mois à partir de mi ou fin oct.* Un rendez-vous incontournable et des groupes du monde entier. *Rens. www.sfjazz.org.*

1

East Bay

★★

Oakland, 404 155 habitants – Berkeley, 101 371 habitants – Californie

 NOS ADRESSES PAGE 191

🚩 **S'INFORMER**

Oakland Convention & Visitors Bureau – *463 11ᵗʰ St. - ℘ (510) 839 9000 - oaklandcvb.com.*

Berkeley Convention & Visitors Bureau – *2030 Addison St. - ℘ (510) 549 7040/1-800 847 4823 - visitberkeley.com - lun.-vend. 9h-17h.*

◐ **SE REPÉRER**

Carte de région B2 *(p. 124) – carte Michelin Western USA nº 585 A 8.* On accède à l'East Bay, c'est-à-dire à **Oakland** et à **Berkeley**, par le Bay Bridge.

☺ **À NE PAS MANQUER**

Le trajet en ferry jusqu'à Oakland et une visite dans Jack London Square ; le « Gourmet Ghetto » autour de Chez Panisse, à Berkeley.

◔ **ORGANISER SON TEMPS**

Si vous tenez à voir les deux villes en une journée, commencez d'abord par Oakland tôt le matin si possible et visitez ensuite Berkeley, plus chaleureuse le soir.

De l'autre côté de l'immense Bay Bridge, achevé en 1936, Oakland, le grand port cosmopolite, rivalise avec sa voisine, Berkeley, pôle universitaire reconnu. Indissociables de leur grande voisine San Francisco, les deux villes ont façonné l'histoire de la baie, l'une par son identité multiethnique et son activité économique, l'autre par son rayonnement intellectuel.

Se promener

Autrefois simples pâturages sur une longue crête de collines boisées, le territoire des actuelles Oakland et Berkeley devint, vers 1820, la propriété de Luís María Peralta, dont le ranch englobait la quasi-totalité de l'est de la baie. Comme dans le cas de San Francisco, c'est la ruée vers l'or qui changea le destin de la région. Depuis, le port d'Oakland s'est forgé et entretient une véritable identité ouvrière, tandis que Berkeley reste le symbole de la contestation intellectuelle des années 1960.

★ OAKLAND

◐ *Comptez une demi-journée.*

Downtown

Le nouveau centre d'Oakland est une zone piétonne très fleurie, encadrée à l'est par la tour horloge de l'Oakland Tribune, et à l'ouest par les deux tours jumelles du Federal Building.

L'architecture est résolument contemporaine, mais conserve une taille humaine, avec des bancs et des arcades.

LA VILLE DES BLACK PANTHERS

Au début du 19ᵉ s., il n'y avait à Oakland qu'un embarcadère privé du ranch Peralta pour le négoce du cuir. Avec l'afflux des chercheurs d'or, après 1850, beaucoup découvrirent cette rive de la baie, plus fertile et plus boisée que les collines sablonneuses de San Francisco (Oakland signifie « pays du chêne »). La spéculation immobilière eut finalement raison de l'immense ranch.

Après l'arrivée du chemin de fer reliant les côtes Est et Ouest du pays, Oakland devint une importante plate-forme de transport, concentrant tout le commerce de la région, entre le terminal ferroviaire et un port florissant. Moins touchée que sa voisine par le tremblement de terre de 1906, la ville accueillit plus de 150 000 réfugiés. Malgré un grave déclin au cours du 20ᵉ s., Oakland resta l'un des vingt plus grands ports de commerce du monde et une métropole ouvrière multiethnique.

Éprouvée par la crise économique du milieu du 20ᵉ s., elle a longtemps souffert d'une image négative liée à la drogue et à la violence. C'est dans ce terreau de pauvreté et de ségrégation raciale qu'est né le mouvement des **Black Panthers**. Aujourd'hui, l'urbanisation ambitieuse et le dynamisme des communautés multiraciales en font une cité attrayante et en plein essor.

1

★ Preservation Park

1233 Preservation Park Way, à l'angle de 13ᵗʰ St. et Martin Luther King Jr Way, ☎ (510) 874 7580, www.preservationpark.com.
Cette ancienne rue du 19ᵉ s. compte 16 maisons réhabilitées qui illustrent les styles d'architecture entre 1870 et 1911 : tourelles Queen Anne, corniches et moulures italianisantes, frontons, bow-windows et frises du Colonial Revival…

★ **Pardee Home Museum** – *672 11ᵗʰ St., juste en face du parc, à l'angle avec Castro St., ☎ (510) 444 2187, www.pardeehome.org. Visite guidée recommandée (sur réservation), 5 $.* Cette demeure de style italianisant appartenait à d'anciens dirigeants de la ville. Elle abrite une riche collection d'objets et de meubles de l'époque victorienne.
De 12ᵗʰ St., prenez à droite dans Martin Luther King Jr Way, puis à gauche dans 10ᵗʰ St., pour rejoindre Washington St. et Old Oakland.

★ Old Oakland

Le vieux centre-ville s'organise principalement autour de Washington Street. Notez les élégants immeubles en brique, sur deux étages, avec leurs parements de fenêtres italianisants et leurs bow-windows.
À l'est de Washington Street, à partir de Broadway, s'étend le quartier chinois d'Oakland.
Suivez Broadway vers le sud et passez sous l'I-880 pour rejoindre Jack London Square.

Balade sur les quais

Au-delà des grands entrepôts de fruits et légumes *(marché le dim. mat.)*, la voie ferrée longe la rue séparant la ville du port. Le grondement du train participe au charme du quartier. De l'autre côté des rails s'ouvre **Jack London Square**, le front de mer entièrement réhabilité, avec marina, hôtels et restaurants *(calendrier des manifestations et histoire : www.jacklondonsquare.com).*

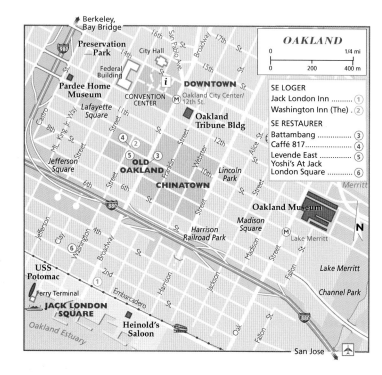

★ **USS Potomac** – *Amarré à droite, 540 Water St.,* ℘ *(510) 627 1215, www.uss potomac.org. Visite guidée de mi-janv. à mi-déc. : merc., vend. et dim. 11h-15h, dernier billet 45mn avant la fermeture. 10 $. Croisières organisées les jeudis et samedis à 11h et 13h30 d'avr. à oct. : 25/45 $, réservez bien à l'avance).* Il s'agit de l'ancien yacht présidentiel, surnommé la « Maison Blanche flottante », où le président Roosevelt passa des moments de détente. Il y reçut les souverains britanniques, George VI et la future reine Elizabeth, en 1939.
Traversez le square.

★ **Heinold's First and Last Chance Saloon** – Le bar était fréquenté par Jack London à la fin du 19ᵉ s. L'écrivain, qui grandit à Oakland, venait y vendre des journaux quand il était enfant. Il y rencontra toutes sortes de personnages qui firent naître plus tard son goût pour l'aventure. Apprécié de même par Robert L. Stevenson ou Ambrose Bierce, le lieu est reconnu comme un véritable monument littéraire national.
Quittez le port par Jackson St., à l'est, remontez jusqu'à 10ᵗʰ St. et prenez à droite jusqu'à Oak St.

Oakland Museum of California

1000 Oak St., ℘ *(510) 238 2200, www.museumca.org. Tlj sf lun. et mar. 11h-17h (21h le vend.). 12 $.*
Ce passionnant musée évoque tous les thèmes de l'histoire naturelle, humaine et artistique de la Californie. Au rez-de-chaussée, différents écosystèmes ont été reconstitués. Au premier étage, c'est l'**histoire des populations★★** successives (Indiens, premiers missionnaires, colons, aventuriers, chercheurs d'or, rêveurs hollywoodiens ou inventeurs du futur de la Silicon Valley).

Le second étage est consacré aux **collections d'art**, avec des photographies ou des peintures, de nombreux paysages californiens et des œuvres contemporaines d'artistes vivant ou travaillant sur la côte Ouest, tels Sam Francis et Richard Diebenkorn.

★ BERKELEY

◐ *Comptez une demi-journée.*

En ville

Telegraph Avenue est la grande rue perpendiculaire à Bancroft Way, face à l'entrée du campus. L'atmosphère est chaleureuse et conviviale, entre les cafés d'intellectuels, les « cantines » d'étudiants, les librairies et les boutiques de fripes ou de musique, baignés de parfums d'expresso ou de senteurs d'encens.

À deux pas de là, le long de Haste Street, **People's Park** est devenu un repaire de marginaux et n'est plus que le pâle reflet de l'épopée des années 1960, quand les hippies y campaient.

UC Berkeley Art Museum – *2626 Bancroft Way, ☎ (510) 642 0808, www.bam pfa.berkeley. edu. Merc.-dim. 11h-17h, vend. 21h. 10 $, gratuit le 1ᵉʳ jeu. du mois.* Il possède une très belle collection d'**art asiatique★**, dont de rares objets sacrés en céramique témoignant des rites mortuaires (3ᵉ-1ᵉʳ s. av. J.-C.) et de ravissantes peintures indiennes ou musulmanes (15ᵉ-19ᵉ s.). La **peinture occidentale★** est mise à l'honneur, du 19ᵉ s. jusqu'aux artistes contemporains, tels Bacon, Pollock, Clyfford Still ou Alechinsky. Sa collection de 250 tableaux de l'expressioniste abstrait allemand Hans Hofmann, un don de l'artiste, est la plus importante au monde.

Les programmes et ressources de la **Pacific Film Archive** *(2575 Bancroft Way, ☎ (510) 642 5249. Projections tous les soirs sf lun., 9,50 $)*, jumelée avec le musée, reflètent l'inspiration de la Cinémathèque française d'Henri Langlois.

Phoebe Hearst Museum of Anthropology – *102 Kroeber Hall sur Bancroft Way, ☎ (510) 642 3682, hearstmuseum.berkeley.edu. Tlj pdt l'année scol. sf lun. et mar. 10h-16h30, dim. 12h-16h. Gratuit.* Cet autre musée s'enorgueillit de l'une des plus belles collections anthropologiques du monde. Quatre millions d'objets, accompagnés d'explications passionnantes *(en anglais)*, témoignent des coutumes de toutes les peuplades de la Terre. Les salles, malheureusement trop exiguës, accueillent des expositions temporaires.

LA VILLE DE LA CONTESTATION ÉTUDIANTE

Ancienne terre agricole, Berkeley doit son essor à l'implantation d'une université en 1868. La ville prit le nom d'un théologien philosophe irlandais et gagna peu à peu la réputation d'une localité calme et verdoyante, peuplée d'universitaires. Malgré son architecture prestigieuse et ses musées exceptionnels, c'est surtout dans les années 1960 que l'université de Berkeley devint célèbre et symbole universel de la contestation étudiante. Toutes les grandes luttes sociales y ont été défendues, celles des droits civiques, de la liberté d'expression, de l'égalité raciale. **People's Park,** l'un des jardins de la ville, devint le centre de ralliement de toute la jeunesse gauchiste, et l'université elle-même le siège de *sit-in* très politisés. De cette époque, Berkeley a gardé un profil de tolérance et d'ouverture sur les communautés multiethniques, tout en se plaçant parmi les meilleures universités du pays, avec près de 1 500 enseignants et 8 prix Nobel.

1

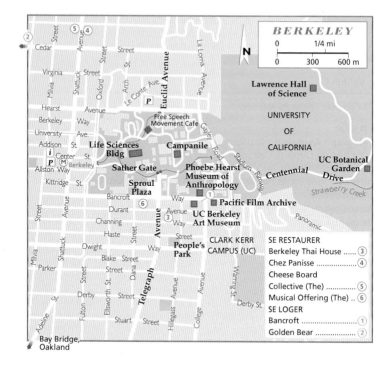

University of California

Rens. : www.berkeley.edu/visit.

Au début du 20ᵉ s., Phoebe Hearst (la mère du magnat de la presse) contribua à l'aménagement de ce campus prestigieux, grâce à ses dons et aux subventions qu'elle fit obtenir. L'ensemble s'inspire de l'architecture de la Grèce antique. Les différents bâtiments de l'université, qui portent chacun le nom d'un mécène, sont dispersés sur une étendue boisée de 500 ha, mais les plus spectaculaires se trouvent autour de sa partie centrale, comprise entre les deux bras du Strawberry Creek.

Sather Gate – *Face à Telegraph Ave.* On pénètre dans le campus par ce lourd portail de bronze de 1910. Avant de le franchir, les nostalgiques pourront faire un détour par la **Sproul Plaza**, où furent organisés les célèbres sit-in des années 1960.

Prenez le temps de flâner le long des allées, bordées d'imposants édifices de style néoclassique. Le massif **Life Sciences Building**, qui se dresse à l'ouest, abrite l'**UC Museum of Paleontology** (*℘ (510) 642 1821, www.ucmp.berkeley.edu. Pendant l'année scolaire, lun.-jeu. 8h-22h, vend. 8h-17h, sam. 10h-17h, dim. 13h-22h. Gratuit).*

★ **Free Speech Movement Cafe** – *Moffitt Undergraduate Library. Tlj 9h-21h.* Pour goûter l'ambiance du campus, arrêtez-vous dans cet établissement dont le nom rappelle l'épopée de 1964, lorsque les étudiants exigeaient le droit d'engagement dans des activités politiques sur le campus, initialement pour les droits civiques des Noirs et ensuite contre la guerre du Viêtnam. Avec sa terrasse dominant le parc, c'est l'un des points de rencontre de l'université, idéal pour un café ou un snack.

★ **Campanile** – Inspiré de celui de la place St-Marc de Venise, cet édifice (Sather Tower) est le plus emblématique. Les 61 cloches du carillon s'animent régulièrement pour de pittoresques concerts. On peut aussi monter en ascenseur jusqu'au 8e étage pour embrasser le panorama sur tout le campus et la baie *(10h-16h, sam. 10h-16h45, dim. 10h-13h30, 15h-17h. 2 $)*.

Vous pouvez quitter le campus par le North Gate et rejoindre ainsi **Euclid Avenue**. Ce quartier résidentiel vert et tranquille est bordé de cafés et de restaurants. Si vous disposez encore d'un peu de temps, empruntez Centennial Drive *(à l'est du Campanile, à partir de Stadium Rimway)*.

Centennial Drive

UC Botanical Garden – *℘ (510) 643 2755, botanicalgarden.berkeley.edu. Tlj 9h-17h ; fermé 1er mar. du mois. 9 $.* Agréables jardins évocateurs de la flore des cinq continents

Lawrence Hall of Science – *Plus loin, sur la même route. ℘ (510) 642 5132, www.lhs.berkeley.edu. Tlj 10h-17h. 12 $.* Musée des sciences, interactif, abordant de façon vivante et concrète les mathématiques, la physique, la chimie et l'astronomie (spectacles dans le planétarium).

En poursuivant sur Centennial Drive, vous redescendrez vers la côte et jouirez de très belles vues sur la baie.

1

😊 NOS ADRESSES DANS L'EAST BAY

TRANSPORT

East Bay

En voiture – Traversez le Bay Bridge par l'I-80. Oakland est à 10 miles (16 km, sortie 12th St.), Berkeley à 12 miles (19,5 km).

En Bart – Certaines lignes desservent les villes de la baie *(voir p. 166)*. Comptez 15mn de Downtown San Francisco jusqu'à Oakland-12th St. (6,20 $ AR) et 25mn jusqu'à Berkeley (7,30 $ AR). Vous pouvez acheter le billet AR en mettant le double de la somme de l'aller simple. À l'arrivée, la machine vous restituera le ticket que vous réutiliserez pour le retour.

En ferry – La compagnie **Alameda-Oakland Ferry** *(℘ (510) 522 3300, www.eastbayferry.com)*, relie le Ferry Building de San Francisco à Oakland et Jack London Square en 35mn. 12 départs quotidiens en semaine (entre 6h30 et 20h25), 7 le w.-end (de 10h à 21h55). Comptez 12,50 $ AR.

Oakland

Si vous venez de San Francisco par le Bart *(voir ci-contre, direction Bay Point ou Richmond)*, descendez à la station 12th St., et prenez l'escalator vers la sortie 14th St.

Berkeley

Comme pour Oakland, le Bart est le plus pratique pour venir de San Francisco (direction Richmond). Le dimanche, il faut prendre le train vers Pittsburg/Bay Point et changer à Oakland 12th St. pour prendre le train de Richmond. À la sortie du Bart (station Downtown Berkeley), longez Shattuck Ave. vers le sud et prenez à gauche dans Bancroft Way.

HÉBERGEMENT

Oakland

😊 **Bon à savoir** – Les hôtels des grandes chaînes se trouvent le long d'Edes Ave., au sud-est du centre-ville *(Hwy 880, sortie Hegenberger Rd, vers le nord-est)*.

BUDGET MOYEN

Jack London Inn – *444 Embarcadero W., ☎ 800 549 8780, www.jacklondoninn.com - 110 ch. 50/89 $* ☑ 🖳 ⛵ ✕ 🅿 Proche des quais et de Chinatown, un hôtel confortable qui propose des chambres bien équipées. S'il ne possède pas de charme particulier, l'établissement est pratique et bien placé.

The Washington Inn – *495 10th St., ☎ (510) 452 1776, www. thewashingtoninn.com - 47 ch. 101/147 $* ☑ 🖳 ✕ Un hôtel « boutique » à l'européenne, raffiné et confortable, situé dans un édifice ancien du Old Oakland, quartier particulièrement animé en soirée. Le restaurant **Seison** (*☎ (510) 832 7449, www.seison. com, 5/18 $. Tlj sf w.-end 11h30-14h et 17h30-21h*) sert une bonne cuisine où se mêlent les influences asiatiques et italiennes dans un cadre relativement soigné.

Berkeley

BUDGET MOYEN

Golden Bear Motel – *1620 San Pablo Ave., ☎ (510) 525 6770, www.goldenbearinn. com - 40 ch. 80/99 $* ☑ 🅿 Agréable motel de style pseudo-espagnol, dans une avenue perpendiculaire à University Ave. du côté de la baie. Bon rapport qualité-prix. Micro-ondes dans la chambre à la demande.

POUR SE FAIRE PLAISIR

Bancroft Hotel – *2680 Bancroft Way, ☎ (510) 549 1000, www. bancrofthotel.com - 22 ch. 149 $* ☑ 🅿 En face du musée d'Anthropologie, près du campus, un petit hôtel de charme très confortable et agréablement décoré. De la terrasse du toit, on jouit d'une jolie vue sur la baie et les collines. Et en plus, l'accueil est charmant.

RESTAURATION

Oakland

PREMIER PRIX

Caffé 817 – *817 Washington St., ☎ (510) 271 7965, caffe817. com. Tlj sf dim. 7h30-15h (8h30 le sam.).* Un petit café aux murs en brique couverts de toiles contemporaines, pour de copieux petits-déj., salades et snacks légers (*autour de 7-12 $*). Excellents cookies, grand choix de thés et de cafés.

Battambang – *850 Broadway, ☎ (510) 839 8815. Lun.-jeu. 11h-21h30 (vend. et dim. 22h), sam. 11h-15h, 17h-22h.* Considéré comme le meilleur restaurant cambodgien des environs, ce petit établissement familial sert une cuisine simple et réussie (*moins de 7/13 $*).

BUDGET MOYEN

Yoshi's At Jack London Square – *510 Embarcadero W., ☎ (510) 238 9200. Lun.- merc. 17h30-21h, 22h30 jeu.-sam, dim. 12h-14h et 17h-21h.* Associé à un bar à sushis (*de 5 à 15 $*), ce superbe restaurant japonais attire autant par la variété de la cuisine que par la beauté du décor.

POUR SE FAIRE PLAISIR

Levende East – *827 Washington St., ☎ (510) 835 5585, www. levendeeast.com. Lun.-vend. 12h-14h et lun.-sam. 17h-23h, bar jusqu'à 2h. Plats 16/22 $.* Dans le Vieil Oakland, un restaurant-bar à vin au décor branché et à la cuisine éclectique, qui est typiquement californienne.

Berkeley

☺ **Bon à savoir** – Dans cette ville étudiante, les cafés et snacks abordables abondent.

PREMIER PRIX

The Musical Offering – *2430 Bancroft Way, ☎ (510) 849 0211,*

www.musicaloffering.com. Mar.-
vend. 8h-20h (17h lun.), sam. 11h30-
20h, dim. 11h30-17h. Entre cafétéria
et boutique de CD, on mange au
son de la musique classique des
salades ou quiches le midi, des
plats un peu plus élaborés les
soirs de concerts à l'auditorium
voisin *(autour de 10 $)*.

The Cheese Board Collective –
*1512 Shattuck Ave., ☎ (510)
549 3183, cheesboardcollective.
coop. Mar.-sam. 11h30-15h et
16h30-20h.* Une coopérative
autogérée qui prépare de
succulentes pizzas *(10/20 $)* avec
des fromages d'élite. Au 1504, se
trouve une excellente boulangerie
de la même enseigne.

Berkeley Thai House –
*2511 Channing Way, ☎ (510)
843 7352, www.berkeleythaihouse.
com. Lun.-jeu. 11h30-21h30 (22h
vend.-sam.), dim. 12h-21h30.* Un
restaurant thaï traditionnel avec
une belle terrasse en hauteur,
dans une rue calme donnant dans
Telegraph Ave. Particulièrement
réputé pour son porc au poivre
et à l'ail *(7,25 $)*.

UNE FOLIE

Chez Panisse – *1517 Shattuck
Ave., ☎ (510) 548 5525 (restaurant),
☎ (510) 548 5049 (café), www.
chezpanisse.com. Lun.-jeu. 17h30-
18h, 20h-20h45, vend.-sam.
18h-18h30, 20h30-21h15 pour le
restaurant, lun.-jeu. 17h-22h30
(vend.-sam. 23h30) pour le café.*
Alice Waters est l'un des chefs
à l'origine de la révolution des
goûts des Américains dans les
années 1970. Les piliers de sa foi :
l'utilisation d'ingrédients locaux,
garantissant la fraîcheur, et
l'inspiration provençale française.
Un régal et une légende vivante.
Réservez longtemps à l'avance
pour le restaurant *(60-95 $ sans
boisson)*.

BOIRE UN VERRE

Oakland

Yoshi's Jazz Club –
*510 Embarcadero W., ☎ (510)
238 9200, www.yoshis.com.*
Mondialement connu, ce bar-club
de jazz lié au restaurant japonais
(voir p. 192) accueille les plus
grands artistes. Concerts tous les
soirs sf dim. à 20h et 22h, et le
dim. à 14h. *Entre 10 et 28 $ (lun.-
jeu. jazz club+restaurant 29 $).*

Barclays on College – *5940
College Ave., ☎ (510) 654 1650,
www.barclayspub.com. Lun.-
vend. 11h-0h (10h le w.-end).* En
sous-sol, éclairé par de grandes
baies vitrées, un pub tout simple,
fréquenté par les locaux. Immense
choix de bières. Grands écrans
pour les soirées sportives.

Berkeley

Albatross Pub – *1822 San Pablo
Ave., ☎ (510) 843 2473, www.
albatrospub.com. ☒. Dim.-mar.
18h-2h, merc.-sam. 16h30-2h.* Le
pub le plus ancien de Berkeley
affiche un air très britannique.
La bière coule à flot, on joue
aux fléchettes et on écoute à
l'occasion de la musique *live*.

FAIRE UNE PAUSE

Oakland

Fentons Creamery – *4226
Piedmont Ave., ☎ (510) 658 7000,
www.fentonscreamery.com. Lun.-
jeu. 11h-23h, vend.-sam. 9h-0h,
dim. 9h-23h.* On fait la queue pour
acheter d'énormes *sundaes* dont
les techniques de production,
élaborées depuis plus d'un siècle,
assurent la qualité et le succès.
Plus de 30 parfums de glaces
et sorbets. Vente sur place ou
à emporter. Bon endroit pour
prendre le petit-déj. et manger
léger (sandwichs, salades…).

1

Silicon Valley

Palo Alto, 59 395 habitants – San Jose, 948 279 habitants – Californie

NOS ADRESSES PAGE 197

S'INFORMER

Palo Alto Visitor Center – *122 Hamilton Ave. -* ☎ *(650) 327 2344 - www. destinationpaloalto.com - lun.-sam. 9h-17h.*
San Jose Convention & Visitors Bureau – *408 Almaden Blvd. -* ☎ *(408) 295 9600 - sanjose.org.*

SE REPÉRER

Carte de région B3 *(p. 124)* – *carte Michelin Western USA 585 A 8.* La vallée s'étend au sud de la péninsule de San Francisco, entre **Palo Alto** et **San Jose**. La vallée est desservie par deux routes : la Hwy 101, le long de la baie, et l'I-280, au pied des collines.

À NE PAS MANQUER

Le campus de Stanford University à Palo Alto ; le Tech Museum of Innovation à San Jose.

ORGANISER SON TEMPS

Visitez Palo Alto en semaine ; San Jose est plus agréable le week-end, car les parkings sont gratuits et les embouteillages moins nombreux (il faut parfois 2h pour y aller le matin, ou après 16h, en semaine).

Aucun gratte-ciel, aucun bâtiment démesuré et gigantesque ne signale la Silicon Valley. La révolution de l'informatique et des nouvelles technologies a plutôt des allures de quartier résidentiel, à perte de vue. Mais qu'on ne s'y trompe pas : derrière le calme apparent se cache une fourmilière. La prestigieuse université de Stanford, les chercheurs et les entreprises sont en effet en constante interaction, et leur sort assure celui des villes de Palo Alto et de San José.

Se promener

Bon à savoir – El Camino Real (Hwy 82) est l'axe central de la Silicon Valley. Conservant son nom à Paso Alto, il devient Alameda, puis Santa Clara à San Jose.

★ PALO ALTO

Quittez l'I-280 au sud de San Francisco à la sortie Hwy 82 (El Camino Real). Le centre-ville de Palo Alto est situé à l'est de la route 82, l'université Stanford à l'ouest. Comptez une demi-journée.
University Ave., perpendiculaire à El Camino Real vers l'est, constitue le centre de Palo Alto. Mais ici, tout est beaucoup plus sérieux et policé qu'à Berkeley.
Pour parvenir au cœur du campus, suivez la direction Quadrangle.

SILICON VALLEY OU LA VALLÉE DES CERVEAUX

Autrefois, cette petite plaine fertile d'environ 80 km de long fournissait en denrées comestibles les cantonnements de San Francisco et Monterey. Elle s'est progressivement urbanisée, englobant Palo Alto et l'université Stanford, l'une des plus prestigieuses du monde, ainsi que la ville de San Jose.

Sous l'impulsion des chercheurs et des jeunes chefs d'entreprise, les environs se sont peu à peu tournés vers la haute technologie. Les nombreuses firmes informatiques implantées dans la région, comme Apple, Intel, Hewlett-Packard ou Netscape, lui ont valu le nom de **Silicon Valley** (en référence au silicium, un semi-conducteur utilisé pour la fabrication des microprocesseurs).

Parmi les célébrités qui ont fait la réputation de la Silicon Valley, beaucoup sont originaires de Palo Alto ou ont étudié à Stanford University. Parmi eux, William Hewlett et David Packard, dont la compagnie est devenue un symbole de la vallée, ou encore Steve Jobs, génial inventeur du Macintosh… Encore étudiants, ils firent leurs débuts dans de modestes garages des environs, avant de fonder d'énormes multinationales. Depuis, on ne compte plus les entreprises de high-tech, même si la crise de l'e-économie a calmé les ardeurs…

1

★★ Stanford University

Rens. www.stanford.edu

Inaugurée en 1891, l'université couvre un immense campus de 3 300 ha et se vante de compter des chercheurs mondialement reconnus, dont 12 prix Nobel et 4 Pulitzer. C'est en 1885, un an après la mort de son fils unique à l'âge de 15 ans, que **Leland Stanford**, roi des chemins de fer, décida de créer cette université à sa mémoire. Le président de la Central Pacific Railroad, qui fut aussi gouverneur de Californie, voulait consacrer sa fortune à l'éducation des jeunes de l'État. À sa mort, en 1893, son épouse prit la suite. L'architecte s'inspira, comme pour beaucoup de bâtiments officiels, de styles composites, néoroman, byzantin, espagnol.

Au bout de l'impressionnante avenue bordée d'immenses palmiers s'ouvre le **Quadrangle★** (surnommé *the Quad*), une place entourée d'arcades et de bâtiments à colonnades. L'énorme **Memorial Church★** (1903), dont la coupole et la façade sont couvertes de mosaïques, ajoute à la grandeur de la cour. Elle fut bâtie par Jane Stanford en souvenir de son mari. Son **orgue** est réputé pour ses 7 777 tuyaux.

Dominant le Quadrangle, la **Hoover Tower**, tour-horloge à carillon (87 m), veille sur le campus. Érigée en 1941, elle doit son nom à l'ancien président des États-Unis, qui fit des études de géologie à Stanford. Du sommet, on voit tous les environs *(10h-16h30, fermé pdt les vac. universitaires. 2 $)*.

★★ **Cantor Arts Center** – *Lomita Drive, ✆ (650) 723 4177, museum.stanford.edu. Tlj sf lun. et mar. 11h-17h (20h le jeu.). Gratuit.* Il fut achevé par Jane Stanford qui, après la mort de son mari, hérita des collections du couple. Très endommagé par les tremblements de terre de 1906 et 1989, il a pris à sa réouverture (1998) le nom de ses plus importants mécènes.

De l'architecture néoclassique en vogue à l'époque, on remarque sur la façade les mosaïques, figurant l'évolution des arts à travers les âges, et les lourdes portes de bronze à la gloire de l'architecture antique. Une petite salle du rez-de-chaussée est consacrée aux Stanford : malgré leur réussite sociale et matérielle, on y lit tout le désespoir de parents ayant perdu leur unique enfant, arrivé tard dans leur vie. Le reste du musée se partage entre les salles des cinq continents, trésors d'Afrique, d'Océanie, d'Asie, d'Amérique du Nord et du Sud. Parmi les nombreux objets remarquables, on note une rare collection de 163 **netsuke japonais★★**, de ravissants **autels portatifs japonais★** du 17e s., des manuscrits médiévaux, des objets de jade d'une stupéfiante finesse… Parmi les œuvres européennes, remarquez les **primitifs italiens★★**, des émaux de Limoges (13e s.) et les peintres flamands (16e et 17e s.). Une partie du musée, à l'arrière, est consacrée à l'art contemporain : Andy Warhol, Willem De Kooning, Duane Hanson, Roy De Forest…

Les abords du musée sont occupés par le **Rodin Sculpture Garden★**. Cet espace en plein air consacré au célèbre sculpteur français du 19e s. présente sur 4 000 m² une vingtaine de grands bronzes.

★★ Filoli

13,5 miles à l'ouest de Palo Alto. 86 Cañada Road, Woodside. Prenez la Hwy 280 N. Sortez à Edgewood Rd et suivez la direction Cañada Rd, à droite en bas de la colline. À un peu plus de 1 mile, un grillage annonce le portail de Filoli sur la gauche. ℰ (650) 364 8300, www.filoli.org. De mi-fév. à fin oct., mar.-sam. 10h-15h30, dim. 11h-15h30. 15 $. Pique-nique et tabac interdits.

Cette immense propriété s'étend au pied des Coast Ranges, une chaîne de collines boisées séparant la Silicon Valley de l'Océan. L'endroit donne une idée des conditions de vie des riches hommes d'affaires au tournant du 20e s. William Bowers Bourn, le propriétaire, tira sa fortune d'une mine d'or et se fit construire un imposant **manoir★** de style géorgien. L'agencement intérieur témoigne d'un goût certain pour les antiquités et les objets d'art. Dans la cuisine, le fourneau a été récupéré sur un paquebot transatlantique…

Les **jardins★★**, d'inspirations française et italienne, s'étirent sur 6,5 ha. Les rythmes de floraison ont présidé au choix des espèces, et le parc offre une profusion de couleurs qui se renouvellent à chaque saison.

Pour rejoindre San Jose, revenez sur le Camino Real ou prenez la Hwy 101, puis la Hwy 87 (Guadalupe Parkway), et sortez à Market St. Depuis la Hwy 280, prenez la Hwy 87 N., puis la sortie Santa Clara St.

★ SAN JOSE

▶ *Comptez une demi-journée.*

C'est autour de San Jose que la vallée s'est d'abord développée. Fondée en 1797, la mission prospéra grâce à son agriculture florissante (on la surnommait la « Vallée des merveilles » pour ses superbes vergers), et la nouvelle communauté devint même brièvement, en 1849, la capitale de la Californie. Au milieu du 20e s., l'agriculture céda peu à peu la place à des entreprises de haute technologie. À partir des années 1960, le nom de Silicon Valley finit par désigner les communes entourant San Jose, troisième ville de Californie par son nombre d'habitants.

◉ **Bon à savoir** – Les principaux centres d'intérêt sont regroupés dans Downtown, autour de l'intersection entre les deux grands axes de 1st St. et de San Carlos St.

★★ **Tech Museum of Innovation** – *201 S. Market St., ℰ (408) 294 8324, www. thetech.org. Tlj 10h-17h. 10 $ avec un film IMAX. Bons pour le Tech Parking, auquel on accède par 2nd St. ou 3rd St.* Un bon moyen de découvrir les innovations technologiques. Des **stands interactifs** permettent de comprendre les lois de sciences aussi variées que l'électronique, la robotique, la modélisation par ordinateur ou les plus récentes techniques de communication ou d'exploration de l'univers. Un **cinéma IMAX** propose des documentaires divers, projetés sur un immense écran hémisphérique.

San Jose Museum of Art – *110 S. Market St., de l'autre côté de la place par rapport au Tech,* ℘ *(408) 271 6840, www.sjmusart.org. Tlj sf lun. 11h-17h. 8 $.* Il est consacré à l'art du 20ᵉ s. Outre sa collection permanente de peintures et de photographies, il organise des expositions temporaires.

★ **San Jose Historical Museum at History Park** – *1650 Senter Rd, à 3 km du centre. Suivez Market St. vers le sud, prenez à gauche dans Keyes St. jusqu'à Senter Rd.* ℘ *(408) 287 2290, www.historysanjose.org. Tlj sf lun. 11h-17h. Gratuit.* Il rassemble 28 maisons et ateliers du 19ᵉ s., restaurés ou reconstitués. Répliques de trolleys, de rues pavées et d'artisanats anciens retracent la vie quotidienne des débuts de San Jose.

★ **Rosicrucian Egyptian Museum & Planetarium** – *1660 Park Ave. Remontez l'une des rues principales vers le nord et prenez à gauche dans Taylor St., qui devient Naglee Ave.* ℘ *(408) 947 3635, www.egyptianmuseum.org. Tlj sf mar. 9h-17h, w.-end 10h-18h ; démonstrations au planétarium : lun.-vend. 14h, w.-end 14h et 15h30. 9 $.* Les passionnés d'Égypte ancienne se rendront dans ce lieu dont l'architecture évoque celle d'un temple égyptien ; sous l'égide de l'ordre de la Rose-Croix, ce musée a réuni une collection de plus de 4 000 objets d'art de l'ancienne Égypte, portant surtout sur les rites funéraires, la momification et la conception des tombeaux.

★ **Winchester Mystery House** – *À l'ouest du centre-ville. 525 S. Winchester Blvd. Suivez San Carlos St. puis San Carlos Blvd vers l'ouest, et tournez à gauche dans Winchester Blvd.* ℘ *(408) 247 2101, www.winchestermysteryhouse.com. Visite guidée. Pdt les vac. d'été 8h-19h, de sept. à mi-juin 9h-17h. 35 $ pour la visite complète.* Voilà un bel exemple de ces folies architecturales nées de l'excentricité de leur riche propriétaire. Celle-ci naquit des excès de Sarah Winchester, dont le mari fabriquait les célèbres carabines. Elle fit construire cette demeure entre 1884 et 1922. Ce ne sont pas les 160 pièces qui sont étonnantes, malgré leur surprenante modernité pour l'époque, mais plutôt leur agencement délirant : fenêtre dans le sol, escaliers ne menant nulle part, cheminée montant sur quatre étages pour s'arrêter juste en dessous du toit, portes ouvrant sur des murs… On a expliqué la folie bâtisseuse de la pauvre femme par le choc de la mort de sa petite fille et de son mari. Un médium peu scrupuleux la convainquit que les esprits des malheureux tués par les innombrables carabines de son défunt époux ne la laisseraient en vie que si elle bâtissait sans répit. Pièce après pièce, les ouvriers ne cessèrent de travailler, nuit et jour, parfois en dépit du bon sens architectural. Selon la légende, c'est une tempête qui interrompit finalement les travaux, en 1922. La même nuit, Sarah Winchester mourait…

1

😊 NOS ADRESSES DANS LA SILICON VALLEY

TRANSPORT

En train – Le **Caltrain** dessert la Silicon Valley depuis San Francisco (terminal à l'angle de 4ᵗʰ et King St.), avec 39 trains quotidiens en sem., 15 le sam., 10 le dim. Comptez 1h pour Palo Alto et 1h40 pour San Jose Diridon. À San Jose, la gare est hors du centre, mais le Dash vous y conduit (gratuit).

HÉBERGEMENT

Palo Alto

😊 **Bon à savoir** – Le prix des hôtels est élevé. Évitez la mi-juin, saison de remise des diplômes…

BUDGET MOYEN

Motel 6 – *4301 Camino Real, à 3,8 miles au sud du centre de Palo Alto,* ℘ *(650) 949 0833, www.*

motel6.com - 71 ch. 63,99 $. 🏊
🅿 À l'écart d'El Camino Real,
dans une petite rue ombragée,
ce motel pratique des prix
abordables pour des chambres
banales mais pas trop bruyantes.
Accès Wifi gratuit, laverie.
California Hotel – *2431
Ash St., ☎ (650) 322 7666, www.
hotelcalifornia.com - 20 ch. 89 $.*
🛏️À 1,5 mile au sud du centre-ville,
suivez El Camino Real et tournez
à gauche dans California St.*
Établissement chaleureux, bon
rapport qualité-prix. Chambres
petites, calmes et gaies. Cuisine,
machine à laver et jolie terrasse
fleurie. Accès Internet. Navette
pour le campus.

San Jose

🛈 **Bon à savoir** – En semaine,
la ville est fréquentée par
les hommes d'affaires et très
chère, mais le week-end, vous
pouvez séjourner dans un grand
hôtel pour le prix d'un motel.
Demandez les *week-end rates.*

BUDGET MOYEN

Ramada Hotel – *455 S. 2ⁿᵈ St.,
☎ (408) 298 3500 - 72 ch. 86/133 $*
🏊 🖥 L'un des motels les plus
abordables en semaine, tout près
du centre-ville, avec des chambres
bien équipées (cafetières,
frigidaires…). Accès Wifi gratuit.

RESTAURATION

Palo Alto

BUDGET MOYEN

Bodeguita del Medio – *463 S.
California Ave., ☎ (650) 326 7762,
www.labodeguita.com. Lun.-vend.
11h30-14h, 17h30-21h30 (22h vend.-
sam.). Plats 10/25 $. Bar jusqu'à 0h.*
Hommage au célèbre restaurant
homonyme de La Havane.
Bonne cuisine sud-américaine
et cubaine. Belle cave à cigares.
Nola's – *535 Ramona St., ☎ (650)
328 2722, www.nolas.com. Lun.-
jeu. 11h30-22h (23h vend.), sam.
17h30-23h (21h dim.). Bar en soirée.
Plats 10-25 $.* Cuisine cajun-
créole originale dans un décor
chaleureux et coloré.

San Jose

POUR SE FAIRE PLAISIR

Eulipia – *374 S. 1ˢᵗ St., ☎ (408)
280 6161, www.eulipia.com. Mar.-
dim. à partir de 17h. Plats autour de
25/30 $.* Endroit design avec bar à
l'étage. Bonne cuisine (essayez les
ravioles de potiron aux pignons).
Emile's – *545 S. 2nd St., ☎ (408)
289 1960, www.emilesrestaurant.
com. Mar.-jeu. 17h30-22h (23h
vend.-sam.). Plats autour de
30 $.* Décor élégant et lumières
tamisées, pour une cuisine
française classique mais très
raffinée et de grande qualité.

BOIRE UN VERRE

San Jose

Gordon Biersch Brewery –
*33 E. San Fernando St., ☎ (408)
294 6785, www.gordonbiersch.com.
Dim.-merc. 11h30-23h (0h jeu., 1h
vend.-sam.).* Nombreuses bières
du monde dans cette brasserie
fréquentée par un public jeune.
Tapas, plats copieux et savoureux
(env. 15/20 $ au dîner). Musique *live*
en été.

Marin County

NOS ADRESSES PAGE 203

SE REPÉRER

Carte de région A2 *(p. 124) – carte Michelin Western USA 585 A 8*. Marin County se déploie au nord de San Francisco. La Hwy 101, qui traverse le Golden Gate Bridge, longe le Marin County par l'intérieur des terres. La route côtière, Shoreline Hwy (Hwy 1), est la seule qui permette de découvrir la côte.

À NE PAS MANQUER

Une randonnée à Muir Woods ; boire un verre à Bolina ; le phare de Point Reyes.

ORGANISER SON TEMPS

Comptez 2 ou 3 jours ; en fin d'après-midi, attention au soleil dans les yeux sur la route côtière ; allez à Sausalito en semaine pour éviter l'affluence du week-end.

Il suffit de traverser le Golden Gate Bridge pour respirer l'aventure. Vous êtes aux portes du Redwood Empire, l'empire des séquoias, une terre sauvage et accidentée de forêts épaisses, de falaises vertigineuses et de villages aux maisons en bois. Marin County n'occupe qu'une péninsule au sud de ce vaste territoire, mais la région offre un avant-goût du Nord, paradis des trappeurs, des bûcherons et des chercheurs d'or.

Circuit conseillé

Circuit de 110 miles (176 km) environ, de Sausalito à Point Reyes. Comptez la journée. Quittez San Francisco par le Golden Gate. Empruntez la Hwy 101 sur 6 miles et sortez à Alexander Avenue. Si vous préférez arriver à Sausalito par le nord, quittez la Hwy 101 par la sortie Marin City.

★★ SAUSALITO

À l'extrême sud du Marin County, cette petite ville pittoresque est l'une des plus touristiques de la baie. Initialement zone de mouillage pour les navires et centre de fret pour les cargaisons de bois du Nord, elle était jadis reliée à San Francisco par un bac. L'édification du Golden Gate Bridge et l'essor de la construction navale lors de la Seconde Guerre mondiale ont dopé son développement.

Délaissé ensuite par les industriels, le site fut envahi par une colonie d'artistes et de marginaux qui habitaient sur des maisons flottantes. Grâce à sa marina et à son cadre enchanteur, le village est devenu peu à peu un quartier résidentiel huppé.

Bridgeway

L'avenue qui longe le front de mer et le port de plaisance offre une agréable promenade au bord de l'eau, tandis que des rues verdoyantes partent à l'assaut des collines boisées, piquées de belles villas.

Parmi les nombreuses boutiques du centre, l'une retiendra particulièrement l'attention des amateurs de photos et d'histoire : **The Mark Reuben Gallery** *(34 Princess St. Tlj 10h-17h30)* qui présente des centaines de photos, dont certaines fort anciennes, classées par thème.

Bay Model Visitor Center – *À environ 1,5 mile au nord du centre. 2100 Bridgeway, ℰ (415) 332 3871, www.spn.usace.army.mil/bmvc. De Memorial Day à Labor Day : tlj sf lun. 9h-16h, w.-end 10h-17h ; hors saison : mar.-sam. 9h-16h. Gratuit.* Il propose une intéressante maquette de 8 000 m², représentant la baie de San Francisco et les différents flux des courants, rivières et marées. On y découvre aussi l'histoire de la construction navale locale, en particulier au moment de la Seconde Guerre mondiale.

Poursuivez vers le nord et sur environ un demi-mile le long de Bridgeway Blvd.

Marin City

On y vient pour ses incroyables maisons flottantes. Les plus excentriques ont disparu, remplacées par de véritables villas sur l'eau, mais l'ensemble a conservé un peu du charme bohème revendiqué par les premiers hippies.

Reprenez Bridgeway vers le sud et suivez les panneaux East Fort Baker/ Marin Headlands, puis Marin Headlands, en empruntant un tunnel à circulation alternée qui passe sous la Hwy 101 (attention aux bouchons le week-end quand il fait beau). Marin Headlands est à 3 miles du tunnel.

★★ Marin Headlands

Le promontoire rocheux de **Marin Headlands★★** offre les plus belles vues sur San Francisco et le Golden Gate Bridge. La route mène à Rodeo Beach, après avoir longé un petit lagon.

Le **Marin Headlands Visitor Center** présente la faune, la flore et les sentiers de randonnée des environs *(demandez le dépliant du Golden Gate National Park qui comporte une bonne carte)*.

Juste avant le lagon, une petite route bifurque vers **Point Bonita★★**, un cap rocheux surmonté d'un coquet petit phare *(ouvert le w.-end en saison)*.

Vous pouvez aussi suivre **Conzelman Road★★**, la route qui rejoint East Fort Baker, pour les splendides panoramas sur San Francisco et le Golden Gate.

Reprenez la Hwy 101 vers le nord jusqu'à la sortie Hwy 1 (Shoreline Hwy). Suivez celle-ci sur 2,5 miles et prenez à droite la Panoramic Hwy. Empruntez Muir Woods Rd, sur votre gauche, 0,8 mile plus loin. L'entrée du parc est à 2 miles.

★★ Muir Woods National Monument

ℰ (415) 388 2596, www.nps.gov/muwo. Tlj de 8h au coucher du soleil. 5 $/pers. Ses séquoias géants sont les derniers vestiges de la forêt primitive qui bordait la baie de San Francisco avant que les bûcherons n'abattent les arbres pour la construction des villes. Beaucoup d'entre eux ont plusieurs centaines d'années (jusqu'à près de 1 000 ans) et le plus haut atteint 80 m. Des sentiers sillonnent la forêt, le long des ruisseaux, dont le **Main Trail Loop** *(1,5 km)*, qui permet d'admirer les plus beaux séquoias.

Muir Woods Road rejoint ensuite la Shoreline Highway et mène à **Muir Beach★** *(2,5 miles)*, une plage de sable nichée au pied des falaises, puis à **Muir Beach Overlook★★** *(1,7 mile)*, qui offre un panorama époustouflant sur les falaises et San Francisco, plus au sud.

Reprenez la Shoreline Hwy vers le nord en direction de Stinson Beach. À un peu moins de 5 miles, à l'entrée de Stinson Beach, prenez à droite la Panoramic Hwy et suivez-la jusqu'à Pan Toll Station, qui marque l'entrée du Mt Tamalpais State Park (4 miles).

Point Reyes Light House.
C. Pefley / Tips/Photononstop

★★ Mont Tamalpais State Park

☎ (415) 388 2070, www.parks.ca.gov. Tlj de 7h au coucher du soleil. 6 $/véhicule. Plan des sentiers à Pan Toll Station. Possibilité de camping dans des conditions rudimentaires.

Culminant à 784 m, ce parc est un petit éden pour les randonneurs et les adeptes du VTT. L'ascension du mont Tamalpais, entre pâturages et ruisseaux, séquoias et chênes, est facile et permet d'admirer la **vue★★** sur toute la région. Pour les Indiens miwoks, c'est une montagne sacrée, habitée par leur dieu Coyote.

Revenez à Stinson Beach.

STINSON BEACH

Cette langue de sable clair s'étirant au pied des montagnes est un paradis pour les amateurs de pêche et pour les surfeurs, mais les courants et l'eau froide la rendent dangereuse en hiver *(poste de secours ouvert de fin mai à mi-sept.).* Mais hormis la plage, le surf ou le windsurf, Stinson Beach réjouira aussi les amateurs de nature car, passé le village, la Hwy 1 longe **Bolinas Lagoon**, une lagune poissonneuse, isolée de l'Océan par un cordon littoral. Elle accueille chaque année des milliers d'oiseaux migrateurs, des aigrettes et des hérons, que vous pourrez observer depuis le sanctuaire d'**Audubon Canyon Ranch** *(3 miles au nord du village. Mars-juil. tlj 10h-16h. Gratuit).*

Après la lagune, bifurquez à gauche vers Bolinas (il n'y a aucun panneau).

★★ BOLINAS

S'il reste un sanctuaire pour les marginaux, hippies et excentriques *post beat*, c'est bien Bolinas, qui se targue de faire perdurer l'esprit de bohème des années contestataires. Pour preuve, l'acharnement que mettent ses habitants à arracher tous les panneaux de signalisation menant à leur village pour que l'on ne vienne pas les déranger. Il y a d'ailleurs longtemps que l'on a renoncé

4 *bungalows 210 $* 🅿 Ravissant jardin luxuriant. Adresse cosy et confortable, réfrigérateur, thé et café dans les chambres. Négociez hors saison.

Bolinas

BUDGET MOYEN

Smiley's Schooner Saloon and Hotel – *41 Wharf Rd,* ☏ *(415) 868 1311, www.smileyssaloon.com - 7 ch. 89/99 $.* Au centre du village, des chambres un peu sombres mais confortables dans une maison en bois de 1851. Attention au bruit en saison : le saloon (snacks et café à partir de 8h ; Wifi) accueille des concerts.

Point Reyes National Seashore

POUR SE FAIRE PLAISIR

Point Reyes Seashore
🅐 **Bon à savoir** – Si toutefois vous ne trouviez pas d'hébergement aux abords du parc, il vous reste la solution Petaluma (env. 18 miles), dans le Wine Country *(voir « Nos adresses » au chapitre suivant, p. 212).*
Lodge – *10021 Coastal Hwy 1, Olema,* ☏ *(415) 663 9000, www. pointreyesseashore.com - 23 ch. 135/245 $ et 2 bungalows 295 $* ☕ ✕ 🅿 Joli bâtiment en bois, dans un agréable jardin au bord du ruisseau. Chambres très grandes et confortables.
Olema Inn – *10000 Sir Francis Drake Blvd, à l'angle avec la Shoreline Hwy,* ☏ *(415) 663 9559, www.theolemainn.com - 6 ch. 198/222 $* ✕ 🅿 Une adresse de caractère avec son décor chaleureux et son mobilier à l'ancienne. Copieux petit-déj. Le restaurant **Olema Farmhouse** *(*☏ *(415) 663 9559 ; 8/29 $)* sert, quant à lui, des salades et plats variés. Il est réputé pour ses huîtres rôties.

RESTAURATION

Sausalito

PREMIER PRIX

Caffe Tutti – *12 El Portal,* ☏ *(415) 332 0211. Tlj 6h45-20h30. Moins de 10 $.* Une adresse encore abordable pour déguster des soupes, des salades, des pâtes ou de copieux sandwichs.

Stinson Beach

BUDGET MOYEN

Sand Dollar Restaurant – *3458 Shoreline Hwy,* ☏ *(415) 868 0434, www. stinsonbeachrestaurant.com. Tlj 12h-15h, 17h30-20h30.* Copieuses salades et bons sandwichs le midi *(env. 9/15 $)*, viandes et poissons grillés le soir *(14-24 $)*, dans une ambiance décontractée. Musique *live* le w.-end et certains soirs en sem.

Bolinas

BUDGET MOYEN

Blue Heron Inn – *11 Wharf Rd,* ☏ *(415) 868 1102. Jeu.-lun. 17h30-21h.* Un restaurant sympathique proposant des salades et des entrées copieuses à des prix raisonnables. Les plats sont plus chers, mais la cuisine est de qualité. Fait aussi B & B *(2 ch., 140 $)*.

Point Reyes National Seashore

PREMIER PRIX

Cafe Reyes – *11101 Hwy 1, Point Reyes Station, à 2 miles au nord d'Olema,* ℘ *(415) 663 9493. Tlj 12h-21h. Autour de 6/14 $.* Le point de rendez-vous des locaux, où déguster en terrasse une cuisine mexicano-américaine simple et copieuse. Bonnes pizzas.

BOIRE UN VERRE

Sausalito

No Name Bar – *757 Broadway St., ℘ (415) 332 1392. Lun.-vend. 11h-2h (sam.-dim. 10h-2h).* Vous trouverez un grand choix de bières et quelques plats simples, dans cet espace qui tient à la fois du saloon et du lieu de rencontre beatnik ! Musique *live* en fin de semaine.

Smitty's – *214 Caledonia St., ℘ (415) 332 2637, www.smittysbar. com. Tlj 10h-2h.* Très loin de l'animation touristique, ce bar est surtout fréquenté par des habitués qui ne demandent qu'à fraterniser. Billard et écran géant pour les jours de matchs.

ACHATS

Sausalito

Scrimshaw Gallery – *30 Princess St., ℘ (415) 331 1409. Tlj 10h-18h.* Des objets sur le thème nautique, en particulier de fines sculptures ou gravures sur ivoire fossile : dents de baleine, défenses sculptées, bibelots délicats…

ACTIVITÉS

Point Reyes National Seashore

Observer les phoques – C'est entre décembre et mars que l'on peut observer les éléphants de mer, à la période où les femelles donnent naissance aux petits.

Voir passer les baleines – Autour de Chimney Rock et du phare (déc.-avr.). Pensez aux jumelles.

Kayak de mer – Les 15 miles du littoral de Tomal se prêtent à la découverte en kayak. Mais les points d'embarquement sont limités et strictement réglementés. Renseignez-vous au *Visitor Center*.

1

Wine Country

★★

NOS ADRESSES PAGE 211

▷ **SE REPÉRER**

Carte de région AB1 *(p. 124) – carte Michelin Western USA 585 A 8*. Ce circuit permet de découvrir les **vallées de Sonoma et de Napa**, au nord-est de San Francisco. Les routes principales suivent l'axe des vallées : la Hwy 101 sépare le Wine Country de Marin County et traverse Petaluma et la Russian River Valley ; plus à l'est, la Hwy 12 longe la Sonoma Valley et la Hwy 29 (également appelée St Helena Hwy) dessert la Napa Valley.

☺ **À NE PAS MANQUER**

Déguster les vins dans les « châteaux » ; flâner autour de la Plaza de Sonoma ; s'imprégner du souvenir de Jack London dans son ranch.

◷ **ORGANISER SON TEMPS**

Prévoyez au moins 2 jours. Vous pouvez enchaîner ce circuit avec celui du Marin County.

Les meilleurs vins de Californie sont produits dans les vallées de Sonoma et de Napa, dont le climat doux et ensoleillé ainsi que la terre poreuse des anciens volcans composent un terroir favorable à la viticulture. La qualité de leurs productions les place en tête du marché américain voire, pour certains crus, du marché mondial. Il vous sera facile d'en juger par vous-même en sillonnant les domaines. Mais attention aux excès de dégustation : restez modéré !

Circuits conseillés

SONOMA VALLEY

▷ *Circuit de 60 miles AR, comptez une journée.*

★★ Sonoma

La plus charmante des villes du vignoble est aussi la plus importante sur le plan historique. En 1823, une mission fut fondée à Sonoma, puis on bâtit une caserne pour les soldats chargés de défendre cet avant-poste de la Californie. Le commandant mexicain du Presidio de San Francisco, Mariano Vallejo, prit la tête du détachement en 1834 et supervisa la fondation de la ville. Mais, en 1846, les colons américains se soulevèrent contre le joug mexicain et hissèrent sur la Plaza un drapeau frappé d'un ours et d'une étoile : c'était la *Bear Flag Revolt*. Ils proclamèrent même une république indépendante en Californie. La révolte fut vite réprimée par l'armée américaine, qui enleva la Californie au Mexique. La ville se contente depuis du commerce et de la viticulture, et possède le plus ancien vignoble de la région.

★ Plaza centrale – Autour de cette place, à l'atmosphère toute mexicaine avec ses palmiers, sont rassemblés les édifices historiques regroupés au sein du **Sonoma State Historic Park★** *(un billet incluant l'entrée à la mission, aux*

Barracks et à la maison de Vallejo est en vente à la mission. ✆ *(707) 938 9560, www.parks.ca.gov. Tlj sf lun. 10h-17h.* C'est la plus ancienne exploitation de la vallée. Elle produit des vins rouges réputés.

Revenez à Sonoma et empruntez la Hwy 12 vers le nord sur 5 miles, tournez à gauche dans Madrone Rd, à droite dans Arnold Dr., puis encore à gauche dans London Ranch Rd, pour atteindre le ranch de Jack London (10 miles).

★★ Jack London State Historic Park

✆ *(707) 938 5216, www.jacklondonpark.com. Tlj 10h-17h. 8 \$/véhicule.*

C'est là que le célèbre écrivain, journaliste et aventurier, passa les dernières années de sa vie. En 1905, à l'âge de 29 ans, déjà fatigué par ses périples, il acheta un domaine délabré du village de Glen Ellen. En 1911, il entreprit avec sa seconde femme, Charmian, la construction d'une imposante demeure en

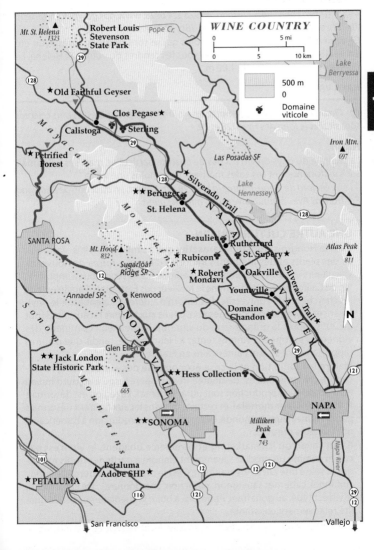

pierre et en bois, Wolf House, qu'un incendie dévasta en 1913, au moment où ils s'apprêtaient à emménager. Renonçant à leur projet, le couple se contenta du vieux cottage. Jack London y mourut en 1916, à 40 ans. Six ans plus tard, sa veuve fit construire la **House of Happy Walls★**, où sont rassemblés objets personnels, souvenirs de voyages, photographies et courriers de l'écrivain (elle y vécut jusqu'en 1945). Plusieurs sentiers bucoliques sillonnent le domaine et mènent au cottage où Jack London écrivait, aux ruines de Wolf House et à la tombe du couple. À la sortie du parc, vous pouvez vous arrêter au **Jack London Saloon** (1905), pour retrouver l'ambiance de l'Ouest…

Reprenez la Hwy 12 vers le nord et Santa Rosa. À un peu plus de 11 miles, à l'entrée de Santa Rosa, tournez à droite dans Calistoga Rd et, environ 7 miles plus loin, empruntez à gauche Petrified Forest Rd.

★ Petrified Forest

4100 Petrified Forest Rd, Calistoga, ☏ 928 524 6228, www.nps.gov/pefo. Mai-sept. 7h-19h, oct.-fév. 8h-17h, mars-avr. 7h-18h. 10 $/véhicule.

Ce curieux site regroupe des séquoias qui se sont pétrifiés après avoir été ensevelis, il y a 3 millions d'années, sous les cendres du volcan St Helena. Le plus gros a un diamètre de 1,80 m.

NAPA VALLEY

▷ *Circuit de 55 miles AR, comptez une journée. Les propriétés les plus célèbres sont situées le long des Hwy 128 et 29.*

Napa

La capitale du pays du vin n'a pas de charme particulier, mais ses jolies maisons victoriennes et ses cafés méritent néanmoins une visite.

À l'entrée nord de Napa, quittez la Hwy 29 vers l'ouest, en direction de Redwood Rd/Trancas Ave., et poursuivez sur 6 miles à l'ouest.

UNE AUTRE CULTURE DU VIN

C'est le Hongrois **Agoston Haraszthy** qui, au milieu du 19e s., introduisit des plants et des méthodes importés d'Europe, forma de nouveaux viticulteurs – eux-mêmes immigrants européens – et contribua à imposer le vin de Californie du Nord comme le meilleur des États-Unis. Parallèlement, les chercheurs de l'université de Californie aidèrent à combattre le phylloxéra et à adapter des cépages européens aux terroirs locaux. Au début du 20e s., après la grande crise du vignoble sur le Vieux Continent, des vignerons européens vinrent tenter ici leur chance, tandis que d'autres rapportaient des plants américains en France.

Malgré la Prohibition et la crise économique des années 1930, la viticulture californienne est demeurée très prospère jusqu'à aujourd'hui où les méthodes de production sont ultramodernes. La région est désormais le **4e producteur mondial**, et certains des vins locaux figurent désormais parmi les meilleurs du monde. Les méthodes de production à l'américaine ont fait leurs preuves.

Il faut savoir qu'ici, marketing et commerce obligent, le vin n'est pas conçu comme un produit savamment élaboré à partir de subtils mélanges et selon une ancienne tradition. C'est le cépage qui détermine le vin : zinfandel, cabernet sauvignon, pinot noir, chardonnay… De cette façon, le vin est typé, au goût franc et simple, à boire immédiatement et de qualité relativement constante.

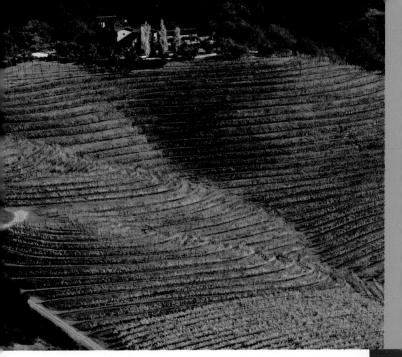

Vignes dans les environs de Calistoga.
B. Gibbons / FLPA/Age Fotostock

★★ **Hess Collection Winery** – *411 Redwood Rd,* ☎ *(707) 255 1144, www.hess-col lection.com. Tlj 10h-17h30. Visite de la galerie d'art gratuite, dégustation 10 $.* Située à l'écart sur les coteaux, c'est l'une des plus imposantes propriétés de la région (découvrez le zinfandel, typique de Californie, ou le syrah).
Fondé par les Frères chrétiens en 1930, l'énorme ensemble de pierre rappelle les monastères mexicains. Au-dessus des chais, **galerie d'art contemporain** de grande qualité.
Retournez à Napa et prenez la Hwy 128 vers le nord (8 miles).

Yountville

Ce village évoque un décor de théâtre ! On y visite plusieurs propriétés pres-tigieuses, dont le célèbre **Domaine Chandon** *(1 California Dr., à droite de la Hwy 29, peu avant l'entrée dans Yountville,* ☎ *(707) 944 2280-888 242 6366, www. chandon.com. Visitor Center tlj 10h-17h. Dégustation 12-32 $).* Ce domaine a été créé en 1973 par la société française Moët-Hennessy.
On y retrouve la tradition champenoise et des mousseux de qualité. Le res-taurant **L'Étoile** propose des menus de dégustations gastronomiques parti-culièrement réussis (☎ *(800) 736 2892).*
Continuez sur la Hwy 29 vers Oakville. Passé Oakville Cross Rd, quelques-uns des domaines les plus réputés se répartissent de part et d'autre de la route avant d'atteindre Rutherford.

Oakville

★ **Robert Mondavi Winery** – *Sur la gauche, 7801 Hwy 29,* ☎ *888 766 6328, www.robertmondavi.com. Tlj 10h-17h. Dégustation 15 $.*
C'est l'exemple type de la réussite californienne : des vins réputés (dont les superbes Réserves) et un mécénat actif en faveur d'artistes locaux.

Rutherford

★ **St Supery** – *Sur la droite, 8440 St. Helena Hwy 29,* ☎ *(707) 963 4507, www. stsupery.com. Tlj 9h30-18h. Dégustation 15-25 $.*

La propriété ne se contente pas de produire du vin. Elle abrite un centre de découverte où les novices apprendront comment s'élabore le précieux breuvage et s'essaieront à humer les différents bouquets.

★ **Rubicon** – *Sur la gauche, 1991 St Helena Hwy 29, ℘ (707) 968 1100, www. rubiconestate.com. Tlj 10h-17h. Dégustation 25 $ avec la visite.*

C'est la superbe propriété (depuis 1975) du cinéaste Francis Ford Coppola, qui s'attacha à placer ses vins parmi les meilleurs de Californie. Le musée qui expose des souvenirs de sa carrière hollywoodienne a été déplacé dans sa nouvelle propriété à Geyserville en 2007.

Dépassez Rutherford pour entrer sur le territoire de St Helena.

Beaulieu Vineyards – *Sur la droite, 1960 St Helena Hwy 29, ℘ 800 264 6918, www.bvwines.com. Tlj 10h-17h. Dégustation 15-20 $.*

Dans un style plus convivial, ce domaine a été initialement fondé par un couple de Français en 1900. Très réputé, il propose une visite de la propriété et un verre de vin gratuit. Son chardonnay et son cabernet sauvignon sont considérés parmi les meilleurs de la région.

St Helena

Cette petite bourgade viticole s'étire le long d'une rue aux allures de Far West avec ses boutiques à frontons en bois, ses rues verdoyantes et ses maisons colorées. On y visite le **Robert L. Stevenson Silverado Museum** *(1490 Library Lane, ℘ (707) 963 3757, www.silveradomuseum.org. Merc.-dim. 12h-16h. Gratuit)*, qui expose de nombreux objets ayant appartenu à l'auteur, mais la ville concentre surtout un nombre impressionnant de *wineries*.

★★ **Beringer Vineyards** – *Sur la droite, 2000 Main St., ℘ (707) 963 7115, www. beringer.com. Tlj juin-oct. 10h-18h (17h nov.-mai); plusieurs visites guidées différentes par jour. Dégustation 20-30 $.*

Fondés par une famille allemande en 1876, ils sont l'une des plus anciennes exploitations de la vallée, qui a échappé à la prohibition en fabriquant du vin de messe. Le chardonnay blanc et les cabernets rouges, très bien élaborés, sont réputés.

Les Hwy 128/29 continuent vers le nord et Caligosta. Peu avant la station thermale, tournez à droite dans Dunaweal Lane.

Sterling Vineyards – *Sur la droite, 1111 Dunaweal Lane, ℘ 800 726 6136, www. sterlingvineyards.com. Tlj 10h30-17h (sam.-dim. 10h-17h). Entrée + télécabine : 25 $.*

L'étonnante propriété est perchée en haut d'une butte que l'on atteint en télécabine. Vous y découvrirez un intéressant cabernet sauvignon ou un bon sauvignon.

★ **Clos Pegase** – *Plus loin, sur la gauche, 1060 Dunaweal Lane, ℘ (707) 942 4981, www.clospegase.com. Tlj 10h30-17h. Dégustation 10 $-20 $. Visite guidée tlj à 11h30 et 14h.*

Cette *winery* fondée par un éditeur et collectionneur d'art mérite le détour pour son opulente architecture néoclassique et ses vins réputés (sauvignon ou chardonnay pour les blancs, merlot ou pinot noir pour les rouges).

Revenez sur la Hwy 128 pour rallier Caligosta.

Calistoga

Située au nord de la vallée de Napa, au pied du mont St Helena (1 323 m), Calistoga est une station thermale riche en geysers et en sources chaudes. Point de départ de belles randonnées vers l'ancien volcan, la ville est aussi réputée pour ses bains de boue et ses soins d'eau thermale, proposés par les très nombreux établissements *(appelés springs ou spas ; comptez entre 80 et 130 $ selon les formules).*

★ **Old Faithful Geyser** – *À 2 miles au nord-ouest de la ville par la Hwy 128, www. oldfaithfulgeyser.com. Tlj 9h-18h (nov.-mars 17h). 10 $/personne.*

C'est l'un des trois geysers au monde qui jaillissent avec une telle régularité. Il projette sa colonne d'eau brûlante à 18 m de haut (ttes les 40mn).

Robert Louis Stevenson State Park – *À 7 miles au nord-est de la ville par la Hwy 29, ℘ (707) 942 4575, www.parks.ca.gov. Tlj du lever au coucher du soleil. Gratuit.*

Il offre des balades dans la forêt qui couvre les flancs du mont St Helena. L'auteur de *L'Île au trésor* y passa sa lune de miel en 1880 et s'en inspira pour *La Route de Silverado*.

Pour revenir à Napa en évitant la route principale, vous pouvez quitter Calistoga en suivant le **Silverado Trail★**, une petite route touristique qui serpente, à l'est de la Hwy 128, entre vignobles et collines. Le chemin se rattrape au bout de Dunaweal Lane, après le Clos Pegase *(voir ci-dessus)*.

À proximité

★ Petaluma

🔘 *À 12 miles au sud-ouest de Sonoma par la Hwy 116.*

Cette petite ville pittoresque s'étire le long de la rivière. Son imposant **moulin**, transformé en galerie commerciale, rappelle le passé agricole de la vallée. Le centre-ville, autour de Kentucky Street, Petaluma Boulevard et Western Avenue, conserve de beaux **immeubles victoriens★**, avec ossature, sculptures et colonnades en fonte, tandis que les quartiers résidentiels offrent une palette de styles de la fin du 19e s.

Quittez Petaluma par la Hwy 116, en direction de Sonoma. 4 miles plus loin, tournez à gauche et suivez Adobe Rd sur 2,5 miles.

★ **Petaluma Adobe State Historic Park** – *3325 Adobe Rd, ℘ (707) 762 4871, www.petalumaadobe.com. Lun.-vend. 10h-17h. 3 $.*

Cet ancien ranch de la période mexicaine a été fondé en 1834 par le commandant Vallejo, qui avait reçu 26 700 ha de terres en rétribution de ses services. Les bâtiments traditionnels en adobe donnent une idée de la vie que l'on menait dans ces grandes exploitations.

☺ NOS ADRESSES DANS WINE COUNTRY

TRANSPORTS

En voiture – Quittez San Francisco par le Golden Gate Bridge et suivez la Hwy 101 jusqu'à **Petaluma** (41 miles), ou enchaînez à partir de Marin County *(voir p. 199)*.

Sonoma est à 12 miles au nord-est de Petaluma. Revenez sur la Hwy 116, que vous suivez vers l'est, puis empruntez la Hwy 12 vers le nord.

En car – **Golden Gate Transit** assure la liaison de San Francisco vers Sonoma et Petaluma.

VISITES

En bus, car ou limousine

Bon à savoir – Plusieurs agences proposent des visites en car ou limousine au départ de San Francisco. Les prix varient considérablement, mais toutes proposent des rabais en semaine.

Comptez généralement 70 $ pour une visite de trois domaines.

Pour bien comparer les offres et éviter les mauvaises surprises, vérifiez si les pourboires, les prix de dégustation et autres taxes sont compris dans le devis.

American VIP Limo (*☎ 877 777 8878, www.aviplimo.com*) propose une visite de la Napa Valley ou de la Sonoma Valley, de 4 à 14 convives *(50 à 110 $/pers. tout compris. Réservez au moins 24h à l'avance).*

Eclectic Tour (*☎ (707) 224 2265, www.eclectictour.com*) met en avant les visites personnalisées et sur mesure.

HÉBERGEMENT

☺ **Bon à savoir** – Attention à vos bourses, à Napa et Sonoma, les hôtels sont vraiment très chers, surtout le w.-end où dans certains d'entre eux il faut en plus réserver pour 2 nuits. Préférez donc, dans la mesure du possible, la semaine pour effectuer votre tournée des caves.

Petaluma

BUDGET MOYEN

Metro Hotel & Cafe B & B – *508 Petaluma Blvd S., ☎ (707) 773 4900, www.metrolodging. com - 14 ch. 109/149 $ ☷* ✕ Des chambres gaies et colorées dont certaines ouvrent sur un jardin. Cottages également disponibles. Accès Internet et parking gratuits. Le restaurant de spécialités thaïes, **Sea Modem** (*☎ (707) 766 6633. Lun.-vend. 11h30-21h, w.-end 17h-21h. Env. 15-20 $),* est l'un des meilleurs de la ville.

Sonoma

POUR SE FAIRE PLAISIR

Sonoma Hotel – *110 W. Spain St., Plaza, ☎ 800 468 6016, www. sonomahotel.com - 16 ch. 115/248 $* ☷ ✕ Un établissement qui possède beaucoup de caractère. Dégustation de vin comprise.

Swiss Hotel – *18 W. Spain St., Plaza, ☎ (707) 938 2884, www. swisshotelsonoma.com - 5 ch. 150/240 $ ☷* ✕ Fondé en 1840, cet hôtel de style colonial au charme suranné, avec balcons donnant sur la Plaza, est digne d'un western. Dégustation de vin comprise. Le **restaurant** de cuisine italienne *(tlj 11h30-14h30 et à partir de 17h. Plats env. 6-27 $)* possède un joli patio.

Calistoga

POUR SE FAIRE PLAISIR

Roman Spa – *1300 Washington St., ☎ (707) 942 4441/1-800 914 8957, www.romanspahotsprings.com - 60 ch. 177/200 $* 🅿 Dans une rue calme, établissement thermal de style motel. Grande variété de chambres, certaines avec cuisine ou Jacuzzi à eau thermale. Piscine agréable. Bains de boue, massages, etc.

Yountville

UNE FOLIE

Vintage Inn – *6541 Washington St., ☎ (707) 944 1112/1-800 351 1133, www.vintageinn.com - 80 ch. 370/555 $ 🏊 🅿* Dans un beau parc, des chambres au luxe discret : cheminée, patio ou balcon, Jacuzzi, dégustation de vin, cookies, petit-déj. au champagne…

Napa

POUR SE FAIRE PLAISIR

Wine Valley Lodge – *À l'entrée sud de Napa, sortez par Imola exit, puis tournez à gauche avant le pont. 200 S. Coombs St., ☎ (707) 224 7911, www.winevalleylodge.com - 54 ch. 129/225 $ ☷ 🏊 🅿* Motel sans prétention aux chambres impeccables. Accueil très sympatique. Petit-déj. continental inclus. Accès Internet gratuit.

RESTAURATION

Sonoma

PREMIER PRIX

Rin's Thai Restaurant –
*139 E. Napa St., ☎ (707) 938 1462,
www.rinsthai.com. Dim.-jeu.
11h30-21h (22h30 vend.-sam.).
Plats env. 7/15 $.* À l'écart de
la Plaza, une maison, avec un
patio, qui propose des plats thaïs
authentiques.

Sunflower – *421 1ᵗʰ St. West,
☎ (707) 935 3500, www.
sonomasunflower.com. Tlj 7h-17h
en hiver, 18h en haute saison (19h
vend. et sam.). Autour de 10 $.*
Une halte bien agréable dans ce
joli café articulé d'un patio, et
recommandé par les habitants
du coin. Belles salades, généreux
sandwichs, omelettes et plats
plus élaborés permettent de se
sustenter entre deux visites de
cave.

BUDGET MOYEN

The Girl and the Fig – *110 W.
Spain St., ☎ (707) 938 3634, www.
thegirlandthefig.com. Lun.-jeu.
11h30-22h, vend.-sam. 11h30-
23h, dim. à partir de 10h. Plats
env. 10/22 $.* Un restaurant tenu
par une Américaine amoureuse
du Sud de la France. Excellente
cuisine « bistrot » et sélection
de vins.

Yountville

POUR SE FAIRE PLAISIR

Bouchon B – *6534 Washington
St., ☎ (707) 944 8037. Tlj 11h30-
0h30. Boulangerie-café tlj 7h-19h.
Plats env. 16/35 $.* Un bistrot
qui remporte un franc succès.
N'hésitez pas mais réservez.

UNE FOLIE

The French Laundry – *6640
Washington St., ☎ (707) 944 2380,
www.frenchlaundry.com. Lun.-jeu.
17h30-21h15 vend. -dim. 11h-13h.
Plus de 270 $ sans boisson.* Tenue
comme le précédent par Thomas
Keller, cette table est considérée
comme l'une des meilleures du
pays. Réservez un mois à l'avance.

ACHATS

Petaluma

**Fromages - Marin French
Cheese Company** – *7500 Red Hill
Rd, ☎ (707) 762 6001. Tlj 10h-17h.*
Une fromagerie fondée par des
Anglais en 1865 dont le succès
ne se dément pas ! Visite des
installations et dégustation.
On peut acheter de quoi pique-
niquer.

Sonoma

Jack London Bookstore –
*14300 Arnold Dr., Glen Ellen (sur
la route du Jack London SHP),
☎ (707) 996 2888. Tlj 10h30-17h.*

1

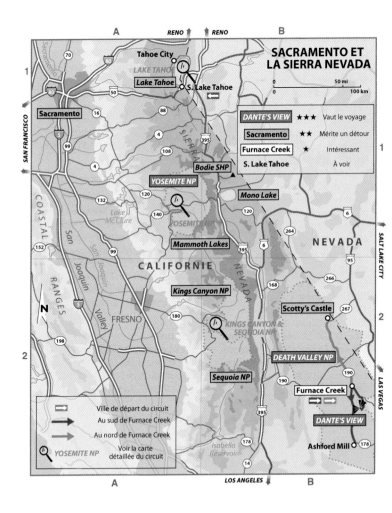

Sacramento et la Sierra Nevada 2

Carte Michelin Western USA 585 – Californie

▶ **SACRAMENTO**★★ **216**

À 104 miles à l'est de Sacramento :
▶ **LAKE TAHOE**★★ **ET SON CIRCUIT** **223**

À 229 miles au sud de Lake Tahoe :
▶ **YOSEMITE NATIONAL PARK**★★★ **228**

À 13 miles à l'est de Yosemite National Park :
▶ **MONO LAKE**★★ **238**

À 165 miles au sud-est de Yosemite National Park :
▶ **KINGS CANYON - SEQUOIA NATIONAL PARKS**★★ **242**

À 343 miles à l'est de Kings Canyon et Sequoia National Parks :
▶ **DEATH VALLEY NATIONAL PARK**★★★ **ET SES CIRCUITS** **249**

Sacramento

★★

471 991 habitants – Californie

 NOS ADRESSES PAGE 222

S'INFORMER

Old Sacramento Visitor Center – *1002 2ⁿᵈ St.* - *☎ (916) 442 7644* - *tlj 10h-17h.*
Sacramento Convention & Visitors Bureau – *1608 I St.* - *☎ 1-800 292 2334* - *www.discovergold.org* - *lun.-vend. 8h-17h.*

SE REPÉRER

Carte de région A1 *(p. 214)* - carte Michelin Western USA 585 AB 8. La capitale de l'État de Californie se trouve à 87 miles (139 km) au nord-est de San Francisco par l'I-80. Sortez à 10ᵗʰ St. pour le centre-ville. L'I-5, arrivant de Los Angeles, longe Old Sacramento (sortez à J Street).

SE GARER

De nombreux parkings dont celui se trouvant sous l'autoroute à côté de Old Sacramento.

À NE PAS MANQUER

Le California State Railroad Museum ; flâner dans la vieille ville.

ORGANISER SON TEMPS

Une journée suffit pour visiter la ville ; évitez d'y séjourner le week-end, car le centre est vide et la vieille ville envahie par les touristes.

Loin de l'agitation des villes de la côte, à l'écart des modes et des excentricités de Los Angeles ou de San Francisco, Sacramento est une capitale un peu compassée, rectiligne et ouverte comme beaucoup de grandes villes américaines. Seul le vieux quartier en bordure de la rivière évoque son glorieux passé à l'époque de la ruée vers l'or. Porte d'entrée vers les paysages spectaculaires de la Sierra Nevada, Sacramento cherche aujourd'hui à retenir le voyageur en lui proposant de nombreuses idées de sorties culturelles.

Se promener

Bon à savoir – À l'exception de Sutter's Fort, qui est un peu à l'écart, il est préférable de parcourir la ville à pied. Un simple regard sur le plan permet de se repérer. D'ouest en est, les rues sont numérotées, tandis que du nord au sud elles portent le nom d'une lettre. N'hésitez pas à marcher, les distances entre Old Sacramento et Downtown ne sont pas très grandes.

★★ OLD SACRAMENTO

Comptez une demi-journée avec les musées. Le quartier s'inscrit entre la rivière et 2ⁿᵈ St., à l'ouest de l'I-5, et entre I St. et L St. Parkings sous l'autoroute, entre I St. et J St.

Façades dans Old Sacramento.
S. Hitman / fotolia.com

Old Sacramento est le plus important et le mieux préservé des vieux quartiers américains, et malgré les nombreux visiteurs, on se croirait en plein Far West. Construit autour de l'ancien embarcadère de la colonie Sutter, il conserve trois blocs parfaitement restaurés qui ressuscitent l'atmosphère bourdonnante d'une ville du 19e s. Trottoirs en bois surélevés et couverts, immeubles à fronton et saloons rescapés de la grande époque de la ruée vers l'or constituent un ensemble remarquablement homogène, avec boutiques de souvenirs et restaurants. Pour ajouter au charme, d'anciens bateaux sont encore amarrés sur la rivière et, près des quais, une somptueuse locomotive rappelle la grande épopée du chemin de fer. Un bémol cependant, le quartier se trouvant juste derrière une portion surélevée de l'autoroute, le brouhaha de la circulation est permanent.

Débutez la visite au nord du vieux Sacramento, à l'angle de I St. et de 2nd St.

★ **California State Railroad Museum**

Comptez 1 à 2h. 25 I St., ✆ (916) 445 7387, www.csrmf.org. Tlj 10h-17h. 9 $. Film en anglais, mais documentation en différentes langues.

Ce musée passionnant raconte tout ce que l'on rêve de savoir sur l'épopée du chemin de fer. On apprend notamment quels furent les problèmes rencontrés lors de la construction de la ligne qui traverse la Sierra Nevada. Un espace qui abrite aussi une superbe collection de **wagons** et de **locomotives**, dont un train de 1929, mis en scène avec simulation des sons et vibrations.

Huntington, Hopkins & Co

Sur la droite, notez la façade en brique du magasin **Huntington, Hopkins & Co**, une reconstitution du bâtiment qui se trouvait à l'origine sur le tracé de l'autoroute. Il permit à Collis Huntington et à Mark Hopkins de faire fortune, avant de s'associer à Stanford et Crocker pour former le groupe des « Big Four », ces riches hommes d'affaires qui investirent dans les chemins de fer et fondèrent la Central Pacific Railroad Company.

Sacramento History Museum

Comptez 1h. 101 I St., ℘ (916) 264 7057. Tlj sf lun. pdt l'année scol. 10h-17h ; en été, tlj 10h-17h. 5 $.

Il est aménagé dans un bâtiment qu'occupaient jadis le bureau du maire, celui de la police, le service des eaux et la prison… On y découvre, à travers une foule d'objets, la vie de Sacramento, des origines de la ruée vers l'or jusqu'aux années 1950.

Face au musée s'ouvre Front Street, seconde grande rue de la vieille ville.

Front Street

En descendant cette rue vers le sud, vous trouvez sur votre droite la **gare des voyageurs**. De l'autre côté de la rue, au n° 975, l'**Eagle Theatre** fut la toute première salle de spectacle de Californie. C'est en fait une reconstitution d'un bâtiment de 1849. Un peu plus loin, sur la droite, l'ancienne gare des marchandises de la Central Pacific est le point de départ de **circuits en train à vapeur** le long de la rivière *(billets en vente au Railroad Museum. Départ ttes les heures de 11h à 17h, le w.-end d'avr. à sept. 8 $).*

Au bord du quai, juste derrière la gare, le **Delta King**★ est un ancien bateau à aubes des années 1930, transformé en hôtel- restaurant et lieu de dîners spectacles. Il faut imaginer que les berges de la rivière étaient initialement beaucoup plus basses qu'aujourd'hui. Pour résister aux inondations, on rehaussa l'ensemble des rues de la vieille ville de plus de trois mètres, avec de la boue draguée au fond de l'American River, un affluent de la Sacramento River. Beaucoup de sous-sols de la ville étaient jadis des rez-de-chaussée.

Descendez Front St. jusqu'à L St., et prenez à gauche jusqu'à 2nd St.

California Military Museum

Comptez 30mn. 1119 2nd St., ℘ (916) 442 2883, www.militarymuseum.org. Mar.- jeu. et dim. 10h-17h, vend. et sam. 10h-18h. 5 $.

Avec ses collections d'uniformes, d'armes et de documents divers, ce musée intéressera ceux qui se passionnent pour l'histoire militaire des États-Unis.

Remontez 2nd St. vers le Railroad Museum.

Second Street

Sur la gauche, l'**Union Hotel** servait de lieu de rencontre aux hommes politiques : on y pratiquait, autour d'un verre, un lobbying acharné…

Plus loin encore, sur la gauche, le **B.F. Hastings & Co Building** abritait le terminus du Pony Express (courrier à cheval). La Wells Fargo y avait également ses bureaux et vous pouvez visiter aujourd'hui le **Wells Fargo History Museum** *(1000 2nd St., ℘ (916) 440 4263, www.wellsfargohistory.com. Tlj 10h-17h. Gratuit),* où sont exposés quelques souvenirs de l'époque des diligences et de la ruée vers l'or.

★ DOWNTOWN SACRAMENTO

◗ *Comptez une demi-journée en incluant quelques visites de musées.*

Dominé par la haute silhouette du Capitole, ce quartier compris entre l'autoroute et 16th St. accueille les grandes administrations et les musées.

Partez du Convention Center. Remontez 14th St. jusqu'à H St. Tournez à droite.

Governor's Mansion

Comptez 1h. 1526 H St., entre 15th St. et 16th St., ℘ (916) 323 3047. Tlj, visite guidée ttes les heures de 10h à 16h. 4 $.

Le rêve de Sutter

DE LA NOUVELLE-HELVÉTIE À LA VILLE DE SACRAMENTO

L'ambition d'un homme

La création de Sacramento remonte à 1839, quand **John Sutter**, un Suisse ambitieux qui rêvait de fonder un empire commercial, entreprit la construction d'un fort. Il réussit à convaincre le gouverneur mexicain, alors basé à Monterey, de lui confier la colonisation de la vallée centrale de Californie. On lui accorda 19 355 ha de terres, qu'il rebaptisa **Nouvelle-Helvétie**.

Le point d'origine de la ruée vers l'or

La main-d'œuvre indienne et la présence d'artisans fraîchement immigrés d'Europe contribuèrent à faire de **Fort Sutter** une destination attrayante pour les colons. Sutter entretenait une armée privée et menait ses affaires avec grand succès. Il reçut même plus de 39 000 ha supplémentaires en 1844, pour avoir aidé les Mexicains à réprimer une révolte indienne. C'est aussi dans le cours d'eau de l'une de ses scieries que furent découvertes les pépites qui allaient déclencher la **ruée vers l'or**.

Le déclin de Fort Sutter

La ruée vers l'or sera pourtant le début des ennuis pour Sutter. La plupart de ses ouvriers désertèrent leur poste pour partir chercher du précieux minerai. Puis le tout nouveau gouvernement américain de Californie renâcla à reconnaître ses droits de propriété et, lorsqu'il le fit enfin, il n'en reconnut qu'une partie. Son propre fils refusa par ailleurs de fonder la future Sutterville autour du fort, et préféra rejoindre ceux qui choisirent logiquement un site au bord de la **Sacramento River**, à 2 miles du fort. La rivière constituait en effet un axe incontournable pour le transport des hommes et le ravitaillement.

À CHACUN SON DESTIN

Sacramento, capitale de la Californie

Commerces, hôtels, saloons et autres baraquements en bois poussèrent le long de quais précaires, progressivement remplacés par des levées, des remblais et des bâtiments de briques suite aux nombreuses inondations et aux incendies. La **vieille ville** actuelle date de cette époque.

Port fluvial actif, la ville accueillit après 1860 le terminus du **chemin de fer** construit à travers la Sierra Nevada. Elle devint ainsi un carrefour majeur entre l'est et l'ouest du continent, de même qu'entre le nord et le sud. Déjà choisie comme **capitale de l'État** en 1854, elle s'équipa peu à peu de bâtiments grandioses, comme le Capitole. Depuis, et malgré la délocalisation de la Cour suprême à San Francisco en 1869, elle conserve le pouvoir fédéral. Administrations, industries agroalimentaires et transport des denrées agricoles de la vallée centrale sont les trois piliers de la vie économique.

Retour vers l'est

De son côté, le vieux **Sutter** ne lâcha pas prise et, avec sa femme, il partit vivre dans un village en Pennsylvanie afin d'être plus près de Washington, où il pouvait faire du lobbying. Il ne revint jamais en Californie et mourut en 1880. Son épopée et l'histoire de la ruée vers l'or inspireront plus tard à Blaise Cendras son roman *L'Or*, publié en 1925.

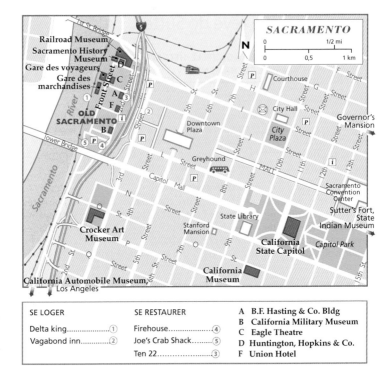

SE LOGER

Delta king...................①
Vagabond inn.............②

SE RESTAURER

Firehouse..................④
Joe's Crab Shack.........⑤
Ten 22.....................③

A B.F. Hasting & Co. Bldg
B California Military Museum
C Eagle Theatre
D Huntington, Hopkins & Co.
F Union Hotel

Au nord-est du Capitole, ce manoir victorien, construit par un quincaillier prospère en 1877, servit de résidence aux gouverneurs de Californie de 1903 jusqu'au début du mandat de Ronald Reagan, en 1967. Il contient une foule d'objets ayant trait à la vie des gouverneurs et de leurs épouses, dont une collection de robes du soir...

Revenez sur vos pas pour rejoindre le California State Capitol, au sud du Convention Center.

★ California State Capitol

10th St., entre L St. et N St. Lun.-vend. 8h-17h, sam.-dim. 9h-17h. Gratuit. Visites guidées ttes les heures de 6h à 16h, capitolmuseum.ca.gov.

Vous ne pourrez manquer cet édifice dont l'orgueilleuse **coupole** néoclassique, typique de beaucoup d'édifices publics américains, s'élève à 64 m au cœur du centre-ville. On remarque d'emblée sa ressemblance avec celle de Washington. La construction du siège du gouvernement de Californie débuta en 1860. Le parti pris néoclassique se confirme sur la façade principale, côté ouest, avec les colonnes, les frontons et les allégories qui entourent la déesse Minerve.

À l'intérieur, on est impressionné par le dallage de mosaïques, ainsi que par la **rotonde** et sa coupole décorée. Au rez-de-chaussée, jetez un œil aux vitrines des 58 *counties* qui constituent la Californie, pour vous faire une idée de la région et découvrir leurs spécialités et leurs spécificités. Depuis le palier du 2ᵉ étage, notez la vue sur la perspective du *Mall*, en direction de la rivière. Un **musée** (*☎ (916) 324 0333. Gratuit*) retrace l'histoire de la construction et du gouvernement de l'État. À l'extérieur, les jardins s'étendent sur 10 ha, plantés d'arbres très variés.

En quittant le Capitole par le *Mall*, vous rejoignez une petite place circulaire encadrée par deux bâtiments néoclassiques ressemblant à des temples antiques (1926) : celui de gauche abrite la bibliothèque de l'État, celui de droite l'administration de la poste.

★ California Museum

1020 O St., empruntez ensuite 10ᵗʰ St. direction P St. ☎ (916) 653 7524, www. californiamuseum.org. Lun.-sam. 10h-17h, dim. à partir de 12h. 8 $.

Initialement baptisé Golden State Museum, ce lieu est aujourd'hui le musée californien pour l'histoire, les femmes et les arts.

Au-delà des femmes remarquables de l'État, il est dédié aux différents groupes culturels et ethniques qui composent la Californie, et aux personnalités qui ont contribué à son succès.

Dès l'entrée, le Hall of Fame rend hommage à certains d'entre eux et exposent ensuite les objets de leur univers respectif.

★ Crocker Art Museum

Comptez 1h. 216 O St., au sud d'Old Sacramento, ☎ (916) 808 7000, www.crocker artmuseum. org. Mar.-merc. 10h-19h, jeu. 10h-21h, vend.-dim. 10h-17h. 10 $.

Créé en 1872, il fut le premier musée public d'art de l'Ouest américain. Aménagé dans une belle **demeure italianisante**, il rassemble une importante collection de tableaux allemands et américains du 19ᵉ s., ainsi que des dessins d'artistes européens. L'art contemporain californien est également bien représenté.

Continuez sur O St. vers la rivière. Dans Front St., tournez à gauche. Le California Automobile Museum sera indiqué sur la droite, peu avant l'I 80.

★ California Automobile Museum

Comptez 1h. 2200 Front St., à un peu plus de 1 mile au sud d'Old Sacramento, ☎ (916) 442 6802, toweautomuseum.org. Tlj 10h-18h. 8 $. Parking gratuit.

Les amoureux de voitures américaines ne manqueront pas ce musée et ses expositions tournantes de modèles rares.

À voir aussi

Sutter's Fort State Historic Park

Comptez 1 à 2h. Quittez le centre par Capitol Ave. vers l'est. Tournez à gauche dans 28ᵗʰ St., puis encore à gauche dans L St.

2701 L St., ☎ (916) 445 4422. Tlj 10h-17h. 5 $ en saison, 4 $ hors saison.

Cette forteresse est celle que construisit John Sutter en 1839. Autour d'une vaste cour centrale, les bâtiments en adobe regroupent les logements et les ateliers des premiers colons, mais seuls les quartiers de Sutter sont d'époque.

Deux fois par semaine hors saison, et tous les jours en été, des figurants en costume d'époque, parents et enfants, font revivre le vieux fort. On les voit fabriquer des bougies, des paniers, apprendre à tisser ou à faire du pain.

★ State Indian Museum

Comptez de 30mn à 1h. 2618 K St., ☎ (916) 324 0971. Tlj 10h-17h. 3 $.

Tout près du parc historique, il présente des objets quotidiens et sacrés, ainsi que des costumes appartenant aux Indiens des environs. Une partie est consacrée aux conséquences dramatiques pour la culture indienne de la ruée vers l'or.

2

😊 NOS ADRESSES À SACRAMENTO

TRANSPORTS

En bus – Le DASH bus (ligne 30) passe par la vieille ville, le Capitole et Sutter's Fort. *Ttes les 15mn en sem., ttes les 20 à 30mn soir et w.-end (2 $; prévoir la monnaie).*

HÉBERGEMENT

👀 **Bon à savoir** – Large choix de motels bon marché aux abords de la ville, le long de l'I-80 ou de l'I-5.

BUDGET MOYEN

Vagabond Inn – *1319 30th St., ℘ (916) 446 1481- 108 ch. 84 $.* 🖻 🛏 🅿 Un hôtel de chaîne confortable, bon marché et bien situé, à deux pas de Old Sacramento. Wifi et parking gratuits. Bon petit-déj.

POUR SE FAIRE PLAISIR

Delta King Hotel – *1000 Front St., ℘ (916) 444 5464, www.deltaking. com - 44 ch. 109/179 $* 🖻 ✘ 🅿 Romantique bateau à aubes, doté de petites cabines joliment décorées. Surcroît de charme : on entend siffler le train qui passe sur le pont un peu plus loin… Forfaits intéressants. Parking payant. L'élégant **Pilothouse Restaurant** sert des plats autour de 20 $.

RESTAURATION

PREMIER PRIX

Fanny Ann's Saloon – *1023 2nd St., ℘ (916) 441 0505. Dim.-jeu.11h-30-0h, vend.-sam. 11h-2h. Moins de 10 $.* Un vrai saloon du Far West, avec son comptoir en bois, ses vieux objets pendus au plafond et ses néons. Cuisine américaine simple et copieuse (burgers, plats de poulet, salades, sandwichs).

BUDGET MOYEN

Joe's Crab Shack – *1210 Front Str., ℘ (916) 553 4249. Lun.-jeu. 11h-23h (0h vend. et sam.). Plats entre 15 et 23 $.* Peace, love and crabs, c'est le slogan de ce restaurant de chaîne où le crabe est roi. Musique à tue tête, ambiance animée et ribambelle d'objets pendus au plafond dans cet endroit haut en couleurs situé sur la rivière.

Ten 22 – *1022 2nd St, ℘ (916) 441 2211. Lun.-dim. 11h30-22h. 25 $.* Au cœur de Old Sacramento, un endroit cosy où l'on mange des plats à la fois simples et sophistiqués (filet de saumon, canard rôti…) sur fond de musique pop.

POUR SE FAIRE PLAISIR

The Firehouse – *1112 2nd St., ℘ (916) 442 4772. Déj. lun.-vend. 11h30-14h30, dîner dim.-jeu. 17h-21h30 (22h vend. et sam.). Dîner à partir de 50 $.* La meilleure adresse de Old sacramento. Un restaurant chic avec une impressionnante carte des vins.

ACHATS

Sacramento Sweets Co. – *1035 Front St., dans la vieille ville, ℘ (916) 446 0590. Lun.-jeu. 10h-19h (21h le vend.), sam.-dim. 11h-21h.* Cet incroyable magasin de douceurs régale les gourmands en glaces, confiseries variées, chocolats, etc.

Lake Tahoe

★★

NOS ADRESSES PAGE 226

 S'INFORMER

Informations touristiques - South Lake Tahoe Chamber of Commerce – *3066 Lake Tahoe Blvd - ℘ (530) 541 5255 - www.tahoeinfo.com*. Pensez à demander les plans des différents itinéraires de randonnée autour du lac. Des plans plus précis sont aussi fournis à l'entrée des parcs.

SE REPÉRER

Carte de région A1 *(p. 214) – carte Michelin Western USA 585 B 8*. Le site, qui culmine à 1 868 m d'altitude et subit donc un climat de montagne, se trouve à 104 miles (166 km) à l'est de Sacramento. Si vous empruntez la Hwy 50, vous arrivez par le sud et la ville de South Lake Tahoe. L'I-80 donne, elle, accès au nord du lac c'est-à-dire à Tahoe City.

À NE PAS MANQUER

Pique-niquer et se baigner à Sand Harbor ; la vue depuis Inspiration View Point à Emerald Bay.

ORGANISER SON TEMPS

En hiver, tenez compte de la météo. Les chaînes sont souvent nécessaires pour circuler et la Hwy 89 est parfois fermée le long du lac. Renseignez-vous *(voir « Nos adresses »)*.

Eaux transparentes, gros rochers ronds et doux, plages bordées de conifères aux allures de Grand Nord : le lac Tahoe offre une enclave inattendue au cœur de la sierra. De fait, les riches citadins en ont fait leur destination favorite pour sa fraîcheur estivale et ses stations de sports d'hiver. Vous abonderez certainement dans leur sens après avoir parcouru la route panoramique qui l'encercle : elle déroule une succession de sites et de paysages tout simplement enchanteurs.

Circuit conseillé

Circuit de 72 miles pour le tour du lac. Comptez de 1 à 2 jours si vous faites des randonnées. Partez de South Lake Tahoe, sur la rive sud.

South Lake Tahoe

Située à la frontière de la Californie et du Nevada, cette ville sans charme entourée de nombeux quartiers résidentiels occupe la rive sud du lac, où se concentrent tous les hôtels et commerces. Vous serez sans doute surpris du grand nombre de *wedding chapels*, toutes très kitsch, que compte South Lake Tahoe, mais il faut savoir que les Américains considèrent qu'il est très romantique de se marier au bord du lac avant de passer une lune de miel dans un chalet des alentours… Côté Nevada, État qui a légalisé les jeux, l'agglomération s'appelle Stateline et aligne d'immenses casinos-hôtels, ouverts jour et nuit, regroupant salles de jeu, boîtes de nuit et salles de spectacle.

Tahoe Keys

À quelques miles de South Lake Tahoe, près de la marina, un quartier résidentiel construit autour de canaux menant au lac. De riches Californiens y amarrent leurs bateaux devant de coquettes résidences.

Heavenly Ski Resort

Juste au sud de South Lake Tahoe, station de sports d'hiver très populaire qui, pour certains, aura l'avantage de se trouver à côté des casinos de Stateline. Les téléphériques **Heavenly Aerial Tramway**★ et **Heavenly Gondola**★ *(www. skiheavenly.com. Juin-sept. 10h-21h ; déc.-avr. 9h-16h. 30 $)* permettent de monter au Monument Peak (3 098 m), d'où l'on jouit d'un très beau panorama sur le lac, niché dans son écrin montagneux. Au sommet, les randonneurs suivront le **Tahoe Vista Trail**★ *(3,5 km AR)* pour profiter d'autres très belles vues.
De South Lake Tahoe, empruntez la Hwy 89 qui longe la rive ouest du lac vers le nord, jusqu'à Emerald Bay (8 miles).

★★ Emerald Bay State Park

℘ (530) 541 3030. 7 $/véhicule, camping 11-25 $. Pas de camping en hiver.
Ce parc encadre **Emerald Bay**★★, une baie profonde et presque fermée qui doit son nom à la couleur de ses eaux vertes. C'est l'un des sites les plus célèbres du lac. De nombreux films l'ont choisi pour décor *(Bodyguard, Le Parrain 2)*. Avant d'y accéder, la route longe le petit **lac Cascade**, puis atteint **Inspiration View Point**★, qui offre un point de vue magnifique.
Passé les **Eagle Falls** qui se déversent en contrebas, la route mène ensuite aux abords de Vikingsholm.

Vikingsholm

Accès par un sentier pédestre de 1,6 km. Visite guidée uniquement, tlj 10h-16h juin-sept. 5 $.
Un surprenant château aux allures scandinaves, construit dans les années 1920 par une riche Américaine qui s'imaginait dans un fjord. Les 48 pièces du manoir abritent une collection d'objets traditionnels et d'antiquités. Au milieu de la baie, sur le petit **îlot Fannette**, une maison de thé était réservée aux après-midi d'été.
Poursuivez le long de la Hwy 89.

LE TOUR DU LAC

Le lac Tahoe occupe un vaste bassin créé par une faille puis érodé par les glaciers, ce qui explique sa profondeur : plus de 500 m (c'est le deuxième des États-Unis à cet égard). En surface, il s'étire sur 35 km de long et 19 km de large, à cheval entre la Californie et le Nevada.

Si ses rives ouest, nord et est, sont encore sauvages, la rive sud est celle des casinos, concentrés aux frontières Californie-Nevada, côté Nevada. L'État légalisa en effet les casinos dès 1931. À l'époque, la clientèle locale se composait des descendants des chercheurs d'argent, qui succédèrent aux indiens à partir de 1844. Contrairement aux Washoes qui occupaient la région seulement l'été, les Américains s'y installèrent de manière définitive pour exploiter l'argent et les forêts (le bois servait à construire les maisons et à soutenir les galeries de mines).

Aujourd'hui, le lac Tahoe vit certes du jeu, mais surtout du tourisme, notamment l'hiver depuis que les Jeux olympiques, organisés en 1960 dans la Squaw Valley toute proche, dopèrent le secteur des sports d'hiver.

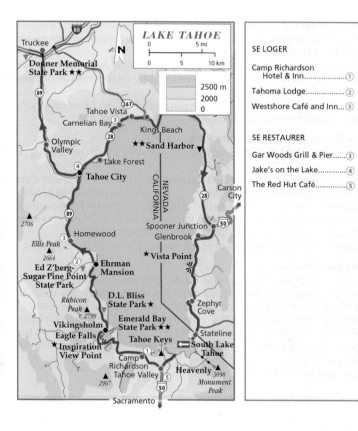

LAKE TAHOE

SE LOGER
Camp Richardson Hotel & Inn...................①
Tahoma Lodge..................②
Westshore Café and Inn...③

SE RESTAURER
Gar Woods Grill & Pier......③
Jake's on the Lake.............④
The Red Hut Café.............⑤

⋆ D.L. Bliss State Park

℘ (530) 525 7277. Du lever au coucher du soleil. 7 $/véhicule, camping 25-35 $. Pas de camping en hiver.

Ce parc attire surtout les amoureux de la nature pour sa jolie plage de sable et ses sentiers de randonnée, comme le **Rubicon Trail**⋆ *(7,2 km)*, qui serpente à flanc de montagne au-dessus du lac, passe en surplomb d'Emerald Bay et aboutit aux Eagle Falls, dans l'Emerald Bay State Park.

⋆Ed Z'berg - Sugar Pine Point State Park

℘ (530) 525 7982. Du lever au coucher du soleil. 7 $/véhicule.

Cet autre joli parc de la rive ouest s'étire autour d'un promontoire dominant le lac et se prête à de magnifiques randonnées. Il fut occupé dès la fin du 19ᵉ s. par un riche colon, puis c'est un San-Franciscain qui décida d'y faire construire sa résidence d'été, baptisée **Ehrman Mansion**, un bel exemple de « chalet de vacances » pour richissime citadin *(visite guidée 11h-15h de juil. à Labor Day. 2 $).*

Suivez la Hwy 89 jusqu'à Tahoe City (10 miles).

Tahoe City

🚹 *380 N. Lake Blvd, ℘ (530) 581-6900, www.gotahoenorth.com. 9h-17h.*

Plus modeste que South Lake Tahoe, mais beaucoup plus chic, ce village est surtout l'un des plus anciens des environs. On peut d'ailleurs y visiter la

Watson Cabin (*N. Lake Blvd, 800 m à l'est du Visitor's Bureau. 12h-16h, de mi-juin à Labor Day. Gratuit*), une cabane en rondins de 1909 abritant un petit musée consacré à l'histoire locale.

Dans le même esprit, la **Gatekeeper's Log Cabin** (*sur la Hwy 89, au sud du village. 11h-17h, hiver 11h-15h. 2 $*) rassemble quelques souvenirs des Indiens et des premiers colons.

Suivez la Hwy 89 en direction de Truckee, puis prenez l'I-80 vers l'ouest pour rejoindre le Donner Memorial State Park (17 miles de Tahoe City au total).

★★ Donner Memorial State Park

℘ (530) 582 7892. 9h-16h. 7 $/véhicule, camping 25-35 $. Pas de camping en hiver.

Les passionnés de conquête de l'Ouest pourront faire cette excursion. C'est dans ce campement mythique des immigrants qu'une expédition de 87 pionniers se trouva coincée par l'hiver en 1846. Quarante d'entre eux moururent et les survivants durent manger les morts pour survivre. Un **musée★★** est consacré à cette épopée (*9h-16h de Memorial Day à Labor Day. 3 $*).

Empruntez la Hwy 28 pour rejoindre Sand Harbor, sur la rive est du lac (20 miles).

★★ Sand Harbor

Ce sont les énormes blocs de granit polis par le temps qui donnent à Sand Harbor tout son caractère. Le paysage est plein de charme, curieux mélange de Grand Nord et de criques corses ou bretonnes. On peut pique-niquer le long du rivage et nager dans l'eau claire (le lac est ici peu profond), car l'anse est abritée. La route se poursuit ensuite le long de la rive orientale du lac, vers le sud et Stateline. Elle passe **Vista Point★** d'où l'on embrasse la vue sur la rive ouest.

Revenez à South Lake Tahoe.

☺ NOS ADRESSES AU LAKE TAHOE

TRANSPORTS

Autour du lac et de South Lake Tahoe, plusieurs services locaux assurent les déplacements. Enfin, les casinos disposent tous de navettes gratuites les reliant aux différents motels et hôtels.

INFORMATIONS UTILES

☺ **Bon à savoir** – En été, malgré la chaleur, les nuits restent fraîches. En hiver, interrogez la météo pour ne pas être coincé par une tempête de neige. Vérifiez si vous avez le droit de mettre des chaînes à votre voiture de location, car c'est rarement le cas. **L'état des routes** – **South Lake Tahoe**, ℘ (530) 542 4636 ; **North Lake Tahoe**, ℘ (530) 546 5253.

HÉBERGEMENT

☺ **Bon à savoir** – Les prix varient considérablement selon la saison et augmentent sensiblement en été et les week-ends. Les grandes chaînes de motels sont représentées à South Lake Tahoe. Les parcs proposent quelques emplacements de camping, mais ils sont souvent complets.

South Lake Tahoe

BUDGET MOYEN

Camp Richardson Hotel & Inn – *Hwy 89, le long de la rive ouest du lac, à 3 miles de la Hwy 50, ℘ (530) 541 1801, www.camprichardson. com - 28 ch. et 40 chalets (certains ouv. seul. l'été)* ✕ 🅿 Un complexe de vacances, comprenant une marina, un petit hôtel rustique près de la route *(95/155 $)* et une auberge plus moderne au bord de l'eau *(135/200 $)*, des chalets à louer à la semaine *(à partir de 833 $/2 pers.)*, et même des tentes toutes montées. Camping et zone pour les camping-cars. Boutiques, restaurants, dont **The Beacon Bar and Grill**, avec une jolie salle au bord du lac où l'on sert des plats très frais *(11-30 $)*.

Tahoma

Tahoma Lodge – *Hwy 89* ✆ *(530) 5525 7221, www.tahomalodge. com - 6 cottages sur la rive ouest du lac. 90/350 $* 🅿 Jolis cottages dans l'un des coins les plus tranquilles du lac, à un mile au nord de Sugar Pine Point State Park et un mile au sud des pistes de Homewood *(navettes gratuites)*.

Homewood

UNE FOLIE

Westshore café and inn – *5160 West Lake Blvd,* ✆ *(530) 525 5200, www.westshorecafe. com - 4 suites et 2 ch. 299/454 $* ✕ 🅿 Très bel endroit au pied des pistes du Homewood resort (même propriétaire) récemment rouvert. Restaurant très cosy aux tarifs *family friendly* (plats à environ 20 $) et suites *so chic* (mais chères) avec bel écran plat, cheminées et vue imprenable sur le lac. Un rêve !

RESTAURATION

South Lake Tahoe

PREMIER PRIX

The Red Hut Café – *2723 Lake Tahoe Blvd-* Un endroit idéal pour le breakfast *(9 $)* avant de faire le tour du lac. Depuis 1959, cet endroit a la réputation de servir les meilleurs pancakes et gaufres de la région.

Tahoe city

POUR SE FAIRE PLAISIR

Jake's on The Lake – *780 North Lake Blvd,* ✆ *(530) 583 0188. Tlj sf lun. à partir de 11h30. Plats 30 $.* Ce restaurant propose depuis plus de 30 ans viandes et poissons dans une ambiance conviviale. Vue imprenable sur le lac et la marina de Tahoe City.

Carnelian Bay

POUR SE FAIRE PLAISIR

Gar Woods Grill & Pier – *500 North Lake Blvd,* ✆ *(530) 546 3366. Tlj à partir de 12h.* Une grande terrasse surplombant le lac, viandes et poissons grillés le soir *(25-35 $)*, carte plus simple le midi *(salades, sandwichs, 12-18 $)*. Accès en bateau et amarrage possibles.

ACTIVITÉS

Randonnée – Les parcs d'État *(State Parks)* qui entourent le lac offrent d'agréables sentiers de découverte bien balisés.
Le **Squaw Valley Hiking Center**, *à Squaw Valley, High Camp* (✆ *(530) 583 6955, www.squaw.com)*, fournit des listes de randonnées, avec ou sans guide, de niveau moyen (déconseillé aux enfants).

Location de bateaux – **Tahoe Sports**, *Tahoe Keys Marina,* ✆ *(530) 544 8888, www.tahoe sports.com. Tte l'année. À partir de 120 $/h pour un bateau 7 pers.* Kayaks, ski nautique. Loc. aussi à Camp Richardson, North Tahoe ou Tahoe City.

Kayak – **Kayak Tahoe**, *Timber Cove Marina,* ✆ *(530) 544 2011, www.kayaktahoe.com.* Leçons ou locations de matériel (65 $/j pour le kayak, équipement inclus).

Ski – Location de matériel à South Lake Tahoe et Squaw Valley. La plupart des hôtels proposent des forfaits tout compris.

Yosemite National Park

★★★

NOS ADRESSES PAGE 234

S'INFORMER

Visitor Center – *Yosemite Village - tlj 9h-17h (horaires réduits en hiver)*. Renseignez-vous auprès des rangers pour les randonnées à la journée et les marches à thème qu'ils organisent. *www.nps.gov/yose et www.yosemite store.com* - Le **Wilderness Center**, voisin du *Visitor Center*, délivre les permis de camper en pleine nature, obligatoires et gratuits (nombre limité par jour). entrée parc : *20 $/véhicule, valable 7 jours*.

SE REPÉRER

Carte de région AB1 *(p. 214)* – *carte Michelin Western USA 585 B 8.* Le parc se trouve à 214 miles (342 km) au sud-est de San Francisco par l'I-580 East puis la Hwy 120 après Manteca. Elle mène à Big Oak Flat, l'entrée nord du parc. Les trois autres sont à l'ouest, Arch Rock, *via* la Hwy 140, South Entrance, par la Hwy 41 depuis Fresno (105 miles, 166 km) et à l'est, la Tioga Pass *via* la Hwy 120 (fermée en hiver et une partie du printemps. *Renseignrez-vous aux pérodes charnières : ☎ (209) 372-0200)*.

À NE PAS MANQUER

Glacier Point au coucher du soleil ; les sommets de la High Sierra.

ORGANISER SON TEMPS

Évitez la foule en commençant tôt votre journée d'exploration et n'oubliez pas que le parc s'étage de 610 à 3 963 m d'altitude, donc modulez votre programme en fonction de l'altitude. Pensez à prendre de quoi vous couvrir : il fait plus frais en haut !

Créé en 1890, ce parc protège 3 000 km² d'espace sauvage au cœur de la Sierra Nevada. Sommets acérés culminant à près de 4 000 m, dômes de granit dénudés, falaises et chutes d'eau vertigineuses, futaies de séquoias géants, la nature exprime ici toute sa démesure. Si la vallée de Yosemite demeure le point de mire du parc, la route de Tuolumne Meadows offre des panoramas d'altitude qui donnent un avant-goût des terres sauvages dans lesquelles s'aventurent les randonneurs épris de silence et de solitude. Avec plus de 800 miles de sentiers, le parc est un véritable paradis pour le marcheur.

Découvrir

★★★ LA VALLÉE DE YOSEMITE

Comptez 2 jours avec les randonnées. Tous les services sont regroupés à Yosemite Village, à l'extrémité de la route à sens unique qui dessine une boucle de part et d'autre de la rivière Merced. Droit d'entrée de 20 $/véhicule.
De mai à nov., possibilité de pénétrer dans le parc par l'est, au niveau de la Tioga Pass (3 030 m).

🐾 **Bon à savoir** – L'entrée d'Arch Rock, sur la Hwy 140 en venant de Merced, offre le chemin le plus direct pour la vallée, qui s'étend sur plus de 10 km de long.

★★★ Tunnel View

Avant de vous engager dans la vallée, obliquez à droite à la première intersection que vous rencontrez après l'entrée d'Arch Rock, et prenez à droite la route pour Glacier Point et Wawona. Le point de vue est situé à 1 mile, juste avant l'entrée du tunnel. Le point de vue de Tunnel View embrasse toute la vallée de Yosemite, dont l'ampleur contraste avec la vallée encaissée que longe la Hwy 140 pour accéder au parc. Ici, les glaciers ont creusé les falaises et considérablement élargi le canyon amorcé par la rivière Merced qui serpente en contrebas, masquée par l'épais tapis vert qui recouvre le fond de la vallée.

Sur la droite, l'impétueuse et intarissable chute d'eau des **Bridalveil Falls★★** *(Le Voile de la mariée)* s'élance d'une falaise de 189 m de haut. De l'autre côté de la route, la silhouette d'**El Capitan★★** (2 307 m) impressionne davantage. Seuls les grimpeurs chevronnés se mesurent à cette falaise, remarquable par son absence de fractures, qui compte parmi les plus grands monolithes de granit du monde.

Dans le lointain se détache également le profil si particulier du **Half Dome★★** (2 693 m), un monolithe gigantesque, comme coupé en son milieu, et dont la tranche est striée d'une bande noire.

Faites demi-tour et engagez-vous sur la route à sens unique qui mène dans la vallée (pas la 1ʳᵉ route à gauche, qui vous ferait revenir en arrière). Divers parkings permettent de s'arrêter pour contempler les formations rocheuses. Après quelques miles, un pont bifurque sur la gauche, ralliant directement Yosemite Village.

2

À L'ORIGINE DES PARCS NATIONAUX

La **vallée de Yosemite** inspira l'idée de « parc national » et elle fut la première à en bénéficier puisqu'en 1864, elle faisait l'objet d'un décret gouvernemental visant à la préservation d'espaces sauvages pour l'agrément de tous. Ici, le décret protégeait des paysages grandioses, fruits d'un long travail d'érosion.

Avant l'ère glaciaire, seule la puissante rivière Merced était parvenue à tailler un canyon digne de ce nom au cœur des monts de la Sierra Nevada, vieux de 5 à 10 millions d'années. Il y a 3 millions d'années, le refroidissement de la planète donna naissance à des glaciers qui s'engouffrèrent dans ce canyon et sculptèrent progressivement de nombreuses vallées en U. L'une d'entre elles, la vallée de Yosemite, joyau du parc, est nichée au pied de falaises de granit de plus de 2 000 m de haut.

Après la fonte du dernier glacier, il y a 10 000 ans, un lac s'installa dans la dépression. Il était délimité à l'ouest par les talus qui bordent les flancs d'El Capitan et des Bridalveil Falls, formés par les moraines terminales du glacier. Il s'est peu à peu rempli de sédiments et de débris charriés par les cours d'eau des montagnes et a fini par s'assécher, offrant un sol riche et propice à la végétation.

De là naquit la jolie forêt de chênes et de conifères qui couvre la vallée et favorisa l'occupation humaine.

Le **musée** *(tlj 10h-16h30)* et le village indien reconstitué derrière le *Visitor Center* sont dédiés à la civilisation des Miwoks et des Paiutes, qui habitaient la vallée à l'origine.

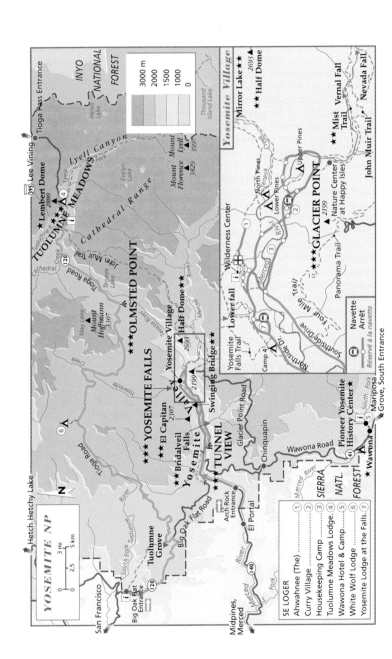

★★ Swinging Bridge

 Un joli petit pont qui enjambe la rivière Merced, au milieu des montagnes, et mène à une promenade à travers Sentinel Meadow & Cook's Meadow Loop *(1-2h)*. Très jolies vues sur les chutes et le Half Dome. Un site enchanteur en même temps qu'un havre de paix.

★★★ Yosemite Falls

Le sentier qui mène au pied des chutes d'eau (facile ; 30mn AR) débute non loin du Yosemite Lodge at the Falls, à l'ouest de Yosemite Village. Vous pouvez vous y rendre à pied depuis le Visitor Center ou emprunter le shuttle.

 Un sentier de randonnée, le **Yosemite Falls Trail**, longe les cascades *(comptez 6-8h AR)*. Il part de la Northside Drive, peu après le Yosemite Lodge, où vous pouvez laisser votre véhicule *(le parking le plus proche du départ est réservé aux campeurs du Sunnyside Campground)*.

Serties dans un écrin de velours vert, trois cascades se succèdent pour former les Yosemite Falls (740 m), la plus haute chute d'eau des États-Unis et la cinquième au palmarès mondial. Alimentée par les eaux de pluie et la fonte des neiges, elle atteint son plus fort débit à l'approche de l'été. Au bout du chemin apparaissent les écumes bouillonnantes de l'**Upper Fall** qui se jette du haut de la falaise, et le filet plus sage de la **Lower Fall** coulant un peu plus bas.

★★ Randonnées à l'est de la vallée

Pour rejoindre l'est de la vallée, où se trouve le Nature Center à Happy Isles, un centre d'activités dédié aux enfants, proposant diaporamas et expositions interactives (juin-oct. 10h-16h, fermé à l'heure du déjeuner), vous devez laisser votre véhicule au parking et prendre le shuttle, ou emprunter à pied le chemin qui longe la route.

 Diverses randonnées permettent de découvrir Tenaya Canyon et la vallée de la Merced River, de part et d'autre du Half Dome.

★★ **Mist Trail** – L'une des plus prisées. Elle part de Happy Isles et mène à la **Vernal Fall**, où la Merced River plonge de plus de 97 m *(comptez 2h-3h AR. Vous pouvez aussi redescendre par le John Muir Trail en obliquant à droite)*. Le sentier se poursuit jusqu'au sommet de la **Nevada Fall** *(difficile ; comptez 6h AR de Happy Isles)*, encore plus spectaculaire du haut de ses 182 m.

De là, vous pouvez aussi redescendre vers Happy Isles par le **John Muir Trail** *(possibilité de rejoindre le Panorama Trail qui mène jusqu'à Glacier Point, voir ci-après)* ou continuer jusqu'au sommet du **Half Dome★★** qui domine la

2

UN PIONNIER DE L'ÉCOLOGIE

Le nom de **John Muir** est très intimement lié aux parcs nationaux américains, particulièrement celui de Yosemite. Né en Écosse en 1838, John Muir grandit dans le Wisconsin avant de partir voyager. À la suite d'un accident de travail, il perd la vue pendant un mois et se promet de dédier sa vie à la nature. Arrivé en Californie en 1868, il tombe en admiration devant les richesses naturelles de la Sierra Nevada et émet le premier l'hypothèse de l'origine glaciaire de Yosemite. Grâce à ses nombreux écrits, il participe activement aux mouvements visant à protéger les espaces sauvages.

L'un de ses livres, *Nos parcs nationaux*, attire l'attention du président Theodore Roosevelt, qui lui rend visite à Yosemite en 1903. John Muir s'éteint en 1914. Deux ans plus tard, le Congrès vote la création de l'Organisme des parcs nationaux, le NPS *(National Park Service)*.

vallée et les pics environnants du haut de ses 2 693 m *(très difficile et déconseillé aux personnes sujettes au vertige. Comptez 12h AR à partir de Happy Isles ; prévoyez de camper en route)*.

D'agréables chemins invitent par ailleurs à randonner dans la prairie qui borde la rivière Tenaya et le **lac Mirror★★** *(facile ; 2h AR ; dép. de la station « Mirror Lake » du shuttle jusqu'en oct., sinon rejoindre le sentier depuis le parking du Curry Village)*. Aux abords du lac, les parois des falaises se rapprochent et vous pénétrez dans Tenaya Canyon, que surplombe le Half Dome. L'imposante falaise de ce monolithe se reflète dans le lac, sauf à la fin de l'été où celui-ci est généralement asséché.

Revenez sur la route. À l'entrée de la vallée, empruntez la route pour Wawona et prenez à gauche au niveau de Chinquapin. Comptez 75mn. Attention, cet accès est fermé de nov. à mai.

★★★ Glacier Point

🥾 *En plus de la voiture, deux sentiers de randonnée mènent aussi au point de vue : le* **Four Mile Trail** *(difficile ; 6h AR) qui débute au parking du même nom sur la Southside Drive, et le* **Panorama Trail** *(moins abrupt ; 10h AR) qui part de Happy Isles et suit une partie du Mist Trail (voir page précédente). Les marcheurs expérimentés peuvent emprunter un chemin à l'aller et l'autre au retour ; comptez alors une bonne journée. En réservant vos billets suffisamment à l'avance au Yosemite Lodge, vous pouvez redescendre dans la vallée en bus ou, inversement, monter à Glacier Point en bus et randonner vers la vallée.*

À proximité du parking et de la boutique *(souvenirs, snacks. 9h-19h)*, un premier point de vue permet d'apercevoir les deux chutes de la Merced River : **Nevada Fall** et **Vernal Fall**. Un sentier mène à Glacier Point proprement dit, qui offre un panorama exceptionnel sur la vallée, très prisé au coucher du soleil. À la tombée de la nuit, la vallée sombre dans le noir tandis que les sommets se parent de tons rouge rosé. Point de mire de ce ballet chatoyant, le **Half Dome** s'impose avec majesté. Deux agréables randonnées *(2h chacune, 3h combinées)* : celle de Sentinel Dome offre une belle vue sur Half Dome et la vallée, celle de Taft Point mène à des falaises, les Fissures, avec vue sur El Capitan et les chutes d'eau.

★★★ LA HIGH SIERRA

▶ *Comptez une journée. Tioga Rd, qui débute à quelques miles au sud de l'entrée de Big Oak Flat, traverse le parc d'ouest en est (environ 45 km) via Tuolumne Meadows. Depuis la vallée, vous la rejoignez en suivant la direction de Crane Flat. Attention, la route n'est ouverte que de mai à oct.*

★★ La route des crêtes

Les paysages qui se déroulent le long de Tioga Road impressionnent par leur dénuement et leur immensité.

À l'extrémité ouest de Tioga Road, **Tuolumne Grove**, auquel on accède par un petit sentier *(1 mile ; 1h AR)*, offre une halte agréable au milieu d'une futaie de séquoias géants. Puis les forêts cèdent la place aux falaises et aux dômes de granit qui se détachent dans le ciel bleu. Ces derniers comptent parmi les plus anciens du parc (environ 200 millions d'années) et subissent l'action de l'érosion depuis les mouvements tectoniques qui ont donné naissance à la Sierra Nevada il y a 15 à 25 millions d'années *(voir p. 86)*. Par endroits, le granit se présente en strates parallèles, séparées par des fissures qui apparaissent lorsque les couches supérieures érodées libèrent la pression exercée sur les couches inférieures. Dans ce paysage dénudé par les glaciers, les conifères s'accrochent aux fractures ou dépressions et semblent ainsi sortir de la pierre.

Yosemite National Park, lac Tenaya le long de la route du col Tioga.
C. Heeb / Hemis.fr

À **Olmsted Point★★★**, la vue panoramique sur Tenaya Canyon offre un exemple saisissant de l'action d'un glacier sur la vallée environnante.

★★★ Tuolumne Meadows

Comptez 1h pour accéder à cette magnifique prairie d'altitude par la route des crêtes. Le Visitor Center est le premier bâtiment sur la droite. Le camping et la cafétéria sont situés en aval de la route.

Peu après avoir longé le lac Tenaya, vous parvenez à la plus grande prairie subalpine de la Sierra Nevada, vaste étendue d'herbe dorée parsemée de conifères, au milieu de laquelle la Tuolumne River coule paisiblement. Pendant la courte saison d'été, des buissons aux fleurs d'un rouge prononcé font leur apparition. Parmi tous les animaux peuplant le parc, les cerfs et les marmottes sont les moins farouches, à l'inverse des *bighorns* (mouflons), des pumas et des coyotes. De nombreux chemins de randonnée parcourent la région *(rens. au Visitor Center)*. Le paysage est dominé par le **Lembert Dome★** (2 880 m), du sommet duquel on jouit d'une vue imprenable sur la prairie *(2-3h AR ; dép. du parking situé après le pont, sur la gauche)*.

La route se poursuit vers l'est jusqu'à la Tioga Pass, puis rejoint Lee Vining et la Rte 395 qui mène à la Death Valley *(à 200 miles au sud, voir p. 249)*.

★ WAWONA

⊙ *Comptez 2h. Au sud du parc, à 1h de route de la vallée. Petit Visitor Center (8h30-16h ; fermé en hiver), un magasin et une station-service.*

Wawona Village

Wawona est dédié à l'histoire humaine de Yosemite, bien qu'il soit fait peu de cas des Indiens, qui habitaient dans le parc depuis au moins 4 000 ans. En arrivant, vous remarquez d'abord le magnifique **Wawona Hotel**, au milieu de son impeccable pelouse. Construit en 1879, cet établissement de luxe, bien restauré, a gardé tout son charme.

★ **Pioneer Yosemite History Center** – *À gauche de l'hôtel, derrière le bâtiment abritant le Visitor Center.* Il s'étire de part et d'autre de la rivière. Outre une collection de carrioles et de wagons, ce musée en plein air expose différentes maisons, provenant pour la plupart de la vallée. L'édifice le plus impressionnant demeure le pont qui enjambe la rivière. Élevé en 1857, il est couvert d'un toit en bois, plus facile à reconstruire en cas de dommages.

★★ Mariposa Grove

En été, pour éviter les embouteillages, une navette gratuite relie le magasin de Wawona à la futaie de Mariposa Grove, 6 miles plus au sud. Vous pouvez également vous y rendre à pied en suivant le sentier qui débute à l'arrière de l'hôtel (1h30-2h aller ; possibilité de revenir en navette l'été). Un tramway (16 $) parcourt la futaie depuis le parking (dép. ttes les 20mn entre 9h et 17h30 ; comptez 1h). Au départ du sentier, prenez la brochure en français comportant une traduction des panneaux qui jalonnent le parcours.

Mariposa Grove, la plus grande futaie de séquoias géants du parc, compte environ 500 spécimens. Le plus imposant, le **Grizzly Giant**, avoisine les 64 m de haut (âge estimé : 2 700 ans). Véritables forces de la nature, ces arbres apparaissent toutefois étonnamment souples au toucher, et leur écorce rousse se révèle friable. Cette particularité a d'ailleurs empêché que l'on en fasse une exploitation intensive, leur bois étant trop fragile pour les constructions.

Sur le trajet, un petit **musée** rend hommage à l'un des premiers protecteurs des séquoias, Galen Clark, qui a découvert la futaie en 1857 et ne l'a jamais quittée : il avait édifié ici une petite cabane en 1861.

😊 NOS ADRESSES À YOSEMITE NATIONAL PARK

TRANSPORTS

Dans la vallée de Yosemite

À vélo – Yosemite Village (à peine 5 % de la superficie du parc national) est réservé aux piétons et aux cyclistes. Un bon moyen de découvrir la vallée sans souffrir des embouteillages consiste à louer un vélo et à parcourir les 12 miles de pistes cyclables (il est interdit de rouler en dehors des voies asphaltées). **Location de vélos** au **Yosemite Lodge**, ℘ (209) 372 1208, et au **Curry Village**, ℘ (209) 372 8319.

En navette – Afin de limiter le nombre de véhicules circulant dans la vallée, une navette gratuite, le *shuttle* dessert l'ensemble du village et certains départs de randonnée, 21 arrêts afin d'inciter les gens à laisser leur voiture au parking et de préserver l'environnement *(ttes les 10-15mn de 7h à 22h en été, ttes les 20mn de 9h à 22h le reste de l'année ; consultez le trajet dans le journal remis à l'entrée du parc)*. L'été, trois navettes supplémentaires font le trajet de Wawoma à Mariposa Grove, de Wawoma à la vallée, et l'entrée de Tioga pass jusqu'à Olmsted point.

Pour arriver au parc

En voiture – De San Francisco-Oakland, prenez l'I-580 East jusqu'à l'I-205, à Tracy (juste après Manteca), et continuez à l'est sur la Rte 120, qui mène à l'entrée du parc à Big Oak Flat. Depuis Los Angeles, suivre l'I-5 North jusqu'à la Rte 99, qui mène à Merced. Là, prendre la Rte 41.

En avion – L'aéroport international le plus proche est situé à Fresno (105 miles soit 2h30 par l'entrée sud). Comptez

4h depuis l'aéroport de San Francisco.

En train – Chaque jour, les trains **Amtrak** 712 et 716 relient San Francisco et Merced, à 82 miles à l'ouest de Yosemite. Même chose au départ de Los Angeles avec les trains 711 (durée 12h) et 715 (8h15).

À Merced, les bus **YARTS** (✆ 1-877 989 2787, www.yarts.com ; billets à acheter auprès du chauffeur) assurent la connexion vers le parc (durée totale 6h) et la région de Yosemite en général. Pour connaître ses horaires, consultez le site www.yosemite.com/yarts.

ADRESSES UTILES

État des routes – À l'intérieur du parc, ✆ (209) 372 8321.
Stations-service – 24h/24 à Crane Flat, Tuolomne Meadows et Wawona.

Bon à savoir – La petite ville d'Oakdale, sur la 120, à environ 70 km de Yosemite, est le dernier endroit pour faire le plein d'essence bon marché.

HÉBERGEMENT

 Bon à savoir – La gestion de tous les hébergements à l'intérieur du parc est centralisée. Pour visualiser les différents équipements et réserver, consultez les sites www.nps.gov ou www.yosemitepark.com. Vous pouvez aussi réserver au ✆ (801) 559 -5000. Il est indispensable de s'y prendre des mois à l'avance pour un séjour estival.

Dans le parc

PREMIER PRIX

 Bon à savoir – Il y a 13 campings, dont certains seulement sont ouverts à la réservation, ✆ (877) 444 6777 ou (877) 833 6777 (gratuit), www.recreation.gov. Généralement, tous les emplacements sont pris dans les 24h qui suivent l'ouverture des réservations, mais vous pouvez espérer qu'il y aura des annulations.

À l'est de Yosemite Village – Trois campings se trouvent aux abords de la Merced River : **Upper Pines** (238 empl., ouv. tte l'année), **Lower Pines** (60 empl.) et **North Pines** (81 empl.) ouv. en été.
À l'ouest de Yosemite Village – Le **Camp 4** dispose de 35 empl. réservés aux tentes tte l'année.
Dans le reste du parc – Neuf autres campings, dont ceux de **Wawona** (93 empl.) et de **Hodgdon Meadow** (105 empl.) ouv. tte l'année. Ceux des montagnes ferment en hiver, dont celui de **Tuolomne Meadows** (304 empl.), où il est possible de se présenter sans réserv. Pour ne pas attirer les ours et autres bêtes sauvages, il est impératif de ranger toute nourriture et tous objets dégageant une odeur dans les conteneurs prévus à cet effet.

BUDGET MOYEN

White Wolf Lodge – Tioga Rd, au nord du parc - 29 cabanes 70 $ ✕ ▯ Ces cabanes de toiles sont montées pour l'été, à proximité du camping.
Tuolumne Meadows Lodge – À 2 675 m d'altitude - 69 tentes env. 70 $ ✕ ▯ Les tentes de toile offrent un confort rustique, sans électricité.
Housekeeping Camp – Southside Drive, Yosemite Valley - mai-oct. - 266 ch. 80 $ ▯ Chaque unité peut accueillir 6 pers. Constituée de trois murs en béton et d'un pan de toile, elle ouvre sur une terrasse avec une table et un barbecue. Possible de louer la literie. Sanitaires communs, laverie, épicerie.

2

Curry Village – *Southside Drive, Yosemite Valley - 319 tentes 93/112 $, 18 ch. style motel 180 $, 56 chalets 199 $* ✕ ⛵ 🅿 Un véritable petit village, créé en 1899, où tentes (avec plancher en bois et lits) et chalets en bois (avec ou sans douche) entourent les restaurants, les magasins de souvenirs, l'épicerie et le théâtre en plein air. Pour faire un barbecue, il faut prendre la navette jusqu'à l'aire de pique-nique de Swinging Bridge (bruyant le soir), qui ressemble à un VVF dans un cadre impressionnant.

POUR SE FAIRE PLAISIR

Wawona Hotel – *Wawona* 🕾 *(801) 559 4884 - 104 ch. 145/217 $* ✕ ⛵ 🅿 Un peu isolé du reste à l'entrée sud du parc, cet hôtel de la fin du 19e s. en bois blanc, élégamment restauré a un charme fou. Il dispose de chambres de caractère, à la déco soignée, dont la moitié est sans salle de bains. Restaurant, golf, piscine et tennis.

UNE FOLIE

Yosemite Lodge at the Falls – *Yosemite Valley - 245 ch. 183/220 $* 🖥 ✕ ⛵ 🅿 Des chambres tout confort réparties dans plusieurs bâtiments ombragés. Terrasses privatives pour les *lodge rooms.* Épicerie.

The Ahwahnee – *À l'est de Yosemite Village - 123 ch. env. 500 $ et suites jusqu'à 1094 $* ✕ ⛵ 🅿 Classé monument historique, ce luxueux établissement datant de 1927 est installé dans une immense demeure admirablement aménagée dans le style indien. Cheminée impressionnante et hauts plafonds.

El Portal

El Portal est situé à 1,3 mile de l'entrée ouest du parc.

POUR SE FAIRE PLAISIR

Cedar Lodge – *9966 Hwy 140, à 8 miles (13 km) de l'entrée ouest du parc,* 🕾 *(209) 379 2612, www.yosemite-motels.com - 211 ch. 130/160 $* 🖥 ✕ ⛵ 🅿 Motel en bois rouge sur deux niveaux d'allure accueillante. Chambres bien équipées, avec réfrigérateur. Spa. Possibilité de prendre le bus YARTS pour se rendre dans le parc.

Yosemite View Lodge – *11136 Hwy 140,* 🕾 *(209) 379 2681, www.yosemite-motels.com - 235 ch. 174/254 $* 🖥 ✕ ⛵ 🅿 À quelques miles du précédent, cet hôtel est le plus proche du parc. Les bâtiments ont moins d'allure que ceux du Cedar Lodge, mais la qualité des services y est équivalente (même chaîne). Demandez le bâtiment n° 7, qui offre les meilleures vues.

PREMIER PRIX

Yosemite Bug Hostel – *6979 Hwy 140, à 10 miles de Mariposa,* 🕾 *(209) 966 6666, www.yosemitebug.com - 88 lits.* ✕ 🅿 Cette auberge de jeunesse accueillante s'inscrit dans un cadre idyllique, bien qu'un peu isolé. Chambres de 2 et 5 lits (*20-40 $ par pers.*) dans le bâtiment principal et dans des cabanes installées sur les hauteurs. Camping et cabanes de toile disponibles (*30-40 $*). Accès Internet, laverie et restaurant. Desservie pas le bus YARTS.

Mariposa

À 32 miles de Yosemite Village, sur la route de Merced (Hwy 140), cette jolie petite ville tout droit sortie du far west possède la plus ancienne cour de justice de Californie et porte le nom de l'ex plus grand comté de l'État. Mariposa possède quelques hôtels et une palette de motels de grandes chaînes à des prix moins exorbitants que ceux situés plus près du parc.

BUDGET MOYEN

Mariposa Hotel Inn – *5029 Hwy 140,* ☎ *(209) 966 7500 - 6 ch. 95/143 $* 📺 🅿️ Situé au cœur du quartier historique, cet hôtel impeccablement restauré, datant de 1901 a su garder son âme. Le grand escalier qui monte à la reception semble tout droit sorti d'un western et les chambres, dans lequelles on trouve à la fois de jolis objets et des détails très kitsch, ont toutes une décoration personnalisée. Agréable terrasse à l'arrière du bâtiment. Petit-déj. et accès Wifi.

RESTAURATION

🍴 **Bon à savoir** – La plupart des restaurants de Yosemite sont rassemblés dans la vallée, mais vous trouverez une cafétéria aux abords de chacun des logis détaillés ci-dessus *(comptez env. 15 $, 7h ou 8h-21h).* Pour un dîner plus formel, **The Mountain Room**, dans le Yosemite Lodge *(15-25 $),* bénéficie d'une vue panoramique, et le **Pavilion** du Curry Village propose un buffet à volonté pour 10-15 $. Pour un dîner gastronomique dans une salle somptueuse, réservez à l'**hôtel Awahnee**, ☎ *(209) 372 1489 (env. 40-60 $).* À Wawona, l'**hôtel Wawona** *(30-40 $)* comprend une petite salle à manger.

BUDGET MOYEN

Mariposa Savoury's – *5034 Hwy 140* ☎ *(209) 966 7677. Plats 20-25 $.* Une adresse surprenante qu'on imaginerait plus à San Francisco qu'au fin fond de la Sierra Nevada. Cuisine raffinée : filet mignon, osso buco ou saumon sauvage à déguster dans un cadre cosy.

ACTIVITÉS

Train à vapeur – Le **Yosemite Mountain Sugar Pine Railroad**, est un circuit de 6,5 km le long duquel vous emmène un ancien train à vapeur qui servait à transporter le bois. Les enfants adoreront emprunter ce vestige. *Fish Camp, Hwy 41, entrée sud du parc,* ☎ *(559) 683 7273. www. ymsprr.com. Se renseigner pour les horaires mais généralement mars-oct. 9h30-15h30 (16h en été), ttes les 30mn, 17,50 $ et circuit quotidien au clair de lune (46 $).*

Randonnée – Une multitude de sentiers balisés attendent les randonneurs de tous niveaux. Renseignements sur les chemins et les permis au *Visitor Center.* Pour tout achat de matériel, adressez-vous à **Sport Shop**, Yosemite Village *(9h-17h). (Pour de grandes randonnées organisées de plusieurs jours dans les environs, voir à Lake Tahoe, p. 223).* La Yosemite Mountaineering School, ☎ *(209) 372 8344, ouv. tte l'année, propose des expéditions guidées adaptées à la saison (randonnées en été, ski de fond en hiver).*

Rafting – **Zephyr Whitewater Expeditions**, ☎ *(209) 532 6249, www.zrafting.com,* organise des descentes de rivières aux environs (initiation et différents niveaux) entre avril et août ou sept. Demi-journée, 1 ou 2 j. *(95-305 $ selon les formules).*

Équitation – Dans la vallée de Yosemite, des visites guidées partent de Yosemite Valley, **Tuolumne Meadows** et **Wawona**, en été uniquement : **Yosemite Valley Stables**, ☎ *(209) 372 8348.* À Fish Camp, à l'entrée sud du parc, **Yosemite Trails Pack Station** *(*☎ *(559) 683 7611, www. yosemitetrails.com),* propose des balades à cheval *(40-140 $ selon la durée, 1h, 2h, une demi-journée).*

2

Mono Lake

★★

 NOS ADRESSES PAGE 238

S'INFORMER

Informations touristiques - Lee Vining Ranger Station – *À la sortie nord de Lee Vining, par la Hwy 395 -* ☎ *(760) 647 3044 - www.monolake.org - tlj 8h-17h (19h le vend. et le sam.).* Fermé en hiver

SE REPÉRER

Carte de région B1 *(p. 214)* – *carte Michelin Western USA 585 B 8.* Mono Lake se trouve à côté de la petite ville de Lee Vining, le long de la Hwy 395 qui longe la Sierra à l'est, en descendant de Lake Tahoe. L'entrée est du Yosemite n'est qu'à 13 miles (21 km, fermée en hiver), Yosemite Valley *Visitor Center* à 76 miles.

À NE PAS MANQUER

La forêt de concrétions calcaires de Mono Lake ; l'étrange atmosphère de Bodie ; les activités sportives autour de Mammoth Lakes.

ORGANISER SON TEMPS

C'est le matin de bonne heure que vous prendrez les plus belles photos de Mono Lake ; visitez Bodie dès l'ouverture et en semaine pour y goûter la solitude.

Le versant est de la Sierra Nevada, moins touristique que le versant ouest, mérite pourtant largement le détour pour sa palette variée de paysages. Concrétions calcaires aux silhouettes étranges et jeux de reflets à Mono Lake raviront les passionnés de photographie. Au sud-ouest du lac, le June Lake Lloop, route panoramique le long des lacs, permettra aux contemplatifs d'admirer les fabuleux paysages que l'on trouve de ce côté de la Sierra Nevada. Les nostalgiques de la grande aventure du Far West suivront la piste des chercheurs d'or et flâneront dans les rues poussiéreuses de la plus belle ville fantôme de l'Ouest. Quant aux amateurs de randonnée en montagne, mountain bike, pêche voire de ski en hiver, ils apprécieront Mammoth Lakes pour la haute montagne et ses lacs aux eaux sombres.

Découvrir

★★ Mono Lake

Alt. 1 948 m. Comptez 2h.

Commencez la visite par le **Visitor Center** (Lee Vining Ranger Station) pour comprendre l'originalité de ce lac d'origine volcanique, classé réserve naturelle et protégé depuis 1978.

Dans les années 1960, cinq rivières l'alimentant ont été captées pour fournir en eau la ville de Los Angeles ; le lac a perdu près de la moitié de son eau (le niveau avait baissé de plus de 13 m en 1982). La salinité a, en conséquence,

Colonnes de tuf sur fond de montagne à Mono Lake.
A. Merlini / fotolia.com

augmenté (2,5 fois plus que l'Océan), perturbant tout l'écosystème… et faisant de la baignade une expérience unique : on est littéralement porté par l'eau. Autre particularité du lieu : la forte concentration en carbonate de calcium qui a donné naissance à un étonnant relief.

C'est la rive sud qui présente les paysages les plus spectaculaires avec ses hautes **concrétions de tufs karstiques★★**, hautes colonnes calcaires émergeant de l'eau comme des fontaines pétrifiées. Leur reflet dans l'eau, avec en toile de fond les sommets enneigés de la Sierra Nevada, permet de composer des photographies inoubliables. Vous pouvez y accéder par la route menant au South Tufa trail.

À proximité

★★ Bodie State Historic Park

▶ *Alt. 2 553 m. Comptez une demi-journée. Au nord de Lee Vining par la Hwy 395 (13 miles) puis la State Route 270 (13 miles). ℰ (760) 647 6445. Tlj 8h-18h (8h-16h en hiver, mais il faut se renseigner au préalable sur les conditions d'accès : il y a souvent de la neige en abondance et dans ce cas la route est fermée). 7 $. Prévoir son pique-nique car la boutique ne propose que des boissons.*

Ne manquez pas cette émouvante ville fantôme, qui regroupe plus de 170 édifices en bois, typiques de l'époque de la ruée vers l'or.

Tout a commencé en 1859, lorsqu'un certain William S. Bodey trouva dans cette région désolée une pépite d'or. Vingt ans plus tard, la découverte d'un important filon assura en quelques mois le développement spectaculaire et la prospérité de la ville.

Au pied des montagnes, on découvre aujourd'hui les restes de la cité, en grande partie détruite par un incendie en 1932 : des maisons qui semblent juste avoir été quittées par leurs habitants…

★★ Mammoth Lakes

▶ *Alt. 2 400 à 3 500 m. Comptez une journée. À 25 miles au sud de Lee Vining, à 2h30 de route de Yosemite Valley et 4h de route de Death Valley, près de la Hwy 395.*

Niché au pied des versants est de la Sierra Nevada, dans la Inyo National Forest, Mammoth Lakes est une station qui constitue une étape verdoyante et fraîche, propice aux sports de plein air quelle que soit la saison.

Plus abrupts et plus spectaculaires que les versants ouest, les versants orientaux sont plantés d'épaisses forêts et semés de lacs, offrant un paradis pour les randonneurs et les skieurs de fond. Pour le ski de piste, le domaine est l'un des plus beaux de tout l'Ouest américain.

HÉBERGEMENT

Lee Vining

POUR SE FAIRE PLAISIR

Tioga Lodge – Hwy 395, ✆ (760) 647 6423, www.tiogalodge atmonolake.com, ouv. mai-oct. - 14 ch. 129/139 $ ✕ 🅿 À 2 miles au nord de Lee Vining, un établissement du 19e s., en pierre et en bois, impeccablement rénové. Wifi gratuit.

Lake View Lodge – 30 Main St., ✆ (760) 647 6543, www.bwlakeviewlodge.com - 46 ch. 112/116 $ et 8 cottages 109/219 $ 🛏 🅿 Un hôtel confortable avec des chambres bien équipées. Accès Wifi gratuit.

June Lake

Une dizaine d'hôtels du plus accessible au plus chic dans cette charmante petite station près du lac June (6 miles de Lee Vining et 12 miles de l'entrée est de Yosemite). www.junelakeloop.com.

UNE FOLIE

Double Eagle Resort and Spa – 5587 Boulder Drive (Hwy 158), ✆ (760) 648 7004, www.doubleeeagle.com - ouv. tte l'année - 16 ch et 15 cottages 229/349 $ 🛏 ✕ 🅿 Cet établissement récent est installé dans un petit coin de paradis, à la sortie de la ville et au pied du Pic Carson. Luxueux cottages et spa.

Mammoth Lakes

🐾 **Bon à savoir** – En raison du domaine skiable, les prix y sont plus élevés en hiver qu'en été.

POUR SE FAIRE PLAISIR

Swiss Chalet – 3776 View Point Rd, ✆ (760) 934 2403, www.mammoth-swisschalet.com - 20 ch. 129/139 $ 🅿 Un style chalet de montagne tout confort, tout proche du centre du village. Sauna et jacuzzi.

RESTAURATION

🐾 **Bon à savoir** – L'offre se limite à une poignée de restaurants à **Lee Vining**.
Pour bien manger, allez à June Lake au restaurant du **Double Eagle Resort, l'Eagle's Landing** ou à Mammoth Lakes.

Mammoth Lakes

PREMIER PRIX

Giovanni's Restaurant – 437 Old Mammoth Rd, ✆ (760) 934 7563. Lun.-jeu. 11h30-21h, vend.-sam. 11h30-21h30, dim. 10h30-21h. Moins de 15 $. Les meilleures pizzas de la ville et même de la région, à composer soi-même, de la pâte à la garniture, mais aussi des pâtes, des salades et des sandwichs à midi.

BUDGET MOYEN

Chart House Restaurant – 106 Old Mammoth Rd, ✆ (760) 934 4526. Mar.-jeu. et dim. 17h-21h30, vend.-sam. 17h-22h. Plats 20-35 $. Un très beau cadre pour un succulent dîner où domine le poisson frais.

ACHATS

Mammoth Lakes Luxury Outlets – 3343-3399 Main St., ✆ (760) 934 9771, www.luxuryoutlets.com. Dim.-jeu. 10h-20h, vend.-sam. 10h-21h. Plusieurs magasins d'usine pratiquant des tarifs très intéressants.

ACTIVITÉS

Randonnée – Plus de 70 sentiers balisés sont présentés au Visitors Bureau de Mammoth Lakes.
Ski – Vous trouverez de nombreux loueurs de matériel à Mammoth Lakes. La plupart des hôtels proposent des forfaits.

2

Kings Canyon et Sequoia National Parks

NOS ADRESSES PAGE 247

SE REPÉRER

Carte de région B2 *(p. 214) - carte Michelin Western USA 585 B 9.* Sequoia et Kings Canyon NP se trouvent à 5h de voiture de Los Angeles et de San Francisco. Depuis Los Angeles (222 miles, 355 km), prenez la Hwy 99 vers le nord et quittez-la vers l'est à hauteur de Visalia, sur la Hwy 198 que vous suivez jusqu'à Three Rivers. Votre visite commencera alors par Sequoia National Park. De San Francisco, prenez la Hwy 72 puis la Hwy 99, et à Fresno, situé à 80 miles (128 km) de l'entrée la plus proche, bifurquez à l'est par la Hwy 80 qui conduit à Grant Grove Village. Vous visiterez d'abord Kings Canyon.

À NE PAS MANQUER

La Giant Forest et le General Shreman Tree ; la vue du Moro Rock ; les futaies de séquoias géants de Grant Grove.

Enclaves protégées au sein de la Sierra Nevada, les parcs de Sequoia et de Kings Canyon sont un paradis pour les randonneurs, avec 700 miles de sentiers qui tutoient des pics de plus de 3 000 m. Le mont Whitney (4 418 m) est d'ailleurs le plus haut sommet des États-Unis, hors Alaska et Hawaii. Ici on se sent soudain tout petit au pied des plus grands arbres du monde ! Les routes d'accès à ces espaces dévoilent d'abord une végétation aride et broussailleuse qui laisse place à une forêt mixte de conifères, prélude aux futaies de séquoias géants.

Découvrir

Créé en 1890, Sequoia est l'un des plus anciens parcs nationaux des États-Unis. Les sommets, les canyons, les lacs et les vallées glaciaires de Kings Canyon ne furent rattachés à cet ensemble qu'en 1940, créant ainsi, avec Sequoia, une étendue sauvage de 3 600 km². Les deux parcs sont reliés par la Generals Highway, achevée en 1935, qui serpente à travers les étendues majestueuses de la Sequoia National Forest.

★★ SEQUOIA NATIONAL PARK

Comptez une journée. 20 $/véhicule, billet donnant accès à Kings Canyon N.P.
Lodgepole Visitor Center – *Au nord,* ☎ *(559) 565 4436, www.nps.gov/seki. 8h-18h en été, 9h-17h aux intersaisons, 9h-16h30 les w.-ends uniquement en hiver. 10 $, valable également pour la visite du parc de Kings Canyon. Informations sur la Giant Forest*
Foothills Visitor Center – *Au sud,* ☎ *(559) 565 3135. 8h-18h en été, 8h-16h30 le reste de l'année. Dispose des mêmes renseignements qu'à Lodgepole. 10 $, valable également pour la visite du parc de Kings Canyon. De juin à sept., le complexe*

LE TALON D'ACHILLE DES GÉANTS

Les séquoias possèdent des défenses naturelles qui leur permettent de lutter contre les maladies et les insectes. Leurs troncs contiennent par ailleurs un acide tannique qui les protège efficacement contre le feu, celui-ci n'attaquant que superficiellement leur écorce. Ils n'en demeurent pas moins fragiles, car leur haute taille n'est pas contrebalancée par un réseau de racines suffisamment profondes. Celles-ci peuvent s'étendre sur plusieurs dizaines de mètres, mais elles atteignent rarement plus de 2 m de profondeur. Certains arbres finissent ainsi par tomber sous l'action du vent ou le poids de la neige, comme le Fallen Monarch de Grant Grove.

---

hôtelier de Wuksachi propose des navettes gratuites reliant le Visitor Center de Lodgepole et le General Sherman Tree (départ ttes les heures de 10h à 18h).

Lodgepole Village

Lodgepole Village est avant tout une étape idéale pour se ravitailler, préparer votre visite du parc et obtenir un permis de camper. Plusieurs grands chemins de randonnée débutent au bout de la route de Lodgepole, dont le plus facile, le **Tokopah Trail** *(3-4h AR)*, longe une vallée glaciaire et mène aux **Tokopah Falls**, une cascade de plus de 360 m.

Quittez le village au sud, en direction de la Giant Forest (à 2 miles).

★★ Giant Forest

La Giant Forest est traversée par la Generals Hwy.

Grâce à un climat plutôt doux et un apport d'eau et de soleil suffisant, le versant ouest de la Sierra Nevada (entre 1 500 et 2 700 m) a permis la croissance de séquoias géants, répartis dans 75 futaies, dont 30 dans les parcs de Sequoia et de Kings Canyon. La Giant Forest, qui s'étend sur près de 8 km², est l'une des plus grandes et abrite certains des spécimens les plus imposants.

Deux miles au sud de Lodgepole Village, un sentier balisé mène au **General Sherman Tree★★★**. Avec une hauteur de 84 m, une circonférence au sol de 31 m et un volume total de 1 487 m³, cet arbre est le plus grand organisme vivant du monde. De là, vous pouvez suivre le **Congress Trail**, une boucle qui permet d'approcher ces géants *(1h-2h ; voir au Visitor Center pour les autres balades).*

Pour rejoindre Moro Rock, empruntez la Crescent Meadow Rd qui croise la Generals Hwy au niveau du Giant Forest Museum (peut être fermée à cause de chutes de pierres).

Préparez-vous à l'ascension des 400 marches qui gravissent l'étonnant dôme de granit du **Moro Rock★★★** (2 050 m) *(déconseillé aux personnes sujettes au vertige).* Cet énorme rocher dénudé a été taillé par un processus d'érosion appelé l'exfoliation, qui libère des pans entiers de granit, dessinant des pentes lisses. La vue englobe les parties basses du parc, la bourgade de Three Rivers et la vallée de San Joaquin, mais surtout les hauts sommets de la ligne de partage des eaux, The Great Western Divide, ainsi que la vallée boisée de la Middle Fork Kaweah River.

Passé le Moro Rock, la route se poursuit au sein de la Giant Forest et passe à l'intérieur d'un séquoia géant. Au bout de la route vous attend la superbe prairie de **Crescent Meadows★**.

L'embranchement pour Crystal Cave se trouve sur la Generals Hwy, à environ 1,5 mile au sud du Giant Forest Museum. La route menant à la grotte ne fait que 13 miles, mais il faut compter 45mn pour la parcourir vu l'état de la chaussée et le nombre de virages.

2

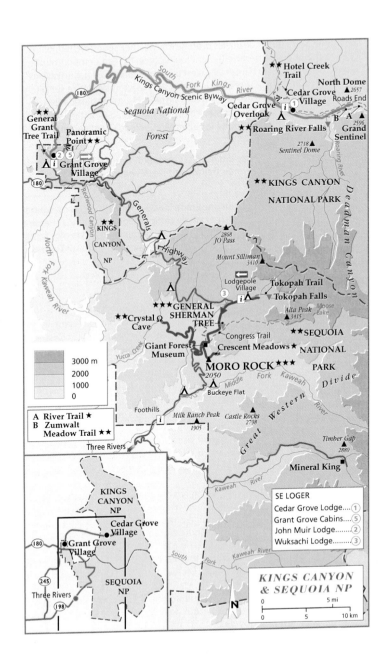

★★ Hotel Creek Trail
★★ Cedar Grove Village
North Dome ▲2657
Roads End
Kings Canyon Scenic Byway
South Fork Kings River
Sequoia National Forest
★★ General Grant Tree Trail
Panoramic Point ★★
Cedar Grove Overlook
★★ Roaring River Falls
B A Grand Sentinel ▲2596
Sentinel Dome ▲2718
Grant Grove Village
180
★★ KINGS CANYON
NATIONAL PARK
Deadman Canyon
Roaring River
Redwood Canyon
North Fork Kaweah River
★★ KINGS CANYON NP
Generals Highway
2868 JO Pass
Mount Silliman 3410
Lodgepole Village
Tokopah Trail
Tokopah Falls
Alta Peak 3415
Moose Lake
★★★ GENERAL SHERMAN TREE
★★ Crystal Cave
Giant Forest Museum
Congress Trail
★★ Crescent Meadows ★
★★ SEQUOIA
NATIONAL
Yucca Creek
MORO ROCK ★★★
2050
Buckeye Flat
PARK
Divide
Middle Fork Kaweah River
3000 m
2000
1000
0
Foothills
Milk Ranch Peak 1905
Castle Rocks 2798
Great Western Divide
A River Trail ★
B Zumwalt Meadow Trail ★★
Three Rivers
Timber Gap 2880
Mineral King

SE LOGER
Cedar Grove Lodge....①
Grant Grove Cabins....⑤
John Muir Lodge.......②
Wuksachi Lodge.........③

KINGS CANYON
& SEQUOIA NP

0   5 mi
0   5   10 km

KINGS CANYON NP
Cedar Grove Village
Grant Grove Village
180
245
198
Three Rivers
SEQUOIA NP
South Fork Kaweah River
N

★★ **Crystal Cave**

Visite guidée tous les jours en été de 10h à 16h30 (10h-17h le w.-end) ; dép. ttes les 30mn ; comptez 45mn, 11 $. Attention, les billets sont en vente uniquement aux Visitor Centers de Lodgepole et de Foothills. Prévoyez des vêtements chauds, car il fait moins de 10 °C dans la grotte.

Un sentier abrupt *(15mn)* descend vers la grotte, à l'intérieur de laquelle des galeries parées de volutes de marbre déploient une féerie de formes et de couleurs. Faites l'expérience du noir total, avec pour seul repère le bruit de l'eau qui s'égoutte inexorablement et sculpte les parois de la grotte.

Mineral King, une vallée située au sud du parc, ne justifie les 639 virages de la route d'accès *(3h AR ; fermé de début nov. à fin mai)* que si vous avez le temps d'y faire de la randonnée.

★★ **KINGS CANYON NATIONAL PARK**

◗ *Comptez une journée. L'entrée du parc s'effectue à partir de la Hwy 180. 20 $/ véhicule, billet donnant aussi accès à Sequoia N.P.*

Grant Grove Visitor Center – ☏ *(559) 565 4307, www.nps.gov/seki. Tlj 8h-18h en été, 8h-17h aux intersaisons, 9h-16h40 en hiver. Brochures très détaillées.*

Cedar Grove Visitor Center – ☏ *(559) 565 3768. Uniquement en été.*

Le parc de Kings Canyon se compose de deux parties, la futaie de Grant Grove, qui se trouve juste après l'entrée du parc, et Kings Canyon, plus à l'est. Distantes de 36 miles, elles sont reliées par la superbe Kings Canyon Scenic Byway *(comptez 1h30 ; cette route est fermée de la mi-novembre à la fin avril)*.

2

★★ **La futaie de Grant Grove**

Avant de rejoindre le canyon qui a donné son nom au parc, faites une halte au Visitor Center. Le General Grant Tree Trail (facile ; 30mn) débute à environ 1,5 mile du Visitor Center (prendre la bifurcation à gauche). Des promenades plus longues à travers la forêt de conifères démarrent de l'extrémité ouest du parking.

🐾 En suivant au petit matin le sentier asphalté du **General Grant Tree Trail★★**, la brume qui enveloppe les troncs couleur cannelle confère encore plus de solennité à la découverte de cette futaie de séquoias démesurés, d'où s'exhale un parfum puissant, à la fois sucré et ambré.

Beaucoup de futaies ayant été découvertes peu après la guerre de Sécession, on donna à ces arbres le nom de généraux illustres.

Le plus imposant d'entre eux, le **General Grant Tree**, trône dans son enclos du haut de ses 80 m. Monument dédié à la mémoire des Américains morts au combat, il est également l'« arbre de Noël » de la Nation depuis 1926 et, chaque année, une cérémonie s'y tient le deuxième dimanche de décembre. Lorsque c'est autorisé, n'hésitez pas à toucher du doigt l'écorce étonnamment souple et légère de ces géants vivants.

Du Visitor Center, une route mène à Panoramic Point (2 miles). De retour du General Grant Tree Trail, vous pouvez également la rejoindre en continuant tout droit après l'intersection avec la Hwy 180.

À quelques centaines de mètres du parking, **Panoramic Point★★** offre une superbe vue sur Kings Canyon.

Un panneau indique les noms des sommets et des vallées que vous pouvez admirer en suivant le chemin qui part vers le sud. Par temps clair, on aperçoit également la vallée de San Joaquin, à l'ouest.

COQUETTERIES

Les **séquoias** géants datent de la période postglaciaire, mais il est difficile de connaître exactement leur âge, car il est impossible de prélever un échantillon au centre de leurs troncs. Au début du 20e s., fondant leurs calculs sur ce qu'ils avaient pu extraire de l'arbre, les scientifiques estimaient que le General Sherman Tree était vieux de 5 400 ans environ. Des recherches ont cependant démontré que, une fois parvenu à l'âge adulte, le tronc du séquoia se recouvre bon an mal an du même volume de bois, expliquant ainsi que les cercles concentriques soient de moins en moins espacés, la circonférence de l'arbre augmentant au fil des années. Par conséquent, le General Sherman Tree n'aurait qu'entre 2 400 et 2 700 ans.

★★★ Le canyon de la Kings River

Empruntez la Hwy 180 (Kings Canyon Scenic Byway) vers le nord pour rejoindre Cedar Grove (comptez 1h30).

🚻 *Le bureau des rangers est situé à Roads End, 6 miles après Cedar Grove Village (7h-16h). C'est un passage obligé pour qui veut s'engager sur les hauteurs (conseils, cartes et permis).*

Enchâssée entre de hautes falaises de granit de plus de 1 000 m, la vallée glaciaire du bras sud de la Kings River contraste avec l'étroit défilé de la route qui y conduit. À partir de Cedar Grove, le panorama s'élargit et apparaissent les prairies dorées qui tapissent le fond de la vallée, où les *mule deers* (cerfs mulets) n'hésitent pas à s'aventurer. Le **North Dome** (2 657 m) au nord et le **Grand Sentinel** (2 596 m) au sud encadrent la fin de la route, **Roads End**, où débutent les randonnées de haute montagne : ici commencent les grands espaces auxquels l'homme se mesure à pied.

🥾 Au sud de Roads End, un sentier mène à un pont qui enjambe la Kings River. En prenant ensuite à droite, vous rejoignez le **Zumwalt Meadow Trail★★** *(facile ; comptez 1h ; au départ du sentier une brochure détaille l'itinéraire)*, une boucle qui fait le tour d'une prairie nichée entre les falaises et la rivière, bordée de pins ponderosa, de saules et de trembles.

Le sentier continue le long du **River Trail★** qui mène jusqu'à la **cascade★★** impétueuse de la Roaring River *(2h AR)*.

🥾 Pour une vue panoramique du canyon, engagez-vous sur le **Hotel Creek Trail★★** qui débute au nord de Cedar Grove Village et grimpe jusqu'à **Cedar Grove Overlook**, perché à 1 855 m d'altitude *(400 m de dénivelé ; 3h AR. Possibilité de continuer et de redescendre par le Lewis Creek Loop, comptez alors 5h AR)*.

De Grant Grove Village, la Generals Hwy mène au parc de Sequoia, situé à 2h de route.

Peu après l'entrée dans le parc de Sequoia, la route coupe la futaie de Lost Grove, où 400 séquoias géants occupent une vingtaine d'hectares.

😊 NOS ADRESSES À KINGS CANYON ET SEQUOIA

INFORMATIONS UTILES

Stations-service – Attention, aucune pompe dans l'enceinte des parcs. Ravitaillement possible au Kings Canyon Lodge (très cher et rationné) de mi-avril à mi-novembre *(8h-19h30)* et à Three Rivers.

HÉBERGEMENT

😊 **Bon à savoir** – Dans les deux parcs, les hébergements sont gérés par le même organisme. Les réservations se font au ☎ (559) 335 5500, www.sequoia-kingscanyon.com. Si vous dormez dans le parc, suivez scrupuleusement les consignes pour éviter d'attirer les ours. Il y va de la vie d'un ours d'un côté, et d'une amende de 5 000 $ de l'autre.

Kings Canyon N. P.

PREMIER PRIX

Campings – Vous trouverez plusieurs campings avec toilettes et douches. Aucune réservation possible, la règle est celle du premier arrivé, premier servi. Ravitaillement à proximité. Trois terrains à Grant Grove Village : **Azalea** (110 empl. ; *tte l'année*), **Crystal Springs** (36 empl. pour groupes de moins de 7 pers., 14 pour groupes de 7-15 pers. ; *fin mai-mi-sept.*) et **Sunset** (157 empl. ; *fin mai-oct.*). À Cedar Grove, **Sentinel** (82 empl.) et **Sheep Creek** (111 empl.) sont ouverts de fin avril à mi-novembre, selon l'état de la route menant vers les hauteurs.

BUDGET MOYEN

Grant Grove Cabins – *Grant Grove Village, à l'entrée du parc -* 50 ch. 🛏 ✕ 🅿 Des cabanes très simples, de tous les niveaux de confort, de la simple tente aménagée *(65 $)*, à la cabane rustique *(77 $)*. Les douches sont installées à proximité. Une dizaine de cabanes, plus chères, sont équipées d'une salle de bains et du chauffage. Attention : ts les types d'hébergement ne sont pas ouv. tte l'année.

POUR SE FAIRE PLAISIR

Cedar Grove Lodge – *Cedar Grove Village- de mai à mi-oct. - 21 ch.* 119/135 $ 🛏 ✕ 🅿 Tout le confort dans un cadre exceptionnel. Trois d'entre elles *(patio rooms)* bénéficient, pour le même prix, d'une kitchenette et d'une terrasse privative.

John Muir Lodge – *Grant Grove Village - tte l'année - 36 ch.* 172/186 $ 🅿 🛏 ✕ Un grand bâtiment en bois à la décoration rustique proposant des chambres confortables.

Sequoia N. P.

PREMIER PRIX

Campings – Deux campings sont ouverts à la réservation, et il vaut mieux s'y prendre longtemps à l'avance pour obtenir avec certitude un emplacement : **Lodgepole** (214 empl., *tte l'année*) et **Dorst** (204 empl., *juin-août*), situé au nord de Lodgepole, sur la Generals Hwy, en appelant le ☎ *(301) 722 1257, www.recreation.gov*. Tous deux disposent de toilettes et de douches *(3 $)* et comportent des places pour les camping-cars. Deux autres campings, avec uniquement des toilettes, **Potwisha** (42 empl., de mi-mai à fin sept.) et **Buckeye Flat** (10 empl., *mi-mai-fin sept.*), sont situés à 6 miles au nord du *Visitor Center* de Foothills. Pas de réservations.

2

UNE FOLIE

Wuksachi Lodge – *102 ch. 215 $*
☰ ✗ 🅿 Quelques miles à l'ouest du Lodgepole Visitor Center, un hôtel très agréable et bien situé ouvrant sur un immense hall. Les chambres sont confortables et spacieuses. Restaurant et bar-lounge.

Three Rivers

Ce hameau, porte d'entrée de Sequoia N.P., est souvent la seule solution d'hébergement en pleine saison, même pour visiter Kings Canyon. Seuls 3,5 miles le séparent de l'entrée sud de Sequoia N.P., mais la route qui mène à la Giant Forest est toujours en travaux et vire beaucoup. Quand vous venez de Sequoia, ne vous arrêtez pas dans les premiers motels, mais continuez quelques miles plus loin où les établissements sont plus sympathiques et plus proches des stations-service et des épiceries.

PREMIER PRIX

Sierra Lodge – *43175 Sierra Drive,* 🖉 *(559) 561 3681, www.sierra-lodge.com - 22 ch. 68/99 $* ⌑ ☰ 🛋 🅿 Un motel très sympathique, à l'accueil chaleureux. Les chambres, à la décoration un brin désuète, sont charmantes. Accès Wifi gratuit.

POUR SE FAIRE PLAISIR

Buckeye Tree Lodge – *46000 Sierra Drive,* 🖉 *(559) 561 5900, www.buckeyetree.com- 25 ch. 123/149 $* ☰ 🛋 L'établissement a beau être au bord de la route, toutes les chambres ont un patio ou un balcon donnant sur un joli coin de verdure et la rivière. Wifi gratuit.

RESTAURATION

Vous trouverez à Séquoia comme à Kings canyon des cafétérias *(7h-20h)* et des épiceries *(9h-18h)* dans les villages des parcs.

Sequoia N. P.

BUDGET MOYEN

Vous dégusterez un repas plus formel dans le bâtiment principal du **Wuksachi Lodge** *(comptez plus de 25 $)*. Le **Wuksachi Lodge Dining Room** est l'un des seuls restaurants à l'intérieur des 2 parcs. Ouv. toute l'année, sert aussi bien pour le dîner que pour le *breakfast* et le *lunch*. Grande salle à manger avec vue.

Three Rivers

PREMIER PRIX

River View Restaurant & Lounge – *42323 Sierra Drive,* 🖉 *(559) 561 2211. Lun.-jeu. 11h-21, vend.-sam. 11h-23h30. Plats autour de 15 $*. Grand choix de burgers, pizzas et sandwichs, servis le midi et le soir. La salle du restaurant ouvre sur une terrasse qui surplombe la rivière. Concert le sam. Vente à emporter.

POUR SE FAIRE PLAISIR

The Gateway Restaurant and Lodge – *45978 Sierra Drive,* 🖉 *(559) 561 4133. Plats autour de 25 $*. À quelques minutes de l'entrée du Séquoia National Park, un très bon restaurant avec une terrasse donnant sur la rivière. La cuisine y est goûteuse (soupes, viandes et poissons) et le service excellent. Vous pouvez également y loger.

Death Valley National Park

La Vallée de la Mort

NOS ADRESSES PAGE 255

S'INFORMER

Furnace Creek Visitor Center – ℘ *(760) 786 3200 - www.nps.gov/deva -
8h-17h.* Accueil temporaire dans un bâtiment préfabriqué avant l'ouverture fin 2012 d'un nouveau Visitor's Center and Museum. Les rangers vous proposent un riche programme de balades thématiques à pied, à vélo ou en jeep, autour de la géologie ou de l'histoire naturelle de ce désert.

SE REPÉRER

Carte de région B2 *(p. 212) - carte Michelin Western USA 585 C 9.* De Las Vegas, comptez 122 miles (195 km) en suivant la Hwy 160 vers l'ouest jusqu'à Death Valley Junction, puis la Hwy 190 jusqu'à Furnace Creek. De Los Angeles (290 miles), remontez la Hwy 395 vers le nord en direction de Reno puis tournez vers l'est à Olancha, sur la Hwy 190.

À NE PAS MANQUER

les couleurs de Dante's View à la tombée de la nuit ; les paysages lunaires de Zabriskie Point, Sand Dunes, le sahara en plein désert américain.

ORGANISER SON TEMPS

N'hésitez pas à partir en excursion ou à circuler dès l'aube car les plus belles couleurs de la vallée se révèlent tôt le matin. Vous échappez en plus à la chaleur accablante de la journée. Évitez l'été, quand la température est difficilement supportable. Planifiez bien votre circuit, car les distances sont longues. Veillez à votre jauge d'essence et emportez toujours beaucoup d'eau. Attention pas de réseau mobile dans tout le parc.

Dans la Vallée de la Mort, le regard se perd littéralement dans l'immensité d'un paysage où se dessinent canyons découpés, pentes ravinées, dunes de sable, collines chamarrées et champs de sel… Les deux routes qui traversent le parc offrent un bon aperçu de ce vaste désert qui se pare de fleurs quand les pluies ont été assez généreuses. En dépit de son nom effroyable, l'endroit recèle en effet une nature d'une richesse insoupçonnée.

Découvrir

Six points d'entrée (2 à l'ouest et 4 à l'est, 20 $/véhicule) donnent accès aux deux routes principales (Hwy 190 et Hwy 178) qui traversent la vallée selon des axes perpendiculaires. Elles mènent au Visitor Center de Furnace Creek.

★ FURNACE CREEK

À l'approche de Furnace Creek, le vert de la palmeraie annonce la présence d'eau, une ressource vitale. Organisé comme un grand ranch, le village constitue le centre névralgique du parc.

2

★★ Borax Museum

Furnace Creek Ranch. Tlj le matin, horaires variables. Entrée libre.

Avant de vous lancer sur les routes de la Death Valley, ne manquez pas de visiter le musée pour apprécier la richesse de la flore et de la faune du parc. Construit en 1883, le bâtiment dans lequel il est aménagé est le plus vieil édifice de Furnace Creek. Le musée est dédié aux hommes et aux mules qui œuvrèrent dans la vallée entre 1883 et 1888, âge d'or de l'exploitation du borax *(voir page 253 l'histoire de la 20 Mule Team)*. Ce sel cristallin blanc, qui constituait à l'époque un remède familial (notamment contre les problèmes digestifs et l'épilepsie), est aujourd'hui toujours utilisé dans l'industrie, notamment pour la fabrication du verre, de céramiques et de détergents.

À l'extérieur du musée sont exposés des locomotives et des wagons (chacun pouvait transporter 10 tonnes de borax), ainsi que divers ustensiles qui servaient dans les mines.

🐾 À 1 mile au nord de Furnace Creek, un petit sentier balisé, le **Harmony Borax Works Interpretive Trail**, mène aux ruines de la mine.

Quelques centaines de mètres au sud du ranch, vous apercevez sur la droite un village indien, une propriété privée qui ne se visite pas.

Les Indiens natifs de la Death Valley, la tribu des **Timbishas shoshones**, ont été évincés de leurs terres quand, en 1933, le site a été déclaré parc national. Une cinquantaine de personnes (15 familles) ont été relogées dans le « village » voisin *(voir encadré ci-dessous)*, mais beaucoup ont préféré quitter les lieux. Le Congrès étudie toujours diverses propositions visant à rendre des terres aux Shoshones en créant une réserve.

Circuits conseillés

★★★ AU SUD DE FURNACE CREEK

▶ *Comptez une demi-journée. Au sud du ranch, la route bifurque au pied de la colline du Furnace Creek Inn. Prenez à droite la Rte 178 et réservez les points de vue des hauteurs pour la fin de journée. Avant de vous hasarder en dehors des routes goudronnées, vérifiez l'état de votre pneu de secours et du cric et, éventuellement, votre contrat de location de voiture, qui peut vous interdire de circuler hors des routes proprement dites.*

★★ Badwater Road

Env. 80 miles AR.

🐾 À environ 1,5 mile de Furnace Creek, un parking sur la gauche indique le point de départ d'un chemin de randonnée qui traverse **Golden Canyon** selon trois itinéraires différents *(descriptif détaillé de ces randonnées au Visitor Center)*.

UNE TERRE DESSÉCHÉE MAIS REVENDIQUÉE

Vestige d'un lac asséché s'étirant entre deux chaînes de montagnes, la **Vallée de la Mort** est une terre d'extrêmes avec des températures moyennes avoisinant les 45 °C en été. La légende veut que son nom lui ait été donné au 19e s. par un visiteur qui s'était égaré dans cet univers inhospitalier. Pourtant, les Indiens shoshones vivent ici depuis près de 1 000 ans. Confinés dans un minuscule village voisin de Furnace Creek, ils revendiquent toujours leurs terres parmi les 13 500 km² d'espace protégé que compte le parc national de la Death Valley, le plus grand des États-Unis (hors Alaska et Hawaii).

Lac asséché dans la Vallée de la Mort.
The Josh / fotolia.com

2

Vous pouvez monter jusqu'au point de vue de **Red Cathedral** *(moyenne montée ; 2h AR)*, rallier **Zabriskie Point** *(difficile ; 3h30 AR)* ou suivre la boucle du **Gower Gulch Loop** *(moyenne montée ; 3h)*.

Reprenez la route sur 8 miles, jusqu'à ce qu'un panneau sur votre droite indique la piste (comptez 10mn) au bout de laquelle s'étend Devil's Golf Course.

★★ **Devil's Golf Course** – Ce champ de sel cristallisé est le vestige d'un lac asséché depuis 2 000 ans.

Revenez sur vos pas et poursuivez sur la route. Prenez à gauche au carrefour suivant (la route, d'environ 3 km de long, est particulièrement mauvaise : elle n'est pas goudronnée et très rocailleuse).

Natural Bridge – On peut rejoindre cette arche naturelle par un petit sentier qui serpente à travers un canyon *(30mn AR)*.

Retournez sur la Rte 178.

★★ **Badwater** – *17 miles de Furnace Creek*. Vous vous situez à 86 m au-dessous du niveau de la mer, le point qui est le plus bas des États-Unis.

Le sol d'un blanc immaculé réfléchit le soleil, créant ainsi un miroir de sel que vous pouvez fouler du pied.

La route se poursuit vers le sud en longeant les Black Mountains pour arriver à l'**Ashford Mill**, dont seuls subsistent quelques pans de mur. Bâti au début du 20e s., il servait à extraire l'or des minerais provenant de la mine des frères Ashford, située 1 000 m plus haut.

En revenant, à l'approche de Furnace Creek, prenez sur la droite la boucle (9 miles) à sens unique pour Artists Palette.

★ **Artists Drive** – L'étroite route serpente entre des collines très colorées qui révèlent une partie de l'histoire de la vallée.

Lors des mouvements tectoniques qui donnèrent naissance aux Black Mountains, il y a entre 40 et 3 millions d'années, de nombreux débris de roches sédimentaires ou volcaniques furent projetés vers le bas des montagnes, dessinant sur les pentes décharnées la saisissante mosaïque d'**Artists Palette**★★.

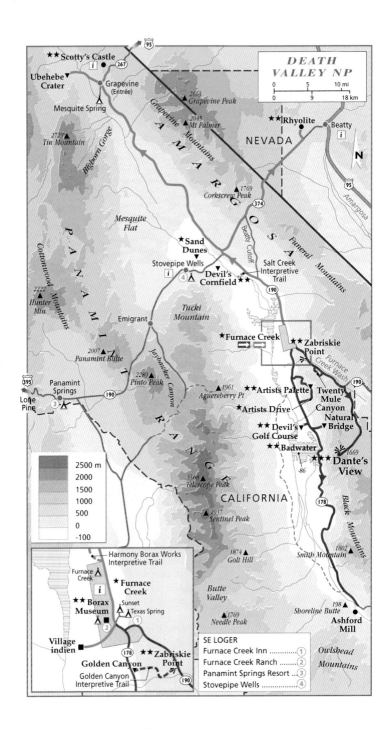

DEATH VALLEY NP

0 5 10 mi
0 9 18 km

★★ Scotty's Castle
Ubehebe Crater
Grapevine (Entrée)
Mesquite Spring
2729 Tin Mountain
2663 Grapevine Peak
2045 Mt Palmer
★★ Rhyolite
Beatty
NEVADA
N
1769 Corkscrew Peak
Mesquite Flat
★ Sand Dunes
Stovepipe Wells
Devil's Cornfield ★★
Salt Creek Interpretive Trail
Bighorn Gorge
PANAMINT
Cottonwood Mountains
2222 Hunter Mtn.
Emigrant
Tucki Mountain
Jayhawker Canyon
★ Furnace Creek
★★ Zabriskie Point
Furnace Creek Wash
2007 Panamint Butte
2289 Pinto Peak
Panamint Springs
Lone Pine
1961 Aguereberry Pt
★★ Artists Palette
★ Artists Drive
Twenty Mule Canyon
Natural Bridge
★★ Devil's Golf Course
★★ Badwater
-86
1669 Dante's View
3368 Telescope Peak
CALIFORNIA
2937 Sentinel Peak
Black Mountains
1802 Smith Mountain
1874 Golt Hill
Harmony Borax Works Interpretive Trail
Furnace Creek
★ Furnace Creek
★★ Borax Museum
Sunset
Texas Spring
Butte Valley
1769 Needle Peak
198 Shoreline Butte
Ashford Mill
Owlshead Mountains
Village indien
★★ Zabriskie Point
Golden Canyon
Golden Canyon Interpretive Trail

SE LOGER
Furnace Creek Inn .... ①
Furnace Creek Ranch .... ②
Panamint Springs Resort ... ③
Stovepipe Wells .... ④

Pour rallier les points de vue panoramiques sur la vallée, rejoignez le Furnace Creek Inn et prenez à droite la Rte 190.

Le long du Furnace Creek Wash
Env. 40 miles AR.

La route qui longe ce cours d'eau saisonnier permet de rejoindre deux points de vue panoramiques sur la vallée.

★★ **Zabriskie Point** – *À 4,5 miles du Visitor Center.* Ne manquez pas de faire halte à ce point de vue, idéal pour admirer le coucher du soleil sur ces collines qui semblent drapées dans l'éternité. De là, le **Golden Canyon Interpretive Trail** vous permet de randonner dans les collines et de rejoindre le Golden Canyon (*voir p.250. Demandez le descriptif de cette randonnée au Visitor Center).*

Reprenez la Rte 190 et n'hésitez pas à vous engager sur la droite dans Twenty Mule Canyon, même si vous n'avez qu'une voiture de ville.

Twenty Mule Canyon – *La piste à sens unique (2 miles) est praticable, mais une conduite attentive est requise pour négocier les virages serrés et les pentes abruptes.* Jolie piste serpentant entre les collines dorées. Le nom du canyon fait référence à une figure mythique de la fin du 19e s. : la **20-Mule Team**, mise sur pied pour acheminer le borax hors de la vallée. Cet équipage robuste, mené par 20 mules, devait effectuer un voyage d'une dizaine de jours jusqu'au chemin de fer de Mojave, nécessitant l'ascension des monts Panamint – soit près de 1 200 m de dénivelé – dans des conditions extrêmes. Vous trouverez toutes les explications à vos questions au musée.

De retour sur la route principale, ne manquez pas l'embranchement pour Dante's View, 4 miles plus loin.

★★★ **Dante's View** – En route pour le point de vue le plus incroyable de Death Valley, vous apercevez au loin la seule mine d'extraction de borax encore en activité dans le parc. Une fois au sommet (1 669 m), le regard embrasse la plaine moutonneuse en contrebas. Au loin, on aperçoit les sommets enneigés des Panamint Mountains. À admirer de préférence au coucher du soleil. Un sentier invite à s'engager vers le bord de la falaise, formée de roches parmi les plus anciennes du parc (env. 2 milliards d'années).

★★ AU NORD DE FURNACE CREEK

◔ *Env. 165 miles. Comptez une demi-journée.*

À 15 miles au nord de Furnace Creek, le **Salt Creek Interpretive Trail** *(30mn AR)* longe un mince filet d'eau salée où vous pourrez peut-être apercevoir, au printemps et à l'automne, les *pupfishes*, une espèce de poissons ayant survécu ici depuis l'ère des glaciations.

Continuez sur la Rte 190.

2

LA LÉGENDE DE SCOTTY

Personnage atypique et volubile, Walter Scott, *alias* Scotty, se lia d'amitié avec un riche investisseur de Chicago, Albert Johnson, et lui proposa de financer des travaux de prospection d'or dans la Vallée de la Mort. L'entreprise n'aboutit pas, mais, contre toute attente, Johnson s'éprit de l'endroit et décida d'y installer sa résidence secondaire. Les travaux qui débutèrent en 1922 ne furent jamais achevés, mais cela n'empêcha pas les Johnson et leur ami Scotty d'y séjourner régulièrement. Ce dernier est d'ailleurs enterré sur une colline en surplomb de la propriété.

La portion de route qui mène au **Stovepipe Wells** traverse un paysage singulier : d'un côté, les **Sand Dunes★**, d'immenses dunes de sable au relief changeant selon le gré du vent, de l'autre, le **Devil's Cornfield★★**, où de petits buissons d'*arrowweed (Pluchea sericea)* indiquent que les couches supérieures du sol contiennent assez d'eau pour le développement de cette espèce, malgré une forte teneur en sel (1 %).

Rebroussez chemin et empruntez la Rte 267 menant au nord du parc (35 miles).

★★ **Scotty's Castle** – *Visite guidée de 1h tlj de 9h à 17h. 11 $. Brochure en français.* L'histoire de cette surprenante propriété participe au mythe de la Vallée de la Mort *(voir encadré p.253)*. Elle comprend une bâtisse de style espagnol abritant 25 pièces aménagées avec des meubles importés d'Espagne et d'Italie.

Revenez sur vos pas et à l'embranchement, prenez la direction d'Ubehebe Crater (8 miles de Scotty's Castle).

Ubehebe Crater – Ce cratère de 800 m de diamètre et de 210 m de profondeur est la plus récente des formations volcaniques de la Vallée de la Mort. Il a été façonné il y a 2 000 ans, suite à des explosions de vapeur.

Reprenez la route de Furnace Creek et empruntez sur votre gauche la Rte 374 sur une vingtaine de miles.

★★ **Rhyolite** – Cette ville fantôme est située en dehors du parc, mais son histoire est étroitement liée aux fièvres minières qui enflammèrent la Vallée de la Mort. Créée suite à la découverte de filons d'or dans le quartz rhyolite en 1904, la ville connut son apogée entre 1905 et 1912 et compta jusqu'à 10 000 habitants. De nombreuses constructions en pierre subsistent, mais le bois de construction étant une denrée rare, la plupart des éléments en bois ont été récupérés quand la ville fut abandonnée.

Revenez à Furnace Creek.

À proximité

Lone Pine

Sur la Hwy 395, 56 miles à l'ouest de Death Valley.

Cette petite ville, née à l'époque de la ruée vers l'or, est une étape passionnante avant ou après Death Valley. Également porte du Mont Whitney, la plus haute montagne des États-Unis (4 418 m), Lone Pine et les **Alabama Hills** voisines ont été le terrain de jeu favori des réalisateurs de westerns et de films d'aventures américains. La *movie road* vous propose de faire une pause sur les différents lieux de tournage. Le **Beverly and Jim Rogers Museum of Lone Pine Film History** expose de nombreuses affiches et des accessoires grandeur nature des films tournés dans la région *(701 South Main St., ☎ (760) 876 9909, www. lonepinefilmhistorymuseum.org. Lun.-merc. 10h-18h, jeu.-sam. 10h-19h, dim. 10h-16h, projections de films les jeu. et vend. à 19h ; 5 $).*

☺ NOS ADRESSES À DEATH VALLEY N. P.

INFORMATIONS UTILES

Informations Death Valley – Stovepipe Wells Ranger Station (*45 km à l'ouest de Furnace Creek*). Deux autres centres d'information, à **Beatty** et **Scotty's Castle**, se trouvent sur les accès nord-ouest du parc, respectivement sur la Hwy 374 et la Hwy 267.

☺ **Bon à savoir** – Cette région est la plus chaude des États-Unis : emportez toujours beaucoup d'eau et pensez à faire le plein d'essence avant de prendre la route, si possible avant d'entrer dans le parc car l'essence y est vraiment plus chère.

Stations-service – Au Furnace Creek Ranch (*7h-19h*), au Stovepipe Wells (*7h-21h*). Cartes de paiement 24h/24.

HÉBERGEMENT

Dans le parc

☺ **Bon à savoir** – Les prix sont plus élevés l'hiver. Le parc compte dix campings, à éviter pendant l'été, car les températures sont insoutenables, même la nuit (*rés. : ℰ 1-800 365 2267*). Voir également l'hébergement à l'extérieur du parc, ci-contre.

PREMIER PRIX

Campings – *Près du Visitor Center.* Deux campings ouvrent d'oct. à avr., le **Sunset** (*100 empl. ; 12 $*) et le **Texas Spring** (*92 empl. ; 14 $*).

BUDGET MOYEN

Panamint Springs Resort – *Hwy 190, à 59 miles à l'ouest de Furnace Creek, à l'une des sorties du parc, ℰ (775) 482 7680, www. deathvalley.com - 14 ch. 79/84 $ et 1 cottage pour 6 pers.149 $* 🄿 Motel un peu vieillot et isolé, mais bon accueil. Réception dans le bar-restaurant ouvrant sur une terrasse ombragée. Épicerie. Possède aussi un camping un peu ombragé, avec douches (*de 15 à 30 $*).

Stovepipe Wells – *Hwy 190, à 28 miles au nord-ouest des Furnace Creek Inn & Ranch, ℰ (760) 786 7680, www.stovepipewells. com - 83 ch. 100/155 $* 🍽 ✕ 🛝 🄿 Un complexe sympathique aménagé à la façon d'un ranch, avec saloon et restaurant. Les chambres sont simples et confortables. Épicerie bien approvisionnée, à côté de la station-service. Camping (*oct.-avr. - 200 empl. 12 $/tente*).

POUR SE FAIRE PLAISIR

Furnace Creek Resort – *Furnace Creek, près du Visitor Center, ℰ (760) 786 2345, www. furnacecreekresort.com -* 🍽 ✕ 🛝 🄿 Au **Furnace Creek Ranch**, avec épicerie (*7h-21h*), restaurants et golf. Logement dans des bungalows, des bâtiments de style motel (*224 ch. 134/184 $*) ou au camping (*135 empl. ; 18 $/ tente*). Au **Furnace Creek Inn** (*mi-oct.-mi- mai, 66 ch. 330/460 $*), logement dans une magnifique demeure nichée sur une colline au milieu des palmiers.

Équitation – **Furnace Creek Stables** (*Furnace Creek Ranch, ℰ (760) 786 3339, www. furnacecreekstables.net*) propose différentes formules de balades de début oct. à mi-mai (*45 $/h, 65 $/2h*).

À l'extérieur du parc

☺ **Bon à savoir** – Les hôtels du parc affichent souvent complet, bien longtemps à l'avance. La seule solution, par ailleurs moins chère, reste alors de loger tout autour.

2

À l'est, Death Valley Junction (Nevada)

PREMIER PRIX

Amargosa Opera House and Hotel – *À l'intersection des Hwy 127 et190. À 85 miles de Las Vegas et 29 miles de Furnace Creek.* ℘ *(760) 852 4441, http://amargosa-opera-house.com/ - 20 ch. 60/75 $.* 🅿
Un lieu absolument improbable, comprenant à la fois un hôtel aux chambres sommaires mais propres, un café et une salle de spectacle. Marta Becket, artiste de music-hall, est arrivée ici par hasard en 1967 et a décidé de s'y installer. Elle a réhabilité une ancienne hacienda, décoré les chambres de ses fresques et peint murs et plafonds de l'*opera house*, dans lequel elle se produit depuis plus de 40 ans. À 86 ans, cette ancienne New-Yorkaise donne encore son spectacle tous les dimanches.

Au nord-est, Beatty (Nevada)

Cette petite ville soigne sa communication en misant sur son évidente proximité avec les différents points d'intérêt du parc. On trouve à Beatty plusieurs motels corrects et bon marché. Rens. sur le site *www. beattynevada.org.*

Au sud, Shoshone-Tecopa

China Ranch – *À 10 miles plus au sud de cette bourgade perdue, un petit ranch est niché au sein d'une oasis où poussent des palmiers dattiers.* ℘ *(760) 852 -4415, www. chinaranch.com.* Il abrite en son sein Cynthia's (anciennement Ranch House Inn) qui dispose de chambres, *mobil homes* et tipis pour passer une nuit dans le désert, avec la douce sensation d'être (très) loin de tout *(comptez 100-160 $ avec petit-déj. léger inclus).*

Lone Pine

POUR SE FAIRE PLAISIR

Dow Villa Motel – *310 South Main St.,* ℘ *(800) 824 9317 ou (760) 876 5643 - 42 ch. 102/150 $.* 🖥 🅿
Ce motel tenu par la même famille depuis 1957 est très agréable avec sa façade en bois et ses chambres petites mais confortables. Le lobby est un véritable musée dédié à la mémoire de John Wayne. Accès Wifi.

RESTAURATION

Dans le parc

🔖 **Bon à savoir** – Vous trouverez une alternative au pique-nique à la cafétéria du **Scotty's Castle** *(55 miles au nord de Furnace Creek)* ou à Furnace Creek Ranch.

BUDGET MOYEN

Corkscrew Saloon – *Furnace Creek Ranch.* Ambiance Far West avec grand bar circulaire, néons et billard. Ouv. déjeuner et dîner.
49'er Cafe – *Furnace Creek Ranch.* Cafétéria agréable pour le petit-déjeuner, le déj. ou le dîner.
Wrangler Buffet & Steak House – *Furnace Creek Ranch.* Deux salles un peu sombres dans ce restaurant ouvert toute la journée.

À l'extérieur du parc

Death Valley Junction

PREMIER PRIX

Stateline Saloon's Cafe – *4415 S Hwy 373 Amargosa Valley,* ℘ *(775-372 -5672).* Ceux qui logent à l'**Amargosa Opera House and Hotel** *(voir ci-contre)* trouveront le **Amargosa Café** fermé dès 20h. Si vous avez faim, vous pourrez toutefois trouver à quelques miles de là des hamburgers « maison » dans un drôle d'endroit, fait de bric et de broc, où logent une vieille Américaine et ses chiens. Typique.

Lone Pine

PREMIER PRIX

Alabama Hills Cafe – *111 W Post St.,* ℰ *(760) 876 4675*. Très bonne adresse pour de généreux *breakfast. Environ 10 $.*

BUDGET MOYEN

Season's Restaurant – *206 S. Main St,* ℰ *(760) 876 8927. Lun.-sam. slt le soir.* Au bord de la route principale, on trouve le meilleur restaurant de la ville. Une excellente alternative aux sempiternels hamburgers de la région. Cuisine fine et prix doux. *Plats à 25 $.*

ACTIVITÉS

Équitation – **Furnace Creek Stables** *(Furnace Creek Ranch,* ℰ *(760) 786 3339, www. furnacecreekstables.net)* propose différentes formules de balades de début oct. à mi-mai *(45 $/h, 65 $/2h).*

AGENDA

Death Valley Encampment – *www.deathvalley49ers.org*. Il organise chaque année à Furnace Creek, début novembre, un rassemblement festif sur le thème des pionniers, avec spectacles en costume et visites à thème dans le parc. Les hôtels et les campings sont alors pris d'assaut.

2

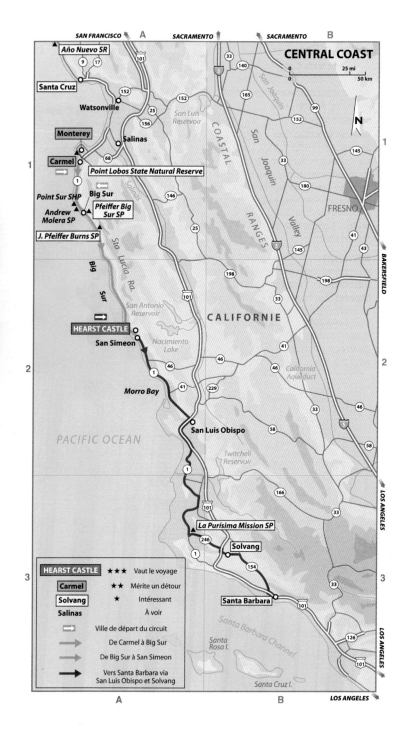

CENTRAL COAST

SAN FRANCISCO A SACRAMENTO SACRAMENTO B

Año Nuevo SR

Santa Cruz

Watsonville

Monterey

Salinas

Carmel

Point Lobos State Natural Reserve

Big Sur

Point Sur SHP

Andrew Molera SP

Pfeiffer Big Sur SP

J. Pfeiffer Burns SP

Big Sur

Sta. Lucia Ra.

San Antonio Reservoir

HEARST CASTLE

San Simeon

Nacimiento Lake

Morro Bay

San Luis Obispo

Twitchell Reservoir

PACIFIC OCEAN

CALIFORNIE

FRESNO

BAKERSFIELD

San Joaquin

Coastal Ranges

San Joaquin Valley

California Aqueduct

La Purísima Mission SP

Solvang

Santa Barbara

LOS ANGELES

Santa Barbara Channel

Santa Rosa I.

Santa Cruz I.

LOS ANGELES

HEARST CASTLE	★★★	Vaut le voyage
Carmel	★★	Mérite un détour
Solvang	★	Intéressant
Salinas		À voir

→ Ville de départ du circuit

De Carmel à Big Sur

De Big Sur à San Simeon

Vers Santa Barbara via San Luis Obispo et Solvang

0 — 25 mi
0 — 50 km

N

Central Coast 3

Carte Michelin Western USA 585 – Californie

◗ **SANTA CRUZ**★   **260**

À 42 miles au sud de Santa Cruz :
◗ **MONTEREY**★★ **ET SES CIRCUITS**   **268**

À 248 miles au sud de Monterey :
◗ **SANTA BARBARA**★   **288**

3

Santa Cruz

★

59 946 habitants – Californie

😊 **NOS ADRESSES PAGE 266**

 S'INFORMER

Conference & Visitors Council – *303 Water St., Suite 100 - ☏ (831) 425 1234/800 833 3494 - www.santacruz.org - lun.-vend. 9h-16h, sam.-dim. 11h-15h.*

▶ **SE REPÉRER**

Carte de région A1 *(p. 258) - carte Michelin Western USA 585 A 8-9-10.* Santa Cruz se trouve à 75 miles (121 km) au sud de San Francisco par la Hwy 1 qui longe la côte. Une fois dans la ville, cette route devient Mission St.

👌 **À NE PAS MANQUER**

Le sentier côtier jusqu'à Natural Bridges State Beach ; un pique-nique à Roaring Camp.

👫 **AVEC LES ENFANTS**

Les attractions du Santa Cruz Beach Boardwalk et le trajet en train d'époque du Roaring Camp.

🕐 **ORGANISER SON TEMPS**

Organisez votre séjour en fonction de la météo de manière à ne pas manquer le soleil sur la côte. Si le beau temps est de la partie, commencez par les musées le matin, la plage ou une excursion l'après-midi en vous réservant le parc d'attractions pour la soirée.

Plus discrète et moins chic que sa rivale côtière, Santa Barbara, Santa Cruz n'en est pas moins une ville jeune, animée et très anticonformiste. Dynamique aussi, puisqu'elle a su se reconstruire après le terrible tremblement de terre de 1989. Son arrière-pays, constitué de montagnes verdoyantes, offre d'agréables excursions. Quant aux anses sablonneuses de la côte, elles contentent les amateurs de *farniente* et de bains de mer depuis la fin du 19ᵉ s. L'étape, comme le séjour prolongé, déçoit rarement…

Se promener

Santa Cruz fut longtemps une paisible bourgade blottie autour de sa mission. À la fin du 19ᵉ s., avec l'arrivée du chemin de fer, elle profita de la nouvelle mode des bains de mer et devint une importante station balnéaire. Très vite, on y créa le premier parc d'attractions de Californie, le **Santa Cruz Beach Boardwalk** *(voir p.261).* Dans les années 1960, c'est l'installation d'un campus universitaire qui lui donna une nouvelle jeunesse et attira toute une population d'artistes et d'intellectuels. L'université compte aujourd'hui 10 000 étudiants. Très affectée par le tremblement de terre de Loma Prieta en 1989 – l'épicentre du séisme était tout proche de la ville –, elle a été largement réaménagée.

Santa Cruz, ville de plages et de pontons.
C. Barrely / MICHELIN

🐝 **Bon à savoir** – Attention, la ville comporte de nombreuses rues à sens unique. Pour accéder au front de mer, prenez Bay St., Chestnut St. ou, plus loin, Ocean St. Le centre-ville est séparé de l'Océan par une zone peu attrayante de parkings et de motels.

LE FRONT DE MER

Santa Cruz Beach Boardwalk

Beach St. Suivez les panneaux depuis le centre-ville. ✆ (831) 423 5590, www.beach boardwalk.com. Horaires d'ouverture et de fermeture variables : fermé en grande partie de déc. à mars. La plupart des attractions sont fermées la semaine et ouvertes que le w-end. de sept. à mars. Entrée gratuite, mais attractions payantes.

👥 Classé Monument historique, il fait partie intégrante de la civilisation de loisirs de la Californie. Bien que jugées un peu dépassées par les fans des parcs du troisième millénaire, les attractions ont gardé la saveur délicieusement kitsch du début du 20ᵉ s. : **manèges** en couleurs, **montagnes russes** en bois, carrousel à miroirs… Une jolie façon de retomber en enfance.

Suivez le bord de mer vers l'ouest.

Municipal Wharf

Restaurants et boutiques pour pêcheurs *(de 5h à 2h du matin)* s'alignent sur ce long ponton qui s'avance sur près de 1 km dans la baie.

Dirigez-vous ensuite vers **West Cliff Drive★**, l'avenue qui longe l'Océan.

Santa Cruz Surfing Museum

701 West Cliff Dr. ✆ (831) 420 6289, www.santacruzsurfingmuseum.org. Tlj sf mar. 10h-17h de juil. à oct., sf mar. et merc. 12h-16h hors saison. Gratuit.

Surplombant Steamer Lane, le spot favori des surfeurs, l'adorable petit phare en brique rouge qui garde la pointe de la baie abrite ce musée : modeste collection de souvenirs liés à diverses personnalités du surf ainsi qu'une planche entamée par les dents d'un requin !

West Cliff Drive se double ensuite d'un agréable sentier dominant la mer. Il mène à Natural Bridges State Beach.

Natural Bridges State Beach

2531 West Cliff Dr. À 2,5 miles de Municipal Wharf. ☎ *(831) 423 4609, www.parks. ca.gov. De 8h au coucher du soleil. Parking 10 $.*

Voilà une belle plage, qui doit son nom à des arches creusées dans les falaises par l'Océan. Ces ponts naturels se sont effondrés les uns après les autres, sous les coups de boutoir du Pacifique. Les îlots qui en résultent sont peuplés d'oiseaux marins.

Autre curiosité : à l'arrière de la plage, la forêt d'eucalyptus est un sanctuaire pour les **papillons monarques★** qui s'y agglutinent par milliers d'octobre à février.

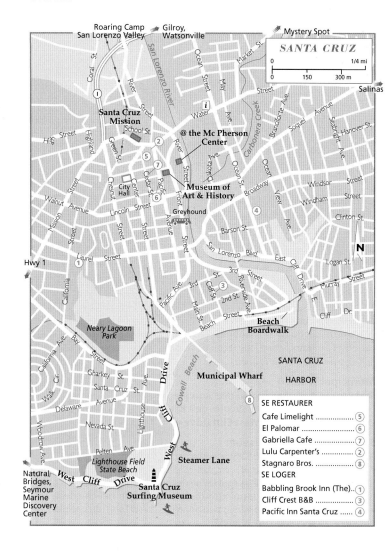

Seymour Marine Discovery Center at Long Marine Laboratory

Plage de Natural Bridges, à l'opposé de la forêt. 100 Shaffer Road, ℘ (831) 459 3800, www.2.ucsc.edu/seymourcenter/. Tlj sf lun. 10h-17h (dim. 12h-17h), fermé j. fériés. Visite guidée 13h, 14h, 15h. 6 $, gratuit 1er mar. du mois.

Ce centre présente de manière interactive les travaux des scientifiques du Long Marine Laboratory sur le milieu naturel de la baie de Monterey et du Pacifique. On y admire notamment le plus grand squelette de baleine du monde.

LE CENTRE-VILLE

Pacific Avenue est l'axe principal du nouveau centre-ville, reconstruit après les terribles dommages causés par le tremblement de terre de 1989. Les anciens bâtiments Art déco ont fait place à un quartier aéré et planté d'arbres.

The Museum of Art & History @ the McPherson Center

705 Front St., ℘ (831) 429 1964, www.santacruzmah.org. Tlj sf lun. 11h-17h. 5 $, gratuit 1er vend. du mois et ouv. jusqu'à 19h.

Ce musée accueille une exposition permanente sur l'histoire de la région et des expositions temporaires ayant trait à la vie et l'art locaux.

À l'ouest, **Walnut Avenue** longe des maisons historiques.

Santa Cruz Mission State Historic Park

144 School St., ℘ (831) 425 5849, www.parks.ca.gov. Jeu.-sam. 10h-16h (horaires soumis à changment). Gratuit. Accès piéton par des escaliers sur N. Pacific Ave.

C'est tout ce qui reste de la 12e des 21 missions californiennes, fondée en 1791. Le seul bâtiment d'origine date de 1824 : il servait à héberger les Indiens convertis et abrite désormais des expositions sur le mode de vie des divers habitants de la mission. Malgré son importance initiale, la mission de Santa Cruz tomba progressivement en désuétude en raison de nombreux sinistres, incendies, inondations, tremblements de terre… La petite église en adobe n'est qu'une réplique construite en 1931.

3

À voir aussi

★ The Mystery Spot

465 Mystery Spot Rd. Prenez la route en face du Visitors Bureau de Santa Cruz. Au 2e « Stop », tournez à gauche puis continuez tout droit pendant 3 miles. ℘ (831) 423 8897, www.mysteryspot.com. Tlj 10h-16h en semaine, jusqu'à 17h le w.-e. (en été 18h en sem., 19h le w.-e.). 5 $; parking 5 $.

Un endroit étrange où les lois de la physique (gravité, champs magnétiques, perspectives…) ne semblent plus avoir court. Nombre d'hypothèses ont été avancées pour expliquer ces phénomènes, qui demeurent néanmoins mystérieux… Une attraction amusante.

Excursions

★ LE LONG DE LA CÔTE

▶ *40 miles de Santa Cruz jusqu'à San Gregorio Beach - comptez une demi-journée en vous arrêtant. Quittez Santa Cruz par la Hwy 1, dir. San Francisco.*
Jusqu'à Half Moon Bay, les collines dénudées ondulent le long de la vallée côtière.

LE DESTIN DE LA CENTRAL COAST

Initialement peuplée par plusieurs tribus indiennes, la côte centrale fut colonisée très tôt par les Mexicains, qui choisirent le havre de Monterey pour y établir, en 1770, la capitale du nouveau territoire. Chaque vallée fertile accueillit une petite colonie et les missions fleurirent le long de la côte. En 1848, après le rattachement de la Californie aux États-Unis, on transféra les centres de décision vers le nord : San Jose remplaça Monterey comme capitale avant de céder la place à Benicia, puis à Sacramento. La ruée vers l'or acheva de drainer les populations vers le nord, et la bande côtière retourna à l'agriculture et à la pêche. Entre les crêtes acérées qui bordent l'Océan s'étendent de paisibles vallées à vocation agricole, capitales « mondiales » de l'artichaut (Watsonville, (*voir ci-contre*) ou de l'ail (Gilroy).

Roulez environ 20 miles pour atteindre l'Año Nuevo State Reserve.

★ Año Nuevo State Reserve

⌒ (650) 879 2025, www.parks.ca.gov. Tlj de 8h au coucher du soleil. 10 $/véhicule. Un poste d'observation aménagé est accessible d'avr. à nov., 8h30-15h (sept.-nov. ; 15h30 avr.-sept.), après obtention d'un permis à l'entrée. Durant la période des naissances, mi-déc.-fin mars, seules les visites guidées (2h30) sont autorisées. 7 $; réserv. obligatoire au ⌒ 1-800 444 4445. Fermé la 1ʳᵉ quinz. de déc.).

Ce cap rocheux héberge une importante colonie d'éléphants de mer. C'est le seul endroit de la côte en dehors des îles où vous pourrez observer ces animaux. Les femelles y mettent bas entre novembre et mars, et on assiste à d'impressionnants combats de mâles pour la suprématie sur les harems.

Reprenez la route en direction du nord.

Vers San Gregorio Beach

Plus loin, le cap de **Pigeon Point★** porte un grand phare blanc dominant une jolie plage. Vient ensuite **Bean Hollow Beach**, l'une des nombreuses criques de sable qui ponctuent cette partie de la côte basse et déchiquetée.

Quelques miles encore et vous atteignez **Pescadero Beach**, une plage battue par les déferlantes, qui précède la lagune du Pescadero Creek.

La route descend ensuite vers **San Gregorio Beach** en dominant la houle du Pacifique qui vient se briser au pied des falaises beiges. Les jours de tempête, les vagues sont particulièrement impressionnantes, étalant leur écume au bord d'une campagne désertique hantée par quelques vaches.

★ SAN LORENZO VALLEY

◔ Env. 50 miles - comptez une demi-journée. Quittez Santa Cruz au nord, par la Hwy 9 (Graham Hill Rd).

Cette pittoresque vallée, à laquelle on parvient en suivant la Hwy 9, traverse les Santa Cruz Mountains. Verte et sauvage, elle est plantée de séquoias et offre une grande variété de balades en forêt.

Après environ 6 miles, vous atteignez Felton.

★ Roaring Camp Railroads

Graham Hill Rd, Felton, ⌒ (831) 335 4484, www.roaringcamp.com. Parking 8 $.

▌▌ Cette ligne de train à vapeur du 19ᵉ s. relie Roaring Camp, un ancien camp de bûcherons de la San Lorenzo Valley et la Bear Mountain (*comptez 1h15*). La voie serpente entre des séquoias presque millénaires. On peut faire étape au sommet pour un pique-nique et redescendre plus tard. *Été : 4 trains par jour ; printemps et automne : 1/j, à 11h en semaine, 3/j le w.-end ; hiver : 3/j le w.-end. 24 $ AR.*

La seconde ligne, **Santa Cruz, Big Trees & Pacific Railway Company★**, relie quant à elle le Roaring Camp à Santa Cruz Boardwalk en suivant la plus ancienne ligne de chemin de fer en activité de Californie *(billets aussi en vente près du Boardwalk : 26 $ AR. 2 trains/j. en été ; le w.-end seul. en automne et au printemps, réservation conseillée).*

Henry Cowell Redwoods State Park

101 North Big Trees Park Road, Felton. ℘ (831) 438 2396, www.parks.ca.gov. Du lever au coucher du soleil. Nature Center : 10h-16h. 10 $/véhicule.

Ce parc abrite de grands séquoias, hauts de plus de 90 m, et dispose aussi d'aires de pique-nique. Il se divise en deux entités. La plus au nord, **Fall Creek**, compte 30 km de sentiers de randonnée.

Dans Felton, quittez la Graham Hill Rd peu après Roaring Camp et engagez-vous à droite dans Mont Hermon Rd. Lorsque vous croiserez E. Zayante Rd, tournez à gauche. Suivez la direction de Lompico et de Loch Lomond Recreation Area.

Loch Lomond Recreation Area

Son petit lac et ses circuits pédestres à la découverte de la vie naturelle, puis, au-delà du Boulder Creek,

Revenez sur la Hwy 9 et continuez vers le nord sur environ 17 miles.

Big Basin Redwoods State Park

21600 Big Basin Way, Boulder Creek. ℘ (831) 338 8860, www.bigbasin.org. Tlj 6h-22h. 10 $/véhicule.

Les 80 km de sentiers de ce parc permettent d'admirer de magnifiques séquoias, dont certains ont près de 2 000 ans !

Revenez à Santa Cruz.

WATSONVILLE

3

17 miles au sud de Santa Cruz par la Hwy 1. Comptez 3h.

Wetlands

Visites guidées possibles sur demande. ℘ (831) 728 1156, www.watsonvillewet landswatch.org.

Dans ces marécages, plus de 200 espèces d'oiseaux peuvent être observées, certaines menacées comme le faucon pèlerin ou l'aigle royal. Près de 10 km de sentiers ont été récemment aménagés pour permettre la promenade à pied ou à vélo le long des marais, cernés par les maisons.

Au croisement de la Hwy 1 et de la Hwy 152, prenez la direction de Gilroy.

Tout de suite sur votre gauche se trouve l'**Agricultural History Project** *(2601 East Lake Ave., ℘ (831) 724 5898, www.aghistoryproject.org. Jeu.-dim. 12h-16h, fermé j. fériés. Contribution suggérée)*, qui présente l'évolution des techniques agricoles de la région.

😊 NOS ADRESSES À SANTA CRUZ

TRANSPORTS

En voiture – Pour longer la côte centrale, il vous faut suivre la mythique Hwy 1 qui longe l'Océan. De San Francisco, quittez le centre-ville par Geary Blvd. Prenez vers l'ouest jusqu'à l'Océan, puis empruntez la Great Hwy vers le sud ; elle devient la Hwy 1. Si vous venez de la Silicon Valley ou de Palo Alto, une petite route très pittoresque relie Woodside et Half Moon Bay sur la côte (11 miles).

HÉBERGEMENT

Santa Cruz

😊 **Bon à savoir** – Les hôtels pratiquent des tarifs plus élevés le w.-end et demandent alors parfois de réserver pour 2 nuits. Vous trouverez de nombreux motels près de la plage.

BUDGET MOYEN

Pacific Inn Santa Cruz – 330 Ocean St., ☎ (831) 425 3722/800 610 9656, www. pacificinnsantacruz.com - 37 ch. 89/189 $ ⌨ 🛹 🅿 À 10mn à pied de la plage et du centre. Joli motel d'architecture mexicaine très bien équipé : sèche-cheveux, table à repasser, machine à café, piscine couverte, frigo.

UNE FOLIE

The Babbling Brook Inn – 1025 Laurel St., ☎ (831) 427 2437, www.innsbythesea.com/babbling-brook - 13 ch. 188/309 $ ⌨ 🅿 Une ancienne tannerie et un moulin en bardeaux de châtaignier, construits au-dessus d'un petit torrent. Très chic mais certaines chambres sont un peu près de la rue. Apéritif, thé, café, biscuits et petit-déj. plantureux inclus.

Cliff Crest B & B – 407 Cliff St., ☎ (831) 427 2609, www. cliffcrestinn.com - 6 ch. 195/265 $ 🅿 Grand confort, dans une belle demeure de style Queen Anne. Accueil charmant par des hôtes francophones. Petit-déj. délicieux.

Sur la côte

PREMIER PRIX

Pigeon Point Lighthouse Hostel – 210 Pigeon Point Rd., à 21 miles au sud de Half Moon Bay, ☎ (650) 879 0633, www. norcalhostels.org - 59 lits 🅿 Dans l'enceinte du State Historic Park, quatre maisons se répartissent autour du phare. Dortoirs (24/26 $/pers.) et 4 chambres privées propres (72 $ + supplément de 3 $ par j./pers. pour les non-membres de Hostelling International). Couvre-feu à 23h. Protection et connaissance de l'environnement y sont les maîtres mots. Vue spectaculaire. Point de départ pratique vers les réserves naturelles. Jacuzzi sur la falaise.

RESTAURATION

Santa Cruz

PREMIER PRIX

Lulu Carpenter's – 1545 Pacific Ave., ☎ (831) 429 9804. Tlj 6h-0h. Moins de 10 $. Café fréquenté par les étudiants, pour son choix de salades, quiches, sandwichs…

Café Limelight – 1046 Cedar St., ☎ (831) 425 7873, www. cafelimelight.com. Mar.-vend. 11h30-14h30 et 17h30-21h, sam. 12h-15h et 18h-21h, dim. 12h-15h. Moins de 10 $. Restauration légère qui privilégie les produits bio. Il y a aussi un menu pour chiens ! High Tea certains après-midi. Terrasse agréable.

BUDGET MOYEN

Stagnaro Bros. – *320 Washington St., ℰ (831) 423 2080, www. stagnarobros.com. Tlj à partir de 11h. Plats autour de 10/26 $.* Excellent restaurant de poisson, sur le Municipal Wharf, tenu par la même famille depuis 1937. Tout est d'une extrême fraîcheur.

Gabriella Cafe – *910 Cedar St., ℰ (831) 457 1677, www. gabriellacafe.com. Tlj sf merc. 11h30-14h30 et 17h30-21h. Plats autour de 10/30 $.* Une cuisine californienne aux influences méditerranéennes marquées, à déguster dans une atmosphère intime. Le menu change souvent.

El Palomar – *1336 Pacific Ave., ℰ (831) 425 7575, www. elpalomarcilantros.com. Tlj 11h-15h et 17h-22h. Plats autour de 8/27 $.* L'un des restaurants mexicains les plus fameux de la ville. Bonne cuisine traditionnelle et excellent taco bar pour les petites faims *(tlj 11h-23h).*

BOIRE UN VERRE

Santa Cruz

The Poet and The Patriot – *320 Cedar St., ℰ (831) 426 8620, www.thepoetandthepatriot. com. Tlj jusqu'à 2h.* Un vrai pub irlandais, tenu par un irréductible gouailleur. Pour preuve : c'est le seul bar où l'on fume ouvertement malgré l'interdiction légale ! Musique *live* plusieurs soirs par semaine.

The Catalyst – *1011 Pacific Ave., ℰ (831) 423 1338, www. catalystclub.com. Bar club jusqu'à 2h du mat.* Musique *live* ts les soirs, rock, blues, jazz, reggae…

Kuumbwa Jazz Center – *320 Cedar St., ℰ (831) 427 2227, www.kuumbwajazz.org.* Une salle de concerts où écouter du jazz de qualité le lun. et d'autres soirs (variables) dans la semaine.

ACHATS

Gilroy

Située au cœur d'une région agricole, la petite ville est aussi un grand centre de culture d'ail : vous pourrez acheter des fruits de saison et des préparations à base d'ail sur les nombreux stands installés le long de la route.

Gilroy Premium Outlets – *À 36 miles de Santa Cruz (comptez 1h). Suivre la Hwy 1 S. jusqu'à Watsonville, puis la Hwy 152 vers l'est. 681 Leavesley Rd, ℰ (408) 842 3729, www.premiumoutlets. com. 10h-21h (18h le dim.).* 145 magasins d'usine : Gap, Calvin Klein, Ralph Lauren, Jones, Nike, Hugo Boss, Levi's, Guess, Versace, Birkenstock, Crabtree & Evelyn…

ACTIVITÉS

Observer la nature – Activité très appréciée le long de la côte, le **tidepooling** est l'observation de la vie marine dans les mares laissées par la mer à marée basse. L'auberge de jeunesse de **Pigeon Point** propose des sorties autour du phare.

Location de deux roues – **Electric Sierra Cycles**, *302 Pacific Ave., Santa Cruz, ℰ (831) 425 1593, www.electricrecbikes.com.* Des engins classiques et électriques, à partir de 8/15 $/h. (25/35 $ par j.).

Surf – **Club Ed Surf School**, *Cowell Beach, au pied du West Coast Santa Cruz Hotel, ℰ (831) 464 0177, www.club-ed.com.* Location de matériel de surf et leçons (2h en groupe : 85 $/pers.).

3

Monterey

★★

27 810 habitants – Californie

😊 NOS ADRESSES PAGE 282

 S'INFORMER

Monterey Visitors Bureau – *À l'angle de Franklin Ave. et de Camino el Estero* - 📞 *1 877 683 739 - www.monterey.org, www.seemonterey.com - 9h-18h (17h le dim.).* Demandez la carte *The Path of History* (éditée par The Old Monterey Business Organization, *321 Alvarado St., Suite G, www.oldmonterey.org*) et les bons de réduction pour les attractions. Les hôtels et B & B de Monterey et Carmel sont listés, et des bornes téléphoniques permettent de les appeler gratuitement pour réserver.

▶ **SE REPÉRER**

Carte de région A1 *(p. 258)* - carte Michelin Western USA 585 A 8-9-10 - *plan p. 274-275.* Monterey se trouve à 117 miles (187 km) au sud de San Francisco par la Hwy 101, et à 42 miles (65 km) au sud de Santa Cruz en suivant la côte par la Hwy 1.

🐾 **À NE PAS MANQUER**

Le National Steinbeck Center ; une sortie en kayak de mer.

🕐 **ORGANISER SON TEMPS**

Venez le mardi soir pour le marché ; comptez 2 jours.

Si les Mexicains, les pêcheurs et les écrivains ont fait la célébrité de Monterey, la côte rocheuse plantée de cyprès, l'architecture éclectique, entre style colonial et victorien, le port de pêche et les cris rauques des otaries achèvent de lui donner tout son charme. Devant ce tableau, on comprend que la région soit l'une des plus touristiques de la côte. À vous les vieux pontons en bois, les spécialités du marché, les requins de l'aquarium, et le rêve milliardaire le long de la 17-Mile Drive !

Se promener

😊 **Bon à savoir** – Le mieux est de vous arrêter d'abord à l'office de tourisme, où vous pourrez retirer la brochure *The Path of History*. Ce circuit d'environ 3 km fait le tour des bâtiments historiques, marqués d'une plaque dans le trottoir et d'un panneau explicatif. Commencez-le sur le front de mer, près de Custom House *(parkings à proximité)*.

★ LE CENTRE HISTORIQUE

▶ *La plupart des monuments sont regroupés au sein du Monterey State Historic Park et certains ne sont ouverts que lors de visites organisées (3/j. en saison, 5 $, 📞 (831) 649 7118, www.monterey.org/museum/historicmonterey/). Pour la visite guidée du parc (45mn, le matin), s'inscrire au 20 Custom House Plaza).*

C'est près des quais que débarquèrent les premiers explorateurs il y a quatre siècles, et le port fut la première raison d'être de la colonie.

Fisherman's Wharf (Quai du Pêcheur)
Les échoppes colorées et le fumet du poisson grillé sont tout ce qui reste du passé pêcheur de Monterey, évanoui quand les sardines ont quitté la baie. Heureusement, on entend toujours les cris des mouettes et des otaries, et le claquement des drisses sur les mâts des voiliers.

Custom House Plaza
En face du quai, la Custom House Plaza est le centre de la ville historique.
★ **Custom House** – Il s'agit de l'ancien bureau des douanes, construit en 1827, quand le gouvernement mexicain autorisa le commerce international à partir du port de Monterey. Ce serait le plus vieux bâtiment administratif de Californie.
Maritime Museum – *5 Custom House Plaza, ℘ (831) 372 2608. Tlj sf lun. 10h-17h. 8 $.* Ses collections de maquettes de navires, ses dents de baleine sculptées et ses souvenirs de la pêche à la sardine. Un documentaire sur l'histoire de la ville y est diffusé *(ttes les 20mn, de 10h10 à 16h30; gratuit même si vous ne visitez pas le musée).*
First Brick House – *Au nord-ouest de la place, sur Oliver Street.* Cette demeure (1847) est la première maison bâtie en brique (cuite) et non en adobe (crue). L'intérieur montre comment on vivait autrefois *(tlj sf mar. et jeu. 10h-16h).* À côté, **Old Whaling Station** (1847), une maison en adobe à étage, rappelle le passé baleinier de Monterey *(mar.-vend. 10h-14h).*
Pacific House – *Au sud de la place.* Ce parfait exemple de l'architecture coloniale en adobe (1847) servit au stockage des fournitures militaires, puis abrita diverses administrations ou entreprises, y compris une taverne. On y célébra même la messe. C'est devenu un **musée de l'Histoire californienne** *(tlj sf mar. et jeu., 10h-15h. Gratuit).*

Pacific Street
Cette rue est l'un des axes majeurs du centre historique. Descendez-la vers le sud.
First Theatre – *À l'angle de Pacific Street et Scott Street, en travaux et ouvert irrégulièrement.* Il abritait dans les années 1840 un saloon et accueillait à l'époque des pièces de théâtre montées par les soldats.
Casa Soberanes – *336 Pacific St. Lun., vend. et w.-end à 11h30 visite guidée uniquement.* Demeure en adobe bâtie en 1840 dans le style colonial à balcons.
Colton Hall – *Entre Jefferson et Madison St. Tlj 10h-16h (dim.-mar. 13h-16h). Gratuit.* Avec son porche à fronton caractéristique de l'architecture néoclassique, ce bâtiment joua un rôle important dans l'histoire de l'État : c'est ici que fut élaborée et signée la première Constitution de Californie, en 1849. À côté de lui, on peut encore voir l'**Old Monterey Jail**, l'ancienne prison et ses cellules.
★ **Monterey Museum of Art-Pacific Street** – *De l'autre côté de la rue par rapport au Colton hall, 559 Pacific St., ℘ (831) 372 5477, www.montereyart.org. Tlj sf lun. et mar. 11h-17h (20h 3e jeu. du mois), dim. 13h-16h. 5 $, billet combiné avec le Monterey Museum of Art- La Mirada valable un mois ; gratuit 1er dim. du mois et 3e jeu. du mois 17h-20h.* Il est consacré à l'art californien, de l'art populaire indien jusqu'aux photos d'Ansel Adams, en passant par les peintres paysagistes.
Quittez Pacific Street pour passer derrière le Monterey Museum of Art et remontez la Calle Principal.

L'est du centre historique
À l'angle de la Calle Principal et de Pearl Street, **Larkin House★** *(464 Calle Principal. Visite guidée uniquement merc. 13h30, vend. 15h, w.-end 14h)* est une

3

autre grande demeure en adobe du 19e s. Elle fut construite en 1834 par un riche marchand, Thomas Larkin, qui devint ensuite le consul américain de Californie. Venu de l'Est, il adapta l'architecture de sa région (toit presque plat, corridor central, galeries) aux coutumes et aux matériaux locaux (adobe et bois de séquoia), donnant ce que l'on a appelé le style colonial de Monterey.
Suivez Pearl St. vers l'est jusqu'à Polk St.

★ **Cooper-Molera Adobe** – *525 Polk St. Lun., vend., w.-end 15h, merc. 14h30, visite guidée uniquement.* L'ensemble comprend la maison de la famille Cooper, un exemple d'architecture et de décoration californiennes sur trois générations, ainsi qu'une remise à voitures, un joli potager à l'ancienne et une boutique.

Alvarado Street, qui va vers la Custom House Plaza, accueille chaque mardi soir *(16h-20h)* un **marché★** en plein air, proposant des produits fermiers tout frais, des côtelettes grillées et d'autres délicieux en-cas, chinois ou mexicains.
Empruntez Pearl St. et tournez à droite dans Houston St.

Stevenson House – *530 Houston St., entrée sur Munras St. Jardin 10h-16h, maison w.-end 11h-14h, visite guidée vend.-lun. 14h.* L'édifice abritait la résidence du percepteur des douanes. Devenue pension de famille, elle accueillit l'auteur de *L'Île au trésor*, Robert L. Stevenson, pendant qu'il faisait la cour à Fanny Osbourne, rencontrée en France (on dit qu'il y écrivit une partie de son célèbre roman).
Descendez Houston St., prenez à gauche dans Webster St., à droite dans Figueroa St., puis à gauche dans Church St.

Royal Presidio Chapel – Elle est la seule chapelle de *presidio* encore existante en Californie (1795). C'est là que Junípero Serra célébra la première messe.
Suivez Fremont St. vers l'est.

★ **Monterey Museum of Art-La Mirada** – *720 Via Mirada, ☎ (831) 372 3689. Mêmes conditions que le Monterey Museum of Art.* Il rassemble au cœur d'un beau jardin d'intéressantes collections d'art asiatique et de peintures ayant pour sujet la Californie.
Reprenez votre véhicule et longez le front de mer vers l'ouest. Passé Fisherman's Wharf, suivez les panneaux à gauche vers le Presidio.

Presidio Museum – *Corporal Ewing Rd, Building 113, ☎ (831) 646 3456. Lun. 10h-13h, jeu.-sam. 10h-16h, dim. 13h-16h ; fermé mar. et merc.* Il retrace l'histoire militaire de la région sur plusieurs siècles, depuis l'époque des Indiens.
Reprenez le front de mer en direction de Cannery Row, vers l'ouest.

★ CANNERY ROW

Immortalisé par **John Steinbeck** dans ses romans *Tortilla Flat* (1935), *Rue de la Sardine* (1945) ou *Le Beau Jeudi* (1954), ce quartier de Monterey était jadis celui des sardineries (*cannery* veut dire conserverie), qui firent la richesse de la ville. Plus de 4 000 ouvriers travaillaient alors dans une trentaine d'usines.

Comme tous les ports du monde, il grouillait de vie et d'activité, résonnant du bruit des machines et des bagarres entre deux verres, des rires des saloons ou des hôtels de passe, imprégné de l'odeur forte des retours de marée et du diesel des bateaux. Toute cette animation s'éteignit brutalement lorsque les stocks de sardines furent épuisés vers 1950. Les usines fermèrent et le quartier s'assoupit.

Rajeuni pour le bénéfice du tourisme, il n'a jamais retrouvé son charme pittoresque, mais les boutiques et les restaurants de poisson en font le rendez-vous des touristes.

Une cité tournée vers la mer

LA COLONISATION ESPAGNOLE

Une terre de peu d'intérêt

La région de Monterey fut d'abord occupée par les Indiens ohlones qui vivaient de la pêche, de la chasse et de la cueillette. En 1542, un premier explorateur espagnol repéra la baie, mais ce n'est qu'en 1602 que Sebastiano Vizcaino y débarqua et décida de baptiser l'endroit du nom du vice-roi de l'époque, le comte de Monte Rey. On en resta là jusqu'en 1770, date à laquelle les Espagnols, qui gouvernaient le Mexique, décidèrent d'installer une garnison dans cette baie abritée.

La fondation du presidio

On dépêcha **Gaspar de Portolá**, qui fut chargé de fonder un *presidio*. Il était accompagné d'un missionnaire, **Junípero Serra**, qui devait évangéliser les nouvelles possessions. L'un construisit une forteresse, l'autre édifia une mission et entreprit de convertir les Indiens. Comme les soldats étaient un bien piètre exemple pour ces nouveaux chrétiens, le moine décida de déménager un peu plus au sud, le long de la côte, à Carmel.

UN CENTRE DE PÊCHE PROSPÈRE

De la capitale politique...

Pendant ce temps, Monterey prit de l'importance et devint la capitale de la Californie. Elle le resta après l'indépendance du Mexique et le port s'enrichit encore, grâce à la levée des restrictions commerciales. Mais la ruée vers l'or sembla la faire tomber dans l'oubli.

... à la capitale de la pêche

Deux activités la ressuscitèrent à la fin du 19e s. : le tourisme, grâce aux magnats de San Francisco, et la pêche que les Chinois et les Italiens venaient pratiquer dans ses fonds très poissonneux. Au début du 20e s., on créa une sardinerie et Monterey fut très vite promue capitale mondiale de la sardine... Mais, conséquence de la surexploitation, l'industrie s'effondra après la Seconde Guerre mondiale et les conserveries fermèrent. Le charme des paysages et la réserve marine ont permis à la ville de se concentrer sur le tourisme.

LE TOURISME ET LA MER

La protection du patrimoine halieutique

En 1992, 444 km de littoral avec, sur la même distance, une zone de mer large de 45 km, étaient classés. Depuis, le **Monterey Bay National Marine Sanctuary** (MBNMS) protège 33 espèces de mammifères marins, dont les phoques et les baleines, plus de 90 espèces d'oiseaux et 345 de poissons. Un vrai paradis pour plongeurs, kayakistes, caboteurs et photographes !

Souvenirs de marins

Jadis, les campagnes de pêche à la baleine pouvaient durer des années. Pour tuer l'ennui, les marins gravaient ou sculptaient les dents de baleines et de morses. On appelle *scrimshaws* ces délicats objets, décoratifs ou usuels, tels que peignes, dés à coudre, manches de couteaux, bijoux ou boîtes à pilules.

★★ Monterey Bay Aquarium

886 Cannery Row, ☎ (831) 648 4800, www.montereybayaquarium.org. Tlj 10h-18h (9h30-18h en été, pdt les vac. et les j. fériés, 9h30-20h les w.-ends d'été). Fermé 25 déc. 29,95 $ (3-12 ans 19,95 $, 13-17 ans 27,95 $).

Cet aquarium, l'un des plus beaux au monde, présente les milieux marins de la baie de Monterey, y compris la faune et la flore des environs, soit plus de 300 000 animaux et 600 espèces végétales.

Les expositions sont classées par thème et par milieu, du rivage aux profondeurs abyssales. Vous découvrirez ainsi les oiseaux côtiers, les poissons, les crustacés et les gracieuses méduses du Pacifique, puis voyagerez au cœur d'une forêt d'algues peuplée de sardines ou de requins, et rencontrerez des otaries, des phoques et des loutres de mer… La plus étrange de toutes est la section **Jellies : Living Art** (les méduses : art vivant). Elle présente plusieurs espèces de méduses exotiques aux couleurs spectaculaires qui ont inspiré des artistes.

Passé Cannery Row, suivez Ocean View Blvd jusqu'à l'extrémité nord-ouest de la péninsule (voir plus loin).

À proximité

SALINAS Carte de région A1

◖ *17 miles à l'est de Monterey par la Hwy 68. Comptez une demi-journée.*

Cette paisible ville agricole tire sa richesse des cultures maraîchères et des vignobles alentours, mais elle doit toute sa célébrité à un enfant du pays, l'écrivain **John Steinbeck**, prix Nobel de littérature en 1962 : il a largement mis la région de Monterey en avant dans ses nombreux romans, devenus pour la plupart des classiques.

National Steinbeck Center

1 Main St., ☎ (831) 796 3833, www.steinbeck.org. Tlj 10h-17h. Fermé Thanksgiving, 25 déc. et 1er janv. 10,95 $ (6-12 ans 5,95 $, 13-17 ans 7,95 $).

Un temple dédié à celui qui écrivit *À l'est d'Éden* ou *Des souris et des hommes*. Les archives Steinbeck (photos, articles, manuscrits) sont présentées à travers des expositions et des documentaires. Un court film retrace la vie de l'écrivain et plusieurs salles sont consacrées aux thèmes abordés dans ses romans : la vie rurale dans la vallée, la période de la Grande Dépression… Excellente librairie.

★ LA PÉNINSULE DE MONTEREY Plan Péninsule de Monterey

◖ *Comptez au moins 2h.*

De Monterey à Carmel, qui l'encadrent, cette avancée rocheuse est un concentré de la côte californienne.

★ Pacific Grove

Après l'agitation de Cannery Row, **Ocean View Boulevard**★ épouse le littoral déchiqueté en longeant d'opulentes villas. Vers le nord, on distingue la silhouette des Santa Cruz Mountains. Ici et là, des surfeurs glissent sur les déferlantes. Dès le printemps, les bords de la route se couvrent du tapis rose fluo ou orange vif des *ice plants*, une sorte d'asters très robustes, adaptés au climat marin et implantés pour retarder la progression des incendies (leurs

---

DES PETITS ET DES HUMBLES…

Né en 1902 dans une famille aisée, **John Steinbeck** découvre le monde ouvrier en occupant une série d'emplois saisonniers dans la vallée de Salinas. Il y rencontre les humbles, ouvriers agricoles ou victimes de la crise des années 1930. Dès son premier roman, *Tortilla Flat*, il décrit les marginaux de Monterey, une ville qui sert souvent de cadre à ses œuvres, mais quand il raconte les difficiles conditions de travail et les grèves des saisonniers, les habitants de la vallée le rejettent et l'accusent de socialisme. Malgré sa célébrité, il demeure incompris dans sa ville, où le conservatisme reste fermé à son réalisme social et à sa sensibilité à la misère humaine. Son prix Nobel n'y change rien et il faudra attendre six ans après sa mort pour qu'une fondation l'honore enfin dans son pays. Le musée qui lui est consacré n'a ouvert ses portes qu'en 1998…

---

feuilles épaisses sont très riches en eau). À l'extrême nord de la péninsule, **Point Piños** porte, en retrait du rivage, le plus ancien phare de Californie encore en activité.

La rue principale de Pacific Grove, **Lighthouse Avenue**, est bordée de belles demeures victoriennes. Le village est parfois surnommé *Butterfly Town* en raison du nombre invraisemblable de papillons monarques qui viennent y passer les mois d'hiver *(de nov. à mars)* et forment dans les arbres de larges grappes orange. Vous pourrez en observer à **George Washington Park** *(dans Adler St., au sud de Lighthouse Ave.)* ou au **Monarch Grove Sanctuary** *(sur Ridge Rd, une rue parallèle à l'ouest d'Adler St.)*.

Après Point Piños, la route côtière prend le nom de Sunset Drive. Suivez-la jusqu'au Pacific Grove Gate qui marque l'entrée de la 17-Mile Drive.

★★ 17-Mile Drive

Route privée ouv. du lever au coucher du soleil. 9,50 $/véhicule, vélos gratuits.

Cette ravissante route privée traverse l'un des plus riches et des plus célèbres quartiers résidentiels de la côte Ouest. Elle relie Pacific Grove à Carmel en serpentant au cœur d'une forêt de cyprès. Ici et là, le panorama s'ouvre sur le Pacifique, ses grandes vagues blanches et ses rochers dorés. Spanish Bay doit son nom à l'Espagnol Portolá, fondateur de Monterey, qui y campa.

Juste au sud, Point Joe est battue par de violents courants qui eurent raison de plus d'un explorateur. Au-delà de cette pointe, un sentier côtier, le **Coastal Bluffs Walking Trail★**, longe le littoral. **Seal Rock** est une aire de pique-nique et d'observation des otaries.

Ne manquez pas non plus les belvédères suivants, notamment ceux de **Cypress Point★** et de **Lone Cypress★**, qui offrent des vues caractéristiques de la côte de Monterey.

★★ CARMEL ET SES ENVIRONS Plan Péninsule de Monterey

🌓 *Comptez une demi-journée.*

Symbole d'un certain art de vivre californien, Carmel ressemble à un décor de cinéma. Devenu un repaire de célébrités – Clint Eastwood en fut le maire durant quatre ans –, le village est admirablement préservé et ultraprotégé : pas de trottoirs, pas de lampadaires, aucun panneau, pas de publicité.

Son charme tient surtout à ses villas noyées dans les arbres et les fleurs, à son atmosphère de luxe décontracté, à ses boutiques raffinées et aux paysages sauvages des environs.

3

★★ Carmel

San Carlos St., entre 5th et 6th Ave., ☎ (831) 624 2522, www.carmelcalifornia.org. Tlj 10h-17h. Appeler pour trouver un hébergement si tous les hôtels sont complets.

Dès la création de la petite station, au début du 20e s., l'accent fut mis sur l'esthétique, mais ce sont les poètes, artistes et écrivains qui fréquentaient le village qui en firent la notoriété, comme Robinson Jeffers, Jack London ou Ansel Adams. Tout cela ne doit pas faire oublier que le cœur de Carmel fut d'abord la mission fondée par Junípero Serra et devenue le centre des missions californiennes.

Carmel s'articule autour d'Ocean Avenue, de part et d'autre de laquelle les rues ombragées sont bordées de boutiques, et qui conduit à une plage bor-

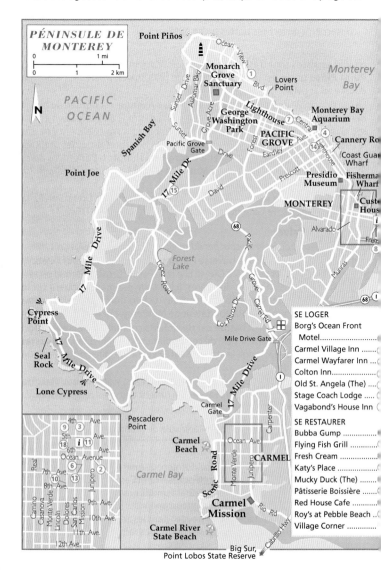

PÉNINSULE DE MONTEREY

SE LOGER
Borg's Ocean Front Motel..........................
Carmel Village Inn ....
Carmel Wayfarer Inn ...
Colton Inn.....................
Old St. Angela (The) ....
Stage Coach Lodge .....
Vagabond's House Inn

SE RESTAURER
Bubba Gump ....
Flying Fish Grill ....
Fresh Cream ....
Katy's Place ....
Mucky Duck (The) ....
Pâtisserie Boissière ....
Red House Cafe ....
Roy's at Pebble Beach ..
Village Corner ....

dée de pins, **Carmel Beach★** *(attention, si vous vous baignez, les vagues sont énormes et les courants assez violents).*

De là, vous pouvez suivre la **Scenic Road★**, bordée de cyprès aux troncs tourmentés, qui longe la baie entre rochers et villas aux architectures les plus éclectiques. Elle conduit à **Carmel River State Beach**, plus sauvage que la précédente avec sa lagune peuplée d'oiseaux migrateurs.

Pour partir vers la Mission, remontez Ocean Ave. vers l'est et tournez à droite dans Junípero St. Suivez-la jusqu'à Rio Rd : c'est sur la droite.

★★★ Mission San Carlos Borroméo de Carmelo (Carmel Mission)

3080 Rio Rd, ☎ (831) 624 1271, www.carmelmission.org. Lun.-vend. 9h30-17h (10h30 dim.), 6,50 $ (7-18 ans 2 $). Les j. fériés, appelez pour savoir si la visite est possible. Plusieurs messes quotidiennes.

C'est l'une des plus belles missions de Californie. Il s'en dégage un charme et une sérénité intemporels, à peine gâchés par l'affluence touristique. Fondée par le père Junípero Serra en 1771, elle est la deuxième de Californie après San Diego. Construite sur une terre fertile, au bord de la Carmel River, elle fut longtemps un avant-poste spirituel majeur, au nord des colonies espagnoles. Serra y établit sa résidence et en fit le quartier général des missionnaires californiens. À sa mort, en 1784, plus de 700 personnes y vivaient, Espagnols ou Indiens convertis. Sécularisée en 1834, la mission faillit disparaître complètement avant qu'un artisan passionné, Harry Downie, n'entreprît une patiente restauration qui dura cinquante ans.

La première chapelle n'existe plus et l'**église★** actuelle date de 1797. Parmi ses particularités, on note son clocher en dôme et sa magnifique voûte intérieure, inhabituelle dans les églises des missions. Le mobilier sacré date de la fondation de la première église (18e s.) et reflète bien l'influence méditerranéenne, avec ses statues habillées ou la crèche et ses petits santons vêtus à la mode de l'époque. On remarque aussi des tableaux et un très beau retable. L'émouvante petite chapelle latérale est vouée à la Vierge de Bethléem, un culte importé par des marins portugais débarqués à Monterey. Dans l'ancienne **résidence des moines★**, des pièces usuelles ont été reconstituées, comme la cuisine, la salle à manger, la bibliothèque ou la cellule monacale de Junípero Serra. Flânez dans les jardins pour retrouver le calme qu'offrait la mission en période troublée.

A Casa Soberanes
B Colton Hall
C Cooper-Molera Adobe
D First Brick House
E First Theatre
F Larkin House
G Old Monterey Jail
H Old Whaling Station
I Maritime Museum
J Mirada Adobe
K Monterey
 Museum of Art
L Pacific House
M Royal Presidio Chapel
N Stevenson House

San Francisco
Santa Cruz

Del Monte Ave.

Fremont Blvd

North Fremont St.

Aquarto Rd

Salinas

Fisherman's Wharf

Custom House

Infantry
Seeno
Scott
Monterey
Peninsula
Trail

Del Monte Ave.

Larkin
Franklin
Van Buren
Pacific
Calle Principal
Alvarado
Tyler
Washington
Figueroa
Franklin

Pearl

Jefferson
Larkin Park
Munras
Webster
Church
Fremont
Polk

Carmel Valley
Garland Ranch

3

Carmel Valley

Située à l'embouchure de la rivière du même nom, cette petite vallée riche fournit au vignoble une terre d'élection.

Carmel Valley Road *(la route quitte la Hwy 1 juste au nord de la mission)* s'enfonce entre les collines rondes et vertes des Santa Lucia Mountains, au milieu des golfs et des vignobles *(nombreuses dégustations de vin)*. Elle passe le **Garland Ranch Regional Park**, idéal pour pique-niquer ou randonner dans les collines, et se poursuit jusqu'à **Carmel Valley Village**.

Reprenez la Hwy 1 vers le sud jusqu'à Point Lobos.

★ **Point Lobos State Natural Reserve**

À 4 miles au sud de Carmel, ☏ (831) 624 4909, www.pointlobos.org. Tlj 8h-19h. 10 $/véhicule, vélos et piétons gratuit.

Le long de la route côtière, la péninsule de Point Lobos doit son nom à la présence d'otaries, dont les cris rappelaient ceux des loups *(lobos)* aux explorateurs espagnols. Vous pouvez visiter la **Whalers Cove** (« anse des Baleiniers »), qui abrita une station baleinière au 19ᵉ s., puis emprunter les sentiers côtiers : le **Bird Island Trail★** offre les plus jolies vues sur le littoral, et le **Sea Lion Point Trail** permet d'observer les otaries *(prévoyez des jumelles)*

Circuits conseillés Carte de région

La Hwy 1 entre Carmel et San Simeon est l'une des plus belles routes de l'Ouest américain. Elle ne quitte pratiquement pas le bord de mer, se faufilant entre pentes boisées vertigineuses, falaises abruptes et criques battues par les vagues. Le relief accidenté est dû à la faille de San Andreas, qui traverse la région.

★★★ **DE CARMEL À BIG SUR** A1

◷ *26 miles (41,5 km) le long de la Hwy 1. Comptez 2h au moins, avec les arrêts pour la vue, plus si vous faites des randonnées.*

Big Sur désigne la bande de terre comprise entre l'océan Pacifique et les Santa Lucia Mountains. Son nom vient de l'espagnol *El Sur Grande* (le Grand Sud), comme les habitants de Monterey nommaient cette région sauvage (c'est aussi devenu le nom de son seul hameau). Ne vous attendez pas à traverser des villages, l'habitat est très dispersé, accentuant l'impression d'isolement. La côte est encore plus attachante en automne, lorsque l'été indien la pare de couleurs flamboyantes, ou durant les beaux jours d'hiver, quand la lumière rasante dore les rochers et que les baleines passent au large. En été, un épais brouillard noie souvent la route le matin, conséquence du choc thermique entre les eaux froides du Pacifique et la terre chaude des collines, mais il se lève en général l'après-midi.

Quittez Carmel par le sud en suivant la Hwy 1.

Passé Point Lobos, la route s'élève peu à peu à flanc de montagne, surplombant l'Océan. Si vous aimez les belles étendues de sable, ne manquez pas **Garrapata Beach★**, l'une des rares plages que l'on atteigne facilement.

À 3,5 miles de là se déploie le **Bixby Creek Bridge**, impressionnant pont jeté au-dessus d'un profond canyon, offrant un panorama splendide vers le sud.

Old Coast Road

Juste avant le pont de Bixby Creek Bridge, sur la gauche.

🚶 L'ancienne piste des pionniers reliait Monterey au village de Big Sur avant la construction du pont et de la Hwy 1 en 1937. Cette piste non gou-

dronnée, idéale pour les randonneurs ou les vététistes, traverse une forêt de séquoias, offre de stupéfiantes vues du Pacifique et rejoint l'Andrew Molera State Park *(11 miles)*.
Continuez sur la Hwy 1.

Point Sur State Historic Park

(831) 625 4419, www.pointsur.org. Visite guidée en hiver sam.-dim. 10h, merc. 13h ; en été sam.-merc. 10h, 14h, dim. 10h, visite suppl. juil.-août jeu. 10h. Fermé par mauvais temps. 10 $ (6-17 ans 5 $).

Perché sur un énorme rocher volcanique, au bout d'une immense langue de sable, le **phare de Point Sur**, datant de 1889, se dresse à 108 m au-dessus de la mer. Comptez 3h et prévoyez de bonnes chaussures pour monter sur le rocher.

Andrew Molera State Park

(831) 667 2315, www.parks.ca.gov. Du lever au coucher du soleil. 10 $/véhicule.

Il occupe une partie du ranch acheté en 1840 par Cooper, un colon de Monterey. Un joli sentier, le **Headlands Trail** *(4,5 km AR)*, passe devant l'ancienne cabane du capitaine John Rogers Cooper et mène à la pointe Molera, qui surplombe une belle plage. Autres balades possibles sur les falaises.

En continuant au sud du parc, la route pénètre à l'intérieur des terres pour prendre une allure montagnarde et boisée.

Big Sur

Hwy 1, au sud du Pfeiffer Big Sur State Park (voir ci-après), (831) 667 2100, www.bigsurcalifornia.org. Lun., merc., vend. 9h-13h.

Autrefois peuplé de bûcherons, le hameau de **Big Sur** est entouré de grands séquoias et de conifères. Longtemps mal desservi par une piste cahoteuse (la Hwy 1 ne fut achevée qu'en 1937), il ne reçut l'électricité que dans les années 1950 ! C'est son caractère intact qui séduisit des artistes un peu bohèmes et des écrivains, comme Jack Kerouac et Henry Miller, qui vécut là dans une modeste cabane entre 1944 et 1962 et y écrivit plusieurs de ses romans. Malgré le développement du tourisme et la construction de quelques propriétés de milliardaires, Big Sur reste isolé (moins de 1 000 hab.), surtout lorsque la tempête fait rage. Le groupe de maisons éparpillées compte un bazar, une station-service et un bureau de poste…

★ Pfeiffer Big Sur State Park

(831) 667 2315, www.parks.ca.gov. Du lever au coucher du soleil. 10 $/véhicule.

Il s'étend de part et d'autre de la Big Sur River. Il doit son nom à l'une des premières familles de colons qui venaient exploiter, au 19ᵉ s., le bois de séquoia, très utilisé dans le bâtiment.

Le parc compte de nombreux sentiers de randonnée, tels le **Pfeiffer Falls Trail★** qui conduit à des chutes d'eau, ou le **Valley View Trail**, qui mène à un beau point de vue sur la côte.

★★★ DE BIG SUR À SAN SIMEON A1/2

65 miles (104 km). Comptez une journée au moins, avec les randonnées ou la plage et la visite de Hearst Castle. 1 km après le village de Big Sur, passé le Pfeiffer Canyon Bridge, guettez sur la droite Sycamore Canyon Rd, une route non goudronnée indiquée narrow road. *Le parking est à 2 miles.*

3

Pfeiffer Beach A1

9h-20h. 5 $/véhicule.

Ne manquez pas ce site, composé de deux plages successives battues par la houle et le vent *(attention aux courants).*

En reprenant la route, vous passez devant le restaurant **Nepenthe** *(voir p. 286).* Même si vous ne souhaitez pas y manger, arrêtez-vous pour prendre un café et profiter des splendides **panoramas★★★** que l'on a depuis ses terrasses. Un peu plus loin sur la gauche, la **Henry Miller Memorial Library** *(℘ (831) 667 2574, www.henrymiller.org. Tlj sf mar. 11h-18h)* rassemble les œuvres et souvenirs du célèbre écrivain.

Continuez sur 8 miles.

★ Julia Pfeiffer Burns State Park A1

Entrée sur la gauche de la route. Du lever au coucher du soleil. 10 $/véhicule.

Ce parc est traversé par le ruisseau McWay. Un sentier bordé d'eucalyptus passe sous la route et rejoint la **McWay Fall**, qui chute de 25 m dans l'Océan.

Vous arrivez ensuite à **San Simeon**, qui ne présente d'intérêt que pour son parc hôtelier, pratique pour la visite de Hearst Castle ou de Big Sur.

Suivez la Hearst Castle Rd pour parvenir au Hearst San Simeon State Historical Monument (2,5 miles au nord-est de San Simeon).

★★★ Hearst Castle A2

750 Hearst Castle Rd. Comptez une demi-journée. Visite guidée uniquement tlj de 8h20 à 15h20 (16h en été). Réservez impérativement en été ou le w.-end, ℘ 1-800 444 4445, ou sur le site Internet. Brochures en plusieurs langues, mais circuits en anglais ; téléphonez pour connaître les horaires des visites en d'autres langues, ℘ (805) 927 2085. 24 $/circuit (1h45), 30 $ le circuit nocturne (2h10). www.hearstcastle.org.

Difficile d'imaginer, en quittant les crêtes sauvages de Big Sur, un domaine aussi fou que ce château démesuré, dominant le Pacifique du haut de sa colline. Il illustre à la perfection les contrastes et les paradoxes de la Californie.

DE L'OR DES MINES À L'ARGENT DU PAPIER

Fils unique de George Hearst, un chercheur d'or californien devenu milliardaire, et de son épouse Phoebe, une intellectuelle passionnée de culture, **William Randolph Hearst** (1863-1951) hérita à la fois du sens des affaires de son père et du goût de sa mère pour les arts. Forte tête, renvoyé de Harvard, il se fit engager comme journaliste au *New York World*, un journal à sensation. Un an plus tard, à seulement 25 ans, il réussit à convaincre son père de lui confier la direction du *San Francisco Examiner*, racheté en 1880. Ce fut le début de l'énorme empire de presse Hearst qui compta jusqu'à 42 journaux ou magazines, 11 stations de radio, 5 agences de presse et une société de production de cinéma. Rien ne semblait arrêter William Hearst qui se présenta même à deux reprises à la présidence des États-Unis. Marié à une ex-danseuse de New York, avec qui il eut cinq enfants, le magnat vécut ouvertement avec sa maîtresse, la starlette Marion Davies, en Californie. Admirateur des régimes autoritaires de l'entre-deux-guerres, anticommuniste farouche, le milliardaire mégalomane eut aussi une carrière politique : membre de la Chambre des représentants, il échoua au poste de maire puis de gouverneur de New York. Personnage mythique, Hearst a largement inspiré le héros du film d'Orson Welles, *Citizen Kane*, et tenta d'ailleurs en vain de faire interdire le film…

Neptune Pool à Hearst Castle.
Sloguy / fotolia.com

Sans aucune considération de coût ou de difficulté, le magnat de la presse **William Randolph Hearst** fit appel à Julia Morgan pour construire entre 1919 et 1947, sur les terres d'un ranch dont il hérita à la mort de sa mère, ce palais hétéroclite et flamboyant, empruntant de par le monde ce que l'art avait produit de plus beau et la technique, de plus performant. Il en résulta un invraisemblable Versailles californien, qui marie sans complexe les mosaïques romaines au gothique flamand, l'Art nouveau à la Renaissance espagnole, une demeure de 6 000 m², la **Casa Grande**, dotée de 115 pièces, 38 chambres, 41 salles de bains, d'un théâtre, d'un salon de beauté, trois maisons d'invités, deux incroyables piscines et un zoo. Remplie de collections d'antiquités dignes d'un musée, lieu de rencontre d'hôtes prestigieux, acteurs, hommes d'affaires, politiciens, la propriété était alors la plus grande résidence privée du pays. Hearst ne la quitta qu'en 1947. Le château et ses 50 ha de jardins furent légués à l'État de Californie en 1957. Le reste du ranch (près de 10 000 ha) appartient toujours à la famille, qui possède encore 6 000 têtes de bétail.

☞ **Bon à savoir** – La propriété est si grande que la visite s'organise en 4 circuits différents. Chacun (1h45) inclut l'incroyable **piscine gréco-romaine Neptune**★ et la **piscine romaine**★ couverte et ses mosaïques d'or.

Circuit 1 – Le plus intéressant pour ceux qui ne connaissent pas l'endroit et qui ne souhaitent suivre qu'une visite. Il comprend la Casa del Sol, une maison d'invités comptant 18 pièces pour 4 chambres, et le rez-de-chaussée de la **Casa Grande**★, objet de tous les excès. La façade ressemble à celle d'une cathédrale, avec portail gothique, gargouilles et clochers, tandis qu'à l'intérieur les pièces et les styles se suivent et ne se ressemblent pas : le hall est carrelé d'une mosaïque romaine authentique, la salle à manger gothique est garnie de stalles du 16ᵉ s. récupérées dans une cathédrale espagnole, et la salle de billard est ornée de tapisseries flamandes du 16ᵉ s. La visite se termine par le théâtre, où l'on projette un petit film sur la vie au château.

Circuit 2 – Il est consacré aux étages de la Casa Grande, que l'on ne visite pas dans le circuit 1. Vous visiterez notamment la **suite privée de Hearst**★, sa chambre, son bureau et sa bibliothèque, ainsi que les immenses cuisines.

3

Circuit 3 – Il comprend la **Casa del Monte**, une maison d'invités, et l'aile nord de la Casa Grande qui se compose de suites réservées aux invités. Un film retrace par ailleurs la construction du domaine.

Circuit 4 – *D'avr. à oct. uniquement.* Il se consacre à la **Casa del Mar**, la première et la plus importante des trois maisons d'invités, aux caves à vin, aux jardins et aux 17 cabines de bain de la piscine Neptune, couvertes de fresques colorées.

Circuit nocturne – *Vend.-sam. de mars à mai et d'oct. à déc., ts les soirs en déc. pour les illuminations de Noël ; 17h30 ou 18h.* Un circuit original, animé par des figurants, qui constitue un cocktail des quatre circuits précédents, et durant lequel on revit l'atmosphère de fête qui flottait sur le château à la grande époque.

VERS SANTA BARBARA VIA SAN LUIS OBISPO ET SOLVANG AB2/3

Circuit de 154 miles (238 km). Comptez une journée. De Hearst Castle, revenez sur la Hwy 1 et descendez vers San Luis Obispo.

Morro Bay A2

À Morro Bay s'élève l'étonnante silhouette en forme de pain de sucre du **Morro Rock★**. Il s'agit du sommet arrondi d'un ancien volcan, le premier des Nine Sisters, qui se succèdent entre Morro Bay et San Luis. C'est un repaire de faucons pèlerins.

Au sud de Morro Bay, la Hwy 1 quitte le bord du Pacifique pour rejoindre la Hwy 101 à San Luis, à une quinzaine de kilomètres à l'intérieur des terres.

San Luis Obispo A2

San Luis Obispo Chamber of Commerce – *1039 Chorro St., ☎ (805) 781 2777, slochamber.org. Tlj 10h-17h (jeu.-sam. 19h).* Efficace pour trouver un hébergement.

Bon à savoir – La ville est partout surnommée SLO.

C'est la fondation d'une mission en 1772 qui est à l'origine de la ville. Junípero Serra choisit cet endroit car la terre y était fertile, arrosée par deux rivières, et placée stratégiquement sur la route de Monterey, avant les montagnes de Santa Lucia. La région tirait naturellement sa richesse de l'agriculture puis, après l'arrivée du chemin de fer en 1894, du commerce. C'est aujourd'hui une petite ville active, orientée surtout vers le tourisme, grâce à sa position centrale entre San Francisco et Los Angeles.

Traversez le centre par Higuera St. Parkings entre Osos St. et Chorro St.

Le centre-ville s'organise autour de la **Mission Plaza**, traversée par le joli ruisseau San Luis, auprès duquel fut construite la mission.

Mission San Luis Obispo de Tolosa – *751 Palm St., ☎ (805) 781 8220, www.missionsanluisobispo.org. Lun.-vend. 9h-17h.* Dédiée à saint Louis, évêque de Toulouse au 13ᵉ s., elle fut ravagée par plusieurs sinistres, avant de subir un tremblement de terre en 1830. Elle ne cessa par la suite de décliner, comme la plupart des autres missions californiennes. Un peu partout, les Indiens convertis étaient décimés par les maladies des colons, et les missions, coûtant de plus en plus cher, furent peu à peu vendues. Certaines des pièces de San Luis Obispo furent transformées en cour de justice et en prison. Il ne reste aujourd'hui que l'église (1793). La statue de saint Louis est d'origine. Plus intéressant, le petit **musée★** contient des objets sacrés ou usuels ayant appartenu aux colons et aux Indiens autochtones, les Chumashs.

Quittez le centre-ville en suivant Higuera St., prenez à droite dans Madonna Rd et traversez la Hwy 101.

★ **Madonna Inn** – *100 Madonna Rd,* ℘ *(805) 543 3000, www.madonnainn.com.* C'est l'une des curiosités de San Luis. À mi-chemin entre une maison en pierre sortie d'un conte de Grimm et un pastiche digne de Las Vegas, cette auberge mérite une escale, ne serait-ce que pour admirer les photos de la centaine de chambres psychédéliques. Violence des couleurs et kitsch garantis, depuis la chambre de l'homme des cavernes jusqu'aux grappes de raisin, angelots et rubans qui ornent les restaurants rose bonbon. Rien ne vous interdit d'y dormir (à partir de 179 $) ou d'y manger.

Quittez San Luis Obispo par la Hwy 101 vers le sud, sur 27 miles. Bifurquez ensuite sur la Hwy 1 en direction de Lompoc (58 miles). En arrivant sur la ville, suivez les panneaux vers la gauche (direction Buellton) : la mission est à 2 miles.

★ La Purísima Mission State Park A3

2295 Purísima Rd. Comptez 2h. ℘ *(805) 733 3713, www.lapurisimamission.org. Tlj 9h-17h. 6 $ par véhicule. Se renseigner pour le calendrier des animations (dîners, visites aux chandelles…) et des visites guidées.*

Rénovée à l'identique, cette mission fondée en 1787 est sans doute la plus émouvante de toutes celles à voir en Californie. On y retrouve parfaitement l'atmosphère des années missionnaires. Perdue dans les collines, la 11e des missions est la seule à avoir conservé la quasi-totalité de ses bâtiments et son cadre d'origine. L'**église**★ est d'une belle simplicité avec la charpente en bambou de la sacristie et ses fresques murales naïves. À côté du sanctuaire, les quartiers militaires et les **ateliers**★ semblent avoir été abandonnés hier. La **résidence des moines**★ et le bureau, d'où l'on administrait les 120 000 ha du ranch et les quelque 1 000 employés, sont impressionnants. Le jardin pota-ger et les dépendances des nouveaux convertis et des femmes donnent une idée de la vie à la mission.

Suivez ensuite la Hwy 246 vers Buellton que vous traversez pour atteindre Solvang (3,5 miles à l'est de la Hwy 101).

★ Solvang B3

Des moulins à vent et des maisons à colombages au milieu des collines : cette colonie danoise, fondée par un groupe d'immigrants en 1911, est devenue très (trop) touristique, envahie de boutiques de porcelaine et de pâtisseries danoi-ses. Tout y fermant tôt, arrivez avant 20h et réservez votre hébergement.

★ **Mission Santa Inés** – *1760 Mission Drive, à la sortie est de Solvang,* ℘ *(805) 688 4815, www.missionsantaines.org. Tlj 9h-16h30. 5 $.* Le peuplement des envi-rons par les colons remonte à 1804, lorsque la 19e des missions californien-nes fut créée pour servir de relais entre celle de Santa Barbara et la Purísima Mission. Cet établissement était florissant grâce à la production de cuir et d'objets en argent, mais la dureté des moines poussa les Indiens convertis à la révolte et Santa Inés fut incendiée en 1824. Moins intéressante que la Purísima, elle mérite toutefois une visite pour le **mobilier sacré de l'église**★, exécuté au 17e s. en Amérique du Sud. Notez la statue de sainte Inès (Mexique) et l'*ecce homo* (Pérou). Les salles adjacentes abritent un petit musée consacré à l'histoire de la mission. Le plus émouvant est le **jardin**★ et le petit cimetière où reposent 1 700 convertis.

Quittez Solvang par l'est en direction de Santa Barbara.

De Solvang, la Hwy 154 traverse les splendides paysages des **Santa Ynez Mountains**. Ces dernières correspondent à la Santa Ynez Reservation.

Santa Ynez Reservation – La réserve réunit les descendants des Indiens chumashs qui occupaient la région entre San Luis Obispo et Santa Barbara. Vivant principalement de la pêche, ils utilisaient des barques en bois recouvertes de peau ou d'écorce pour chasser les baleines aux Channel Islands. À l'arrivée des Espagnols, les missionnaires les convertirent au christianisme et à l'agriculture, et les utilisèrent comme main-d'œuvre. Ils perdirent peu à peu leurs traditions, qu'ils ne purent retrouver après la sécularisation et leur retour à la liberté. On attribua la réserve aux survivants, qui s'orientèrent vers les affaires et le jeu, même si certains s'évertuent à faire revivre les anciennes légendes et les artisanats oubliés.

Passé le San Marcos Pass, la descente vers Santa Barbara et le Pacifique est spectaculaire.

😊 NOS ADRESSES À MONTEREY

TRANSPORTS

De Carmel à San Simeon

😊 **Bon à savoir** – Attention au ravitaillement en essence : il y a très peu de stations-service sur la Hwy 1 entre Carmel et San Simeon, et elles sont chères.

En bus – La ligne n° 22 du **Monterey-Salinas Transit** (☎ 1-888 678 2871, www.mst.org) assure la liaison de Monterey (arrêt au Conference Center, à Monterey) et Carmel à Big Sur (restaurant Nepenthe, mais pas au-delà) quatre fois par jour (2,50 $) de Memorial à Labor Day.

San Simeon et Hearst Castle

En voiture – En venant de Big Sur, seul un véhicule privé permet d'arriver à Hearst Castle.

En bus – L'accès à San Simeon et Hearst Castle n'est possible par les transports en commun qu'en provenance du sud, à partir de San Luis Obispo (2/j., 1h20, 2,50 $), par la ligne n° 12 du **Central Coast Area Transit** (CCAT). ☎ (805) 781 4472, www.slorta.org.

INFORMATIONS UTILES

😊 **Bon à savoir – Banque/ Change** – Prenez de l'argent liquide avant de quitter Monterey ou Carmel, car il n'y a pas de banques à Big Sur.

HÉBERGEMENT

😊 **Bon à savoir** – Même si les hôtels sont moins chers à Monterey qu'à Carmel, le prix de l'hébergement reste quand même élevé.

Monterey

Les grandes chaînes de motels bon marché se trouvent le long de Fremont St. *Les tarifs donnés pour State Coach Lodge et pour Borg's Ocean Front Motel sont hors taxes.*

POUR SE FAIRE PLAISIR

Colton Inn – *707 Pacific St., ☎ (831) 649 6500, www.colton inn.com - 50 ch. 139 $ ☕ 🅿* Bien placé et calme, à deux pas du centre historique. Plusieurs types de chambres, avec balcon ou terrasse, dont certaines avec kitchenette. Wifi gratuit. 2 nuits minimum en haute saison.

UNE FOLIE

Stage Coach Lodge – *1111 10th St., ☎ (831) 373 3632, www. montereystagecoachlodge. com - 26 ch. 199/350 $ 🏊 🅿* Des chambres vastes et bien équipées (micro-ondes, machine à café), quoiqu'un peu impersonnelles. Petit-déj. continental. Toutes les attractions sont accessibles à pied.

Pacific Grove

BUDGET MOYEN

Borg's Ocean Front Motel – *635 Ocean View Blvd, ℰ (831) 375 2406, www.borgsoceanfrontmotel. com - 60 ch. 105/165 $.* 🅿 Tout proche de Lover's Point Park, un motel simple, en face à la baie, avec vue imprenable sur l'Océan depuis certaines chambres (plus chères) ou sur la forêt. Il n'y a pas moins cher si près des flots.

POUR SE FAIRE PLAISIR

The Old St Angela Inn – *321 Central Ave., ℰ (831) 372 3246-800 748 6306, www.oldstangelainn. com - 9 ch. 154/285 $.* Un B & B au charme Nouvelle-Angleterre et à l'accueil raffiné. Les plus petites chambres sont les moins chères. Pour une folie, demandez la suite *Whale Watch*, avec balcon, vue sur la mer, cheminée et Jacuzzi. Petit-déj. copieux. Jacuzzi commun.

Carmel

🕭 **Bon à savoir** – Le village est bondé à la haute saison et le w.-end. N'espérez pas y loger si vous n'avez pas réservé. Attention, repérez votre logement quand il fait encore jour, car les noms de rues sont très discrets, les maisons n'ont ni numéro ni boîte aux lettres et les rues ne sont pas éclairées la nuit. Hors saison, tentez les B & B ou les hôtels de charme qui proposent des tarifs intéressants.

POUR SE FAIRE PLAISIR

Carmel Wayfarer Inn – *À l'angle de 4th Ave. et de Mission St., ℰ 1-800 533 2711, www. carmelbytheseawayfarerinn. com - 16 ch. 109/249 $* ⌁ 🅿 Une adresse à l'accueil chaleureux. Les chambres sont vastes, et certaines ont une kitchenette ou une cheminée. Dégustation de vins en fin de journée.

Vagabond's House Inn – *À l'angle de 4th Ave. et de Dolores St., ℰ (831) 624 7738, www. vagabondshouseinn.com - 11 ch. 165/275 $* ⌁. Un charme fou avec un ravissant jardin-patio fleuri agrémenté de fontaines. Décoration de style colonial. Apéritif et petit-déj. (en chambre) inclus. Réservez suffisamment à l'avance pour les chambres standard, les moins chères.

Carmel Village Inn – *À l'angle de Ocean Ave. et de Junipero Ave., ℰ 1-800 346 3864 , www. carmelvillageinn.com - 34 ch. 190/250 $* ⌁ 🅿 Des chambres assez impersonnelles, plus ou moins vastes, mais bien équipées. Parking gratuit. Bien placé. Bon rapport qualité-prix.

De Carmel à Big Sur

🕭 **Bon à savoir** – En raison de la rareté de l'hébergement, réservez absolument. De juin à sept., les prix ne sont pas négociables. Hors saison, ils diminuent de plus de 30 %.

POUR SE FAIRE PLAISIR

Glen Oaks Motel – *Hwy 1, ℰ (831) 667 2105, www.glenoaksbigsur. com - 15 ch. 225/350 $* ✕ ⌁ 🅿 De belles chambres assez spacieuses, alignées en retrait de la route. Deux cottages pour deux personnes.

Big Sur River Inn – *Hwy 1 at Pheneger Creek, ℰ (831) 667 2700/1-800 548 3610, www. bigsurriverinn. com - 20 ch. 125/270 $* ⌁ ✕ 🅿 Les chambres les moins chères donnent sur la route. Les suites pour 4 pers., avec balcon sur la rivière, offrent un bon rapport qualité-prix. Bon restaurant ouv. midi et soir.

Ragged Point Inn – *19019 Hwy 1, 45 miles au sud du village de Big Sur, ℰ (805) 927 4502, www. raggedpointinn.com - 30 ch.*

3

159/439 $ ✕ ℙ Surplombant les falaises, les chambres de ce motel tout en bois offrent des vues splendides sur la côte. Celles du 2e étage sont plus chères. Plage privée.

San Simeon et Hearst Castle

BUDGET MOYEN

San Simeon Lodge – 9520 Castillo Drive, ℘ (805) 927 4601, www.sansimeonbeachresort. net - 62 ch. 75/89 $ ✕ ⌸ ℙ Un hôtel classique et sobre, très confortable, un peu à l'écart de la route principale.

Sea Breeze Inn – 9065 Hearst Drive, ℘ (805) 927 3284, www. seabreezeinnsansimeon.com - 26 ch. 49/199 $ ⌷ ⌸ ℙ Ce motel simple et calme propose des chambres spacieuses à des prix relativement modérés.

UNE FOLIE

Fog Catcher Inn – 6400 Moonstone Beach Dr., Cambria, ℘ (805) 927 1400, www. fogcatcherinn.com - 60 ch. 194/329 $ ⌸ ℙ À 12 miles au sud de Hearst Castle, dans une rue qui longe la plage, cette auberge chic est constituée de petits cottages fleuris à la déco très british. Les chambres sont spacieuses et disposent toutes d'une cheminée, d'un frigo, d'une machine à café et d'un micro-ondes. Petit-déj. copieux.

San Luis Obispo

⊚ **Bon à savoir** – Attention, à part à San Luis Obispo et à Solvang, il y a peu d'hôtels. Alors, mieux vaut réserver en été, surtout le w.-end. On trouve toutes les grandes chaînes de motels à SLO, au nord de Monterey St. Les tarifs des hébergements sont donnés ici hors taxes.

PREMIER PRIX

Rose Garden Inn – 1585 Calle Joaquin, ℘ (805) 544 5300, www. slorosegardeninn.com - 35 ch., 59/79 $ ⌸ ℙ Petit motel à l'accueil agréable, dans une impasse près de la Hwy 101, au sud du centre-ville, à Los Osos Valley Rd et au-delà de Madonna Inn. Accès Wifi gratuit.

POUR SE FAIRE PLAISIR

Garden Street Inn – 1212 Garden St., ℘ (805) 545 9802, gardenstreetinn. com - 13 ch. 159/199 $ ℙ Une belle maison Queen Anne qui abrite des chambres différentes et meublées avec goût. Dégustation de vins et de fromage en fin de journée, petit-déj. copieux. Accueil très agréable.

Solvang

BUDGET MOYEN

Solvang Gardens Lodge – 293 Alisal Rd, ℘ (805) 688 4404, solvanggardens.com - 24 ch. 119/159 $. Adorable motel de style danois, fleuri et calme, autour d'un joli jardin. Accueil sympathique. Accès à la cuisine. Petit-déj. continental. Cottage-Spa où sont dispensés toutes sortes de massages. Wifi gratuit.

RESTAURATION

Monterey

BUDGET MOYEN

The Mucky Duck – 479 Alvarado St., ℘ (831) 655 3031, www. muckyduckmonterey.com. Lun.-vend. 14h-2h, sam. 11h-2h, dim. 10h-1h. Un pub anglais très apprécié des locaux. Grand choix de bières et de plats traditionnels américains et anglais, du cajun chicken au cottage pie, ou originaux comme la beef Guiness and oysters pie (8-26 $). Soirée dansante le w.-end après 21h, musique live.

Bubba Gump – *720 Cannery Row*, ☏ *(831) 373 1884, www.bubbagump.com. Dim.-jeu. 10h-23h (0h vend.-sam.). Plats env. 10-20 $.* Cette chaîne de restaurants a racheté les droits du film *Forrest Gump*, pour ouvrir des adresses très touristiques. Grande salle bruyante avec une vue superbe sur la baie. Spécialités de crevettes, à toutes les sauces : à la vapeur de bière, sautées, marinées, en beignets…

Pacific Grove et 17-Mile Drive

PREMIER PRIX

Red House Cafe – *662 Lighthouse Ave., à l'angle de la 19th St.,* ☏ *(831) 643 1060, www.redhousecafe.comp. Tlj sf lun., 11h-14h30 et à partir de 17h, brunch le w.-end (8h-11h). Plats 8-16 $.* Snack, salades, soupes ou plats plus élaborés, servis dans un décor de cretonne fleurie et meubles en bois peint.

POUR SE FAIRE PLAISIR

Roy's at Pebble Beach – *The Inn at Spanish Bay, 2700 17-Mile Drive,* ☏ *(831) 647 7423, www.pebblebeach.com. Tlj 6h30-22h. Comptez env. 40 $.* Roy Yamaguchi est originaire d'Hawaii, et sa cuisine inventive et raffinée s'inspire d'un subtil mélange entre toutes les grandes traditions culinaires, de la France à l'Asie. Le cadre, exceptionnel au coucher du soleil, ne gâche rien.

Salinas

PREMIER PRIX

La Fogata – *232 Main St.,* ☏ *(831) 757 5690. Tlj sf mar. 10h-21h. Moins de 10 $.* Une *taqueria* tout ce qu'il y a de plus classique. Produits frais et plats préparés à la demande. Service rapide et aimable.

BUDGET MOYEN

Monterey Coast Brewing – *165 Main St.,* ☏ *(831) 758 2337, montereycoastbrewing.com. Mar.-dim. 11h-23h (lun. 11h-16h). Plats env. 15-20 $.* Une authentique microbrasserie où accompagner sa bière d'un repas 100 % américain ; les hamburgers sont fameux. Salle très agréable.

Carmel

PREMIER PRIX

Katy's Place – *Mission St., entre 5th et 6th Ave.,* ☏ *(831) 624 0199, www.katysplacecarmel.com. Tlj 7h-14h.* Un temple du *breakfast*, considéré comme le repas le plus important de la journée par bien des Anglo-Saxons. Omelettes, gaufres et autres pancakes à profusion (10-20 $). Également des salades et hamburgers.

Pâtisserie Boissière – *Mission St., entre Ocean Ave. et 7th Ave.,* ☏ *(831) 624 5008, www.patisserieboissiere.com. Tlj 11h30-16h30 et merc.-dim. 17h30-21h.* Petit salon bonbonnière où les dames de Carmel viennent entre copines pour manger salades, quiches, accompagnées de fruits frais ou de pâtisseries (10-18 $).

POUR SE FAIRE PLAISIR

Flying Fish Grill – *Mission St., entre Ocean Ave. et 7th Ave.,* ☏ *(831) 625 1962, www.flyingfishgrill.com. Tlj sf mar. 17h-21h (21h30 vend.-sam.). Plats 19-33 $.* La meilleure table pour les amateurs de poissons, accommodés au style californien mâtiné d'asiatique. Essayez le thon ou le saumon au sésame. Réservation recommandée.

Village Corner – *À l'angle de Dolores St. et de 6th Ave.,* ☏ *(831) 624 3588, www.carmelsbest.com. Tlj à partir de 7h. Plats 10-30 $.* Savoureuse cuisine méditerranéenne (paella,

3

raviolis au crabe…) et de plats végétariens. Patio très agréable.

UNE FOLIE

Fresh Cream – *Dolores St. 8th Ave, ℘ (831) 250 7943, www.freshcream. com. Tlj 17h30-21h (brunch dim. 9h30-13h30). Comptez 60-75 $ (plats 28-42 $).* Voilà plus d'un quart de siècle que ce restaurant français obtient les meilleures critiques. Cuisine classique et impeccable, cadre élégant avec vue sur le port.

De Carmel à Big Sur

PREMIER PRIX

Ripplewood Cafe – *Hwy 1, ℘ (831) 667 2242, www. ripplewoodresort.com. Tlj 8h-14h. Moins de 10 $.* Petit café rustique et convivial, idéal pour un brunch ou un déjeuner léger.

Café Kevah – *Hwy 1, ℘ (831) 667 2345. Tlj 9h-16h. Fermé deuxième sem. de janv. et en fév. Moins de 15 $.* Au pied du restaurant Nepenthe, café à la terrasse agréable d'où la vue est un peu moins spectaculaire. Snacks légers, le matin ou à midi.

BUDGET MOYEN

Big Sur Bakery & Restaurant – *Hwy 1, ℘ (831) 667 0520, www. bigsurbakery.com. Boulangerie tlj à partir de 8h, déj. tlj 11h-14h30, brunch le w.-end 10h30-14h30, dîner mar.-dim. à partir de 17h30. Plats env. 15/20 $.* Au cœur de Big Sur, cuisine américaine au feu de bois. Jolie vue sur les montagnes.

POUR SE FAIRE PLAISIR

Nepenthe – *48510 Hwy 1, ℘ (831) 667 2345, www.nepenthebigsur. com. Tlj 11h30-22h.* On a depuis les terrasses ou la salle du restaurant l'une des plus belles vues de Big Sur. La cuisine est honnête, mais sans originalité et un peu chère le soir (*env. 20-40 $*). On vous le recommande plutôt pour déjeuner. Pensez à réserver en haute saison.

San Simeon et Hearst Castle

PREMIER PRIX

Mustache's Pete – *4090 Burton Dr., Cambria, ℘ (805) 927 8589. Tlj 12h-22h (dim. 10h-22h). Plats 8-30 $.* Un bon restaurant italien avec un agréable patio. Pizzas généreuses.

POUR SE FAIRE PLAISIR

Sea Chest Restaurant & Oyster Bar – *6216 Moonstone Beach Dr., Cambria, ℘ (805) 927 4514, www. seachestrestaurant.com. Tlj à partir de 17h30 (sf mar. de mi-sept. à fin mai)* ⊟ Idéalement situé à deux pas de la plage, cet établissement est réputé pour ses huîtres et ses poissons (*env. 25 $*, mais bien plus pour le homard ou le crabe *env. 48 $*). Excellente sélection de vins californiens.

San Luis Obispo

PREMIER PRIX

Big Sky Café – *1121 Broad St., ℘ (805) 545 5401, www.bigskycafe. com. Lun.-vend. 7h-21h (22h vend. et sam., à partir de 8h le w.-end). Moins de 12 $.* Une salle claire et agréable où déguster une cuisine à dominante végétarienne. Bien pour le petit-déj. Des artistes différents y sont régulièrement exposés.

Downtown Brewing Co. – *1119 Garden St., ℘ (805) 543 1843, www. dtbrew.com. Lun. 16h-21h, mar.- merc. 11h30-21h (22h jeu.-sam.), dim. 9h30-21h. Moins de 15 $.* Un bar à l'atmosphère sympathique. Grand choix de bières maison et de snacks (ailes de poulet, tacos…). Musique *live* certains soirs.

BUDGET MOYEN

Novo – *726 Higuera St., ℘ (805) 543 3986, www.novorestaurant. com. Tlj à partir de 11h (10h le w.- end). Plats 15-30 $.* Un concept de « cuisine du monde » innovante très réussi (agneau à la marocaine, poulet satay, saumon glacé, etc.).

À l'arrière, une vaste terrasse permet de profiter de la fraîcheur du soir. L'établissement dispose également d'une belle carte des vins.

ACHATS

Salinas
Brocante – Hall Tree Antique Mall, 202 Main St., ℘ (805) 757 6918. Lun.-vend. 10h-17h30, w.-end 10h30-17h. Une grande boutique qui rassemble les stocks de plusieurs brocanteurs et antiquaires. Beaucoup de bijoux, de livres et de petits objets bon marché. Une véritable caverne d'Ali Baba pour passer des heures à fouiner!

Carmel
Wings America – À l'angle de Dolores St. et de 7th Ave., ℘ (831) 626 9464, www.wingsamerica. com. Tlj 9h30-19h. Spécialisé dans l'aviation, ce magasin vend des modèles réduits, souvent de collection, des vestes d'aviateur, mais aussi des sacs, casquettes et posters.

San Luis Obispo
Marché – Un marché très vivant se tient chaque jeudi soir sur Higuera St.

Artisanat – Beverly's, 876 Higuera St., ℘ (805) 543 6433. Lun.-vend. 9h-21h, sam. 9h-20h, dim. 10h-19h. Parfait si vous êtes passionné de patchwork et de crafts.

ACTIVITÉS

Monterey
Kayak de mer - Adventures by the Sea – 299 Cannery Row, ℘ (831) 372 1807, www. adventuresbythesea. com.

Location de kayaks de mer (30 $/ pers.) et sorties accompagnées (50 $) pour observer les otaries et les criques de la côte. Loue aussi des vélos.

AB Seas Kayaks – 32 Cannery Row, ℘ (831) 647 0147, www. montereykayak.com. Services similaires, sorties en kayak (3h, 30 $/pers.).

Plongée – C'est le seul moyen de découvrir le canyon sous-marin de Monterey, deux fois plus profond que le Grand Canyon du Colorado! Renseignez-vous au **Monterey Bay Dive Charters**, 100 Cannery Row, ℘ (831) 383 9276, www.mbdcscuba.com, ou à l'**Aquarius Dive Shop**, 2040 Del Monte Ave., ℘ (831) 375 1933, www. aquariusdivers.com.

De Carmel à Big Sur
Équitation – Molera Horseback Tours – Andrew Molera State Park, ℘ (831) 625 5486, www. molerahorsebacktours. com. Propose des excursions en groupe (à partir de 40 $/h) ou seul (55 $/h), à travers les forêts de séquoias ou sur la plage, y compris au coucher du soleil…

AGENDA

Monterey
Monterey Jazz Festival – Mi-sept. www.montereyjazzfestival.com. C'est l'un des plus célèbres de la côte Ouest.

San Luis Obispo
Festival Mozaic – Juil. Rens. : 2050 Broad Street ℘ (805) 781 3009, www.festivalmozaic. com. Il permet d'assiter à des concerts de musique classique de grande qualité dont beaucoup se déroulent à SLO.

3

Santa Barbara

👁 NOS ADRESSES PAGE 293

88 410 habitants – Californie

🚇 **S'INFORMER**
Visitors Bureau – *1 Garden St., à l'angle de Cabrillo Blvd et de Santa Barbara St.* (B4) - 📞 *(805) 965 3021 - www.santabarbaraca.com - tlj 9h-17h (16h déc.-janv.).* Réservation d'hébergements. Brochure en français.

▶ **SE REPÉRER**
Carte de région B3 *(p. 258) – carte Michelin Western USA 585 A 8-9-10.* La Hwy 101 traverse Santa Barbara : San Luis Obispo est à 97 miles (155 km) au nord, et Los Angeles à 110 miles (176 km) au sud. Pour le centre-ville et le Museum of Art, sortez à Carrillo St., pour les plages, à Castillo St.

🅿 **SE GARER**
La plupart des parkings du centre-ville ont une franchise de paiement de 75mn. Pour éviter de payer, il vous faudra déplacer votre véhicule.

👐 **À NE PAS MANQUER**
Le Santa Barbara Museum of Art.

🕐 **ORGANISER SON TEMPS**
Arrangez-vous pour déjeuner au moins une fois à Arroyo Burro Beach et pour faire une balade le long d'East Beach au coucher du soleil.

Immortalisée par une série télévisée éponyme, Santa Barbara est surtout célèbre pour ses stars de cinéma, ses demeures splendides et sa pittoresque jetée en bois. La ville s'étire le long d'un chapelet de plages blondes, sertie par l'écrin boisé des Santa Ynez Mountains. Jardins noyés de fleurs, architecture mexicaine éclatante de blancheur, larges avenues bordées d'arbres et de palmiers, patios secrets où chantent des fontaines : on a laissé le Nord derrière…

Se promener Plan de la ville

★ LE CENTRE-VILLE B3

👐 **Bon à savoir** – State Street constitue l'axe central de la ville. Les rues qui la coupent sont précédées de West ou de East. Attention aux nombreux « Stop 4 ways » *(voir « Organiser son voyage »).* Le centre-ville est délimité au sud par Ortega St. et au nord par Victoria St.

Vous apprécierez le charme de ses petits passages agréablement transformés en zones piétonnes fleuries, en patios carrelés, ou en *arcadas* et *paseos* à l'espagnole où il fait bon se détendre au soleil. Ne manquez pas le **Farmers Market** *(mar. après-midi entre les numéros 500 et 600 de State St. et sam. matin à l'angle de Santa Barbara et de Cota St.),* véritable lieu d'échange et de rencontre de la population.

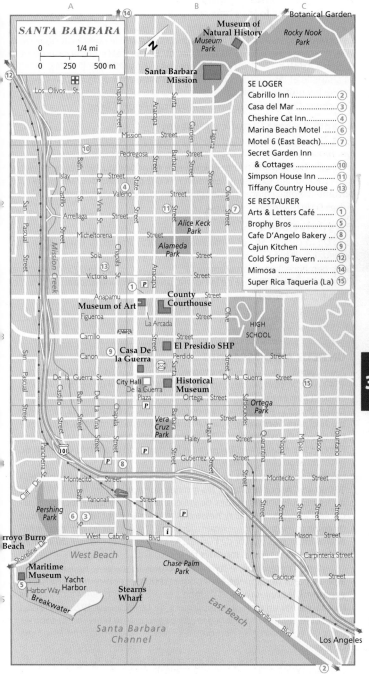

SANTA BARBARA

| 0 | 1/4 mi |
| 0 | 250 | 500 m |

Botanical Garden

Rocky Nook Park

Museum of Natural History

Museum Park

Santa Barbara Mission

Los Olivos St.

SE LOGER

Cabrillo Inn .... ②
Casa del Mar .... ③
Cheshire Cat Inn............... ④
Marina Beach Motel ...... ⑥
Motel 6 (East Beach)....... ⑦
Secret Garden Inn
  & Cottages .... ⑩
Simpson House Inn .... ⑪
Tiffany Country House .. ⑬

SE RESTAURER

Arts & Letters Café .... ①
Brophy Bros .... ⑤
Cafe D'Angelo Bakery ... ⑧
Cajun Kitchen .... ⑨
Cold Spring Tavern .... ⑫
Mimosa .... ⑭
Super Rica Taqueria (La) ⑮

Chapala Street
Anacapa

Santa

Garden

Laguna

Olive

Mission Street

Pedregosa

Barbara Street

Street

Bath

Islay

Castillo

De la Vina St

State

Valerio

Street

San Pascual Street

Arrellaga

Street

Micheltorena

Alice Keck Park

Sola

Chapala St

Alameda Park

Victoria

Street

Mission Creek

Anapamu Street

County Courthouse

Museum of Art

Figueroa

La Arcada

Carrillo

Street

Olive

HIGH SCHOOL

Canon

Casa De la Guerra

El Presidio SHP

Perdido

De la Guerra St.

De la Guerra Street

City Hall

Historical Museum

De la Guerra Plaza

Ortega Street

Ortega Park

Vera Cruz Park

Cota Street

Laguna

Salsipuedes

Quarantina

Nopal

Milpas

Alisos

Voluntario

Haley Street

Gutierrez Street

Montecito Street

Montecito Street

Yanonali Street

Pershing Park

West Cabrillo Blvd

Maritime Museum

Yacht Harbor

Harbor Way

Breakwater

Stearns Wharf

Chase Palm Park

West Beach

East Beach

East Cabrillo Blvd

Mason Street

Carpinteria Street

Cacique Street

Santa Barbara Channel

Los Angeles

San Pascual Street

Castillo Street

Bath Street

De la Vina Street

Chapala Street

Panchería St

Cliff Dr.

Shoreline Dr.

Arroyo Burro Beach

3

El Presidio de Santa Bárbara State Historic Park

123 E. Canon Perdido St., ℘ (805) 965 0093, www.sbthp.org. Tlj 10h30-16h30. 5 $.

La forteresse construite par les Espagnols constitue le cœur historique de la ville. Il ne reste des bâtiments d'origine qu'**El Cuartel** (1788), la caserne, et la **Cañedo Adobe** (1782), où se tiennent des expositions sur l'histoire du site. La chapelle et les quartiers militaires, de l'autre côté de la rue, ne sont que des reconstitutions fidèles.

Descendez d'une rue vers le sud une fois passée Perdido Street.

★ Santa Barbara Historical Museum

136 E. De la Guerra St., ℘ (805) 966 1601, www.santabarbaramuseum.com. Tlj sf lun. 10h-17h, dim. 12h-17h. Gratuit.

Le musée occupe une très belle demeure en adobe du 19ᵉ s. et se consacre à l'histoire locale, exposant des souvenirs des pionniers des ranchs, de l'importante colonie chinoise et de splendides costumes victoriens.

Suivez De la Guerra St. vers l'ouest.

Casa de la Guerra

15 E. De la Guerra St., ℘ (805) 965 0093-(805) 966 6961, www.sbthp.org. W.-end. 12h-16h. 5 $.

Cette demeure illustre parfaitement l'architecture espagnole de Santa Barbara. C'était la demeure de José de la Guerra, un ancien commandant du *presidio*.

Remontez State Street.

UN PETIT AIR D'ESPAGNE ?

Juan Cabrillo, explorateur portugais, avait découvert Santa Barbara dès 1542 pour le compte des Espagnols. En 1602, lors d'un second voyage, ceux-ci avaient envisagé d'utiliser le site comme port, mais les véritables débuts de la colonie remontent à 1782. Cette année-là, l'infatigable **Junípero Serra**, accompagné d'un détachement militaire, décida que l'une des collines dominant l'Océan serait idéale pour installer la quatrième forteresse de Californie. Un *presidio* fut donc construit, très vite suivi de la 10ᵉ mission californienne.

Les **Indiens chumashs** occupaient quant à eux les lieux depuis déjà 10 000 ans. À leur habitude, les moines entreprirent de les convertir et de leur inculquer les modes de vie et d'agriculture de la société espagnole. L'abondance et la richesse des terres attirèrent un grand nombre de colons espagnols et mexicains, largement suivis par les pionniers américains intéressés par l'or de l'Ouest. À la fin du 19ᵉ s., l'arrivée du chemin de fer amena les riches touristes de la côte Est.

Longtemps hétéroclite, le style architectural de la ville se transforma peu à peu à partir des années 1920 pour revendiquer clairement l'**héritage espagnol**, les tuiles roses et l'adobe. Les urbanistes furent « aidés » dans leur tâche par un violent tremblement de terre qui, en 1925, eut raison de tout le centre-ville. Au fil des ans beaucoup de films furent tournés dans les environs et de nombreuses stars du show-biz, dont Madonna ou Kevin Costner, résident maintenant dans la région. Toutefois, outre le tourisme, c'est surtout le prestige de l'université de Santa Barbara (UCSB) qui apporte dynamisme et jeunesse à la ville.

Santa Barbara Museum of Art

1130 State St., à l'angle d'Anapamu St., ℘ (805) 963 4364, www.sbma.net. Tlj sf lun. 11h-17h. 9 $.

Pour la taille de la ville, ce musée d'art est l'un des plus intéressants de Californie. Il rassemble des antiquités grecques et romaines, une rare **collection de dessins★** (16ᵉ-19ᵉ s.) de grands maîtres, comme Tiepolo, Toulouse-Lautrec ou Picasso. La **peinture française★★** y est à l'honneur avec Chagall, Matisse, Monet, Braque, Derain ou Dufy, et la **peinture américaine** avec Sargent ou Georgia O'Keefe, ainsi que des artistes sud-américains comme Rufino Tamayo ou Alfredo Ramos Martinez. À l'étage, les collections d'**art asiatique★★** sont exceptionnelles (céramiques, lithographies, sculptures, costumes).

Prenez à droite après le musée pour rejoindre la County Courthouse.

Santa Barbara County Courthouse

1100 Anacapa St., ℘ (805) 962 6464, www.santabarbaracourthouse.org. Tlj 8h-17h, w.-end 10h-16h30. Gratuit.

Érigé en 1929 dans un style hispano-mauresque, le palais de justice s'ordonne autour d'un ravissant jardin dominé par une tour-horloge (du sommet, belle vue sur la ville). L'intérieur est joliment décoré de ferronneries d'art, de mosaïques tunisiennes et de bois sculpté.

★ LE FRONT DE MER AB5

Descendez State St. vers la mer (parkings sur la droite, avant et après le croisement avec la Hwy 101).

Bordé de hauts palmiers, **Cabrillo Boulevard** longe le front de mer et la plage. C'est l'une des balades les plus agréables de la ville, à faire à pied, à roller ou à vélo.

3

★ Stearns Wharf B5

Dans l'alignement de State Street. La plus ancienne jetée en bois de Californie (1872) a été rendue célèbre par nombre de films. Occupée par des boutiques et des restaurants de fruits de mer, elle sépare la plage en deux : **East Beach**, la plus agréable, et **West Beach**, vers le port et la marina.

Maritime Museum A5

Sur le port. 113 Harbor Way, ℘ (805) 962 8404, www.sbmm.org. Tlj sf merc. 10h-18h (10h-17h en hiver). 7 $, gratuit 3ᵉ jeudi du mois.

Il retrace l'histoire maritime de Santa Barbara et évoque la vie et les techniques de pêche des Chumashs. Plus à l'ouest, Cabrillo Boulevard se double d'une très agréable promenade surplombant la mer. Avec ses parkings gratuits, Shoreline Park, sur les falaises, est idéal pour pique-niquer.

Pour découvrir les magnifiques quartiers ouest, suivez Cabrillo Boulevard qui devient Shoreline Drive, puis Cliff Drive et Marina Drive.

Ne manquez pas de vous arrêter à **Arroyo Burro Beach★**, l'une des plages favorites des gens du coin, avec ses falaises blondes, son sable fin et ses jolis galets rayés. Plus à l'ouest encore, vous parvenez à Hope Ranch, quartier résidentiel de luxe, et à Las Palmas Drive. L'avenue traverse d'opulents terrains de golf, bordés d'immenses palmiers et de propriétés extravagantes.

Las Palmas Dr. rejoint State St. plus au nord. Prenez à droite pour regagner le centre-ville.

MISSION CANYON BC1

Suivez State St. jusqu'à Mission St., que vous prenez à droite, puis suivez les panneaux vers la mission.

Santa Barbara Mission B1

2201 Laguna St., ℘ (805) 682 4713, santabarbaramission.org. 9h-17h. 5 $.
Nichée sur les hauteurs de la ville, au pied des Santa Ynez Mountains, cette mission ne fut fondée qu'en 1786, deux ans après la mort de Junípero Serra, qui aurait bien voulu la bâtir plus tôt ; le gouverneur, inquiet de la puissance des missionnaires, s'occupa d'abord du presidio. On la surnomme souvent la « reine des missions », mais il s'agissait à l'origine d'un simple édifice en adobe. Au fur et à mesure que la colonie s'agrandit, on bâtit une nouvelle église, plus imposante que la précédente.

Église – L'édifice actuel fut conçu après le tremblement de terre de 1812. Sa taille est à l'image du pouvoir et de la richesse qu'avait acquis la mission. À l'achèvement des travaux, en 1820, elle surpassait sans peine le *presidio*. C'est ce rayonnement qui lui valut son surnom. Malgré un autre séisme dévastateur en 1925, elle fut restaurée à l'identique. La façade, avec son fronton central, ses colonnes et les deux dômes jumeaux de ses tours, dénote clairement l'influence romaine antique. La grande fontaine voisine était autrefois utilisée par les Indiennes comme lavoir. L'intérieur de l'église, avec ses couleurs vives et son style mexicain, n'a presque pas changé. On remarque au sol deux dalles de pierre portant le nom des moines enterrés dans la crypte.

★ **Musée** – L'ancienne résidence des moines a été transformée en musée, consacré à l'histoire de la mission et aux Indiens chumashs. Environ 4 000 d'entre eux sont enterrés dans le cimetière, à côté de l'église.

En sortant de la mission, suivez les panneaux mentionnant la direction « Museum of Natural History ».

★ Santa Barbara Museum of Natural History

2559 Puesta del Sol, ℘ (805) 682 4711, www.sbnature.org. Tlj 10h-17h. 10 $ (3-12 ans 6 $, 13-17 ans 7 $).
Le musée d'Histoire naturelle s'intéresse à la faune, à la flore et aux habitants des environs. On y apprend notamment les coutumes des Indiens chumashs.

Reprenez vers le nord. Tournez à droite dans Foothill Rd (Hwy 192), puis à gauche dans Mission Canyon Rd, et suivez les panneaux « Botanical Garden ».

★ Santa Barbara Botanical Garden

1212 Mission Canyon Rd, ℘ (805) 682 4726, www.sbbg.org. Mars-oct. tlj 9h-18h (nov.-fév. 17h). 8 $ (2-12 ans 4 $, 13-17 ans 6 $).
Le jardin botanique occupe 26 ha de canyons à la végétation très variée, sillonnés de 8 km de **sentiers de découverte**. Des cactus aux séquoias, toutes les espèces végétales de Californie sont représentées.

Mission Canyon Road

À partir de Mission Canyon Rd, vous pouvez suivre les panneaux « *Scenic Drive* », qui vous conduiront dans les hauts résidentiels de Santa Barbara, au cœur d'une végétation luxuriante, pour de beaux panoramas sur la côte ou pour des randonnées.

Seven Falls Trail – *Suivez Mission Canyon Rd. Arrivé à la fourche qui signale le Botanical Garden, prenez à gauche dans Tunnel Rd, allez jusqu'au bout et garez-vous. Comptez 1h30-2h.* La promenade offre des vues fantastiques sur la ville et la mer.

🌿 **Hot Springs Trail** – *Suivez Mission Canyon Rd vers le nord. Au carrefour avec Tunnel Rd, prenez à droite en direction du Botanical Garden. Passez un pont en pierre et tournez tout de suite à droite vers Skofield Park sur Las Canoas Rd. Garez-vous juste après le St Mary's Seminary, avant le petit pont. La promenade commence au panneau « Skofield Park, Rattlesnake Canyon Wilderness Area ». Comptez 5-6h AR.* En plus des vues splendides, vous pourrez observer divers spécimens de la faune et de la flore de Santa Barbara. L'excursion aux sources chaudes prend la journée, mais le sentier est très agréable.

😊 NOS ADRESSES À SANTA BARBARA

TRANSPORTS

En bus et trolley – Le **Downtown Shuttle** (*www.sbmtd.gov*) relie le haut de State St. et Stearns Wharf ttes les 10mn, de 10h15 à 18h (22h le w.-end, *0,25 $*), tandis que le **Waterfront Shuttle** suit Cabrillo Blvd, longeant les plages, à la même vitesse et pour un tarif semblable. Le **Santa Barbara Historic Trolley** dessert les sites importants, billet à la journée (*19 $*). Dép. ttes les heures de 10h-17h, *℘ (805) 965 0353, www. sbtrolley.com*

Location de vélos – Le moyen le plus agréable pour profiter du front de mer et des avenues ombragées. **Wheel Fun**, *22 State St. et 23 E. Cabrillo Blvd* (B4), *℘ (805) 966 2282, www. wheelfunrentalssb.com.* (*8,95 $/ h et 24 $/demi-j.* pour un vélo). Location de *choppers*, voitures électriques et rollers.

HÉBERGEMENT

😊 **Bon à savoir** – Si votre budget vous le permet, les B & B sont la formule la plus agréable. Dans tous les cas, l'été et les w.-ends sont très chers en bord de mer. Les motels des grandes chaînes sont concentrés loin du centre, le long de State St. et de Hollister Ave., vers Goleta. Hors saison, quand les prix chutent, préférez le centre.

POUR SE FAIRE PLAISIR

Motel 6 (East Beach) – *443 Corona Del Mar, ℘ (805) 564 1392, www.motel6.com - 51 ch. 139 $* 🏊 🅿 Motel très bien situé, à quelques mètres d'East Beach. Pas cher pour l'endroit.

Cabrillo Inn at the Beach – *931 E. Cabrillo Blvd, ℘ (805) 966 1641, www.cabrillo-inn.com - 39 ch. 159/379 $* 🍽 🏊 🅿 Face à la plage, mais les chambres avec vue sont plus chères.

Marina Beach Motel – *21 Bath St., ℘ (805) 963 9311, www. marinabeachmotel. com - 32 ch. 119/284 $* 📺 🅿 Joli petit motel fleuri, tout près de la plage. Jacuzzi. Petit-déj. Prêt de vélos.

Casa del Mar – *18 Bath St., ℘ (805) 963 4418, www.casadelmar. com - 21 ch. 184/309 $* 🅿 À deux pas de la plage et du port. Ttes les chambres ont une entrée séparée et sont réparties dans plusieurs jolis bâtiments de style mexicain. La plupart ont un frigo et un micro-ondes. Apéritif et petit-déj.

Cheshire Cat Inn – *36 W. Valerio St., ℘ (805) 569 1610, cheshirecat. com - 21 ch. 151/339 $ (cottage 247/389 $)* 🅿 Ces trois belles villas victoriennes en bois peint, au décor frais et chaleureux, proposent des chambres très différentes et deux cottages. Apéritif et petit-déj. roboratif. Jacuzzi à l'extérieur.

3

Secret Garden Inn & Cottages – *1908 Bath St. ☎ (805) 687 2300, www.secretgarden.com - 11 ch. 135/255 $* 🅿 Nichée au fond d'un grand jardin plein de charme, la maison principale, tenue par une Française, est entourée de petits cottages, dont certains avec un Jacuzzi extérieur privé. Dégustation de vins, amuse-gueules et fromages français, et somptueux petit-déj.

UNE FOLIE

Simpson House Inn – *121 E. Arrellaga St., ☎ (805) 963 7067, www.simpsonhouseinn.com - 15 ch. 230/555 $* 🍽 🅿 Ce B & B est considéré comme l'un des plus luxueux des États-Unis. Jardin de rêve, service irréprochable, décoration de goût, apéritif et petit-déj. raffinés. Vélos, jeu de croquet et équipement de plage sont inclus, ainsi que des Pass pour le trolley.

Tiffany Country House – *1323 De La Vina St., ☎ (805) 963 2283, www.countryhousesantabarbara. com - 8 ch. 200/475 $* 🅿 Une belle maison en bois à la décoration chaleureuse et au mobilier ancien. On a l'impression d'être accueilli chez des amis. Petit-déj. copieux.

RESTAURATION

🐟 **Bon à savoir** – Évitez les restaurants de Stearns Wharf, très touristiques.

PREMIER PRIX

Cafe D'Angelo Bakery – *25 W. Gutierrez St. (A4), ☎ (805) 962 5466. Tlj 7h30-14h. Moins de 10 $.* Une délicieuse boulangerie italienne où prendre son petit-déj. (spécialités d'œufs pochés) ou déjeuner. Copieuses spécialités (salades, sandwichs, pizzas).

Cajun Kitchen – *901 Chapala St. (A3), ☎ (805) 965 1004. Tlj. 6h30-15h. Plats env. 8/10 $.* Une adresse sympathique appréciée des jeunes, pour le petit-déj. ou le déjeuner. Spécialités cajuns et bonnes omelettes.

La Super Rica Taqueria – *722 N. Milpas St. (C3), ☎ (805) 963 4940. Tlj sf merc. 11h-21h. Moins de 10 $.* Un petit stand réputé pour déguster des tacos, des *burritos* et des *enchiladas*.

BUDGET MOYEN

Mimosa – *2700 De La Vina St. (A2), ☎ (805) 682 2272, mimosasantabarbara.com. Lun.-vend. 11h30-14h et mar.-sam. 17h30-21h. Comptez 20/30 $.* Un restaurant agréable au service attentif, tenu par une Française.

Cold Spring Tavern (A1) – *5995 Stagecoach Rd, sur la Hwy 154 en direction de Santa Ynez, à 15mn en voiture de Santa Barbara, ☎ (805) 967 0066, www.coldspringtavern. com. Tlj 11h-15h et dîner à partir de 17h, brunch 8h-11h le w.-end.* Ancien relais des diligences, cette cabane en rondins perdue en pleine montagne sera l'occasion de manger de bonnes grillades. Beaucoup moins cher à midi *(8,50/12,50 $)* que le soir. Réservez absolument si vous souhaitez dîner *(plats 17,50/31 $). Comptez moins de 10 $ pour le brunch.*

Arts & Letters Café – *7 E Anapamu St. (B3), ☎ (805) 730 1463, www.artsandletterscafe. com. Tlj 11h-14h30 et à partir de 17h.* Une cuisine très raffinée (salades originales, 10/18 $), dans un cadre élégant et reposant, sur fond de musique classique. Expo. de peinture. Opéra jeu. soir en été *(dîner 15/25 $).*

POUR SE FAIRE PLAISIR

Brophy Bros – *119 Harbor Way (A5), ☎ (805) 966 4418, www. brophybros.com. Tlj 11h-22h (23h vend. et sam.). Plats env. 25/30 $.* Des produits de la mer ultrafrais et bien préparés, servis dans une grande salle dominant le port. Très réputé.

BOIRE UN VERRE

Elsie's Tavern – *117 W. De La Guerra* (A3), *☎ (805) 963 4503. Tlj 16h-2h.* Voici un petit bar discret, affectionné par les locaux. On y boit de la bière ou du vin sous le ciel étoilé, à l'arrière ou dans la salle. Expositions de peintures et musique *live* le soir.

The Brew House – *229 W. Montecito St.* (A4), *☎ (805) 884 4664, www.brewhousesb. com. Dim.-jeu. 11h-23h (0h vend. et sam.), brunch à partir de 9h le w.- end.* Cervoises brassées sur place. Salades inventives et excellents plats (*11/26 $ le soir*). Musique *live* merc.-sam.

ACTIVITÉS

Le **Santa Barbara Museum of Natural History** a une antenne à 211 Stearns Wharf (B5), le **Ty Warner Sea Center** (*☎ (805) 962 2526, 10h-17h, 8 $, 2-12 ans 5 $, 13-17 ans 7 $*), qui donne les informations utiles pour aller dans les parcs naturels du *county*, les Channel Islands ou observer les baleines.

Observation des baleines – Elles sont nombreuses à passer au large : baleines grises *(déc.-avr.)*, baleines bleues et baleines à bosse *(mai-sept.)*. Les loutres de mer sont visibles de février à mai. Plusieurs compagnies proposent des sorties en bateau de 2 à 3h. On les trouve toutes sur Stearns Wharf. Horaires et tarifs variables. Moins cher et plus intéressant en dehors de l'été.

Observation des oiseaux – Santa Barbara est réputée pour ses sites d'observation dont font partie le Botanical Garden ou tout simplement East Beach, où s'arrêtent des faucons pèlerins.

Tidepooling – Les plages de Carpinteria State Beach ou Arroyo Beach sont idéales pour cette activité, spécialement gratifiante au moment des grandes marées, quand la lune est nouvelle ou pleine. Demandez un *tide table* à Stearns Wharf ou au port pour l'heure de marée basse.

Balades – Découvrez l'arrière- pays avec le Sierra Club, un groupe de passionnés de la nature. Visitez la page « Outings » de leur site *lospadres.sierraclub.org*

Beach volley – East Beach accueille tournois nationaux et internationaux. 14 terrains sont accessibles au public.

Surf – L'obstacle des Channel Islands crée les conditions idéales pour surfer toute l'année sur la côte. Pour des leçons de tout niveau et toute durée : **Santa Barbara Surf School**, *☎ (805) 745 8877, www. santabarbarasurfschool.com.*

Équitation – **Circle Bar B Stables** – *☎ (805) 968 3901, www. circlebarb.com*, pour des balades accompagnées dans les canyons. *75 $ la demi-journée déj. inclus.*

3

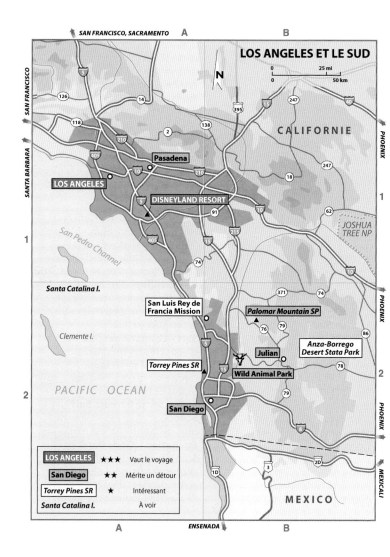

Los Angeles et le Sud 4

Carte Michelin Regional 585 – Californie

◗ **LOS ANGELES**★★ **298**

À 26 miles au sud-est de Los Angeles :
◗ **DISNEYLAND RESORT**★★★ **341**

À 20 miles au nord-est de Los Angeles :
◗ **PASADENA**★★ **344**

À 132 miles au sud de Los Angeles :
◗ **SAN DIEGO**★★ **348**

4

Los Angeles

★★★

3 792 621 habitants – 18 millions d'habitants dans l'agglomération

 NOS ADRESSES PAGE 330

S'INFORMER

Visitor Center Information Downtown L. A. – *685 Figueroa St., entre Wilshire Blvd et 7ᵗʰ St., face à la station de métro 7ᵗʰ Street/Metro Center* (Plan II, B3) - *℘ (213) 689 8822 - www.discoverlosangeles.com - lun.-vend. 8h30-17h.* Voir aussi les bureaux d'informations à Hollywood, *p. 312* et Santa Monica, *p. 323.* Venice n'a pas de Visitor Center mais informations disponibles sur *www.westland.net/venice*). Vente de plans.

SE REPÉRER

Carte de région A2 *(p. 296)* – *carte Michelin Western USA 585 B 11.* La cité des anges est à 395 miles (632 km) au sud de San Francisco, 389 miles (622 km) au nord-ouest de Phoenix et 120 miles (186 km) au nord de San Diego.

SE GARER

Il n'est pas difficile de se garer à Los Angeles, mais cela représente un budget. Prévoyez-le. Prêtez aussi attention aux panneaux indiquant les jours et heures de nettoyage de la rue, pendant lesquels les plages de parking autorisé sont restreintes.

À NE PAS MANQUER

Les collections du Getty Center et du LACMA ; les studios d'Hollywood ; une promenade à Venice Beach et Santa Monica ; les réalisations architecturales du Downtown ; une soirée trendy au bar The Standard.

ORGANISER SON TEMPS

Les temps de déplacement peuvent être assez longs, vu les distances. Si vous circulez en voiture, évitez les heures de pointe à cause des embouteillages *(voir « Nos adresses », p. 330 pour les astuces).* Pour établir le programme de vos sorties, reportez-vous au *LA Weekly (voir « Nos adresses », p. 331).*

Vue de nuit des gratte-ciel de Los Angeles.
B. Fraunfelter / fotolia.com

Mégapole atypique à la réputation sulfureuse, Los Angeles fascine dès le premier abord par son gigantisme : une succession interminable de quartiers et de banlieues juxtaposés, un tissu urbain ininterrompu sur plus de 10 500 km², un impressionnant réseau autoroutier, près de 18 millions d'habitants, 140 nationalités et une centaine de langues différentes… L'agglomération se présente comme un vaste jardin, d'où seuls émergent les gratte-ciel de Downtown. Ultime étape de la conquête de l'Ouest, la ville continue de cristalliser des rêves de prospérité dont Hollywood n'est pas le moindre. Vieille d'un siècle seulement, elle est animée d'une énergie créatrice, qui en a fait le deuxième pôle économique du pays, et d'une vitalité culturelle symbolisée par ses fantastiques musées.

S'orienter

L'agglomération de Los Angeles occupe une plaine côtière bordée de montagnes sur ses franges septentrionales et orientales. Pas moins de 72 miles de littoral délimitent l'ouest de la mégalopole, où se succèdent les stations balnéaires, de **Malibu** au nord à **Long Beach** *(voir « Activités », p. 339)* au sud en passant par **Santa Monica** *(voir p. 323)* et **Venice** *(p. 327)*.

Dans la toile des autoroutes desservant l'agglomération, un nœud se dessine à **Downtown**, le centre-ville historique, où voisinent les plus anciennes demeures en adobe et les gratte-ciel du quartier des affaires et du centre administratif. À sa périphérie se sont établies les communautés asiatiques : le discret **Chinatown** au nord, le dynamique **Little Tokyo** à l'est, et **Koreatown** le branché, à l'ouest. Également à l'ouest, le long de **Wilshire Boulevard**, se succèdent des musées, dont l'imposant musée d'Art du comté de Los Angeles (LACMA).

Dans un rayon plus large, au nord et à l'ouest du centre-ville, cohabitent des enclaves au caractère bien distinct, comme **Pasadena** *(voir p. 344)*, chargée d'histoire et de culture, **Hollywood** *(voir p. 312)*, qui reste emblématique d'une époque même si le quartier est un peu défraîchi, **West Hollywood** *(voir p. 317)*, le quartier gay et branché, qui concentre un grand nombre de musées et de boutiques ; enfin la luxueuse **Beverly Hills** et les collines très exclusives de Bel Air, de **Westwood** et de **Brentwood**, dans le voisinage desquelles se dresse le célèbre Getty Center *(voir p. 326)*. Au sud de Downtown, à l'est de l'aéroport, **South Central Los Angeles** abrite les quartiers majoritairement noirs, notamment ceux de Hawthorne et de Watts, tristement célèbres pour leurs émeutes sanglantes. Enfin, à l'est, **East Los Angeles** regroupe la communauté d'origine mexicaine la plus grande hors du Mexique.

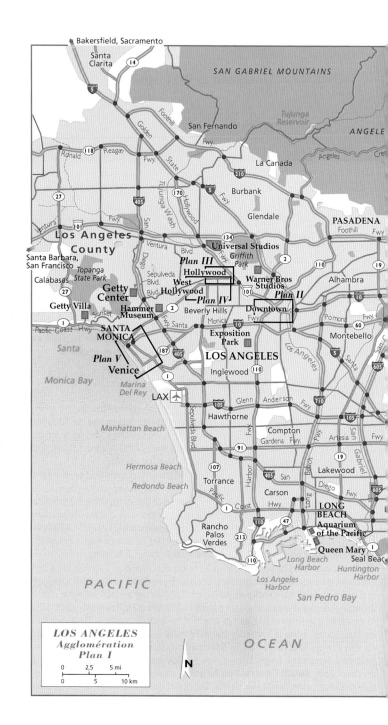

LOS ANGELES
Agglomération
Plan I

0   2,5   5 mi

0   5   10 km

★★ Downtown L.A. Plan II

Comptez 2 jours.

Souvent critiquée pour son morcellement extrême, la ville de Los Angeles comprend néanmoins un vrai centre, au croisement des Highways 101 et 110, où s'élève une forêt de gratte-ciel dominant les quartiers alentour. Les immeubles de brique édifiés au début du 20e s. dans le « vieux » Downtown côtoient les buildings aux lignes épurées, construits à partir des années 1960. Centre financier et quartier des affaires, Downtown est très animé pendant la journée, mais ses grandes artères se vident dès la nuit venue. Au nord de Financial District et de Civic Center, le quartier administratif, El Pueblo, aux airs de piège à touristes, constitue néanmoins le berceau historique de la ville.

★★ BUNKER HILL ET FINANCIAL DISTRICT BC2/3

Bâti à la fin du 19e s. par l'homme d'affaires Prudent Beaudry, Bunker Hill fut jusque dans les années 1920 un quartier résidentiel huppé. Sévèrement dégradé au cours des décennies suivantes, il a été remanié et totalement reconstruit à partir des années 1960 pour accueillir le quartier des affaires de Los Angeles.

▶ *Débutez votre visite à la station de métro 7th St./Metro Center (intersection des lignes bleue et rouge), face au Visitor Center. Remontez Figueroa St. et prenez à droite dans 6th Street.*

Pacific Center B3

523 W. 6th Street. Vous ne pouvez manquer ce bâtiment, à l'étonnante façade néoclassique avec des colonnes d'allure corinthienne, uniques dans le quartier. Il a été construit (1908-1929) par les architectes John Parkinson et Edwin Bergstrom pour le compte de la Pacific Mutual Life Insurance Company.
Poursuivez votre chemin et prenez à gauche dans Olive Street.

★★ Biltmore Hotel B3

Il était, avec plus de 1 000 chambres, le plus grand hôtel de la ville lors de son ouverture en 1923. Rénové à plusieurs reprises, il a conservé les peintures murales et les plafonds exécutés par Giovanni Smeraldi, un artiste italien réputé pour ses œuvres inspirées de la Renaissance. Dans les vastes salons du rez-de-chaussée, des vases japonais et des meubles antiques parachèvent l'impression de luxe désuet. La convention démocrate de 1960, qui désigna John F. Kennedy comme candidat à la présidence, se déroula dans l'hôtel.

Pershing Square BC3

Au pied du Biltmore Hotel. Des concerts sont organisés dans le parc de juil. à sept., rens. ℰ 1-888 527 2757, www.laparks.org.
Ce square a perdu de sa superbe. Aménagé en 1866, le plus vieux parc de Los Angeles fut un temps un lieu de rendez-vous très prisé, mais un aménagement résolument moderne lui confère aujourd'hui un air un peu froid et triste.
Traversez la place pour rejoindre Hill Street. Descendez-la jusqu'à 7th Street.
Vous êtes au cœur du quartier des joailliers. Prenez à gauche pour gagner Broadway.

★★ Broadway C3

Cette avenue, qui n'est pas sans rappeler Hollywood et un âge d'or aujourd'hui révolu, connut son heure de gloire au début du 20e s. quand une quinzaine de théâtres et de cinémas fleurirent dans le quartier, dont le Million Dollar

Theater de Sid Grauman (1918), où se tenaient les grandes avant-premières. Les cartes postales de l'époque nous permettent d'imaginer quelque peu l'ambiance qui régnait alors, les trolleys dévalant la chaussée, la foule des employés se pressant sur les trottoirs et dans les grands magasins alentour. Dès les années 1920, Broadway fut cependant supplantée par Hollywood, développé sous l'impulsion du même Sid Grauman.

Aujourd'hui, Broadway aligne ses imposants buildings historiques un peu décatis et ses salles de spectacle aux affiches de moindre qualité. Et pourtant… Malgré son prestige envolé et ses trottoirs colonisés par des boutiques sans grand intérêt fréquentées par des chercheurs de rêve, le charme opère encore. Certainement la nostalgie d'un glorieux passé, celui d'une certaine puissance de l'Amérique.

Clifton's Brookdale – *648 Broadway. Tlj 6h30-19h30.* Cette cafétéria à la décoration kitschissime, dans le style montagnard, avec ours, cascades et cerf empaillé, est depuis 1935 une institution dans le quartier.

Remontez l'avenue jusqu'au marché central.

★ **Grand Central Market** C3

317 S. Broadway, ℰ (213) 624 2378, www.grandcentralsquare.com. Tlj 9h-18h.
Il se devine à peine derrière les premières enseignes lumineuses qui scintillent dans la pénombre. Depuis 1917, il règne sous cette grande halle une animation incroyable, pimentée d'une certaine promiscuité qui se rencontre rarement dans les magasins américains.

À l'intérieur, une profusion d'étals de produits frais, de viandes et de poissons, d'épices et de fleurs colorées voisinent avec de petits stands qui proposent une cuisine variée et bon marché.

À gauche en entrant, vous pouvez également observer une fabrique de tortillas. Vous êtes plongé dans une atmosphère cosmopolite, où se côtoient de vieux Mexicains venus faire leur marché, des Asiatiques affairés à faire frire nouilles et légumes, et les employés des bureaux du quartier en quête d'un déjeuner *(si vous souhaitez manger ici, commandez au stand de votre choix et allez vous attabler dans Market Court, à l'extérieur du marché, sur Hill St.).*

Sortez du côté de Hill Street, face au funiculaire.

Angels Flight Railway C3

Tlj 6h30-22h (25 cents la montée). Mis en service en 1901, le plus petit funiculaire du monde, dont les deux wagons gravissent 96 m de dénivelé de la colline de Bunker Hill (33 % de déclivité !) pour déboucher sur la California Plaza, permettaient aux habitants des beaux quartiers de se rendre dans les artères commerçantes, d'affaires et de loisirs de Spring St., Hill St. et Broadway. Démantelé et rénové en 1969, il a été fermé de 2003 à 2007 après un accident.

★★ **California Plaza** C2

L'amphithéâtre de la plaza, ensemble conçu en 1983 et achevé dix ans plus tard, est un lieu fort apprécié des visiteurs et des employés des bureaux voisins qui viennent ici se détendre ou siroter leur café en terrasse *(concerts, spectacles de danse les soirs d'été, rens. : ℰ (213) 687 2159, www.grandperformances. org).* En bas des marches, un bassin parsemé d'îlots fleuris sur lequel veille un ange aux larges ailes. L'arrivée à la sortie du funiculaire procure une sensation saisissante, celle d'être complètement dominé par les deux hautes tours jumelles de verre et d'acier qui encadrent l'esplanade, pourtant longtemps fustigées pour leur manque d'originalité.

Pour rejoindre le MOCA, au nord de California Plaza, empruntez à droite l'allée qui passe devant l'hôtel Inter-Continental.

4

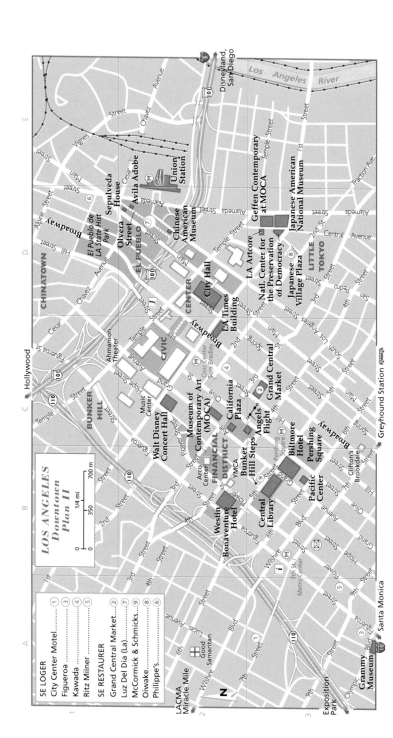

LOS ANGELES
Downtown
Plan II

0   350   700 m
0   1/4 mi

SE LOGER
City Center Motel........ ①
Figueroa .... ③
Kawada .... ④
Ritz Milner .... ⑤

SE RESTAURER
Grand Central Market.. ②
Luz Del Dia (La) .... ⑦
McCormick & Schmicks.. ⑨
Oiwake......................... ⑧
Philippe's..................... ⑥

★★ **Museum of Contemporary Art (MOCA)** C2

250 S. Grand Ave., ℘ (213) 626 6222, www.moca.org. Lun. et vend. 11h-17h, jeu. 11h-20h, w.-end 11h-18h, fermé mar.-merc. 10 \$, gratuit jeu. après 17h. Le billet donne accès, le jour même, au « MOCA at The Geffen Contemporary », situé dans Little Tokyo (voir p. 307), et au « MOCA at The Pacific Design Center », dans West L.A. (voir p. 322).

Le musée d'Art contemporain occupe un bâtiment en brique rouge surmonté d'une pyramide de verre conçu par l'architecte japonais Arata Isozaki. Des expositions tournantes permettent d'apprécier une collection riche de près de 5 000 œuvres (peintures, photos, sculptures) d'artistes de renommée internationale, tels Roy Lichtenstein, Mark Rothko, Robert Rauschenberg, Alberto Giacometti, Piet Mondrian, Andy Warhol, Jackson Pollock, Jean-Michel Basquiat et David Hockney.

Remontez Grand Ave.

★★ **Walt Disney Concert Hall** C2

111 S. Grand Ave., ℘ (213) 972 7211, www.musiccenter.org. Visites 10h-14h ou 10h30 s'il y a des concerts.

Vous ne pouvez manquer ce chef-d'œuvre architectural qui, de par son originalité, se détache complètement du paysage urbain. La structure étonnante de bois et d'acier a été dessinée par Frank Gehry et achevée après plus de 16 ans de travaux. Le design, précurseur du musée Guggenheim de Bilbao (Espagne), se veut inspiré de la nature : voiles gonflées par le vent à l'extérieur, ventre de baleine entourant le lobby, arbres pour colonnes, tissu à fleurs sur les sièges de l'auditorium, forêt des 6 125 tuyaux de l'orgue…

Les **jardins★** au 2e étage, dessinés par Melinda Taylor, offrent une très belle vue sur L.A. Les arbres, qui y fleurissent tout au long de la saison des concerts, sont organisés autour de la **Rose for Lilly**, sculpture de Gehry composée des éclats de 200 vases de porcelaine. Part du **Music Center** qui se poursuit de l'autre côté de 1st St., le hall est le siège de l'Orchestre philharmonique et du Chœur de Los Angeles.

Redescendez Grand Avenue sur le trottoir d'en face pour rejoindre la California Plaza, puis traversez à hauteur du Wells Fargo Center. Gagnez ainsi la tour carrée de l'Arco Center et obliquez à gauche dans Flower Street.

4

★ **Westin Bonaventure Hotel** B2

Au croisement de Hope St. et de 4th St. *(souterraine)*, vous apercevez à l'ouest les cinq tours cylindriques de cet immense hôtel construit en 1978. Il compte 1 368 chambres et a été conçu selon un plan atypique. N'hésitez pas à vous aventurer à l'intérieur *(une galerie marchande et des restaurants occupent les six premiers étages)* et à emprunter, si vous avez le cœur bien accroché, les ascenseurs vitrés qui donnent une superbe vue sur la ville (les rouges vont plus haut, les jaunes sont ceux de la scène finale du film *True Lies* avec Arnold Schwarzenegger).

Revenez sur Hope Street et prenez à droite la rue bordée d'arbres qui descend vers les escaliers de Bunker Hill (dans le virage).

Les charmantes marches des **Bunker Hill Steps★** (B3) conduisent à la bibliothèque municipale, dont vous apercevez la façade Art déco à travers les feuillages.

★ **Central Library** B3

630 W. 5th St., ℘ (213) 228 7000. Mar. et jeu. 12h30-20h, merc., vend. et sam. 10h-17h30. Fermé lun. et dim. Vous pouvez emprunter une brochure descriptive au bureau d'information dans le hall.

Construite en 1926, elle est surmontée d'un toit pyramidal décoré d'une superbe **mosaïque** scintillante, figurant un soleil. Dévastée par deux incendies en 1986, la bibliothèque a été totalement restaurée depuis, mais les décorations murales d'origine ont été préservées. Passé les portes, vous parvenez dans le hall central. Au 2ᵉ étage, une grande rotonde surplombe une **fresque** (1932) qui raconte quatre grandes étapes de l'histoire californienne : la découverte, les missions, l'arrivée des Anglais et le début des arts et de l'industrie. La partie est, Bradley Wing, s'organise autour d'un vaste atrium orné de sculptures monumentales et de trois lustres étonnants pesant chacun une tonne !

Sortez par Hope Street et descendez jusqu'au croisement de Olympic Blvd que vous prendrez à droite.

★★ **Grammy Museum** (A3)

800 West Olympic Blvd, ℘ (213) 765 6800, www.grammymuseum.org. Lun.-vend. 11h30-19h30, sam.-dim. 10h-19h30. 12,95 $.

👥 Un endroit étonnant qui a vocation à retracer l'histoire de la musique aux États-Unis. Si les premiers pas dans le musée peuvent laisser penser à une célébration trop ostentatoire des Grammy Awards (équivalent plus « spectaculaire » de nos Victoires de la Musique), la suite laisse une tout autre impression. De l'explication des différents styles musicaux à l'exploration des courants et des artistes qui ont fait la musique américaine, le panorama est assez complet. John Lennon reçoit également un hommage appuyé en ayant des parties entières consacrées à sa vie et à son œuvre. Affiches, bornes sonores, photos et vidéos égayent la visite.

Mais la richesse du musée réside dans ses nombreux ateliers interactifs : le visiteur peut ainsi prendre part, dans un véritable studio, à la participation d'un enregistrement, s'isoler dans des cabines pour apprendre à mixer des morceaux ou à produire des chansons… Avis aux familles, les parents seront charmés et les enfants conquis.

Revenez sur Hope Street jusqu'au métro à l'angle de 7th St.

★ **CIVIC CENTER ET LITTLE TOKYO** Plan II C2-D2/3

Civic Center, le quartier administratif, regroupe les bureaux des instances dirigeantes de la ville, ainsi que celles du comté, de l'État, et même du gouvernement fédéral, dont c'est le deuxième plus grand centre après Washington DC.

▶ Débutez votre visite à la station de métro Civic Center (ligne rouge) et empruntez 1ˢᵗ St. vers l'est jusqu'à l'angle avec Broadway St.

★★ **Los Angeles Times Building** C2

202 W. 1ˢᵗ St. Lun.-vend. 7h-15h. Visite guidée de l'immeuble et, sur demande, ℘ (213) 237 5757, de l'Olympic Manufactory Plant, l'imprimerie du journal (2000 E. 8ᵗʰ St.).
Cet immeuble imposant abrite les bureaux du grand quotidien de la ville depuis 1935. Sa large façade blanche percée de hautes fenêtres est surmontée de l'une des rares horloges encore en fonctionnement dans Downtown. Le style Art déco s'exprime dans la majestueuse entrée en marbre rosé. N'hésitez pas à franchir ses portes vitrées pour jeter un œil au vaste hall, dans lequel une exposition retrace l'histoire du journal à travers ses unes les plus célèbres.

En sortant, remarquez sur la droite un immeuble similaire mais plus élevé et plus effilé, le **City Hall★**(D2), qui abrite le conseil de la ville depuis 1928 *(fermé au public)*. Symbole du pouvoir municipal, il a été protégé par décret pendant plusieurs décennies afin qu'aucun gratte-ciel ne puisse dépasser ses 27 étages.

Poursuivez votre chemin sur 1ᵉʳ St. pour rejoindre **Little Tokyo** *(depuis la station de métro de 7ᵗʰ St., prenez le bus DASH A en semaine et le DASH DD, pour Downtown Discovery, le w.-end).*

★ Little Tokyo

307 E. 1ˢᵗ St. Surtout destiné à renseigner les habitants ou les touristes japonais, ℘ (213) 613 1911. Lun.-sam. 10h-18h.

Les premiers immigrants japonais débarquèrent à Los Angeles à la fin du 19ᵉ s., où ils fondèrent ce quartier. Little Tokyo fut fortement ébranlé au cours de la Seconde Guerre mondiale du fait des déportations massives de Japonais vers les camps de détention, et il ne reste que très peu d'édifices du début du siècle, mis à part les quelques bâtiments en brique de 1ˢᵗ Street, entre San Pedro Street et Central Avenue. Depuis 1977, Little Tokyo a retrouvé son dynamisme industrieux et la plupart des 200 000 personnes que compte aujourd'hui la communauté japonaise de L.A. sont installées dans ce quartier où sont rassemblés nombre de commerces et d'institutions financières et culturelles.

Remontez 1ˢᵗ Street vers l'est jusqu'à Central Avenue. Au croisement des deux rues s'étire une vaste esplanade sur laquelle voisinent deux musées.

★ **Japanese American National Museum** (D3), *369 E. 1ˢᵗ St., ℘ (213) 625 0414, www.janm.org. Tlj sf lun. 11h-17h (20h jeu.). 9 $, gratuit le jeu. de 17h à 20h et le 3ᵉ jeu. de chaque mois.* Dans un beau bâtiment de verre circulaire, ce musée est consacré à la culture nippone aux États-Unis. Le chapitre dédié à la Seconde Guerre mondiale est particulièrement émouvant. Le musée accueille des expositions variées et propose un programme d'ateliers, pour les enfants et les familles.

National Center for the Preservation of Democracy (D3) – *111 N. Central St. ℘ (213) 830 1880, www.ncdemocracy.org. Sam. 11h-14h et sur RV du mar. au vend.* Il s'agit d'un lieu d'échanges et de réflexion sur la démocratie et la place des minorités aux États-Unis.

★★ **The Geffen Contemporary at MOCA** (D3) – *152 N. Central Ave., ℘ (213) 626 6222, www.moca.org. Lun. et vend. 11h-17h, jeu. 11h-20h, w.-end 11h-18h. 10 $, gratuit jeu.* Aménagé dans d'anciens entrepôts, un peu en retrait de 1ˢᵗ Street, cet édifice accueille, comme le MOCA de la California Plaza *(voir p. 305)*, des expositions d'art contemporain.

Au bout du parking, en face, un bâtiment accueille un théâtre et une petite galerie d'art. **L.A. Artcore** *(merc.-dim. 12h-17h, vend. 17h-21h. Gratuit)* tente de promouvoir des créateurs locaux aux influences variées et de créer des passerelles avec des artistes du monde entier.

Au sud de 1ˢᵗ Street, une énorme porte en bois marque l'entrée de la **Japanese Village Plaza**★, une petite rue piétonne animée où sont concentrés tous les restaurants du quartier.

4

UNE POPULATION DE 7 000 MISÉREUX

Skid Row, le quartier de Downtown Los Angeles, est connu pour abriter l'une des plus grandes populations de *homeless* des États-Unis, et peut-être du monde occidental. La plupart des associations de secours aux SDF ont leurs QG dans ces rues entre 3ʳᵈ et 7ᵗʰ, et Alameda et Main. Si vous vous aventurez à l'est de Downtown (c'est déconseillé, surtout après le coucher du soleil), vous ne verrez pas de pancarte identifiant le quartier… L'évidence est dans les alignements de logements de fortune, tentes et boîtes en carton, et l'odeur de misère.

★★ **EL PUEBLO DE LOS ANGELES** Plan II D1/2-E2

⏩ *Comptez 2h. Pour rejoindre El Pueblo en métro, empruntez la ligne rouge et descendez à Union Station. Il est également desservi en semaine par le DASH B et le w.-end par le DASH DD. 845 N. Alameda St. Le « village » d'Olvera St. est accessible tlj de 5h à 22h30.*

🏠 *Avila Adobe, tlj 9h-16h.*

★★ Union Station D/E2

La superbe gare ferroviaire de L.A. occupe un imposant bâtiment blanc couvert de tuiles rouges, apparenté au style néocolonial espagnol. Achevée en 1939, elle conserve un hall somptueux, baigné de lumière, orné de mosaïques de marbre, de magnifiques lustres et de larges fauteuils en cuir et en bois vernis. Entourée de jardins, Union Station dégage une tranquillité étonnante, peu conforme au tumulte rencontré dans la plupart des grandes gares ferroviaires.

Traversez Alameda St. et empruntez Los Angeles St. jusqu'à la place qui marque le cœur d'El Pueblo.

★ Olvera Street D2

La trentaine de bâtiments protégée de ce site historique, dont Olvera Street constitue l'axe principal, date pour la plupart de la seconde moitié du 19e s. Ils ont été édifiés près de l'emplacement où les premiers colons espagnols fondèrent un village en 1781. Ce dernier avait alors pour charge de procurer nourriture et vêtements aux missions et aux forts *(presidios)* établis en Californie pour contrer d'éventuelles incursions russes et anglaises. Le village prospéra mais, après le grand boom démographique des années 1880, l'activité de L.A. se recentra plus au sud, aux abords de Pershing Square, et le quartier fut laissé à l'abandon jusqu'à la fin des années 1920. Réhabilitée en 1930 à l'initiative de Christine Sterling, une passionnée d'histoire qui se battit pour empêcher la démolition des vieux bâtiments, Olvera St. fut transformée en village mexicain afin d'attirer les touristes et redonner vie au berceau de la ville.

Sur la large place couverte de figuiers touffus, l'ambiance indolente et les senteurs de fleurs vous invitent à vous enfoncer plus avant dans Olvera St., une allée piétonne envahie de petites échoppes en bois coloré, regorgeant de poteries, de peintures, de souvenirs kitsch et de sacs en cuir mexicains.

De l'autre côté de la place, l'église **Nuestra Senhora Reina de Los Angeles** (1781), reconnaissable à sa façade jaune, est un lieu de rassemblement et de prière pour la communauté mexicaine. Agréable cour ombragée qui permet d'échapper quelque temps au soleil.

Rentrez dans Olvera Street. À 50 m sur la droite, vous parvenez aux abords d'une maison blanche en adobe précédée d'un porche en bois.

Avila Adobe – *Tlj 9h-16h. Gratuit.* La plus ancienne habitation de Los Angeles (1818) a été aménagée en demeure californienne des années 1840. La cour intérieure, où poussent toujours cactus, citronniers et orangers, était le foyer de l'activité familiale ; elle servait à la fois d'atelier, de cuisine et de jardin. Les pièces de la maison conservent un mobilier d'époque et un petit musée.

Sepulveda House – *De l'autre côté de la rue. Fermé lors de notre dernière visite, dans le cadre d'un programme de conservation des fresques murales.* Elle témoigne d'un syncrétisme propre à la Californie, mélange d'architectures mexicaine et américaine. Reconstruite en 1887 dans un style victorien, la maison était alors divisée en deux parties, avec une boutique ouvrant sur Main St. et les habitations donnant sur Olvera St. La cuisine et la chambre reflètent le style des années 1890.

Chinatown D1

Au nord d'El Pueblo, de l'autre côté de Cesar Chavez Ave.

Le quartier de **Chinatown** est entièrement financé et contrôlé par les Chinois de Los Angeles. Le vieux Chinatown a été détruit lors de la construction de la gare Union Station, seules subsistent quelques rues commerçantes peu pittoresques. Le quartier possède toutefois quelques bâtiments hauts en couleur le long de Broadway, passé College St., aux abords de l'Easy Gate.

Chinese American Museum (D2) – *425 N. Los Angeles St., en face de l'entrée d'Olvera Street, de l'autre côté de la place, ℘ (213) 485 8567, www.camla.org. Mar.-dim. 10h-15h. Gratuit mais donation attendue. Lors de notre dernière visite, des aménagements étaient en cours et le musée devrait subir d'importants changements dans les mois à venir.* Un rappel de l'histoire et de l'évolution de l'immigration chinoise à L.A., à travers des panneaux et de nombreux (et beaux) objets. Le musée présente également des expositions temporaires, consacrées à l'immigration en général, à travers des œuvres contemporaines et politiques d'artistes sino américains et étrangers.

EXPOSITION PARK Plan I

▶ *Au sud-ouest de Downtown par la Hwy 110, sortie Exposition Blvd. Le bus DASH F qui passe par 7ᵗʰ St. longe le boulevard.*

Le Parc des expositions de Los Angeles accueillit en 1913 un hall d'exposition et le County Museum of History, Science and Art. En 1923 fut ouvert le **Los Angeles Memorial Coliseum,** où eurent lieu en 1932 et en 1984 les Jeux olympiques. Depuis, le nombre de musées a augmenté et un autre stade a été construit, faisant du Parc un lieu culturel et sportif vivant, près de l'université de Californie du Sud.

★★ Natural History Museum

900 Exposition Blvd, ℘ (213) 763 3466, www.nhm.org. Tlj 9h30-17h. 9 $, gratuit le 1ᵉʳ vend. du mois.

Créé à partir du premier musée du Parc, le Muséum d'histoire naturelle du comté de Los Angeles regroupe des collections riches et variées. L'exposition sur les dinosaures est la plus impressionnante, présentant des squelettes complets : du **Mamenchisaurus★★**, l'espèce de dinosaures à l'échine la plus large, au très rare requin **Megamouth★★** en passant par le classique **Tyrannosaurus rex.** Le musée comprend aussi au 1ᵉʳ étage plusieurs halls consacrés à l'anthropologie : l'**Ancient Latin America Hall★** regroupe des vases, figurines et ornements des sociétés anciennes d'Amérique du Sud et centrale ; **Zuni Fetishes** présente des sculptures des Indiens du Sud-Ouest ; enfin, **Lando Hall of California History★** suit la chronologie de l'histoire du Sud-Ouest américain du 16ᵉ s. aux années 1940 selon 12 thèmes (les Indiens, la compétition internationale, le 31ᵉ État, la mer et l'air…). Également un **Hall of Gems & Minerals★★** mondialement reconnu.

★ California Science Center

700 State Drive, ℘ (323) 724 3623, www.californiasciencecenter.org. Tlj 10h-17h. Gratuit.

Composé de l'**Aerospace Museum★** et de l'IMAX Theater, ce centre présente scientifiquement les découvertes et évolutions technologiques : les expositions de **Creative World★** expliquent les progrès des communications, constructions et transports à travers les exemples de l'imagerie numérique, des véhicules solaires et des normes parasismiques ; la galerie **World of Life★** aborde la connaissance du vivant (de l'homme à la cellule) par les thèmes de

4

La Cité des Anges

DE MODESTES DÉBUTS

Un site prometteur

Juan Rodriguez Cabrillo fut vraisemblablement le premier étranger à arriver en vue de la côte de Los Angeles en 1542, mais c'est l'expédition du capitaine Gaspar de Portolá, en 1769, qui attira l'attention sur le site de la future « cité des Anges », une large vallée boisée, traversée par une rivière et habitée par des Indiens accueillants. Il réussit à convaincre le gouverneur de haute Californie de demander au roi d'Espagne la permission d'y établir un village. El Pueblo de la Reina de Los Angeles (le village de la Reine des anges) vit ainsi le jour en 1781, sur un site proche du Pueblo d'aujourd'hui. Il accueillit onze familles, d'origine indienne, espagnole ou noire, dont le rôle était d'assurer l'approvisionnement des forts installés sur la côte. La population s'élevait à 139 habitants en 1790 ; on en comptait 315 dix ans plus tard.

UNE VILLE ESPAGNOLE

Quand en 1821 le Mexique gagna son indépendance, El Pueblo était déjà la ville la plus importante de la région. Elle passa sous domination mexicaine jusqu'en 1848, date à laquelle les Américains remportèrent la guerre et les territoires disputés aux Mexicains. Deux ans plus tard, le comté de Los Angeles était institué, peu avant la création de la ville de Los Angeles et l'entrée de la Californie dans l'Union. Durant cette période, la Californie vit affluer les chercheurs d'or. Quelques Américains ambitieux épousèrent les filles de grands propriétaires de ranchs mexicains, mais la culture de la ville resta en majorité hispanique. Les périodes de sécheresse du début des années 1860 causèrent la perte de 70 % du bétail, qui assurait la richesse de l'économie du sud de la Californie. Les terres passèrent aux mains d'entrepreneurs venus de San Francisco, liés à l'industrie des chemins de fer.

LE TERMINUS DES TRAINS

Le boom immobilier…

Après l'ouverture de la ligne ferroviaire Los Angeles-San Francisco en 1876, la compagnie Southern Pacific inaugura au début des années 1880 la première liaison transcontinentale. Elle était alors concurrencée par la compagnie Santa Fe, avec laquelle s'engagea une guerre commerciale. La Californie était célébrée, à grand renfort de publicité, comme une région ensoleillée où il faisait bon vivre et où les terres abondaient. Avec l'arrivée d'immigrants du Midwest et de la côte Est, la population passa de 11 000 habitants en 1880 à 50 000 en 1890. La spéculation immobilière battait alors son plein.

… même aux alentours

En 1887, Harvey Wilcox acheta des terres sur lesquelles il imagina une ville où des demeures cossues de style victorien s'aligneraient au milieu des vergers. Il laissa à sa femme le soin de baptiser l'ensemble : Hollywood était né (le hameau fut rattaché à la ville de Los Angeles en 1910 afin de bénéficier de l'acheminement d'eau). De même, en 1892, Venice naquit sous l'impulsion d'Abbot Kinney, qui acquit une partie du littoral et y construisit des canaux et un parc de loisirs (Venice intégra Los Angeles en 1925).

LA VILLE FAIT SON CINÉMA

Une cité moderne

Au tournant du siècle, la ville entreprit les grands travaux qui s'imposaient : la construction d'un aqueduc, l'agrandissement du port et l'élaboration d'un système de transport public fonctionnant à l'électricité. Les premières voitures firent leur apparition, phénomène déterminant pour une cité construite sur le modèle de la propriété individuelle : en 1904, on recensait à Los Angeles 1 600 véhicules, et en 1925 la ville comptait le taux d'automobiles par habitant le plus élevé du pays.

La capitale du cinéma

Dès les années 1920, l'**industrie du cinéma** s'installa à Hollywood et devint un véritable pouvoir économique régional. Les professionnels délaissèrent New York pour Los Angeles, où ils bénéficiaient de conditions naturelles exceptionnelles et d'une importante main-d'œuvre. De nombreuses entreprises vinrent s'y installer, comme Ford, qui choisit la ville pour construire sa première usine d'assemblage dans le Sud californien. Les années 1920 connurent un afflux important d'émigrés mexicains. En 1924, Los Angeles atteignait le million d'habitants, dont, fait notable, 43 000 agents immobiliers !

LA GRANDE DÉPRESSION ET LA REPRISE DE L'APRÈS-GUERRE

Les années qui suivirent le krach de 1929 n'épargnèrent pas Los Angeles. Durant cette période de crise où le chômage allait croissant, des Mexicains furent massivement reconduits dans leur pays. Des brigades furent envoyées à la frontière du Nevada pour empêcher l'entrée en Californie des sans-emploi venus des régions de l'Est, qui voulaient fuir la misère et pensaient trouver dans l'Ouest un Eldorado.

Dans les années 1940, Los Angeles retrouva un nouveau souffle avec les industries de guerre, particulièrement dans l'aéronautique. Les vagues d'immigration reprirent et la population atteignit 2,4 millions d'habitants en 1960.

UNE MÉTROPOLE COSMOPOLITE

Depuis le milieu des années 1980, les terres disponibles se sont faites plus rares mais la ville n'en a pas moins continué de croître : avec plus de 3,8 millions d'habitants, c'est aujourd'hui la deuxième plus grande ville des États-Unis. Métropole cosmopolite s'il en est, Los Angeles compte une importante **communauté hispanique** (46,5 %) devenue la plus importante de la ville, devant les Blancs d'origine non hispanique (29,7 %), les Noirs (11,2 %) et les Asiatiques (10 %). Elle demeure toutefois prisonnière de son découpage en banlieues communautaires qui attisent les tensions et les ressentiments.

Les quartiers noirs de South Central L.A., qui avaient déjà connu des émeutes sanglantes en 1965 (34 morts à Watts) après une affaire de brutalité policière, s'enflammèrent à nouveau en 1992 lors de l'**affaire Rodney King** (plus de 50 morts et 1 milliard de dollars de dégâts), lorsque furent acquittés des policiers blancs, filmés par une caméra amateur en train de passer à tabac un automobiliste noir.

À Los Angeles, la plus grande richesse côtoie l'extrême pauvreté. Néanmoins, la cité n'en finit pas d'exercer une réelle fascination auprès des candidats du « tout est possible », attirés par les feux de l'industrie cinématographique ou de la réussite, présumée facile, dans un endroit qui reste un mythe vivant.

l'énergie, des déchets, des défenses naturelles et de l'information génétique ; l'**Air and Space Gallery** présente le fonctionnement des avions et les enjeux de l'aérospatiale, de la survie de l'homme dans l'espace au suivi des missions sur les autres planètes. L'**IMAX Theater** *(8,25 $)*, cinéma en 3D, comporte une exposition expliquant le mécanisme du film en 3D.

California African American Museum

600 State Dr., ☎ *(213) 744 7432, www.caamuseum.org. Mar.-sam. 10h-17h, dim. 11h-17h. Gratuit.*

Ouvert en 1984, le musée dessiné par les architectes Vince Proby et Jack Heywood a été rénové en 2001. Il présente peintures, sculptures et vidéos d'artistes du 20e s. illustrant la vie des Afro-Américains aux États-Unis et leur place dans l'histoire et la culture californiennes. Expositions temporaires sur l'art, l'histoire ou la musique.

Avant de quitter le parc, faites un tour dans le **Rose Garden**, parmi les plus beaux de Californie. Seize mille rosiers y fleurissaient dès 1928.

★★ Hollywood Plan III

🔵 *Au nord-ouest de Downtown, en remontant Wilshire Blvd jusqu'à Highland ou La Brea, où vous prenez à droite, ou par l'Hollywood Fwy (US-101). En métro, descendez aux stations Hollywood & Vine ou Hollywood & Highland (ligne rouge).*

🔲 *6801 Hollywood Blvd Suite 104, dans le complexe Hollywood & Highland,* ☎ *(323) 467 6412, www.visitlanow.com. Tlj 10h-22h (dim. 19h).* Brochures, plans et horaires des lignes de bus, coupons de réduction pour les attractions et les hébergements. Français parlé. Une agence de voyages *(6231 Hollywood Blvd, près du Pantages Theater,* ☎ *(323) 469 9860)* fait aussi office d'*Information Center* (prospectus, excursions…).

Le nom d'Hollywood évoque le crépitement des flashs et les frasques des stars, mais seules les lettres blanches accrochées à une colline au nord du quartier n'ont pas pris une ride. La plupart des studios venus s'installer au début du 20e s. ont déménagé à Burbank ou dans la San Fernando Valley, et Hollywood Blvd n'est plus que l'ombre de ce qu'il fut. Nombre de ses édifices sont à l'abandon, remplacés par des boutiques de souvenirs destinés aux touristes qui se pressent sur les trottoirs pavés d'étoiles. À la nuit tombée, le quartier est hanté par des sans-logis. Malgré tout, un effort de préservation s'est traduit par la rénovation et la réouverture de salles de spectacle et par la construction d'un complexe destiné à la cérémonie des Oscars, à deux pas du lieu où s'est tenue la grande première de cette manifestation emblématique.

DES EMPREINTES DE LÉGENDE

Le soir de l'ouverture du Chinese Theater, alors que le ciment n'avait pas encore fini de sécher, l'empreinte laissée par une star empressée aurait donné l'idée à Sid Grauman, propriétaire du lieu, de demander à d'autres célébrités d'apposer leur marque. Une grande partie des empreintes qui ornent le trottoir appartiennent à des célébrités des années 1930 et 1940, mais elles voisinent avec celles de Clint Eastwood, Steven Spielberg, et même C-3PO et R2-D2, les robots de *La Guerre des étoiles*…

Le Walk of Fame, Hollywood.
dreamtours / imagebroker/Age Fotostock

★★ **HOLLYWOOD BOULEVARD** Plan III

⏵ *Comptez 2h. Les bus DASH parcourent Hollywood Blvd toutes les 30mn, du lun. au sam. (0,25 $). Le long du boulevard, des panneaux explicatifs annoncent certains édifices. Si vous désirez un plan des attractions, passez à l'office de tourisme du complexe Hollywood & Highland et commencez alors le circuit par la fin.*

⏣ **Bon à savoir** – La portion la plus intéressante de Hollywood Blvd s'étire sur 1 mile environ, entre La Brea Ave. et Vine St. L'itinéraire commence au milieu de ce segment.

★ **Jane's House**

Seule maison victorienne (1903) qui ait résisté aux promoteurs, elle témoigne de la période précédant l'arrivée de l'industrie du cinéma à Hollywood, quand la plaine était couverte de vergers et de cultures. Au tournant du 20ᵉ s., le propriétaire du terrain de Hollywood, un certain Harvey Wilcox, vendit des parcelles à des retraités du Middle West, qui y construisirent des villégiatures d'hiver. La demeure la plus célèbre de l'époque appartenait à un peintre français, Paul de Longpré *(plaque à l'angle de Hollywood Blvd et Cahuenga Blvd). En sortant de l'impasse, prenez à gauche sur Hollywood Blvd.*

Chaque mètre de l'artère dévoile une étoile du **Walk of Fame** (promenade des Célébrités). Ces plaques incrustées dans le trottoir rendent hommage aux grands noms du monde du spectacle. La première date de 1960 et célèbre l'actrice Joanne Woodward. Sachez toutefois que chaque heureux lauréat a dû s'acquitter d'une somme de 25 000 dollars pour voir son nom gravé sur les trottoirs de Hollywood. Une broutille pour la plupart.

Warner Pacific Theater

Après Wilcox Ave. Fermé à la visite.

Imposante façade dont l'enseigne bleue est en partie dissimulée par les arbres. Les deux tourelles métalliques qui encadrent le bâtiment servaient à transmettre des émissions de radio.

4

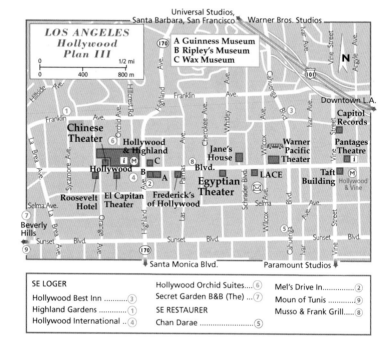

SE LOGER

Hollywood Best Inn .... ③
Highland Gardens .... ①
Hollywood International .. ④

Hollywood Orchid Suites.... ⑥
Secret Garden B&B (The) ... ⑦
SE RESTAURER

Chan Darae .... ⑤

Mel's Drive In............... ②
Moun of Tunis .... ⑨
Musso & Frank Grill..... ⑧

En traversant Ivar Ave., vous apercevez sur votre gauche les **lettres Hollywood**, dans le lointain. Installées en 1923 par un promoteur immobilier, elles disaient à l'origine « Hollywoodland ». Véritables emblèmes de la ville, elles sont interdites d'accès pour prévenir le vandalisme, le vol voire les actions désespérées.

Poursuivez jusqu'à Vine Street où se dresse la silhouette cylindrique du **Capitol Records**, un studio d'enregistrement construit en 1956 et figurant une pile de 45 tours. De l'autre côté de Hollywood Boulevard, observez l'imposant **Taft Building**, premier gratte-ciel du quartier, édifié en 1924.

★ **Pantages Theater**

6233 Hollywood Blvd, www.pantages-theater.com. Billetterie ouverte tlj à 10h.

Il se repère à son enseigne qui se détache de la façade. Premier cinéma entièrement conçu Art déco (1930), il est doté d'une entrée majestueuse, ornée de statues et de motifs dorés rehaussés par des lustres pittoresques. Il est également l'un des premiers à s'être adapté aux besoins du cinéma parlant, au milieu des années 1920. La cérémonie des Oscars y a élu domicile de 1949 à 1959.

Traversez Hollywood Blvd et remontez le boulevard dans le sens inverse.

★ **LACE**

Passé Wilcox Ave. 6522 Hollywood Blvd, ☏ (323) 957 1777, www.artleak.org. Merc.-dim. 12h-18h, jusqu'à 21h le vend. Gratuit.

N'hésitez pas à pousser les portes en verre opaque de cette surprenante galerie d'art contemporain. Vous pourrez ainsi vous isoler de la frénésie mercantile du boulevard tout en découvrant des expositions temporaires de qualité.

★★ Egyptian Theater

6712 Hollywood Blvd, www.americancinematheque.com.
Il est précédé d'une cour plantée de palmiers avec fresques et colonnes égyptiennes « à la mode hollywoodienne ». Pour son inauguration en 1922, l'édifice accueillit la première de *Robin Hood*, avec Douglas Fairbanks, ouvrant la voie à la tradition des grandes premières. Il abrite depuis 1998 la Cinémathèque américaine, qui organise des projections dans la très belle salle. *Forever Hollywood*, beau film réalisé à la gloire des hommes et des stars qui ont fait Hollywood, célèbre plus d'un siècle de cinéma *(55mn, horaires sur le site Internet. 7 $).*

★ Frederick's of Hollywood

6751 Hollywood Blvd. Lun.-sam. 10h-21h, dim. 11h-19h. Cette boutique de lingerie farfelue est un autre monument du boulevard. Frayez-vous un chemin parmi les petites culottes colorées pour jeter un œil au petit musée qui retrace l'histoire de la lingerie et expose des sous-vêtements de stars, dont le caleçon de Tom Hanks !

Angle Hollywood Blvd et Highland Ave.

Trois musées tapageurs étalent leurs devantures classées, tapissées de néons : le **Guinness World of Records Museum** *(6764 Hollywood Blvd, ℘ (323) 463 6433, www.guinnessattractions.com. Tlj 10h-0h. 16 $, 18 $ avec le Wax Museum)* met en scène les records du monde les plus fous ; le **Ripley's Believe It or Not** *(6780 Hollywood Blvd, ℘ (323) 466 6335, www.ripleys.com. Tlj 10h-0h. 15 $)* se targue d'être le musée de l'étrange et de l'absurde ; au **Hollywood Wax Museum** *(6767 Hollywood Blvd, ℘ (323) 462 8860, www.hollywoodwax.com. Tlj 10h-0h. 16 $, 18 $ avec le Guinness Museum)* les statues de cire attendent les visiteurs.

★ El Capitan Theater

6834 Hollywood Blvd. Le plus extravagant des palais du boulevard. Achevé en 1926, il combine le style espagnol colonial à l'extérieur et une décoration intérieure chatoyante. Reconverti en cinéma en 1942, il propose surtout des films pour enfants et organise diverses rétrospectives.

★★ Roosevelt Hotel

7000 Hollywood Blvd.
Édifié en 1927, il se dresse à l'intersection d'Orange Ave. Passez les portes de l'immense hall d'entrée décoré dans le style colonial espagnol. Les larges fauteuils invitent à la détente, au son d'une musique douce. Fondé par une pléiade de célébrités, dont Mary Pickford, Douglas Fairbanks et Louis B. Mayer, l'hôtel servit de cadre en 1929 à la première cérémonie de remise des Oscars. Rénové en 2005, ce palace (suite Marylin Monroe à plus de 2 500 $/nuit !) est connu pour ses raouts « select » autour de la piscine.
Traversez le boulevard.

★★ Chinese Theater

6915 Hollywood Blvd, ℘ (323) 464 8111. Visite guidée ttes les 30mn, 12,50 $.
Avec son toit recourbé, ses peintures murales et ses colonnes laquées, il fait aussi partie du paysage depuis 1927. Ce cinéma d'exception fut construit par Sid Grauman suite au succès de l'Egyptian Theater et rien n'a été laissé au hasard dans l'ornementation des lieux. Le spectacle est également à l'extérieur, tous les visages étant rivés sur le sol à la recherche des empreintes de pas et de mains laissées dans le ciment par plus de 170 stars.

4

Hollywood & Highland

La visite s'achève devant ce pharaonique complexe ouvert fin 2001. L'édifice est emblématique des efforts menés pour revaloriser le quartier. Il abrite le *Visitor Center*, un grand hôtel, des boutiques, des restaurants et une salle de spectacle, le **Kodak Theater**, qui accueille la cérémonie des Oscars.

★ **LES STUDIOS DE CINÉMA** Plan I/III

★ **Paramount Studios** Plan III

Au sud de Hollywood. 20mn en bus. De Hollywood Blvd, le n° 210 descend Vine St. jusqu'à Melrose Ave., où il faut changer pour le n° 10 (trottoir d'en face) ou marcher vers l'est jusqu'à Gower St. 5555 Melrose Ave. Réservation par téléphone au ℘ (323) 956 1777, www.paramountstudios.com. Visite guidée de 2h lun.-vend. à 10h, 11h, 13h et 14h. Âge min. : 12 ans. 40 $.

La célèbre arche où attendaient les acteurs en quête de gloire marque l'entrée des studios. La société Paramount s'installa ici en 1927, au début d'une décennie qui consacra l'âge d'or des studios : les productions s'enchaînaient alors à un rythme effréné et les cinq grandes compagnies sortaient à elles seules un film par jour. Aujourd'hui, Paramount travaille à 90 % pour la télévision. Une reconversion réussie mais surtout nécessaire depuis que l'industrie du cinéma a délaissé Hollywood, pour la San Fernando Valley notamment. Elle revient néanmoins chaque année pour la grand-messe des Oscars, au Kodak Theatre de Hollywood.

Une grande agitation règne dans les allées où se croisent voiturettes chargées de bobines, menuisiers outils en main et acteurs répétant leur texte. L'illusion des **décors sur pied** qui figurent Londres, Paris ou New York est parfaite. Une quantité impressionnante d'objets et de mobilier soigneusement étiquetés sont stockés dans la réserve des studios, où la production vient, selon ses besoins, louer une commode Louis XIV ou un ordinateur des années 1980.

★★ **Universal Studios** Plan I

100 Universal City Plaza, Universal City. En voiture, à partir de Hollywood Blvd, remontez Highland Ave. vers le nord, empruntez la Hwy 101 N. et sortez à Universal Center Drive. Suivez ensuite les panneaux jusqu'au parking (12 $). En métro : ligne rouge jusqu'à la station Universal City, puis navette gratuite (ttes les 10-15mn) jusqu'à Universal CityWalk. Universal City, ℘ (407) 227 7840, www.universal studioshollywood.com. Été tlj 9h-20h, hiver jusqu'à 17h. Comptez env. 75 $ pour le pass une journée (réductions par Internet ou avec des coupons de l'office de tourisme). Plan en français, mais horaires des attractions uniquement sur l'édition anglaise.

Universal CityWalk est une rue piétonne où se succèdent restaurants et boutiques. Elle mène à la majestueuse entrée du parc d'attractions, qui abrite les studios proprement dits. La visite des **studios★★★**, qui s'effectue en bus *(départ continu dès 9h)*, offre l'occasion d'apercevoir l'envers des décors. Après ce circuit guidé, vous avez tout loisir de découvrir les **attractions** *(horaires sur le plan en anglais et les panneaux lumineux)*. Les amateurs de sensations fortes feront un tour dans les attractions les plus récentes : **Revenge of the Mummy★**, **Shrek : 4D★** (film en 4 dimensions !), **The Simpsons Ride★** et **King Kong★** (imaginé par Peter Jackson, en 3D à 360 degrés). Ne manquez pas la vue panoramique sur L.A. de l'esplanade située derrière le bâtiment de *Terminator* et profitez-en pour voir les décors à proximité. À l'extrémité ouest du parc, vous pouvez suivre la mise au point d'effets spéciaux dans les **Special Effects Stages** ou vous laisser porter sur les flots du **Jurassic Park Ride**.

BEVERLY HILLS, NAISSANCE D'UNE BANLIEUE LÉGENDAIRE

À l'époque du cinéma muet, en 1919, les stars Mary Pickford et Douglas Fairbanks achetèrent un terrain pour construire leur luxueuse villa « Pickfair » dans le lotissement conçu en 1907 par l'architecte paysager Wilbur D. Cook. Les larges rues bordées de palmiers, eucalyptus et acacias plurent à d'autres personnalités de l'industrie du cinéma, et la colonie était bien lancée quand, en 1928, Harold Lloyd et John Barrymore firent bâtir leurs somptueux domiciles. En un siècle, l'ancien site sacré des Indiens tongvas, qui l'appelaient « Le lieu où les eaux se réunissent » (*El rodeo de las aguas*, en espagnol), est devenu un « must » pour les Américains nouvellement riches et célèbres. La statue d'un Indien tongva au centre de la « fontaine électrique », à l'angle de Wilshire et Santa Monica, rend hommage à cette tribu.

Toute la journée, des minivans remplis de touristes sillonnent les rues de Beverly Hills et s'arrêtent devant les villas de stars… Ils rompent la monotonie ambiante, sous le regard indifférent des jardiniers mexicains qui entretiennent les demeures, seule population visible du quartier…

Rodeo Drive (*entre Wilshire Blvd et Santa Monica Blvd,* plan IV AB2-3*)* est l'une des plus célèbres (et riches) avenues du monde. Sur quelques centaines de mètres, joailliers, designers et couturiers proposent leurs dernières créations. Au 420, le magasin d'habillement masculin Bijan est le symbole de l'ultraluxe. Du Prince William à Jack Nicholson, en passant par Bill Clinton ou Barack Obama, chaque client dépense, paraît-il, en moyenne 100 000 $! Au niveau du 443, le très calme centre commercial Rodeo Collection dispose de boutiques évidemment très chic et d'une pâtisserie nommée, en toute modestie, « La Pâtisserie artistique » !

★ Warner Bros Studios Plan I

En voiture, remontez Cahuenga Blvd jusqu'à Barham et tournez à droite. Barham devient Olive. Les studios sont sur la droite. Continuez sur Olive, tournez à droite à Riverside, à droite à Avon puis à gauche sur Warner Blvd, jusqu'aux pancartes « VIP Tour Parking » (payant). 3400 Riverside Drive, Burbank, ☎ *(818) 972 8687, www2.warnerbros.com. 45 à 195 $ (réduction avec le coupon du Visitor Center). Été lun.-vend. 8h20-16h, hiver se renseigner. Visites guidées toutes les 20mn (comptez 2h30). Âge min. : 8 ans.*

La visite commence par un court film d'introduction à l'histoire de la Warner Brothers, puis on embarque vers les studios. Aujourd'hui, les plateaux servent surtout aux tournages de séries télé comme *Friends* et *Urgences*, même si des longs-métrages y sont encore produits (*Harry Potter, Spiderman*). Dans de vastes hangars sont entreposés les costumes, véhicules et meubles ayant servi dans des productions d'antan.

★★ West Hollywood et Westwood Plan IV

▶ *Pour rejoindre Santa Monica Blvd, l'axe central de cette partie de la ville, vous pouvez emprunter l'I-405 (San Diego Freeway), si vous venez de Venice ou Santa Monica (sortie Santa Monica Blvd, Rte 2 Est). Attention, les bouchons sont fréquents, demandez conseil aux locaux sur la meilleure route. En bus, le « Miracle Mile » est desservi par le MTA n° 217 (de Hollywood). Depuis Santa Monica, prenez la ligne de bus MTA n° 20 (1,50 $).*

🛈 *8687 Melrose Ave.* (Plan IV C2)*, Suite M-38,* ☎ *(310) 289 2525, www.visitwest hollywood.com.*

4

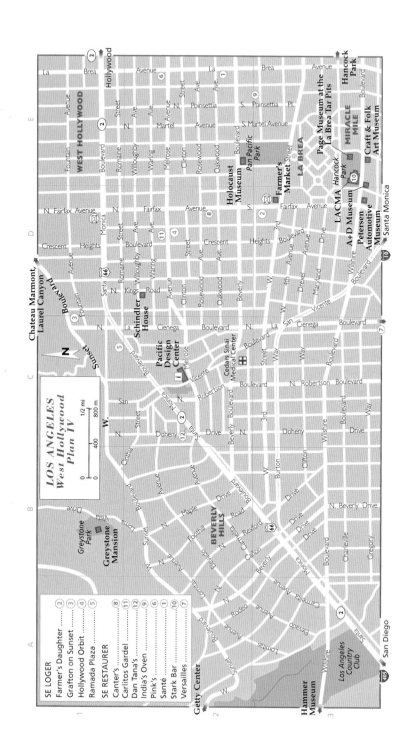

SE LOGER
Farmer's Daughter .... ②
Grafton on Sunset .... ③
Hollywood Orbit .... ④
Ramada Plaza .... ⑤

SE RESTAURER
Canter's .... ⑧
Carlitos Gardel .... ⑪
Dan Tana's .... ⑫
India's Oven .... ⑨
Pink's .... ⑥
Santé .... ①
Stark Bar .... ⑩
Versailles .... ⑦

LOS ANGELES
West Hollywood
Plan IV

La région de West L.A. est le moteur culturel et commercial de Los Angeles, avec les musées du Miracle Mile, les boutiques de haute couture de Rodeo Drive, les échoppes excentriques de Melrose Avenue et les fabuleuses villas sur les hauteurs de Beverly Hills. Le campus d'UCLA surplombe l'ensemble. West Hollywood, surnommé WeHo, et officieusement Boys'Town, offre des divertissements pour tous, à condition d'avoir au moins 12 ans. Certains seront attirés par le shopping, d'autres par les boîtes de nuit de Sunset Blvd, les férus de design apprécieront le quartier autour de la Baleine bleue, en particulier le Pacific Design Center.

Bon à savoir – Si vous voulez croiser des stars (mortes ou vives !), le site www.seeing-stars.com vous donnera toutes les combines. Vous aurez sans doute plus de chance en arpentant Malibu et à Beverly Hills !

Farmers Market (Plan IV DE3)
À l'angle de Fairfax et de la W. 3 rd St. Lun.-vend. 9h-21h, sam. 9h-18h, dim. 10h-19h.
Né en 1934 pour permettre à quelques producteurs locaux d'écouler viandes, fruits et légumes, le concept du Farmers Market a bien évolué avec le temps. Si quelques bouchers et primeurs subsistent, ce sont surtout les stands de cuisine du monde qui attirent les visiteurs dans ce marché à ciel ouvert. Les stars locales se nomment *A Gombo-Pot*, un restaurant de cuisine cajun-créole qui propose notamment de l'alligator en sauce (épicée !) et *Mr Marcel*, fier de mettre en avant ses soupes, vins et fromages.

THE MIRACLE MILE Plan IV D3

▶ *Les bus 20 et 21 desservant 7th St. empruntent Wilshire jusqu'au LACMA.*
La portion de Wilshire Boulevard comprise entre La Brea et Fairfax compte également de nombreux musées. Son surnom date des années 1930, quand l'entrepreneur A.W. Ross réussit le pari d'installer des bureaux et des commerces sur ce bout de rue désert.

★★★ Los Angeles County Museum of Art (LACMA) E3
Comptez 3 à 5h. 5905 Wilshire Blvd, ✆ (323) 857 6000, www.lacma.org. Lun., mar., jeu. 12h-20h, vend. 12h-21h, w.-end 11h-20h. 15 $, gratuit à partir de 17h et le 2e mar. du mois.
Dominant le boulevard, l'immense édifice qui abrite le musée d'Art du comté de Los Angeles impressionne par sa taille, mais sitôt que l'on passe son porche, les fontaines, les arbres et la douceur des couleurs pastel forment un havre de tranquillité. Avec près de 100 000 pièces, il est l'un des plus importants musées d'art des États-Unis.

Très dynamique car multipliant les projets, il s'organise en plusieurs bâtiments, disséminés dans des jardins égayés de sculptures, où sont exposées des œuvres du monde entier. De par son volume, le LACMA tient plus du complexe dédié à l'art que du simple musée. Difficile toutefois d'y trouver une lisibilité claire tant les formes, les courants et les époques représentés sont variés, donnant l'impression d'une certaine profusion pouvant provoquer un petit vertige chez le visiteur.

Le **Broad Contemporary Art Museum** a été dessiné par Renzo Piano. Il rappelle quelque peu le centre Pompidou à Paris avec un escalier extérieur accroché à la façade. Il abrite trois espaces consacrés à l'art contemporain (**Jeff Koons**, **Richard Serra**, **Roy Liechtenstein**, **Andy Warhol**…) et aux expositions temporaires. Dans des espaces aérés, installations, peintures, vidéos, photos et sculptures illustrent la diversité créatrice des artistes.

4

En face, le plus récent bâtiment, le **Resnick Pavillon**, abrite des expositions temporaires diverses, des photos de Larry Fink aux créations de Tim Burton.

Ahmanson Building – Le bâtiment principal a fait l'objet d'une rénovation en profondeur. Le rez-de-chaussée abrite les salles sur l'**art du Pacifique** : instruments de musique des îles Hawaii, statues du culte des ancêtres de Papouasie-Nouvelle-Guinée… Le 1er étage est consacré à l'**expressionnisme allemand** et à l'**art moderne**. On peut notamment y admirer un *Portrait* de Sebastian Juñer Vidal (1903) et diverses œuvres appartenant à la période bleue de Picasso, *La Trahison des images* (« ceci n'est pas une pipe », 1928-1929) de Magritte, ainsi que des toiles de Matisse, Kandinsky, Braque, Modigliani, Kirchner, Miró, Chagall (touchant *Violoniste sur un banc*, 1913)… Au 2e étage, on découvre les **collections d'antiquités** (Moyen-Orient, Égypte, Grèce, Étrurie, Rome) et les **arts européens** (peintures, sculptures, arts décoratifs) du 12e au 19e s. On remarque notamment un *Portrait de Giacomo Dolfin* (1531) du Titien, plusieurs Rembrandt, une très belle *Madeleine à la chandelle* (1636-1638) de Georges de La Tour, un délicat *Bulles de savon* (1739) de J.-B. Siméon Chardin, des toiles de Boucher et Fragonard, mais aussi des œuvres du 19e s. et du début du 20e s. avec un *Portrait des sœurs Bellelli* (1862-1864) de Degas, un *Sous-Bois* (1894) de Cézanne, des œuvres de Gauguin, Monet (saisissantes *Nymphéas*, 1897-1898 et délicat *Bateaux de pêche sortant du port du Havre*, 1874). Enfin, la sculpture européenne est bien représentée à travers des œuvres de la Renaissance, des polychromes baroques, des pièces en terre cuite du 18e s., mais surtout une galerie entièrement dédiée au travail de Rodin. Au 3e étage se trouvent l'**art de l'Asie du Sud-Est et de l'Est** (Inde, Indonésie…) et l'**art islamique**, du Sud de l'Espagne à l'Asie centrale, avec une collection regroupant plus de 1 000 pièces, la plus riche qui soit aux États-Unis (poterie vernissée, verre émaillé, bois et pierre sculptés, manuscrits enluminés, calligraphie).

Art of the Americas Building – Voisin du bâtiment principal, il réunit une intéressante collection d'**œuvres précolombiennes** (statuettes, poteries, textiles) voisine avec les galeries consacrées aux **arts décoratifs américains** de la fin du 19e s. et du début du 20e s. (beau mobilier du mouvement Arts & Crafts signé Green and Green), à la **peinture** et à la **sculpture américaines**. Vous pourrez notamment y admirer *Mother About to Wash Her Sleepy Child* (1880) de Mary Cassatt, qui contribua largement à propager l'impressionnisme aux États-Unis, un *Portrait of Mrs Edward L. Davis and Her Son* (1890) du portraitiste John Singer Sargent et le *Horse's Skull with Pink Rose* (1931) de Georgia O'Keefe. Derrière, le **Hammer Building** est consacré à l'**art chinois et coréen**.

Pavilion for Japanese Art – Conçu de manière à recréer l'atmosphère d'une maison japonaise, sa lumière toute particulière, tamisée et douce, filtre à travers les panneaux de Plexiglas blanc-gris. Afin de profiter au mieux de l'exceptionnelle collection Shin-enkan, composée de paravents et de peintures sur rouleaux de la période d'Edo (1615-1868), vous êtes invité à monter jusqu'au deuxième étage et à redescendre le long d'une rampe qui offre différentes perspectives.

L'aile ouest du LACMA, **LACMA West**, située sur le même trottoir, abrite la Boone's Chidren's Gallery (en rénovation).

★ **Page Museum at the La Brea Tar Pits** E3

5801 Wilshire Blvd, voisin du LACMA, 📞 *(323) 934 7243, www.tarpits.org. Tlj 9h30-17h. 7 $, gratuit le 1er mar. du mois.*

Construit non loin d'un site de fouilles toujours en activité, il est dédié aux fossiles des mammifères des ères glaciaires, tels que le tigre aux dents de sabre et le mammouth. Le parc qui entoure le musée est agréable et l'on ne court plus le risque de s'embourber comme les mammouths à l'entrée !

À proximité se trouvent également :

Petersen Automotive Museum★ (D3) – *6060 Wilshire Blvd, entrée sur Fairfax Ave., ✆ (323) 930 2277, www.petersen.org. Tlj sf lun. 10h-18h, ouv. les lun. fériés. 10 $.* Consacré à l'histoire de l'automobile, il expose des modèles de collection. Très représentatif d'un des mythes de l'Amérique.

A + D Museum (Musée de l'architecture et du Design) (D3) – *En face du LACMA, 6032 Wilshire Blvd, ✆(323) 932 9393. Mar.-vend. 11h-17h, sam.-dim. 12h-18h. 5$.* Sur un espace réduit, des expositions temporaires très conceptuelles réservées aux amateurs (très) éclairés et aux spécialistes.

Craft & Folk Art Museum (E3) – *5814 Wilshire Blvd, ✆ (323) 937 4230, www. cafam.org. Mar.-vend. 11h-17h (19h le jeu.), w.-end 12h-18h. 7 $.* Sur les arts populaires américains.

Et un peu plus loin :

Holocaust Museum (E2) – *100 S. The Grove Dr., ✆ (323) 651 3704, www.lamoth. org. Lun.-jeu. et dim. 10h-17h, vend. 10h-14h. Donation appréciée.* Ce musée rassemble des documents et des objets témoignant du génocide juif perpétré pendant la Seconde Guerre mondiale.

★★ HAMMER MUSEUM Plan I

▶ *Comptez 2h. En voiture, prenez la sortie Wilshire Blvd de l'I-405. Le musée se trouve trois rues à l'est, à l'angle de Westwood Blvd. 10899 Wilshire Blvd, ✆ (310) 443 7000, hammer.ucla.edu. Mar.-sam. 11h-19h (jeu. 21h), dim. 11h-17h. 10 $, gratuit le jeu.*

La collection Armand Hammer embrasse les principaux **mouvements de la peinture française du 19e s.** en réunissant des toiles et dessins de Corot, Manet, Gauguin, Van Gogh, Monet, Cézanne, Sisley, Pissarro, deux tableaux remarquables de Gustave Moreau, dont la sublime *Salomé dansant devant Hérode*. Cette représentation exotique d'une scène biblique, au magnifique sens du détail, fut acclamée par la critique lors de sa présentation, en 1876. Le groupe de **tableaux du 17e s.** est restreint mais bien représentatif du travail des grands maîtres de l'époque, avec un joyau, la *Junon* de Rembrandt (1662-1665). La puissance de l'œuvre tient au fait que Junon, lumineuse, semble surgir de la pénombre.

4

ARMAND HAMMER

Le parcours d'Armand Hammer (1898-1990), « l'autre » milliardaire du pétrole collectionneur d'art, diffère radicalement de celui de J.-P. Getty *(voir encadré p. 326).* Celui qui se vantait d'avoir été le seul homme de la planète à avoir fréquenté Lénine et Ronald Reagan commence sa carrière de jeune médecin idéaliste en Russie. Il part pour soigner mais adopte vite le sens des affaires et investit dans des usines. En même temps, il commence à s'intéresser à l'art moderne. En 1929, il quitte Moscou en emportant les trésors artistiques acquis en Europe. Tout en continuant à amasser une belle fortune, notamment grâce à des investissements pétroliers, il enrichit sa collection d'art. En 1965, il donne une collection d'œuvres des maîtres hollandais, flamands, allemands et italiens du 15e au 17e s. à l'University of Southern California, puis se consacre jusqu'à sa mort, en 1990, aux deux collections qui sont exposées au musée de Wilshire Blvd.

Des toiles de Mary Cassatt et John Singer Sargent illustrent l'**art américain du 19ᵉ s.**

La deuxième collection importante du musée est celle des peintures, dessins, sculptures et lithographies du caricaturiste français **Daumier**.

AUTOUR DU PACIFIC DESIGN CENTER Plan IV B1-CD2

Pacific Design Center C2

8687 Melrose Ave., ☎ (213) 626 6222, www.pacificdesigncenter.com. Mar.-vend. 11h-17h, w.-end 11h-18h. Gratuit.

Ces deux énormes bâtiments surnommés la Baleine bleue et le Géant vert, œuvres de l'architecte Cesare Pelli, forment non seulement une grande galerie de mobilier dernier cri mais aussi un campus où l'on débat d'architecture, design, photographie et art contemporain, illustrations à l'appui. Le terrain accueille également, côté San Vicente Blvd, une antenne du MOCA. La nuit, l'éclairage rend honneur aux bâtiments, qui revêtent un caractère magique.

Schindler House D2

835 N. Kings Road, ☎ (323) 651 1510, www.makcenter.org. Merc.-dim. 11h-18h. 7 $, gratuit vend. après 16h. Desservie par les bus MTA 10, 11 et 105.

Cette résidence moderne construite en 1922 par Rudolph Schindler (1887-1953), collaborateur et disciple de Frank Lloyd Wright, constitue depuis 1994 une antenne du musée d'Art contemporain de Vienne, sa ville natale. Il a marqué l'architecture moderne par sa volonté d'utiliser des matériaux bon marché afin de démocratiser l'accès aux résidences aérées et lumineuses, et par son souci de jouer de la relation entre espaces extérieurs et intérieurs.

Remontez vers Santa Monica Blvd, tournez à gauche et continuez jusqu'à vous engager dans W. Sunset Blvd.

Jardins de Greystone Mansion B1

905 Loma Vista Drive. 10h-17h (18h en été).

Ce parc de 6 ha entoure la plus grande maison de Beverly Hills, la Greystone Mansion, et offre de belles vues sur l'étendue du sud de Los Angeles. La maison et le parc furent construits en 1928 pour Edward L. Doheny Jr., fils d'un immigré irlandais devenu richissime en investissant dans le pétrole.

BALADES ALTERNATIVES Hors Plan IV par D1 et E3

De Sunset à Laurel Canyon Hors Plan IV par D1

En vous dirigeant vers le nord depuis le Pacific Design Center *(par San Vicente Blvd)*, vous rejoignez rapidement **Sunset Blvd**. Cette artère, ancien repaire des acteurs et des mauvais garçons d'Hollywood, accueille aujourd'hui les restaurants et bars les plus chic de la ville.

Son mythe s'est construit grâce aux clubs de rock qui parsèment l'avenue et ses alentours *(Roxy, Whisky à Gogo, Troubadour, voir nos Adresses p. 338)* et aux hôtels de stars, comme le **Château Marmont** *(au 8221)*, vaguement inspiré du château d'Amboise. L'hôtel a servi de cadre au film de Sofia Coppola, *Somewhere* (2010).

Sunset a vécu des moments de gloire (naissance des Doors au *Whisky à Gogo*) et subi des événements tragiques (décès par overdose des acteurs River Phoenix devant le club Viper Room et John Belushi au Château Marmont).

La plage de Santa Monica.
L. Decoudin / MICHELIN

En bifurquant à gauche vers les collines d'Hollywood, à la jonction avec Hollywood Blvd., vous entrez dans **Laurel Canyon**. Ce coin de campagne à Los Angeles, qui cultive autant son côté bohème qu'il garde son secret préservé, a accueilli en son sein de grands noms de la musique : Frank Zappa, Jim Morrison, Leonard Cohen, tous attirés par ce calme verdoyant à quelques pas des néons de Sunset. De jolies demeures ponctuent le Laurel Canyon Blvd, noyées sous les pins, les chênes et les eucalyptus.

Un endroit reste emblématique de l'ambiance du lieu : le **Canyon Country Store** *(angle de Laurel Canyon et de Kirkwood Dr.)*, l'épicerie du quartier qui arbore des fresques hippies, distille une musique douce et met fièrement en avant la photo réunissant tous les habitants de la communauté.

Hancock Park Hors Plan IV par E3

À quelques encablures du Museum Mile *(continuez sur Wilshire, puis prenez S Rossmore Av. sur la gauche)*, le quartier de Hancock Park (à ne pas confondre avec le parc abritant les musées du Museum Mile) préfigure un peu Beverly Hills. Ses belles maisons victoriennes disséminées sur des pelouses ressemblant à des jardins anglais en font un havre de paix apprécié des habitants fortunés de L.A.

Cœur du quartier, **Larchmont Village** *(entre la W 3 rd St et Beverly Blvd)* dispose de restaurants branchés *(Bourgeois* et *Birds* notamment), de cafés aux terrasses bien tentantes et de jolies boutiques.

★★ Santa Monica Plan V

▶ *De Downtown ou Hollywood, empruntez l'I-10 ou la Hwy 2 W., qui devient Santa Monica Blvd et conduit au front de mer. Les parkings sont nombreux, mais attention au numéro indiqué à leur entrée car ils se ressemblent tous.*

🏛 *1920 Main St., Suite B* (A2), 📞 *(310) 393 7593. Tlj 9h-17h30. Ou bien au Kiosque, 1400 Ocean Ave., sur le front de mer, face au Georgian Hotel* (A1). *Tlj 10h-16h et sur le Pier, tlj 11h-16h30. www.santamonica.com.*

4

Moins excentrique que Venice, sa voisine, Santa Monica est une station balnéaire à l'allure cossue. Elle s'organise autour du front de mer, doublé d'un parc verdoyant bordé d'élégants hôtels, et d'un centre-ville très animé, admirablement rénové. Santa Monica s'enorgueillit surtout de la présence de deux prestigieuses institutions, érigées sur les hauteurs de la ville, le Getty Center et la superbe Getty Villa, défiant l'hégémonie culturelle de San Francisco, Chicago et New York.

★ Le front de mer A1/2

À l'extrémité de Colorado Ave., un pont permet de rejoindre à pied la jetée.
Ultime prolongement de la fameuse Route 66, artère historique reliant Chicago à Los Angeles, **Santa Monica Pier★★** (A2) reste le symbole de la ville, notamment lorsqu'elle s'illumine la nuit venue. Édifiée en 1912, elle abrite aujourd'hui un parc d'attractions, dont un manège datant de 1922. Du bout de la jetée, on a une jolie vue sur la côte et les hauteurs de Los Angeles.
Au sud de la jetée, entre la promenade et la mer, à la tombée du jour, des acrobates amateurs s'exercent à **Santa Monica Muscle Beach★** (A2), amplement récompensés par le fait d'être vus et admirés.
Au nord de la jetée, **Palisades Park★** (A1) longe le littoral et surplombe la Pacific Coast Highway. Ce parc très verdoyant, parsemé de hauts palmiers, est très apprécié des habitants qui y flânent et y font leur jogging. Au bout de Palisades Park, 189 marches forment **The Stairs** (« les escaliers ») montant du front de mer au pied d'Adelaide Drive. Certains fanatiques de sport les montent jusqu'à 15 fois ! Une agréable promenade de santé…

★ Le centre-ville A1/3

Revenez à Santa Monica Blvd, que vous empruntez pour rejoindre Third Street Promenade, à deux rues d'Ocean Avenue.
Rue piétonne commerçante agréablement restaurée, **Third Street Promenade** (A1) est bordée de boutiques branchées et aboutit au **Santa Monica Place**, un grand centre commercial *(lun.-jeu. 10h-21h, vend.-sam. 10h-22h, dim. 11h-20h).*
★★ **Main Street** (AB3) – Elle est l'autre artère commerçante de Santa Monica, entre Pico Boulevard et Marine Street *(stationnement gratuit pendant 2h dans les rues perpendiculaires à Main St., ou parkings payants dans le centre).* Particulièrement pittoresque avec ses bâtiments en brique peu élevés, ses boutiques originales et ses galeries, cette rue typique du 19e s. bénéficie d'une ambiance à la fois chic et décontractée. Au n° 2612, une maison d'allure victorienne, construite en 1894, abrite les expositions temporaires du **California Heritage Museum** *(A3, ☏ (310) 392 8537, www.californiaheritage museum.org. Merc.-dim. 11h-16h. 8 $).* Située à l'origine sur le front de mer, elle a été déplacée ici en 1977, en même temps que sa voisine, une imposante demeure de 1903.

★★★ Getty Villa Plan I

À Malibu, à environ 5 miles au nord de Santa Monica. En voiture, quittez le Pacific Coast Highway (PCH) à droite, Rte 1N. Le MTA bus 534 s'arrête près de l'entrée (angle Coastline Drive et PCH). 17985 Pacific Coast Highway, Pacific Palisades, ☏ (310) 440 7300, www.getty.edu. Merc.-lun. 10h-17h ; fermé mar. Gratuit, parking 15 $. Il faut réserver sa visite des mois à l'avance. Toutefois, un certain nombre de billets pour le jour même sont mis à disposition au Getty Center ou sur Internet à l'adresse mentionnée ci-dessus. Plans en français à l'accueil.
La Villa Getty, reconstitution d'une maison de campagne romaine du 1er siècle de notre ère, accueille une importante collection d'antiquités grecques, romai-

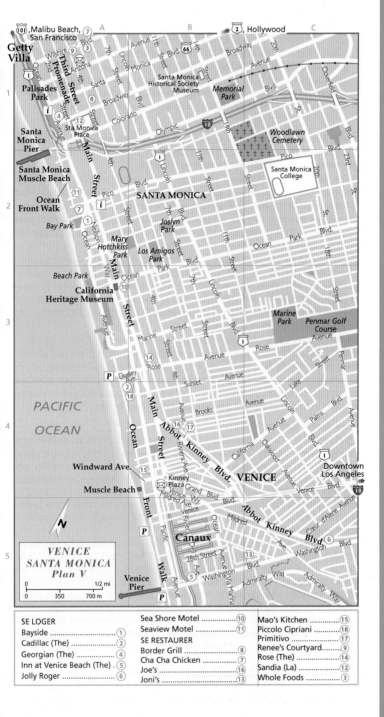

SE LOGER		Sea Shore Motel	⑩	Mao's Kitchen	⑮
Bayside	①	Seaview Motel	⑪	Piccolo Cipriani	⑱
Cadillac (The)	②	**SE RESTAURER**		Primitivo	⑰
Georgian (The)	④	Border Grill	⑧	Renee's Courtyard	⑨
Inn at Venice Beach (The)	⑤	Cha Cha Chicken	⑦	Rose (The)	⑭
Jolly Roger	⑥	Joe's	⑯	Sandia (La)	⑫
		Joni's	⑬	Whole Foods	③

L'ÂME DU MUSÉE

Féru d'art antique et de mobilier français, le magnat du pétrole **J.-P. Getty** (1892-1976), milliardaire à 23 ans et personnage haut en couleur, fit l'acquisition de nombreuses œuvres d'art, avec pour règle d'or de ne jamais dépenser plus de 10 000 $ par pièce. À sa mort, une bonne partie de sa fortune fut léguée à sa fondation qui, depuis, continue d'enrichir les collections. Sa villa servit de musée jusqu'à la construction du centre.

nes et étrusques au milieu de jardins somptueux surplombant le Pacifique et ornés de fontaines, mosaïques et pièces d'eau semblables à ceux qu'aurait possédés un haut dignitaire romain de l'époque.

Mille deux cents pièces sont exposées sur deux étages dans des galeries thématiques. Soupçonnée d'avoir acheté des antiquités pillées sur des sites d'Italie et de Grèce, Marion True, la directrice du département des antiquités du musée, dut démissionner en septembre 2005. Le musée a déjà rendu des objets aux autorités italiennes et grecques, mais certaines pièces litigieuses sont toujours à Malibu.

Au rez-de-chaussée sont exposées des statues de dieux et déesses, monstres et dieux mineurs, un temple d'Héraclès, des héros mythologiques et des représentations d'épisodes de la guerre de Troie. Le Forum familial propose des activités pour les enfants, telles que la décoration d'une urne grecque. Dans la salle de cinéma, on peut visionner un film sur la Villa. Le Chronorama propose des expositions interactives.

Outre six galeries dévolues aux expositions temporaires, le 1er étage est consacré aux arts de l'Égypte gréco-romaine et à différents thèmes tels que les femmes et les enfants dans l'Antiquité, les offrandes religieuses, la jeunesse victorieuse, les athlètes et la compétition, et une collection de pièces de monnaie, pierres précieuses et bijoux. Le Café de la Villa propose une carte de salades et mets méditerranéens en parfaite harmonie avec le lieu.

★★★ Getty Center Plan I

Comptez 4h. Sur une colline, à 10 miles au nord de Santa Monica. En voiture, prenez la sortie « Getty Center Drive » sur l'I-405. Metro Bus no 561 et Big Blue Bus no 14 (correspondance avec le bus no 3 en provenance du centre de Santa Monica). Au pied de la colline, une navette gratuite conduit les visiteurs à l'esplanade. ℘ (310) 440 7300, www.getty.edu. Mar.-vend. et dim. 10h-17h30, sam. 10h-21h. Gratuit, parking 15 $, gratuit après 17h. Plans en français du musée et des jardins disponibles à l'accueil. Visite guidée en anglais (1h). Audioguides en anglais et espagnol seulement.

Dressant sa silhouette d'un blanc immaculé au milieu des collines verdoyantes des quartiers de Bel Air et de Brentwood, le Getty Center trône sur un site d'exception (269 m). Grâce à cet emplacement, il offre un point de vue remarquable sur Los Angeles. Construit en 1998 sur un terrain de 315 ha, le musée vaut autant pour son architecture et ses jardins que pour ses collections. L'architecte Richard Meier a pris le parti de la simplicité, privilégiant des formes épurées, mais jouant sur la rupture entre lignes courbes et planes.

Les bâtiments se répondent avec grâce par l'utilisation du verre et du travertin, importé d'Italie et taillé pour obtenir un aspect lisse ou rugueux selon les emplacements.

Conçu comme un complexe culturel, le Getty Center comprend quatre pavillons où sont rassemblées les collections permanentes, un bâtiment accueillant les expositions temporaires et un institut de recherche.

Les collections ★★★ – Elles sont présentées de manière chronologique et les peintures exposées dans les étages supérieurs, pour bénéficier de la lumière du jour. Le pavillon nord (avant 1600) expose des bronzes et céramiques, ainsi qu'une superbe collection de **manuscrits enluminés**. À l'étage sont regroupées des **peintures italiennes** de Fra Bartolomeo, Titien, Véronèse et du Pontormo. Le pavillon est couvre la période de 1600 à 1800 et présente des arts décoratifs, des **esquisses** de Daumier, Goya, Watteau, Ingres, Dürer, Leonard de Vinci ou encore Raphaël, ainsi que des **peintures flamandes et hollandaises**, dont des toiles de Rubens et Brueghel, un *Saint Barthélémy* (1661) et un *Vieil Homme en costume militaire* (1630) de Rembrandt. Ce portrait d'un soldat fier, au regard déterminé, fut certainement réalisé dans le cadre de la guerre d'Indépendance des Hollandais contre les Espagnols.

Le pavillon sud est consacré aux **arts décoratifs français**, avec une collection très riche (commodes, tables, vases, tapisseries) comportant notamment des œuvres signées André Charles Boulle.

Enfin, le pavillon ouest (1800-1900) dédié à la **peinture européenne 1800-1900** (dont une large section est réservée aux impressionnistes) regroupe diverses toiles de maîtres, dont *La Promenade* (1870) de Renoir, la célébrissime *Les Iris* (1889) de Van Gogh ou encore la délicate et lumineuse *Modern Rome-Campo Vacci* de Turner (1839), ainsi que des tableaux de Cézanne, Manet, Pissarro et Monet. Il abrite également des expositions temporaires, de photos notamment.

Jardin central ★★ – Depuis le musée, un chemin bordé de sycomores descend jusqu'à ce jardin conçu par le paysagiste Robert Irwin comme une véritable œuvre d'art. À son extrémité, le **panorama**★★ sur la ville s'étire à perte de vue.

★ Santa Monica Mountains National Recreation Area

Comptez une demi-journée au moins. ℰ (805) 370 2301, www.nps.gov/samo. Visitor Center tlj 9h-17h.

Cette chaîne montagneuse couverte d'une végétation méditerranéenne ferme l'ouest du bassin de Los Angeles et s'étend le long de la côte de Santa Monica jusqu'à Point Mugu. Au nord, la Hwy 101 trace ses limites. Avec plus de 900 km de sentiers, elle offre une spectaculaire alternative à la plage et de superbes points de vue sur le Pacifique.

Un bel exemple de randonnée est celle de **Santa Ynez Canyon**★ *(suivre la route côtière vers l'ouest, tourner à droite sur Sunset Blvd puis à gauche sur Palisades Dr. que vous suivez jusqu'au canyon. 9,6 km AR, facile).*

En voiture, ne manquez pas la mythique **Mulholland Drive**★ *(88 km)*, qui serpente à travers les collines et relie le Leo Carrillo State Park *(20 miles à l'ouest de Santa Monica, sur la côte)* à Hollywood *(Laurel Canyon Blvd)*.

★★ Venice Plan V

▶ *Prenez la Hwy 10 W., sortie Lincoln Blvd vers le sud, sinon, suivez Venice Blvd depuis Downtown. Les parkings de Venice Beach (6h-1h, 10-12 $ la journée, 5 $ après 17h) se trouvent au bout de Venice Blvd, de Rose Ave. et de Washington Blvd.*

Cette station balnéaire a gardé son côté bohème et populaire, au contraire de sa voisine Santa Monica. Orson Welles lui trouva même des airs de village délabré de la frontière mexicaine quand il la choisit, en 1958, pour le tournage de *La Soif du mal*. Et Jim Morrison, immortalisé sur de nombreux murs peints, appréciait aussi son côté décontracté. De la cité des Doges, elle n'a que le nom et quelques canaux. On y passe volontiers une journée à flâner ou à faire du roller sur Ocean Front Walk ou encore à regarder les exploits des surfers.

👓 **Bon à savoir** – Les parkings du centre se font une concurrence farouche et les prix varient toute la journée. Vous pouvez stationner gratuitement dans les rues qui partent du rond-point à l'est de Windward Ave.

Depuis Santa Monica, longez l'océan ou prenez Main Street. Dès que vous croisez Rose Avenue, vous entrez officiellement dans Venice.

★★ Ocean Front Walk B4/5

Bienvenue dans le monde délirant de la Californie ! Univers haut en couleur où se côtoient pêcheurs du dimanche, saltimbanques en tout genre, sportifs aux formes sculpturales, marginaux, touristes et sans-abri déclamant la Bible à qui veut bien l'entendre, Ocean Front Walk s'anime dès que le soleil pointe son nez. Toutefois l'ambiance change dès que le soleil se couche et prête moins à sourire.

Baptisée « capitale mondiale des rollers » à la fin des années 1970, Venice regagna la popularité qu'elle avait connue au début du 20e s. Le front de mer devint une piste de choix pour les adeptes des petites roulettes, parmi lesquels Harry Perry, figure emblématique, qui arpente la promenade au rythme de sa guitare électrique, animant la scène avec les diseurs de bonne aventure, les cracheurs de feu et les jongleurs.

Passé Venice Blvd, **Muscle Beach★** (AB4), où les corps s'exposent en pleine séance de body-building, constitue le paroxysme de la grande foire exhibitionniste californienne.

Windward Avenue – Plus au nord de Muscle Beach, aux abords de Windward Ave., se pressent les marchands de souvenirs et de tee-shirts et les boutiques de tatoueurs. Derrière les façades colorées de l'artère principale de Venice, auberges de jeunesse, restaurants et magasins branchés participent à l'atmosphère bohème qui règne dans la cité balnéaire. À l'angle de Windward Ave. et de Pacific Ave., des cafés accueillants constituent une halte agréable pour profiter du bord de mer.

Venice Pier (la jetée, B5) – *À l'extrémité sud d'Ocean Front Walk.* Elle offre un joli point de vue sur le front de mer, aux abords calmes et résidentiels. Sur la plage, joggeurs et flâneurs profitent de l'air frais de l'Océan, à l'écart de l'agitation animant la promenade pavée.

★★ Les canaux B5

Si Venice est aujourd'hui célèbre pour son front de mer et sa longue plage de sable fin, elle doit son nom aux canaux que l'entrepreneur Abbot Kinney fit creuser au début du 20e s. dans ce quartier jadis couvert de marécages. En 1900, il conçut cette « Venise de l'Amérique » comme un véritable parc d'attractions, avec d'authentiques gondoles et gondoliers importés d'Italie. Aujourd'hui il ne reste que 3 miles de canaux, délimitant un espace résidentiel pittoresque, à deux pas du front de mer *(entre S. Venice Blvd, Ocean Ave., 28th St. et Pacific Ave.).* Les petites allées fleuries qui longent ces eaux dormantes offrent l'occasion d'une charmante promenade à la découverte de fantaisies architecturales : habitations modernes aux larges baies vitrées, demeures de style espagnol, bungalows en bois ou maisons en pierre plus cossues. Les barques amarrées sur les rives, les petits ponts et les canards contribuent à l'atmosphère reposante du lieu.

Vous pouvez prolonger votre visite de Venice par un passage sur **Abbot Kinney Bvld** (accès depuis Venice Blvd ou Washington Blvd). Cœur du Venice Bohème, cette artère regorge de cafés sympathiques, restaurants chic et bobos et boutiques vintage.

À proximité Carte de région A2

Santa Catalina Island

La compagnie de ferry Catalina Tours assure des liaisons A/R au départ de Marina del Rey, juste au sud de Venice Beach (env. 90 $) (Plan I) et depuis Long Beach (env. 70 $). Réduction pour les réservations Internet, ✆ 1-888 317 3576, www.catalinatours.net. Nombreuses options possibles (randonnées, snorkelling, etc.).

Catalina est une île rocheuse de 194 km^2 à 35 km de la côte. En plus de sa flore de type chaparral, l'île accueille une espèce de renard indigène et des troupeaux de bisons, qui y furent introduits en 1924 pour le tournage d'un film. 88 % de sa surface est gérée comme réserve naturelle par la Catalina Island Conservancy *(125 Claressa, Avalon (le port), ✆ 310-510-2595)*, passage obligé pour acheter les permis qui permettent la pratique des activités sportives sur l'île.

Long Beach Plan I

À 20 miles au sud de Downtown Los Angeles. Empruntez l'I-710, qui prend fin sur le port et devient Shoreline Drive à l'est. Long Beach est desservie par le métro (ligne bleue ; 45mn de Downtown L.A.).

Long Beach bénéficie d'un site remarquable, avec un littoral de plus de 5 miles regardant plein sud l'océan Pacifique. La cité balnéaire est dotée d'une marina moderne et d'un front de mer bétonné, le long duquel de larges complexes hôteliers sont venus écraser les grands hôtels du début du 20e s. On y vient notamment pour admirer le **Queen Mary★★** *(1126 Queens Hwy, ✆ (562) 435 3511, www.queenmary.com. Tlj 10h-18h. 25 $; parking 12 $ la demi-journée ; navette gratuite ligne C)*, emblème de Long Beach depuis 1967, date à laquelle il y a élu domicile, après 33 ans de service sur les mers. Ce paquebot de légende, un des plus grands du monde et certainement le plus prestigieux – il a été fréquenté par des stars (Greta Garbo ou Marlène Dietrich) et des têtes couronnées (les Windsor) –, a été transformé en hôtel de luxe avec 365 chambres rénovées dans le style Art déco d'origine. Ne manquez pas la somptueuse salle de l'Observation Bar ainsi que celle des trésors du Queen Mary. Des reconstitutions redonnent vie à différentes pièces (chambres, salle à manger, quartier du barbier) du temps où le paquebot effectuait des croisières transatlantiques. L'attraction Ghosts & Legends *(45mn)* attend les plus téméraires pour un circuit d'épouvante relatant diverses histoires de noyés et de mystères inexpliqués attachés au *Queen Mary*. Juste à côté est amarré le **Scorpion,** un authentique sous-marin nucléaire soviétique *(11 $, visite combinée 30 $)*.

Le **Long Beach Aquarium of the Pacific** *(100 Aquarium Way, ✆ (562) 590 3100, www.aquariumofpacific.org. Tlj 9h-18h. 24 $; parking en face 8 $)* présente poissons exotiques, oiseaux et reptiles du Pacifique. Impressionnant lagon aux requins, volières, loutres de mer et otaries et incontournable section dévoilant de nombreux poissons colorés.

4

NOS ADRESSES À LOS ANGELES

TRANSPORTS

En avion

LAX, l'aéroport de Los Angeles (℘ *(310) 646 5252, www.lawa. org/lax)*, est situé au sud-ouest de l'agglomération, près du littoral, à 17 miles de Downtown (Plan I).

Navettes – À l'extérieur, sous un panneau rouge, vous trouverez l'arrêt des navettes gratuites affrétées par des hôtels, et sous un panneau violet, celui des compagnies de location de voiture. Le panneau orange est réservé aux compagnies de minibus-taxis, à partager avec d'autres passagers (les deux principales sont **Prime Time** ℘ *1-800 733 8267* et **Super Shuttle** ℘ *1-800 258 3826*). Ces compagnies vous déposent directement devant votre hôtel. À titre indicatif, un trajet vers Santa Monica coûte *env. 20 $, 17 $* pour West Hollywood et *16 $* pour Venice. Le panneau bleu indique l'arrêt de la navette gratuite (ligne G) qui fait le tour de l'aéroport, desservant les terminaux de bus et la station de métro LAX.

Taxi – Pour Santa Monica et West Hollywood, la course coûte *env. 40 $, 30 $* pour Venice, et plus de *50 $* pour Downtown.

Métro – Le trajet en métro comporte des changements ; difficile si vous êtes encombré de bagages, mais c'est économique *(6 $)*. Pour rejoindre **Dowtown** Los Angeles, prenez la ligne verte en direction de Norwalk. Changez à Imperial/Wilmington et empruntez la ligne bleue jusqu'à 7th Street/Metro Center.

Bus – De l'aéroport, des navettes gratuites (**ligne C**) mènent au terminal de bus, d'où vous pouvez prendre les bus urbains pour vos différentes destinations.

Le bus nº 3 de la compagnie **Big Blue Bus** *(www.bigbluebus.com, 1,75 $)* mène à **Santa Monica** comme à Venice, mais pour **Venice**, changez au niveau de Venice Blvd pour le nº 2 qui y mène directement (1h, demandez un billet avec *transfer, 1 $*).

Voiture ou moto – Depuis l'aéroport, pour rejoindre **Downtown**, prenez l'I-105 puis l'I-110 N., sortez à 9th St. et remontez Figueroa St. Pour **Hollywood**, empruntez l'I-105, rejoignez l'I-405 puis l'US-101 N. et sortez à Hollywood Blvd. Pour **Santa Monica**, vous pouvez simplement prendre Lincoln Blvd (Hwy 1) vers le nord.

En voiture

Bon à savoir – Circulez plutôt en voiture en raison des distances, et munissez-vous d'une carte routière locale précise ou d'un GPS dès votre arrivée.

La voiture est sans conteste le moyen de locomotion le plus approprié, à condition de vous munir d'un bon plan de la ville. La circulation est dense aux heures de pointe sur les 527 miles d'autoroutes qui sillonnent l'agglomération, mais vous pouvez emprunter les voies de gauche *(Car Pool)*, plus rapides, si vous transportez au moins un passager.

Location de voiture – Vous obtiendrez les meilleurs prix en réservant votre véhicule suffisamment à l'avance par Internet. Une trentaine de sociétés ont des navettes qui desservent l'aéroport. Parmi elles : **Avis**, ℘ *(310) 646-5600* ; **Enterprise**, ℘ *(310) 649-5400* ; **Hertz**, ℘ *(310) 568-5100* ; **National**, ℘ *1-888 826 6890*.

Location de motos – **Eaglerider**, *11860 S. La Cienega Blvd.*, ☎ *(310) 536 6777, www.eaglerider.com. Tlj 9h-17h*. Près de l'aéroport, au sud de l'intersection entre la Hwy 105 et la Hwy 405 (course en taxi : *12 $*). Comptez environ *750 $/ semaine* pour une Harley ou une BMW.

En bus

MTA – L'organisme de transports publics de Los Angeles *(www.mta. net)* possède un réseau de bus assez développé, mais lent. Un trajet coûte *1,50 $* (supplément de *0,25 $* si vous effectuez un changement). Il faut toujours avoir l'appoint sur soi. Le pass journée *(Metro Day Pass)* coûte *6 $*, celui de la semaine *(Weekly Pass) 20 $*.

Santa Monica – Les **Big Blue Bus** *(www.bigbluebus.com)* y sont particulièrement performants, préférez-les ! Ils desservent également l'aéroport, **Downtown L.A.** et le **Getty Center**. Le prix du billet est de *0,75 $* et de *1,75 $* pour l'express (ligne 10). Procurez-vous les plans et horaires des lignes dans les offices de tourisme et prévoyez toujours la monnaie exacte.

Downtown et **Hollywood** – Les **Bus DASH** *(www.ladottransit.com)* desservent les deux. Comptez *0,25 $*. Reportez-vous à ces deux quartiers pour plus de détails.

En métro

Quatre lignes de métro se partagent le territoire de Los Angeles *(www.mta.net)* sans le couvrir complètement.
La ligne rouge relie Downtown à North Hollywood (San Fernando Valley). La ligne bleue part de Downtown pour rejoindre Long Beach, la ligne verte dessert Redondo Beach, l'aéroport et Norwalk, et la ligne or relie Downtown à Pasadena. Le métro

fonctionne de 5h à 0h30. Le prix du billet est de *1,50 $*. Il existe aussi plusieurs systèmes de Pass.

En Taxi

Vous pouvez contacter **United Independent Taxis**, ☎ *(213) 483 7669*, **Yellow Cab Company**, ☎ *1-877 733 3305*, ou **Checker Cab**, ☎ *(213) 481 2345*. Comptez *2,45 $* de base de départ puis environ *2,50 $/mile*.

INFORMATIONS UTILES

Représentations diplomatiques –
France, *10390 Santa Monica Blvd, Suite 410 & 115, L.A. 90025* (Plan IV, hors plan par A3), ☎ *(310) 235 3200. Lun.-vend. 8h45-12h15*.
Belgique, *6100 Wilshire Blvd, Suite 1200, L.A. 90048* (Plan IV, D3), ☎ *(323) 857 1244. Lun.-vend. 9h-12h30 (et sur RV 13h30-16h)*.
Suisse, *11766 Wilshire Blvd, L.A. 90025* (Plan IV, hors plan par A3), ☎ *(310) 575 1145. Lun.-vend. 9h-12h*.
Canada, *550 S. Hope St., L.A. 90071* (Plan II, B3), ☎ *(213) 346 2700. Lun.-vend. 8h30-16h30*.
Journaux – Plusieurs publications fournissent des listes de restaurants, bars, clubs, musées et attractions diverses. Le plus exhaustif est le **LA Weekly** *(www. laweekly.com)*, hebdomadaire gratuit sortant le jeudi. Il est disponible dans les hôtels et des distributeurs de rue. Le **Los Angeles Times** publie les programmes culturels dans ses éditions du jeudi et du dimanche *(www.latimes.com)*.
Sécurité – Los Angeles est réputée dangereuse, mais, comme dans toute grande ville, il faut faire preuve de bon sens et d'un minimum de prudence. Préparez vos itinéraires afin d'éviter de vous aventurer hors

4

des quartiers touristiques. Évitez Downtown L.A le soir à pied et le w.-end et les quartiers pauvres autour du Downtown. Sachez aussi que Venice, bon enfant la journée, change de visage le soir. Si Hollywood Blvd est très surveillé, le quartier est moins recommandable une fois la nuit tombée autour des rues perpendiculaires à Hollywood Blvd. En revanche, Santa Monica, Beverly Hills et West Hollywood sont considérés comme sûrs, de jour comme de nuit.

HÉBERGEMENT

Bon à savoir – Dans le cas où vous ne disposiez pas d'un véhicule, il est préférable de résider dans Downtown ou Hollywood, desservis par le métro, ou à Santa Monica, facilement accessible en bus depuis l'aéroport. Même en voiture, les trajets sont longs, voire interminables aux heures de pointe, aussi privilégiez un hébergement dans le ou les quartiers que vous comptez visiter. Pensez que Downtown, bien que pratique car central, est un quartier d'affaires qui se vide le soir venu. Les noctambules apprécieront davantage West Hollywood, quartier sûr la nuit et aux nombreux restaurants et clubs *(voir notre rubrique Boire un verre/Sortir, p. 337)*.

Downtown L. A. Plan II
PREMIER PRIX

City Center Motel – *1135 W. 7th St.* (A3), *(213) 627-2581/1-800 457 6889, www.citycentermotel. org - 42 ch. 60/65 $* 🖵 🛏 🛆 Pour ce prix-là à L.A., n'espérez pas un niveau de confort élevé. Les chambres sont correctes mais avec des salles de bains rudimentaires.

Ritz Milner Hotel – *813 S. Flower St.* (A3), *(213) 627 6981, http:// losangeles.milner-hotels.com - 177 ch. 70 $/110 $* 🖵 🛏 ✕ 🅿 Un grand hôtel rénové récemment à l'accueil professionnel, en plein cœur de Downtown. Chambres modestes.

BUDGET MOYEN

Kawada Hotel – *200 S. Hill St.* (C2), *(213) 621 4455, www. kawadahotel.com - 116 ch. 110 $* 🛏 ✕ Un bon service à des tarifs raisonnables (plus cher en période de séminaires). Prix avantageux le w.end. Kitchenettes. Accès Wifi gratuit.

Figueroa Hotel – *939 S. Figueroa St.* (A3), *(213) 627 8971/1-800 421 9092, www.figueroahotel.com - 285 ch. 150/200 $* 🛏 🛆 ✕ 🅿 Décoré avec goût dans le style hispano-mauresque, cet hôtel possède beaucoup de caractère et de charme, malgré des chambres inégales. Piscine sur une grande terrasse verdoyante ornée de tissus colorés. Wifi gratuit, parking payant *(12 $)*.

Hollywood (Plan III)
PREMIER PRIX

Hollywood International Hostel – *6820 Hollywood Blvd, entrée à côté de Budget, (323) 463 0797/1-800 750 6561 - 160 lits.* 🖵 Cette auberge impeccable et très claire dispose de dortoirs de 4 ou 6 lits *(25 $)*, de ch. doubles *(69 $)* et d'une belle salle commune avec télévision. Cuisine, laverie, accès Internet payant. Circuits organisés.

Hollywood Best Inn – *1822 N. Cahuenga Blvd, (323) 467 2252, www.bestinnhollywood.net - 23 ch. 75 $* 🛏 🅿 Un petit motel dont les chambres propres sont bien équipées. Accès Wifi et parking gratuits. Près d'une laverie.

BUDGET MOYEN

Highland Gardens Hotel – *7047 Franklin Ave., ☎ (323) 850 0536, www.highlandgardenshotel. com - 80 ch. 120 $* ☕ 📺 🛒 🅿 Hôtel bien entretenu s'organisant autour d'une cour centrale verdoyante et d'une piscine. Accès Internet. Parking gratuit.

Hollywood Orchid Suites – *1753 Orchid Ave., ☎ (323) 874 9678, www.orchidsuites.com - 35 ch. 110/150 $* 📺 🛒 🅿 Grandes chambres modernes et fleuries comprenant presque ttes une kitchenette. Accès Wifi et parking gratuits. Laverie.

POUR SE FAIRE PLAISIR

The Secret Garden B & B – *8039 Selma Ave., ☎ (323) 656 3888, www.secretgardenbnb.com - 4 ch. et 1 cottage 145/170 $* ☕ 🅿 Près du croisement de Sunset Blvd et Laurel Canyon, belle villa au milieu d'un jardin, en plein cœur d'Hollywood : jolie décoration, atmosphère conviviale, somptueux petit-déj. et hôtes très accueillants. Jacuzzi. Parking gratuit.

West L. A./West Hollywood

(Plan IV)

PREMIER PRIX

Hollywood Orbit – *7950 Melrose Ave.* (D2), *☎ (323) 655 1510, www. orbithotel.com. Dortoirs propres (4 à 6 lits) entre 20 et 40 $ la nuit, une quinzaine de chambres privées (70-85 $ la double)* ☕ 📺 🅿 *gratuit avec autorisation.* Dans un quartier sûr, auberge à l'ambiance très jeune et relax, personnel attentionné. Organise aussi des tours dans L. A. à des prix corrects. Internet gratuit. Une navette fait le ramassage des clients à l'aéroport, mais si vous venez directement par le Shuttle Van, on vous rembourse le trajet à votre arrivée. Travaille en collaboration avec le **Banana Bungalow** tout proche *(603 N Fairfax Av., www. bananabungalow. com), aux prix similaires, tout aussi recommandable.*

BUDGET MOYEN

Ramada Plaza – *8585 Santa Monica Blvd* (C1), *☎ (310) 652 6400, www.ramadaweho.com - 176 ch. 135/190 $* 📺 🛒 🅿 Un toit au cœur de l'action avec trois cafés-restaurants, un centre de fitness et une société de location de voitures *intra-muros.* Accès Wifi gratuit. À cause des tarifs raisonnables pour le coin, il attire une clientèle de fêtards et risque d'être bruyant.

POUR SE FAIRE PLAISIR

Farmer's Daughter Hotel – *115 S. Fairfax Ave.* (D3), *☎ (323) 937 3930, www.farmersdaughterhotel. com - 55 ch. 180/245 $* 📺 🛒 🅿 Avec un clin d'œil appuyé au style campagnard, cet hôtel, en face du Farmer's Market est assez atypique. Chambres sobres mais très confortables. Accès Internet gratuit. Parking payant *(17 $).*

Grafton on Sunset – *8462 W. Sunset Blvd* (C1), *☎ (323) 654 4660, www.graftononsunset.com - 108 ch. 195/240 $* 📺 🛒 🅿 Décoration soignée et grand confort, une salle de fitness pour les sportifs et une navette gratuite pour les amateurs de shopping. Accès Internet gratuit. Beau jardin méditerranéen. Parking payant.

Santa Monica (Plan V)

🔆 **Bon à savoir** – En dehors de la pleine saison, les prix baissent mais demeurent cependant élevés.

BUDGET MOYEN

Seaview Motel – *1760 Ocean Ave.* (A2), *☎ (310) 393 6711, www. seaviewmotel.net - 17 ch. 90 $/120 $.* Ce petit motel économique ne paie pas de mine, mais ses chambres, un peu vieillottes, donnent sur une cour verdoyante.

4

POUR SE FAIRE PLAISIR

Bayside Hotel – *2001 Ocean Ave.* (A2), *(310) 396 6000/1-800 525 4447, www.baysidehotel.com - 25 ch. 149/239 $* 🅿 Un petit hôtel impeccablement tenu et très accueillant, avec vue sur la plage ou le jardin fleuri. Énormément de charme. Certaines chambres ont des cuisinettes. Parking gratuit.

Sea Shore Motel – *2637 Main St.* (A3), *(310) 392 2787, www. seashoremotel.com - 20 ch. 110/150 $* 🅿 Niché en plein cœur de Main St., ce petit motel familial est propre et accueillant. Frigo dans ttes les chambres. Parking gratuit.

UNE FOLIE

The Georgian Hotel – *1415 Ocean Ave.* (A1), *(310) 395 9945, www.georgianhotel.com - 84 ch. 255/355 $* ▤ Avec son originale façade Art déco bleu ciel, cet hôtel, un monument incontournable de l'avenue, ravira les inconditionnels du luxe à l'ancienne.

Venice (Plan V)

🐝 **Bon à savoir** – Venice n'offre qu'un choix restreint d'hébergements. Le quartier compte une foule interlope et il est recommandé de ne pas s'aventurer la nuit tout seul dans les coins déserts.

BUDGET MOYEN

Jolly Roger Hotel – *2904 Washington Blvd* (C5), *Marina del Rey, (310) 822 2904, www. jollyrgr.com - 80 ch. 100-130 $* 🖵 ▤ 🛁 🅿 Outre son prix attrayant, ce petit motel agréable propose un parking gratuit, un frigo et un micro-onde dans chaque chambre, une laverie et un jacuzzi.

POUR SE FAIRE PLAISIR

The Cadillac Hotel – *8 Dudley Ave.* (A4), *(310) 399 8876, www.thecadillachotel.com - 40 ch. 140/170 $* 🅿 Donnant sur la promenade de Venice, l'établissement de style Art déco possède de petites chambres avec vue. Terrasse sur le toit, salle de gym, sauna, laverie. Parking payant *(15 $)*.

The Inn at Venice Beach – *327 Washington Blvd* (B5), *(310) 821 2557, www.innatvenicebeach. com - 43 ch. 180/230 $* 🖵 ▤ 🅿 Très belles chambres décorées avec goût et bien équipées. Certaines donnent sur une jolie cour et celles du troisième étage bénéficient d'une vue sur l'Océan. Salle de gym et accès Wifi gratuit. Parking payant *(7 $)*.

RESTAURATION

Downtown L. A. (Plan II)

🐝 **Bon à savoir** – Vous trouverez dans Downtown, comme ailleurs, un large choix de tables… tous les styles de cuisine et types de budgets sont proposés, excepté dans Chinatown et Little Italy, très spécialisés.

PREMIER PRIX

Grand Central Market – *317 S. Broadway* (C3), *(213) 624 2378, www.grandcentralsquare.com. Tlj 9h-18h.* Marché couvert où vous attendent de nourrissants plats latinos, asiatiques, hawaiiens ou orientaux à petit prix, à déguster sur les tables de Market Court (à l'extérieur).

Philippe's – *1001 N. Alameda St., à la lisière de Chinatown* (D1), *(213) 628 3781. Tlj 6h-22h. Moins de 10 $* 🖵 Une adresse « historique » où fut inventé le fameux *French Dip* sandwich en 1918, après la chute fortuite d'un bout de pain dans une poêle à viande. Résultat, la viande est vraiment fondante. Plus de 3 500 clients le dégustent chaque jour, dans un vaste self à l'ambiance familiale, animée par une armée de serveuses d'un certain âge. Parking dans Ord St.

La Luz Del Dia – *1 Olvera St., face à la croix* (D2), *℘ (213) 628 7495. Mar.-jeu. 10h-20h, vend.-sam. 10h-21h, dim. 8h30-21h. Premier menu à 6,50 $.* Un restaurant mexicain traditionnel où les femmes préparent les tortillas à la main et où les Mexicains aiment se retrouver le dimanche. Parmi les plats proposés, spécialités de porc *(carnitas)* et de salade de cactus *(nopales)*.

Oiwake – *122 Japanese Village Plaza, en haut des escaliers* (D3), *℘ (213) 628 2678. Mar.-sam., avec happy hour 17h-20h.* Parmi les nombreux restaurants japonais de la rue piétonne de Little Tokyo, celui-ci propose un buffet à volonté, midi *(8,50 $)* et soir *(10 $)*. Karaoké à partir de 17h.

POUR SE FAIRE PLAISIR

McCormick & Schmicks – *4th et Hope, adjacent au 400 S Hope Str., en descendant les marches de Bunker Hill* (B3), *℘ (213) 629 1929. Lun.-vend. 11h-22h (15h sam.), dim. 16h-21h. Plats 20/30 $.* Cet élégant restaurant à l'atmosphère feutrée propose un large choix de fruits de mer.

Hollywood (Plan III)

PREMIER PRIX

Mel's Drive-In – *1650 N. Highland Ave., ℘ (323) 465 3111. Dim.-jeu. 6h30-3h ; vend.-sam. 24h/24. Moins de 12 $.* Grand choix de hamburgers et autres classiques des années 1950 servis dans un décor de Skaï, chrome et Formica rutilant.

Chan Darae Thai Cuisine – *1511 N. Cahuenga, ℘ (323) 464 8585, près de Sunset. Tlj 11h-23h. Autour de 15 $.* Un excellent restaurant thaïlandais au cadre

détendu et sans prétention ; beaucoup de spécialités épicées.

BUDGET MOYEN

Musso & Frank Grill – *6667 Hollywood Blvd, ℘ (323) 467 7788. Mar.-sam. 11h-23h. Plats 15/25 $.* Le plus vieux bistrot d'Hollywood, à l'atmosphère feutrée, propose une cuisine américaine traditionnelle, avec de bons plats de viande. Le serveur pourra vous montrer où s'asseyait Charlie Chaplin.

Moun of Tunis – *7445 ½ W. Sunset Blvd, juste après Gardner, sur la droite, ℘ (323) 874 3333. Tlj 17h30-23h. Plats env. 15 $ et plusieurs menus très copieux à 28 $.* Pour déguster un couscous de qualité au son des sequins des danseuses du ventre, dans un remarquable décor nord-africain.

West L. A./West Hollywood (Plan IV)

PREMIER PRIX

Santé – *345 N. La Brea Ave.* (E2), *℘ (323) 857 0412. Lun.-sam. 8h-22h, dim. 8h-21h. Autour de 15 $.* La sélection de salades est le point fort de ce restaurant bio et végétarien. Également plats mexicains, currys, pizzas et pâtes.

Pink's – *709 N. La Brea Ave.* (E2), *à l'angle de Melrose, ℘ (323) 931 4223. Dim.-jeu. 9h30-2h du matin, vend.-sam. 9h30-3h. Moins de 10 $.* Ce modeste stand de rue, réputé dans tout L.A., connaît depuis 1939, un succès retentissant. Il faut, pour s'en convaincre, regarder la foule qui attend patiemment de déguster les hot dogs. Même Orson Welles et Bruce Willis y ont succombé ! La spécialité de la maison, c'est la sauce chili qui garnit généreusement les sandwichs. Terrasse derrière le stand et parking gratuit pour les clients.

4

Versailles – *1415 S. La Cienega Blvd* (hors plan par C3), ℘ *(310) 289 0392. Lun.-jeu. et dim. 11h-22h, vend.-sam. 11h-23h. Plats 10/15 $.* Les habitués de ce restaurant cubain attribuent des pouvoirs curatifs presque surnaturels à la sauce à l'ail du chef, la *garlic mojo* ; les portions sont généreuses.

Canter's – *419 N. Fairfax Ave.* (D2), ℘ *(323) 651 2030. Tlj 24h/24. Plats 13/16 $.* Implanté dans le quartier juif, ce traiteur sert depuis plus de 70 ans, des bagels et autres spécialités d'Europe centrale, ainsi que des classiques de la cuisine américaine (dont de roboratifs burgers). Un peu plus cher que les traiteurs alentour, mais la légende se paie.

India's Oven – *7231 Beverly Blvd* (E2), ℘ *(323) 936 1000. Lun.-sam. 11h-22h, dim. 16h-21h. Plats 10/15 $.* Grand choix de currys et *biriyanis*, ainsi que des plats végétariens traditionnels. Carte de vins californiens.

BUDGET MOYEN

Stark Bar – *dans l'enceinte du LACMA (voir p. 319), à côté de la billetterie principale, côté Wilshire Blvd* (E3). *Tlj sf merc. 11h-23h. Plats et assiettes entre 12 et 20 $.* Que vous décidiez de visiter le LACMA ou non, voici un bel endroit pour un lunch. Ce café design et à ciel ouvert, inauguré en 2011, propose d'excellentes pizzas à pâte fine *(flatbreads)*, des assiettes de charcuterie ou de fromages. Belle carte de vins du monde (chers), de bières et excellents cocktails. Son voisin, le restaurant chic **Ray's** propose une cuisine plus élaborée *(tlj sf merc. 12h-22h, réserv. recommandée).*

POUR SE FAIRE PLAISIR

Carlitos Gardel – *7963 Melrose Avenue* (D2), *pratiquement en face de l'hôtel Orbit (p. 333)*, ℘ *(323)*

655 0891. Lun.-vend. 11h30-14h30 et 18h-23h, sam. 18h-23h et dim. 17h-22h. Plats entre 15 et 50 $. Ambiance feutrée et intime dans ce restaurant à la décoration rendant hommage au danseur argentin Carlos Gardel. À la carte, spécialité de viande argentine et quelques plats de pâtes. Avec les (excellents) vins argentins, l'addition peut vite grimper…

Dan Tana's – *9071 Santa Monica Blvd / Nemo St* (C2), *à côté du club Troubadour (voir p. 338)*, ℘ *(310) 275 9444. Tlj 17h-1h30 (horaires à vérifier). Plats entre 25 et 50 $.* Une trattoria fondée en 1964 devenue avec le temps un lieu (bruyamment) fréquenté par le tout L.A. Cuisine très simple à base de poissons, pâtes et viandes mais portions généreuses. Joli décor de fauteuils en cuir rouge, nappes bicolores et bouteilles pendant au plafond. Clientèle bigarrée de jeunes branchés, starlettes, artistes et couples aisés. On y vient autant pour l'ambiance que pour la nourriture. *Réserv. recommandée.*

Santa Monica (Plan V)

PREMIER PRIX

Whole Foods – *500 Wilshire Blvd* (A1), ℘ *(310) 395 4510. Tlj 7h-22h.* Pique-nique rime avec économique, et le rayon traiteur de ce supermarché bio propose un assortiment de mets à déguster au bord de la mer ou dans un parc.

Cha Cha Chicken Caribbean Cuisine – *1906 Ocean Ave.* (A2), ℘ *(310) 581 1684. Lun.-vend. 11h-22h, w.-end 10h-22h. Moins de 10 $.* Le goût de la Jamaïque dans une ambiance de paillote. Très bon *coconut fried chicken*, servi avec une sauce à la mangue et une autre assez relevée. Les jus de fruits sont délectables.

BUDGET MOYEN

Border Grill – *1445 4th St.* (A1), ☎ *(310) 451 1655. Tlj 11h30-22h (23h le vend. et le sam.). Plats 15/25 $.* Une cuisine mexicaine inventive, à déguster dans une vaste salle colorée.

Renee's Courtyard – *522 Wilshire Blvd* (A1), ☎ *(310) 451 9341. Tlj 12h-15h et 18h30-2h. Plats 15/20 $.* On ne soupçonne pas la présence de ce lieu étonnant derrière l'auvent bleu qui cache l'entrée. Ambiance décalée dans une succession de petites cours à la décoration vieillotte, illuminées par de discrètes lumières.

La Sandia – *395, Santa Monica Place* (A1), ☎ *(310) 393 3300. Tlj midi et soir. Plats 12-20 $.* Au deuxième étage d'un *mall*, un restaurant mexicain affichant une décoration moderne (bouteilles éclairées au bar voisinent avec les azulejos) et cultivant une ambiance lounge. Sur la terrasse, vous jouirez, installé dans de confortables fauteuils, de l'ambiance qui anime la Third Street en dégustant une cuisine d'honnête facture.

Venice (Plan V)

PREMIER PRIX

Joni's Coffee Roaster Cafe – *552 Washington Blvd, Marina del Rey* (C5), ☎ *(310) 305 7147. Tlj 6h-21h (17h en hiver). Moins de 10 $.* Bien connu pour ses petits-déj. Des fleurs sur les tables, une ancienne scène de théâtre, de la musique classique et un excellent café, torréfié sur place.

The Rose – *220 Rose Ave., à l'angle de Main St.* (B3), ☎ *(310) 399 0711. Lun.-vend. 7h-17h30, w.-end 8h-17h. Moins de 10 $.* Un vaste entrepôt restauré abrite un snack (pour croquer une salade), un restaurant et une boutique. Ambiance « artistico-jazz » branchée où les gens du coin aiment se donner rendez-vous.

Mao's Kitchen – *1512 Pacific Ave., près de Windward Ave.* (B4), ☎ *(310) 581 8305. Dim.-jeu. 11h30-22h30, vend.-sam. 11h30-3h. Moins de 10 $.* Cantine sympathique au cadre désuet étudié. Assiettes copieuses à déguster autour d'une grande tablée.

POUR SE FAIRE PLAISIR

Joe's – *1023 Abbot Kinney Blvd* (B4), ☎ *(310) 399 5811. Mar.-vend. 12h-14h30 et dim., mar.-jeu. 18h-22h (23h le vend. et le sam.), brunch 11h-14h30 le w.-end. Plats 25/30 $.* Parfait pour un dîner intime dans un cadre sophistiqué, ce joli restaurant est romantique à souhait. Cuisine californienne.

Primitivo – *1025 Abbot Kinney Blvd* (B4), ☎ *(310) 396 5353. Lun.-vend. 12h-14h30 et 17h30-22h30, sam. 11h-15h et 17h30-22h30, dim. 11h-15h et 16h-22h30. Plats 13/17 $.* Un bar à vin élégant qui propose un menu de tapas *(9-15 $ la portion)*.

Piccolo Cipriani – *5 Dudley Ave., en face du Cadillac Hotel* (A3-4), ☎ *(310) 314 3222. Dim.-jeu. 17h30-22h30, vend.-sam. 17h30-23h30. Plats 20/30 $.* Un endroit charmant et convivial pour un dîner aux chandelles. Spécialités italiennes. Belle carte de vins.

BOIRE UN VERRE/SORTIR

Downtown L. A. (Plan II)

☺ **Bon à savoir** – À de rares exceptions près, Downtown n'est pas vraiment actif le soir. Préférez Hollywood Blvd, Sunset Blvd ou Fairfax Blvd.

The Standard – *550 S. Flower St.* (B3), ☎ *(213) 892 8080. Tlj 12h-1h30.* Sur le toit d'un immeuble de 12 étages, au milieu des buildings illuminés dans la nuit. Mobilier design avec matelas d'eau, piscine cristalline et projection de vidéos sur l'immeuble en face. On plonge dans le rêve américain.

4

Point Moorea – *Wilshire Grand Hotel, 930 Wilshire Blvd* (B3), ℘ *(213) 833 5100. Tlj 14h-1h30.* Moins animé que le précédent, ce bar a un décor original. Clientèle de l'hôtel. Grands écrans. DJ les w.-ends de séminaire.

Hollywood (Plan III)
El Floridita – *1253 N. Vine,* ℘ *(323) 871 8612, www.elfloridita.com.* Le haut lieu de la salsa cubaine à Los Angeles ; profitez des orchestres de renom sur une belle piste de danse. Dîner avec orchestre le sam. soir *(env. 30 $/pers.).* Réserv. conseillée. Cours de salsa le merc. de 20h à 21h.

Knitting Factory Hollywood – *7021 Hollywood Blvd, au croisement avec La Brea,* ℘ *(323) 463 0204, laknittingfactory.com.* Un club de jazz réputé doublé d'un label de disques.

Avalon – *1735 Vine St.,* ℘ *(323) 462 8900, www.avalonhollywood.com.* Un vaste club en vogue, à la déco originale, dans un ancien théâtre.

West L. A./West Hollywood
(Plan IV)

😊 **Bon à savoir** – West Hollywood est le siège d'une vie nocturne intense, surtout dans la partie ouest du boulevard et sur Sunset Blvd, où les bars jouxtent les clubs. Partout où l'on sert de l'alcool, il faut prouver qu'on a plus de 21 ans pour entrer. Et attention aux contrôles d'alcoolémie, très fréquents. Désignez une personne qui restera sobre et prendra le volant en fin de soirée.

Les clubs rock ne manquent pas, notamment les historiques **Roxy Theatre** *(9009 W Sunset Blvd/Hammond St.* C1, ℘*(310) 278 9457),* **Troubadour** *(9081 Santa Monica Blvd/Doheny Dr.* C2, ℘ *(310) 276 6168)* ou **Whisky à Gogo** *(8901 Sunset Blvd./San Vicente Blvd* C1, ℘ *(310) 652 4202, www.theroxyonsunset.com)* qui ont accueilli les plus grands, des Doors à Springsteen en passant par Tom Waits et continuent d'entretenir une programmation pointue, à des prix raisonnables *(entre 10 et 25 $ l'entrée suivant les concerts).* Le plus récent **Key Club** *(9039 Sunset Blvd* C1, ℘ *(310) 786 1712, www.keyclub.com)* tire également plutôt bien son épingle du jeu.

Le **Cat Club** *(8911 W. Sunset Blvd* C1, ℘ *(310) 657 0880, www.myspace.com/thecatclub)* appartient à Slim Jim Phantom, le batteur du trio néo-rockabilly Stray Cats ; on y écoute des groupes de rock ou folk-rock presque tous les soirs.

Vous pourrez, s'il vous reste un brin d'énergie (et quelques dollars en poche), terminer votre nuit au **Viper Room** *(8852 Sunset* C1, ℘ *(310) 358 1881, www.viperroom. com),* le très célèbre club de Sunset qui a appartenu, jusqu'en 2004, à un certain Johnny Depp *(entre 15 et 20 $ l'entrée).*

The Silent Movie Theatre – *611 N. Fairfax Ave.* (D2), ℘ *(323) 655 2520, www.silentmovietheatre.com.* Un vieux ciné qui projette des films en noir et blanc accompagnés d'un véritable orchestre.

Santa Monica (Plan V)
Casa del Mar Hotel – *1910 Ocean Way* (A2), ℘ *(310) 581 5533, www. hotelcasadelmar.com.* Ce grand hôtel dispose d'un magnifique hall d'entrée Art déco, feutré et luxueux, agrémenté de mosaïques, de plantes vertes et de bois foncé. Vous pouvez vous attabler devant les grandes baies vitrées donnant sur l'Océan pour prendre un verre.

Harvelle's Home of the Blues – *1432 4th St.* (A1), ℘ *(310) 395 1676, www.harvelles.com. Tlj 20h-2h.*

Petit club réputé où se produisent des artistes de blues, de R & B et de rock depuis 1931.

McCabe's Guitar and Music – *3101 Pico Blvd* (A1), ☎ *(310) 828 4497, www.mccabes.com. Lun.-jeu. 10h-22h, vend.-sam. 10h-18h, dim. 12h-17h.* Le temple de la guitare (sèche) ne servant pas de boissons alcoolisées, il n'y a pas de limite d'âge pour ses soirées folk *(15-20 $)*. Concerts pour enfants le dimanche matin *(8 $)*.

The Library Alehouse – *2911 Main St.* (B3), ☎ *(310) 314 4855. Tlj 11h30-0h.* Une salle simple tout en longueur pour déguster l'une des nombreuses bières servies à la pression, dont une cuvée maison.

Venice (Plan V)

Nikki's – *72 Market St.* (B4), ☎ *(310) 450 3010. Lun.-vend. 16h-1h, sam.-dim. 10h-1h.* Pour un cocktail stylé dans un lieu à la mode. Douze sortes de Martini, des salades et des nachos. Un porte-skate remplace le traditionnel porte-manteau, mais la clientèle arrive en Porsche.

ACHATS

🛈 **Bon à savoir** – Les zones commerçantes les plus vivantes sont celles de **Grand Central Market** et d'**Olvera Street**. Mais le shopping à **Hollywood** et **West L.A.** sera d'un tout autre standing…

Dans les années 1950, **Beverly Hills**, immédiatement au nord-ouest de West Hollywood, s'est réinventé comme un des endroits les plus chic du monde. Une tendance qui dure… Les boutiques de luxe autour de Rodeo Drive offrent une occasion aux Californiennes de se prendre pour des Européennes et aux Européennes de se prendre pour des Californiennes. Les boutiques branchées sont, elles, sur **Melrose Avenue**, entre les avenues Fairfax et La Brea.

It's a Wrap – *3315 W. Magnolia Blvd, Burbank* (Plan I), ☎ *(818) 567 7366, et 1164 S. Robertson Blvd* (Plan IV, hors plan par C3), ☎ *(310) 246 9727. Tlj 11h-20h (18h le w.-end).* Hélas assez excentrés, ces magasins vendent les vêtements et accessoires de tournages. Fonctionne aussi à la façon d'une salle des ventes.

Amoeba Records – *6400 Sunset Blvd, à l'angle de Cahuenga* (Plan II), ☎ *(323) 245 600. Lun.-sam. 10h30-21h, dim. 11h-21h.* Le paradis des fans de musique. Un immense espace avec plus d'un million de CD ainsi que des DVD et des affiches de collection. Concerts gratuits, notamment de groupes locaux reconnus sur la scène rock mondiale (Local Natives, Cold War Kids, Warpaint, Funeral Party).

Le tronçon est de **Sunset Boulevard**, entre Sanborn et Maltman à Silver Lake, est bordé de nombreuses boutiques de vêtements et objets vintage.

ACTIVITÉS

Plages – Si vous redoutez les plages trop célèbres de Venice ou Santa Monica, essayez les environs de Long Beach *(p. 329)*. **Hermosa Beach** : au nord-ouest par la Pacific Coast Hwy, pour les surfers, joueurs de beach-volley, skaters, etc. **Seal Beach** et celle qui suit, **Sunset Beach**, juste au sud de Long Beach, pour le surf et les vastes étendues de sable. **Newport Beach**, encore plus au sud, très riche, très chic, très branchée, mais idéale avec des enfants et fréquentée par les surfers.

Whale watching – *Harbor Breeze Cruises, 100 Aquarium Way, Dock 2, Long Beach,* ☎ *(562)*

4

432 4900, *www.2seewhales.*
com. L'observation des baleines
se pratique quand celles-ci
descendent vers le sud en déc. et
remontent en mars-avr. : croisières
de déc. à avr. : *2h, env. 45 $*. En été,
départs le w.-end uniquement
pour observer dauphins et lions
de mer.

Santa Monica
Randonnée – Longez la plage
depuis Santa Monica jusqu'à
Venice. À l'intérieur des terres,
prévoyez une randonnée dans les
Santa Monica Mountains
(voir p. 327).

Vélo – Le South Bay Bicycle Trail
(35 km) longe la côte de Santa
Monica à Torrance Beach, au sud
de la baie.

Perry's Rentals (5 cahutes le
long de la plage) : vélos *(10 $/h)*,
tandems *(16 $/h)* et rollers *(10 $/h)*.
Aussi à la journée.

Venice
Rollers, vélos – En longeant la
plage, vous tomberez forcément
sur une des cahutes de **Venice
One-Stop Beach Rentals**. Voir
aussi **Boardwalk Skates** *(201 1/2
Ocean Front Walk)* et **Venice
Bikes & Skates** *(21 Washington
Blvd)*. Comptez 6 $/h, 18 $/j.

Body-building – Pour essayer
les appareils sur lesquels

Schwarzenegger s'est fait les
muscles, prenez un forfait
journée au **Gold's Gym**,
360 HamptonDrive, 📞 *(310)
392 6004, www.goldsgym.com.*

AGENDA

♻️ **Bon à savoir** – Le guide annuel
des festivals de l'agglomération
de Los Angeles est disponible
gratuitement au *Visitor Center*.
Marathon de Los Angeles –
Ce grand rendez-vous sportif
se déroule chaque année en
mars. 📞 *(310) 271 7200, www.
lamarathon. com.*
Cinco de Mayo Celebration –
Le 1er w.-end de mai. 📞 *(213)
473 5358, www.olvera-street.com.*
Animations festives dans Olvera
Street.
Nisei Week – *Au mois d'août.*
📞 *(213) 687 7193, www.niseiweek.
org.* Festival japonais dans Little
Tokyo.
Las Posadas – *16-24 déc.* 📞 *(213)
473 5358, www.olvera-street.com.*
Procession familiale dans Olvera
Street, très riche, très chic, très
branchée, mais idéale avec des
enfants et fréquentée par les
surfers.
Nisei Week – *Au mois d'août.*
📞 *(213) 687 7193, www.niseiweek.
org.* Festival japonais dans Little
Tokyo.

Disneyland Resort

★★★

 NOS ADRESSES PAGE 343

S'INFORMER

Visitor Center – *1770 S. Harbor Blvd (à côté de l'hôtel Jolly Roger)* - ☏ *(714) 368 1340 - tlj 8h-19h.* Utile pour trouver une chambre d'hôtel. *www.disneyland.disney.go.com.*

SE REPÉRER

Carte de région A1 *(p. 296)* – *carte Michelin Western USA 585 B 11* – *plan d'agglomération de Los Angeles (p. 300-301).* Le complexe se trouve à 26 miles (41,6 km) au sud-est de Downtown Los Angeles. Empruntez l'I-5 (Santa Ana Frwy) et sortez à Disneyland Drive (si vous venez du nord) ou à Katella-Avenue (si vous venez du sud).

ORGANISER SON TEMPS

Comptez une journée pour chaque parc et évitez absolument le week-end et les jours fériés. Arrivez au moins 30mn avant l'ouverture des portes du parc : les guichets sont déjà ouverts et vous ferez moins la queue. Retirez le plus tôt possible vos tickets Fastpass, qui facilitent l'organisation de la journée et vérifiez bien, avant de faire la queue à une attraction, que vos enfants ont la taille requise.

Disneyland est installé à Anaheim, dans l'Orange County, au sud du comté de Los Angeles. À son ouverture, le parc conçu par Walt Disney offrait une vingtaine d'attractions : 55 ans plus tard, il en compte plus d'une soixantaine, s'adressant aussi bien aux enfants qu'aux adultes. Certaines d'entre elles ciblent en effet les grands, comme California Adventure, plus particulièrement destiné aux adultes et aux adolescents et qui illustre différents aspects de la Californie. Downtown Disney, situé entre les deux, propose aussi des distractions pour adultes.

4

Découvrir

★★★ DISNEYLAND Plan I

À l'entrée du parc, vous débouchez sur **Main Street, USA**, grand-rue typique des villes américaines du 19ᵉ s. Sur la place s'élève la gare d'où part le train qui fait le tour du parc.

Main Street débouche sur le **château de la Belle au bois dormant★★★**, entouré de douves où barbotent quelques canards, et dans lequel des attractions mettent en scène les héros favoris de Disney.

Passé le château, **Mickey's Toontown★★★** est un village sorti tout droit d'un dessin animé.

À l'est de Main Street, derrière la grande montagne qui se dévale en bobsleigh, s'étend **Tomorrowland**, la « Terre du futur ». Vous y découvrirez notamment **Space Mountain★★** (super huit sous un globe plongé dans le noir, accompagné de nouveaux effets spéciaux pour le cinquantenaire) et **Star Tour★** (simulation de vol spatial).

À l'ouest de Main Street, à **New Orleans Square**, ne manquez pas l'attraction qui a lancé une épopée cinématographique : la traversée en barque de **Pirates of the Caribbean★★** a été ré-imaginée pour les 50 ans du parc. L'attraction phare de **Frontierland★★** est le train fou des chercheurs d'or, **Big Thunder Mountain Railroad★**, qui serpente au milieu des montagnes. **Adventureland**, au centre duquel s'élève l'arbre de Tarzan, explore des régions plus sauvages avec l'équipée en Jeep **Indiana Jones Adventure★★**.

★★ CALIFORNIA ADVENTURE

Le ton est donné dès l'entrée du parc, avec le Golden Gate Bridge, symbole de San Francisco : le dernier-né des parcs Disney fait défiler les hauts lieux touristiques de la Californie.

Parcourez **Hollywood Boulevard★★** et ne manquez pas **Disney Animation**, où vous pouvez enregistrer votre voix sur les passages les plus célèbres de dessins animés. La **Twilight Zone Tower of Terror★** est une attraction à éviter si vous avez des problèmes de cœur, dos ou cou !

Prenez à gauche en sortant de Hollywood Blvd.

Vous arrivez dans **Golden State★**, qui vous défie avec son attraction **Redwood Creek Challenge**. La tournée se poursuit sur le thème des grands parcs nationaux avec, entre autres, un parcours aquatique en raft, **Grizzly River Run**, et un film très réussi proposant une balade en hélicoptère, **Soarin'Over California**.

Puis vous découvrez l'immense plan d'eau de **Paradise Pier★★★**, où les amateurs de sensations fortes tenteront le looping géant de **California Screamin'**, la surprenante grande roue, ou encore **Maliboomer**, qui vous permet de faire l'expérience des sensations d'une chute libre.

Quelques manèges dans **A bug's land**, situé derrière Hollywood Pictures Backlot, sont accessibles aux enfants mesurant plus de 92 cm, mais tout le monde s'amusera en regardant *It's tough to be a bug*, un film en 3D consacré aux petites bêtes vivant sous terre.

☺ NOS ADRESSES À DISNEYLAND

TRANSPORT

En transports publics – En semaine, le réseau de trains de banlieue **Metrolink** relie Los Angeles/Union Station à la gare d'Anaheim *(ligne 91, 45mn ; 7,50 $; www.metrolinktrains.com)*, d'où le bus 430 rejoint Disneyland (15mn). **Greyhound** affrète des bus au départ de Downtown de 5h25 à 18h *(45mn-2h, 13 $, www.greyhound.com)*, mais il faut ensuite prendre le bus 47 à Anaheim et changer pour le 205 à Katella Ave. Les hôtels sont reliés aux parcs par les bus Art.

VISITE

☺ **Bon à savoir** – Une fois que vous êtes entré dans le parc, pensez à utiliser le système Fastpass qui consiste à retirer à l'avance un billet pour chaque attraction, sur lequel est indiquée une tranche horaire pendant laquelle vous pouvez accéder à l'attraction choisie en empruntant une file d'attente spéciale, plus rapide.

Disneyland – ✆ *(714) 781 4565, www.disneyland.disney.go.com.* Le parc ouvre tlj, généralement de 8h à 23h ; California Adventure, tlj 10h-21h, mais les horaires sont variables : appelez avant de venir. L'entrée de chacun des deux parcs, Disneyland et California Adventure, coûte *76 $ (68 $*

3-9 ans). Des billets combinés de 2 à 5 jours permettent d'entrer chaque jour dans un parc différent (mais jamais dans les deux le même jour). Vous pouvez acheter vos billets sur Internet et vous les faire poster. Pour l'international, compter au moins 15 jours de délai et un surcoût de 20 $ par envoi.

HÉBERGEMENT

Anaheim

BUDGET MOYEN

Super 8 – Anaheim Disneyland Drive – *915 S. Disneyland Dr.,* ✆ *(714) 778 0350, www.super8motel.net* - 111 ch. 81 $ ☕ 🍴 ♨ 🅿 Un motel simple, à proximité des parcs. Accueil sympathique. Jacuzzi. Accès Wifi gratuit.

Del Sol Inn Anaheim Resort – *1604 S. Harbor Blvd,* ✆ *(714) 234 3411, www.delsolinn.com* - 60 ch. 120 $ ☕ 🍴 ♨ 🅿 Un motel aux couleurs très « Disneyland ». Chambres bien équipées. Jacuzzi. Laverie.

Anaheim Carriage Inn – *2125 S. Harbor Blvd,* ✆ *(714) 740 1440- 800 345 2131, www. anaheimcarriageinn.com* - 67 ch. *69/109 $* 🍴 ♨ 🅿 Motel décoré de colonnes roses. Chambres bien équipées (machine à café, micro-ondes). Jacuzzi. Laverie. Accès Internet gratuit.

Pasadena

★★

143 667 habitants – Californie

 NOS ADRESSES PAGE 347

🚩 **S'INFORMER**

Visitors Bureau – *300 E. Garden St. -* 📞 *1-800 307 7977-626 795 9311 - www. visitpasadena.com - tlj sf dim. 8h-17h (sam. 10h-16h). Possibilité de télécharger sur le site Internet la brochure Pasadena Official Visitors Guide qui recense toutes les infos concernant les hôtels, restaurants et les sorties.*

▶ **SE REPÉRER**

Carte de région A1 *(p. 296) – carte Michelin Western USA 585 B 11 – plan d'agglomération de Los Angeles (p. 300-301).* Pasadena appartient au comté de Los Angeles et se situe à 20 miles (32 km) au nord-est de Downtown par l'US-110 N. (Pasadena Freeway, la première autoroute construite à Los Angeles), qui débouche dans Arroyo Parkway.

👁 **À NE PAS MANQUER**

Une soirée dans Old Pasadena.

🕐 **ORGANISER SON TEMPS**

Comptez une journée ; essayez de déjeuner au Rose Garden Tea Room ou au café du Huntington.

Si Pasadena est réputée pour son charme tout provincial, elle n'en demeure pas moins l'une des principales banlieues de Los Angeles et une ville dynamique, accueillant de nombreuses manifestations et activités culturelles. Mais elle est surtout connue dans tout le pays pour sa Rose Parade, un défilé de chars décorés de fleurs, et le Rose Bowl Game, le championnat universitaire de football américain, organisés tous deux chaque année pour le 1er janvier.

Se promener

Nichée au pied des San Gabriel Mountains, Pasadena était une bourgade agricole tranquille avant que la douceur de son climat n'en fît un lieu de villégiature privilégié. Au début du 20e s., la haute société s'y fit construire de luxueuses demeures, qui comptent toujours parmi les curiosités de la ville.

★ Old Pasadena

Comptez 1h. Remontez Colorado Blvd vers l'ouest.
De part et d'autre de Colorado Boulevard, les bâtiments de style colonial espagnol, Revival ou Art déco, abritent boutiques chic, galeries d'art et restaurants. On vient ici profiter de la douceur de vivre à la terrasse d'un café. Très animé en journée, le quartier est particulièrement vivant le soir, avec ses salles de spectacle, ses clubs et ses bars branchés.

★ Pacific Asia Museum

Comptez 1 à 2h. 46 N. Los Robles Ave., 📞 *(626) 449 2742, www.pacificasiamuseum. org. Merc.-dim. 10h-18h. 9 $, gratuit dernier vend. du mois.*

Cactus des jardins de Huntington.
A. de Valroger / MICHELIN

Bâti en 1971 dans le style des palais impériaux chinois, ce musée rassemble une collection riche de plus de 12 000 objets et œuvres d'art, représentatifs de l'art et des cultures d'Asie et des îles du Pacifique. À noter, une belle collection de **céramiques chinoises**, des sculptures bouddhiques, des bronzes et des statues en bois d'Inde et d'Asie du Sud-Est, ainsi que des objets rituels d'Irian Jaya et de Papouasie-Nouvelle-Guinée. Le Japon est représenté par une intéressante collection d'objets décoratifs (laque, céramique) et de peintures. L'agréable cour intérieure, dessinée selon les principes traditionnels chinois, constitue un havre de paix.

À voir aussi

4

★★ Norton Simon Museum

Comptez 2h. 411 W. Colorado Blvd, ☏ (626) 449 6840, www.nortonsimon.org. Tlj sf mar. 12h-18h (21h le vend.). 10 $. Parking gratuit.
Situé à l'extrémité ouest de Colorado Boulevard, ce musée rassemble l'une des plus importantes collections privées d'arts européen et asiatique au monde, patiemment réunie par l'industriel Norton Simon (1907-1993).
De vastes galeries offrent un assez large panorama de l'**art européen** du 14ᵉ au 20ᵉ s. La Renaissance est notamment représentée par des peintures de Jacopo Bassano et une belle *Vierge à l'Enfant avec un livre* (1503) de Raphaël. Les écoles italiennes, espagnoles et françaises du 17ᵉ et 18ᵉ s. sont illustrées par des œuvres de Guercino, Baciccio, Tiepolo, Zurbarán, Goya, Fragonard et Poussin, tandis que la peinture hollandaise et flamande est évoquée par de beaux portraits de Rembrandt et Frans Hals, et quelques toiles de Rubens.
Dans la galerie consacrée aux **impressionnistes et postimpressionnistes**, vous pouvez admirer *Les Repasseuses* (1884) de Degas et quelques œuvres inspirées de sa passion pour la danse, dont son bronze le plus connu, *La Petite Danseuse de quatorze ans*. Ces œuvres voisinent avec une toile de Monet figu-

rant son jardin de Vétheuil (1881), et d'autres tableaux signés Manet, Pissarro (*Marché aux poulets à Pontoise*, 1882), Renoir (*Le Pont des Arts*, 1868), Van Gogh (*Portrait d'un paysan*, 1888 ; *Le Mûrier*, 1889), Cézanne ou Gauguin. Enfin, le 20e s. est également bien représenté, avec des travaux de Picasso (*Femme avec une guitare*, 1913 ; *Femme au livre*, 1932), Kandinsky, Klee, Matisse et Rousseau.

Ne manquez pas, au sous-sol du musée, la remarquable collection d'**art asiatique**, qui compte notamment de superbes sculptures bouddhiques et hindouistes de l'Inde et d'Asie du Sud-Est : bronzes du Tamil Nadu (Shiva, roi de la danse, 10e s.), du Kerala et du Sri Lanka (9e-17e s.), quelques beaux exemples de l'art khmer (Vishnu en grès du 10e s.), ainsi que la plus importante collection de bronzes cholas hors d'Inde. Des sculptures de toutes époques, dont une copie du *Penseur* (1880) et des *Bourgeois* **de Calais** de Rodin, mais aussi des œuvres de Maillol et Moore, sont disséminées à l'extérieur du musée, dans l'agréable jardin, inspiré de celui de Monet à Giverny.

★★ Gamble House

Comptez 1h. Prenez à droite en sortant du musée, puis encore à droite sur Orange Grove Blvd. La Gamble House se dresse au milieu d'une large pelouse verdoyante à gauche de la route, entre W. Walnut St. et Rosemont Ave., 4 Westmoreland Pl., ☎ (626) 793 3334, www.gamblehouse.org. Visites guidées (1h) jeu.-dim. ttes les 20mn de 12h à 15h. 10 $.

Bâtie en 1908 pour David et Mary Gamble (de la firme Procter and Gamble), voici l'un des plus beaux exemples du travail des frères **Charles et Henry Greene**, deux célèbres architectes, dont le mouvement *Arts and Crafts* influença beaucoup l'architecture américaine du 20e s. *(voir p. 109)*. Plus d'une douzaine d'essences de bois, parmi les plus rares (cèdre, séquoia, acajou, teck de Birmanie, érable, pin Douglas, ébène, chêne…), ont été utilisées pour permettre à cette demeure exceptionnelle de s'intégrer parfaitement à l'environnement. Aucun détail n'est laissé au hasard : pièces en bois ouvragé et mobilier témoignent d'un extrême raffinement. Reprenez Orange Grove Boulevard vers le sud. Il a été surnommé **The Millionaire's Row** (« *la rue des Millionnaires* »), en raison des nombreuses demeures luxueuses qui le bordent. Parmi elles, **Tournament House** *(391 S. Orange Grove Blvd, ☎ (626) 449 4100. Jeu. 14h-16h (visite guidée à 14h et 15h) de fév. à août)*, construite en 1906, appartenait à l'industriel William Wrigley Jr., magnat du chewing-gum. Elle abrite l'association chargée de l'organisation de la Rose Parade. Admirez surtout son superbe **jardin**, qui ne compte pas moins de 1 500 variétés de roses *(un plan est disponible dans les bureaux situés à l'arrière de la maison. Attention, il n'y a pas de fleurs de fév. à avr.).*

★★★ The Huntington

Comptez une demi-journée. Poursuivez sur Orange Grove Blvd, tournez à gauche dans California Blvd et, 3 miles plus loin, à droite dans Allen Ave. pour rejoindre l'entrée de la bibliothèque, 1151 Oxford Rd ; autre entrée sur Orlando Rd, à l'intersection d'Allen Ave. ☎ (626) 405 2100, www.huntington.org. Lun., merc.-vend. 12h-16h30 (merc.-dim. 10h30-16h30 de Memorial Day à Labor Day), w.-end et lun. fériés 10h30-16h30. 15 $ en semaine, 20 $ le w.-end et les lun. fériés. Gratuit le 1er jeu. du mois à condition d'avoir réservé les billets. Parking gratuit. Pique-nique interdit.

L'homme d'affaires Henry E. Huntington, neveu de Collis P. Huntington (l'un des *Big Four*, copropriétaire de la Central Pacific Railroad), était féru d'art, de lecture et de botanique. Les œuvres qu'il a acquises sont rassemblées au sein de la fondation qu'il créa en 1919.

La bibliothèque – C'est l'une des plus importantes des États-Unis, essentiellement consacrée à la littérature et à l'histoire anglo-américaines. Elle renferme une collection exceptionnelle de livres rares, de lettres, de dessins, de cartes et de **manuscrits enluminés**, parmi lesquels une bible de Gutenberg (1430) imprimée sur vélin, les premières éditions de certaines œuvres de Shakespeare (*Beaucoup de bruit pour rien*, 1600 ; *Henry IV*, 1599), la première édition d'*Ulysse* (1922) de J. Joyce, ainsi qu'une édition grand format des *Oiseaux d'Amérique* de J. J. Audubon.

Les collections d'art – Les collections d'art sont disséminées dans trois bâtiments. La collection d'**arts britannique et français** du 18e s. et du 19e s., dont le célèbre *Blue Boy* (1770) de Thomas Gainsborough et *Pinkie* (1795) de Thomas Lawrence, ainsi que des toiles de Joshua Reynolds et George Romney qu'elle accueillait, est accrochée dans la galerie Lois & Robert F. Erburu.

La galerie Lois & Robert F. Erburu, ouverte en mai 2005, est destinée à terme à recevoir la collection d'**art américain du 20e s.**, qui s'est enrichie de tableaux de maîtres comme Edward Hopper et Robert Motherwell.

Le musée Virginia Steele Scott se consacre à la **peinture américaine** des 18e et 19e s., avec des œuvres de John Singer Sargent (*Mrs William Playfair*, 1887), Mary Cassatt (*Petit-déjeuner au lit*, 1897) et Gilbert Stuart (*George Washington*), ainsi qu'une exposition consacrée aux créations des architectes Charles S. et Henry M. Greene et au mouvement *Arts and Crafts*.

L'aile ouest de la bibliothèque abrite des **peintures italiennes et flamandes de la Renaissance** (15e-16e s.), dont une *Vierge à l'Enfant* de Rogier Van der Weyden, des sculptures et du mobilier français du 18e s. (un superbe buste de Houdon), et une très belle collection de porcelaines de Sèvres (18e s.).

Les jardins botaniques – Ces magnifiques jardins, aménagés sur plus de 50 ha, comptent 15 000 variétés de plantes différentes, disséminées dans **12 jardins thématiques**. Ne manquez surtout pas son superbe jardin du désert et sa vaste collection de cactus et plantes grasses, le jardin des camélias, des nénuphars, le très zen jardin japonais, le plus exubérant jardin tropical, le jardin australien, mais aussi le jardin des fines herbes, la jungle, la roseraie et la palmeraie…

4

🕑 NOS ADRESSES À PASEDENA

TRANSPORTS

En métro – Pasadena est desservie par la ligne or depuis Union Station, Downtown.
En bus – En ville, des navettes (**ARTS Bus**) relient le quartier d'Old Pasadena à South Lake District et Playhouse District *(lun.-vend. 6h-20h, sam. 11h-20h, dim. 11h-17h ; 0,50 $)*.

HÉBERGEMENT

La plupart des motels bon marché se trouvent le long d'East Colorado Blvd, entre Lake Ave. et Rosemead Blvd.
Les grandes chaînes y sont représentées à des prix comparables (Travelodge, Econo Lodge, Comfort Inn, Ramada, etc.).

San Diego

★★

1 307 402 habitants – 4,8 millions d'habitants dans le comté de San Diego

NOS ADRESSES PAGE 363

S'INFORMER

International Visitor Center – *1040 1/3 West Broadway, au carrefour avec Harbor Drive* (Plan II, A2) - *(619) 236 1212 - www.sandiego.org - en été tlj 9h-17h, oct.-mai 9h-16h*. Il dispose d'informations générales sur San Diego et sa région et offre des coupons de réductions pour les attractions.

SE REPÉRER

Carte de région B2 *(p. 296)* – *carte Michelin Western USA 585 B 11*. San Diego se trouve à 132 miles (212 km) au sud de Los Angeles par l'I-5 ou l'I-15, et à 389 miles (623 km) à l'ouest de Phoenix.

À NE PAS MANQUER

Se promener sur le front de mer pour admirer la baie et la marina ; la serre et le musée des Arts populaires de Balboa Park ; une soirée à la terrasse d'un café de Gaslamp Quarter.

ORGANISER SON TEMPS

Attention, certains musées de Balboa Park ferment le lundi. Si vous avez le temps, prévoyez 2 à 3 jours d'excursions aux environs de San Diego.

AVEC LES ENFANTS

Le zoo, considéré comme l'un des plus beaux du monde ; le Reuben H. Fleet Science Center.

Baignée de soleil plus de trois cents jours par an, San Diego surprend par son charme provincial et sa douceur de vivre (ici les habitants parlent de « mellow life »). Étonnamment plaisante en dépit de son étendue et d'une population en croissance constante, elle a su préserver son héritage historique et mettre en valeur son patrimoine et ses richesses culturelles. Ajoutez à cela de superbes plages qui s'étirent autour de sa large baie protégée, idéale pour les sports nautiques et les activités de plein air, et vous comprendrez pourquoi la ville figure parmi les grandes destinations touristiques des États-Unis.

Se promener

Bénéficiant d'une situation exceptionnelle à l'extrémité sud de la côte californienne, San Diego est la deuxième plus grande agglomération de l'État et la neuvième du pays. Toutefois, si elle doit faire face aux problèmes que connaissent aujourd'hui la plupart des grandes villes, elle offre une qualité de vie que lui envient beaucoup de métropoles américaines. Curieusement, elle reste en effet à taille humaine. Ses principales curiosités sont rassemblées dans des quartiers très délimités que l'on parcourt aisément à pied.

Soleil et architecture à San Diego.
Urbanhearts / fotolia.com

★★ **DOWNTOWN** plan II

▶ *Comptez une journée à pied.*

Le centre-ville à proprement parler comporte plusieurs quartiers différents. Le plus pittoresque, au sud d'Horton Plaza, est le Gaslamp Quarter. Au nord de la gare, s'étend Little Italy, un quartier résidentiel sans intérêt mais très vivant et comptant nombre d'hôtels et de restaurants.

★★ **Gaslamp Quarter** CD2/3

Rénové avec brio, Gaslamp Quarter (le quartier des Réverbères), en souvenir des becs de gaz qui éclairaient la ville au 19ᵉ s., se compose de 16 pâtés de maisons, compris entre Harbor Drive et Broadway. Avec la crise immobilière survenue à partir de 1888, ce quartier historique jadis très dynamique tomba en décrépitude. Il se transforma peu à peu, hébergeant principalement des établissements de jeu et des maisons de passe. En vue de l'Exposition de 1915, les autorités municipales décidèrent de le nettoyer et il perdit alors de sa popularité auprès des marins. Il fallut attendre 1975 pour que ces bâtiments historiques, laissés à l'abandon depuis près de cinquante ans, soient enfin restaurés. La plupart des édifices qui subsistent aujourd'hui datent de la fin du 19ᵉ s. et leur architecture victorienne donne un charme tout particulier à ce nouveau centre urbain, par ailleurs réputé pour sa vie nocturne et ses nombreux commerces, le long de 5ᵗʰ Avenue.

Le cœur historique de Downtown, particulièrement animé le week-end, se découvre aisément à pied. On flâne dans les boutiques et grands magasins du **Horton Plaza**, l'immense *mall* coloré, agrémenté de plaisantes cours et de petites places en plein air où se produisent des artistes de rue. On se promène le long des avenues bordées d'arbres ou on vient chiner chez les antiquaires. Les conversations vont bon train aux terrasses des cafés et, le soir venu, théâtres, restaurants et bars branchés attirent une clientèle plus jeune, faisant du quartier l'un des endroits les plus vivants de la ville.

4

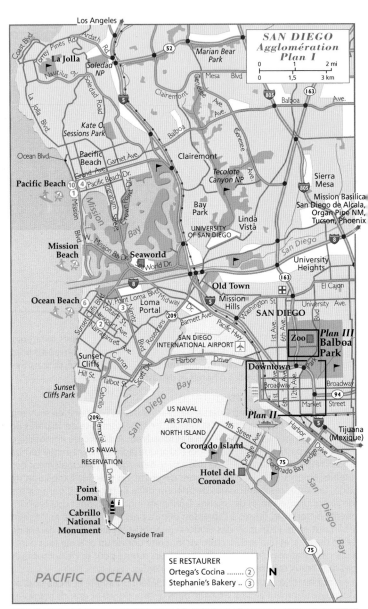

SAN DIEGO Agglomération Plan I

0 — 1 — 2 mi
0 — 1,5 — 3 km

Los Angeles

La Jolla
Soledad NP
Marian Bear Park

Coast Blvd
Torrey Pines Rd
Ardath Rd
Nautilus St.
La Jolla Blvd

52

Mesa Blvd.
Genesee Ave.

Clairemont

Soledad Road

Kate O. Sessions Park

Balboa Ave.

805

163

Balboa Ave.

Ocean Blvd.

Pacific Beach
Garnet Ave.
Grand Ave.
Pacific Beach Dr.

Clairemont

Genesee Ave.

Pacific Beach 10
1

Ingraham Street

Mission Blvd
Crown Point Dr.

Tecolote Canyon NP

Sierra Mesa

805

Mission Basilica San Diego de Alcala, Organ Pipe NM, Tucson, Phoenix

Bay Park

Linda Vista

UNIVERSITY OF SAN DIEGO

W. Mission Bay Dr.

Mission Beach

Mission Bay

Seaworld

Sea World Dr.

San Diego

8

University Heights

Ocean Beach 6

Sunset Cliffs Blvd
N. Point Loma Blvd
Nimitz Blvd
Newport Ave.
Voltaire St.
Narragansett Ave.

Loma Portal

3

2

Midway Dr.

209

Barnett Ave.

Rosecrans St.

Old Town

5

Mission Hills

163

El Cajon

Washington St.

University Ave.

SAN DIEGO

1st Ave.
6th Ave.

College Blvd

Sunset Cliffs

Hill St.

Sunset Cliffs Park

Cabrillo Memorial Drive

Talbot St.

Scott Dr.

Canon

SAN DIEGO INTERNATIONAL AIRPORT ✈

Pacific Hwy

Harbor Drive

Zoo

Plan III Balboa Park

Downtown

1st Ave.
6th Ave.
12th Ave.

Broadway

Broadway

94

Market St.

Plan II

San Diego Bay

US NAVAL AIR STATION NORTH ISLAND

4th Street

Coronado Island

Orange Ave.

5

Harbor Dr.

Tijuana (Mexique)

209

US NAVAL RESERVATION

Cabrillo Memorial Drive

Point Loma

Cabrillo National Monument

i

Bayside Trail

Hotel del Coronado

Coronado Bay Bridge

75

San Diego Bay

75

PACIFIC OCEAN

N

SE RESTAURER
Ortega's Cocina .... ②
Stephanie's Bakery .. ③

SE LOGER
Best Western
Blue Sea Lodge .... ①   Mission Bay Mottel .... ④   Surfer Motor
Ocean Beach .... ⑥   Beach Hotel .... ⑩

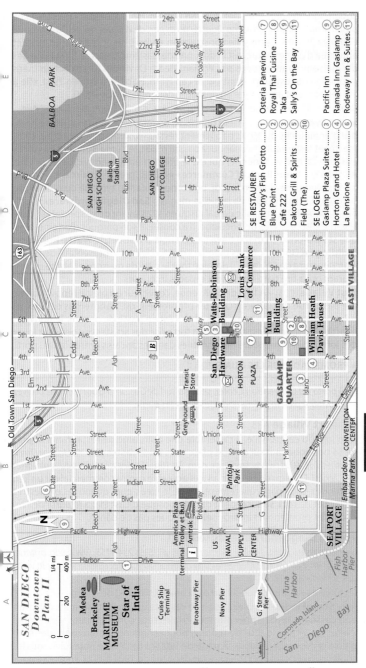

SAN DIEGO
*Downtown
Plan II*

MARITIME MUSEUM
Medea
Berkeley
Star of India

BALBOA PARK

SAN DIEGO HIGH SCHOOL

Balboa Stadium

SAN DIEGO CITY COLLEGE

Watts-Robinson Building
Louis Bank of Commerce
San Diego Hardware
Yuma Building
William Heath Davis House

HORTON PLAZA

GASLAMP QUARTER

EAST VILLAGE

SEAPORT VILLAGE

CONVENTION CENTER

Embarcadero Marina Park

San Diego Bay

Coronado Island

Tuna Harbor

Fish Harbor Pier

G. Street Pier

Navy Pier

Broadway Pier

Cruise Ship Terminal

Pantoja Park

America Plaza (terminal Trolley et Bus)
Amtrak
Greyhound
Transit Store

US NAVAL SUPPLY CENTER

Old Town San Diego

SE RESTAURER	
Anthony's Fish Grotto	(1)
Osteria Panevino	(7)
Blue Point	(2)
Royal Thai Cuisine	(8)
Cafe 222	(5)
Taka	(9)
Dakota Grill & Spirits	(10)
Sally's On the Bay	(11)
Field (The)	

SE LOGER	
Gaslamp Plaza Suites	(3)
Pacific Inn	(9)
Horton Grand Hotel	(4)
Ramada Inn Gaslamp	(10)
La Pensione	(6)
Rodeway Inn & Suites	(11)

★ **William Heath Davis House** C3 – *410 Island Ave.,* ✆ *(619) 233 4692, www. gaslampquarter.org. Mar.-sam. 10h-18h, dim. 9h-15h. 5 $. Le sam. à 11h, un guide propose une visite de Gaslamp Quarter au départ de William Heath Davis House. Comptez 2h. 10 $.* Cette jolie construction en bois blanc, édifiée en 1850 et entourée d'un petit parc, est la doyenne de Gaslamp Quarter. C'est l'une des dix maisons commandées par William Heath Davis qui furent acheminées depuis la côte Est en passant par le cap Horn. Habitée jusqu'en 1981, elle a été restaurée et aménagée en demeure des années 1850-1880.

Remontez 4th Ave., prenez à droite dans Market St., puis à gauche dans 5th Ave.

★★ **5e Avenue** (C2/3) – L'artère principale du quartier compte un grand nombre d'immeubles du 19e s., habilement restaurés, abritant aujourd'hui commerces et restaurants. Ne manquez pas, au n° 631, le **Yuma Building**★★ (1888), à la jolie façade victorienne, qui est le premier édifice en brique de la ville. Au n° 835, la **Louis Bank of Commerce**★★ (1888), premier bâtiment en granit de San Diego, déploie en façade une ornementation typique du renouveau baroque. De l'autre côté de la rue, le magasin **San Diego Hardware**★★, édifié en 1910, abrita une salle de bal jusqu'en 1923, avant de se spécialiser dans la vente d'accessoires de bricolage. Il a conservé son parquet d'origine, ainsi que ses plafonds en métal travaillé. À l'angle d'E Street, le **Watts-Robinson Building**★★ (1913), l'un des premiers gratte-ciel, est représentatif de l'école d'architecture de Chicago. Il domine tout le pâté de maisons et abrite un restaurant qui a tiré parti des beaux espaces intérieurs.

East Village (CD3) – À l'est de 6th Avenue, ce secteur en pleine rénovation ne fait pas partie de Gaslamp Quarter proprement dit. Longtemps délaissé et fréquenté par de nombreux sans-abri, il est en passe de devenir le nouveau quartier à la mode. Il est notamment fort prisé des artistes qui peuvent louer des lofts à des prix encore raisonnables dans les anciens entrepôts du port.

★ **PROMENADE SUR LES QUAIS** Plan II

▶ *À partir du Convention Center, situé au sud de Gaslamp Quarter, vous pouvez emprunter à pied la promenade qui longe les quais.*

Seaport Village AB3

Non loin du centre-ville, il rassemble une quinzaine de restaurants et près de 54 boutiques autour de trois places très verdoyantes *(849 W. Harbor Drive,* ✆ *(619) 235 4014, www.spvillage.com. Tlj 10h-21h ; les horaires peuvent varier les j. fériés).* Quoiqu'un peu surfait, cet agréable centre commercial est un lieu de rendez-vous particulièrement animé le week-end, quand les orchestres de jazz et de rock se succèdent dans le kiosque d'East Plaza *(à partir de 12h)* et que les promeneurs improvisent quelques pas de danse.

★★ San Diego Maritime Museum A1

Un peu plus au nord, 1492 N. Harbor Drive, ✆ *(619) 234 9153, www.sdmaritime. com. Tlj 9h-20h (21h de Memorial Day à Labor Day). Billet combiné pour la visite des six bateaux : 12 $.*

Ce musée se compose de six bateaux amarrés le long des quais.

★★★ **Star of India** – Le plus ancien de ces bateaux est un trois-mâts construit en Écosse en 1863. Après plusieurs traversées commerciales vers l'Inde, il effectua 21 fois le tour du monde, pour acheminer notamment des émigrants en Nouvelle-Zélande. À partir de 1900, sa carrière se poursuivit sous les couleurs américaines et le navire fut dépêché de 1906 à 1923 en Alaska pour la pêche du saumon. Depuis 1927, il est amarré dans le port de San Diego, où sa restauration a été achevée en 1976. Vous pouvez arpenter les ponts qui donnent accès aux cabines des passagers, des matelots, du capitaine et du médecin-chirurgien. Des vitrines exposent maquettes, instruments de musique et outils.

★ **Berkeley** – Ce ferry-boat victorien de 1898 a conservé son intérieur d'origine et sa jolie verrière en vitraux sur le pont supérieur. Il a assuré le transport de passagers entre San Francisco et Oakland jusqu'en 1958. Ne manquez pas la salle des machines, très impressionnante. Une exposition de maquettes de bateaux et de peintures maritimes complète la visite.

Medea – Le plus petit bateau du musée est également le plus moderne. Ce joli yacht à vapeur fut construit en 1904 pour un Écossais, avant d'être racheté par la Marine française qui l'utilisa pendant la Première Guerre mondiale. En 1946, il retourna aux mains d'un particulier britannique. Magnifiquement restauré, l'intérieur du bateau, tout en bois, est fermé au public, mais il est possible d'apercevoir la cuisine, le fumoir et la salle à manger, qui conservent leur mobilier d'origine. Deux nouveaux grands voiliers, répliques modernes de navires anciens, sont venus prendre place au musée.

Californian – Datant de 1984, c'est la reproduction fidèle d'une vedette de la douane de 50 mètres de long, construite en 1847 pour patrouiller sur les côtes américaines. Il navigue le week-end, emmenant des aventuriers pour des croisières de trois heures *(32 $ par pers.)*.

HMS Surprise – Ce trois-mâts de 60 mètres reproduit au détail près une frégate britannique de la marine de Nelson du début du 18e s.

Sous-marin B-39 – La sixième embarcation est un sous-marin d'attaque soviétique B-39 datant du début des années 1970. Avec ses 100 mètres de long, il est l'un des plus grands sous-marins jamais construits (il devait loger une équipe de 78 hommes). Depuis la chute du régime communiste, il est amarré aux côtés de ses anciens ennemis capitalistes à San Diego.

À voir aussi

★★★ **BALBOA PARK** Plan III

◷ *Comptez une journée. 1549 El Prado. De Downtown, vous rejoindrez facilement Balboa Park par la Hwy 163 N. (sortie 200). Vous pouvez également prendre le bus 7, au départ du terminal America Plaza. Le parc est ouvert tlj 24h/24. Gratuit.*
🛈 *Au cœur du parc, dans la House of Hospitality, Plaza de Panama, ℘ (619) 239 0512, www.balboapark.org. 9h30-16h30.*
🕸 **Bon à savoir** – L'entrée du parc est gratuite, mais les musées sont payants. Si vous prévoyez d'en visiter plusieurs, vous pouvez acheter un billet combiné, valable une semaine *(65 $)*. Attention, certains musées sont fermés le lun.; en revanche, plusieurs sont gratuits le mar. Un tramway gratuit circule dans El Prado et rejoint la Pan American Plaza et le parking d'Inspiration Point dans Park Blvd.

Poumon de San Diego, Balboa Park s'étire sur 486 ha en plein cœur de la ville. Ce magnifique espace vert fut dédié au public par décret en 1868 et abrite depuis les principaux musées, ainsi qu'un grand nombre d'attractions pouvant satisfaire les goûts de chacun. Mais on ne vient pas ici que pour se cultiver... Les sentiers et allées sillonnant le parc constituent un havre de paix pour les joggeurs, cyclistes ou adeptes du roller souhaitant s'isoler un peu de l'agitation urbaine. On vient ici en famille profiter d'une végétation luxuriante, pique-niquer sur de vastes pelouses verdoyantes ou se promener le long des larges avenues ombragées, tandis qu'artistes et étudiants en beaux-arts croquent le passant ou s'inspirent de l'extraordinaire variété architecturale des lieux.

4

Cabrillo Bridge

L'entrée la plus spectaculaire s'effectue par le **Cabrillo Bridge**, premier pont cantilever à plusieurs arches édifié en Californie. Il mène au **West Gate** *(porte ouest)*, une arche en pierre représentant la jonction des océans Atlantique et Pacifique grâce au canal de Panama. Vous débouchez sur la Plaza de California, à gauche de laquelle se trouve l'entrée du Museum of Man.

★ Museum of Man

℘ (619) 239 2001, www.museumofman.org. Tlj 10h-16h30. 12,50 $.

Il est aménagé dans le California Building (1915), un très joli bâtiment en pierre à la façade ouvragée, considéré comme l'un des meilleurs exemples du style Renaissance espagnole. Le musée s'ouvre sur un vaste hall, surmonté d'une grande coupole, où sont exposées des stèles mayas. L'ensemble des collections retrace l'**histoire des premiers hommes** à travers une galerie de l'Évolution et des salles consacrées à l'Égypte ancienne et aux Indiens du Sud-Ouest des États-Unis. Le musée accueille également de grandes expositions temporaires.

Quittez la Plaza de California vers l'est et remontez El Prado.

Longez **Alcazar Garden** (1915), de superbes jardins paysagers égayés de belles fontaines colorées, pour parvenir au musée suivant.

★ Mingei International Museum

℘ (619) 239 0003, www.mingei.org. Mar.-sam. 10h-16h. 3 $.

Construit en 1996, on y accède par une galerie couverte. Des **objets artisanaux**, traditionnels et contemporains, du monde entier y sont présentés à l'occasion d'expositions tournantes dans de vastes espaces éclairés par la lumière naturelle. **San Diego Art Institute** – *Au sous-sol du même édifice, ℘ (619) 236 0011, www.sandiego-art.org. Mar.-sam. 10h-16h, dim. 12h-16h. 3 $.* Il expose les œuvres d'artistes locaux contemporains, sélectionnées par un jury toutes les six semaines.

Plus à l'est s'ouvre la **Plaza de Panama**. Au sud de celle-ci se dresse la scène en plein air du **Spreckels Organ Building** (1915), où des concerts d'orgue sont donnés gratuitement le dimanche *(14h-15h)* et le lundi soir *(19h30)* de la mi-juin à fin août. Il côtoie **Japanese Friendship Gardens** *(www.niwa.org. En été, lun.-vend. 10h-17h, 16h le w.-end, hors saison, mar.-dim. 10h-16h. 4 $)*, un petit jardin japonais.

Plus au sud encore, la route rejoint la **Pan American Plaza**, autour de laquelle s'élèvent les bâtiments construits pour la seconde Exposition internationale *(voir encadré page suivante)*.

★★ Air & Space Museum

℘ (619) 234 8291, www.sandiegoairandspace.org. Tlj 10h-17h en été ; 10h-16h hors saison. 16,50 $, gratuit le mar. Les ateliers où sont remis en état les avions peuvent être visités les lun., merc. et vend. 5 $.

Le Ford Building (1925) abrite ce vaste musée circulaire, très vivant et bien documenté, véritable passage obligé pour les passionnés. Il retrace l'histoire de l'aviation depuis ses origines, avec des copies et des modèles grandeur nature.

Revenez plaza de Panama.

★★ Museum of Art

Au nord de la place, ℘ (619) 232 7931, www.sdmart.org. Mar.-dim. 10h-17h (21h le jeu., à partir de 12h le dim. hors saison). 12 $.

L'édifice, construit en 1926, présente une façade richement travaillée de style plateresque, inspirée de celle de l'université de Salamanque. Outre ses expositions temporaires, le musée d'Art de San Diego propose des **peintures sacrées et profanes d'Europe** (14e-18e s.), parmi lesquelles *L'Arrestation de Santa Engracia* de Bartolomé Bermejo, ainsi que des œuvres du Greco, de Frans Hals, Francisco de Zurbarán, Goya et Toulouse-Lautrec. Vous pourrez également y admirer des **peintres américains** renommés, tels que John Sloan ou Georgia O'Keefe. Enfin, ne manquez pas les **collections d'art asiatique**, avec des jades chinois, et la collection Binney rassemblant des peintures d'Asie du Sud-Est.

Le musée est particulièrement reconnu pour ses collections d'**art moderne**, notamment *Le Bouquet* de Matisse, *Le Spectre du soir* de Dalí, et trois sculptures remarquables : *L'Idea del cavaliere* de Marino Marini, *Torso-l'île de France* d'Aristide Maillol, et *Cubi XV* de David Smith. Le musée s'attache également à présenter les œuvres d'artistes californiens contemporains.

À l'est de la Plaza de Panama se tiennent la **House of Hospitality★** (1915), siège du *Visitor Center*, et un autre musée (1965).

★ Timken Museum of Art

℘ (619) 239 5548, www.timkenmuseum.org. Mar.-sam. 10h-16h30, dim. 13h30-16h30. Fermé lun. et principales vacances. Gratuit.

La galerie présente une trentaine de tableaux de **maîtres européens** (13e-19e s.), parmi lesquels une *Madone à l'Enfant* de Véronèse, *La Parabole du semeur* de Bruegel l'Ancien, un *Saint Barthélemy* exécuté par Rembrandt et une toile de François Boucher. Il regroupe aussi une collection de **peintures américaines** du 19e s., ainsi que des **icônes russes**.

★ Botanical Building

Derrière le Timken Museum, vend.-merc. 10h-16h. Gratuit.

Cette immense serre, construite en 1915, abrite plus de 200 espèces de plantes tropicales dont une fabuleuse collection d'orchidées. Elle est précédée d'un long bassin couvert de nénuphars, dans lequel les malades de l'hôpital militaire venaient se baigner pendant la Seconde Guerre mondiale.

D'UNE EXPOSITION À L'AUTRE

En 1915, le parc accueillit l'Exposition internationale Panama-California, organisée pour célébrer l'ouverture du canal de Panama. À cette occasion, d'imposants édifices de style colonial espagnol furent construits de part et d'autre d'El Prado, l'axe qui traverse une partie du parc d'ouest en est. Ces monuments abritent aujourd'hui des musées et des salles de spectacle. Pendant la Première Guerre mondiale, le parc fut investi par l'armée aéronavale américaine, inaugurant ainsi une implantation militaire pérenne à San Diego. Après le départ des militaires, dans les années 1920-1930, les bâtiments du parc durent être restaurés et deux nouveaux édifices furent achevés au nord du Prado : le Museum of Art, dans un style Renaissance espagnole, et le Natural History Museum, plus imposant mais plus sobre. En 1935 fut organisée une seconde Exposition internationale, California Pacific International, pour laquelle Balboa Park se dota de nouveaux bâtiments. On développa un nouvel axe, au sud du Prado, autour de la Pan American Plaza. Durant la Seconde Guerre mondiale, l'armée s'installa de nouveau dans le parc et y établit un hôpital, pour accueillir notamment les blessés de Pearl Harbor. En 1948, la restauration des édifices était achevée.

4

À l'est du bassin se dresse la **Casa del Prado★★**, une belle demeure de style colonial espagnol dans laquelle différents organismes municipaux ont installé leurs bureaux. Elle ne fut inaugurée qu'en 1971, mais certaines ornementations proviennent d'un bâtiment édifié pour l'Exposition de 1915.

★ Casa de Balboa

Face à la Casa del Prado, cette majestueuse demeure fut construite en 1915 par l'architecte Bertram Goodhue qui s'inspira du palais du gouvernement de Querétaro (Mexique). L'édifice abrite aujourd'hui plusieurs musées.

★ **Museum of Photographic Arts** – *℘ (619) 238 7559, www.mopa.org. Mar.-dim. 10h-17h (21h le jeu.). 6 $.* Il accueille des expositions temporaires de photographies, consacrées à un artiste ou à un thème, et comporte une salle de cinéma d'art et d'essai.

San Diego History Center – *℘ (619) 232 6203, www.sandiegohistory.org. Mar.-dim. 10h-17h. 6 $.* Celui-ci s'intéresse à l'histoire de San Diego depuis 1850. Des expositions tournantes présentent une partie de ses collections (écrits, photographies, meubles, vêtements).

★ **San Diego Model Railroad Museum** – *℘ (619) 696 0199, www.sdmrm.org. Mar.-vend. 11h-16h, 17h le w.-end. 7 $.* Un grand nombre de trains miniatures et de maquettes de voies de chemin de fer ou de gares historiques du Sud-Ouest américain se partagent cet espace.

À l'extrémité est du Prado s'ouvre la Plaza de Balboa.

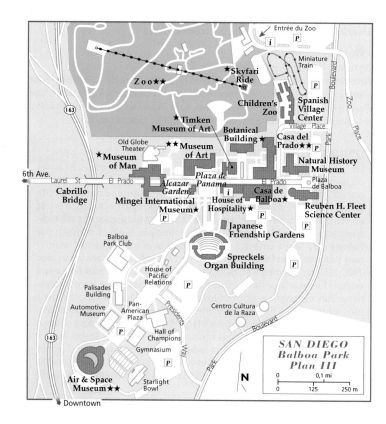

Reuben H. Fleet Science Center

Au sud de la Plaza de Balboa, 𝄐 (619) 238 1233, www.rhfleet.org. Mar.-jeu. 10h-17h, 19h le sam., 20h le vend. 10 $, 14,50 $ avec une séance de cinéma IMAX.
L'édifice date de 1973. Conçu principalement pour les enfants, le musée interactif propose de s'initier à certains mécanismes et réactions scientifiques. Des projections sur écran IMAX ont lieu toutes les heures *(à partir de 12h)*.

San Diego Natural History Museum

Au nord de la place, 𝄐 (619) 232 3821, www.sdnhm.org. Ts les j. 10h-17h. 17 $.
Le bâtiment (1933) abrite des collections de pierres précieuses et des expositions qui s'intéressent à l'écosystème propre aux rivages océaniques. Vous y trouverez notamment des squelettes de baleines. Le billet d'entrée comporte un film sur grand écran.

Empruntez la rue à gauche du musée d'Histoire naturelle pour rejoindre le très coloré et fleuri **Spanish Village Art Center** (1935) (*𝄐 (619) 233 9050, spa nishvillageart.com. Tlj 11h-16h. Entrée libre*) qui abrite 35 galeries d'artistes et artisans. Potiers, peintres, sculpteurs, émailleurs, souffleurs de verre et graveurs sur bois y présentent et vendent leurs œuvres.

★★ San Diego Zoo (Plan III)

Comptez 3h. Le zoo est situé au nord des musées. Vous pouvez le rejoindre directement de Downtown en remontant 12 th Ave. puis Park Blvd vers le nord. 𝄐 (619) 231 1515, www.sandiegozoo.org. Tlj en été 9h-21h, hors saison tlj 9h-18h. 40 $ adultes, 30 $ enfants 3-11 ans. Si vous prévoyez de visiter le Wild Animal Park (voir p. 362), il existe un billet combiné pour les deux zoos, valable 5 jours. Un bus propose une visite guidée de plus de la moitié du zoo (comptez 35mn sans arrêt).
Aménagé en pleine nature, sur un terrain vallonné et boisé de 50 ha, le zoo de San Diego a gagné une solide réputation internationale avec plus de 800 espèces d'animaux. Cinq miles de voies pavées conduisent aux cages *(si vous souhaitez emprunter le bus, prenez à droite et suivez les panneaux jusqu'à la rampe de départ)*. Les **pandas géants**, stars incontestables du zoo, sont généralement visibles en fin de matinée *(10h-13h)*. Ils voisinent avec des singes, des ours, des éléphants, des hyènes et des lions. Le **Children's Zoo** *(à gauche de l'entrée)* s'adresse plus particulièrement aux enfants et leur propose d'observer des animaux de petite taille, ainsi que les bébés de diverses espèces. Le **Skyfari Ride★** *(10h-17h30. Le terminal ouest se trouve à gauche de l'entrée)* permet de se rendre en quelques minutes de l'autre côté du zoo, tout en profitant sur une vue panoramique sur le parc.

4

★ LA BAIE DE SAN DIEGO Plan I

◗ *Comptez une journée.*
Fermée à l'ouest et au nord par la péninsule de Point Loma, la baie est occupée par Coronado Island, en fait une seconde presqu'île rattachée à la terre ferme, au sud, par une étroite langue sablonneuse.

Coronado Island

La presqu'île est accessible en voiture par le Coronado Bay Bridge, au sud de Harbor Drive (gratuit). Plusieurs compagnies assurent la liaison en ferry depuis Embarcadero, non loin du Maritime Museum (1 départ ttes les h, 15mn de traversée ; 3 $ aller). Possibilité de louer un vélo dès votre arrivée sur l'île. Le Visitor Center est situé 1100 Orange Ave., 𝄐 (619) 437 8788-866 599 7242, www.coronado-visitorcenter.com. Lun.-vend. 9h-17h, sam.-dim. 10h-17h.

Cette presqu'île résidentielle huppée, occupée pour moitié par une base militaire, compte surtout une attraction très populaire, l'**Hotel del Coronado★**, familièrement surnommé *The Del (1500 Orange Ave., ℰ (619) 435 6611-800 468 3533, www.hoteldel.com)*. Édifié en 1888 au sud de Coronado Island et restauré en 1998, cet imposant hôtel quelque peu extravagant se distingue notamment par ses tourelles couvertes de tuiles rouges. Il accueillit de nombreux hôtes célèbres, comme Marilyn Monroe et Jack Lemmon, mis à l'honneur dans le petit musée de l'hôtel. L'élégant hall d'entrée, tout en bois sombre, les restaurants, les bars et les galeries marchandes sont accessibles au public, le reste étant réservé aux résidents.

★ Point Loma et Cabrillo National Monument

Vous pouvez rejoindre la péninsule de Point Loma en voiture par la Hwy 209 ou prendre le bus 26 qui dessert le Visitor Center (départ toutes les 30mn, de 8h à 17h, de la station de trolley Old Town).

🅵 *Le Visitor Center est situé à la pointe, ℰ (619) 557 5450, www.nps.gov/cabr. Tlj 9h-17h. 5 $/véhicule ou 3 $/piéton.*

Longue de 8 miles, la péninsule de Point Loma garde l'entrée de la baie de San Diego. S'élevant à 128 m au-dessus de la mer, elle a toujours été un point de repère pour les marins. L'espace sauvage protégé qui occupe l'extrémité du promontoire porte le nom de **Cabrillo National Monument★** en hommage à Juan Rodriguez Cabrillo, l'explorateur portugais qui fut le premier à accoster dans la baie en 1542.

Derrière le *Visitor Center*, une petite esplanade offre une vue panoramique sur les installations militaires de Coronado Island et la ville de San Diego.

🐾 De là, vous pouvez facilement rejoindre à pied l'**Old Point Loma Lighthouse**, un petit phare blanc en activité de 1854 à 1891, dont l'intérieur donne une idée de la vie qu'y menaient les gardiens. Au départ du phare, le **Bayside Trail** *(2h AR, le sentier ne donne pas accès à la plage)* invite à une balade au sein de l'écosystème préservé du parc : il descend le long de la falaise, à travers les buissons bas et touffus du *chaparral*, la végétation typique de la côte.

En sortant du parc, vous pouvez emprunter la route qui descend sur la côte ouest de la pointe où, à marée basse, des retenues d'eau *(tidepools)* permettent d'observer de près les animaux marins.

LE NORD DE SAN DIEGO Plan I

C'est là que la ville est née, au 19e s. C'est aussi l'endroit où l'on sent le mieux son origine mexicaine.

★★ Old Town San Diego

Comptez une demi-journée. Situé à 3,5 miles au nord de Downtown, le parc d'Old Town est accessible en voiture par la Hwy 5 (tournez à droite dans Taylor St.) ou par le trolley (ligne bleue ; arrêt « Old Town Transit Center »). Tlj 10h-17h pour les musées ; les restaurants et les boutiques ferment plus tard. Entrée et parking gratuits.

🅵 *Le Visitor Center est installé sur la place centrale. ℰ (619) 220 5422, www.parks. ca.gov*

Véritable musée en plein air, le parc historique d'Old Town se présente comme un village à part entière, avec une place centrale et des rues bordées de demeures historiques, en adobe, en bois ou en brique. Elles recréent l'atmosphère qui prévalait en Californie du Sud entre 1821 et 1872, pendant l'occupation mexicaine, puis américaine. En 1872, le feu qui ravagea Old Town accéléra le déplacement du centre actif de San Diego vers New Town.

★★ **Casa de Estudillo** – *Sur la place principale.* Datant de 1829, la plus impressionnante des bâtisses d'origine s'organise autour d'un joli patio intérieur. Les pièces de cette demeure en adobe sont aménagées comme au temps où la famille qui l'occupait dirigeait les affaires de la ville.

Certains bâtiments abritent aujourd'hui des musées.

★ **San Diego Union Building** – *San Diego Ave., derrière la Casa de Estudillo.* (1851). Il accueille l'ancien bureau du rédacteur du journal local et sa presse d'origine

★★ **Mason Street School** – *(Mason Street, entre San Diego Ave. et Congress St.)* (1865). Elle recrée parfaitement l'ambiance des écoles d'autrefois avec ses petits bancs d'écoliers, son tableau noir et ses affiches d'époque collées au mur.

Au nord d'Old Town, le **Bazaar del Mundo** *(4133 Taylor St., ℘ (619) 296 3161, www.bazaardelmundo.com. Mar.-sam. 10h-21h, dim.-lun. 10h-17h30)*, aux allures de *plaza* mexicaine, regroupe commerces et restaurants, dont la Casa de Bandini.

★★ **Casa de Bandini** – (1829). Établissement d'une élégante simplicité, installé dans une superbe demeure édifiée par Juan Bandini, un homme politique mexicain d'origine péruvienne. Elle fut transformée en hôtel avant de devenir un restaurant.

De la place centrale, vous apercevez la colline où se dressait la mission d'origine. Un musée construit en 1929 dans le style des missions californiennes s'y tient toujours, mais la mission historique, la Mission Basilica San Diego de Alcala, se trouve à quelques miles à l'est.

Pour la rejoindre, empruntez l'I-8 vers l'est et sortez à « Mission Gorge Rd », que vous remontez vers le nord. Prenez à gauche dans Twain Ave., qui devient rapidement San Diego Mission Rd. La mission se trouve sur la droite, après un virage.

★ Mission Basilica San Diego de Alcala

Comptez 1h. 10818 San Diego Mission Rd, www.missionsandiego.com. Tlj 9h-16h45. 3 $. Messe tlj 7h, 17h30, plusieurs messes dim. matin.

En 1774, cinq ans après la fondation de la première mission de Californie sur Presidio Hill (au nord d'Old Town), il fut décidé de déplacer la mission de San Diego à quelques miles plus à l'est afin de se rapprocher des villages indiens et des sources d'eau. Elle deviendra la « mère » des 21 missions construites par la suite. Détruite en 1775 à cause d'un incendie provoqué par les Indiens, elle fut rebâtie dès l'année suivante par le père Junipero Serra.

Seul un bâtiment en adobe, la **Casa★**, a été préservé : il abrite une salle qui servait de résidence aux prêtres. L'église, ornée d'un plafond et d'un retable en bois peint, donne sur des jardins luxuriants. Au milieu de palmiers, de bougainvillées, de roses et d'*aloavera* se dresse le *campanario* (« campanile »), une petite tour blanche qui abrite des cloches du 19e s.

Un **musée** expose des objets de culte, des vêtements sacerdotaux et la reproduction des façades des 21 missions de Californie. Une collection de pistolets et d'épées rappelle que les lieux furent occupés par l'armée lors de la sécularisation (1846-1862). Dans la cour, la **St Bernardine Chapel★** renferme de magnifiques stalles en bois sculpté.

★ MISSION BAY plan I

▶ *Comptez une journée. Située à environ 4 miles au nord-ouest de San Diego. De Downtown, prenez l'I-5 vers le nord, puis l'I-8 vers l'ouest.*

Avant de prendre le nom de Mission Bay et d'être aménagés en 1944, les marais du nord de la ville étaient appelés False Bay (Fausse Baie) par les marins, qui les confondaient avec la baie de San Diego. Depuis, ce parc de loisirs de 2 000 ha (composé pour moitié d'eau) draine un nombre croissant de visiteurs, attirés par ses 19 miles de plages, ses activités nautiques et attractions de plein air, et le parc de Seaworld.

★ Les plages

Au nord de Mission Bay, **Pacific Beach★** possède la plage la plus agréable et la plus animée du littoral, fréquentée par beaucoup de jeunes. Tandis que planches à voile, catamarans ou skis nautiques évoluent au large, les surfeurs attendent la vague, sous le regard admiratif des gamins. La promenade du front de mer s'anime d'une foule de cyclistes, rollers, marcheurs ou joueurs de Frisbee, mais on vient aussi ici pour les joies de la baignade et du *farniente* sur le sable. Très animée en journée, **Garnet Avenue**, la rue principale de Pacific Beach où se succèdent bars et restaurants, est un quartier particulièrement vivant le soir, apprécié des étudiants. Elle se prolonge par une jetée à l'extrémité de laquelle on bénéficie d'une très belle vue sur la côte.

Au sud de Pacific Beach commence **Mission Beach**, abritée sur une étroite langue de terre entre l'Océan et Mission Bay et où les petites baraques en bois côtoient de superbes demeures. Elle est bordée au sud par la San Diego River. Traditionnel repaire de surfeurs.

De l'autre côté de la San Diego River, **Ocean Beach** est, elle aussi, fréquentée par les adeptes du surf. Il y règne une atmosphère de liberté et de non-conformisme très baba cool.

★ Seaworld

Comptez une journée. Accessible de San Diego par l'I-5 (suivre les panneaux). Le bus 9 conduit aussi au parc (départ de la station de trolley « Old Town »). ☎ (619) 226 3901-800 257 4268, www.seaworld.com. Tlj à partir de 9h de mi-juin à début sept., 10h le reste de l'année ; se renseigner pour l'heure de fermeture (23h en haute saison). 69 $, 59 $ 3-9 ans. Parking 12 $. Le programme remis à l'entrée indique les horaires des spectacles.

👫 Ce parc d'attractions dédié à la mer est particulièrement adapté aux enfants. La star incontestée de Seaworld, l'orque Shamu, se produit lors d'un show aquatique enlevé, **Believe★★**, tandis que les otaries et les loutres de **Fools with Tools★★** proposent un spectacle humoristique plaisant, et que les dauphins sont à l'honneur dans la piscine du **Dolphin Discovery★**. Ne manquez pas les pavillons qui abritent requins, pingouins, poissons exotiques, tortues et flamants roses, ni les attractions plus récentes, telles que les films **Pirates 4D★★** et **Wild Arctic★★**, ou la descente des **Shipwreck Rapids★★** à bord de petites embarcations. De beaux feux d'artifice sont tirés certains soirs en été.

Excursions Carte de région B3

Si le premier atout de San Diego est sa situation au bord de l'Océan, un autre de ses charmes vient des contrastes offerts par l'arrière-pays.

À moins de 2h de voiture, on peut se retrouver au choix en plein désert, dans la montagne ou au cœur d'une petite ville du Far West.

★ Torrey Pines State Reserve

▶ *Comptez une demi-journée. De San Diego, empruntez l'I-5 vers le nord et sortez à Genesee Ave. Prenez en direction de l'Océan et tournez à droite dans Torrey Pines Rd. L'embranchement pour le parc est sur la gauche. Vous passez devant les plages avant de gravir la falaise par une route tortueuse. 12600 N. Torrey Pines Rd, ☎ (858) 755 2063,*

Une mission stratégique

LA PREMIÈRE MISSION DE CALIFORNIE

En 1542, les Indiens tipaïs-kumeyaays qui vivaient sur la côte et dans la vallée de San Diego virent débarquer Juan Rodriguez Cabrillo, le premier Européen à mettre le pied sur cette terre avant de faire route vers le nord. En 1602, Sebastián Vizcaíno fit à son tour escale dans cette baie protégée et la baptisa du nom du saint que l'on fêtait ce jour-là, San Diego (saint Jacques). Aucun campement ne fut toutefois établi avant 1769, date à laquelle la Couronne espagnole organisa « l'expédition sainte » afin d'établir des avant-postes destinés à contrer l'avancée des Russes sur la côte. Une colline, appelée aujourd'hui Presidio Hill, fut choisie pour bâtir la mission et le fort, qui furent bénis par le père **Junípero Serra** et dédiés aussi à San Diego. Contraints de déplacer la mission 5 miles plus à l'est en 1774 pour trouver des terres cultivables, les franciscains tentèrent de convertir les Indiens, qui résistaient avec vigueur et mirent la mission à sac en 1775. Cependant, en 1800, ils étaient près de 1 500 convertis à vivre et travailler aux abords de la mission.

LA PÉRIODE MEXICAINE

Au début du 19e s., des soldats à la retraite s'installèrent au pied de Presidio Hill, autour d'une place qui devint le centre du village : Old Town était née. Sous contrôle mexicain depuis l'accession du Mexique à l'indépendance en 1821, San Diego prospéra grâce au commerce des peaux provenant du bétail hérité des missionnaires. Le trafic maritime lié au transport de ces « billets de banque californiens » se développa rapidement. San Diego se défit alors de son statut militaire pour accéder à celui de *pueblo* (ville) en 1834, mais elle ne comptait que 140 habitants en 1840.

SOUS LA BANNIÈRE ÉTOILÉE

San Diego se distingua par l'organisation de deux Expositions internationales en 1915 et 1935 dans Balboa Park, mais l'activité qui détermina la croissance de la ville est liée à l'implantation de l'armée, notamment la marine, qui s'accéléra avec la Première Guerre mondiale et ne cessa de grandir. La population passa de 17 700 habitants en 1900 à 333 865 en 1950. La pureté du ciel qui prévaut la majeure partie de l'année à San Diego permit à l'aviation de s'y développer et c'est là que s'implantèrent les premières compagnies aériennes, comme Ryan Airlines et Consolidated Aircrafts. La ville attira aussi de grands noms, comme Charles Lindbergh qui, en 1927, y fit construire le *Spirit of St Louis,* avec lequel il traversera l'Atlantique sans escale.

L'ESSOR DU TOURISME

Dans les années d'après-guerre, les ressources municipales provenaient toujours à 78 % des investissements militaires de l'État fédéral à San Diego, mais, grâce à la douceur du climat, une situation exceptionnelle et une grande richesse culturelle au nombre desquelles le magnifique parc de Balboa, où voisinent une quinzaine de musées, des salles de spectacle et un grand zoo, ou encore le site d'Old Town et ses demeures restaurées du 19e s., le tourisme joua, et joue toujours, un rôle de plus en plus important dans ses ressources et son économie.

www.torreypine.org. Tlj de 8h au coucher du soleil. Entrée libre. Parking : 10 $.
Ce petit parc est le premier espace sauvage accessible sur la côte, au nord de San Diego.

Perché en haut de la colline, le *Visitor Center (tlj en été 9h-18h, le reste de l'année 10h-16h)* propose une exposition consacrée au pin de Torrey *(Pinus torreyana)*, une espèce en voie de disparition qui a donné son nom au parc.

Quelques sentiers de randonnée invitent à se rapprocher de la falaise et des plages, afin de profiter d'une vue splendide sur l'Océan.

★ Mission San Luis Rey de Francia

Comptez 1h en plus de la route. Sur la Hwy 76 (Mission Ave.) entre l'I-5 et l'I-15, à 32 miles au nord de San Diego et à 85 miles au sud de Los Angeles. 4050 Mission Ave., Oceanside, ℘ (760) 757 3651, www.sanluisrey.org. Musée lun.-vend. 9h-17h, sam.-dim. 10h-17h. 5 $.

Fondée en 1798 par le père Fermin Francisco de Lasuen, la 18e mission de Californie, qui porte le nom de Saint Louis roi de France, fut l'une des plus importantes. Plus de 2 000 Indiens luisenos, originaires de la région, y ont vécu et travaillé entre 1798 et 1832.

Utilisée comme caserne de 1847 à 1857, puis laissée à l'abandon après le départ des militaires, elle doit sa renaissance à une communauté de franciscains qui entreprit de la restaurer en 1892.

Commencez par la visite du **musée**, sous une longue galerie. Il retrace l'histoire religieuse, séculaire et militaire de la mission, et présente un enchaînement de pièces aménagées avec des meubles d'époque.

Vous accédez ensuite à une petite cour intérieure qui donne d'un côté sur le **cloître** et de l'autre sur l'**église**. À l'extérieur, vous pouvez rejoindre les ruines du campement des soldats, le lavoir et l'aqueduc.

★★ Wild Animal Park

Comptez une demi-journée. 35 miles au nord-est de San Diego. Suivez l'I-15 nord. Sortez à Escondido puis Hwy 78 vers l'est. Le parc est à 6 miles. 15500 San Pasqual Valley Rd, Escondido. ℘ (760) 747 8702, www.sandiegozoo.org. Tlj en été 9h-19h, hors saison 9h-17h. 40 $, 30 $ 3-11 ans. Billet combiné, valable 5 jours, avec le zoo de San Diego : 76 $, 56 $ enf. Parking 7 $.

Dépendant du zoo de San Diego, ce grand parc vallonné de 900 ha accueille plus de **2 500 animaux sauvages** du monde entier, dont beaucoup font l'objet de programmes visant à la reproduction et à la survie de l'espèce.

Une partie du zoo se visite à pied, mais un **train** parcourt l'ensemble du parc pour observer les animaux, originaires des plaines d'Asie, d'Afrique ou des steppes de Mongolie, qui vivent ici en semi-liberté *(départ ttes les 20mn de la station située à 200 m de l'entrée, de 9h30 à 16h ; comptez 50-55mn).*

★★ Palomar Mountain S.P.

Comptez une journée. À environ 60 miles au nord-est de San Diego par l'I-15, puis la Hwy 76. Tlj de 8h au coucher du soleil. Camping dans le parc, ouvert tte l'année, accueillant les camping-cars, ℘ (760) 742 3462. 8 $/véhicule. Tlj du lever au coucher du soleil.

La vraie montagne (plus de 2 000 m), couverte de conifères, le tout en vue du Pacifique, c'est un peu la Sierra Nevada dans le Sud !

Une enclave de verdure et de fraîcheur, idéale pour les pêcheurs à la truite, les randonneurs (nombreux sentiers) et les vététistes.

★★ Julian

Comptez 3h30, dont 1h30 de route. I-15 vers le nord puis Hwy 78 vers l'est.
Une ancienne ville de mineurs, telle qu'à l'époque de la ruée vers l'or, avec ses frontons d'échoppes, ses trottoirs de bois et ses mines d'or à l'abandon. Pour les nostalgiques du Far West de cinéma.

★ **Anza-Borrego Desert State Park**

▶ *30mn de route après Julian. ✆ (760) 767 5311. 8 $ par véhicule. Visitor Center, oct.-mai 9h-17h, juin-sept. le w.-end seulement. Évitez la visite au cœur de l'été, trop chaud. Prévoyez de grandes quantités d'eau.*

🥾 Plus de 150 km de sentiers de randonnée pour découvrir le désert du Colorado et des paysages de terre brûlée, typiques du Sud-Ouest américain. Au printemps *(fév.-avr.)*, les pluies font jaillir une profusion de fleurs du désert tout à fait étonnantes.

😎 NOS ADRESSES À SAN DIEGO

TRANSPORTS

En avion – San Diego International Airport, *3225 N. Harbor Drive* (Plan I), ✆ *(619) 400 2404, www.san.org.* Situé au bord de la baie, à 2 miles au nord-ouest du centre-ville. Le bus 992 *(The Flyer)* relie l'aéroport au centre-ville de 5h à 0h50 (15mn ; *2,25 $*).

Transports publics locaux – Rendez-vous au **Transit Store**, *102 Broadway, à l'angle de 1st Ave.* (Plan II, C2), ✆ *(619) 234 1060, www.sdcommute.com. Lun.-vend. 9h-17h*. Vous pouvez également y acheter vos billets. Les *Day Tripper Pass* sont valables plusieurs jours dans les bus et trolleys (*5 $* pour 1 jour, *9 $* pour 2 jours, *12 $* pour 3 jours, *15 $* pour 4 jours).

En bus – Le réseau de bus **MTS** couvre San Diego et les localités environnantes. Le prix du billet varie de 1,50 $ à 6 $. Le terminal principal, **America Plaza**, se trouve à l'intersection de Kettner Blvd et de C Ave. (Plan II, B2), non loin de la gare Amtrak.

En trolley – Le **San Diego Trolley** compte trois lignes, qui se rejoignent dans Downtown. Elles fonctionnent tous les jours de 5h à 0h (plus tard le sam. et en direction du Mexique). Billet *2 $/6 $* selon le trajet et l'heure estimée du retour (plus ou moins 2h). La ligne bleue vous conduit jusqu'à la frontière mexicaine, que vous traversez à pied pour rejoindre Tijuana.

En taxi – **Yellow Cab of San Diego**, ✆ *(619) 444 4444* ; **American Cab**, ✆ *(619) 234 1111* ; **Orange Cab Co.**, ✆ *(619) 291 3333.* Ils facturent généralement *2,30 $* par mile.

En pousse-pousse – Les étudiants arrondissent leurs fins de mois en promenant les touristes dans des « vélopousses », principalement le soir dans Gaslamp Quarter, mais aussi en journée aux abords

4

du port. Il suffit de les héler pour qu'ils s'arrêtent (2 pers. max.; tarif à négocier, mais comptez *25 à 30 $* pour une visite guidée de 30mn).

Location de voiture – Vous trouverez à l'aéroport : **Avis**, *(619) 688 5000* ; **Enterprise**, *(619) 294 3313* ; **National**, *(619) 497 6777* ; **Thrifty**, *(619) 847 429-5000.*

Location de vélos – Bike Tour San Diego, *522 6ᵗʰ Ave.* (Plan II, C3), *(619) 564 4843, www.bike-tours.com. Tlj 9h-17h.* Location à la journée *(25 $)*, 2 jours *(35 $)*, 3 jours *(45 $)* ou une semaine *(75 $).* Circuits guidés : par exemple, à Coronado Island (dép. 8h, *65 $*) et dans le Gaslamp Quarter (dép. 13h). Min. 4 pers. requis, *89 $/pers.*

Cheap Rentals Mission Beach, *3689 Mission Blvd, (858) 488 9070, www.cheap-rentals.com. 5 $* l'heure, *10 $* la demi-journée, *12 $* la journée, *60 $* la semaine.

HÉBERGEMENT

Dans le centre-ville (Plan II)

BUDGET MOYEN

Pacific Inn – *1655 Pacific Hwy, (619) 232 6391, www.pacificinnsd.com - 33 ch. 75/140 $* ☕ 🖥 🏊 🅿 Petit motel très confortable, à deux blocs de la mer. La piscine est, hélas, à côté du parking. Pratique régulièrement des promotions sur son site Internet. Accès Wifi et parking gratuits.

La Pensione Hotel – *606 W. Date St., au carrefour avec India St., 1-800 232 4683, www.lapensionehotel.com - 75 ch. 100 $* ✕ 🅿 Dans Little Italy, cet hôtel d'un très bon rapport qualité-prix possède des chambres de taille moyenne, avec réfrigérateur. Parking souterrain.

Rodeway Inn & Suites Downtown – *719 Ash St., (619) 232 2525, www.rodewayinn.com - 67 ch. 69/99 $* ☕ 🖥 🅿 Ce motel accueillant est aménagé sur trois étages, autour d'une cour. Les chambres sont spacieuses et impeccables. Accès Wifi et parking gratuits.

POUR SE FAIRE PLAISIR

Ramada Inn Gaslamp – *830 6ᵗʰ Ave., (619) 531 8877/800 664 4400, www.stjameshotel.com - 99 ch. 171/280 $* 🖥 ✕ 🅿 Dans cet hôtel construit en 1913 (à l'époque, son ascenseur était le plus rapide au monde!), les chambres ne sont pas très grandes, mais bien aménagées. La superbe vue que l'on a de la terrasse, sur le toit, englobe toute la ville. Parking payant.

Horton Grand Hotel – *311 Island Ave., (619) 544 1886/1-800 542 1886, www.hortongrand.com - 132 ch. 119/269 $* 🖥 ✕ Deux hôtels datant de 1886 ont été rassemblés autour d'un patio pour former cette fantaisie victorienne. Chaque chambre possède un agencement unique et des reproductions de meubles d'époque. Accès Wifi payant.

Gaslamp Plaza Suites – *520 E St., (619) 232 9500, www.gaslampplaza.com - 64 ch. 169/219 $* ☕ 🖥 🅿 Dans cet hôtel historique de 1913, les chambres sont spacieuses et bénéficient de belles vues (la plupart peuvent accueillir quatre personnes). Le petit-déj. est servi sur le toit-terrasse, équipé d'un Jacuzzi. Parking payant.

Aux abords des plages (Plan I)

🐝 **Bon à savoir** – Réservez longtemps à l'avance, notamment l'été.

POUR SE FAIRE PLAISIR

Mission Bay Motel – *4221 Mission Blvd, près de Reed Ave., ☎ (858) 483 6440, www.missionbaymotel. com - 50 ch. 139/169 $* 🛏 🅿 Des chambres simples, mais propres, dans un motel bleu et blanc, certaines pour 4 avec kitchenette.

Ocean Beach Hotel – *5080 Newport Ave., ☎ (619) 223 7191, www.obhotel.com - 57 ch. 129/329 $* 🖥 🛏 🅿 Un motel à l'accueil sympathique et aux chambres bien équipées (machines à café, réfrigérateur) ; certaines ont un balcon ou vue sur l'Océan.

UNE FOLIE

Surfer Motor Beach Hotel – *711 Pacific Beach Drive, ☎ (858) 483 7070/1-800 787 3373, www.surferbeachhotel.com - 52 ch. 207/339 $* 🖥 ✗ 🛏 🅿 Grandes chambres rénovées et confortables, avec balcon et vue sur l'Océan. Certaines (4 pers.) ont une kitchenette. Parking payant.

Best Western Blue Sea Lodge – *707 Pacific Beach Drive, ☎ (858) 488 4700/1-800 258 3732, www.bestwestern-bluesea.com - 128 ch. 249/339 $* 🖥 🛏 ✗ Un grand complexe tout confort avec de grandes chambres bien équipées (cafetières, etc.) dont certaines ont vue sur l'Océan. Accès Wifi gratuit.

RESTAURATION

Dans le centre-ville (Plan II)
😊 **Bon à savoir** – Ce quartier, animé de jour comme de nuit, invite à la balade. Dans 5th Ave., à l'ambiance bon enfant, vous aurez l'embarras du choix, même si certains restaurants sont chers.

PREMIER PRIX

Cafe 222 – *222 Island Ave. (C3), ☎ (619) 236 9902.* 🍴 *Tlj 7h-13h45. Moins de 10 $.* Un joli café coloré à la décoration éclectique, où déguster de copieux petits-déj. (spécialités d'omelettes et de gaufres) ou un sandwich le midi, sur un fond de musique jazz.

The Field – *544 5th Ave. (C3), ☎ (619) 232 9840. Lun.-vend. 11h-2h, w.-end 9h-2h. Plats env. 15 $.* Un vrai pub irlandais, chaleureux et sympathique qui fait aussi restaurant, avec tous les plats traditionnels, Irish stew, Boxty, etc. Concerts régulièrement organisés.

Royal Thai Cuisine – *467 5th Ave. (C3), ☎ (619) 230 8424, www.royalthaicuisine.com. Tlj à partir de 11h. Plats 12/20 $.* Une cuisine thaïlandaise raffinée, servie dans une grande salle à l'ambiance calme et détendue.

BUDGET MOYEN

Dakota Grill & Spirits – *901 5th Ave. (C2), ☎ (619) 234 5554. Lun.-vend. 11h30-14h30 et tlj à partir de 17h. Plats 15/20 $.* Salle à l'ambiance tamisée, pour de bonnes viandes grillées ou des pizzas au feu de bois, tandis qu'un musicien joue quelques airs au piano. Club au sous-sol.

POUR SE FAIRE PLAISIR

Blue Point – *565 5th Ave. (C3), ☎ (619) 233 6623. Tlj à partir de 17h. Plats 30/50 $.* Une carte originale qu'apprécieront les amateurs de poissons et de fruits de mer. La salle Art déco comprend de petites alcôves qui préservent un peu d'intimité.

Osteria Panevino – *722 5th Ave. (C2), ☎ (619) 595 7959, www.osteriapanevino.com. Tlj 11h-22h. Plats autour de 20/35 $.* Parmi la pléiade de restaurants italiens de l'avenue, celui-ci se distingue par sa décoration sobre, mais élégante, et une carte très variée.

Taka – *555 5th Ave. (C3), ☎ (619) 338 0555, www.takasushi.com. Dim.-jeu. 17h30-21h30, vend.-*

4

sam. 17h30-22h30. Plats autour de 20 $. Dans un décor très sobre, le meilleur restaurant japonais de la ville. Poissons très frais et délicieux sushis.

Sur le port (Plan II)

BUDGET MOYEN

Anthony's Fish Grotto – *1360 N. Harbor Dr.* (A1-2), *(619) 232 5103, www.gofishanthonys.com. Tlj 11h-22h. Plats 15/25 $.* Grande cafétéria, appréciée des familles pour son ambiance décontractée et ses prix attrayants. Sa spécialité : les plats de poisson. Préparez-vous à attendre.

POUR SE FAIRE PLAISIR

Sally's On the Bay – *1 Market Place* (B3), *(619) 358 6740, www. sallyssandiego.com. Tlj 11h30-15h, 18h-22h. Plats env. 30 $.* Ce restaurant de poisson au pied de la tour Hyatt's dispose d'une jolie terrasse avec vue sur la marina, ainsi que d'une grande salle élégante en marbre noir. Réserv. vivement conseillée le soir.

Aux abords des plages (Plan I)

PREMIER PRIX

Stephanie's Bakery – *4879 Voltaire St., (619) 221 0285, www. stephaniesbakery.com. Mar.-dim. 11h-19h, fermé lun. et jeu. Moins de 8 $.* Un minuscule café-pâtisserie où déguster de savoureux strudels ou de bonnes pizzas.

BUDGET MOYEN

Ortega's Cocina – *4888 Newport Ave., (619) 222-4205. Tlj 11h-22h (21h le dim.). Plats 15/22 $.* Restaurant mexicain envahi de plantes vertes et particulièrement accueillant. Cuisine et ambiance familiales.

SORTIR, BOIRE UN VERRE

😊 **Bon à savoir** – La plupart des clubs ne font payer l'entrée qu'à partir de 21h-22h. Si vous décidez d'y aller avant, vous risquez de vous sentir un peu seul…

Top of the Hyatt – *Manchester Grand Hyatt Hotel, 1 Market Place* (Plan II, B3), *(619) 232 1934. Tlj 15h-1h30.* Vue splendide sur la ville et la baie depuis le bar-restaurant panoramique de ce grand hôtel. Idéal pour prendre un verre en fin de journée. Mais évidemment, le luxe a un prix…

Dick's Last Resort – *345 4th Ave.* (C3), *(619) 231 9100, www. dicklastresort.com. Tlj 11h-2h.* Une ambiance rock et une atmosphère complètement estudiantine, en terrasse comme à l'intérieur. Dans l'assiette, ailes de poulet, huîtres, crevettes ou bâtonnets de mozzarella frits viendront assouvir les fringales.

ACHATS

Centre commercial – **Westfield Horton Plaza**, *à l'angle de Broadway et de 4th Ave, 324 Horton Plaza.* (Plan II, C2), *(619) 239 8180, www.westfield.com/ hortonplaza. Lun.-sam. 10h-21h (20h sam.), dim. 11h-18h.* Un complexe agréablement aménagé sur cinq étages, non loin du centre-ville.

ACTIVITÉS

Excursions – **Une journée à Tijuana (Mexique)**. *À 30 miles au sud de San Diego, par l'I-5.* Une assurance spéciale est généralement requise pour conduire au Mexique, mais vous pouvez vous garer juste avant la frontière et la traverser à pied. On peut aussi s'y rendre en trolley depuis San Diego (ligne bleue ; 5 $ AR). N'oubliez pas de prendre votre passeport et votre visa touristique (volet vert) afin de pouvoir rentrer aux États-Unis sans encombre. À la frontière mexicaine, Tijuana reçoit des flots de touristes et de jeunes Américains, qui viennent s'enivrer ici le w.-end, car la législation en matière de vente d'alcool y est beaucoup plus souple. La ville ne présente pas d'intérêt particulier, si ce n'est le dépaysement et les achats bon marché.

Rollers – **Cheap Rentals Mission Beach**, *3689 Mission Blvd*, ☎ *(858) 488 9070, www.cheap-rentals.com*. Tarifs : *5 $/h, demi-journée 10 $, journée 12 $, semaine 60 $*. Loue aussi des vélos au même prix.

Surf – **Cheap Rentals Mission Beach** *(voir ci-dessus)*, à partir de *5 $* l'heure, *10 $* la demi-journée, *15 $* la journée, *75 $* la semaine. Pour les leçons, voir ci-dessous **Hike Bike Kayak** *(25-45 $/h, mais les locations de surf sont plus chères)*.

Kayak de mer - **Hike Bike Kayak**, *2246 Avenida de la Playa, La Jolla*, ☎ *(858) 551 9510, www. hikebikekayak.com*. Sorties en kayak vers les grottes de La Jolla (à partir de *35 $*), pour l'observation des baleines *(60 $)*, ou des sorties en famille *(4 pers., à partir de 120 $)*. Location possible, selon les kayaks (simple ou double) : *2h de 28 à 45 $, 4h de 45 à 60 $*. Possibilité de nager au milieu des requins (inoffensifs) en septembre.

Plongée – **San Diego Dive & Kayak**, *1500 Quivira Way, D Dock*, ☎ *(619) 962 9306, www.gottadive. com. De 40 à 80 $*. **Lois Ann Dive Charters**, *Mission Bay*, ☎ *(800) 201 4381/(858) 780 0130, www. loisann.com. 75 à 100 $/pers.*, honoraires de l'instructeur *(50-100 $)* non compris.

Pêche en mer – **H & M Landing**, *2803 Emerson St.*, ☎ *(619) 222 1144.* *www.hmlanding.com*. À partir de *43 $* la demi-journée et *110 $* la journée plus la location du matériel.

Observation des baleines – La baie de San Diego est un lieu idéal pour l'observation de la migration des baleines grises, de mi-déc. à mars. **H & M Landing** *(coordonnées ci-dessus)*. Départ à 9h, retour à 17h, *100 $*.

AGENDA

Boat Show – *Début janv.* Rassemblement de bateaux dans la marina de San Diego.

Mardi Gras in the Gaslamp – *Fév. www.gaslamp.org*. Grande parade (entrée payante).

Coronado Flower Show Week-end – *En avr. www. coronadovisitorcenter.com*. Floralies sous tente sur l'île de Coronado.

Bud'n Blooms – *Mai. www.balboa park.org*. Expositions dans Balboa Park pour le mois des fleurs.

Fiesta Cinco de Mayo – *1ᵉʳ w.-end de mai. www.fiestacincodemayo. com*. Animations festives dans Old Town.

Festival of the Bells – *Mi-juil. www.missionsandiego.com*. Commémoration de la fondation de la première mission de Californie à la mission San Diego de Alcala.

World Body Surfing Championship – *Août. www. worldbodysurfing.org*. Compétition de surf à Oceanside Pier.

San Diego Harbor Parade of Light – *www.sdparadeoflights. org*. Les décorations de Noël des bateaux illuminent la baie de San Diego.

4

Le plateau du Colorado [5]

Carte Michelin Western USA 585 – Nevada, Utah, Colorado et Arizona

LAS VEGAS★★★   **372**
Au nord de Las Vegas, à l'ouest du Colorado :

ZION NATIONAL PARK★★   **391**

BRYCE CANYON NATIONAL PARK★★★   **398**

CAPITOL REEF NATIONAL PARK★★   **407**

Au nord et à l'est du plateau :

ARCHES ET CANYONLANDS NATIONAL PARKS★★★   **411**

COLORADO NATIONAL MONUMENT★★   **422**

GREAT SAND DUNES NATIONAL MONUMENT★★   **427**

MESA VERDE NATIONAL PARK★★★   **430**

Vers le sud et le Grand Canyon :

MONUMENT VALLEY★★   **441**

CANYON DE CHELLY NATIONAL MONUMENT★★★   **447**

LAKE POWELL★★   **454**

GRAND CANYON NATIONAL PARK★★★   **462**

Monument Valley.
Jon Arnold / Hemis.fr

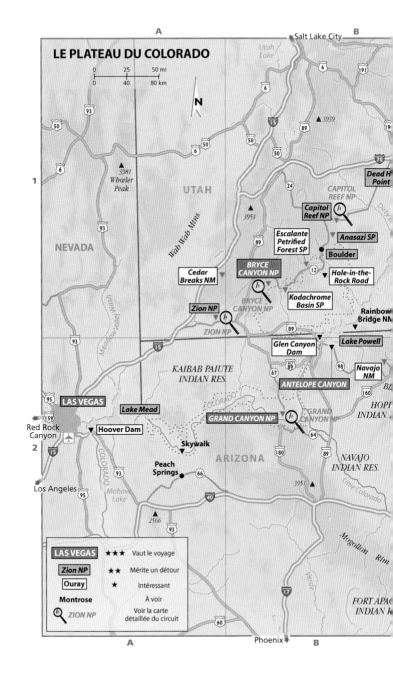

LE PLATEAU DU COLORADO

Salt Lake City
Utah Lake

UTAH

NEVADA

▲ 3981 Wheeler Peak

Wah Wah Mtns

Meadow Valley Wash

▲ 3951

▲ 3939

CAPITOL REEF NP

Dead H Point

Capitol Reef NP

Escalante Petrified Forest SP

Anasazi SP

Boulder

Cedar Breaks NM

BRYCE CANYON NP

Hole-in-the-Rock Road

Zion NP

BRYCE CANYON NP

Kodachrome Basin SP

ZION NP

Rainbow Bridge NM

KAIBAB PAIUTE INDIAN RES.

Glen Canyon Dam

Lake Powell

Navajo NM

LAS VEGAS

Lake Mead

ANTELOPE CANYON

HOPI INDIAN

COLORADO

GRAND CANYON NP

GRAND CANYON NP

Red Rock Canyon

Hoover Dam

Skywalk

Los Angeles

Peach Springs

ARIZONA

NAVAJO INDIAN RES.

Little Colorado

Mohave Lake

▲ 2566

▲ 3951

Mogollon Rim

Verde

FORT APAC INDIAN

LAS VEGAS	★★★	Vaut le voyage
Zion NP	★★	Mérite un détour
Ouray	★	Intéressant
Montrose		À voir
ZION NP		Voir la carte détaillée du circuit

Phoenix

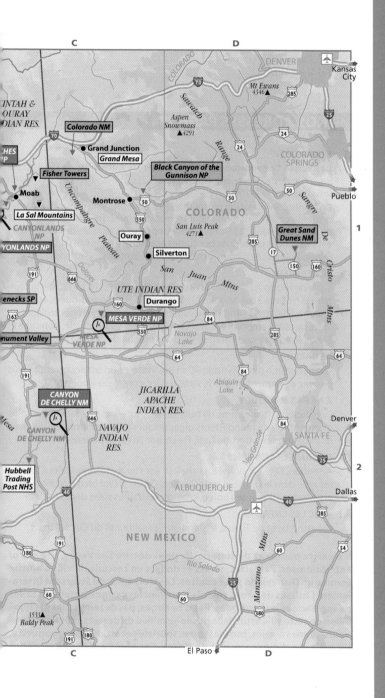

Las Vegas

583 756 habitants – Nevada

NOS ADRESSES PAGE 384

S'INFORMER

Las Vegas Convention and Visitor Visitors Authority – *3 150 Paradise Rd, à l'angle de Convention Center Drive (C2)* - *(702) 892 7575 - www.visit lasvegas.com - 8h-17h.*
Ce centre d'information plutôt modeste pour une ville comme Las Vegas dispense cependant toutes les informations utiles. Très bon accueil. Livret en français détaillant les différents jeux proposés dans les casinos. Le Strip est également jalonné de boutiques arborant le panneau Official Tourist Office, précieuses si vous recherchez un circuit organisé dans la région.

SE REPÉRER

Carte de région A2 *(p. 370-371)* – *carte Michelin 585 D 10.* L'I-15 relie la capitale du Nevada à Los Angeles (230 miles - 368 km au sud-ouest) et l'I-93 à Phoenix (290 miles - 464 km au sud-est). Pour éviter les embouteillages du Strip, pensez à emprunter Koval Lane, parallèle au Strip entre Tropicana et Sands Ave., ainsi que Paradise Rd (sens unique du nord au sud).

SE GARER

Chaque casino met à la disposition des visiteurs un *self park* gratuit. Vous pouvez également utiliser le *valet service*, contre pourboire *(2 $)*.

À NE PAS MANQUER

La balade, de jour comme de nuit, sur le Strip, et ses animations. Les plus grands hôtels du monde, leurs gigantesques galeries commerciales avec leurs plafonds en trompe l'œil. Freemont Street Experience.

ORGANISER SON TEMPS

Attention, l'été en journée, la chaleur est souvent intenable et il faut se réfugier dans les musées ou les Outlets Center. Il faut bien trois jours pour arpenter le Strip et ses hôtels-casinos, véritables villes dans la ville.

AVEC LES ENFANTS

Les attractions de Treasure Island, de l'Excalibur et du Circus Circus.

Il n'existe pas assez de superlatifs pour décrire Las Vegas, the *city of entertainment*. Paillettes, strass et dollars en cascade, la ville s'affiche comme un Disneyland pour adultes. Les trois miles du Strip sont littéralement tapissés de néons colorés signalant les casinos-hôtels, les salles de spectacle et les boutiques. Pas d'horloges, pas de temps. Dans le tourbillon de cette ville artificielle posée au milieu du désert se côtoient flambeurs, jeunes mariés, businessmen, touristes et étudiants en goguette. Un mélange d'outrance… et de classe. Car après avoir joué au début des années 2000 la carte famille, Las Vegas se tourne vers les lieux haut de gamme et est en bonne place pour compter parmi les plus grandes capitales gastronomiques de la planète.

Vue générale de Las Vegas.
Danita Delimont Stock / Danita Delimont/Age Fotostock

Se promener Plan de la ville

La marche est sans conteste le meilleur moyen de sillonner le **Strip**, cette portion du Las Vegas Boulevard qui s'étend sur près de 3 miles au sud de Downtown, entre la tour Stratosphere au nord et le Mandalay Bay au sud. Il constitue l'axe principal de Las Vegas.

Attention toutefois, les temps de parcours entre les différents hôtels-casinos sont longs : le Strip révèle des portions infranchissables et vous devrez souvent emprunter passerelles et escaliers pour aller d'un lieu à un autre.

Pour la petite histoire, le surnom de Las Vegas Blvd lui a été donné par un officier de police à qui le casino Flamingo (1946) – troisième établissement à avoir vu le jour sur ce qui était alors la Los Angeles Highway – faisait penser aux clubs glamour qui jalonnaient le Sunset Strip de Los Angeles dans les années 1930…

Aujourd'hui, les hôtels-casinos rivalisent de séduction pour retenir les visiteurs. Certains mettent l'accent sur le décor des casinos, des piscines et des galeries marchandes de l'hôtel, d'autres misent sur les spectacles et les attractions. Chaque établissement dispose d'un parking gratuit, d'un service voiturier et de restaurants.

La promenade proposée alterne la marche et les transports en commun, la meilleure façon de découvrir la ville, malgré la chaleur souvent accablante. Elle commence au nord pour terminer au sud du Strip. Sachez qu'un train gratuit circule entre le Mandalay Bay, le Luxor et l'Excalibur, ainsi qu'entre le Mirage et le Treasure Island.

DE LA STRATOSPHÈRE… AUX FONTAINES DU BELLAGIO

★ **Stratosphere** C1
www.stratospherehotel. com. Dim.-jeu. 10h-1h, vend.-sam. 10h-2h. 16 $; billet combiné entrée + 1 attraction 22 $, entrée + nombre illimité d'attractions 34 $.

👥👤 À l'extrémité nord du Strip, cette immense tour d'observation blanche, la plus haute dans son genre aux États-Unis (350 m) domine le boulevard depuis 1979 et offre une vue panoramique sur la ville, à admirer surtout de nuit. Les amateurs de sensations fortes apprécieront les trois attractions de fête foraine installées à son sommet.

Prenez le Deuce sur le trottoir de droite jusqu'au Circus Circus.

Circus Circus B2

👥👤 Le nombre de ses chambres en fait l'un des plus grands hôtels des États-Unis depuis sa construction en 1968. C'est un établissement festif et familial, dont l'entrée se fait par un grand chapiteau qui abrite une véritable fête foraine et une petite piste de cirque où les numéros se succèdent *(tlj à partir de 11h, ttes les 20mn env. Spectacle gratuit).* Installé sous une vaste coupole, **The Adventuredome** propose des attractions gratuites pour les petits, payantes et plus musclées pour les plus grands, dont un grand huit et un parcours aquatique. Idéal en famille.

Reprenez le Deuce vers le sud jusqu'au Fashion Show Mall, d'où vous prendrez la passerelle vers le Wynn.

★★★ Wynn et Encore B3

Peut-être encore plus mégalomane que d'autres entrepreneurs de Las Vegas, Steve Wynn possède un hôtel-casino qui porte son nom. Ces vingt dernières années, il a joué un rôle important dans le développement de la ville puisqu'il est aussi à l'origine du Bellagio, du Golden Nugget, du Mirage et du Treasure Island. En 2005 il a inauguré le Wynn, complexe hôtelier très haut de gamme conçu autour d'un **lac artificiel**, où les cascades et la végétation luxuriante apportent une note exotique. Bars et restaurants offrent de très jolies vues sur ce lac.

Le soir, se déroule un magnifique spectacle aquatique présenté dans une étonnante salle circulaire, *Le Rêve*.

En 2009, une autre tour quasi jumelle a vu le jour juste à côté, **Encore**. Un hôtel de grande classe, où les boutiques et les restaurants se disputent la palme du raffinement, et un pas de plus dans la démesure.

Poursuivez sur le même trottoir : vous passerez devant le Palazzo et le Venetian, superbe complexe reconnaissable à son surprenant palais des Doges, son pont du Rialto et sa tour du Campanile.

★★★ The Venetian B3

Une Venise bis avec ses 7 000 chambres si l'on compte celles de son extension, **Le Palazzo**, ouvert en 2008. Avec sa majestueuse esplanade traversée par un canal où voguent des gondoles, il s'agit de l'une des imitations les plus réussies de Las Vegas (1999). Passée la porte du « palais des Doges », chandeliers, faux marbre, dorures et peintures murales donnent le ton du casino. N'hésitez pas à flâner dans la bluffante galerie commerciale baptisée **Grand Canal Shoppes**, dont les arcades colorées, éclairées par des réverbères et des lampions plus vrais que nature, longent le « Grand Canal » *(accès par l'escalator à gauche du palais)*. Vous vous prendrez vite au jeu, oubliant que les nuages qui filent dans le ciel ne sont que d'étonnants trompe-l'œil. Arrêtez-vous à l'un des stands de *gelato* et vous serez définitivement conquis !

Le soir, le spectacle du *Blue man Group* mêle musique, comédie, lumières, son, vidéo et technologies pour un show unique en son genre.

À côté du Venetian, le musée **Madame Tussauds** *(tlj à partir de 10h, 25 $)* présente et met en scène les plus grandes stars de la politique et du spectacle grâce à une centaine de personnages de cire.

En face, de l'autre côté du Strip, vous apercevez Treasure Island.

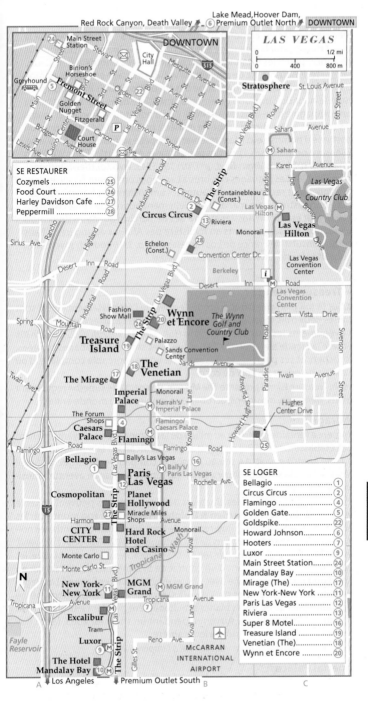

Lake Mead, Hoover Dam,
Red Rock Canyon, Death Valley ⑥ Premium Outlet North ⟶ **DOWNTOWN**

DOWNTOWN

㉔ Main Street Station
Stewart
City Hall
515

Binion's Horseshoe
Mesquite Avenue

Greyhound
⑤ **Fremont Street**
Ogden Avenue

Golden Nugget
Fitzgerald
⑫ Avenue

P
Court House
Carson Avenue

LAS VEGAS

0 ————— 1/2 mi
0 ——— 400 —— 800 m

Stratosphere St. Louis Avenue

Sahara Avenue

Ⓜ Sahara

Karen Avenue

Las Vegas Country Club

SE RESTAURER
Cozymels .... ㉕
Food Court .... ㉖
Harley Davidson Cafe ..... ㉗
Peppermill .... ㉘

The Strip

Fontainebleau (Const.)

② **Circus Circus**
⑬ Riviera

Las Vegas Hilton Ⓜ

Las Vegas Hilton

Echelon (Const.)
㉘

Monorail

Convention Center Dr.

Berkeley

i

Desert Inn Road

Las Vegas Convention Center

Sierra Vista Drive

Fashion Show Mall
Wynn et Encore
⑳
The Wynn Golf and Country Club

Treasure Island
⑲
Palazzo
Sands Convention Center

⑱ **The Venetian**

The Mirage ⑰

Imperial Palace
Monorail
Harrah's/ Ⓜ Imperial Palace

Hughes Center Drive

The Forum Shops
④
Caesars Palace
Flamingo/ Ⓜ Caesars Palace

Flamingo

Flamingo Road

㉕

Bellagio ①
Bally's Las Vegas
⑫
Bally's/ Ⓜ Paris Las Vegas
⑯

Rochelle Ave.

SE LOGER
Bellagio .... ①
Circus Circus .... ②
Flamingo .... ④
Golden Gate .... ⑤
Goldspike .... ㉒
Howard Johnson .... ⑥
Hooters .... ⑦
Luxor .... ⑨
Main Street Station .... ㉔
Mandalay Bay .... ⑩
Mirage (The) .... ⑰
New York-New York .... ⑪
Paris Las Vegas .... ⑫
Riviera .... ⑬
Super 8 Motel .... ⑯
Treasure Island .... ⑲
Venetian (The) .... ⑱
Wynn et Encore .... ⑳

Paris Las Vegas

Cosmopolitan

Planet Hollywood
Miracle Miles Shops

㉗
CITY CENTER

Harmon Avenue

Hard Rock Hotel and Casino
Monorail

Monte Carlo
Monte Carlo St.

N

New York-New York
⑪
MGM Grand Ⓜ MGM Grand
⑦
Tropicana

Excalibur
Tram

I-15

Tropicana Avenue

Fayle Reservoir

Luxor
⑨

The Hotel
Mandalay Bay ⑩

✈ McCARRAN INTERNATIONAL AIRPORT

Reno Ave.
Gilles St.

5

A ↓ Los Angeles ↓ Premium Outlet South B C

SE MARIER À LAS VEGAS

Rien de plus facile : comptez un minimun de 110 $ (55 $ en espèces à la Court House pour la « mariage license » et 55 $ à la chapelle). Libre à vous de choisir parmi les formules « tout compris » (avec photos, vidéo, fleurs, jarretière, limousine…). Ce peut être la version mariage en grande pompe dans un hôtel de luxe ou dans l'une des chapelles de bois blanc qui jalonnent le haut du Strip, une cérémonie fantaisiste dans une limousine ou en compagnie d'un Elvis ressuscité ! Il y en a pour tous les goûts et toutes les bourses… Location de robe de mariée à partir de 200 $, 100 $ pour un costume d'homme, etc. Il faut réserver la chapelle suffisamment à l'avance. Elles sont nombreuses, l'une des plus connues est la Little White Wedding Chapel *(1301 S. Las Vegas Blvd, ✆ (702) 382 5943, www.alittlewhitechapel. com. 24h/24)*. Les mariages célébrés à Las Vegas ont valeur légale et sont officiellement reconnus par les autorités américaines et françaises. Pour faire enregistrer votre mariage officiellement auprès de l'état civil français, il faut établir un dossier et faire des démarches au moins deux mois à l'avance. Renseignements au ministère des Affaires étrangères à Paris ou au consulat de France de Los Angeles *(voir p. 331)*. Pour en savoir plus, consultez le site *www.le-mariage.com/vegas*.

★★ Treasure Island B3

Sur le joli plan d'eau qui précède l'entrée de l'établissement (1993) sont amarrés deux trois-mâts, dont les très spectaculaires batailles comptent parmi les événements les plus prisés du Strip *(16h, 17h30, 19h, 20h30, 22h et 23h30)*. Derrière la façade aux allures d'île perdue, avec ses petites cabanes colorées, ses rochers et ses palmiers tordus se cache un très agréable complexe, d'où s'exhale une odeur de noix de coco.

Le soir, Treasure Island présente *The Mystere*, un spectacle superbe regroupant clowns, danseurs, musiciens, acrobates et jongleurs du monde entier.

★ Mirage A3

L'immense fontaine qui trône au milieu de la promenade verdoyante menant à cet établissement (1989) se transforme en **volcan★** à la nuit tombée *(ttes les 15mn jusqu'à minuit)*. Le soir au *Mirage*, la compagnie du Cirque du Soleil présente l'un de ses sept shows, *Love,* qui retrace la grande aventure musicale des Beatles.

À l'intérieur du complexe, les amateurs de bêtes sauvages peuvent visiter le **Siegfried & Roy Secret Garden & Dolphin Habitat**, un zoo monté par les deux magiciens Siegfried et Roy, repaire de lions, tigres blancs, panthères noires, léopards et grands dauphins de l'Atlantique *(✆ (702) 792 7889 . Lun.-vend. 11h-18h30 ; sam.- dim. et vac. 10h-18h30. 17 $)*. Véritables vitrines du Mirage, les deux illusionnistes, profitant d'un contrat de 57,5 millions de dollars par an (puis d'un engagement à vie avec l'hôtel en 2001), ont enflammé Las Vegas pendant plus de 30 ans (et plus de 6 000 représentations !), faisant même disparaître près de 80 tigres blancs simultanément pendant leur show. Mais l'attaque d'un tigre blanc, survenue pendant un show en 2003, laissa Roy paralysé et mit un terme brutal à leur carrière.

Empruntez la passerelle pour vous rendre à l'Imperial Palace

Imperial Palace A3

Cet hôtel (1978) ne propose rien d'exceptionnel, si ce n'est une magnifique **collection de voitures anciennes** *(✆ (702) 794 3174. Tlj 9h30-21h30. 6,95 $;*

possibilité d'entrer gratuitement en imprimant des bons sur le site autocollections. com). Pour rejoindre cette exposition, présentée au 5e étage de l'édifice, il faut bien évidemment traverser tout le casino.

Continuez à descendre le Strip sur le trottoir de droite, qui se transforme en une jolie promenade plantée longeant le gigantesque Caesars Palace.

★★★ **Caesars Palace** A4

Depuis 1996, ce palace décline le thème de la Rome antique avec beaucoup de pompe, comme vous pourrez l'observer dans l'immense galerie commerciale **Forum Shops★★**. Statues, jets d'eau et temples agrémentent les jardins, tandis que la décoration du casino marie faux marbres, frises et statues. Au bout de la galerie du Forum vous pourrez voir *Atlantis*, un spectacle pyrotechnique *(ttes les heures)*, un très bel aquarium, et même une réplique de la fontaine de Trévi !

Depuis 2005, le Caesars Palace abrite le restaurant de **Guy Savoy**, avant l'arrivée annoncée d'autres grands chefs. Côté spectacle, Céline Dion embrase, depuis 2011, le Colosseum, salle de 4 148 places spécialement construite à l'occasion de la création de son premier spectacle à Las Vegas.

En continuant sur le trottoir de droite, vous apercevez le Flamingo de l'autre côté du Strip.

★ **Flamingo** A4

Bâti en 1946, il fit couler beaucoup d'encre en raison de la personnalité de son commanditaire, Benjamin « Bugsy » Siegel, membre notoire de la mafia new-yorkaise, venu s'installer à Los Angeles en 1937. Combinant à la fois des activités illicites et des relations avec les stars d'Hollywood, ce play-boy gangster misa sur le potentiel de Las Vegas qui n'était alors qu'une grosse bourgade en plein désert. L'ouverture du Flamingo se fit en grande pompe, en présence notamment de Clark Gable, Lana Turner et Joan Crawford. Le nom de Bugsy, exécuté par la mafia deux ans plus tard, reste associé au développement de Las Vegas.

Le complexe a bien changé depuis, mais les flamants roses qui déambulent en compagnie de pingouins près des piscines et de la cascade constituent toujours la principale attraction du lieu.

À l'angle de Las Vegas Blvd et de Flamingo Rd, une passerelle permet de rejoindre le Bellagio.

★★★ **Bellagio** A4

Construit en 1998, ce très luxueux établissement est précédé d'un large plan d'eau qui le place agréablement en retrait du Strip. Ne manquez pas le **spectacle son et lumière★★** présenté dans les jardins, véritable ballet de jeux d'eau *(lun.-vend., ttes les 30mn de 15h à 19h et ttes les 15mn de 19h à 0h ; à partir de 12h le w.-end)*.

Le casino, aéré et peu bruyant, est décoré de tons doux, et le **Fontana Lounge★** ouvre sur une délicieuse terrasse, idéale pour siroter un verre en profitant de la vue sur le lac et… la tour Eiffel en face !

Le plafond du hall de l'hôtel est somptueusement orné de fleurs de verre multicolores qui semblent onduler sous l'effet du vent, tandis que, derrière la réception, une grande **serre★** abrite des compositions florales de toute beauté, renouvelées au gré des saisons.

La **Bellagio Gallery of Fine Arts** présente de belles expositions temporaires et la compagnie du Cirque du Soleil déroule avec *Ô* un magnifique ballet aquatique.

5

DE LA TOUR EIFFEL AU SPHINX DE GIZEH

★★ **Paris Las Vegas** A4

Pour qui connaît la capitale française, la façade de cet hôtel (1999) se présente comme un condensé audacieux de ses principaux monuments : la **tour Eiffel★** se trouve mêlée au musée d'Orsay, lui-même voisinant avec les fontaines de la place de la Concorde, l'Opéra Garnier et le Louvre… Le casino est également l'un des plus réussis avec ses allures de rues parisiennes, ses réverbères, ses allées pavées, son marché couvert, sa fontaine des Innocents et son pont Alexandre-III ! On se croirait, l'espace de quelques instants, en goguette dans Paris, mais un Paris revu et non corrigé par Hollywood (les fautes d'orthographe et de vocabulaire vous feront sourire). La réception, très versaillaise, avec ses lustres et ses moulures dorées, est tout aussi amusante.

Planet Hollywood A4

Cet ensemble se distingue par ses colonnes incrustées de pierres multicolores. Les galeries marchandes du **Miracle Mile Shops★★★** remportent la palme de la mise en scène pour leur ambiance et leur souci du détail. Conçu à la manière d'un souk autour d'une grande place centrale, il est baigné de parfums d'encens, de musique orientale et de chants d'oiseaux…

Cet hôtel-casino est l'ancien Aladdin, qui connut son heure de gloire sur le thème des Mille et Une nuits avant d'être, signe des temps, totalement détruit et remplacé par le complexe actuel.

De confortables sièges en cuir permettent de faire halte pour contempler les façades ouvrées, les minarets et les coupoles, avant de reprendre la marche dans ce pays imaginaire. C'est là que l'on trouve le Saxe Theater et *Vegas the show*, un spectacle musical dédié aux grands artistes qui ont fait l'histoire de Las Vegas.

★★ **City Center** A4

Ce tout nouveau complexe immobilier rassemble hôtels, résidences et galerie commerciale. Un modèle de réussite architecturale sur 27 ha pour lequel de très grandes signatures ont été sollicitées : Pelli Clarke Pelli, Helmut Jahn, Rafael Viñoly, Kohn Pedersen Fox, le studio Daniel Libeskind et David Rockwell. Les fondations ont été posées en juin 2006 et le centre a ouvert ses portes en décembre 2010. Plus de 9 000 ouvriers y ont travaillé et 6 d'entre eux y ont laissé leur vie.

LES ÉTOILES MUSICALES DE VEGAS

De nombreux grands artistes ont écrit l'histoire de la ville. L'un des premiers fut **Frank Sinatra** dans les années 1960. *The Voice* brûlait alors les planches du Sand's Hotel and Casino et du Caesar's Palace, seul ou avec le fameux **Rat Pack** (littéralement la « bande de rats »), groupe dans lequel on trouvait aussi **Dean Martin** et **Sammy Davis Junior**.

En 1967 **Elvis Presley** s'unissait à Priscilla Ann Beaulieu à l'hôtel Aladdin,(devenu le Planet Hollywood), dans une ville où il donna plus de 500 concerts. Le crooner britannique **Tom Jones** a, lui aussi, écumé les nombreux clubs de la ville durant les années 1970. Aujourd'hui, et dans un genre bien différent, la star incontestée de Las Vegas est **Céline Dion**, qui a resigné en 2011 pour une résidence de 3 ans au Caesar's Palace.

Mirages dans le désert

DE LA PRAIRIE À LA VILLE

Une étape bienfaisante

Bien avant que les Mexicains ne nomment le site Las Vegas (« Les Prairies »), des Indiens paiutes vivaient aux abords des sources d'eau qui constituaient un élément vital dans le désert Mojave. Leur vallée verdoyante fut redécouverte en 1829 par l'éclaireur d'un convoi mexicain, heureux de raccourcir la voie du Old Spanish Trail menant de Santa Fe (Nouveau-Mexique) à Los Angeles. En 1844, **John C. Fremont** arriva à la tête de l'une de ses nombreuses expéditions dans l'Ouest américain. Il fallut cependant attendre 1855 et l'arrivée des mormons pour qu'un campement fixe soit construit.

Genèse d'une cité

En 1904, la compagnie chargée de poser des rails dans la vallée de Las Vegas acheta les terrains alentour (une partie du Downtown actuel) pour y établir une station de ravitaillement : en 1905, la ville était née. Dans les années de la Grande Dépression, la construction du **barrage de Hoover** *(Hoover dam)*, qui occasionna un afflux immédiat de population, et la légalisation des jeux d'argent (1931) changèrent le cours de l'histoire. Pendant la Seconde Guerre mondiale, le gouvernement fédéral finança aussi la création d'une école de pilotes de guerre sur un immense terrain au nord de la ville. Las Vegas passa de 800 habitants en 1911 à 8 500 en 1940.

JEU ET TOURISME

« Sin City » ou l'odeur de l'argent

Au début des années 1940, seuls les hôtels-casinos El Rancho (rasé en mars 2000) et The Last Frontier (détruit en novembre 2007) se dressaient le long de la route reliant Los Angeles à Las Vegas. En 1946, la construction du **Flamingo**, par Benjamin « **Bugsy** » Siegel donna le coup d'envoi du développement effréné de l'actuel Strip, tout en liant pour plusieurs décennies le devenir de la cité avec celui des mafias de l'est du pays. Les casinos représentent en effet un moyen sûr de blanchir de l'argent et de faire des profits non déclarés. À partir des années 1950, « Sin City » (la cité du vice) se dota de nouveaux hôtels ou agrandit ceux déjà édifiés. De 24 624 habitants en 1950, Las Vegas passa à 64 000 en 1960. En 1966, l'arrivée du milliardaire **Howard Hughes**, qui vécut en reclus dans le Desert Inn, marqua un tournant pour la ville. En rachetant plusieurs casinos, il la débarrassa de son image de cité corrompue.

Une rivale de Disneyworld ?

La population de Las Vegas connaît une croissance ininterrompue depuis les années 1950. Aujourd'hui, avec plus de 600 000 habitants, 37,5 millions de visiteurs par an, le 7e plus grand aéroport mondial, plus de 151 000 chambres d'hôtel et un taux d'occupation des chambres toujours supérieur à 74 %, Las Vegas peut se targuer de rivaliser avec Disneyworld en terme de fréquentation. Même si l'image d'une destination de fête, d'excès et de démesure demeure, la ville a cherché à s'imposer comme une destination familiale, misant tout autant sur les attractions proposées dans les casinos que sur le seul attrait du jeu. Une tentative qui ne s'est pas avérée aussi lucrative que prévue. Aujourd'hui la ville joue également la carte « Luxe, calme et volupté » !

Le centre commercial **Crystals** offre son espace à de magnifiques boutiques de luxe et des restaurants, les **Veer Towers**, fausses jumelles inclinées, sont entièrement résidentielles, et trois grands hôtels de luxe composent un arc de cercle contrarié : le **Mandarin Oriental**, dont le 23e étage sert d'écrin au restaurant le **Twist de Pierre Gagnaire**, l'**Aria Resort and Casino**, le seul à accueillir des machines à sous ainsi qu'une nouvelle création du Cirque du Soleil, *Viva Elvis*, et l'hôtel **Vdara**. Un ensemble qui consacre Las Vegas comme la nouvelle capitale du *nec plus ultra*.

Cosmopolitan

Coincé entre les complexes Bellagio et City Center, cet établissement de luxe est le dernier-né des hôtels-casinos du Strip. Design et ultra moderne, c'est le seul possédant des balcons sur le Strip, extension jusqu'ici totalement interdite (sans doute par peur d'éventuels suicides de clients ruinés au casino).

★ MGM Grand A5

Dès l'entrée, le gigantesque lion de la Métro Goldwynn Meyer vous donne un avant-goût de la décoration de l'hôtel évoquant les années de fastes hollywoodiens. À l'intérieur, vous pouvez approcher quelques descendants du célèbre fauve dans le **Lion Habitat**, sorte de vivarium géant dans lequel vous entrez *via* un tunnel de verre.

Cet immense hôtel conçu pour les grands congrès abrite aussi le **MGM Grand Garden Arena**, salle de 17 000 places qui propose les plus grands combats de boxe de la planète. Le MGM Grand, le Caesar's Palace et le Mirage se disputent les vedettes et ont depuis longtemps supplanté le Madison Square Garden de New York et les hôtels-casinos d'Atlantic City. De Mohamed Ali à Mike Tyson, en passant par Marvin Hagler et Sugar Ray Leonard, les plus grands boxeurs ont fait de Las Vegas la capitale mondiale de ce sport.

Le MGM Garden Arena accueille également de nombreux concerts : les Rolling Stones, U2, Madonna, Elton John, Bruce Springsteen, Paul McCartney ou Barbara Streisand s'y sont notamment produits.

On trouve également au MGM Grand les 2 prestigieux établissements de **Joël Robuchon : le Restaurant et l'Atelier**.

Le complexe MGM Grand s'est encore agrandi ces dernières années en ouvrant de nouvelles tours un peu à l'écart du Strip où l'on ne trouve que des suites : **The Signature**. Le spectacle, c'est encore le Cirque du Soleil qui l'assure avec *Kà*, une performance acrobatique.

New York-New York A5

Faisant face au MGM Grand, l'adresse (1997) est aisément reconnaissable à ses gratte-ciel colorés, son Empire State Building, sa statue de la Liberté et son pont de Brooklyn. L'élégante réception de l'hôtel, dans le style Art déco, est du plus bel effet et vous pouvez emprunter l'un des ascenseurs afin de profiter de la vue que l'on a des étages.

Il est très agréable de se promener ou de déjeuner dans les **Village Eateries★★★** qui reproduisent assez fidèlement les ruelles et arrière-cours du Village de New York, avec arbres et lampions, soupiraux et bouches d'égout d'où s'échappe un peu de fumée. Vous trouverez notamment d'excellents sandwichs, à déguster dans un décor typique des *delis* de New York.

Le Cirque du Soleil y joue un spectacle intitulé *Zumanity*, show sensuel et érotique réservé aux adultes.

À l'extérieur, les amateurs de sensations fortes trouveront un grand huit, le **Manhattan Express Roller Coaster★** *(10h-0h ; 12,50 $)*. **Le Coney Island Emporium** est un espace de jeux pour les jeunes.

Étoiles et toiles

LE BON GOÛT À LA FRANÇAISE

Cela fait quelques années déjà que la gastronomie française a investi la capitale du Nevada. Depuis 2004, au sommet de l'extension du Mandalay Bay sobrement baptisé The Hotel, le restaurant **The Mix** dirigé par **Alain Ducasse** propose une cuisine française sous influence américaine à des tarifs démocratiques, après avoir offert aux clients du bar attenant une vue à couper le souffle sur le Strip.

Pas de vue mais deux restaurants pour **Joël Robuchon** au MGM Grand : une cuisine (haut de gamme) à déguster sur le pouce à l'Atelier ou un repas gastronomique pour savourer dans le restaurant éponyme la cuisine 3 étoiles du chef parisien, avant d'assister à l'un des concerts événements du Grand Arena.

Depuis 2005, c'est Franck, le fils de **Guy Savoy**, qui dirige le plus prestigieux restaurant du Caesar's Palace, et par là même tous les restaurants du complexe. Quant à **Pierre Gagnaire**, depuis 2009, il twiste les saveurs de l'un des nouveaux *buildings* du Strip, le très élégant Mandarin Oriental

Il faut ajouter à ce quartet le restaurant d'**André Rochat**, l'un des premiers Français à tenter l'aventure dans le désert, à l'Hôtel Monte Carlo.

Si les chefs français sont si courtisés par Las Vegas, c'est que l'insatiable métropole n'a de cesse de vendre du rêve. Après avoir réussi à faire revenir les plus grands artistes et spectacles du moment, elle est en passe de gagner son nouveau pari : proposer les soirées dîner-spectacle parmi les plus excitantes de la planète.

DE SINATRA À *VERY BAD TRIP*

Avant que Georges Clooney ne reprenne le rôle de Danny Ocean dans *Ocean's Eleven* (2001) dirigé par Steven Soderbergh dans le somptueux décor du Bellagio, c'est Frank Sinatra qui avait prêté ses traits à l'ingénieux braqueur de casinos dans *L'inconnu de Las Vegas* (1960).

En 1992, Warren Beatty incarnait Bugsy Siegel dans le film *Bugsy* de Barry Levinson sur l'histoire du gangster qui fut à l'origine de la création du Flamingo. Mais c'est Martin Scorsese qui a permis au grand public d'entrer dans les coulisses des casinos grâce à *Casino* (1995), film épique dans lequel Robert de Niro devient le directeur de casino le plus puissant de la ville, aux côtés de Joe Pesci et Sharon Stone.

Toujours en 1995, Paul Verhoeven dévoile ce qu'il peut encore dévoiler des danseuses *topless* dans *Showgirls*, mais c'est un petit petit film indépendant qui recueillera les lauriers de la critique : le très dur et touchant *Leaving Las Vegas* de Mike Figgis, sur la déchéance d'un scénariste alcoolique (incarné par Nicolas Cage). Si l'on ne souhaite à personne les hallucinations de Johnny Depp dans *Las Vegas parano* (1998), le film de Terry Gilliam, ex Monthy Python, reste une référence de cinéma psychédélique.

Récemment ce n'est pas *Jackpot* (2008) avec Cameron Diaz qui a raflé la mise au cinéma, mais plutôt *Very bad trip* (2009), petit film sans prétention sur le mouvementé lendemain de fête de trois copains partis enterrer la vie de garçon de l'un d'entre eux à Sin City (35 millions de dollars de budget… pour 280 millions de dollars de recettes).

Las Vegas a également inspiré la télévision avec, entre autres productions, une série éponyme et la plus connue (et réussie) *Les experts : Las Vegas*.

Excalibur A5

Jouxtant le New York-New York, l'idée de cet établissement (1990) est inspirée de plusieurs chateaux médiévaux anglais et écossais.

👥 S'il est plutôt amusant de l'extérieur avec ses formes incroyables et colorées, le visiter comporte moins d'intérêt sauf si l'on a des enfants. Plusieurs animations leur sont en effet consacrées.

De l'Excalibur, prenez le train (gratuit) pour aller au Luxor.

★ Luxor A5

La pyramide et le Sphinx qui garde l'entrée demeurent impressionnants, mais l'hôtel (1996) présente peu d'intérêt, car les principales attractions sont payantes, notamment la reproduction à l'échelle de la **tombe de Toutankhamon**. Levez toutefois les yeux et observez les couloirs menant aux chambres, aménagées dans les parois de l'édifice : l'espace vide créé par cette construction atypique est remarquable.

Reprenez le train pour rejoindre le dernier grand complexe du Strip, le Mandalay Bay.

★★ Mandalay Bay et The Hotel A5

L'établissement (1999) se distingue par son élégance, un peu à l'image de celle du Bellagio. De somptueux lustres aux motifs géométriques ornent le casino et la réception. Là, une grande verrière donne sur le **complexe balnéaire★**, où plusieurs piscines et une plage de sable se nichent au milieu d'une nature luxuriante. Le **Shark reef** est un aquarium géant où l'on voit évoluer des requins. (*Dim.-jeu. 10h-20h, vend.-sam. 10h-22h ; 18 $ et 12 $ 5-12 ans*). Au Mandalay bay, *Le Roi Lion* poursuit, lui, son règne parmi les spectacles les plus populaires de Vegas. La nouvelle tour **The Hotel** abrite au 43e étage le restaurant-lounge **The Mix** dirigé par **Alain Ducasse**.

À voir aussi

★ Fremont Street AB1

Au nord du Strip (après la Stratosphère). Au cœur de Downtown (desservie par le Deuce), Fremont St. est un axe perpendiculaire à Las Vegas Blvd, qui comprend une partie piétonne, entre Main St. et 4th St. Comptez une soirée.

La gare ferroviaire de Las Vegas, située à l'extrémité ouest de Fremont Street, fut inaugurée en janvier 1905. Elle occasionna le développement de cette artère qui accueillit les premiers établissements de jeu, dont le **Golden Gate Hotel & Casino**, en 1906. À partir des années 1950, le quartier s'est vu toutefois supplanté par le Strip, jusqu'à ce que le spectacle son et lumière qui anime chaque soir la rue attire de nouveau les visiteurs en masse.

Pendant la journée, la partie piétonne de Fremont Street, bordée de magasins de souvenirs et d'hôtels-casinos, connaît une atmosphère moins enfiévrée que sur le Strip. Parmi les plus célèbres établissements, le **Binion's Horseshoe** (1931), le **Golden Nugget** (1946) et le **Fitzgerald** (1980) dégagent un charme un peu vieillot comparés aux titans du Strip.

👥 À la nuit tombée, Fremont Street se transforme littéralement. La verrière de 416 mètres qui la recouvre en grande partie prend vie. Il s'agit en fait du plus grand écran vidéo du monde qui, toutes les heures à partir de 20h, diffuse de longs clips de 7 mn totalement psychédéliques. C'est la **Fremont Street Experience ★★**, spectacle son et lumière qui illumine la rue grâce à plus de 2 millions de spots. Une expérience vraiment étonnante *(gratuit)*.

★ Hard Rock Hotel and casino

De l'autre coté du Strip, entre le Mandalay Bay et l'aéroport, cet établissement de luxe accueille chaque dimanche après-midi la *Rehab party*, où de jeunes gens en maillot dansent dans la piscine sur de la musique mixée par un DJ! Le reste de la semaine, il demeure l'hôtel le plus rock de Vegas. À conseiller à ceux qui voudraient faire de leur séjour une fête non-stop.

The Liberace Foundation & Museum

1775 E. Tropicana, angle Spencer, ☎ (702) 798 5595. Mar.-sam. 10h-17h, dim. 12h-16h. 15 $.

Un musée consacré à Liberace, grande star du music-hall américain. Vous pourrez voir ses voitures personnelles et ses incroyables voitures de scène, ses pianos, ses costumes et ses bijoux. Une étonnante collection!

Excursions Carte de région A2

★ Red Rock Canyon

Comptez une demi-journée. À 18 miles à l'ouest de Las Vegas, sur la Hwy 159 (Charleston Blvd). De 7h au coucher du soleil. 5 $.

▌ Visitor Center à l'entrée de la route panoramique. ☎ (702) 515 5350, www. redrockcanyonlv.org. 8h-16h30.

Situé dans le désert Mojave, ce parc de près de 1 000 km² présente des reliefs formés il y a 65 millions d'années environ, suite à un choc violent entre deux plaques terrestres : la plus ancienne, formée de roche calcaire, fut en partie poussée au-dessus de la plus récente, constituée de grès rouge.

Une route touristique (13 miles) serpente au milieu de ces monts arrondis, dénués de toute végétation, qui flamboient au coucher du soleil. Une vingtaine de chemins de randonnée (30 miles) permettent d'approcher les formations, offrant des panoramas saisissants. Parfois, de petits ânes sauvages à la robe brun foncé, descendants des montures apportées par les prospecteurs, s'aventurent près des sentiers.

★★ Lake Mead

Comptez une demi-journée. À 30 miles de Las Vegas, sur la Hwy 582 (Boulder Hwy).

*★ **Hoover Dam** – Le barrage est situé à la frontière du Nevada (Pacific Time) et de l'Arizona (Mountain Time) ; les horaires indiqués ici sont ceux du Nevada. Parking aux abords du barrage (5 $).*

▌ Visitor Center, ☎ (702) 494 2517/1-866 730 9097, www.usbr.gov/lc/hooverdam. Tlj 9h-18h. Visite guidée (30mn) 9h15-17h15 (16h15 en hiver). 11 $.

5

Le barrage de Hoover, une impressionnante masse de béton édifiée dans un étroit défilé de roches volcaniques, a donné naissance au lac Mead, qui s'étire au milieu de collines arides et de paysages couleur de feu, et que l'on découvre en parcourant les routes aménagées dans le désert alentour.

En 1928, sa construction, destinée à domestiquer le puissant fleuve Colorado, arriva à point nommé en pleine période de Grande Dépression. Las Vegas. devait bénéficier de la publicité faite autour de cette réalisation audacieuse, mais, assez ironiquement, les responsables du barrage décidèrent de fonder à proximité du site une autre ville, Boulder City, où le jeu était interdit afin que les ouvriers travaillant sur le chantier ne soient pas tentés : de nos jours, c'est la seule enclave du Nevada où cette activité est encore prohibée.

Commencée en 1931, l'édification du barrage fut achevée en 1935, deux ans avant la date prévue. Du haut de ses 379 m, le Hoover Dam était à l'époque le plus grand barrage du monde. En 1999, il a d'ailleurs été reconnu comme l'une des constructions les plus marquantes du 20e s. Après la visite du barrage, faites demi-tour et prenez à droite la Hwy 166 jusqu'au Alan Bible Visitor Center *(8h30-16h30)*, agréablement aménagé et très informatif, afin de prendre des cartes et de vous renseigner sur l'état des routes.

★★ **Rives du lac Mead** – Accès à l'espace protégé Lake Mead Recreational Area. *5 $/véhicule*, si vous ne possédez pas le National Parks Pass.

Une fois le barrage achevé, les canyons creusés par le fleuve Colorado et son puissant affluent, la rivière Virgin, se sont remplis, créant le **lac Mead**, une immense étendue de plus de 177 km de long et de 63 900 ha, pouvant contenir jusqu'à 35,2 millions de m³ d'eau. Ce faisant, toute une partie de l'héritage historique du lieu a été engloutie. Les ruines des villages des Indiens anasazis, qui vécurent au confluent de la rivière Virgin et du Colorado de 500 av. J.-C. à 1150, reposent à présent sous l'Overton Arm, au nord du lac. Dans le même temps, l'apparition d'un lac au milieu du désert Mojave, le plus petit, le plus chaud et le plus aride des déserts américains, a occasionné la création du **Lake Mead Recreational Area**, une aire d'activités pour les vacanciers américains, qui viennent ici s'adonner aux sports nautiques.

Il est possible de retourner à Las Vegas en suivant la Hwy 166, puis la Hwy 147. Pour rejoindre l'Utah et St George par l'I-15, suivez les Hwys 166, puis 167 et 169.

☺ NOS ADRESSES À LAS VEGAS

TRANSPORT

En avion – McCarran International Airport, *situé à l'extrémité sud de Paradise Rd, au sud-est du Strip (15mn en voiture)* (B-C5). ✆ *(702) 261 5211, www.mccarran.com.* Des navettes *(shuttle)* de différentes compagnies se partagent et desservent les différents hôtels du Strip *(7 $)* et de Dowtown *(9 $)*, 24h/24. Se renseigner aux points d'informations de chacune des compagnies face aux navettes. La course en taxi revient à *15-20 $* pour le Strip et à *20-30 $* pour Downtown ; selon l'horaire c'est plus ou moins cher.

En bus – La compagnie **RTC** gère les bus locaux. **The Deuce** dessert les casinos de Downtown (Fremont Street) et du Strip 24h/24h. Très pratique, le trajet peut cependant être assez long en fin de semaine entre 18h et 2h du matin. *(5 $ pour un trajet, 9 $ pour 24h, à acheter dans le bus, appoint nécessaire ; ticket valable sur le SDX, ci-dessous).*

Le **Strip and Dowtown Express** (SDX) parcourt Downtown et le Strip, de Las Vegas Outlet au South Strip Transfer Terminal (SSTT) et ne s'arrête qu'aux stations principales. *Circule toutes les 15mn de 9h à 0h30. Même tarif que The Deuce, billet à acheter à un distributeur dans les stations.*

En métro – Le **Monorail** *fonctionne tlj de 7h à 2h du matin (3h ven-sam.).* Sept arrêts entre les hôtels-casinos Sahara et MGM Grand *(www.lvmonorail.com. 5 $ le trajet et 12 $ le Day Pass).*

En taxi – Pas de station, il faut se rendre à l'entrée des hôtels ou les appeler. Les 13 compagnies de Las Vegas sont assujetties aux mêmes tarifs. Attention ! Si le chauffeur vous propose de prendre la voie rapide, le tarif sera double.

INFORMATION UTILE

Marriage License Bureau – *201 Clark Ave., dans Downtown, à un bloc au sud de l'intersection Lewis Ave.-Casino Center,* ☏ *(702) 671 0600. 8h-0h.* Se munir de 55 $ en espèces pour obtenir une licence de mariage, qui vous permettra de vous unir civilement ou religieusement, dans l'une des chapelles de la ville.

HÉBERGEMENT

Las Vegas peut s'avérer très bon marché, en dehors des grands congrès ou jours fériés. Ceux de Downtown et certains se trouvant au nord du Strip sont souvent moins chers.
En fait, les prix varient tout le temps, selon le taux d'occupation. En grande majorité, ils doublent voire quintuplent les vendredis et samedis. **Les tarifs indiqués ci-dessous sont les prix de réservations en ligne pour une chambre double en semaine en juillet et en août.**
Bon à savoir : offices de tourisme, gares et certaines stations-service proposent des coupons de réduction à faire valoir en semaine sur certains hébergements.
Les tarifs sont donc donnés ici à titre indicatif et concernent des chambres standard.
www.vegas.com ou *www.lasvegas.com* rassemblent les offres des plus grands hôtels. Tous les établissements situés sur Las Vegas Bd et Downtown sont proches d'un arrêt du Deuce.

Hébergements classiques

☺ **Bon à savoir** – Une auberge de jeunesse peut dépanner les petits budgets dans Downtown :

Sin City Hostel *(1208 S. Las Vegas Blvd,* ☏ *(702) 868 0222, www.sincityhostel.com).* 14/32 $.

PREMIER PRIX

Super 8 Motel – *4250 Koval Lane,* ☏ *(702) 794 0888 - 300 ch. Moins de 50 $* 🖵 🏊 Bon rapport qualité/prix pour ce motel de grande chaîne avec tout le confort à une rue du Strip. Navette gratuite de et vers l'aéroport. Gratuit pour les enfants de moins de 12 ans. Laverie, accès Internet, distributeur ATM, mais pas de petit-déj.

Howard Johnson – *1401 S. Las Vegas Blvd,* ☏ *(702) 388 0301/1-800 446 4656, www.howardjohnsonlasvegasstrip.com - 100 ch. Env. 50 $* 🖵 ✕ 🍷 🏊 🅿 Belles chambres avec salle de bains assez grandes pour un hôtel de chaîne. Celles donnant sur la belle piscine sont les plus agréables. Wifi gratuit

Les hôtels-casinos

Les prix varient tellement en fonction des dates que nous vous recommandons de vérifier les tarifs sur Internet.

Dans le Dowtown

PREMIER PRIX

Goldspike – *217 North Las Vegas Blvd.* ☏ *(702) 385 1906/1-800 426 1906, www.goldspike.com - 106 ch. 50 $* 🖵 ✕ 🍷 🏊 À deux pas de Fremont Sreet Experience, cet hôtel-casino, à première vue un peu daté, propose des tarifs défiant toute concurrence. Vous trouverez sur le site des nuits à moins de 20 $ en semaine et jusqu'à 45 $ le w.-end. Et pourtant la qualité est au rendez-vous, l'établissement est agréable et confortable, et les chambres ont été rénovées.

Golden Gate – *1 Fremont St.* ☏ *N° gratuit : (866) 600- 8600 ou (702) 384-8444, www.*

5

goldengatecasino.com - 106 ch.
50 $ 🍴 🍷 Le plus vieil hôtel
de la ville (1906) conserve un
charme désuet avec son vieux
bar, ses premières machines
à sous, ses photos historiques
et son restaurant aux verres
gravés. Les chambres anciennes
et modernisées sont un peu
vieillottes, mais confortables.
Celles des nouveaux étages sont
modernes. C'est également l'un
des hôtels-casinos les moins chers
en fin de semaine. Situé à 2mn de
la gare Greyhound.

Main Street Station *– 200*
North Main St. ☎ *(702) 387 1896*
ou 1-800 713 8933, www.
mainstreetcasino.com - 406 ch.
35/60 $ 🍴 🍷 Un très
bel hôtel inspiré d'une gare
victorienne. On se retrouve
plongé au cœur de la conquête
de l'Ouest et les machines à sous
ont un tout autre cachet dans
ce superbe décor comprenant
quelques éléments d'époque.
Bar Art déco et restaurants très
recommandables. Le seul souci,
l'hôtel est un peu isolé et au bord
de la highway.

Sur le Strip ou à proximité

PREMIER PRIX

Hooters *– 115 E. Tropicana Ave.,*
☎ *(702) 739 9000/1-866 584*
6687, www.hoterscasinohotel.
com - 696 ch. 25/58 $ 🍴 🏊
Un sympathique hôtel-casino de
taille humaine avec une ambiance
et une clientèle jeunes et
surtout des prix doux. Chambres
confortables agrémentées de
meubles en pin et d'un petit
bar avec des tabourets hauts.
Concerts certains soirs. Une très
bonne adresse.

Luxor *– 3900 S. Las Vegas Blvd,*
☎ *(702) 262 4444/1-877 386 4658,*
www.luxor.com - 4 427 ch.
36/55 $ 🍴 🏊 Une partie des

chambres de cet établissement
est aménagée dans les parois de
la pyramide et l'une des grandes
attractions consiste à emprunter
les ascenseurs qui montent à
l'oblique ! Petites chambres aux
motifs égyptiens à tous les étages.

Riviera *– 2901 S. Las Vegas Blvd,*
☎ *(702) 734 5110, www.rivierahotel.*
com - 2 072 ch. 37/81 $ 🍴 🏊
Un établissement immense au
charme discutable. Les chambres
rose et crème, plutôt glamour,
bénéficient cependant de prix
attrayants. Belle terrasse.

Circus Circus *– 2880 S. Las*
Vegas Blvd, ☎ *(702) 734 0410/1-*
800 634 3450 - 3 773 ch. 48/58 $
🍴 🏊 De grandes chambres
tout confort vous attendent dans
ce complexe à l'ambiance et aux
attractions familiales (payantes).

Flamingo *– 3555 S. Las Vegas*
Blvd, ☎ *(702) 733 3111, www.*
flamingolasvegas.com - 3 778 ch.
à partir de 60 $ 🍴 🏊
Hôtel mythique de Las Vegas
agrandi maintes fois depuis sa
construction en 1946, ce vétéran
du Strip dispose de chambres
assez grandes, à la décoration
classique, et de plusieurs piscines.

BUDGET MOYEN

New York-New York *– 3790*
S. Las Vegas Blvd, ☎ *(702)*
740 6969/1-866 815 4365, www.
nynyhotelcasino.com - 2 033 ch. et
suites à partir de 60/80 $ 🍴 🏊
Tout le complexe adopte le style
des années 1930. Chambres et
salles de bains élégantes.

The Mirage *– 3400 S. Las Vegas*
Blvd, ☎ *(702) 791 7111/1-800 374*
9000, www.mirage.com - 3 049 ch.
69/149 $ 🍴 🏊 Un complexe
beau et agréable, malgré
son gigantisme, disposant
de chambres élégantes et
chaleureuses, offrant de superbes
vues sur Las Vegas.

POUR SE FAIRE PLAISIR

Treasure Island – *3300 S. Las Vegas Blvd, ☎ (702) 894 7111/1-800 288 7206, www.treasureisland.com - 2 900 ch. 60/180 $* 🖥 ✕ 🏊 Cet hôtel à l'atmosphère luxueuse et feutrée propose de très agréables chambres, d'où l'on a une belle vue sur la ville.

Paris Las Vegas – *3655 S. Las Vegas Blvd, ☎ (702) 946 7000/1-877 603 4386, www.parislasvegas.com - 2 916 ch. 95/190 $* 🖥 ✕ 🏊 De charmantes chambres « à la française »… façon américaine. Demandez la vue sur la tour Eiffel et sur le lac du Bellagio.

Mandalay Bay – *3950 S. Las Vegas Blvd, ☎ (702) 632 7777/1-877 632 7800, www.mandalaybay.com - 3 221 ch. 80/300 $* 🖥 ✕ 🏊 Un magnifique complexe, d'un très grand confort, dont les chambres sont tout aussi luxueuses. Les piscines, et même une plage, vous attendent au milieu des palmiers.

UNE FOLIE

The Venetian – *3355 S. Las Vegas Blvd, ☎ (702) 414 1000/1-877 883 6423, www.venetian.com - 4 049 ch. 149/239$* 🖥 ✕ 🏊 Dans un cadre des plus romantiques, l'hôtel propose des chambres élégantes et très confortables, mais sans cachet particulier.

Bellagio – *3600 S. Las Vegas Blvd, ☎ (702) 693 7111/1-888 987 6667, www.bellagiolasvegas.com - 3 933 ch. 149/299 $* 🖥 ✕ 🏊 De grandes chambres meublées avec goût, à la décoration classique et aux couleurs pastel, procurent tout le confort attendu dans un établissement de cette classe.

Wynn et Encore – *3131 S. Las Vegas Blvd, ☎ (702) 770 7000/1-877 3210 9966, www.wynnlasvegas.com - 2 466 ch. 179/699 $* 🖥 ✕ 🏊 Le dernier *resort* de l'ambitieux Steve Wynn est composé de deux hôtels-casinos grand luxe : Au Wynn, vastes chambres, villas, cabines au bord des piscines avec salon et télévision, golf et un lac qui s'admire depuis les nombreux bars et restaurants du complexe. De son côté, Encore ne comporte que des suites et des appartements.

RESTAURATION

Chaque hôtel-casino propose une pléiade de restaurants, du fast-food aux établissements gastronomiques.

PREMIER PRIX

Food Court – *Fashion Show Mall* (B3), *3200 Las Vegas Blvd (3ᵉ ét., accès à l'intérieur de la galerie), ☎ (702) 369 8382 (concierge). Lun.-sam. 10h-21h, dim. 11h-19h. Moins de 15 $.* Dans le centre commercial, une vingtaine de miniselfs tout autour d'une place intérieure permettent de choisir parmi différentes cuisines simples (italienne, grecque, mexicaine, américaine, etc.). Pratique et rapide.

Peppermill – *2985 S. Las Vegas Blvd* (B2), *☎ (702) 735 7635. 24h/24. Moins de 15 $.* Ambiance soft et portions généreuses, dignes des restaurants qui bordent les autoroutes américaines. La décoration est en revanche kitsch à souhait. Surprenant et sympathique.

Cozymels – *355 Hughes Center Drive* (C4), *☎ (702) 732 4833, cozymels.com. Lun.-jeu. 11h-22h (23h vend.-sam.), dim. 13h-21h. Plats 9/17 $.* Ce restaurant mexicain propose des plats savoureux dans une ambiance chaleureuse sur fond de musique. Également de très bons *quesadillas, ceviches* ou salades à des prix très raisonnables.

Harley Davidson Cafe – *3275 S. Las Vegas Blvd* (B3), *angle Harmon St., ☎ (702) 740 4555, harley-*

davidsoncafe.com. 11h-0h (2h vend.-sam.). Plats 10/25 $. Un beau café et une cuisine américaine classique de facture relativement correcte. De nombreuses photos de célébrités chevauchant leur Harley tapissent les murs. Terrasse sur le Strip.

Dans les hôtels-casinos

Cafe Bellagio – *Hôtel Bellagio* (A4), ✆ *(702) 693 7223. 24h/24. Moins de 15 $.* Très bien situé, avec vue sur la piscine, ce café propose des plats sans prétention dans une belle salle claire.

Harbor Coffee House – *Dans le Miracle Mile Shops du Planet Hollywood* (A4), ✆ *(702) 731 1003. 8h-23h (0h vend.-sam.). Plats à moins de 15 $.* Un café Internet avec un bon choix de pizzas vendues à la coupe, paninis, *wraps*, soupe du jour, yaourts, fruits…

Terrace Point Cafe – *Hôtel Wynn* (B3). *7h-23h.* Sur la terrasse devant la piscine, « lunch special » avec soupe ou salade et sandwichs pour moins de 15 $.

BUDGET MOYEN

Mon Ami Gabi – *Hôtel Paris Las Vegas* (A4), ✆ *(702) 944 4224. Lun.-vend. 7h-23h (0h w.-end), brunch w.-end. Plats 13/32 $.* Il bénéficie d'une vue superbe sur le lac du Bellagio. Bonnes spécialités françaises salées ou sucrées. Comptez 20 à 30 $ pour les viandes.

Il Fornaio – *Hôtel New York-New York* (A5), ✆ *(702) 650 6500. 7h30-0h (1h vend.-sam.). Pizzas, pâtes 13/25 $, viandes 20/40 $.* Ce joli restaurant à la décoration rustique et soignée propose des spécialités italiennes alléchantes. Il jouxte la boulangerie du même nom.

Oyster Bay – *Dans le Miracle Mile Shops du Planet Hollywood* (A4), ✆ *(702) 794 2929. 11h30-0h. Plats 20/30 $.* Un beau cadre pour déguster des huîtres avec un verre de blanc au bar. Poissons du jour.

Les buffets

Tous les hôtels-casinos en proposent. Ils se ressemblent, sont de qualité variable, mais permettent de faire un repas copieux aux saveurs variées. Notez qu'ils sont plus intéressants financièrement en semaine et à l'heure du déjeuner. Le week-end, buffet seulement le soir et brunch au champagne.

PREMIER PRIX

The Buffet at TI – *Hôtel Treasure Island* (B3). *7h-22h (22h30 vend.-dim.), brunch le w.-end (22 $). Formules 16/27 $ selon déj. ou dîner, selon semaine et w-end.* Grand choix de plats, d'accompagnements et de délicieux desserts à déguster dans deux belles salles.

Le Village Buffet – *Hôtel Paris Las Vegas* (A4). *7h-22h, brunch au champagne le w.-end. Formules 15/25 $.* L'originalité culinaire et le décor « village » sont particulièrement réussis. Le temps d'un repas vous faites un tour de France et de ses spécialités, en passant par l'Alsace, la Bourgogne, la Normandie, la Bretagne, la Provence…

The Buffet – *Hôtel Golden Nugget (Downtown). 7h-22h, brunch au champagne le w.-end. 18.99 $.* Salades, viandes à la découpe : tout y est très frais. Et du vend. au dim., poissons et crustacés à volonté pour 21.99 $.

BUDGET MOYEN

The Buffet – *Hôtel Wynn* (B3). *8h-22h (22h30 vend.-sam.), brunch au champagne le w.-end. Comptez de 25 à 35 $.* Un décor frais et des tables espacées. Excellent choix de fruits de mer, poissons, sushis, spécialités italiennes… De savoureux desserts.

POUR SE FAIRE PLAISIR

L'Atelier de Joël Robuchon – *MGM Grand* (B5), ℘ *(702) 891 7358. Menus à partir de 59 $.* Un concept simple : une cuisine ouverte sur un comptoir de 36 places assises qui vous permet de suivre la préparation des plats et de goûter à tous les classiques du grand chef sous forme de petites portions.

UNE FOLIE

TWIST by Pierre Gagnaire – *Mandarin Oriental (City Center)* (A4), ℘ *1-888-881 9367. Mar.-sam. 17h30-22h. Menus à partir de 105 $.* Il faut monter au 23ᵉ étage du Mandarin Oriental pour accéder au restaurant du pionnier français de la cuisine moléculaire. Au-delà des quelques spécialités cuites à l'azote liquide, le menu dégustation en six services (189 $) est un feu d'artifice de raffinement à la française (avec vue sur le Strip) que vous n'êtes pas prêt d'oublier !

Guy Savoy – *Caesars Palace* (A4), ℘ *(877) 346 4642. Merc.-dim. 17h30-21h30.* Contrairement à l'adresse parisienne, le restaurant américain du chef triplement étoilé dispose lui de la vue sur la tour Eiffel ! Un cadre de rêve dans lequel vous pouvez aussi bien déguster un *TGV Menu* à 140 $ *(the 90 minute experience !)* ou faire sauter la banque avec un *Krug Menu* à 750 $, où chacun des 6 plats est suivi d'une coupe des meilleurs millésimes du célèbre champagne.

FAIRE UNE PAUSE

Jean-Philippe – *Hôtel Bellagio* (A4), www.jpchocolates.com. Le pâtissier de Las Vegas (également Français), pour déguster de fines gourmandises, tout en admirant la plus grande fontaine de chocolat au monde. Jean-Philippe est aussi à l'hôtel Aria, dans le Citycenter.

Cafe Gelato – *Hôtel Bellagio (Pool Passage)* (A4). Pour un vrai expresso avec une glace.

Le Nôtre – *Hôtel Paris Las Vegas* (A4). L'instant savoureux d'un bon chocolat croissant.

Starbucks Coffee – *Fashion Show Mall* (B3), *(en face du Wynn), à l'extérieur.* Très bon café et Frappucino, exquises petites madeleines.

N'oubliez pas la **Panatteria Il Fornaio** *(New York-New York)*.

BOIRE UN VERRE

The Crown & Anchor – *1350 E. Tropicana Ave.* (B5) ℘ *(702) 739 8676, www.crownandanchorlv. com.* Authentique pub anglais, avec une petite terrasse, loin de l'agitation du Strip. Trente bières à la pression.

Fontana Lounge – *Hôtel Bellagio* (A4). Très belle salle en rotonde, avec *live band* tous les soirs, et divine terrasse avec vue sur le lac et ses féeriques jeux d'eau.

Rumjungle – *Hôtel Mandalay Bay* (A5). *Entrée 15 à 20 $.* Une devanture de flammèches et un rideau d'eau donnent le ton de cette magnifique salle, arrangée avec goût. Le restaurant se transforme en discothèque vers 23h-0h. Impressionnante collection de bouteilles de rhum sur huit rangs.

Thryst – *Hôtel Wynn* (B3). *Entrée 30 $.* Élégante et à la mode, cette discothèque, ouvrant sur un lac agrémenté de cascades et d'une végétation luxuriante, offre un cadre particulièrement original.

Mix in Las Vegas – *The Hotel, 3950 S. Las Vegas Blvd (dans l'ensemble Mandalay Bay)* (A5). Situé au dernier étage, le restaurant, bar et night-club appartenant à Alain Ducasse possède la plus belle vue de Las Vegas. Un lieu magique et raffiné pour boire un verre accompagné de délicieux *appetizers*. Vous pouvez également y dîner pour 90 $ (seulement, serait-on tenté de dire) mais vous ne bénéficierez pas de la vue, dont on peut jouir uniquement du bar et du patio.

ACHATS

Las Vegas ravira les adeptes d'un shopping effréné. De nombreuses enseignes internationales de prêt-à porter y possèdent des boutiques au désign soigné dans les immenses galeries des hôtels-casinos. Le cours actuel du dollar permet encore d'y faire de très bonnes affaires.

Les grandes marques de luxe sont également omniprésentes.

Mais le vrai *shopper addict* doit absolument passer quelques heures dans les Outlets, concentrations de magasins qui proposent des articles à prix d'usine (25 à 65 % de réduction).

Las Vegas Premium Outlets North – *875 South Grand Central Parkway, ✆ (702) 474 7500. Lun.-sam. 10h-21h, dim. 10h-20h. www. premiumoutlets.com.* À quelques minutes du Downtown, au terminus du Strip and Dowtown Express. Un centre en plein air où l'on trouve des restaurants et 150 magasins dont Levi's, Converse, Armani Exchange ou Adidas.

Las Vegas Premium Outlets South – *7400 S. Las Vegas Blvd, ✆ (702) 896 5599. Lun.-sam. 10h-21h, dim. 10h-20h. www. premiumoutlets.com.* Au sud du Strip, 140 magasins qui ont l'avantage en été de se trouver dans une galerie commerciale en intérieur, donc climatisée.

ACTIVITÉS

Spectacles – Tous les hôtels de la ville proposent des spectacles de toute nature, allant de la magie au music-hall. Attention, la programmation change régulièrement. Visitez le site **www.lasvegas.com**, qui en propose une sélection et permet de réserver son billet à tarif intéressant. Tous les shows donnés dans les hôtels-casinos cités dans le texte remportent un vif succès, il est donc prudent de réserver.

Le site **Las Vegas Online Entertainment Guide**, *www. lvol.com*, liste les spectacles du moment et propose des remises en réservant en ligne. Les prix oscillent entre 60 et 150 $.

Vous pouvez également acheter des places à tarif réduit au bureau d'informations situé à l'entrée du **Las Vegas Premium Outlets North** *(ci-contre)* ainsi que des excursions autour de Vegas.

On vous propose des packages dîner + spectacle à des prix très intéressants.

Des places à tarif réduit sont également vendues chaque jour dès 11h chez **Tix4tonight** et dès 11h30 chez **Tickets 2Nite**, situés sur le trottoir du Strip devant le Fashion Show Mall et près de la Coke Bootle au Showcase Mall. Les boutiques proposent également des remises sur certains restaurants.

Enfin, vous trouvez également des coupons de tarif réduit dans certains magazines, tels *The New Today in Las Vegas* ou encore *24/7 Magazine* mis à disposition gratuitement dans les hôtels.

Zion National Park

★★

NOS ADRESSES PAGE 395

S'INFORMER

Visitor Center – *Hwy 9 - ☏ (435) 772 3256 - www.nps.gov/zion - tlj 8h-19h30 en été, 17h au printemps et en hiver, 18h à l'automne) - 25 $/véhicule.*
Le *Visitor Center* donne des informations intéressantes sur la faune et la flore. Si vous souhaitez emprunter les chemins de grande randonnée et camper en pleine nature, demandez le « **Zion Backcountry Planner** » et renseignez-vous sur le permis auprès des rangers. Brochures également disponibles au bureau de Cedar City.

SE REPÉRER

Carte de région A1 *(p. 370-371) – carte Michelin Western USA 585 E 9.* Le parc est encadré à l'ouest par l'I-15 remontant de Las Vegas (150 miles, 240 km) et à l'est par la Hwy 89 remontant de Flagstaff. Il comprend deux parties, distantes de 45 miles par l'I-15 : le canyon de Zion (sortie n° 16, Hurricane) et, plus au nord, les hauts plateaux de Kolob (sortie n° 40).

À NE PAS MANQUER

Les randonnées dans le parc ; le point de vue depuis Canyon Overlook et le défilé des Narrows.

ORGANISER SON TEMPS

Découvrez le parc par la route de Mount Carmel, de préférence le matin. Souvenez-vous que le parc vit à l'heure du Mountain Time (1h de plus qu'au Nevada et en Californie).

« Sion, la Jérusalem céleste ! » : voilà ce que pensèrent les mormons en découvrant ce canyon tapissé de frênes et de peupliers. C'est dire la forte impression que provoquent ces paysages, classés Domaine national depuis 1909 ! Aujourd'hui, le parc s'étend sur 593 km², avec plus de 100 km de sentiers balisés. Pensez à vos chaussures de randonnée.

Découvrir

5

La plupart des visiteurs arrivent par le sud, en passant par Springdale, et découvrent d'emblée les falaises de grès blanc et rouge qui se dressent en toute majesté au cœur du canyon. Difficile d'imaginer que ces géantes de plus de 600 m sont l'œuvre de la rivière Virgin, qui coule tranquillement au fond de la vallée et continue son œuvre d'érosion, commencée il y a plus de 50 millions d'années dans deux formations rocheuses du Jurassique : le grès Navajo, qui compose les parois de Zion Canyon, et la formation Kayenta, mélange de grès et de boue, juste au-dessous.

Bon à savoir – Nous vous conseillons toutefois de commencer dans le parc par l'est, en suivant la **Zion-Mount Carmel Highway**, qui offre des vues exceptionnelles en arrivant sur le canyon. Souvenez-vous aussi que le parc s'étage entre 1 130 et 2 700 m d'altitude. Équipez-vous en conséquence.

LA ROUTE DE MOUNT CARMEL

Itinéraire de 13 miles. Comptez 30mn, voire 1h30 si vous marchez jusqu'à Canyon Overlook.

La Highway 9, que vous pouvez emprunter au niveau de Mount Carmel Junction, pénètre dans le Zion National Park par l'entrée est.

C'est une route spectaculaire pour les formations naturelles qu'elle traverse et les vues qu'elle procure.

★ Checkerboard Mesa

Passé la guérite des rangers, un parking sur la droite permet d'observer le relief typique de la **Checkerboard Mesa**, des lignes horizontales et verticales bien distinctes qui strient l'immense masse blanche aux contours doux et polis.

Cette formation surprenante, composée de grès Navajo, permet d'imaginer la région il y a environ 170 millions d'années, quand le vent dessinait des dunes par vagues successives. Les fractures verticales seraient dues aux variations climatiques qui fragilisent le grès et, l'eau de pluie aidant, l'amènent à se craqueler davantage.

En effet, les millions de minuscules morceaux de quartz, agglomérés par un ciment peu résistant, donnent une roche poreuse et aisément friable.

Canyon Overlook

30mn AR, déconseillé aux personnes sujettes au vertige.

Peu avant l'entrée du deuxième tunnel débute le sentier qui mène à ce point de vue. L'escalier est un peu abrupt, mais le chemin est ensuite bien moins escarpé et suit le canyon creusé par la rivière Pine Creek. Vous parvenez à une surprenante alcôve parsemée de mousse, avant de découvrir le promontoire rocheux, au détour d'un enchevêtrement de rochers et d'arbres pygméens.

La vue panoramique sur le sud du canyon dévoile les pics découpés qui se parent de couleurs ocre et crème, rehaussées par le vert de la végétation.

Achevé en 1930, le **tunnel**, véritable prouesse technique en son temps, fut creusé à flanc de falaise sur près de 2 km. Les véhicules trop volumineux doivent rouler au milieu, ce qui occasionne bien souvent des embouteillages. À la sortie du tunnel, vous serez surpris par le changement de paysage, qui soudain semble hors de portée.

Ne manquez pas d'admirer la **Great Arch★** qui orne la façade est du canyon de la rivière Pine Creek. Les jeux d'ombre et de lumière mettent en valeur cette formation colossale, l'une des plus spectaculaires du parc, née suite à la chute d'un pan de grès.

ZION CANYON

Comptez une journée. Demandez la brochure « Randonnées d'un jour », en français, au Visitor Center.

Long de 13 km et large de 8 km, le canyon est parcouru par la **Zion Canyon Scenic Drive**, route jalonnée de parkings, d'où partent des sentiers vers les différents points de vue. L'accès de cette route étant interdit aux voitures d'avril à octobre, il faut prendre les navettes.

Un premier sentier, le **Watchman Trail**, part du *Visitor Center* pour rejoindre un point de vue panoramique sur le canyon et Springdale *(facile ; 2h AR)*.

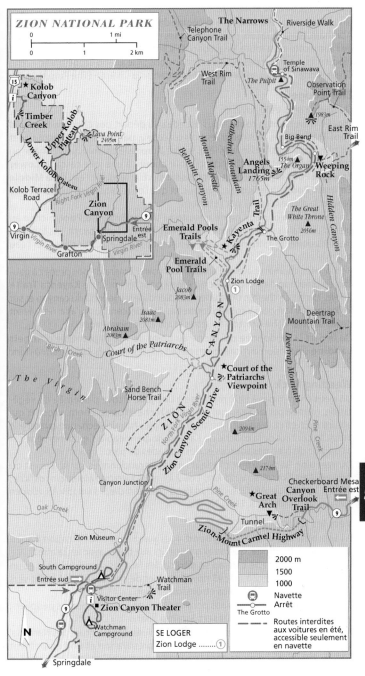

ZION NATIONAL PARK

0	1 mi	
0	1	2 km

The Narrows
Riverside Walk
Telephone Canyon Trail
West Rim Trail
The Pulpit
Temple of Sinawava
Observation Point Trail
▲ *1983m*
East Rim Trail
Big Bend
1554m ▲ *The Organ*
Weeping Rock
Angels Landing *1765m*
Hidden Canyon
The Great White Throne 2056m
Kayenta Trail
The Grotto
Mount Majestic
Behunin Canyon
Cathedral Mountain

15 ★ Kolob Canyon
i
Timber Creek
Upper Kolob Plateau
Lower Kolob Plateau
Lava Point 2405m ▲
Kolob Terrace Road
9
Virgin
Zion Canyon
Springdale
Entrée est 9
Grafton
Virgin River
Right Fork Virgin River

Emerald Pools Trails
Emerald Pool Trails
★
Zion Lodge 1
Jacob 2083m ▲
Isaac 2081m ▲
Abraham 2083m ▲
Birch Creek
Deertrap Mountain Trail
Court of the Patriarchs
T h e   V i r g i n
Sand Bench Horse Trail
★ Court of the Patriarchs Viewpoint
North Fork Virgin River
Deertrap Mountain
Z I O N   C A N Y O N
▲ *2094m*
Pine Creek
Zion Canyon Scenic Drive

Canyon Junction
Pine Creek
▲ *2174m*
Checkerboard Mesa Canyon Overlook Trail
Entrée est 5
9
★ Great Arch
Tunnel
Oak Creek
Zion-Mount Carmel Highway
Zion Museum
South Campground
Entrée sud
Watchman Trail
i Visitor Center
Zion Canyon Theater
9
Watchman Campground
N
Springdale

	2000 m
	1500
	1000
🚌	Navette
The Grotto	Arrêt
---	Routes interdites aux voitures en été, accessible seulement en navette

SE LOGER
Zion Lodge 1

★ Court of the Patriarchs

Au troisième arrêt de la navette.

Une courte montée amène à ce point de vue : la « cour » des patriarches Abraham, Isaac et Jacob, trois montagnes de plus de 2 000 m qui se dressent de l'autre côté de la route. Beaucoup de sommets portent des noms bibliques éloquents, héritage des pionniers mormons : « le Grand Trône blanc » (The Great White Throne), « l'Orgue » (The Organ), « la Chaire » (The Pulpit)…

Zion Lodge

Quatrième arrêt de la navette.

🚶 En traversant la route, vous accédez au départ des chemins **Emerald Pool Trails** *(facile, 1h30 pour les trois cascades)*, parmi les plus parcourus et les plus appréciés. Passé la rivière, suivez à droite le chemin qui s'engage au cœur d'une végétation abondante pour aboutir à une jolie cascade, **Lower Emerald Pool**, la première et la moins élevée. Elle recueille l'eau de la **Middle Emerald Pool**, située juste au-dessus, et que l'on rejoint en se faufilant entre l'eau et la roche creusée par l'érosion.

Un chemin sablonneux mène ensuite à l'**Upper Emerald Pool**, nichée au pied d'une falaise vertigineuse d'un rouge orangé flamboyant. Les longues traînées noires qui strient la falaise résultent des minéraux déposés par l'eau qui ruisselle.

Rebroussez chemin et avant d'atteindre la Lower Emerald Pool, prenez à gauche en direction de « Grotto Picnic Area » pour récupérer le **Kayenta Trail★** *(facile, 15mn)*. Ce chemin offre une vue splendide sur le fond du canyon et sur les berges de la rivière Virgin en contrebas, et redescend jusqu'à l'arrêt suivant de la navette, « The Grotto » *(toilettes et tables de pique-nique)*.

De là part la randonnée qui mène au point de vue imprenable d'**Angels Landing** *(ascension difficile ; comptez 4h AR ; les derniers 800 m sont à flanc de falaise)*.

Weeping Rock

Un petit chemin pavé (400 m) mène à une jolie alcôve parsemée de végétation, formée par de l'eau qui sort de la roche (d'où son nom, « rocher qui pleure »). En effet, l'eau qui s'infiltre dans le grès Navajo s'échappe quand elle arrive au contact de la couche de Kayenta, imperméable. Ce phénomène est à l'origine de bien des sources et des cascades du parc.

Du Weeping Rock partent plusieurs grandes randonnées sur la rive est du canyon *(East Rim : difficile ; 25 km ; 1 ou 2 jours AR. Deertrap Mountain : difficile ; 26 km ; 1 ou 2 jours AR. Observation Point Trail : difficile ; 13 km ; 5h AR. Hidden Canyon Trail : difficile ; 3,5 km ; 3h AR)*.

Vers les Narrows

À l'approche du parking de **Big Bend**, vous aurez peut-être l'occasion d'apercevoir, sur votre droite, quelques grimpeurs aux prises avec les falaises.

Au bout de la route, le canyon se rétrécit, les falaises se rapprochent et un chemin pavé *(facile ; 2 miles ; 45mn AR)* permet de s'enfoncer plus avant vers **The Narrows**, la partie la plus étroite du canyon.

Tout en longeant la rivière, vous pouvez observer à loisir les grands peupliers, les mousses luxuriantes et **Desert Swamp** (marais du Désert).

À l'extrémité du chemin pavé commence la véritable aventure des Narrows, une randonnée difficile qui nécessite une préparation et un équipement spécial, car vous cheminez dans l'eau *(renseignez-vous auprès des rangers et de l'agence Zion Adventure Company ; voir à « Activités »)*.

★ KOLOB CANYONS

◯ *Comptez une demi-journée. Rejoignez l'I-15, suivez la direction de Cedar City et empruntez la sortie 40 qui mène directement au Visitor Center de Kolob Canyons (8h-16h30).*

Si vous n'êtes pas pressé, faites un détour par Kolob Terrace Rd qui s'enfonce à partir de Virgin *(Hwy 9)* dans les hauteurs du parc, jusqu'à Lava Point *(comptez 56 miles AR)* : belle excursion hors des sentiers battus.

Timber Creek

L'unique route menant vers les hauteurs de Kolob Canyons part du *Visitor Center* pour aboutir au point de vue de **Timber Creek** *(5 miles)*. Elle serpente à flanc de falaise, le long de la faille Hurricane, une immense plaie ouverte de 192 km de long, avant de longer Finger Canyons, une succession de falaises de grès Navajo orientées ouest-est. Parvenu à l'extrémité de la route, on rejoint facilement le point de vue à pied, par un petit chemin *(30mn)* d'où s'exhalent de fortes odeurs ambrées.

Kolob Arch

Plusieurs randonnées peuvent s'organiser dans la région (les permis sont à retirer au *Visitor Center*). Comptez une journée entière pour celle qui mène à la **Kolob Arch**, donnée pour la plus grande arche naturelle du monde.

À proximité Carte de région

SUR LA ROUTE DE BRYCE CANYON A1

◯ Si vous rejoignez Bryce Canyon par l'I-15, vous pouvez faire étape à Cedar City pour vous ravitailler.

🗊 **Cedar City Visitor Chamber of Commerce** : *peu après le carrefour de Main St. et de Center St., sur la gauche. Lun.-vend. 8h-17h.* Elle dispose de nombreuses brochures sur toutes les attractions de la région, dont un plan du Cedar Breaks National Monument.

★ Cedar Breaks National Monument

Empruntez la Hwy 14 au carrefour central de Main St. et de Center St. (à gauche en venant de la Visitor Chamber of Commerce).

Cet amphithéâtre, creusé par l'érosion sur près de 5 km de large, est planté d'une forêt de conifères. Une route traverse le site, offrant des points de vue sur ces paysages semblables à ceux de Bryce Canyon.

5

Passé Cedar Breaks, prenez à droite la Hwy 143 et continuez jusqu'à **Panguitch**, charmante petite ville où vous pouvez passer la nuit avant de rallier Bryce Canyon.

😊 NOS ADRESSES À ZION NATIONAL PARK

TRANSPORTS

Voiture ou navette – Seules les navettes, affrétées gratuitement par le parc, sont autorisées à circuler sur la Zyon Canyon Scenic Drive de mars à octobre. Départ du *Visitor Center* toutes les 6mn environ, entre 6h30 et 21h30 (se reporter au journal distribué à l'entrée pour les horaires). Vous pouvez monter et descendre à votre guise à chacun des 8 arrêts. Des navettes gratuites desservent également la petite ville de Springdale et permettent de rejoindre le *Visitor Center*, dont le parking est vite rempli en été.

INFORMATIONS UTILES

Zion Canyon, Utah Chamber of Commerce – *À Springdale*, ℘ *888 518 7070, www.zionpark.com* **Site Internet** – *www.zionnational-park.com*

HÉBERGEMENT

Dans le parc

PREMIER PRIX

Deux campings (℘ *1-800 365 2267 ou www.zion.national-park.com/ camping.htm*) se situent de part et d'autre du *Visitor Center* : **South Campground** – *Tte l'année - 180 empl. 16 $/nuit.* **Watchman Campground** – *15 mars-1er nov. - 170 empl. 16 à 20 $/empl. (sans les options), 3 $/ pers. ; réserv. possible.*

UNE FOLIE

Zion Lodge – ℘ *(435) 772 7700/ 1-888 297 2757, www.zionlodge. com - 121 ch. 159 $* 🛏 ✕ Au cœur du parc, cet établissement impeccable propose des chambres classiques et des cabanes de pionniers rénovées, avec cheminées au gaz et confort douillet justifiant les 10 $ supplémentaires. Impératif de réserver. Vous obtenez alors une autorisation au *Visitor Center* vous permettant d'arriver jusqu'à l'hôtel en voiture.

Springdale

Motels, B & B et restaurants se succèdent le long de la Hwy 9 (Zion Park Blvd) de cette jolie bourgade située à moins de 1 mile de l'entrée du parc. De nov. à mars, les prix chutent de 20 à 50 %.

BUDGET MOYEN

Dream Catcher Inn B & B – *225 East Main St.,* ℘ *(435) 772 3600/1-800 953 7326, www. dreamcatcherinnzion.com - 4 ch. 65 $.* Un sympathique B & B situé juste avant Springdale. Déco assez kitsch, accueil attentionné. Sdb privée ou commune.

Canyon Ranch Motel – *668 Zion Park Blvd,* ℘ *(435) 772 3357/1-866 946 6276, www. canyonranchmotel.com - 22 ch. 99/109 $* 🛏 ⌧ Si vous recherchez le calme, vous apprécierez ce motel organisé en sept petites maisons séparées.

Bumbleberry Inn – *97 Bumbleberry Lane,* ℘ *(435) 772 3224/1-800 828 1534, www. bumbleberry.com - 47 ch. 98/120 $* 🛏 ✕ ⌧ Un motel moderne, en retrait de la route, avec un accueil très professionnel et des chambres impeccables. Celles dites « Deluxe » sont plus chères.

POUR SE FAIRE PLAISIR

Rockville Rose Inn – *125 East Main St.,* ℘ *(435) 772 0800, www. rockvilleroseinn.com - 4 ch., dont 2 avec sdb commune 95/110 $.* Une jolie maison (B & B), avec de belles chambres. Accueil aimable.

Under the Eaves – *980 Zion Park Blvd,* ℘ *(435) 772 3457, www.under-the-eaves.com - 6 ch. 95/185 $.* Beau B & B avec jardin, hamacs, bibliothèque. Très bon accueil. Au centre de Springdale.

Best Western Zion Park Inn – *1215 Zion Park Blvd,* ℘ *(435) 772 3200/1-800 934 7275, www. zionparkinn.com - 120 ch. 112/124 $* 🛏 ✕ ⌧ Immense hôtel tout en bois avec un service et un accueil irréprochables. La réception se prolonge par un impressionnant salon panoramique, très haut de plafond et comprenant une grande cheminée.

Flanigan's Inn – *450 Zion Park Blvd, ☎ (435) 772 3244, www.flanigans.com - 39 ch. 129/299 $* ☕ ▦ ✗ ⚒. Outre chambres et suites, des villas spacieuses, sobres mais élégantes, accessibles par un chemin pavé frais et ombragé. Trois nuits minimum en haute saison.

UNE FOLIE

Pioneer Lodge – *838 Zion Park Blvd, ☎ (435) 772 3233, www.pioneerlodge.com - 43 ch. 149/222 $* ▦ ✗ ⚒ Repérable à son enseigne en forme de chariot, cet hôtel a des chambres rénovées meublées de bois clair, décorées de manière rustique, et des chambres en bois sombre, style trappeur. Accueil chaleureux.

Desert Pearl Inn – *707 Zion Park Blvd, ☎ (435) 772 8888/1-888 828 0898, www.desertpearl.com - 61 ch. 148/198 $* ▦ ✗ ⚒ Superbe hôtel de caractère. Les grandes chambres décorées avec goût ont un mobilier design. Balcons dans toutes les chambres. Demandez la vue sur les falaises.

RESTAURATION

Springdale

Le *Menu Guide* détaille les menus des restaurants de la ville et du parc. Tous proposent des plats à emporter.

PREMIER PRIX

Oscar's Cafe – *À côté de la station-service, en face de la banque, ☎ (435) 772 3232, www.cafeoscars.com. Plats env. 10/15 $.* Café avec terrasse, en retrait de la route. Idéal pour un petit-déj. consistant ou un déjeuner sur le pouce. Pour les affamés, grand choix de plats mexicains. Ambiance détendue.

Pizza & Noodle Co. – *À l'arrêt n° 3 de la navette, dans le bâtiment qui ressemble à une église, ☎ (435) 772 3815, www.zionpizzanoodle.com. Plats 11/16 $.* De belles pizzas et des plats de pâtes copieux ne démentent pas la réputation de l'endroit. Salle conviviale ayant vue sur la galerie d'art voisine. Terrasse.

Fruit Company – *À la sortie de Springdale, ☎ (435) 772 3222, www.springdalefruit.com. 9h-19h. Fermé de mi-nov. à mi-mars. Moins de 12 $.* Cette boutique bio (fruits, cakes, thés, glaces…) offre la possibilité de manger dehors. Joli cadre verdoyant avec tables.

BUDGET MOYEN

Bit & Spur Mexican Restaurant & Saloon – *Face au Zion Park Inn, ☎ (435) 772 3498, www.bitandspur.com. 17h-0h30. Plats env. 16/32 $.* Un lieu hybride, à l'atmosphère conviviale, idéal pour dîner. D'un côté le bar et son billard (il est indispensable de grignoter pour boire de l'alcool), de l'autre une salle où l'on déguste des plats mexicains épicés, savamment présentés.

ACTIVITÉS

Springdale
Randonnée - Zion Adventure Company – *36 Lion Blvd, ☎ (435) 772 1001, www.zionadventures.com.* Location de matériel, conseils précieux et itinéraires détaillés.

Tropic
Équitation - Canyon Trail Rides – *Zion Lodge, ☎ (435) 679 8665, www.canyonrides.com.* Sorties (mars-octobre) de 1h (40 $) ou à la demi-journée (75 $).

5

Bryce Canyon National Park

★★★

😊 NOS ADRESSES PAGE 404

 S'INFORMER

Visitor Center – *www.nps.gov/brca. 8h-20h, 8h-16h30 en hiver - entrée : 25 $ par véhicule si vous ne possédez pas le National Parks Pass*. Les rangers conseillent les randonneurs et délivrent les permis de camper en pleine nature, *backcountry permits* (obligatoires). Le document *Carte et guide officiels* du parc, qui existe en français *(50 cts)*, est en vente au *Visitor Center* ou téléchargeable sur le site Internet du centre.

SE REPÉRER

Carte de région B1 *(p. 370-371)* – *carte Michelin Western USA 585 E 9*. Si vous venez de Las Vegas *via* Zion, sortez du parc par la Hwy 9 vers l'est jusqu'à la Hwy 89 (30 miles) que vous prenez vers le nord sur 44 miles. Tournez alors vers l'est sur la Hwy 12 jusqu'au parc (17 miles).

À NE PAS MANQUER

Le lever et le coucher du soleil sur l'amphithéâtre de Bryce Canyon ; le chemin de Queen's Garden, à pied ou à cheval.

ORGANISER SON TEMPS

Consacrez une journée à la visite du parc, plus si vous faites de la randonnée. Pour l'accès, pensez à mettre votre montre au Mountain Time (1h de plus qu'au Nevada et en Californie). N'oubliez pas que le parc est en altitude (plus de 2 500 m) et qu'il peut faire froid.

Comment ne pas tomber sous le charme de ce chef-d'œuvre de la nature, certainement l'un des plus spectaculaires et des plus beaux du Sud-Ouest américain. Bryce Canyon est un vaste amphithéâtre naturel dont les pentes ont été sculptées par l'érosion. Résultat ? Une magistrale frise de tourelles biscornues, de remparts, de colonnes effilées et de piliers étêtés déployant toute la gamme des couleurs ocre, chair et blanc. À l'aube et au crépuscule, le ballet de la lumière dans ce dédale minéral offre un spectacle proprement saisissant. Préparez-vous à un moment inoubliable !

Zoom sur les *hoodoos* de l'amphithéâtre.
A. de Valroger / MICHELIN

Découvrir

★★★ L'AMPHITHÉÂTRE DE BRYCE CANYON

◐ *Comptez une demi-journée. Ne manquez pas de visiter la salle d'exposition du Visitor Center, où est notamment projetée une vidéo de 15mn, « Shadows of Time », dévoilant Bryce Canyon au fil des saisons. À partir du Visitor Center, une route de 18 miles mène aux quatre points de vue qui jalonnent le parc.*

Créé en 1928, ce petit parc perché sur un versant du plateau de Paunsaugunt préserve 145 km² de forêt rocheuse et un véritable labyrinthe de cheminées de fée piqueté de conifères. Les trappeurs du 18ᵉ s. qualifiaient l'endroit de mauvaises terres *(badlands)*. Même **Ebenezer Bryce**, qui laissa son nom au canyon à la fin du 19ᵉ s. ainsi qu'une route y menant, aurait déclaré : « Ce n'est fichtre pas un endroit où perdre une vache ! » Aujourd'hui, l'ensemble subjugue par son harmonie.

★★ Sunrise Point

En prenant la deuxième route à gauche après le Visitor Center, vous arrivez au premier des quatre points de vue donnant sur l'amphithéâtre (près du parking se trouvent un petit supermarché, des douches et des toilettes).

Un sentier mène au promontoire d'où la vue panoramique s'étend sur la forêt de *hoodoo*, dont les tons orangés se déclinent fougueusement au lever du soleil.

◐ De là, vous pouvez descendre tranquillement le long du **Queen's Garden Trail★★** *(1,2 km aller ; 30mn)* et observer de près les colonnes de pierre, les arches et les falaises découpées qui, de loin, semblent immuables comme des forteresses imprenables, mais apparaissent ici toutes fragiles, tels des amas de miettes. Les lignes horizontales qui rythment les falaises révèlent la superposition de roches de compositions différentes, qui s'érodent plus ou moins rapidement pour créer ces colonnes bosselées. La palette de couleurs devient plus nuancée : les tons de rouge, dus à l'oxyde de fer, sont parsemés de teintes bleutées, voire violacées, résultant de l'oxydation du manganèse. Vous cheminez dans cette féerie de formes et de couleurs jusqu'à **Queen's Garden**, où la formation de la reine Victoria trône au sein de sa cour de *hoodoos*.

★★ Sunset Point

De retour sur le chemin principal, continuez jusqu'à la forêt de pins et de genévriers et rejoignez le **Navajo Loop Trail** qui monte jusqu'à **Sunset Point**, en passant par le défilé des Two Bridges *(1 km)*, où vous pouvez observer deux ponts naturels en pierre, ou celui de Wall Street *(1,2 km)* avec ses majestueux pins de Douglas qui s'élancent vers le ciel *(le Navajo Loop Trail rejoint aussi le Peekaboo Loop Trail qui permet de rallier Bryce Point).*

★★ Inspiration Point

Parvenu sur le plateau, vous surplombez **Silent City**, ou **Inspiration Point**, un alignement incroyable de statues éphémères qui s'étend au sud de Sunset Point.

🐾 Pour les randonneurs, un sentier agréable, le **Rim Trail★★**, suit le bord de l'amphithéâtre jusqu'à **Bryce Point** *(facile ; 1h aller ; vous pouvez revenir en navette).*

★★★ Bryce Point

Depuis ce point de vue (2 528 m), vous embrassez tout l'amphithéâtre. Sur la gauche, en hauteur, les falaises abruptes sont parsemées de cavités qui révèlent une forme particulière d'érosion : la dissolution. À cet endroit, la roche est essentiellement composée de calcaire qui se dissout aisément sous l'action des eaux d'infiltration. À mesure que le plateau recule, des grottes apparaissent dans les parois et dessinent des fenêtres dans d'imaginaires piliers blancs de cathédrales.

🐾 Deux sentiers de randonnée partent de Bryce Point et descendent au pied du plateau : **Peekaboo Loop Trail** *(boucle de 9 km ; 3-4h)* et **Under-the-Rim Trail**, qui rejoint Rainbow Point *(35 km ; 2 jours ; quel que soit le chemin choisi pour remonter sur le plateau, Sheep Creek, Swamp Canyon, Whiteman ou Agua, comptez 2h pour effectuer l'ascension).*

En repartant de Bryce Point, une route sur la gauche vous conduit à **Paria View**, d'où la vue dégagée donne sur un canyon boisé abritant la vallée du Yellow Creek, un cours d'eau coulant vers l'est.

★★ LA PARTIE SUD DU PARC

▶ *Comptez 3h. À hauteur d'Inspiration Point, prenez la route qui rejoint Rainbow Point (15 miles). Pour les horaires des navettes, voir p. 404.*

Dans la partie sud, où l'érosion a été très active, se trouvent les reliefs les plus découpés ; les *hoodoos* y sont moins nombreux mais plus élancés, et les falaises beaucoup plus abruptes. La route dessert six points de vue différents.

Ne manquez pas le **Natural Bridge**, qui domine une superbe arche de 40 m de haut sculptée par l'action combinée de la pluie et du gel, et **Black Birch Canyon**, remarquable pour son à-pic boisé.

Derrière les grands arbres qui entourent le parking, la vue panoramique de **Rainbow Point★**, le point culminant du parc (2 778 m), s'étend au nord vers les escarpements qui se dessinent à perte de vue. Le bord du plateau arbore par endroits une couche de roche d'un blanc éclatant : cette partie de la formation Claron, qui contient principalement du calcaire, a tendance à s'éroder en pentes abruptes, car des pans entiers se désolidarisent de l'ensemble le long de fractures verticales.

Vous apercevez à l'est le **plateau Aquarius**, situé à 30 miles de l'autre côté de la vallée. Il y a 16 millions d'années, il était encore rattaché au plateau sur lequel vous vous tenez.

🐾 De Rainbow Point, engagez-vous sur le **Bristlecone Loop Trail★** *(1,5 km ; 40mn)* qui part sur la droite et chemine à travers une dense forêt de sapins et d'épicéas. Vous apercevez notamment, accrochés aux parois des falaises, des pins Bristlecone, une espèce particulièrement résistante. Le doyen, âgé de 4 790 ans, a été recensé dans les White Mountains de Californie : il constitue le plus vieil organisme vivant connu dans le monde. *Suivez au choix l'un des deux sentiers menant à Yovimpa Point.*

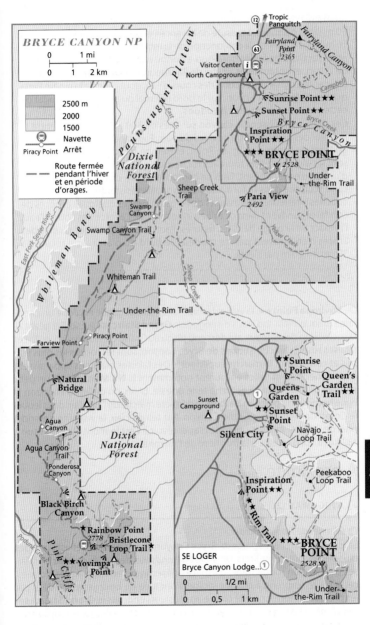

BRYCE CANYON NP

0 ——— 1 mi
0 — 1 — 2 km

2500 m
2000
1500
Navette
Piracy Point — Arrêt
Route fermée
pendant l'hiver
et en période
d'orages.

12 Tropic
Panguitch

63 Fairyland
Point
2365

Fairyland Canyon

Visitor Center
North Campground

Sunrise Point ★★
Sunset Point ★★

Bryce Canyon

Inspiration
Point ★★

★★★ BRYCE POINT
2528

Under-
the-Rim Trail

Paunsaugunt Plateau

Dixie
National
Forest

Sheep Creek
Trail

Paria View
2492

Swamp
Canyon

Swamp Canyon Trail

Whiteman Trail

Under-the-Rim Trail

Whiteman Bench

East Fork Sevier River

Farview Point

Piracy Point

Natural
Bridge

Agua
Canyon

Agua Canyon
Trail

Ponderosa
Canyon

Black Birch
Canyon

Rainbow Point
2778

Bristlecone
Loop Trail

Yovimpa
Point

Pink Cliffs

Podunk Creek

Willis Creek

Dixie
National
Forest

Sunset
Campground

Silent City

Inspiration
Point ★★

Rim Trail

★★ Sunrise
Point

Queens
Garden

Queen's
Garden
Trail ★★

★★ Sunset
Point

Navajo
Loop Trail

Peekaboo
Loop Trail

★★★ BRYCE
POINT
2528

Under-
the-Rim Trail

SE LOGER
Bryce Canyon Lodge...1

0 ——— 1/2 mi
0 — 0,5 — 1 km

5

PAYSAGES DE PIERRE

Les formations roses, ainsi que les falaises blanches qui recouvrent parfois les pentes dans la partie sud, sont composées de **Claron**, une roche sédimentaire qui s'est formée en plusieurs couches successives il y a environ 60 millions d'années, à mesure de l'avancée et du recul des eaux. Puis, il y a 16 millions d'années, la conjonction de la montée du plateau du Colorado et de l'activité de failles nord-sud a donné naissance aux hauts plateaux de l'Utah, et notamment à celui de Paunsaugunt. Ce relief nouvellement accidenté a dynamisé l'action des cours d'eau, dont celle de la rivière Paria qui a sculpté Bryce Canyon, sur le bord oriental du plateau. Le résultat de cette érosion a abouti aux **hoodoos**.

Ces derniers tapissent le canyon sur près de 300 m de dénivelé entre le premier des points de vue du nord du parc, Fairyland Point, situé avant les guérites de l'entrée, et Bryce Point, extrémité sud de l'amphithéâtre. Ce sont les aiguilles et les tourelles rocheuses, qui se dressent tels les pions d'un jeu d'échecs géant. Elles se composent d'un chapeau de roche calcaire sculptée dans la formation Claron, plus résistante, qui protège les couches inférieures des assauts de l'érosion. Seules quelques espèces de conifères survivent dans ce milieu inhospitalier. La force des cours d'eau, l'impact de la neige dans les fissures, l'action du vent et des racines des arbres n'en finissent pas de modeler le bord du plateau qui recule de 30 cm à 1,20 m par siècle.

De **Yovimpa Point★★**, la vue extraordinairement dégagée englobe un panorama unique. Plein sud, vous distinguez le **Grand Staircase** (« Escalier géant »), la succession de plateaux qui descend jusqu'au Grand Canyon (*voir p. 462*). Les falaises roses, caractéristiques de Bryce Canyon, sont les roches les plus jeunes et constituent la marche supérieure. Des falaises blanches apparaissent ensuite nettement : elles entourent notamment la **No Mans Mesa**, un petit plateau découpé qui se détache telle une île. Enfin, on devine à l'horizon la ligne bombée du **plateau Kaibab**, la dernière marche de l'Escalier, dans lequel le Colorado a creusé le Grand Canyon. Par temps clair, la visibilité s'étend à plus de 300 km et il est possible d'apercevoir à l'est le mont Navajo, situé à 132 km à vol d'oiseau, à la frontière de l'Arizona.

À proximité Carte de région

★ **LA HIGHWAY 12** B1

▶ *67 miles de Tropic à Bolder.*

La Hwy 12 qui relie les parcs de Bryce Canyon et de Capitol Reef est l'une des plus belles routes des États-Unis. De *badlands* aux dégradés de bleu en falaises parées d'un rouge franc, d'espaces désertiques en montagnes boisées, cette route surprend à chaque virage. Ponctuée de bourgades fondées par les pionniers mormons, elle coupe en plusieurs endroits le **Grand Staircase-Escalante National Monument**, le plus vaste et le plus récent des espaces sauvages protégés de l'Utah. Depuis sa création en 1996, pas moins de 6 800 km^2 de terres sont préservées pour l'étude des scientifiques, et seuls des aventuriers aguerris osent se frotter à ce désert de pierre.

★ Kodachrome Basin State Park

Comptez 2-3h. Accès par Cannonville (5 miles, dir. Tropic), bifurquez sur la droite et suivez les indications jusqu'au Kodachrome Basin State Park (9 miles). À quelques mètres de cette intersection, dans Cannonville, un bâtiment en briques blanches abrite un Visitor Center (mars-nov. : 8h-16h30).

☐ *℘ (435) 679 8562, stateparks.utah.gov/stateparks/parks/kodachrome. Tlj 6h-22h. 6 $/véhicule, à déposer dans une enveloppe s'il n'y a personne. Prenez un plan. Possibilité de camper ou de loger dans d'agréables petits chalets dans le parc au Trail Head Station (minimarket, vente de bois…). Réserv. nécessaire.*

Ce parc mérite le détour pour ses immenses **cheminées** de grès blanc qui s'élèvent au-dessus d'une forêt pygmée, au pied des falaises rouges. L'origine de ces cheminées n'est pas certaine : il s'agirait de sable liquéfié, remonté à la surface à la suite d'un tremblement de terre, ou de geysers et d'anciennes sources pétrifiés. L'érosion a aplani les roches qui les entouraient, sculptant ces colonnes titanesques.

Deux sentiers permettent d'approcher ces formations de plus près. Le **Nature Trail** *(sentier pavé de 400 m ; parking à proximité des toilettes)* attire votre attention sur les espèces végétales de la région, tandis que le **Parade Trail** *(1,6 km ; 1h AR, départ à proximité du magasin)* vous conduit dans les replis des falaises, auprès de cheminées et de formations rocheuses étonnantes.

De retour sur la Hwy 12, traversez Henrieville (3 miles de Cannonville) avant de rallier Escalante, au terme de 33 miles de route majestueuse. À 1 mile de l'entrée d'Escalante, où vous trouverez stations-service, restaurants et motels, obliquez sur la gauche pour rejoindre le parc. À Escalante, vous pouvez faire halte au Visitor Center (8h-16h30) pour plus de renseignements (état des routes, randonnées, etc.).

★ Escalante Petrified Forest State Park

Comptez 1h30.

☐ *℘ (435) 826 4466, stateparks.utah.gov/stateparks/parks/escalante. Bureau d'information 7h-18h, parc 7h-22h (8h-22h hors saison). 6 $/véhicule. Camping, sans eau (électricité possible), devant un lac artificiel.*

Si vous ne pensez pas visiter le Petrified Forest National Park *(voir p. 519)*, n'hésitez pas à parcourir les hauteurs de ce petit parc pour admirer de beaux exemples de **bois pétrifié**.

À 5 miles d'Escalante, prenez la route de terre qui part sur la droite vers Devil's Rock Garden. Uniquement par temps sec et avec suffisamment d'essence.

★ Hole-in-the-Rock Road

Comptez 2h AR jusqu'à Devil's Rock Garden (18 miles).

Cette route désertique est une ancienne voie, ouverte en 1880 par des pionniers qui partirent s'installer dans la région de San Juan, à l'est de la rivière Colorado. Elle mène à **Devil's Rock Garden★** *(idéal pour pique-niquer)*, un surprenant jardin de *hoodoos* qui surgit au détour de la route et contraste avec la plaine alentour.

Revenez sur la Hwy 12 et poursuivez votre route jusqu'à Boulder.

★★ BOULDER B1

▶ Perdue le long de la Hwy 12, à mi-chemin entre Bryce Canyon et Capitol Reef, cette charmante bourgade n'a connu de route pavée qu'en 1971.

Burr Trail

C'est à Boulder que débute la voie historique **Burr Trail**, qui couvre 66 miles jusqu'au lac Powell *(continuez après la station-service et remontez jusqu'à*

5

l'embranchement avec le Burr Trail. N'hésitez pas à vous arrêter à la petite terrasse du Burr Trail Trading Post & Grill afin de profiter du paysage). Cette route déserte n'est que partiellement pavée et seuls les voyageurs bien équipés sont invités à s'y risquer. Les voitures de ville peuvent toutefois s'engager sur les premiers miles jusqu'à **Long Canyon★★**, un défilé entre deux falaises d'un rouge éclatant, dont les parois immenses semblent avoir été taillées au couteau. Les virages tortueux qui descendent dans le canyon donnent véritablement l'impression de plonger dans les entrailles de la terre.

★★ Anasazi State Park

Comptez 1 à 2h.

🅟 *♪ (435) 335 7308, stateparks.utah.gov/stateparks/parks/anasazi. 8h-18h (9h-17h hors sais.). 5 $/véhicule. Vidéo (23mn). Demandez le document en français pour la visite.*

À la sortie nord de Boulder, sur la Highway 12, ce petit parc abrite les vestiges de l'un des plus importants villages anasazis de la région. Les recherches archéologiques ont mis au jour 97 chambres et 10 *pits* ou *kivas* (pièces sacrées creusées dans le sol). Le musée expose diverses poteries, ainsi que la réplique d'une hutte, permettant de comprendre le mode de vie et les coutumes des Indiens qui vécurent ici au milieu du 12e s. À l'extérieur, vous pouvez visiter deux maisons reconstituées.

La Hwy 12 continue jusqu'à Torrey, porte d'entrée du Capitol Reef National Park. Faites la route de jour afin de ne pas manquer les vues exceptionnelles, notamment à l'approche du parc, que vous surplombez à plus de 3 000 m.

😊 NOS ADRESSES À BRYCE CANYON N. P.

TRANSPORT

En voiture – Chaque point de vue du parc a des parkings. Du 26 mai au 4 sept., un service de navettes gratuites dessert deux parcours : rouge pour le nord du parc *(ttes les 10-15mn 8h-21h)*, vert pour le sud *(départs 10h, 13h et 16h ; réserv. conseillée)*. Une autre navette *(ttes les 10-15mn 7h30-21h ; 30mn)* conduit du parking situé juste après la bifurcation de la Rte 63 au parc *(25 $, entrée incluse)*. Avant l'entrée dans le parc, le vaste complexe du **Ruby's Inn** est particulièrement utile dans ce secteur isolé.

HÉBERGEMENT

Dans le parc

PREMIER PRIX

Deux campings, disposant de toilettes et d'eau, fonctionnent sur le principe du « premier arrivé, premier servi ». On peut aussi réserver pour les séjours entre mai et sept. Étant donné le peu de place, il est impératif de le faire, surtout pour les camping-cars (*♪ 877 444 6777 ou www. reserveusa.com*).

North Campground – Sur la gauche peu après le *Visitor Center* - 106 empl., tte l'année.

Sunset Campground – À droite de la route principale - 101 empl., mi-avril à mi-octobre.

Backcountry camping – Les permis sont à retirer au *Visitor Center*.

UNE FOLIE

Bryce Canyon Lodge – *♪ (435) 834 8700-(877) 386 4383 (réservations), www. brycecanyonlodge.com* - 114 ch. 165/179 $ 🍽 ✗ *avr.-nov. ; réserv. nécessaire.* Deux bâtiments abritant des chambres classiques ainsi que des cabanes de pionniers (avec cheminée) encadrent le magnifique lodge en rondins où se tient la réception. Bureau de poste. Paniers pique-nique sur commande (8 à 14 $). Randonnées équestres.

À l'orée du parc

Hôtels et restaurants sont regroupés au croisement des Hwys 12 et 63. Prix indiqués correspondent à la haute saison (été). Ils peuvent baisser de 50 % le reste de l'année.

PREMIER PRIX

Ruby's RV Park & Campground – *1000 S. Hwy 63,* $\mathcal{C}$ *(435) 834 5301/1-866 878 9373, www. brycecanyoncampgrounds.com - 200 empl.* ⛺ *1er avr.-30 oct.* Situé à côté du Ruby's Inn, ce camping pour tentes *(env. 28 $)* et camping-cars *(env. 45 $)* loue aussi des tipis non meublés *(env. 38 $)* et des cabanes rustiques *(env. 63 $).* Laverie. Magasin.

BUDGET MOYEN

Bryce View Lodge – *105 E. Center St.,* $\mathcal{C}$ *(435) 834 5180/1-888 279 2304, www. bryceviewlodge.com - 160 ch. 60/70 $* 🛏 ⛲ Motel classique tout confort. Possibilités de randonnées équestres.

POUR SE FAIRE PLAISIR

Best Western Ruby's Inn – *26 S. Main St.,* $\mathcal{C}$ *(435) 834 5341-866 866 6616, www.rubysinn.com - 370 ch. 135/145 $* 🛏 ✕ ⛲ Cet immense complexe fait office de village-vacances avec station-service, bureau de poste et de change, Internet et commerces.

Tropic

Les motels se succèdent le long de la rue principale, la North Hwy 12.

PREMIER PRIX

Bryce Pioneer Village – *À la sortie du village, 80 S. Main St.,* $\mathcal{C}$ *(435) 679 8546, www. brycepioneervillage.com - 62 ch. 79/111 $* 🛏 ✕ Chambres classiques et chalets sont répartis dans un grand espace vert. L'été, on vous propose, certains soirs, un menu « cow-boy », à déguster en musique autour de grandes tablées sous un auvent.

Bryce Canyon Inn & Pizza – *21 N. Main St.,* $\mathcal{C}$ *(435) 679 8502/1-800 592 1468, www. brycecanyoninn.com - 28 unités 65/100 $* 🛏 ✕ Beaux chalets individuels en bois clair, avec réfrigérateur, et 9 chambres dans le même bâtiment que la pizzeria. Fermé de nov. à fév.

POUR SE FAIRE PLAISIR

Bryce Country Cabins – *320 N. Main St., Hwy 12, à l'entrée de Tropic en venant du parc,* $\mathcal{C}$ *(435) 679 8643-888 679 8643, www. brycecountrycabins.com. 99/250 $* 🛏 13 jolis petits chalets individuels en bois avec une chambre spacieuse et confortable, équipée d'un micro-onde, d'une cafetière et d'un réfrigérateur. Table dehors pour barbecue. Un cadre champêtre très agréable et un accueil attentionné.

Americas Best Value Inn – *Juste avant la station-service, 199 N. Main St.,* $\mathcal{C}$ *(435) 679 8811/1-800 442 1890, brycevalleyinn.com - 103 ch. 95/115 $* 🛏 ✕ Motel confortable sur 2 étages, et un bâtiment annexe où les chambres sont petites, mais propres.

Panguitch

La plupart des motels ne sont ouverts que d'avr. à oct.

PREMIER PRIX

Blue Pine Motel – *130 N. Main St.,* $\mathcal{C}$ *(435) 676 8197, www.bluepine motel.com - 21 ch. 59/69 $* 🛏 Motel classique avec de grandes chambres agréables.

5

BUDGET MOYEN

Canyon Lodge Motel – *210 Main St., ☎ (435) 676 8292/1-800 440 8292, www. canyonlodgemotel.com - 10 ch. 59/89 $* ▦ Ouvert toute l'année, ce motel familial dispose de chambres personnalisées. Bon accueil. Jacuzzi commun.

Historic Panguitch Inn – *50 N. Main St., ☎ (435) 676 8871, www. panguitchinn.com - 25 ch. 62/72 $* ▦ *Fermé 1er nov.-31 mars.* Chambres rénovées, confort correct. Demandez la vue sur la rue principale.

Marianna Inn Hotel – *699 North Main St., ☎ (435) 676 8444, www. mariannainn.com - 34 ch. 62/122 $* ▦ **P** Chambres confortables, celles du fond, plus éloignées de la route, plus calmes. Possibilité de faire un barbecue. Espace pour se relaxer et faire de la gymnastique.

La highway 12 - Boulder

BUDGET MOYEN

Boulder Mountain Ranch – *3995 Hells Backbone Road, ☎ (435) 335 7480, bouldermountainguestranch.com - 5 ch. et 3 cabanes 82/127 $.* Ranch perdu dans la nature à 7 miles au sud-ouest de Boulder. Possibilité d'excursions à cheval ou, en hiver, du ski de fond et des raquettes.

POUR SE FAIRE PLAISIR

Boulder Mountain Lodge – *☎ (435) 335 7460-800 556 3446, www.boulder-utah.com - 20 ch. 130/200 $* ▦ ✕ Un motel tranquille, avec tout le confort et un grand Jacuzzi extérieur. Possibilité d'excursions guidées et de sorties photo.

RESTAURATION

Bryce Canyon

PREMIER PRIX

Ruby's Inn Restaurant – *Tlj 6h30-21h30. Buffet 12 $ déj., 18 $ dîner ; plats moins de 10 $.* Le restaurant de l'hôtel Best Western Ruby's Inn propose un buffet ou un large choix de plats à la carte.

Bryce Canyon Lodge – *Dans le parc. Tlj 7h-10h30, 11h-15h et 17h-22h. Plats déj. env. 7/11 $, dîner env. 14/25 $.* Un cadre agréable et des plats à prix raisonnables pour le déjeuner (également des burgers et quelques sandwichs), mais plus élevés pour le dîner *(sur réserv., ☎ (435) 834 5361).*

Tropic

PREMIER PRIX

Clarke's – *141 N. Main, l'entrée se fait par le supermarché, devant la station-service, ☎ (435) 679 - 8383. Tlj 7h-21h30. Plats env. 7/15 $.* Viandes grillées de qualité, sandwichs et salades.

Panguitch

PREMIER PRIX

Cowboy's Smokehouse – *95 North Main St., ☎ (435) 676 8030, www.cowboyssmokehousecafe. com. Tlj 11h30-22h. Plats déj. env. 11 $, dîner env. 15 $.* Bonnes salades et viandes goûteuses (comptez un peu plus pour un T-Bone). Concert le vend. ou sam. soir (programmation irrégulière). Ambiance sympathique.

ACTIVITÉS

Équitation - Canyon Trail Rides – *Bryce Canyon Lodge, près de la réception, ☎ (435) 679 8665, www. canyonrides.com.* Randonnées de 2h *(50 $)* ou une demi-journée. Il faut comprendre un minimum l'anglais pour apprécier la balade.

Capitol Reef National Park

★★

😊 NOS ADRESSES PAGE 410

S'INFORMER

Visitor Center – *Situé sur la Hwy 24, 6 miles après l'entrée ouest du parc -* 📞 *(435) 425 3791 - www.nps.gov/care - 8h-16h30.*
Une maquette en relief permet de se familiariser avec la configuration du parc. Diaporama et exposition sur l'histoire de la région (certains objets ont été restitués aux tribus indiennes). Demandez la feuille indiquant toutes les randonnées proposées.

SE REPÉRER

Carte de région B1 *(p. 370-371)* – *carte Michelin Western USA 585 E 9.* Le cœur du parc de Capitol Reef est traversé d'ouest en est par la Highway 24 qui fait un demi-cercle à partir de l'I 70 reliant l'I 15 à Denver. Si vous arrivez de Bryce Canyon par la Highway 12, vous passez par Torrey, qui se situe à 11 miles du *Visitor Center* du Capitol Reef National Park.

À NE PAS MANQUER

Randonner dans Capitol Gorge et un dîner au Capitol Reef Inn & Cafe de Torrey.

ORGANISER SON TEMPS

En chemin pour le parc, arrêtez-vous sur la Hwy 12, qui culmine à 3 000 m, pour profiter de la vue panoramique. À partir de Torrey, si vous vous dirigez vers Moab, passez par la très belle Hwy 24 pour rejoindre l'I-70. État de l'Utah - Mountain Time (1h de plus qu'au Nevada et en Californie).

Si Capitol Reef National Park paraît loin de tout, il mérite néanmoins le détour pour la palette de couleurs qu'offrent ses falaises, ses dômes et ses gorges. Le Waterpocket Fold constitue à cet effet une véritable encyclopédie géologique à ciel ouvert, dans laquelle de nombreuses communautés humaines se sont épanouies au fil des siècles. L'occasion d'une belle leçon d'histoire et de géographie.

Découvrir

5

Cet espace protégé depuis 1937 s'étend entre les étendues boisées de la montagne Boulder à l'ouest et une plaine désertique dominée par les monts Henry à l'est. Il englobe le **Waterpocket Fold**, une barrière rocheuse issue des mouvements tectoniques qui modelèrent le plateau du Colorado. La rivière Fremont a creusé l'une des rares voies de passage dans cette muraille qui court du nord au sud, donnant naissance à une oasis de verdure inespérée, dont les hommes tirèrent profit.

FRUITA ET LA FREMONT VALLEY

Comptez une journée.
Au plus fort de son activité, du début du siècle jusqu'à 1937, le hameau de Fruita comptait une dizaine de familles, venues s'installer à la suite des

premiers aventuriers des années 1880 et des polygames mormons qui trouvaient refuge dans ces endroits reculés où ils pouvaient vivre comme bon leur semblait. Ils ont laissé en héritage plusieurs bâtiments remarquablement conservés ainsi que des vergers, alignés le long de la rivière, qui continuent de donner des fruits *(en saison, vous pouvez aller faire la cueillette, moyennant une somme modique)*.

En revanche, les Indiens qui se sont succédé dans la vallée depuis le 8ᵉ s. ont laissé peu de traces, mis à part les énigmatiques pétroglyphes gravés à flanc de falaise.

Fruita

Au début de la **Scenic Drive**, après le *Visitor Center*, vous pouvez jeter un œil à l'échoppe de forgeron de Merin Smith, bâtie en 1925, encore tout équipée. Un peu plus loin, la **Gifford Farmhouse★** fut habitée jusqu'en 1969. Conservée en l'état, avec son garage attenant et ses petits corps de ferme, elle a été aménagée en musée des Arts et Traditions populaires *(été : 11h-17h. Gratuit)*.
Revenez sur la Hwy 24 et prenez à droite, vers l'est.

Nichée au milieu des vergers, au pied des à-pics de grès rouge, la petite **école** *(Fruita School)* en rondins de Fruita, ouverte entre 1896 et 1941, conserve son poêle, ses pupitres, ses bouteilles d'encre, son tableau noir et même son bonnet d'âne. Le bâtiment servait également de salle de réunion pour la communauté.

Le long de la Hwy 24, peu après l'école, une rampe d'accès en bois surplombe le terrain détrempé qui borde la rivière et mène jusqu'aux **pétroglyphes**. Des figures représentant des personnages dont le torse est décoré, ainsi que des animaux (notamment des *bighorns*, une sorte de mouflons), apparaissent sur certaines falaises du parc. Ces gravures rupestres sont attribuées aux Indiens fremonts, dont la présence dans la région est attestée entre les 8ᵉ et 13ᵉ s. On sait peu de chose d'eux, sinon qu'ils vivaient de la chasse et de la cueillette et qu'ils cultivaient le maïs et les courges. Les raisons de leur disparition et l'arrivée d'Indiens utes et paiutes du sud et de l'ouest restent sujettes à controverses.

Randonnées

Peu après les pétroglyphes, sur la Hwy 24, débutent deux sentiers de randonnée. Après la courte montée initiale, obliquez à gauche pour suivre la boucle du **Hickman Bridge Trail★** *(facile ; 1h AR)*. Ce chemin bien balisé conduit au **Hickman Bridge★**, une arche naturelle creusée dans la formation Kayenta.

Le **Rim Overlook Trail★★** qui part quant à lui sur la droite *(randonnée sportive ; 4h AR)* est un régal pour qui affectionne les hauteurs et les vues panoramiques. La montée est éreintante, mais quelques arbres procurent des aires de repos ombragées. Le silence qui règne ici et la vallée qui se dévoile au cours de l'ascension sont un enchantement. Vous pouvez poursuivre cette randonnée par le **Navajo Knobs Trail★** *(4-5h AR ; pensez qu'il vous faut redescendre ensuite)*, qui aboutit à l'un des plus beaux points de vue sur le

Waterpocket Fold et permet d'apercevoir les dômes blancs de grès Navajo qui ont donné leur nom au sentier.

À l'extrémité est du parc, à droite de la Hwy 24, se dresse toujours l'**Elijah Behunin Cabin**. Construite en 1884, cette incroyable petite masure de pierre abritait alors une famille de 13 enfants.

WATERPOCKET FOLD

◖ *Comptez une demi-journée. Empruntez la route touristique à partir du Visitor Center (13 miles). Entrée : 5 \$/véhicule. Renseignez-vous sur les conditions météo-rologiques avant de vous engager sur cette route, notamment pour la visite des canyons Grand Wash et Capitol Gorge (risques de crues subites). Les voies d'accès aux extrémités nord et sud du parc nécessitent des véhicules tout-terrain.*

Le Waterpocket Fold est un plissement de plus de 100 miles de long, formé de roches sédimentaires accumulées depuis 250 millions d'années et mises au jour il y 60 millions d'années, quand une importante activité des plaques tectoniques bouleversa le relief du continent américain, créant notamment les montagnes Rocheuses. Depuis, l'érosion a fait son œuvre, élimant les couches supérieures et offrant ainsi au visiteur du 21e s. une plongée fantastique dans l'histoire de la Terre.

Une **route touristique** *(Scenic Drive)* longe le versant ouest du Waterpocket Fold, où apparaissent les roches les plus anciennes : elles forment un étagement régulier où l'érosion a, selon leur nature, creusé des sillons, détaché des pans entiers ou dessiné de douces pentes. Cette route donne accès à deux voies de terre qui s'enfoncent dans des canyons étroits où vous pouvez marcher sur les traces des pionniers.

★ Grand Wash

Le premier chemin que vous trouvez sur votre gauche mène à **Grand Wash**, une gorge étroite d'où partent deux sentiers de randonnée. Vous apercevez sur la gauche les entrées d'anciennes mines d'uranium, exploitées sans grand succès au début du 20e s. L'un des sentiers, **Cassidy Arch Trail** *(difficile ; 4-5h AR)*, mène au sommet des falaises d'où l'on aperçoit la **Cassidy Arch**, du nom de ce célèbre hors-la-loi du début du 20e s. qui, selon la légende, venait avec sa bande trouver refuge dans les replis du Waterpocket Fold.

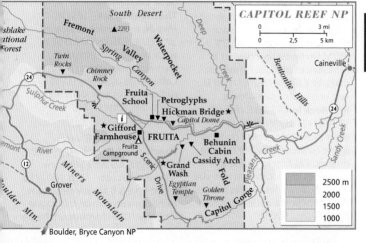

🥾 Boulder, Bryce Canyon NP

5

La route touristique se termine par une fourche dont la voie de gauche, en terre, serpente dramatiquement entre les hautes falaises de grès blanc de **Capitol Gorge**.

Capitol Gorge

Parvenu au parking, engagez-vous à pied sur le **Pionner Trail** *(1h AR)*. Il suit le lit asséché du cours d'eau qui a creusé ce canyon vertigineux. Avant que la Highway 24 ne soit construite, en 1962, ce défilé constituait une voie de passage à travers la barrière rocheuse. Malgré le risque des crues subites, elle avait été ouverte en 1884 par un pionnier mormon, en remplacement de celle qui suivait la rivière Fremont et obligeait à traverser la rivière en plus de 50 endroits ! Sur le chemin, soyez attentif aux inscriptions gravées sur la falaise par vos prédécesseurs. Le plus vieil autographe de ce *Pionneer Register* (« registre des pionniers ») remonte à 1871 *(il est formellement interdit d'y apposer le vôtre).*

À 1 mile environ du départ, un panneau sur la gauche vous invite à gravir une petite colline pour aller découvrir les **poches d'eau** *(waterpockets)* qui ont donné leur nom au plissement *(30mn AR ; suivez les petits tas de pierres qui balisent le chemin, mais faites attention, car il est aisé de se perdre).* Il s'agit de cavités naturelles creusées dans le grès, recueillant les eaux de pluie et constituant de précieux réservoirs.

Une fois redescendu dans le canyon, vous pouvez rebrousser chemin ou poursuivre plus avant dans le défilé pour atteindre l'autre côté de la barrière de Capitol Reef.

😎 NOS ADRESSES À CAPITOL REEF N. P.

HÉBERGEMENT

Aucun hébergement dans le parc, mis à part **Fruita Campground**.

À Torrey

PREMIER PRIX

Capitol Reef Inn & Cafe – *360 W. Main St., sortie ouest du village,* ☎ *(435) 425 3271, www. capitolreefinn.com - 10 ch. 53 $* 🛏 ✕ Un motel tout confort à l'ambiance familiale. Fermé nov.-mars. Le Cafe *(tlj 7h-21h ; 15-20 $)* sert une cuisine savoureuse.

Rim Rock Inn – *2523 E. Hwy 24,* ☎ *(435) 425 3398/1-888 447 4676, www.therimrock.net - 18 ch. 59/69 $* 🛏 ✕ *Fermé déc.-fév.* Sur la route du parc. Cet hôtel propose des chambres impeccables et une vue magnifique sur les falaises rouges dont bénéficie aussi le restaurant *(tlj 17h-20h ; 15-20 $).*

BUDGET MOYEN

Best Western Capitol Reef Resort – *2600 E. Hwy 24,* ☎ *(435) 425 3761/1-800 780 7234 - 97 ch. 85/150 $* 🛏 ✕ 🏊 Un grand complexe très bien situé, dont les chambres sont aménagées avec goût. Excellent accueil.

Thousand Lakes – *1050 W. Hwy 24, en direction de Bicknell,* ☎ *(435) 425 3500-800 355 8995, www.thousandlakesrvpark. com. Fermé nov.-mars - 7 ch.* 🏊 Cabanes de pionniers *(35/95 $)* rudimentaires avec deux lits et une table. Tentes *(18 $).*

POUR SE FAIRE PLAISIR

The Lodge at Red River Ranch – *2900 W. Hwy 24,* ☎ *(435) 425 3322/1-800 205 6343, www. redriverranch.com - 15 ch. 160/245 $* 🛏 ✕ Un B & B au charme unique niché dans un coin de campagne ombragé. Une chambre, un thème.

Arches et Canyonlands National Parks

Moab 5 121 habitants – Utah

NOS ADRESSES PAGE 419

S'INFORMER

Moab Information Center – À l'angle de Main St. et de Center St. - *℘ 800 635 6622 - discovermoab.com - 8h-20h de mars à oct. (9h-17h en hiver).* Nombreux documents et cartes topographiques. Infos sur les randonnées, leurs difficultés, les conditions des routes, ainsi que sur les activités sportives et les excursions guidées. Les paysages sauvages de cette région ont servi de cadre pour de nombreux films célèbres. Un dépliant, *Moab Area Movie Auto Tour*, vous permet de les découvrir.

SE REPÉRER

Carte de région C1 *(p. 370-371)* – *carte Michelin Western USA 585 F 9.* Arches et Canyonlands N.P. se trouvent à quelques miles au nord de Moab par la Hway 191. Moab est située à 467 miles (747 km) au nord-est de Las Vegas par l'I-15, puis l'I-70 vers l'est, et la Hwy 191 vers le sud. Attention les Needles (Canyonlands) sont bien isolées avec un accès au sud.

À NE PAS MANQUER

La Delicate Arch en fin d'après-midi ; la descente du Colorado en bateau et dans Canyonlands N.P., le Shafer Trail ou les randonnées dans les Needles. Prévoyez impérativement 5 l d'eau par personne par jour.

ORGANISER SON TEMPS

Grand View Point et Dead Horse Point sont plus spectaculaires en fin d'après-midi ou très tôt le matin. Réglez vos montres sur le Mountain Time (1h de plus qu'au Nevada et en Californie).

Mecque des sports extrêmes, Moab et ses environs attirent aussi les simples randonneurs en quête de panoramas à couper le souffle. Et en la matière, les fabuleux paysages de l'Arches National Park comme ceux, plus secrets, de Canyonlands National Park, réservent quelques instantanés inoubliables. À vos appareils photo !

5

Découvrir

★★★ ARCHES NATIONAL PARK

5 miles au nord de Moab. Circuit de 43 miles. Comptez de 1 à 2 jours avec les randonnées.
Visitor Center – *℘ (435) 719 2299, www.nps.gov/arch. Avr. à mi-oct. 7h30-18h30 (8h-16h30 le reste de l'année sf 25 déc.). Parc ouvert tte l'année 24h/24. 10 $/ véhicule, 5 $ pour les piétons et les cyclistes. Dépliants des randonnées et « Visitor Guide » listant les points d'intérêt du parc. Pensez à réserver dès votre arrivée vos places pour les randonnées guidées dans Fiery Furnace.*

Comme son nom l'indique, l'Arches National Park se distingue par le nombre surprenant de ses arches naturelles, d'une largeur variant entre 90 cm et 91 m. Les spécialistes en ont répertorié plus de 2 000 sur les 296 km^2 du parc. Celles qui sont facilement repérables par le promeneur sont en réalité moins d'une centaine, mais elles sont spectaculaires. La plus belle d'entre elles, la **Delicate Arch**, est même devenue le symbole de l'Utah.

La plupart des sites sont plus beaux le soir, quand la lumière fait rougeoyer le grès. Si vous n'avez qu'une journée, commencez le matin par la randonnée de Devil's Garden, car l'après-midi est idéal pour celle de Fiery Furnace. Montez à la Delicate Arch en fin de journée, pour la lumière et parce que c'est la plus belle. Attention, les seuls points d'eau potable sont au *Visitor Center* et au début de Devil's Garden. Sans être très difficiles, les randonnées nécessitent une bonne forme physique, surtout si vous les enchaînez. Le balisage des sentiers est matérialisé par de petits amas rocheux *(cairns)*. La route principale mène à Devil's Garden. En chemin, deux routes secondaires sur la droite conduisent à Windows Section et à Delicate Arch.

★ Park Avenue

Premier site signalé sur la gauche, ce large canyon est bordé de curieuses falaises rappelant des murailles. Leur profil évoque vaguement une rangée d'immeubles, d'où leur nom. Plusieurs films ont été tournés ici, dont des scènes de *Thelma et Louise* ou d'*Indiana Jones et la dernière croisade*.

★ Windows Section

On atteint cette section après avoir dépassé le **Balanced Rock★**, un énorme rocher en équilibre sur un piédestal de grès, rassemblant plusieurs belles arches (explorées aussi par Indiana Jones !), dont une double et une triple. *Reprenez la route jusqu'à Devil's Garden.*

★★ Devil's Garden

À l'extrémité de la route, à environ 18 miles de l'entrée du parc.

C'est là que sont concentrées la plupart des grandes arches – on en a répertorié 64 –, dont la célèbre **Landscape Arch★★** (90 m d'ouverture et plus de 30 m de haut), constamment menacée d'effondrement.

DU SEL, DE L'EAU, DU VENT…

La géologie de cet étrange paysage s'explique par une histoire de 150 millions d'années et par la conjugaison de plusieurs phénomènes. À l'origine, une immense mer laissa, en s'asséchant, une épaisse couche de sel (encore visibles sur le sol) et de gypse. Avec le temps, celle-ci a été recouverte de divers sédiments qui, grâce à la silice et au carbonate de calcium, se sont agglomérés pour donner le **grès Entrada**, de couleur saumon. Par la suite, du sable s'est également déposé, dessinant des dunes qui se sont pétrifiées pour former le **grès Navajo**, jaune pâle.

L'eau, en infiltrant ces couches épaisses, a fini par atteindre la couche de sel et par la dissoudre, provoquant des glissements de terrain et des effondrements (la vallée de Moab en est l'exemple majeur). À la surface, le grès s'est fissuré, le long des affaissements. L'eau s'est alors infiltrée plus facilement, accentuant l'effet de feuilletage et créant des couloirs, des ponts ou des arches en s'attaquant aux roches les plus tendres. Le gel et le vent se sont combinés à l'eau pour creuser des paysages fantastiques et fragiles. Quand l'érosion est extrême, des pans entiers s'effondrent et redeviennent sable. C'est le sort de Wall Arch, tombée en 2008.

Ombre bienfaisante à Arches N. P.
A. de Valroger / MICHELIN

Le **sentier principal**★★ *(facile ; 4,5 km AR)* rejoint **Dark Angel**, un énorme monolithe, et propose quelques détours pour observer les arches. Un autre trajet, nettement plus pénible mais plus sauvage, suit le sentier principal à l'aller, mais vous ramène au point de départ par le **Primitive Loop Trail**★★★ *(comptez 4h pour le circuit complet et quelques passages acrobatiques)*. Dans les deux cas, ne négligez pas les détours balisés vers les arches : les plus belles ne sont pas visibles du sentier principal.
Sur le chemin du retour, arrêtez-vous pour découvrir Fiery Furnace.

★★★ Fiery Furnace

Visite guidée uniquement ou permis délivré au Visitor Center pour les randonneurs qui peuvent justifier d'une connaissance du terrain. Bonnes chaussures indispensables. Comptez 3h. Billet en vente au Visitor Center : 10 $). Si vous rechignez à suivre une visite guidée, vous comprendrez très vite que celle-ci s'avère incontournable tant le labyrinthe entre les falaises, les pics et les étroits canyons est inextricable. Il est très facile de se perdre avant d'avoir parcouru 100 m !

On l'appelle Fiery Furnace, la « Fournaise ardente », en raison de la couleur rouge orange de ses cheminées et blocs de grès qui ressemblent à des flammes au crépuscule. En fait, les couloirs sont si étroits et ombragés qu'il y fait plutôt moins chaud qu'ailleurs dans le parc. Cette randonnée passionnante permet de mieux comprendre le processus d'érosion du sol et de découvrir la vie naturelle, à l'écart des axes les plus fréquentés. Vous vous faufilerez dans d'étroites failles, ramperez le long des crêtes, à quatre pattes, voire sur les fesses…

★★★ Delicate Arch

Réservez cette randonnée pour la soirée *(env. 2h AR)* mais gardez un peu de force, car la montée, sans être difficile, est longue et peu ombragée. Vos efforts seront récompensés par la vue que l'on a du sommet : les falaises rondes et roses, qui soutiennent la plus élégante de toutes les arches, et les La Sal Mountains, à l'arrière-plan. N'hésitez pas à aller sous sa voûte pour mesurer sa taille monumentale.

Pour l'admirer de loin et surtout sans effort, garez-vous au **Lower Delicate Arch Viewpoint**. Du parking, un sentier mène à l'**Upper Delicate Arch Viewpoint**★★ *(15mn AR, facile même si la pente est un peu prononcée)*.

★★★ CANYONLANDS NATIONAL PARK

▶ *Comptez de 2 à 3 jours. Dans un rayon de 80 miles au sud-ouest de Moab. Alt. 1 500-1 900 m.*

Island in the Sky Visitor Center – www.nps.gov/cany. Fin mars-fin oct. 8h-16h, fin oct.-fin mars 9h-16h30, fermé 25 déc. et 1er janv. Parc ouvert tte l'année 24h/24. Droit d'entrée pour les trois districts : 10 $/véhicule, 5 $/vélo.

Ce vaste parc de 1 360 km², encadrant le confluent du Colorado et de la Green River, compte parmi les plus sauvages de l'Ouest. Il se divise en trois districts à visiter séparément, délimités par le parcours des deux rivières : **Island in the Sky**, les **Needles** et le **Maze**.

Tous les paysages du plateau du Colorado s'y succèdent : canyons vertigineux, déserts, mesas, forêt d'aiguilles rocheuses. Il est indispensable de le découvrir à pied, car les points de vue accessibles en voiture, s'ils sont somptueux, ne rendent pas justice à sa diversité et aux merveilles qu'il recèle.

★★★ Island in the Sky

Comptez une journée. 32 miles au sud-ouest de Moab (accès par le nord-ouest). Empruntez la Hwy 191 vers le nord, puis prenez à gauche la route 313. Plans des randonnées au Visitor Center. Attention, pas d'eau courante dans le parc. Visitor Center : ☎ *(435) 259 4712.*

Island in the Sky (« Île dans le ciel »), la partie la plus haute (1 800-1 900 m) du parc, est une immense mesa triangulaire, délimitée à l'est par le Colorado et à l'ouest par la Green River. On l'appelle ainsi car elle est bordée de profonds canyons et n'est rattachée au reste du plateau que par un étroit goulot, le **Neck**.

★ **Shafer Canyon Overlook** – *Environ 0,5 mile après le Visitor Center, juste après le Neck, sur la gauche.* La route de terre que vous voyez se dévider le long de la pente en incroyables épingles à cheveux est le **Shafer Trail**★★, une ancienne piste utilisée par les cow-boys puis par les mineurs, qui rejoint l'usine de potasse sur la Hwy 279 *(17 miles)*. C'est ici que fut tournée la scène finale du film *Thelma et Louise*, lorsque les deux complices basculent dans le canyon. On peut l'emprunter à pied, à VTT ou en 4x4 *(attention : en parler avec un ranger avant de vous y risquer, la piste étant très étroite, voire effrayante par endroits. À parcourir uniquement par temps sec et descendre très lentement).*

Reprenez la route principale sur 6 miles.

★ **Mesa Arch** – *Sur la gauche.* Un sentier *(20mn AR)* mène à cette très belle arche derrière laquelle se découpe un panorama magnifique.

Revenez sur la route jusqu'au carrefour de Willow Flat où vous tournez à droite.

★★ **Upheaval Dome** – *À 5 miles.* Il s'agit d'un cratère géant de 360 m de profondeur et de plus de 4 km de diamètre, creusé mystérieusement dans un dôme. Après avoir pensé à un effondrement dû à la couche de sel sous-jacente, les géologues évoquent de plus en plus l'impact d'une météorite. Pour le voir, laissez votre véhicule à l'aire de pique-nique et suivez le **Syncline Loop Trail**★★ *(boucle de 13 km ; comptez au moins 5h ; pénible)*. Vous pouvez aussi vous contenter d'aller voir le cratère *(le deuxième point de vue est le plus beau. 3,5 km AR ; 1h)*.

★★ **Green River Overlook** – *À 7,5 miles du Visitor Center.* Ne manquez pas ce point de vue lorsque vous reviendrez sur la route principale.

LE FEUILLETON GÉOLOGIQUE

Le sous-sol du parc s'est constitué sur plusieurs centaines de millions d'années. En raison des déplacements des plaques de l'écorce terrestre, ce qui est aujourd'hui le sud-ouest de l'Utah se trouvait jadis au niveau de l'équateur. Il subit au cours de cette migration des changements brutaux de climat. Puis il fut couvert d'un océan au fond duquel se déposèrent plusieurs couches de sédiments. Il y a environ 15 millions d'années, l'ensemble se trouvait encore au niveau de la mer, avant que les mouvements de l'écorce terrestre ne fassent émerger le plateau du Colorado. Dans le même temps, les rivières se mirent à creuser leur lit dans la masse des sédiments, créant de profonds canyons. Les « îles » qui se formèrent entre ces cours d'eau rétrécirent peu à peu en raison de l'érosion, pour donner les mesas, les buttes et les aiguilles. La sous-couche de sel, infiltrée par l'eau, occasionna d'autres failles et affaissements, suivant un processus similaire à celui de l'Arches.

Revenez sur la route principale, tournez à droite et roulez jusqu'au bout.

★★★ **Grand View Point** – *À 12 miles du Visitor Center*. Il domine un labyrinthe de canyons rouges et offre le plus beau panorama d'Island in the Sky.

★★ Le Needles District

Comptez de 1 à 2 jours. À 75 miles au sud-ouest de Moab et à 49 miles au nord-ouest de Monticello. Empruntez la Hwy 191 et à 40 miles au sud de Moab, tournez à droite sur la Rte 211. Visitor Center (9h-16h30) : ☎ (435) 259 4711.

Attention, ce secteur offre peu de points de vue spectaculaires, mais de beaux paysages variés très adaptés pour la randonnée.

Pour un simple panorama sur la forêt d'aiguilles, vous pouvez vous rendre à **Needles Overlook** *(à 56 miles au sud-ouest de Moab. Prenez la Hwy 191 vers le sud sur 35 miles, puis prenez à droite)*, mais nous vous recommandons plutôt de rejoindre directement le Needles District, qui offre une large palette de randonnées superbes *(compter une journée pour chacune, à moins de ne les faire que partiellement)*.

En route pour le Needles District, arrêtez-vous sur la Route 211 au **Newspaper Rock★** *(à 12 miles env. de la Hwy 191)*, une paroi rocheuse portant de nombreux pétroglyphes, vraisemblablement exécutés par les Indiens anasazis et navajos.

Passez le Visitor Center (eau courante et plans des randonnées).

Big Spring Canyon Overlook – *Environ 10 miles après le Visitor Center.* De ce point de vue part le **Confluence Overlook Trail★★** *(18 km AR ; 5-6h ; le sentier n'est pas ombragé)*, qui conduit à un point de vue impressionnant, surplombant de 300 m la confluence du Colorado et de la Green River.

Squaw Flat – *Route de gauche.* De là partent les principales randonnées. Vous êtes ici au bord de la forêt d'aiguilles, que traversent de multiples itinéraires.

🥾 Le **Chesler Park Loop★★** avec retour par le **Joint Trail★★** *(circuit de 18 km ; 6h ; passages ombragés)* offre une belle variété de paysages, falaises, aiguilles roses et blanches aux formes étranges, prairies et fentes étroites entre de hautes falaises où l'on se glisse à peine.

🥾 La randonnée de la **Druid Arch★★** *(18 km AR ; 7h ; passages ombragés, les derniers 400 m sont très raides avec un passage par une échelle)* est une très belle autre possibilité. Elle suit le fond sablonneux d'Elephant Canyon et

5

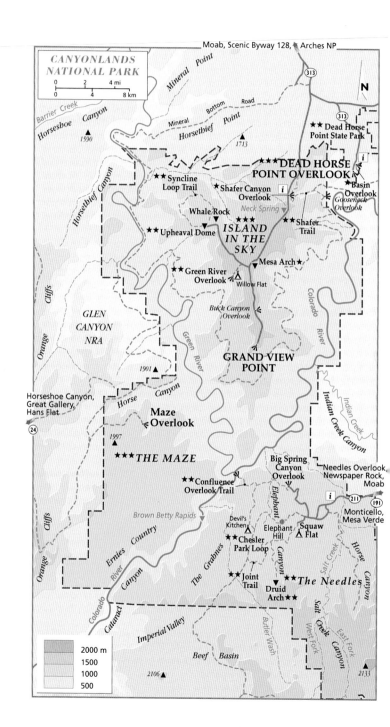

Moab, Scenic Byway 128, Arches NP

CANYONLANDS NATIONAL PARK

0   2   4 mi
0   4   8 km

313

N

313

★★ Dead Horse
Point State Park

★★★ **DEAD HORSE
POINT OVERLOOK**

i

Mineral Point

Horsethief Point

Mineral Bottom Road

Horsethief Point

1713

★★ Syncline
Loop Trail

★ Shafer Canyon
Overlook

i

★ Basin
Overlook

Gooseneck
Overlook

Neck Spring

★★★ **ISLAND
IN THE
SKY**

★★★ Shafer
Trail

Whale Rock

★★ Upheaval Dome

★★ Green River
Overlook

▼ Mesa Arch ★

△

Willow Flat

*Buck Canyon
Overlook*

GLEN
CANYON
NRA

Green River

**GRAND VIEW
POINT**

Colorado River

Indian Creek Canyon

Barrier Creek

Horseshoe Canyon

1590

Horsethief Canyon

1901 ▲

Horseshoe Canyon,
Great Gallery,
Hans Flat

24

Horse Canyon

**Maze
Overlook**

1997 ▲

★★★ **THE MAZE**

★★ Confluence
Overlook Trail

Big Spring
Canyon
Overlook

Needles Overlook,
Newspaper Rock,
Moab

i

211

191

Monticello,
Mesa Verde

Brown Betty Rapids

Devil's
Kitchen

Elephant
Hill

△ Squaw
Flat

Ernies Country

Chesler
Park Loop

★★ Joint
Trail

Druid
Arch ★★

★★ **The Needles**

Elephant Canyon

The Grabnes

Salt Creek

Horse Canyon

Cataract Canyon

Colorado River

Imperial Valley

Beef Basin

2106 ▲

Butler Wash

West Fork

Salt Creek Canyon

East Fork

2133 ▲

Orange Cliffs

Cliffs

2000 m
1500
1000
500

traverse de magnifiques paysages, avant d'aboutir à une arche qui évoque pour certains les pierres dressées de Stonehenge (Angleterre), d'où son nom de Druid Arch.

★★★ Maze District

Comptez de 2 à 3 jours.

À la différence des autres, cette partie isolée du parc demande un réel esprit d'aventure et nécessite de passer une ou deux nuits sur place. Les départs des sentiers ne sont accessibles que par des pistes cahoteuses et poussiéreuses, impraticables dès qu'il pleut *(entre 20 et 30 miles)*. Vos efforts seront toutefois justement récompensés puisque les paysages sont aussi beaux que dans les deux autres districts, mais demeurent totalement sauvages.

★★ **Horseshoe Canyon** – C'est la seule partie que l'on puisse à la rigueur couvrir en une journée, en partant très tôt le matin *(à 107 miles au sud-ouest de Moab. Accessible en voiture de tourisme. Suivez la Hwy 191 vers le nord, puis l'I-70 vers l'ouest. Prenez la Hwy 24 vers le sud et tournez à gauche 32 miles plus loin)*. Un sentier part du sommet de la mesa et descend dans le canyon à la **Great Gallery★★★**, nom donné à une partie du canyon qui rassemble une collection rare de pétroglyphes mystérieux, gravés par les Indiens il y a 2 000 ans.

★★★ **Maze** – *À partir du poste de rangers de Hans Flat, à 136 miles de Moab. 4 x 4 indispensable. Poste ouv. 9h-16h30. Pas d'eau courante sur place. Prenez tous les renseignements et cartes avant de partir.* vous pourrez descendre dans le **Maze** (le « Labyrinthe ») et parcourir son fouillis de canyons, de crêtes et d'aiguilles. Attention cependant, les sentiers sont mal balisés, souvent acrobatiques et très longs *(24 km à pied du poste de rangers à Maze Overlook)*.

À proximité Carte de région

★★ DEAD HORSE POINT STATE PARK C1

▶ *Comptez une demi à une journée. À 32 miles de Moab. Suivez la Hwy 191 vers le nord et tournez à gauche 9 miles plus loin. L'entrée du parc est à 22 miles. Tlj 6h-22h. 7 $ par véhicule (non compris dans le National Parks Pass). Visitor Center, 8h-18h de mi-mai à mi-sept. (9h-17h le reste de l'année). Excursion à faire de préférence au coucher du soleil, ou à conjuguer avec celle d'Island in the Sky, dans la partie nord du Canyonland National Park (voir ci-avant).*

Si vous êtes amateur d'espaces vertigineux, ne manquez pas ce parc composé d'une gigantesque mesa, presque une île entourée de profonds canyons, surplombant de 600 m le Colorado. Son nom (« pointe du Cheval mort ») vient d'une légende selon laquelle l'extrémité du plateau aurait été utilisée par les cow-boys pour parquer des chevaux sauvages. Oubliés là, les chevaux affolés y seraient morts de soif sans pouvoir atteindre la rivière en contrebas.

De **Dead Horse Point Overlook★★★**, à l'extrémité sud de cette mesa (alt. 1 730 m), on jouit de l'un des plus beaux panoramas de l'Ouest. On distingue parfaitement sur le flanc des falaises la composition géologique du sous-sol et ses strates successives de sédiments, déposés il y a 300 millions d'années puis lentement érodés par le Colorado. L'étonnant méandre de la rivière, appelé **Colorado Gooseneck★** (le « Cou de l'oie »), n'est que l'un des nombreux détours qu'elle fait sur plus de 2 200 km.

Un **sentier pédestre★★** permet de faire le tour du gigantesque promontoire en longeant les falaises. Du côté est, **Basin Overlook★** offre une vue sur les bassins d'évaporation bleu vif (cette couleur accélère l'évaporation) des mines de potasse.

5

★ LA SCENIC BYWAY 279 C1

▶ *Comptez 1h en voiture. À 3 miles au nord de Moab, tournez à gauche sur la Hwy 279.*

Cette autre jolie route suit le Colorado vers le sud-ouest, au cœur des mêmes paysages flamboyants. On passe des arches naturelles et des pétroglyphes indiens *(signalés sur la droite)*, ces symboles mystérieux gravés dans la roche. La route s'achève devant une usine de potasse, l'une des richesses des environs, utilisée comme fertilisant agricole.

Plusieurs sentiers de randonnée bien balisés sont signalés à partir de la route, comme le **Portal Overlook Trail**★ *(6,5 km AR ; 300 m de dénivelé ; comptez 2h30 ; départ à 4,2 miles après le carrefour avec la Hwy 191)* et ses vues panoramiques sur la vallée de Moab.

MOAB C1

Ce sont les mormons qui fondèrent la ville de Moab au bord du Colorado et lui donnèrent son nom biblique. Ils s'y établirent en 1855, malgré la résistance des Indiens locaux. Perdue au cœur de vastes étendues sauvages et désertiques, la petite colonie resta très modeste et les environs servirent longtemps de refuge aux hors-la-loi. Dans les années 1950, la découverte d'uranium amena un temps la prospérité (on y produisit jusqu'à 10 % de l'uranium américain). Le déclin de cette activité industrielle ne sonna pourtant pas le glas de la petite ville, car les paysages exceptionnels des environs commencèrent à attirer une nouvelle espèce d'aventuriers, épris de nature et d'espace. Ils marchaient sur les traces de l'écrivain philosophe **Edward Abbey**, qui publia en 1968 *Désert solitaire*, carnets d'un été passé dans le parc d'Arches, devenu livre culte des écologistes américains.

Aujourd'hui, Moab est une porte d'entrée idéale pour découvrir ces déserts rouges. On y pratique tout type de sports, surtout le *mountain bike* et la randonnée, ainsi que le ski, dans les La Sal Mountains *(voir ci-après)*. Sportifs téméraires, baroudeurs en Jeep et randonneurs burinés ont noyé la stricte atmosphère mormone dans un océan de bonne humeur, entre cafés conviviaux et pubs bruyants…

★ LA SCENIC BYWAY 128 C1

▶ *Comptez une demi-journée avec la randonnée des Fisher Towers, ou une journée complète si vous conjuguez ce circuit avec la La Sal Mountains Loop Rd. Empruntez la Hwy 128, à droite au nord de Moab.*

Cette route pittoresque longe sur 30 miles la rivière Colorado entre de hautes murailles rouges, jusqu'au **Dewey Bridge**, un pont suspendu désaffecté.

★ **Negro Bill Canyon** – *4 miles de Moab - sentier facile ; 2,5 km AR.* La balade suit le lit luxuriant d'un petit ruisseau fréquenté par les castors.

★★ **Fisher Towers** – *26 miles de Moab. Une piste de 2 miles mène au parking.* Il s'agit de vertigineuses falaises cannelées où furent tournés plusieurs westerns, dont le célèbre *Rio Grande*, avec John Wayne. Un sentier suit leur tracé, offrant de magnifiques points de vue en contre-plongée sur leurs sommets érodés *(7 km ; 2h30 AR ; passages parfois délicats)*.

★ La Sal Mountains

▶ *Comptez 3h. Circuit de 62 miles ; fermé en hiver. Prenez la Hwy 128, à droite au nord de Moab, et tournez à droite quelque 16 miles plus loin. Suivez les panneaux.*

Les La Sal Mountains culminent à plus de 3 800 m à l'est de Moab. On les découvre en voiture en suivant la **La Sal Mountains Loop Road★**. Des sentiers de randonnée, accessibles depuis la route, empruntent les anciens chemins miniers, permettant de découvrir forêts et lacs, faune rare (ours bruns, pumas, porcs-épics, aigles) et flore d'altitude.

😊 NOS ADRESSES À ARCHES ET CANYONLANDS

HÉBERGEMENT

Réservez absolument le w.-end et de mai à oct. Hors saison (été, hiver), les prix baissent de 20 à 40 %.

Dans les parcs

PREMIER PRIX

Le **camping** est le seul hébergement possible dans les parcs.

Dead Horse Point – Il y a des terrains très rudimentaires pour les tentes. Réservations à l'Utah State Parks Office (7h-18h), ℘ 1-800 322 3770, stateparks.utah. gov/reservations.

Arches, Island in the Sky et les Needles – Les places sont limitées. Il faut se présenter au Visitor Center dès l'ouverture. Tout est complet avant 10h en été. Quant au camping sauvage, il ne peut se pratiquer n'importe où. Il est recommandé de réserver par écrit ou par fax au moins 15 jours à l'avance au **National Park Service**, Reservation Office, 2282 Resource Blvd, Moab, UT 84532, ℘ (435) 719-2100. Lun.-vend. 8h-12h, 12h30-16h ou sur le site www.recreation.gov. Une fois sur place, un permis, obligatoire, se retire la veille ou le jour même.

Moab

PREMIER PRIX

Les campings sont nombreux à Moab et alentour. Les auberges aussi.

The Lazy Lizard Hostel – 1213 S. Hwy 191, au sud de la ville, 1re à gauche après le Moab Regional Center, ℘ (435) 259 6057, www. lazylizardhostel.com - 20 lits. Un petit complexe très sympathique et bon marché, rudimentaire mais très propre. Lits à partir de 9 $ en dortoir, 10 chambres doubles et 8 cabanons de 24 à 34 $.

Moab Valley – 1773 N. Hwy 191, ℘ (435) 259 4469, www. moabvalleyrv.com 🏕 Situé à l'entrée nord de la ville, ce bel espace accueille tentes et camping-cars. Quatre types de chalets individuels en bois (38,50-78 $) pour 2 à 6 pers.

BUDGET MOYEN

Inca Inn – 570 N. Main St., ℘ (435) 259 7261/(866) 462 2466, www. incainn.com. Fermé déc.-janv. - 23 ch. 65/73 $ 🖾 Chambres très simples, mais impeccables. Petit-déj. continental. Accès Internet gratuit.

Adventure Inn – 512 N. Main St., ℘ (435) 259 6122/866 662 2466, www.adventureinnmoab.com. Fermé nov.-fév. 21 ch. 85/90 $. Un motel bien situé avec de grandes chambres confortables et un accueil attentionné. Petit-déj. continental.

Redstone Inn – 535 S. Main St., ℘ (435) 259 3500/1-800 772 1972, www.moabredstone.com - 50 ch. 90/95 $ 🖾 Un motel tout en bois, très bien équipé pour le prix (micro-ondes, frigo et machine à café dans les chambres). Barbecue

5

et tables à l'extérieur, laverie. Accès à la piscine du Big Horn Lodge situé en face. 50 % de réduction en hiver.

River Canyon Lodge – *71 W. 200 N.,* ✆ *(435) 259 8838/ 1-866 486 6738, www.river canyonlodge.com - 80 ch. 80/130 $* ⬜ ▦ ⛷ Un grand hôtel tout neuf et tout confort, bien qu'impersonnel, très pratique et central. Chambres spacieuses et claires.

POUR SE FAIRE PLAISIR

Riverside Inn – *988 N. Main St.,* ✆ *(435) 259 8848, www.moab-utah.com/riversideinn - 50 ch. 140 $* ⛷ Impersonnel mais impeccable, avec tout le confort voulu et une laverie. Petit-déj. continental.

Aarchway Inn – *1551 N. Hwy 191,* ✆ *(435) 259 2599, www.aarchwayinn.com - 97 ch. 156/300 $* ⬜ ▦ ⛷ Un grand hôtel moderne et très confortable à 1 mile du centre-ville. Piscine face à la montagne, Jacuzzi. Machine à café, micro-ondes et frigo dans les chambres.

UNE FOLIE

The Gonzo Inn – *100 W. 200 St.,* ✆ *(435) 259 2515/1-800 791 4044, www.gonzoinn.com - 43 ch. 179/379 $* ⬜ ▦ ⛷ Un hôtel très central et tout calme. Déco design réussie. Les chambres ont un balcon ou un patio, certaines une kitchenette.

Sunflower Hill B & B – *185 N. 300 E.,* ✆ *(435) 259 2974, www.sunflowerhill.com - 12 ch. 165/235 $* ▦ ⛷ Une ravissante demeure de charme au cœur d'un jardin luxuriant. Chaque chambre a un décor personnalisé. Accueil chaleureux et soigné, petit-déj. planureux, Jacuzzi, barbecue, cuisine et laverie. Clairement la meilleure adresse de la région.

Monticello

Ce village, au sud de Moab sur la Hwy 191, est une possibilité pour ceux qui veulent visiter uniquement les Needles ou passer la nuit avant de se rendre à Mesa Verde.

BUDGET MOYEN

Rodeway Inn & Suites – *649 N. Main St.,* ✆ *(435) 587 2489, www.rodewayinn.com - 40 ch. 76 $* ▦ ⛷ Le confort et la fiabilité d'une grande chaîne, mais très impersonnel.

RESTAURATION

Attention : pas de restauration dans les parcs et, en ville, on ne sert plus après 21h30 !

MOAB

PREMIER PRIX

Jailhouse Cafe – *101 N. Main St.,* ✆ *(435) 259 3900. Tlj 7h-12h (13h le dim.). Moins de 10 $.* Petit restaurant chaleureux servant de copieux petits-déj. Terrasse.

Eklecticafé – *352 Main St.,* ✆ *(435) 259 6896. Tlj 7h-14h30 (13h le dim.). Moins de 10 $.* Un sympathique endroit où l'on vous propose des spécialités maison à base de produits bio, des sandwichs végétariens, quiches, salades… Tables dehors, sous une tonnelle, devant un adorable jardinet. Fermé le soir. Accès Internet gratuit.

La Hacienda – *574 N. Main St.* ✆ *(435) 259 6319. Tlj 11h-22h. 7,50/12,50 $.* Juste à la sortie nord de la ville. Cuisine mexicaine très copieuse. Délicieuses salades et *fajitas*.

City Market – *S. Main St. Tlj 24h/24.* Supermarché avec d'excellents rayons traiteur et salades. Idéal pour préparer son pique-nique.

Eddie McStiff's – *57 S. Main St.,* ✆ *(435) 259 2337, www.eddiemcstiffs.com. Lun.-vend.*

16h30-0h, w.-end 11h30-0h. Plats 9/22 $. Fait très rare pour une ville mormone, on brasse ici sa propre bière. À goûter avec des plats variés. Salades et burgers à moins de 10 $, grillades traditionnelles, pâtes ou *fajitas* pour un peu plus. Bonne ambiance le soir.

Moab Brewery – *686 S. Main St., ℰ (435) 259 6333, www. themoabbrewery.com. Tlj 11h30-22h (21h en hiver). Plats 7/22 $.* Bières brassées sur place et une cuisine américaine à très bon prix.

BUDGET MOYEN

Buck's Grill House – *1393 N. Hwy 191, à 1,5 mile au nord de la ville, ℰ (435) 259 5201, www. bucksgrillhouse.com. Tlj à partir de 17h30. Plats env. 15/40 $.* Le chef, réputé, propose une cuisine éclectique (steaks, poissons et plats mexicains).

UNE FOLIE

Sunset Grill – *900 N. Hwy 191, ℰ (435) 259 7146, www. sunsetgrillmoab.com. Tlj 17h-21h30.* Comptez pour un repas 50/60 $. Perché sur les hauteurs au nord de la ville, ce restaurant réputé pour ses poissons et ses grillades jouit d'une vue superbe.

ACTIVITÉS

Canyonning - Desert Highlights – *ℰ (435) 259 4433/ 1-800 747 1342, www.desert highlights.com.* Circuits découverte vers des canyons secrets. Conditions très sportives, entre escalade et randonnée athlétique.

Rafting - Moab Adventure Center – *225 S. Main St., ℰ (435)*

259 7019/1-866 904 1163, www. moabadventurecenter.com. Descentes du Colorado à la demi-journée *(46 $)* ou sur deux jours *(232 $)*, avec snacks et bivouac sur la partie est de la rivière, entre le Dewey Bridge et Moab. Location de kayaks gonflables *(de 30 à 45 $ selon la taille).*

Adrift Adventures – *378 N. Main St., ℰ (435) 259 8594/800 874 4483, www.adrift. net.* Même type d'excursions et des sorties sur plusieurs jours avec bivouac. Combiné « *ride & raft* » *(109 $).* Organise des circuits en 4x4 avec chauffeur.

Sheri Griffith Expeditions – *ℰ (435) 259 8229/800 332 2439, griffithexp.com.* Le spécialiste des expéditions sur plusieurs jours, panachées avec des randonnées. Propose aussi des raids pour les femmes !

VTT - Moab Cyclery – *391 S. Main St., ℰ (435) 259 7423/800 559 1978, www.moabcyclery.com. Tlj 9h-18h.* Grand choix de VTT *(40-65 $/jour)* et des circuits organisés ou avec transport sur place.

Poison Spider – *497 N. Main St., ℰ (435) 259 7882/800 635 1792, www.poisonspiderbicycles.com. Tlj été et hiver 8h-18h (19h printemps et automne).* Organise des randonnées dans Island in the Sky (White Rim Trail) et le Maze.

Survol en avion - Canyon Flying – *ℰ (435) 259 6216/1-866 256 1626, www. slickrockairguides.com.* Survols des parcs de Canyonlands, Monument Valley, Lake Powell… (1 à 3h), au départ de Moab.

5

Colorado National Monument

Grand Junction, 49 688 habitants – Colorado

NOS ADRESSES PAGE 426

S'INFORMER
Visitor Center – ℘ *(970) 858 3617 - www.nps.gov/colm - 8h-18h en été, 9h-17h en hiver sf le 25 déc. - parc ouvert tte l'année 24h/24 - 7 $/véhicule.*

SE REPÉRER
Carte de région C1 *(p. 370-371) - carte Michelin Western USA 585 F 8.* Le parc jouxte la ville de Grand Junction. Celle-ci se trouve à 518 miles (829 km) au nord-est de Las Vegas par l'I-15 puis l'I-70. Denver est à 244 miles (378 km) à l'est par l'I-70.

À NE PAS MANQUER
La Rim Rock Drive au coucher du soleil, la randonnée de Monument Canyon Trail et le vol des aigles dans le Black Canyon of the Gunnison.

ORGANISER SON TEMPS
Pour ne pas être aveuglé par le soleil, parcourez la Rim Rock Drive d'est en ouest le matin et d'ouest en est le soir. Si vous parcourez aussi Grand Mesa, sachez qu'elle reste enneigée tard dans la saison : prévoyez des chaussures imperméables et une petite laine. Enfin, la région est réglée sur le Mountain Time (1h de plus qu'au Nevada et en Californie).

AVEC LES ENFANTS
Le musée des Dinosaures à Fruita.

La liste des attraits du Colorado National Monument parle d'elle-même : lacis de canyons lisses et roses, buttes et aiguilles de grès rouge torturé, végétation abondante et faune très riche. Ce parc méconnu offre à lui seul un concentré des paysages de l'Ouest américain. En comparaison, le Black Canyon de Gunnison n'en paraît que plus âpre et plus sauvage. Les deux sont à voir.

Découvrir

★★ COLORADO NATIONAL MONUMENT

Une journée avec une randonnée. L'entrée est du parc est accessible à partir du centre-ville de Grand Junction : prenez la sortie 31 de l'I-70, suivez Horizon Drive vers le sud puis Downtown et suivez les panneaux. L'entrée ouest est proche de Fruita, à 12 miles au nord-ouest de Grand Junction : quittez l'I-70 à la sortie 19. Le voyageur pressé peut se contenter de suivre la **Rim Rock Drive★★★**, une route de 23 miles qui traverse le parc, reliant les entrées ouest et est. Quittant la vallée du Colorado, elle s'élève entre les falaises pour atteindre le plateau, puis longe les canyons. Elle est jalonnée de points de vue permettant d'admirer le paysage : ne manquez pas **Independence Monument View★** ou **Grand**

Coke Ovens Overlook, Colorado N. M.
A. Forterre / MICHELIN

View★ pour la vue sur d'étranges formations rocheuses aux noms évocateurs, comme le *Pipe Organ* (« tuyau d'orgue ») ou le *Kissing Couple* (« couple s'embrassant »). Les plus beaux panoramas sont ceux de **Monument Canyon View**, **Coke Ovens Overlook★★** (d'énormes dômes ressemblant à de gros bouchons) et **Artists Point★★**, pour son subtil dégradé au coucher du soleil.

De nombreux sentiers de randonnée sont signalés le long de la route. Parmi ceux-ci, le **Monument Canyon Trail★★** *(19 km AR ; comptez 7h, mais on peut se contenter de n'en faire qu'une partie)* descend au fond de Monument Canyon. Son départ se situe au même endroit que le **Coke Ovens Trail★**, mais il se prolonge et mène aux formations rocheuses les plus spectaculaires du parc.

Des circuits plus courts sont possibles, notamment **Canyon Rim Trail** *(départ en contrebas du Visitor Center ouest ; 20mn ; facile)* ou le **Serpents Trail★** *(2h)*, à l'extrémité est de la route : il s'agit d'une ancienne piste tracée au début du 20ᵉ s. par John Otto, le tout premier ranger du parc. Jusqu'aux années 1950, c'était une partie de la route principale pour monter au plateau.

À proximité Carte de région

Grand Junction C1

🖂 *740 Horizon Dr. - I-70, sortie 31, ℘ (970) 256 4060/1-800 962 2547, www.visitgrandjunction.com. Tlj 8h30-18h.*

Grand Junction occupe une place de choix au confluent du Colorado et du Gunnison, au cœur d'une haute vallée fertile plantée de vignes et de vergers. Tout autour, les Colorado Rockies alternent hauts sommets, plateaux boisés et profonds canyons. Important carrefour ferroviaire, elle est surtout la porte d'entrée du Colorado National Monument.

Museum of the West – *5ᵗʰ St. et 426 Ute Ave, ℘ (970) 242 0971, www.wcmuseum.org. Mar.-sam. 10h-15h. 6,50 $ (enf. 3,75 $).* Il reprend toutes les thématiques de l'Ouest : reconstitutions d'une salle de classe, d'un comptoir de saloon ; armes à feu (colt de Buffalo Bill, carabine Springfield…) ; armement espagnol, artisanat indien (paniers apaches, tissages navajo…), poteries…

Dinosaur Journey Museum – *À Fruita, 11 miles au nord-ouest par l'I-70- 550 Jurassic Court,* ℘ *(970) 858 7282, www.dinosaurjourney.org. Lun.-sam. 10h-16h (dim. 12h). 8,50 $ (enf. 5,25 $).* 👤👤 Après la **vidéo★★** *(20mn, anglais)* sur les différentes ères préhistoriques, amusez-vous à identifier les empreintes et les crânes de ces géants, contemplez la musculature reconstituée d'une jambe de T-Rex, aidez votre enfant à fouiller dans le sable, et ne manquez pas de regarder les paléontologues à l'œuvre dans leur **laboratoire★** (vue plongeante sur les tables de travail depuis l'étage).

Excursions Carte de région

★ **GRAND MESA** C1

🚗 *Au sud-est de Grand Junction. Prenez l'I-70 vers l'est. 17 miles plus loin, tournez à droite sur la Hwy 65. Route pittoresque de 62 miles à prendre absolument si vous continuez vers le Black Canyon of the Gunnison National Park.*

Immense montagne table située entre le Colorado et le Gunnison, son altitude moyenne de 3 000 m lui vaut le surnom d'« Île dans le ciel ». Tapissée d'une épaisse forêt de trembles, de bouleaux et d'épicéas, semée de quelque 200 lacs, elle offre un contraste total et rafraîchissant avec les déserts du plateau du Colorado. Terrain de prédilection des skieurs de fond et des fans de motoneige, elle abrite une faune très riche, comptant des ours bruns, des cerfs et des wapitis. Le plus beau moment de l'année est l'automne avec le jaune d'or des trembles.

★★ **BLACK CANYON OF THE GUNNISON** C1

🚗 *Accessible par Grand Mesa ou via Montrose, à 64 miles au sud de Grand Junction par la Hwy 50. Prenez ensuite à gauche la Hwy 50 et suivez les panneaux.*
ℹ ℘ *(970) 249 1914. 8h30-16h (8h-18h en été), fermé 1ᵉʳ janv., Thanksgiving et 25 déc. 14 $/véhicule. Pour les randonnées au fond du canyon, permis obligatoire. Camping rudimentaire en été sur les deux berges (15 $/nuit).*

Black Canyon diffère totalement des grandes fissures roses que l'on associe souvent au Colorado. Creusée par la rivière Gunnison, cette gigantesque fente grise et vertigineuse, longue de 53 miles (14 miles dans le parc national), atteint plus de 800 m de profondeur et ses parois ne sont distantes par endroits que de 12 m.

Riche d'une faune (tamias, marmottes, ours, chats sauvages) et d'une flore abondantes et variées, le Black Canyon N. P. est l'un des parcs les plus spectaculaires du Colorado. Il couvre les deux rives du canyon, mais la rive nord est plus difficile d'accès et n'est pas aménagée. En hiver, la température chute régulièrement en dessous de - 20 °C.

★★ **La rive sud du canyon**

Comptez une demi-journée. Partie la plus accessible du parc, à 8 miles à l'est de Montrose, par la Hwy 50 puis la Rte 347 vers le nord. Le parc peut être très enneigé en hiver.

Après une escale au *Visitor Center* pour comprendre la formation géologique du site, ne manquez pas, derrière le bâtiment, de descendre à **Gunnison Point★★★** pour admirer le panorama.

La route qui longe ensuite la rive sud du canyon est jalonnée de nombreux belvédères permettant d'observer les parois verticales sous tous les angles. Ils sont signalés et accessibles par de jolis sentiers.

Points de vue – Dans l'ordre où ils se succèdent, **Pulpit Rock Overlook★★** est très impressionnant, offrant une vue sur la rivière qui s'écoule à plus de 500 m en contrebas. Ne manquez pas non plus **Cross Fissures View★★**, assez mal signalé, qui permet de juger de l'étroitesse du canyon. **Chiasm View★★★** présente le panorama le plus spectaculaire. **Painted Wall View★★**, qui n'est pas le plus vertigineux, fait face à la plus haute falaise du Colorado (690 m).

Sentiers Nature – Les passionnés de flore suivront le **Cedar Point Nature Trail★** *(1 km AR ; départ peu après Painted Wall)* ou le **Warner Point Nature Trail★** *(2,5 km AR)*. On découvre aussi bien des yuccas et des cactus que des genévriers de l'Utah (faussement appelés « cèdres ») ou des pins pignons, des fleurs de sauge ou de sarrasin sauvage, des *prickle pear cactus* (poire piquante) ou des *Indian paintbrushes* (pinceau indien). Une aire de pique-nique est aménagée au bout de la route, à **High Point**.

Descendre dans le canyon – Pour ceux qui souhaiteraient accéder à la rivière, il est possible de descendre à **East Portal** (entrée est du canyon) par une route très pentue *(fermée en hiver)* qui part de la Route 347 vers l'est, après le kiosque de péage. Il faut cependant savoir que le Gunnison est à cet endroit si dangereux qu'il est considéré non navigable. Plusieurs sentiers descendent au fond du canyon, mais ils sont mal balisés et demandent expérience et condition physique. Les *rangers* vous renseigneront sur les tracés et les précautions à prendre. Le moins difficile est la **Gunnison Route★★★** *(permis obligatoire. 3 km AR ; 1h30 pour descendre, au moins 2h pour remonter ; dénivelé 540 m ; départ du Visitor Center en suivant l'Oak Flat Trail puis le panneau « River Access »)*.

★★ La rive nord du canyon

Comptez une bonne demi-journée. De Montrose, suivez la Hwy 50 vers le nord. À Delta (21 miles), prenez à droite la Rte 92 jusqu'à Crawford (31 miles), puis à droite la North Rim Rd sur 11 miles. La route et la North Rim Ranger Station ne sont ouvertes qu'en été.

Beaucoup plus sauvage que le côté sud, la rive nord est longée par une route cahoteuse qui serpente parfois tout près du gouffre.

Bien qu'en moyenne un peu moins élevée que la rive sud, elle est plus impressionnante et ménage de nombreux points de vue, comme le **Narrows View★★** et son panorama sur la partie la plus étroite du canyon : à cet endroit, les sommets des falaises ne sont séparés que de 345 m pour une profondeur de près de 520 m ! Plusieurs chemins mènent les randonneurs expérimentés au fond du canyon *(sentiers difficiles ; comptez au moins 5h AR)*.

Montrose

À 8 miles à l'ouest du parc.

Montrose *(alt. 1 738 m)* constitue une agréable étape, au cœur d'une petite plaine entourée de sommets dépassant les 4 000 m.

Ute Indian Museum

3 miles au sud, par la Hwy 550, 17253 Chipeta Drive, ☏ *(970) 249 3098. Mar.-sam. 9h-16h (fermé dim.). 4,50 $.*

Un musée consacré à la tribu des **Utes**, qui occupait jadis l'ouest du Colorado. Vous y découvrirez notamment leur étonnant travail des perles.

NOS ADRESSES À COLORADO NATIONAL MONUMENT

HÉBERGEMENT

Fruita compte peu de restaurants, mais s'avère pratique, car proche de l'entrée ouest du parc. Grand Junction est plus animée et plus près de l'entrée est.

Grand Junction

BUDGET MOYEN

Super 8 Motel – *728 Horizon Drive, sortie 31 de l'I-70,* ℘ *(970) 248 8080, www.super8.com - 132 ch. 76/92 $* 🛏 🛁 Motel au confort habituel, dans un quartier riche en restaurants, près du *Visitors Bureau*. Laverie. Petit-déj. continental.

Country Inns – *718 Horizon Drive,* ℘ *(970) 243 5080/1-800 990 1143, www.countryinnsgj.com - 141 ch. 80/202 $* 🛁 Un établissement hôtelier à la décoration un peu désuète, calme et très agréable pour son jardin luxuriant autour de la piscine (demander une chambre sur cour). Les suites sont un peu plus chères, mais disposent d'une cuisine et d'un salon.

Fruita

POUR SE FAIRE PLAISIR

Comfort Inn – *400 Jurassic Ave., en face du Super 8,* ℘ *(970) 858 1333, www.confortinn.com - 66 ch. 99/129 $* 🛁 Un peu plus haut de gamme. Piscine et Jacuzzi. Laverie. Petit-déj. continental.

RESTAURATION

Grand Junction

PREMIER PRIX

Main Street Cafe – *504 Main St.,* ℘ *(970) 242 7225, www.mainstreetcafegj.com. Tlj 7h-16h. Moins de 12 $.* En plein centre-ville. Très bon rapport qualité-prix. Salades et burgers, grillades.

Applebee's – *711 Horizon Drive,* ℘ *(970) 256 0022, www.applebees.com. Tlj 11h-0h (17h-1h w.-end). Moins de 15 $.* Pratique si vous êtes à l'hôtel juste en face. Salades copieuses et délicieuses (moins de 10 $), grillades et grands classiques comme les *fajitas*.

Montrose

PREMIER PRIX

The Coffee Trader – *845 Main St., Montrose,* ℘ *(970) 249 6295. Lun.-sam. 6h-22h, dim. 6h-20h. Moins de 10 $.* Maison de charme avec un balcon et salon cosy à l'étage. Bon café et délicieux cookies…

AGENDA

Country Jam USA – *3e sem. de juin.* La ville est prise d'assaut pendant quatre jours pour cette manifestation extrêmement populaire durant laquelle se produisent les plus grandes stars de musique country.

Dunes et Sangre de Cristo Mountains en toile de fond.
C. Condina / Tips/Photononstop

Great Sand Dunes National Monument

★★

😊 **NOS ADRESSES PAGE 429**

🛈 **S'INFORMER**

Visitor Center – *Au bout de la Hway 150 - ℘ (719) 378 6399 - www.nps.gov/grsa - 8h30-18h été (9h-17h printemps et automne, 9h-16h30 en hiver) - dunes accessibles tte l'année 24h/24 - 3 $/véhicule aux heures d'ouverture officielles.*

◯ **SE REPÉRER**

Carte de région D1 *(p. 362-363) - carte Michelin Western USA 585 H 9.* Le parc se trouve à 173 miles (277 km) au nord de Santa Fe ou 149 miles (238 km) à l'est de Durango. On y accède par Alamosa. Suivez la Hwy 160 sur 15 miles vers l'est puis prenez à gauche la Hwy 150.

 À NE PAS MANQUER

L'ascension d'une dune, si possible la plus haute, un bain dans le Medano Creek et les Zapata Falls.

◷ **ORGANISER SON TEMPS**

Attention, escalader une dune de plus de 200 m est très pénible, surtout en altitude (vous êtes à 2 400-2 649 m). Prévoyez donc de partir tôt, emportez beaucoup d'eau et protégez-vous du soleil. Mettez des chaussures, car la température du sable peut atteindre les 60 °C, et emmenez un lainage, car le vent est très frais.

5

Imaginez des dunes de sable ondulant à perte de vue avec en toile de fond les crêtes enneigées piquées d'épicéas des Sangre de Cristo Mountains (4 200 m). Le contraste est saisissant ! L'ascension des plus hautes dunes réserve aussi des sensations fabuleuses, qui justifient à elles seules l'excursion.

Découvrir

Ce parc rassemble les plus hautes dunes de sable d'Amérique du Nord (220 m de haut). Elles s'étendent sur 78 km², mais toute la vallée alentour (466 km²) est couverte d'une épaisse couche de sable, largement stabilisée par la végétation.

★★ Les dunes

Comptez une demi-journée au moins et emportez un pique-nique.

Vous rejoindrez facilement les dunes les plus hautes en suivant les panneaux « Picnic area », à gauche après le Visitor Center.

Laissez votre véhicule sur le parking et rejoignez le Medano Creek qu'il faut traverser à pied. Attention, ce ruisseau, asséché en été, vous obligera le reste de l'année à vous tremper jusqu'à mi-genou. Très froide le matin, la température de l'eau est juste délicieuse au retour.

Le **Medano Creek★**, le ruisseau que vous traversez avant d'accéder aux dunes, présente une rare particularité : le courant crée de petits barrages de sable qui, en rompant, forment des vagues. Il transporte vers le sud le sable devenu trop abondant au nord-est et contribue ainsi à la répétition du processus de formation des dunes.

L'**ascension★★★** de la **High Dune★★** (198 m au-dessus de la rivière) et de la **Star Dune★★** (229 m) est longue et pénible, mais offre de superbes panoramas *(2h AR ; si vous avez du temps ou un 4 x 4, demandez le tracé des autres pistes au Visitor Center).*

L'EAU, LE SABLE, LA FOUDRE…

Le sable des dunes résulte de l'érosion des montagnes environnantes par les glaciers. Les grains les plus clairs proviennent des **Sangre de Cristo Mountains** (« montagnes du Sang du Christ ») au nord, tandis que les plus sombres et les plus fins, de nature volcanique, proviennent des **San Juan Mountains** à l'ouest.

Le Rio Grande a charrié le sable et l'a déposé peu à peu dans la vallée. Les vents, qui soufflent le plus souvent vers le nord-est, l'ont progressivement amassé au pied des montagnes, poursuivant sans cesse leur patient travail de sculpture.

C'est ainsi que la couche de dunes la plus épaisse (340 m) se situe le long du Medano Creek, le ruisseau qui enserre le massif à l'est.

Vous trouverez peut-être, dans le sable, de curieuses petites formations aux lignes torturées ressemblant à du métal fondu : il s'agit de fulgurites créées par la foudre qui amène le sable à la fusion. Une autre particularité du sable de ces dunes est sa forte teneur en magnétite, que l'on collecte en abondance en promenant un aimant sur le sol.

☻ **Bon à savoir** – Les orages peuvent être dangereux et très violents. Ne restez pas dans les dunes lorsqu'ils surviennent, car la foudre tombe souvent sur les sommets.

★ **Zapata Falls**

Comptez 1h.

À 7 miles du Visitor Center. Reprenez la Hwy 150 et empruntez à gauche une petite route caillouteuse indiquée « Zapata Falls ».

Un joli sentier aux allures de garrigue s'élève à flanc de montagne, au pied du mont Blanca (4 303 m), et mène à un torrent *(1,5 km AR, dont 30 m, à la fin, les pieds dans l'eau très froide ! Gardez vos chaussures pour ne pas glisser)*. En remontant son cours par la droite, puis en traversant le petit barrage par l'échelle sur la gauche, vous arrivez à une grotte, du haut de laquelle tombent les chutes d'eau venues du glacier. Les parois restent souvent drapées toute l'année d'un rideau de glace.

😊 NOS ADRESSES À GREAT SAND DUNES NATIONAL MONUMENT

HÉBERGEMENT

Près des dunes

PREMIER PRIX

Pinyon Flats Campground – *À l'intérieur du parc, juste de l'autre côté du Medano Creek, face aux dunes. Tte l'année -* 88 empl. (dont la moitié sans réserv.) 20 $/nuit. Ce camping rustique (eau, WC) est réparti dans un bosquet de pins pignons. Les premiers arrivés sont les premiers servis.

POUR SE FAIRE PLAISIR

Great Sand Dunes Lodge – *7900 Hwy 150, à l'entrée de Great Sand Dunes, ☎ (719) 378 2900, www. gsdlodge.com. Avr.-oct.* 10 ch. 95/125 $ 🛁 Un tout petit motel situé à côté de l'entrée du parc. Chaque chambre dispose de deux grands lits et le prix reste le même si vous êtes quatre. Toutes possèdent un patio avec vue sur les dunes. Machine à café. Pas de petit-déj. sur place, mais barbecue à l'extérieur. Réserv.conseillée.

Alamosa

BUDGET MOYEN

Super 8 Motel – *2505 W. Main Hwy 160, à l'ouest d'Alamosa, ☎ (719) 589 6447, www.super8. com -* 57 ch. 75/112 $. Motel standard mais très confortable, pratique pour le parc. Jacuzzi extérieur. Petit-déj. continental.

Cottonwood Inn – *123 San Juan Ave., ☎ (719) 589 3882 -* 9 ch. 75/129 $. Une adorable maison victorienne rose fuchsia décorée avec du mobilier ancien et de l'artisanat local. Jacuzzi extérieur et plantureux petit-déj. traditionnel américain.

5

Mesa Verde National Park

★★★

😊 **NOS ADRESSES PAGE 438**

 S'INFORMER

Far View Visitor Center – *15 miles de l'entrée - 𝒫 (970) 529 4465 - www.nps. gov/meve. - de mi-avr. à mi-oct. 8h-17h - parc ouv. tte l'année de 8h au coucher du soleil - 10 $/véhicule (15 $ en été).* On y retire les tickets *(en vente au Chapin Mesa Museum l'hiver)* pour les trois visites guidées : Cliff Palace, Balcony House et Long House *(3 $/visite).* Demandez le document en français *French overview.* Cafétérias à Far View et à Chapin Mesa. Snacks en été à Wetherill Mesa.

◖ **SE REPÉRER**

Carte de région C1 *(p. 370-371)* – carte Michelin Western USA 585 G 9. Le parc se trouve sur la Hway 160 entre Cortez (Hway 491 menant de Gallup, 136 miles au sud, à Moab 115 miles, au nord-ouest) et Durango (Hway 550 reliant Albuquerque, 216 miles, au sud-est, à Grand Junction, 169 miles au nord). Comptez 25 miles (40 km) depuis Cortez et 51 miles (82 km) depuis Durango. En hiver, les virages et la déclivité de la route d'accès peuvent rendre la circulation difficile.

🚶 **À NE PAS MANQUER**

La vue sur Square Tower House, la visite de Cliff Palace ou Balcony House et le voyage à bord du Durango & Silverton Railroad.

🕐 **ORGANISER SON TEMPS**

Comptez une journée, voire une journée et demie avec les trois visites guidées. Attention, en été, à cause de l'affluence, il est possible qu'une seule visite par personne ne soit autorisée. Réservez. Enfin, la lumière est meilleure en milieu d'après-midi pour Square Tower House et en fin d'après-midi pour Cliff Palace.

Un plateau sillonné de profonds canyons boisés, des ruines étonnantes cachées au creux de falaises abruptes et une civilisation disparue : il n'en faut pas plus pour charmer le visiteur. Et si les Anasazis conservent tout leur mystère, on n'en repart pas moins impressionné par leurs villages troglodytiques et leur adaptation à l'environnement. Une vraie leçon d'écologie avant l'heure !

Cliff Palace à Mesa Verde N. P.
A. de Valroger / MICHELIN

Découvrir

Après la superbe route d'accès au *Visitor Center*, le parc se divise en deux mesas principales : **Chapin Mesa**, qui se dresse entre Soda Canyon et Spruce Canyon, porte les plus beaux vestiges. Bien équipée et accessible toute l'année, elle est très fréquentée en été. **Wetherill Mesa**, plus isolée et plus sauvage, possède aussi de belles ruines, mais n'est ouverte qu'en été.

★★★ CHAPIN MESA

Comptez au moins une demi-journée pour cette partie du parc.
À 5 miles du *Visitor Center*, ne manquez pas le **Chapin Mesa Archeological Museum★★** *(8h-18h30 en été, 17h en hiver. Gratuit).* Un petit musée archéologique qui explique tout ce qui vous sera utile pour comprendre les ruines et les coutumes des anciens habitants.

★★★ **Spruce Tree House**
Comptez 40mn.
Au pied du musée, Spruce Tree House, le troisième village par la taille, est le seul qui soit en accès libre et ouvert toute l'année. Dans une alcôve de 66 m de large et 27 m de profondeur sont empilées 114 pièces et 8 *kivas*, qui devaient accueillir une centaine d'Indiens.
Si les pièces paraissent minuscules, c'est que les Indiens vivaient surtout dehors ; ils ne percevaient pas la nature comme un milieu hostile, mais plutôt comme leur mère nourricière. Ils ne s'abritaient que pour dormir, or les hommes de cette époque mesuraient à peine plus de 1,60 m et les femmes 1,50 m.

5

UN PARC TRÈS PARTICULIER
Au sud-est du plateau du Colorado, Mesa Verde est l'un des rares parcs nationaux retraçant l'histoire de ceux que l'on a longtemps appelés les **Anasazis**. Ce nom, prononcé d'une certaine manière, veut dire « ennemi ancien » en langue navajo. Les descendants de ces vieilles tribus préfèrent parler d'ancêtres des Indiens pueblos. Malgré l'importance des ruines et des objets découverts, beaucoup de questions demeurent sans réponse sur l'évolution de cette civilisation *(voir la thématique p. 434-435).*

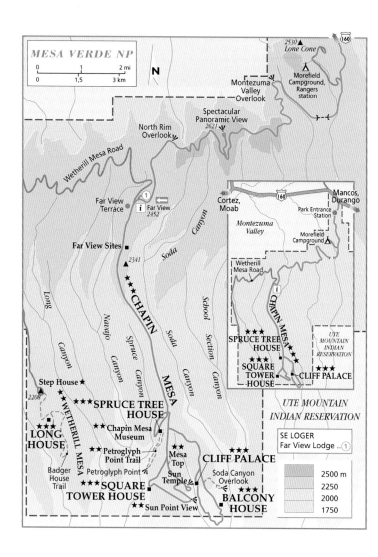

MESA VERDE NP

0		1		2 mi
0	1,5		3 km	

N

2530 ▲
Lone Cone

Morefield
Campground,
Rangers
station

Montezuma
Valley
Overlook

Spectacular
Panoramic View
2621

North Rim
Overlook

Wetherill Mesa Road

Far View
Terrace

i Far View
2452

Cortez,
Moab

Mancos,
Durango

160

Park Entrance
Station

Montezuma
Valley

Morefield
Campground

Far View Sites

2341

Soda

Canyon

School

Wetherill
Mesa Road

i

CHAPIN MESA

CHAPIN

Long

Navajo

Spruce

Soda

Section

Canyon

Canyon

Canyon

Canyon

Canyon

★★★ SPRUCE TREE
HOUSE

★★★
SQUARE
TOWER
HOUSE

★★★ CLIFF PALACE

UTE
MOUNTAIN
INDIAN
RESERVATION

Step House ★

2208

★★ WETHERILL MESA

★★★ SPRUCE TREE
HOUSE

MESA

★★★
LONG
HOUSE

★★ Chapin Mesa
Museum

★★ Petroglyph
Point Trail

Petroglyph Point

Badger
House
Trail

★★★ SQUARE
TOWER HOUSE

★★ Sun Point View

★★
Mesa
Top

Sun
Temple

★★★
CLIFF PALACE

Soda Canyon
Overlook

★★★
BALCONY
HOUSE

*UTE MOUNTAIN
INDIAN RESERVATION*

SE LOGER
Far View Lodge .. 1

	2500 m
	2250
	2000
	1750

Dans ces villages, la gestion des déchets était un détail d'importance : une partie était jetée par-dessus la balustrade sur le talus en contrebas, l'autre étant stockée au fond de la caverne. Ces dépotoirs servaient aussi à enterrer les morts, surtout en hiver, quand le sol gelé était beaucoup plus difficile à creuser.

★★ Petroglyph Point Trail

Comptez 2 à 3h. Inscrivez votre nom (obligatoire) sur le registre à l'entrée du sentier ou au musée ; méfiez-vous du sumac vénéneux, abondant par endroits.

En continuant le sentier qui passe devant Spruce Tree House, vous rejoignez cet agréable sentier *(circuit de 3,7 km)* qui longe le canyon à flanc de montagne, à l'ombre de grands arbres, chênes ou pins pignons. On débouche au pied d'un rocher portant des gravures symboliques indiennes, les **pétroglyphes★**. Après de belles vues sur Navajo Canyon, le sentier remonte sur la mesa où la végétation est plus basse et plus éparse (genévriers, faussement appelés cèdres, cactus et yuccas).

Vous retrouvez le parking du musée au-dessus de Spruce Tree House. Reprenez votre véhicule. Au stop, continuez tout droit en direction de la Mesa Top Loop Road. Au carrefour suivant, prenez à gauche vers Cliff Palace et Balcony House.

★★★ Cliff Palace

De 8h au coucher du soleil. Comptez au moins 1h. Visite guidée uniquement, départ 9h-17h, ttes les heures au printemps, ttes les demi-heures en été. Fermé nov.-avr. Billets au Visitor Center (3 $). Pensez à réserver, parfois la veille en été, car la visite est très demandée. Une brochure explicative en anglais est disponible.

Ce « palais de la falaise » est le plus grand et le plus photographié des habitats troglodytiques. Il est parfaitement visible du belvédère, mais on ne le visite qu'accompagné d'un ranger. Avec 150 pièces et 23 *kivas*, ce village construit vers 1200 est le plus vaste de Mesa Verde : il a dû héberger plus de 150 personnes. Remarquez le superbe travail de maçonnerie, les tours de défense et les unités de rangement le long de la partie supérieure de la fissure. En quittant le village *(sous la première échelle)*, on aperçoit des encoches taillées dans la falaise : elles servaient d'escalier aux Indiens qui rejoignaient le dessus de la mesa. Imaginez les corvées de ravitaillement dans ces conditions !

★★★ Balcony House

Comptez 1h. Mêmes conditions de visite que Cliff Palace. Attention : la visite exige de grimper une échelle de 10 m et de passer un tunnel à quatre pattes.

Ce hameau troglodyte est moins important que le précédent, mais encore plus spectaculaire. Si on l'atteint aujourd'hui par une échelle, les Indiens y pénétraient en empruntant un tunnel, puis en grimpant le long d'encoches dans la roche.

Ses quelque 40 pièces n'abritaient qu'une cinquantaine de personnes, qui vivaient suspendues à 180 m au-dessus du canyon. Là encore, on mesure les défis qu'a dû poser la construction d'un site qui fut occupé moins d'un siècle.

La cour nord, bordée par un parapet, devait servir à garder les jeunes enfants en sécurité, tandis que la cour sud, avec ses *kivas*, accueillait les autres activités du clan (le toit des *kivas* formait une partie de la cour). Le village possède deux sources d'eau qui évitaient la corvée de ravitaillement.

Revenez au premier embranchement et prenez à gauche vers les Mesa Top Sites.

5

Le mystère de Mesa Verde

UN MONUMENT GÉOLOGIQUE

Le creusement des canyons

Il y a 100 millions d'années, la région était couverte par la mer et connaissait un climat semblable à celui du golfe du Mexique. 40 millions d'années après, la mer disparut et l'ensemble du plateau du Colorado commença à s'élever. Il y a 1 million d'années, **Mesa Verde** était donc une vaste montagne table, légèrement inclinée vers le sud que la pluie abondante, les cours d'eau, les glaciers et la fonte des neiges allaient creuser progressivement pour former les actuels canyons.

Des alcôves étonnantes

La constitution des **crevasses horizontales** s'explique par la composition hétéroclite des falaises. L'eau s'infiltre facilement dans la couche supérieure de grès qui est perméable, mais lorsqu'elle rencontre la couche sous-jacente de schiste imperméable, elle s'étale et stagne. En hiver, elle gèle, se dilate et fend la pierre, occasionnant des fissures qui s'agrandissent avec les années. Ces dernières ont été ingénieusement mises à profit par les hommes.

UN PEUPLEMENT PROGRESSIF

Des fabricants de paniers…

Le peuplement de Mesa Verde remonte aux environs de 550, quand des groupes de nomades se sédentarisèrent sur la mesa et dans les fissures des falaises. On désigne par le nom de « **basketmakers** » (fabricants de paniers) les indigènes de cette époque, qui remplacèrent peu à peu la cueillette par l'agriculture. Ils vivaient dans des huttes rudimentaires à demi enterrées, ne connaissaient ni la poterie ni les métaux, mais excellaient dans la fabrication de délicates vanneries qui servaient à tout, y compris à transporter l'eau (on les imperméabilisait avec de la poix) ou à faire la cuisine (on faisait bouillir l'eau avec des pierres brûlantes sorties du feu).

… aux pueblos

Avec le temps, ils cessèrent d'enterrer leurs huttes et commencèrent à construire de simples cabanes de piquets recouvertes de boue séchée. À partir de cette époque, on les appelle les **Pueblos** (mot espagnol signifiant « village », utilisé aussi pour désigner les indigènes eux-mêmes). Vers l'an 1000, ils maîtrisaient bien la construction de petites maisons de pierre, comptant plusieurs niveaux et de nombreuses pièces. Ils apprirent la poterie et leur art du panier déclina. Les techniques agricoles progressaient et une portion de plus en plus importante du plateau y était consacrée. Durant deux siècles, les villages prospérèrent au sommet des falaises, à proximité des cultures. L'ensemble du plateau de Mesa Verde comptait alors plusieurs milliers d'habitants.

Les bâtisseurs de palais

Un changement brutal s'opéra vers 1200. Les villages du plateau furent désertés et reconstruits systématiquement à l'abri des anfractuosités des falaises, jusque-là utilisées pour entreposer les denrées. Alors que le 12ᵉ s. avait connu réchauffement climatique, abondance et croissance démographique, le 13ᵉ s. fut celui du refroidissement brutal et de la raréfaction des ressources alimentaires, engendrant insécurité et violence. Chaque communauté surpeuplée devait lutter pour sa survie et la protection de ses réserves. Le repli vers les alcôves des falaises permettait de se défendre plus facilement et de se protéger des intempéries. Cela n'empêcha pas les Pueblos d'apporter un soin extrême à leurs nouveaux villages. En observant ces nids d'aigle perchés, on s'émerveille à l'idée des incroyables corvées de transport des matériaux et de ravitaillement…

LE MYSTÈRE DE SON ABANDON

L'abandon
Difficile d'imaginer que tant d'efforts ne servirent que quelques dizaines d'années ! Ce fut pourtant le cas : deux générations tout au plus profitèrent des nouveaux villages qui furent à nouveau brutalement et définitivement désertés avant 1300. Archéologues et anthropologues divergent sur les raisons précises de cet exode massif et soudain.

Un phénomène général
En fait, à cette époque-là, il ne resta plus un Indien pueblo dans toute la région des « Four Corners » (une bonne partie du plateau du Colorado). De Mesa Verde jusqu'à Phoenix, la plupart des villages furent abandonnés, souvent brutalement détruits ou brûlés. Beaucoup d'Indiens moururent, peut-être de la famine ou des combats entre communautés voisines. La violence endémique, les rigueurs climatiques et l'épuisement des sols découragèrent les survivants. Ils émigrèrent vers le sud et la vallée du Rio Grande, au Nouveau-Mexique, s'intégrant aux tribus locales. Les Indiens actuels les plus proches des anciens Pueblos sont les **Hopis** en Arizona, les **Zunis** et les **Pueblos** au Nouveau-Mexique.

L'HÉRITAGE DES PUEBLOS

Les cérémonies
Kiva est un mot hopi signifiant pièce cérémonielle. Les villages de Mesa Verde en conservent plusieurs. Circulaire et creusée dans le sol, elles servaient aux cérémonies rituelles, mais les Indiens y tenaient aussi leurs réunions et les utilisaient parfois pour le tissage. Des piliers soutenaient un toit de rondins recouvert de boue séchée. Les rebords et les niches accueillaient les objets rituels et les poteries. On y accédait au moyen d'une échelle par un trou dans le toit qui tenait aussi lieu de cheminée. Sur le sol, notez un petit trou, entre le mur et le foyer : c'est le *sipapu*, symbole de l'entrée dans l'autre monde et lieu d'où sont sortis tous les hommes de la tribu.

Le bonheur par les plantes
Les Indiens se fient à la générosité de la nature. Presque toutes les plantes et graines leur sont utiles. Les pignons de pin sont grillés et mangés, la résine sert à réparer les poteries ou à imperméabiliser les paniers, le lichen des rochers, réduit en poudre, calme les douleurs bucco-dentaires. Le *mormon tea* soigne les maladies vénériennes, les infections rénales, la toux et les maux d'estomac. On l'utilise aussi pour tanner les peaux. L'écorce de genévrier sert pour les toitures, pour bourrer les oreillers et, réduite en fine charpie, elle tient lieu de couche pour les nourrissons. Les feuilles donnent, elles, une belle teinte verte à la laine. Les racines du yucca se transforment en savon, tandis que les tiges se font cordes, vanneries, tapis ou sandales…

LE GOÛTER DU COW-BOY

Ne manquez pas de goûter au *jerky*, une spécialité héritée de l'époque de la conquête de l'Ouest. Ces étroites lamelles de viande marinée et lentement séchée au soleil constituaient déjà les principales conserves de viande de bison des Indiens. On en trouve sous Cellophane dans toutes les épiceries et, dans les villages, des bocaux alignés sur les comptoirs proposent au détail ces longues barres caoutchouteuses et salées. Idéal pour compléter une salade, pour le pique-nique ou le petit creux…

★★ Mesa Top

Moins impressionnantes que les ruines précédentes, celles de Mesa Top permettent de comprendre l'évolution de l'habitat depuis les *basketmakers* jusqu'aux Pueblos. On y voit plusieurs vestiges de huttes enterrées *(pithouses)* et un ravissant petit village, **Square Tower House★★★**, que l'on domine depuis un belvédère. Niché dans sa fissure, il ressemble à une maquette d'argile…
Vous passez ensuite quelques beaux points de vue sur les canyons, tel **Sun Point View★★**.
Sun Temple est un étrange édifice au plan géométrique mystérieux. On le pense dédié à un culte élaboré, mais il n'a sans doute jamais été achevé…
Revenez vers le Far View Visitor Center. Juste avant d'y parvenir, une route à gauche, ouverte seulement en été, mène à Wetherill Mesa (12 miles).

★★ WETHERILL MESA

Comptez 2 à 3h. Fermé l'hiver. Le minitrain qui dessert les points d'observation de Kodack House et de Long House (départ du parking) est accessible en priorité aux personnes munies d'un billet pour visiter Long House.
Isolée à l'ouest, cette mesa est nettement plus sauvage que ses voisines.
La route est sinueuse et pentue, et les **panoramas★★** sont splendides. Deux villages pueblos sont ouverts au public, **Step House★** et **Long House★★★** qui est le deuxième en taille après Cliff Palace. Une visite passionnante et assez sportive, où vous grimpez sur trois échelles à l'intérieur du site *(visite guidée aux mêmes conditions que Cliff Palace. Comptez 1h30. Point de départ au kiosque d'information (parking).*
Un petit sentier, le **Badger House Trail**, permet de découvrir les ruines de maisons construites au sommet de la mesa.

À proximité Carte de région C1

★ Durango

◗ *Comptez 2 à 3h.*
🏠 *111 S. Camino Del Rio, ✆ (970) 247 3500.*
Située sur les rives de la rivière Animas, la ville bénéficie de sources minérales naturellement chaudes, jaillissant à plus de 45 °C. Mais c'est l'or et l'argent des San Juan Mountains qui sont à l'origine de sa fondation, avec la création, en 1880, d'une voie de chemin de fer pour acheminer les précieux métaux depuis les mines d'altitude. L'économie des environs reposa longtemps sur ces dernières et l'élevage dans les ranchs, puis, à partir des années 1960, sur le tourisme (ski, rafting, pêche, randonnée). Aujourd'hui, la ville (14 900 hab.) est l'une des plus attrayantes de la région, avec ses bars et restaurants à l'ambiance conviviale.

Le centre historique s'étend autour de **Main Avenue★**. Commencez au *Train Depot*, la gare d'où part le vieux train à vapeur. Procurez-vous le dépliant « *Walking Tour* » et longez Main St. pour admirer ses immeubles d'époque en brique et à frontons, dont beaucoup furent jadis des saloons fréquentés par les fortes têtes du comté. Ne manquez pas le Strater Hotel *(699 Main St.)*, la première banque de la région, et son **Diamond Belle Saloon★**, avec serveuses en porte-jarretelles…

Durango & Silverton Narrow Gauge Railroad ★★★ – *Comptez la journée. 479 Main Ave.,* ✆ *1-877 872 4607, www.durangotrain.com. De mai à oct., départ de Durango à 8h15, 9h (train suppl. à 9h45 en été). Durée : 3h30. Retour en fin d'après-midi ou possibilité de passer la nuit à Silverton et de redescendre le lendemain. 83/179 $ AR (selon la classe). En hiver (nov.-avr.), le train va uniquement jusqu'à Cascade Canyon. Départ à 10h. 59/99 $ (selon la classe).* Opérationnel depuis juillet 1882, ce train à vapeur emprunte une voie ferrée dont les rails, très rapprochés *(narrow gauge)*, sont espacés de 0,91 m, contre 1,42 m pour les rails standard. La voie traverse 45 miles spectaculaires de canyons, de torrents et de versants boisés jusqu'à la petite ville minière de Silverton, où une étape de 2h15 est prévue avant le retour.

Il est aussi possible de rejoindre Silverton, à 48 miles au nord de Durango, par la superbe Hwy 550 *(comptez 1h30)*.

★ Silverton

◗ *48 miles au nord de Durango par la Hwy 550. Comptez 1 à 2h sur place.*

Si vous rêvez de l'Amérique des pionniers, une virée à Silverton (littéralement « Tonne d'argent ») – 500 hab.; alt. 2 795 m – s'impose, malgré les trop nombreux touristes. Vous trouverez le long des deux rues de terre battue tout ce qui faisait les petites villes de l'Ouest : façades victoriennes colorées et saloons à frontons.

★ San Juan Skyway

◗ La Hwy 550 continue ensuite au cœur des montagnes jusqu'à **Ouray★** *(26 miles)*, petite ville minière au cœur de ce que l'on nomme fièrement la « Suisse d'Amérique ».

Un circuit en boucle quittant Ouray, l'**Alpine Loop★** *(65 miles ; la seconde partie est réservée aux 4x4)*, traverse une nature intacte ainsi que des villages fantômes et d'anciennes mines.

5

😊 NOS ADRESSES À MESA VERDE

HÉBERGEMENT

Si vous ne campez pas, il peut être pratique de dormir à Cortez, ou encore à Mancos. Réservez absolument entre juin et septembre. Durango offre aussi toutes les ressources nécessaires le long de la Hwy 550 et au nord de Main Avenue. Partez alors très tôt le matin pour avoir le temps de tout voir.

Dans le parc

PREMIER PRIX

Morefield Campground – *À 4 miles de l'entrée du parc,* ✆ *1-800 449 2288, www.visitmesaverde. com. Début mai à début oct. - 435 empl. 25/33 $.* Un très beau site bien équipé, où vivent des daims et des cerfs, et d'où partent plusieurs sentiers de randonnée. Station d'essence, supermarché, amphithéâtre, toilettes, douches et laverie. Les *base camping* (50 $) : une grande tente protégée du sol avec deux lits de camp, une lampe à pétrole et un espace barbecue. Réservation conseillée et il faut arriver très tôt pour les camping-cars. La station des rangers est toute proche ; on peut notamment y acheter les tickets des visites guidées de 17h à 20h (règlement en espèces uniquement).

POUR SE FAIRE PLAISIR

Far View Lodge – *Mesa Verde N.P., P.O. Box 277, Mancos,* ✆ *(970) 529 4422/1-866 875 8456. Fin avr. à fin oct. - 150 ch. 120/185 $* ✗ Hôtel situé à côté du Far View *Visitor Center,* au cœur d'un splendide paysage. Chaque chambre possède un balcon avec une vue superbe. Les moins chères sont pleines de courants d'air désagréables dès qu'il fait frais… Les Kivas, entièrement rénovées,

sont plus luxueuses et mieux équipées mais de taille similaire. Le restaurant Metate Room *(tlj 17h-21h30 ; 9/32 $)* bénéficie d'une vue superbe.

Mancos

Situé à 8 miles de l'entrée du parc, vous y trouverez plusieurs motels et un sympathique bar-restaurant, le *Millwood Junction,* où l'on sert de bonnes viandes.

PREMIER PRIX

Mesa Verde RV Park Campground – *34979 Hwy 160 Mancos, à 5mn de l'entrée du parc,* ✆ *1-800 972 6620, www. mesaverdecamping.com. Avr. à oct. 24/49 $.* Minimarket (vente de glace), douches, toilettes, laverie, piscine, Jacuzzi et minigolf. 70 empl. pour tentes et camping-cars, chambres individuelles confortables avec salle de bains dans des petits chalets en bois avec table et espace barbecue dehors (49 $). Possibilité de randonnées à cheval.

Cortez

PREMIER PRIX

Aneth Lodge – *645 E. Main St.,* ✆ *(970) 565 3453/877 270 9434 - 30 ch. 36/63 $* 🖥 Un motel simple, bien situé, près du *city market* et de plusieurs restaurants. Bon accueil. Petit-déj continental.

BUDGET MOYEN

Super 8 Motel – *505 E. Main St.,* ✆ *(970) 565 8888, www.super8. com - 58 ch. 83/97 $* 🖥. Adresse à la fois centrale et située sur la Hwy 160 menant à Mesa Verde. Accès Internet gratuit.

Durango

PREMIER PRIX

Blue Spruce Campground & Cabins – *1875 County Rd 500, Vallecito*

Lake, ℘ *(970) 884 2641, www.bluesprucervpark.com - 120 empl. à partir de 31,50 $.* À 25 miles de Durango (sortie nord vers Vallecito Lake), à la lisière de la forêt de San Juan et à proximité du lac, ce terrain bien ombragé offre une atmosphère bon enfant (leçons de danse, gospel et barbecues). Épicerie, laverie. Bungalows rustiques à louer en été *(à partir de 90 $).*

BUDGET MOYEN

Econo Lodge – *2002 Main Ave., ℘ (970) 247 4242/1-866 291 4990, www.econolodgedurango.com - 43 ch. 119/199 $* ☕ 🖥 🛋 Une bonne chaîne avec des chambres relativement confortables et un bon accueil.

POUR SE FAIRE PLAISIR

Logwood Bed & Breakfast – *35060 Hwy 550 N.,* ℘ *(970) 259 4396/800 369 4082, www.durango-logwoodinn.com - 7 ch. et 1 appart. 110/210 $.* À 12 miles au nord, sur la route Durango/Silverton. Grand chalet en bois, près d'une petite rivière, à la décoration chaleureuse (patchworks et meubles rustiques). Copieux petit-déj. Appartement 4 pers. à partir de 225 $.

UNE FOLIE

Leland House & Rochester Hotel – *721 E. 2nd Ave.,* ℘ *(970) 385 1920, www.rochesterhotel.com - 24 ch. 169/359 $* 🖥 Certaines chambres avec kitchenette. Un B & B de charme dans deux belles maisons anciennes en brique à la déco raffinée. Petit-déj. très copieux.

Silverton

PREMIER PRIX

Silverton Inn & Hostel – *1025 Blair St.,* ℘ *(970) 387 0115, www.silvertonhostel.com. 40/56 $.*

Une sympathique maison qui fonctionne comme une auberge de jeunesse. Salle de bains commune, laverie, coin cuisine. Confort basique. Sachez que les meilleures chambres sont les 9, 6 et 4.

BUDGET MOYEN

Grand Imperial Hotel – *1219 Greene St.,* ℘ *(970) 387 5527/1-800 341 3340, www.grandimperialhotel.com - 40 ch. 79/150 $* 🖥 Un hôtel victorien historique (1882) et confortable, autrefois saloon, auberge et bureaux… Belle vue sur les montagnes. Le restaurant *(tlj 11h-14h, moins de 13 $)* permet de déjeuner au son du piano, comme au temps de la conquête de l'Ouest.

RESTAURATION

Dans le parc

Le **Far View Terrace Café** – jouxtant le *Visitor Center,* propose des buffets *(env. 12 $, 7h-20h)* et celle de Chapin Mesa, des plats légers bon marché *(moins de 12 $),* dans un décor assez impersonnel. Nous vous recommandons de prévoir des pique-niques à l'avance, car vous devrez vous ravitailler à Cortez, Monticello ou éventuellement au camping.

Durango

PREMIER PRIX

Jean-Pierre's – *601 Main Ave.,* ℘ *(970) 247 7700, www.jeanpierrebakery.com. Lun.-dim. 7h-21h (22h vend.-sam.). Bar à vin jusqu'à 23h. Plats moins de 15 $.* Un beau lieu en brique et bois créé par un sympathique Français. Dans la grande salle, on vous sert des œufs pochés, quiches, crêpes, salades et bien sûr des croissants, etc. Côté bar à vin, inauguré en 2006, un grand zinc, un piano et une ambiance

5

détendue le soir. Vin au verre et bouteilles (servies avec une assiette de fromages).

Cyprus Cafe – *725 E. 2nd Ave., 🖉 (970) 385 6884, www.cypruscafe. com. Tlj 11h30-15h et 17h-22h de mi-mai à sept. (lun.-sam. 11h30-14h30 et 17h-21h le reste de l'année), plats de 8,50 à 32 $ selon déj. ou dîner.* Cuisine méditerranéenne aux saveurs originales servie dans un cadre agréable en bois peint design, ou sur une adorable terrasse (concert dim.-merc. soir).

Ken & Sue's – *636 Main Ave., 🖉 (970) 385 1810, www. kenandsues.com. Lun.-vend. 11h-14h30, sam.-jeu. 17h-21h (vend.-sam. 22h). Plats 10/23 $.* Cuisine éclectique, inspirée des traditions asiatiques. Joli patio.

BUDGET MOYEN

Bar D Chuckwagon – *8080 Country Rd 250, 🖉 (970) 247 5753 (réserv. obligatoire), www. bardchuckwagon.com. Dîner 21/33 $.* Servi à 19h30, le dîner de cow-boys avec show musical est un incontournable de l'Ouest. Ambiance « Amérique profonde », mais chaleureuse et conviviale. *Tlj du Memorial Day au Labor Day.*

Silverton

PREMIER PRIX

Handlebars – *13th St., à l'arrière d'une boutique de cadeaux de la rue principale, 🖉 (970) 387 5395, www. handlebarssilverton.com. Tlj 10h30-21h, mai-oct. Plats déj. env. 9/15 $,* dîner jusqu'à 25 $ pour les viandes. Atmosphère western, décor de saloon tout en bois, plats copieux et bon marché.

ACTIVITÉS

Rafting – La rivière Animas, qui descend des montagnes *via* Silverton et Durango, permet de faire du rafting, selon la saison et le niveau de la rivière. **Outlaw Tours** *(555 Main Ave., Durango, 🖉 (970) 259 1800/877 259 1800, www.outlawtours.com)* propose des sorties de 2h *(25 $)* à la journée complète *(65 $ lunch inclus).*

Mountain Bike - Mountain Bike Specialists – *949 Main Ave., Durango, 🖉 (970) 247 4066, www.mountainbikespecialists. com.* Location de VTT pour les sportifs et possibilité d'organiser des sorties (1 à 3 jours). Plusieurs circuits possibles dans les environs, sur des routes parfois bien ardues (15/60 miles), ou sur des pistes de montagne (différents niveaux de difficulté) entre Durango et Silverton.

Rodéo – Les rodéos sont une institution dans le Colorado. À Durango, ils se disputent de juin à août à 19h30, au **La Plata County Fairground**, à l'angle de Main Ave. et de 25th St. Le w.-end du 4 juillet se tient le seul rodéo strictement féminin de l'État. Renseignements au 🖉 (719) 593 8840 et sur www.prorodeo.com.

Monument Valley

★★

NOS ADRESSES PAGE 445

S'INFORMER

Visitor Center – *Après l'entrée de la réserve, au niveau de l'hôtel - ℘ (435) 727 5870/5874/5879 - www.navajonationparks.org - 1ᵉʳ mai-30 sept. 6h-20h, 1ᵉʳ oct.-30 avr. 8h-17h, Thanksgiving 8h-12h - 5 \$ (le National Parks Pass n'est pas accepté).*

Ne photographiez jamais les Navajos et leur propriété sans permission. En cas d'accord, ils attendent une contribution. Il est interdit de quitter la piste, même à pied, et d'escalader les buttes. Boissons alcoolisées formellement prohibées.

SE REPÉRER

Carte de région C1 *(p. 370-371)* – *carte Michelin Western USA 585 F 9-10*. La réserve se trouve à la frontière entre l'Arizona et l'Utah, à 423 miles (677 km) à l'est de Las Vegas, 314 miles (502 km) au nord-est de Phoenix (I-17 puis Hwy 89,160 et 163) et 353 miles (565 km) au nord-ouest d'Albuquerque (Hwy 550, 64, 191 et 160).

À NE PAS MANQUER

Une randonnée guidée par un Navajo, si vous avez un peu de temps.

ORGANISER SON TEMPS

Bien que partiellement en Arizona, la réserve navajo adopte la « Mountain Time », appliquée au Nouveau-Mexique, en Utah et dans le Colorado. Le soir, la vallée prend une belle teinte rouge, idéale pour les photos.

Fans de westerns, les mesas culte de Monument Valley n'attendent plus que vous ! N'espérez cependant pas y jouer les John Wayne à votre guise, car la visite est strictement balisée afin de respecter au maximum la vie privée des Navajos. Fort heureusement, le parcours tracé dévoile l'essentiel de ces paysages, qui comptent parmi les plus beaux de l'Ouest. Sachez juste faire abstraction des touristes ou demandez l'aide d'un guide.

5

Découvrir

Bon à savoir – On accède à Monument Valley *(voir illustration sur la couverture du guide)* par une route non goudronnée qui quitte la Hwy 163 entre Mexican Hat (24 miles) et Kayenta (23 miles). Vous aurez la plus belle perspective de la route, filant entre les mesas dans le désert rouge, en venant de Mexican Hat.

★★ MONUMENT VALLEY SCENIC DRIVE

Comptez une demi-journée. La route qui traverse le parc est ouverte tlj 6h-20h30 de mai à sept., 8h-16h30 d'oct. à avr. Elle est accessible aux véhicules de tourisme, sauf par temps de pluie. Évitez les circuits en 4 x 4 découverts chargés de touristes, qui font le tour de la vallée à toute allure dans un nuage de poussière.

La visite de la vallée se fait en suivant une piste de terre longue de 17 miles qui serpente entre les formations géologiques, mesas, buttes ou aiguilles, et permet de découvrir les principaux sites, numérotés et nommés sur le dépliant fourni à l'entrée du parc. Le célèbre **John Ford Point**★★★ est incontournable pour la photo, mais hélas très fréquenté. D'une manière générale, à moins de venir hors saison, tôt le matin, la seule piste autorisée est envahie de visiteurs et il est parfois difficile de percevoir l'atmosphère de solitude étrange qui baigne les lieux lorsque tout le monde est parti.

Pour découvrir des circuits plus secrets, visiter un hogan, voir les ruines ou les pétroglyphes, il faudra passer par l'un des nombreux guides sur place.

Goulding's Museum – *Comptez 30mn. À l'extérieur du parc proprement dit, adjacent au Goulding's Lodge, de l'autre côté de la Hwy 163 par rapport au Visitor Center, ℘ (435) 727 3231, www.gouldings.com/museum. Tte l'année, horaires variables. 2 $.* Installé dans le *trading post* construit par les Goulding en 1927, ce petit musée évoque l'histoire de la vallée et l'épopée des westerns tournés ici. C'est Harry Goulding qui se rendit à Hollywood pour montrer à John Ford les photos de Monument Valley.

À proximité Carte de région

Comptez une demi-journée.
Moins célèbres et plus secrets que Monument Valley, deux sites naturels d'exception, du côté de Mexican Hat, méritent un détour pendant que vous êtes dans les environs.

★★ **Goosenecks State Park** C1

▶ *Comptez 30mn sans le trajet. À 9 miles de Mexican Hat. Suivez la Hwy 163 vers le nord sur 4 miles, tournez à gauche sur la Hwy 261 et, 1 mile plus loin, prenez à gauche la Hwy 316 en direction de Goosenecks. Accès libre. www.utah.com/stateparks/goosenecks.htm.*

Si vous passez par Mexican Hat avant ou après Monument Valley, ne manquez pas les Goosenecks (« cous d'oie »), cette fascinante série de méandres de la **San Juan River** dans un canyon profond de 300 m. Les géologues expliquent ces détours spectaculaires par l'élévation très progressive du lit de la rivière qui hésitait à se frayer un chemin. À cet endroit, la rivière fait tellement de virages serrés que près de 10 km de son cours sont tassés sur seulement 2,5 km à vol d'oiseau !

★ **Valley of the Gods** C1

▶ *Prévoyez 2h30.*
Un peu plus loin, au nord de Mexican Hat, sur la Hwy 163, vous passez aussi cette réplique en plus petit et en plus sauvage de Monument Valley, très belle au coucher du soleil. Elle est traversée par une piste carrossable *(17 miles, accessible à tous les véhicules par temps sec)* qui longe de belles mesas. L'avantage est de pouvoir les approcher, y pique-niquer et les photographier loin des foules.

Excursion Carte de région

★ **NAVAJO NATIONAL MONUMENT** B2

▶ *Comptez une journée. De Monument Valley, suivez la Rte 163 jusqu'à Kayenta, puis prenez la Rte 160 en direction de l'ouest. 20 miles plus loin, empruntez sur votre droite la Rte 564 qui mène au Navajo National Monument (9 miles).*

Un site emblématique

UNE TERRE INDIENNE

Les premiers habitants

Au temps de la préhistoire, des chasseurs venaient ici poursuivre les mammouths laineux à l'aide de harpons en pierre taillée. Bien plus tard, les **Anasazis**, ou anciens Pueblos, laissèrent quelques ruines, des encoches dans les falaises qui servaient d'escaliers et des pétroglyphes. On sait que, dès l'an 200, ils vivaient d'un embryon d'agriculture, dans des huttes semi-enterrées. Comme ceux de Mesa Verde et de Chaco Canyon, ils désertèrent la région vers 1300.

La conquête navajo

Par la suite, d'autres Indiens, les Utes et les Paiutes, puis enfin les **Navajos** (15e-18e s.) investirent celle-ci. Sous la domination mexicaine, les Espagnols s'approvisionnaient en esclaves dans les camps navajos, provoquant des raids de représailles sans merci, qui ne cessèrent pas après la prise de contrôle des Américains.

Un refuge ?

La crise atteint un sommet en 1863, lorsque le gouvernement décida de réprimer définitivement la résistance indienne. Sous le commandement de Kit Carson, on brûla les cultures, détruisit les villages et accula 8 000 Navajos à la reddition. Seul l'un des chefs, **Hoskinini**, réussit à s'échapper et trouva refuge à Monument Valley avec sa famille.

ENTRE PROTECTION ET CÉLÉBRITÉ

L'appât du gain

La beauté des bijoux navajos avait fait naître la rumeur de mines d'argent en territoire indien. Deux prospecteurs, **Merrick** et **Mitchell**, venus à Monument Valley en 1880, furent découverts, scalpés par les Navajos, au pied des buttes qui portent leur nom. D'autres tentèrent pourtant leur chance, suivis des commerçants qui ouvrirent les premiers *trading posts*, ces magasins où les Indiens venaient échanger leurs produits.

Le cinéma

Monument Valley fut définitivement attribué aux Navajos en 1933. À cette époque, les premiers touristes avaient déjà découvert ses paysages splendides, suivis de près par les cinéastes. En 1939, **John Ford**, le premier, immortalisa la silhouette des buttes rouges et celle d'un jeune inconnu nommé John Wayne dans *Stagecoach (La Chevauchée fantastique)*. Le reste n'est que du cinéma…

Quelques films…

My Darling Clementine (*La Poursuite infernale*, 1946) avec Henry Fonda, *Fort Apache* (*Le Massacre de Fort Apache*, 1948), *The Searchers* (*La Prisonnière du désert*, 1956) avec Nathalie Wood, *How The West Was Won* (*La Conquête de l'Ouest*, 1962), *The Trial of Billy Jack* (1974), *The Legend of the Long Ranger* (1980), *Restons groupés* (1988), *Retour vers le Futur III* (1990).

Visitor Center – *À l'entrée du site,* ✆ *(928) 672 2700, www.nps.gov/nava. 8h-18h en été (9h-17h le reste de l'année). La visite des sites de Betatakin et de Keet Seel est gratuite, mais très réglementée, et s'effectue de mai à sept. uniquement. N'oubliez pas que, d'avr. à oct., la réserve navajo vit avec 1h d'avance sur le reste de l'Arizona.*

Cachés dans les replis des canyons de la réserve navajo, les sites exceptionnels de Betatakin et de Keet Seel abritent des vestiges étonnamment bien préservés de la fin du 13e s., la grande époque des **Indiens anasazis**.

Les Hopis, qui vivent actuellement 50 miles plus au sud, se déclarent être les descendants des Anasazis, fait avéré d'après le type de constructions et les dessins rupestres qui subsistent. Le départ de ces communautés au début du 14e s. reste en partie inexpliqué.

Les Navajos, qui arrivèrent au siècle suivant dans la région, ne s'établirent jamais dans ces sites, par respect pour l'harmonie spirituelle créée par les morts enterrés sur ces terres.

★★ Betatakin

Les rangers conduisent des groupes de 25 pers. au terme d'une marche sportive (5h AR). Départ tlj à 8h15 et 11h en été, le w.-end à 10h le reste de l'année. Aucune réservation n'est possible et il faut retirer les billets le matin même au Visitor Center à 8h (il est conseillé d'y être dès 7h30). La visite des ruines n'est plus possible et le guide vous mène jusqu'à un point de vue sur le village. Pour avoir un aperçu du site, vous pouvez regarder le film de 20mn présenté au Visitor Center et vous rendre à Betatakin Overlook, qui surplombe le canyon et fait face aux ruines.

À l'arrière du *Visitor Center,* un sentier pavé *(30mn AR)* mène à **Betatakin Overlook★★**. Les premiers Indiens qui s'installèrent sur le site de Betatakin arrivèrent vraisemblablement dans les années 1250. L'imposante alcôve (140 m de haut, 113 m de large et 41 m de profondeur), taillée dans le grès à proximité d'une source d'eau et de terrains plats propices aux cultures, constituait un endroit idéal pour abriter une communauté qui aurait compté jusqu'à 125 membres au plus fort de son occupation. Les Anasazis menaient alors une vie complètement sédentaire.

Si leurs constructions n'égalent pas la maîtrise de celles de Chaco Canyon et de Mesa Verde, elles demeurent néanmoins imposantes par le nombre d'édifices encore debout. Une centaine de pièces ont été dénombrées, habitations, greniers et kivas, auxquelles on accédait par une ouverture pratiquée dans le toit.

En revenant sur vos pas, l'**Aspen Trail** *(45mn AR)* s'engage sur la droite et conduit à un point de vue surplombant un défilé étroit où subsiste une surprenante forêt de pins et de trembles. Attention, ce chemin descend à mi-canyon et n'offre pas de point de vue sur le site de Betatakin.

Keet Seel

Pour la visite de Keet Seel, il faut réserver 5 mois à l'avance (NPS, Navajo National Monument, HC-71, Box 3, Tonalea, Arizona 86044-9704, ✆ *(928) 672 2700), puis confirmer une semaine avant votre arrivée et suivre une formation d'orientation. L'aller comme le retour sont des randonnées difficiles de 4 à 6h. Il est possible de passer une nuit sur place (prévoir de l'eau et des réchauds).*

Occupé dès 950, ce site a connu son apogée à la fin du 13e s., époque de laquelle datent les vestiges. Il s'organise autour de trois rues, fait exceptionnel pour ce type d'habitat perché.

😊 NOS ADRESSES À MONUMENT VALLEY

HÉBERGEMENT

À l'exception des campings et de l'hôtel, cher, de l'entrée du parc, vous ne trouverez pas à vous loger à moins de 35 à 40 km. Deux petites villes proposent des hébergements à ces distances. Mexican Hat est la solution la moins chère, avec des petits motels très corrects. Le village est moins touristique que Kayenta (la solution la plus suggérée, laide et poussiéreuse, qui concentre les hôtels plus chers). Bluff, à 41 miles du parc, constitue une dernière option. Les prix chutent d'au moins 30 % en hiver.

Monument Valley

PREMIER PRIX

Vous trouverez un camping de l'autre côté de la Hwy 163 par rapport à Monument Valley : le **Goulding's Monument Valley Campground**, à côté du Goulding's Lodge *(435) 727 3231, www. gouldings.com*, 116 empl., réserver son empl., 25/44 $, 🏕 ⚂ *Mi-mars à oct.* Laverie, épicerie, aire de jeux.

UNE FOLIE

Goulding's Lodge – *De l'autre côté de la Hwy 163 par rapport au Visitor Center, (435) 727 3231, www.gouldings.com* - 62 ch. 195 $ ▤ ⚂ ✕ Les chambres, très confortables, disposent toutes d'un balcon avec une vue superbe, mais pas sur le parc. En été, réservez plusieurs mois à l'avance.

View Hotel Monument Valley – *Dans Monument Valley, au bout de la route principale, (435) 727 5555, www. monumentvalleyview.com* - 90 ch. 223/357 $ ✕ Voilà une petite folie qui se justifie pleinement par la vue sur les trois buttes mythiques du parc. Elle dispose en plus du label *Eco.friendly* pour avoir privilégié les lumières naturelles, les matériaux réfléchissant la chaleur, les économies d'eau…

Mexican Hat

POUR SE FAIRE PLAISIR

San Juan Inn – *À la sortie de Mexican Hat vers Monument Valley, 1-800 447 2022, www. sanjuaninn.net* - 38 ch. Env. 95 $ ▤ ✕ Un motel confortable et plaisant, au bord de la San Juan River. Les chambres à 2 grands lits sont au même prix, mais nettement plus grandes (4 $ de plus par personne si vous êtes plus de deux). Laverie et petit-déj. en sus à la cafétéria.

Hat Rock Inn – *Au milieu du village, (435) 683 2221, www. hatrockinn.com* - 41 ch. Env. 115 $ ☕ ▤ Ce bâtiment modeste en bois, aux chambres propres et simples, est le plus agréable des motels du village. La climatisation est un peu bruyante, mais bienvenue en été. Petit-déj. continental, servi à l'épicerie du motel.

Holiday Monument Valley Inn – *Jonction des Hwys 163 et 160, (928) 697 3221* - 162 ch. 93/139 $ ▤ ⚂ ✕ Hôtel à l'architecture de brique et de bois, et à la déco d'inspiration navajo. Demandez l'une des chambres qui entourent la piscine, très agréable au milieu de son îlot de verdure. Laverie.

Kayenta

UNE FOLIE

Hampton Inn – *Hwy 160, (928) 697 3170, www.hamptoninn. com* - 73 ch. 189 $ ☕ ▤ ⚂ ✕ Un motel calme et tout confort. Décor de style western moderne et impersonnel. Machine à café dans les chambres, petit-déj. continental.

5

Bluff

POUR SE FAIRE PLAISIR

Desert Rose Inn – *701 W. Hwy 191, à la sortie de Bluff vers Mexican Hat,* ℘ *(435) 672 2303, www.desertroseinn. com - 30 ch. 109/153 $* 🖼 Joli motel tout en bois, meublé de pin, avec jetés de lit en patchwork. *Moins de 77 $ de nov. à mars.*

RESTAURATION

Mexican Hat ne compte guère de restaurants, mais la station-service **Texaco** abrite un supermarché, un fast-food et un distributeur de billets. Un peu plus de choix à Kayenta, notamment dans les hôtels. Attention, la plupart des restaurants ne servent que jusqu'à 20h30 ou 21h.

Mexican Hat

PREMIER PRIX

Mexican Hat Lodge & The Swingin Steaks – *Hwy 163, face à la station Shell,* ℘ *(435) 683 2222, www.mexicanhat.net. Fév.-oct. : tlj 18h-23h. Plats env. 13/36 $.* L'un des motels du village sert un menu barbecue très copieux le soir, avec grillades et steaks impressionnants.

Kayenta

PREMIER PRIX

Golden Sands Cafe – *Hwy 163,* ℘ *(928) 697 3684. Tlj 7h30-22h. Moins de 10 $.* Un peu en retrait de la route, non loin du Best Western, ce restaurant à la gloire du western est fréquenté par les locaux. Plats bon marché, comme la *chili soup* ou le *navajo taco.*

EXCURSIONS

Le seul moyen pour visiter Monument Valley d'un peu plus près est de le faire sous la conduite d'un guide navajo. Plusieurs formules sont proposées, à pied, à cheval ou en 4x4, pour quelques heures ou pour un campement de nuit, pour les amateurs de randonnées ou de photo.

Les guides les plus intéressants sont basés à Mexican Hat (il est conseillé de réserver).

À Kayenta, **Roland's Navajoland Tours** est une bonne option.

Vous trouverez sur place, dans Monument Valley, de nombreux guides proposant des balades à cheval (Ed Black a une écurie sur place) ; *comptez env. 40 $ pour 1h30.*

Canyon de Chelly National Monument

😊 NOS ADRESSES PAGE 452

S'INFORMER

Visitor Center – *Situé au carrefour des deux routes qui sillonnent le parc - ℰ (928) 674 5500 - www.nps.gov/cach - 8h-17h - fermé 25 déc. - aucun droit d'entrée n'est requis pour visiter le canyon, mais vous êtes invité à laisser une contribution au Visitor Center.*

SE REPÉRER

Carte de région C2 *(p. 370-371)* – *carte Michelin Western USA 585 F 10.* Le canyon se trouve à 3 miles (5 km) à l'est de la petite ville de Chinle. Celle-ci est accessible depuis Flagstaff par l'I-40-E et la Hwy 191 N (210 miles, 325 km), ou depuis Albuquerque par l'I-40-W et la Hwy 191 N (248 miles, 384 km).

À NE PAS MANQUER

La randonnée aux ruines de White House.

ORGANISER SON TEMPS

Attention, le site est soumis à l'heure de la réserve navajo. Longez le canyon del Muerto le matin et descendez dans le canyon de Chelly l'après-midi (à pied, à cheval ou en 4 x 4). N'oubliez pas vos jumelles pour bien observer les hameaux troglodytes.

Le canyon de Chelly (prononcez « de-chai ») se découvre en plusieurs étapes. En arrivant, on admire d'abord son tracé tortueux et ses impressionnantes falaises de grès rouge sculptées par l'eau. Ensuite, on remarque le fond, tapissé de vert. En descendant voir d'un peu plus près ces peupliers et ces cultures, vous accéderez à l'ultime facette du canyon : le voisinage harmonieux des ruines anasazis et des fermes navajos. Le site, sacré, est en effet l'un des rares encore habité et exploité par les Indiens.

Découvrir

Comptez une journée. À l'exception de la visite des ruines de White House, il est obligatoire d'être accompagné par un guide navajo habilité pour descendre au fond du canyon. N'oubliez pas de regarder l'ingénieuse construction du hogan, à droite du Visitor Center.

Créé en 1931, ce parc de 340 km² englobe un réseau de gorges creusées depuis plus de 50 millions d'années par les flots qui dévalent périodiquement les pentes des monts Chuska. La plus grande d'entre elles a donné son nom au site.

Ce dernier est habité depuis près de vingt siècles par des Indiens, comme en témoigne le grand nombre de ruines et de pétroglyphes qui y ont été retrouvés. Les **Anasazis**, des semi-nomades qui vécurent dans la région entre les 1er et 13e s., se sont peu à peu sédentarisés et ont laissé des constructions

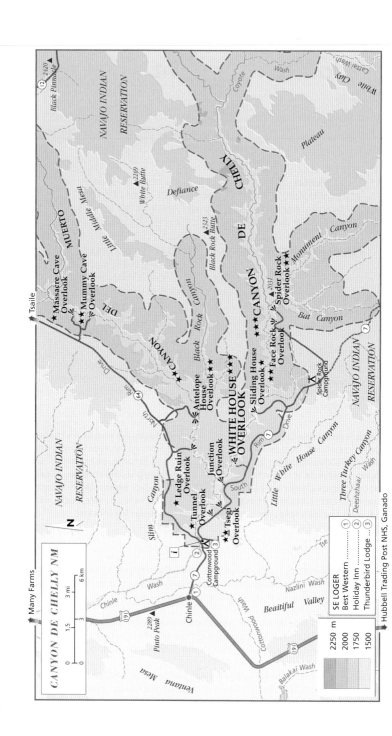

CANYON DE CHELLY NM

Many Farms

Tsaile

Chinle

Pinto Peak ▲ 2289

Ventana Mesa

Beautiful Valley

Chinle Wash

Cottonwood Wash

Nazlini Wash

Balakai Wash

Slim Canyon

North Rim Drive

Ledge Ruin Overlook ★

Tunnel Overlook ★

Tseg Overlook ★★

Junction Overlook

Antelope House Overlook ★★

Massacre Cave Overlook ★

Mummy Cave Overlook ★★

White Butte ▲ 2269

Black Rock Butte ▲ 2323

Defiance

DEL MUERTO

CANYON

Little Middle Mesa

Black Rock Canyon

NAVAJO INDIAN RESERVATION

Black Pinnacle ▲ 2420

Coyote Wash

White Clay

Cattai Wash

Plateau

DE CHELLY

CANYON

Monument Canyon

Bat Canyon

Spider Rock Overlook ★★ ▲ 2051

Face Rock Overlook ★★

Sliding House Overlook ★★★

WHITE HOUSE OVERLOOK ★★★

South Rim Drive

Little White House Canyon

Spider Rock Campground ⋏

Three Turkey Canyon

Deeshzhaai Wash

Tse

NAVAJO INDIAN RESERVATION

Cottonwood Campground ⋏

Cottonwood Wash

i

SE LOGER
- Best Western .... ①
- Holiday Inn .... ②
- Thunderbird Lodge .... ③

Hubbell Trading Post NHS, Ganado

2250 m
2000
1750
1500

N

0 — 1,5 — 3 mi
0 — 3 — 6 km

durables. Elles ont parfois été réutilisées par les **Navajos**, qui se sont installés ici à partir du milieu du 18e s. Des épisodes tragiques sont également inscrits dans les replis des falaises. Ces canyons constituaient des cachettes relativement sûres, mais quand l'ennemi parvenait à y pénétrer, l'issue était généralement terrible. Ce fut le cas lors de l'assaut espagnol en 1805 ou des attaques américaines en 1858 et 1864. Quand le dernier traité de paix entre les Américains et les Navajos fut signé en 1868, le canyon de Chelly se trouvait en plein cœur de la réserve nouvellement créée. Aujourd'hui, quelques familles navajos vivent encore au fond du canyon durant l'été et perpétuent leurs traditions dans ce lieu sacré, tout en accueillant les visiteurs.

★★ CANYON DEL MUERTO

▶ *Comptez 2h. Quatre points de vue sont accessibles le long des 15 miles de la route de la rive nord (North Rim Drive) qui débute peu après le Visitor Center.*
La route monte progressivement le long du Canyon del Muerto, le défilé le plus au nord du parc, qui doit son nom à la découverte des restes de deux momies lors d'une expédition archéologique dans les années 1880. Des habitations se succèdent le long du chemin : des **hogans** traditionnels voisinent avec des *mobile homes* et des maisons en dur, parfois construites à la manière de *hogans*. À droite de la route, des sentiers plus ou moins balisés traversent une forêt pygmée composée de genévriers et de pins pignons, et mènent aux différents points de vue qui surplombent les falaises *(soyez très prudent en vous approchant du bord des falaises)*.

★ Ledge Ruin Overlook
Fermé pour une durée indéterminée.

★★ Antelope House Overlook
Il donne sur l'un des sites les plus pittoresques, visible depuis deux points de vue balisés par des petits tas de pierres indiquant la direction à suivre. À droite, on aperçoit les ruines d'un village, dont une haute tour reliée à une *kiva* circulaire. À gauche (7-8mn à pied), le canyon forme un superbe fer à cheval avec en son centre un immense rocher. Ce lieu marque le point de jonction entre le Canyon del Muerto et le Black Canyon. Les Navajos, lors des attaques des Espagnols, grimpaient jusqu'au sommet de ce rocher, d'où ils lançaient leurs flèches.

★★ Mummy Cave Overlook
Ce belvédère fait face à deux alcôves élevées où l'on distingue des vestiges datant de la période tardive des Anasazis, dite grande ère classique des Pueblos. Il a été établi que ce site, qui comprend plus de 70 structures, a été occupé sans discontinuer entre 300 et 1300. Les hautes parois du canyon répercutent parfois les jappements du chien de berger rassemblant les moutons qui paissent en contrebas.

★ Massacre Cave Overlook
Le point de vue est bien moins spectaculaire, mais occupe une place primordiale dans l'histoire navajo. Sur la gauche, en hauteur, une alcôve obstruée par des éboulis de pierres se dessine sur un pan de falaise. C'est là que les Indiens trouvèrent refuge en 1805, quand les Espagnols menés par Antonio de Narbona vinrent les combattre. Attaqués de toutes parts, les assiégés ne tinrent pas longtemps sous le feu des fusils, et 115 Navajos furent tués. Ils nommèrent cet endroit « Là où deux sont tombés », en honneur de l'Indienne qui, en luttant contre un soldat, fut précipitée avec lui dans le vide.

5

★★ **CANYON DE CHELLY**

▶ *Comptez 2h AR pour parcourir les 17 miles de la South Rim Drive qui part à droite du Visitor Center (tlj 8h-17h, accès libre au site). Elle dessert les sept points de vue de la partie sud du canyon. Sachant que les plus intéressants sont plutôt vers la fin de l'itinéraire, roulez donc jusqu'au bout (après Spider Rock Campground, prenez un peu plus loin à gauche la route pavée) et arrêtez-vous aux belvédères en revenant, comme indiqué ci-après.*

★★ Spider Rock Overlook

Des hauteurs du plateau, la vue plongeante dévoile des paysages acérés. La végétation tapisse jusqu'aux parois des falaises qui s'élèvent ici à plus de 300 m. Face à vous se dresse l'aiguille du **Spider Rock**, tels deux doigts pointés vers le ciel. Selon la légende, la femme-araignée *(Spider Woman)*, qui enseigna aux Navajos l'art du tissage, réside en ces lieux. Certains prétendent même qu'elle y emmène les enfants pas sages. Au loin, sur la gauche, se profile **Black Rock**, un ancien volcan dont ne subsiste aujourd'hui que le cœur, le pourtour ayant été érodé.

★★ Face Rock Overlook

Quatre petits tubes en fer vous aident à repérer les sites, particulièrement saisissants, nichés dans la falaise qui vous fait face, ainsi qu'en bas sur votre gauche. La piste, en contrebas, se dessine clairement et les randonneurs qui passent parfois ne paraissent pas plus grands que des fourmis.

★ Sliding House Overlook

Il offre de très beaux panoramas sur le canyon et sur des ruines perchées sur un contrefort élevé.

★★★ White House Overlook

La « Maison blanche », qui surplombe le village auquel elle a donné son nom, se distingue bien des autres constructions et de la falaise dans laquelle elle a été édifiée. Ce site aurait abrité plus de douze familles entre 1060 et 1275. Si vous ne comptez pas descendre dans le canyon avec un guide, n'hésitez pas à suivre le **White House Trail** qui mène à ces ruines, car c'est l'unique occasion d'approcher de beaux vestiges et de découvrir le canyon de l'intérieur *(1h30 AR ; facile, le chemin débute à 150 m sur la droite ; emportez de l'eau ; toilettes en bas).*

Passé un petit tunnel, vous débouchez sur le chemin qui plonge vertigineusement vers le fond du canyon et qu'empruntent traditionnellement les troupeaux de moutons. Vous croiserez peut-être quelques écoliers qui dévalent la pente pour rentrer chez eux, car ce sentier est l'une des rares voies d'accès qui descendent dans le canyon. Les Navajos ont d'ailleurs utilisé cet atout contre les attaques d'autres tribus indiennes et des armées espagnoles ou américaines.

Au bas de la falaise, après le deuxième tunnel, un *hogan* traditionnel trône dans son enclos, mais n'oubliez pas que vous êtes ici sur des terres privées et que les photos sont interdites. Suivez le chemin qui part sur la gauche et traverse le cours d'eau pour rejoindre les ruines.

Junction Overlook

Des jumelles sont nécessaires pour observer les ruines situées de l'autre côté du canyon : **First Ruin**, sur la gauche, et **Junction Ruin**, en face de vous, dans une saillie de la falaise.

Un des méandres du canyon de Chelly.
A. de Valroger / MICHELIN

★★ Tsegi Overlook

Ce belvédère offre une vue beaucoup plus dégagée sur le canyon, au fond duquel se dessinent les méandres du **Chinle Wash**. Durant l'été, la ferme que vous apercevez en contrebas est occupée par des fermiers navajos qui élèvent des chevaux et des moutons, cultivent du maïs, des courges, et font la récolte de quelques arbres fruitiers. L'endroit est fertile, et même quand le cours d'eau est à son plus bas niveau, il suffit de creuser un peu pour trouver de l'eau.

★ Tunnel Overlook

À un peu plus de 1 mile du *Visitor Center,* en un lieu où les falaises sont vingt fois moins hautes que celles qui se dressent plus à l'est, ce site offre une vue partielle du Canyon de Chelly. Les peupliers se détachent sur le rouge des falaises encadrant la brèche qui permet de descendre dans le canyon *(vous pouvez vous avancer jusqu'à la rambarde, mais n'empruntez pas les escaliers sans guide).*

5

JOHN LORENZO HUBBELL

Né au Nouveau-Mexique, John Lorenzo Hubbell (1853-1930) est un auto-didacte qui a beaucoup voyagé dans le Sud-Ouest américain avant d'ache-ter le comptoir de Ganado, en 1878. Avec l'arrivée du chemin de fer et la demande croissante de laine pour l'est du pays, le commerce avec les Indiens prend un nouvel essor et devient crucial pour la survie de ces derniers. Hubbell, qui parle leur langue, accueille et conseille les Navajos qui viennent échanger leurs productions contre des denrées ou des outils, et se tenir au courant des décisions du gouvernement à leur encontre. Apprécié pour son honnêteté et sa justesse, il prospère à la tête de plusieurs comptoirs en recherchant toujours à améliorer les articles apportés par les Navajos, principalement des tissages et des paniers. Il encourage aussi le travail des bijoux en argent et organise un service de vente par correspondance.

À proximité Carte de région

La seule visite intéressante est la Hubbell Trading Post, qui permet de comprendre comment se déroulaient le commerce et les échanges entre les Indiens et les colons.

★ Hubbell Trading Post National Historic Site C2

Comptez 30mn de visite. À 30 miles au sud du Canyon de Chelly et 1 mile au nord de Ganado, sur la Rte 191. ℰ (928) 755 3475, www.nps.gov/hutr. Tlj été 8h-18h, hiver 8h-17h. Gratuit, des coupons sont délivrés au Visitor Center. Une brochure détaille les différents bâtiments.

Débutez la visite par le bâtiment principal, qui abrite le **comptoir**. L'établissement de John Hubbell et de ses descendants connaît la plus longue activité des comptoirs de l'Ouest. Bien que racheté par le gouvernement en 1967, il continue de fonctionner sur le même principe depuis plus d'un siècle. La pièce principale, appelée **bullpen★★★**, reste inchangée : le comptoir en bois entoure le poêle central, boîtes et objets de toutes sortes sont alignés sur les étagères, selles et tissus pendent aux poutres. Dans la **salle des bijoux★**, vous rencontrerez peut-être un artisan navajo venu proposer ses dernières créations, tandis que dans la **salle des tapis★★**, vous pouvez toucher les tissages navajos colorés aux formes géométriques inventives.

La **maison de John Hubbell★★** se visite avec un guide *(2 $)*. La décoration foisonnante de cette jolie demeure révèle la personnalité de son propriétaire, un homme passionné par son métier et par l'art navajo, qu'il a contribué à promouvoir. Outre les nombreux tapis et les paniers qui tapissent le plafond, remarquez les portraits d'Indiens, très expressifs, réalisés par Eldridge A. Burbank. John Hubbell est enterré non loin du comptoir, auprès de sa femme et de son meilleur ami navajo.

☻ NOS ADRESSES AU CANYON DE CHELLY NATIONAL MONUMENT

TRANSPORT

Comme le canyon se visite assez rapidement, vous pouvez visiter ce parc après ou avant Monument Valley, située à 93 miles *(voir p. 441)*, où l'enchaîner après Petrified Forest *(voir p. 519)* ou Gallup *(voir p. 574)*.

HÉBERGEMENT

L'offre est limitée et les prix sont très élevés, mis à part à Many Farms, mais ils chutent (30 à 40 %) de nov. à mars.

Dans le parc

PREMIER PRIX

Cottonwood Campground – *Près du Visitor Center et de Thunderbird Lodge - 96 empl. (25 empl. de nov. à mars). Tte l'année, sans réserv. Gratuit.* Le camping a des toilettes. Pas de douches.

Spider Rock Campground & RV Park – *10 miles à l'est de Chinle par la South Rim Drive, ℰ (928) 674 8261, www.spiderrockcamp ground.com - 30 empl. 10/15 $.* Camping privé qui se trouve à la lisière du parc. Toilettes, douches chauffées à l'énergie solaire *(2,50 $)*, mais pas d'eau potable. Possibilité de louer une tente *(9 $ la nuit)* ou de dormir dans le *hogan* à 3 places *(29/39 $)*. Travellers cheques acceptés. Confort rudimentaire. Pas d'électricité (bougies et lampe à pétrole à disposition).

POUR SE FAIRE PLAISIR

Thunderbird Lodge – *Première route à droite après le Visitor Center,* ℘ *(928) 674 5841/1-800 679 2473, www.tbirdlodge.com - 73 ch. 115/171 $* 🖾 ✕ Motel tout confort situé à l'entrée du canyon qui propose des excursions dans le canyon. Accès Internet gratuit.

Chinle

Ces deux motels sont le long de la Rte 7.

POUR SE FAIRE PLAISIR

Best Western – *100 Main St.,* ℘ *(928) 674 5874, www.best westernarizona.com - 99 ch. 109 $* 🖾 ✕ 🛁 Ce motel dispose de toutes les commodités que peut offrir un établissement de ce type. Piscine couverte.

Holiday Inn – *Garcia Trading Post,* ℘ *(928) 674 5000, www. holidayinn.com - 108 ch. 117/159 $* 🖾 ✕ 🛁 Situé à quelques minutes en voiture du *Visitor Center,* cet hôtel réserve un très bon accueil. Chambres impeccables et toutes dotées d'une grande salle de bains.

RESTAURATION

Dans le parc

PREMIER PRIX

Thunderbird Lodge – *Tlj 6h30-20h. Plats env. 15 $.* Installée dans un ancien *trading post,* comme en témoignent les nombreux objets décorant les murs, cette cafétéria propose des plats authentiques et peu onéreux. Également hot-dogs, burgers et salades.

Chinle

La ville s'organise autour du carrefour des Routes 191 et 7. On ne sert pas d'alcool en terre navajo.

PREMIER PRIX

Junction Restaurant – *Motel Best Western. 7h-21h, w.-end 8h-20h. Plats env. 8/15 $.* Plats typiques dans une grande salle aux tons pâles, éclairée au néon. Accueil sympathique.

Holiday Inn Restaurant – *Hôtel Holiday Inn. 6h30-22h, fermé w.-end sf déj. 10h-13h. Plats env. 9/20 $.* Bien que donnant dans le hall de réception, la salle du restaurant est agréable. Carte sans prétention.

ACTIVITÉS

Excursions – Trois possibilités pour descendre au fond du canyon : avec une agence dans des véhicules tout-terrain *(env. 120 $)*; en randonnée équestre ou à pied. Rens. auprès des rangers du *Visitor Center,* qui vous présenteront un guide. Celui-ci peut vous accompagner à pied *(min.3h; 15 $/h pour le groupe, 15 pers. max.).* Le règlement s'effectue en espèces auprès de lui. Les rangers, s'ils sont assez nombreux, proposent aussi des sorties (gratuites) et délivrent les permis.

De Chelly Tours – *Hôtel Holiday Inn,* ℘ *(928) 674 5433, canyondechellytours.com.* L'agence propose un circuit de 3h dans un véhicule tout-terrain *(65 $ (cash)/71,50 $ (CB)/pers.).*

Thunderbird Lodge Tours – *Dans l'hôtel du même nom,* ℘ *(928) 674 5841.* Excursions à la journée *(env. 75 $, déj. inclus),* à la demi-journée *(env. 45 $),* dans un véhicule tout-terrain.

ACHATS

Artisanat - Navajo Nation Arts & Crafts Enterprise – *Intersection des Routes 191 et 7,* ℘ *(928) 674 5338, www.gonavajo. com.* Magasin géré par une association qui réinvestit les

5

Lake Powell

😊 **NOS ADRESSES PAGE 459**

▷ **SE REPÉRER**

Glen Canyon National Recreation Area - Carl Hayden Visitor Center – *À Page, intégré au barrage -* 📞 *(928) 608 6404/6072 - www.nps.gov/glca - mai-oct. : 8h-18h ; nov.-fév. : 8h30-16h30 ; mars-avr. : 8h-17h - fermé 1ᵉʳ janv., Thanksgiving et 25 déc.*

▷ **SE REPÉRER**

Carte de région B1/2 *(p. 370-371) – carte Michelin Western USA 585 F 9.* La ville de Page donne accès aux rives du lac. Elle se trouve à 135 miles (216 km) au nord de Flagstaff par la Hway 89, 281 miles (450 km) à l'est de Las Vegas par l'I-15 puis la route 9 et la Hway 89, 121 miles (193 km) à l'ouest de Monument Valley par les Hways 163, 160 et 98.

👁 **À NE PAS MANQUER**

Une excursion au Rainbow Bridge, les jeux de lumière sur Antelope Canyon (Upper et Lower) et le Colorado vu de Horseshoe Bend et de Lees Ferry.

🕐 **ORGANISER SON TEMPS**

Visitez Lower Antelope Canyon le matin, Upper aux heures de la mi-journée et réservez-vous la croisière sur le lac pour le coucher du soleil.

Vous ne serez sans doute pas les seuls à vouloir profiter des eaux calmes et limpides du lac Powell, à cheval entre Arizona et Utah. Chaque année, des millions de vacanciers cabotent le long de ses rives pour admirer les teintes beige ou rosé des falaises et l'arc naturel du Rainbow Bridge. À terre, ils se bousculent aussi dans Antelope Canyon, un étroit et incroyable boyau forgé par les crues torrentielles des orages d'été. Le séjour demande donc un brin de patience et de philosophie, mais heureusement, les sites sont à la hauteur de leur réputation.

Découvrir

Né en 1963 suite à la création du barrage de Glen Canyon, le lac Powell a atteint sa capacité maximale en 1980 (32 336 millions de m³). Conçu au sein d'un vaste programme de conservation de l'eau du Colorado, ses 300 km représentent la deuxième plus grande réserve d'eau disponible pour les besoins des régions désertiques du Sud-Ouest américain (la première est le lac Mead, avec le barrage de Hoover, en aval du Colorado). Il est essentiel par l'électricité qu'il génère.

Au-delà de ces chiffres édifiants, le lac impressionne par sa forme incroyablement découpée (3 150 km de côtes), et les dizaines de baies et de gorges protégées qui résultent de l'inondation des canyons. Facilement accessibles, elles font le bonheur des vacanciers, que l'on croise sur les routes de la région, tractant leur embarcation vers l'une des quatre marinas du lac.

Le **Glen Canyon National Recreation Area**, créé en 1972, s'étend le long des rives nord sur plus de 6 250 000 ha *(15 $ par voiture si vous ne possédez pas le*

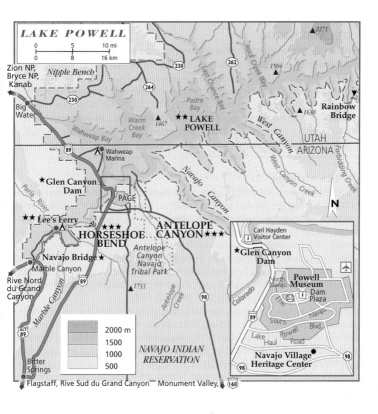

National Parks Pass). Destiné avant tout aux activités nautiques, il comprend peu de chemins de randonnée. La rive sud marque quant à elle la frontière de la réserve navajo la plus étendue des États-Unis.

★ Glen Canyon Dam

Comptez de 30mn à 1h. Le barrage est situé sur la Hwy 89, à 2 miles au nord de Page, peu avant la limite de l'Utah. La visite commence au Carl Hayden Visitor Center. Diaporama sur la construction du site et exposition. Visite guidée (1h) aux demies de chaque heure à partir de 8h30 (dernier départ 15h30). 5 $.

Derrière la grande baie vitrée du *Visitor Center*, la vue panoramique offre le contraste vertigineux entre l'étendue tranquille du lac d'un bleu profond et le dénivelé de 216 m occasionné par la barrière de béton qui rejette les flots en contrebas, dans Glen Canyon.

La course du Colorado se prolonge au-delà et rejoint notamment le Grand Canyon, 60 miles plus loin. De ce côté, les eaux sont d'un vert franc, dû à la prolifération d'une algue, et contrastent harmonieusement avec les falaises rouges de grès Navajo qui forment un canyon étroit et plongeant (cette caractéristique a d'ailleurs joué un rôle important dans le choix du site pour la construction du barrage).

Si vous prenez le temps de suivre la visite guidée, vous découvrirez les entrailles de ce géant de béton, édifié entre 1956 et 1963. Le circuit commence par la crête du barrage, avant de descendre 161 m plus bas pour accéder à la salle des générateurs et des transformateurs.

5

> **DE LA MÉTHODE**
>
> Avant de pouvoir entamer la construction du barrage proprement dit, d'immenses tunnels ont été creusés dans les parois du canyon afin de détourner le cours du Colorado (ils servent aujourd'hui à déverser le trop-plein du lac), et un pont métallique de 387 m de long a été patiemment assemblé entre les deux rives (1957-1959). Par la suite, pas moins de 400 000 coulées de béton, de 24 tonnes chacune, ont été nécessaires pour édifier le barrage : un travail ininterrompu, de jour comme de nuit, pendant plus de trois ans !

Rainbow Bridge

Comptez une demi-journée. Le pont est facilement accessible en bateau depuis la Wahweap Marina, située à quelques miles du barrage. Croisières d'une journée (avr.-oct.) ou d'une demi-journée (1 à 2 départs par jour, selon la saison ; comptez de 120 $ à 165 $). Réservations : ☎ (928) 645 2433/1-888 896 3829, www.lake powell.com. D'autres destinations sont proposées.

Deux longs chemins de randonnée (compter plus de 2 jours) mènent également au Rainbow Bridge, mais il est impératif d'obtenir un permis auprès des autorités navajos en écrivant à : Navajo Nation, Parks and Recreation Departement, P.O. Box 2520, Window Rock, AZ 86515, ☎ (928) 871 6647.

Longtemps tenu à l'écart des sentiers battus, car protégé par un dédale de canyons difficilement praticables, le pont naturel du Rainbow Bridge a été déclaré Monument national en 1910. Lieu sacré pour cinq tribus indiennes, il se découvre dans le respect. La majestueuse arche de pierre, creusée dans le grès Navajo par la rivière Bridge Creek, est nichée au fond d'une gorge étroite. Après quelques pas sur la terre ferme, le regard est absorbé par l'ampleur du pont, haut de 88 m.

Un sentier *(5mn)* suit le bord du Bridge Creek jusqu'au pont. Il est formellement interdit de s'en éloigner et de s'avancer sous le pont, ne serait-ce que pour prendre une photo.

À voir aussi

★★★ ANTELOPE CANYON

▶ *Attention, en territoire navajo, il faut avancer votre montre de 1h. À 6 miles à l'est de Page, par la Hwy 9, vous arrivez aux deux entrées d'Antelope Canyon : à gauche, Lower Antelope Canyon ; à droite, Upper Antelope Canyon. 6 $ le Navajo permit (valabe pour les parkings des deux sites). Très différents, les deux canyons sont tout aussi spectaculaires. L'idéal est de visiter Lower entre 9h30 et 10h30 et Upper entre 11h et 13h.*

★★ Lower Antelope Canyon

Comptez 1h (visite avec un guide navajo). Peut être fermé par temps de pluie. La montée subite des eaux peut en effet entraîner de terribles accidents, parfois mortels, renseignez-vous en cas de mauvais temps.

Vous descendez au fond du canyon par des escaliers assez raides et il faut parfois se glisser entre deux parois de moins d'un mètre de large. Arrivé en bas, vous déambulez au milieu d'un fascinant labyrinthe, qui donne l'étrange impression d'être au milieu de vagues de grès. Les effets d'ombre et de lumière rendent le site encore plus mystérieux.

Merveille d'érosion à Antelope Canyon.
S. Ollivier / MICHELIN

★★ Upper Antelope Canyon

Comptez 1h30-2h. Visite guidée obligatoire avec une agence ou alors vous laissez votre véhicule au parking pour prendre une Jeep avec un guide d'Antelope Canyon Navajo Tours, qui vous accueille sur place ℘ (928) 698 3384, www.navajotours. com. Tlj 8h-16h de mars à oct. Fermé nov.-fév. Deux types de tours, départ toutes les heures à l'heure pile : « Guided Tour », 1h, 25 $; « Photo Tour », 2h, 40 $.

Corkscrew Canyon (en forme de tire-bouchon) a été découvert fortuitement par une petite bergère navajo en 1931. On y accède en 4 x 4 par une piste en terre. C'est un étonnant corridor de grès, d'une centaine de mètres de long, dont les parois ont été sculptées par les pluies torrentielles et le vent. Les rais qui percent par les ouvertures situées sous la voûte dessinent un ballet de lumière singulier, particulièrement saisissant aux heures de la mi-journée. Les courbes tracées dans la roche prennent alors des tons de feu, rehaussés par le scintillement des petits cristaux de quartz.

Prenez en compte que cette beauté peut parfois être occultée par la foule qui se presse dans le canyon. De fait, les groupes y pénètrent à intervalles très rapprochés et des goulots d'étranglement se créent car chacun s'attarde pour ses prises de vue. Il s'agira de prendre votre mal en patience, surtout si vous faites la visite de 11h30…

5

PAGE

Page s'est développée suite à la construction du barrage sur le Glen Canyon. Pas désagréable, la localité est bien pourvue en hébergements et restaurants.

☺ **Bon à savoir** – Page est en Arizona alors que la plus grande partie du lac Powell se trouve en Utah. Il y a donc un changement d'heure entre les deux ! ▯ *Informations au Musée Powell ou sur www.pagelakepowelltourism.com.*

John Wesley Powell Memorial Museum

6 N. Lake Powell Blvd, ℘ (928) 645 9496/1-888 597 6873, www.powellmuseum. org. Horaires irréguliers, en principe lun.-vend. 9h-17h. 5 $.

Cet intéressant petit musée évoque la grande aventure de l'expédition de J.W. Powell (1834-1902) en 1869. Géologue, naturaliste et explorateur de l'Ouest américain, il embarqua avec quatre canots et neuf hommes (trois d'entre eux seront tués pendant l'expédition), dans le but d'étudier – pour la première fois – le Colorado, et d'établir une cartographie du fleuve. Il découvrit le Grand Canyon *(voir p. 462)*. Vente de très beaux posters de photographies des plus beaux sites de la région.

Navajo Village Heritage Center

Comptez 30mn à 1h. 531 Haul Rd (rue perpendiculaire à Coppermine Rd), au sud de Page. Tlj 9h-15h. Pour tous renseignements, contactez Lorin Cumnangs, ℰ (928) 660 0304, www.navajovillage.com. Informations également au John Powell Museum ou à la chambre de commerce. 5 $.

Ce musée vivant présente différents types d'habitations navajos, dont les traditionnels *hogans* mâle et femelle, ainsi qu'un *sweat lodge*, sorte de sauna où se tiennent les conversations sacrées et les rites de purification. La visite de ces lieux remplis de symboles permet au guide qui vous accompagne de vous présenter l'ensemble de la culture et des croyances de la nation navajo, la plus grande des communautés indiennes des États-Unis. Des soirées festives, avec danses traditionnelles et contes autour du feu, sont également organisées.

POINTS DE VUE SUR LE COLORADO

Autour de Page, trois lieux permettent de découvrir le fleuve Colorado sous des aspects très différents.

★★★ Horseshoe Bend

3 miles de Page par la Hwy 89 en direction de Flagstaff (un panneau « Mile marker 545 » vous indique le site et le parking).

Il faut monter la colline et la redescendre par un sentier *(environ 20mn)* qui conduit au bord de la falaise, d'où vous découvrez une vue spectaculaire, en surplomb d'un méandre du Colorado à la forme parfaite de fer à cheval. Attention, les bords de la falaise ne sont absolument pas protégés. Soyez très prudent si vous prenez des photos et si vous êtes accompagné d'enfants. En bas, sur la plage de sable, au milieu de la boucle du méandre, on aperçoit parfois les tentes de ceux qui bivouaquent le long du fleuve.

★ Navajo Bridge

Le premier pont en acier, construit en 1927, n'étant plus adapté au développement du trafic, il a été décidé de le conserver pour les piétons et d'en construire un autre pour les voitures (en 1995). Le *Visitor Center (9h - 17h)* est bien documenté sur la région.

★★ Lees Ferry

42 miles de Page par la Hwy 89 et Hwy 89A (10 $ par véhicule si vous n'avez pas le National Pass).

C'est en ce lieu que fut inauguré, à la fin du 19e s., le premier ferry sur le Colorado, seul passage à l'époque entre l'Arizona et l'Utah. Lees Ferry est le lieu de débarquement de l'excursion en bateau depuis Page *(voir « Activités »)* et le point de départ de voyages de plusieurs jours en rafting sur les rapides du Colorado. Il est aussi prisé des pêcheurs. On jouit d'un très beau point de vue sur le fleuve et c'est le seul endroit, sur 700 miles, où l'on peut accéder en voiture au bord du Colorado. Paria Beach est une délicieuse plage et un camping domine le site *(voir « Hébergement » à Page)*. Plusieurs randonnées partent de Lees Ferry : **Paria Canyon Trail**, une superbe randonnée de plusieurs jours pour les bons marcheurs *(45 miles, permis obligatoire)* ; **Cathedral Canyon** *(2h environ)*, une jolie balade dans un canyon étroit, mais où il ne faut pas se rendre si le temps est orageux ; **Spencer Trail**, qui part de River Trail, un sentier qui grimpe sur plus de 500 m pour arriver à un très beau point de vue sur **Marble Canyon**. Si vous randonnez, prévoyez de prendre suffisamment d'eau (aucun achat possible à Lees Ferry) et passez impérativement à la *Ranger's Station* pour vous renseigner.

😊 NOS ADRESSES AUTOUR DU LAKE POWELL

TRANSPORT

En avion – L'aéroport est situé au nord-est de Page. Vols intérieurs uniquement. **Great Lakes Aviation** *(✆ 1-800 554 5111, www. greatlakesav.com)* assure des liaisons directes depuis Phoenix (1h) et Denver (1h30).

En voiture – La ville de Page constitue l'accès principal à Lake Powell (2 miles du lac). Au nord, possibilité de traverser le lac à **Halls Crossing** où un bac fait la navette entre les deux rives en 25mn. De mi-mai à mi-sept. : ttes les 2h, de 8h à 18h dans le sens est-ouest, de 9h à 19h dans l'autre sens ; d'avr. à mi-mai : 4 départs/j. ; de mi-sept. à fin oct. : 5 départs/j. En hiver, 2 départs/j. 20 $, piéton 5 $, moto 10 $.

HÉBERGEMENT

Page sait accueillir les touristes et vous y trouverez à vous loger quel que soit votre budget. Les motels (Motel 6, Days Inn et Comfort Inn) sont situés à l'entrée sud, les autres hôtels sont regroupés dans le centre-ville, le long de Lake Powell Blvd. Moins chers l'été. Nos deux adresses à Wahweap sont situées dans le Glen Canyon National Park *(entrée 15 $, gratuit avec le National Pass)*. Il est possible de loger sur un bateau très confortable, ce qui permet de découvrir aussi le lac, mais cette formule est très chère. Se renseigner à la marina.

PREMIER PRIX

Lees Ferry Campground – *Lees Ferry (prendre la route au niveau du Navajo Bridge) - 54 empl. 12 $* L'équipement est rudimentaire (pas de douches), mais le camping est bien situé, aux abords du Colorado, dans un site très pittoresque. Pas de réservations : arrivez tôt.

Wahweap Campground & RV Park – *Wahweap Marina, ✆ (928) 645 2433/1-800 528 6154 - 112 empl. 23 $ (tente)/38 $* À 7 miles de Page et à deux pas du lac, ce camping, équipé de douches payantes, laverie et emplacements pour camping-cars, est proche des restaurants de la marina. Réservation possible.

Bashful Bob's Motel – *750 S. Navajo Dr., ✆ (928) 645 3919, www.bashfulbobsmotel.com - 13 ch. 39 $* 🖥 Un excellent rapport qualité-prix puisque vous êtes hébergé dans de véritables appartements, avec salon, cuisine américaine et chambre. La décoration est un peu vieillotte, mais tout est propre. Le propriétaire, très sympathique, propose un accès Internet gratuit. Réservez 2 à 3 jours à l'avance.

BUDGET MOYEN

Red Rock Motel – *114 8th Ave., ✆ (928) 645 0062, www.redrockmotel.com - 4 ch. 55/90 $* 🖥 Chambres très confortables, avec kitchenette et terrasse pour barbecue. Très bon rapport qualité-prix et sympathiques propriétaires.

5

Grand Canyon National Park

★★★

 NOS ADRESSES PAGE 473

S'INFORMER

Canyon View Information Plaza – *À l'extrémité est du village (accessible en navette)* - ☎ *(928) 638 7888 - www.nps.gov/grca - 8h-17h. L'accès au parc coûte 25 $ par voiture (deux rives comprises, valable 7 j.), si vous ne possédez pas le National Parks Pass.*

Nombreuses informations sur le parc et les randonnées. Vues aériennes et maquettes en relief de la région. Librairie (8h-19h).

SE REPÉRER

Carte de région B2 *(p. 370-371)* – *carte Michelin Western USA 585 10 E.* Grand Canyon Village (rive sud) se trouve à 80 miles (128 km) au nord de Flagstaff par les Hway 180 puis 64 ; ou à 288 miles (446 km) à l'est de Las Vegas par l'I-40 E puis la Hway 64. Mais l'accès au canyon se fait depuis l'une ou l'autre des rives, au nord *(North Rim)* et au sud *(South Rim)*. Celles-ci n'ont pas de liaisons directes entre elles et sont distantes de 216 miles (345,6 km). Les modes d'accès de chaque rive sont listés au fil de leur découverte *(voir plus loin)*.

SE GARER

Que vous arriviez par l'est ou le sud, cherchez d'abord à vous garer, car les parkings sont vite remplis. Celui de Market Plaza est pratique, car vous avez de là accès aux navettes du *Visitor Center* (circuit vert) et à celles du village (circuit bleu).

À NE PAS MANQUER

La randonnée le long de Hermit Road et la route de Desert View au coucher du soleil.

ORGANISER SON TEMPS

Consacrez au moins deux journées à la visite du parc, surtout si vous souhaitez descendre au fond du canyon. L'aller-retour ne se fait en effet jamais en une journée, le risque de déshydratation et d'épuisement étant trop important. Arrivez tôt pour profiter de la lumière dans le calme.

Impossible de ne pas marquer un temps d'arrêt lorsque se dévoile la gorge immense et vertigineuse derrière le rideau d'arbres. La vision des falaises et des buttes rocheuses balayées par l'ombre des nuages est tout simplement grandiose, comme la répétition à l'infini des strates géologiques. La majesté du Grand Canyon s'impose d'elle-même, offrant en prime un spectacle sans cesse renouvelé au fil des heures et des saisons.

Découvrir

Fondé en 1919, le parc national du Grand Canyon renferme 4 931 km² d'espace protégé, le long du profond sillon de 447 km qui court de Lees Ferry jusqu'au lac Mead. Seule une petite partie est facilement accessible par voie terrestre. Les deux rives du canyon sont éloignées de 10 miles en moyenne à vol d'oiseau, mais deux à trois jours de randonnée ardue ou cinq heures de voiture sont nécessaires pour passer de l'une à l'autre. La partie sud, la plus visitée, reste la plus spectaculaire, car les falaises de la rive nord sont beaucoup plus découpées, avec des gorges qui s'enfoncent plus profondément dans le bord du plateau.

★★★ LA RIVE SUD (SOUTH RIM)

▶ *Comptez une journée et demie (hors descente dans le canyon).*

Le village de **Grand Canyon**, desservi par la navette, comprend le quartier historique et, à l'est, un ensemble plus récent organisé autour de Market Plaza, centre de ravitaillement pour les visiteurs.

Dans un premier temps, évitez la foule du village et rendez-vous au *Canyon View Information Plaza*. De là, une courte marche *(5mn)* mène à **Mather Point**, promontoire idéal pour une première rencontre avec le canyon et possible point de départ du Rim Trail, qui parcourt la partie ouest du parc.

Le Rim Trail

Cette longue et magnifique promenade permet de suivre un circuit de 19 miles au bord du canyon de Pipe Creek jusqu'à Hermits Rest.

Malgré le nombre de visiteurs qui se pressent derrière la rambarde de **Mather Point★★★**, le silence se fait et seul demeure le bruit du vent. Il faut s'accoutumer à un univers où les distances sont faussées : pensez que la rive nord est éloignée de plus de 10 miles de l'endroit où vous vous tenez, et prenez la mesure du gigantisme des promontoires ravinés qui se succèdent des deux côtés du fleuve. Pour déjouer l'impression que le canyon est à portée de main, vous pouvez chercher sur votre droite le tracé abrupt du **Kaibab Trail** où descendent les mules, ou quelques-unes des cabanes du **Phantom Ranch**, nichées au creux de Bright Angel Canyon, sur la gauche, de l'autre côté de la rivière.

Le Rim Trail, accessible aux handicapés, de Yavapai Observation Station à Bright Angel Lodge, mène d'abord à **Yavapai Point**, où se tient un centre d'observation *(8h-20h)* avec une verrière panoramique. Il est facile et pavé de Pipe Creek Vista jusqu'à Maricopa Point et il traverse le quartier historique.

Ensuite, de Maricopa Point à Hermits Rest, le chemin n'est plus pavé et il est donc recommandé de faire très attention aux passages délicats. Le circuit, cependant, ne présente pas de difficultés particulières.

★★★ Le long de Hermit Road

Comptez 1h30 à 3h. Circuit obligatoire en navette (itinéraire rouge) ou à pied.

La visite du Grand Canyon s'effectue en majeure partie en surplomb des falaises. À l'ouest du village, la route menant à Hermits Rest (de déc. à fin fév.) est la plus empruntée, car elle est doublée d'un sentier de randonnée, le Rim Trail (8 miles), qui permet d'alterner marche et trajet motorisé le long de la rive. Les navettes circulent toutes les 10 à 15mn (90mn AR) ; à partir du Bright Angel Lodge, elles desservent les 8 points de vue à l'aller, mais ne font halte qu'à Mohave Point et Hopi Point au retour.

Passé le quartier historique *(voir page suivante)* débute Hermit Road.

★★ **Trailview Overlook** – Le premier des points de vue, niché à l'extrémité sud de la plus longue gorge du canyon (18 miles d'une rive à l'autre), offre une vue rapprochée du village. Il surplombe le **Bright Angel Trail** *(voir « Randonnées » p. 477),* où se devinent mules et randonneurs.

5

Le tracé du sentier se poursuit jusqu'à un point de vue donnant sur le fleuve, **Plateau Point** (1 152 m d'altitude), situé au bord de la Tonto Platform. Ce plateau verdoyant qui longe le canyon est constitué de roches déposées il y a environ 500 millions d'années, comptant parmi les plus anciennes du paléozoïque.

Un deuxième point de vue offre un aperçu similaire, mais un peu plus dégagé, tandis que les trois suivants proposent des perspectives différentes.

★★ **Maricopa Point** – Ici, le panorama s'ouvre un peu plus vers l'ouest, invitant le regard à se perdre dans les replis et les mesas creusés par les rivières Trinity, Phantom et Bright Angel. Par endroits, vous apercevez le fleuve Colorado. Cheminez le long du canyon jusqu'à Powell Point.

Powell Point – Un monument de pierre a été érigé en l'honneur de John Wesley Powell, premier explorateur à avoir descendu le Colorado et ses rapides à travers la gorge du Grand Canyon, en 1869 et 1872. Un sentier sur la droite vous permet d'apercevoir l'**Orphan Mine**, une mine désaffectée surplombant un à-pic vertigineux, et dont les hauts piliers rouillés témoignent d'une activité qui a duré de 1892 à 1969 (cuivre puis uranium, argent et vanadium).

★★ **Hopi Point** et ★★★ **Mohave Point** – Ces deux belvédères regardent résolument vers l'ouest, là où la frise du Grand Canyon se déroule à l'infini : par beau temps, on peut même apercevoir le mont Trumbull (2 447 m), situé à plus de 60 miles de là ! Les deux promontoires de Mohave Point, d'où l'on a vraiment l'impression de flotter sur le canyon, offrent un très large point de vue. Les noms de certaines buttes, évoquant des divinités ou des monuments orientaux (la pyramide de Kheops, les temples de Shiva et d'Osiris), ont été attribués lors de l'expédition de 1880, au cours de laquelle Clarence Dutton, féru de religion asiatique, fit la description des reliefs.

Passé Mohave Point, la route fait un coude le long de l'**Abyss★** qui, comme son nom l'indique, surplombe un gouffre vertigineux bordé par une falaise abrupte.

★★ **Pima Point** – L'avant-dernier point de vue découvre un panorama toujours plus occidental, mais vous êtes loin de contempler l'ensemble du Grand Canyon : il s'étend encore sur 95 miles jusqu'aux falaises de Grand Wash, aux abords du lac Mead. D'après John W. Powell, la falaise que vous apercevez sur votre droite constitue le meilleur endroit où distinguer les 11 strates géologiques superposées. Sous l'abri de bois se trouve un panneau permettant de repérer les roches qui composent le canyon. Un autre relate l'histoire de Hermit's Camp, établi par le chemin de fer de Santa Fe pour concurrencer le campement d'Indian Garden sur le Bright Angel Trail.

Bright Angel Point.
C. Beier / Age Fotostock

La route s'achève à Hermits Rest.

★ **Hermits Rest** – Une discrète bâtisse en pierre construite en 1914 signale la fin du circuit. Dessinée par l'architecte Mary Colter, qui a marqué de son empreinte plusieurs bâtiments du parc, elle était à l'origine destinée aux randonneurs en route pour **Hermit's Camp**, situé dans le canyon. Attirés par les récits des explorateurs et leurs descriptions des roches, les premiers Anglo-Américains à s'installer dans le canyon furent des prospecteurs, comme Louis Boucher, dit « l'Ermite », qui y vécut de 1912 à 1931. Ils sont d'ailleurs à l'origine des chemins de grande randonnée. N'hésitez pas à pénétrer dans l'édifice, qui abrite maintenant un magasin de souvenirs, mais où subsiste une immense cheminée, sise au sein d'une grande alcôve noircie par la suie *(Un snack-bar propose une restauration légère, 9h-19h. Toilettes).*
Revenez sur vos pas ou reprenez une navette jusqu'au village.

★★ Le quartier historique
Comptez 2h. Demandez le dépliant à la réception des hôtels ou dans les magasins du village.
Cet ensemble de bâtiments donne un aperçu des commodités offertes aux visiteurs du début du 20e s. Bien entretenus, ils ont conservé pour la plupart leur fonction d'origine.

★★ **Gare** – Comme dans beaucoup de régions de l'Ouest, l'arrivée du chemin de fer marqua un tournant dans l'histoire du Grand Canyon. Dès 1892, une ligne de diligence acheminait les visiteurs depuis Flagstaff, au terme d'un périple de onze heures. Avec la construction de la ligne de chemin de fer par la compagnie de Santa Fe en 1901, le canyon n'était plus qu'à trois heures de voyage de Williams pour un prix cinq fois inférieur. Achevé en 1909, le bâtiment a été restauré et résonne encore chaque jour du signal des trains *(elle n'ouvre qu'à l'arrivée et au départ du train, à 12h15 et 16h).*

★ **El Tovar Hotel** – *Derrière la gare.* Cette élégante construction en pierre et en bois est également l'œuvre de la compagnie de chemin de fer. Célèbre hôtel tenu pour l'établissement le plus luxueux à l'ouest du Mississippi, il fut dessiné par l'architecte Charles F. Whittlesey et achevé en 1905. Avec ses allures de chalet suisse, son magnifique hall d'entrée en bois sombre rehaussé de lustres en cuivre et de trophées, il n'a rien perdu de son charme.

★ **Hopi House** – *Face à El Tovar Hotel, sur le Rim Trail.* Inaugurée un peu avant El Tovar Hotel, cette imposante bâtisse est une autre réalisation de Mary Colter, inspirée de l'architecture traditionnelle des Indiens hopis.

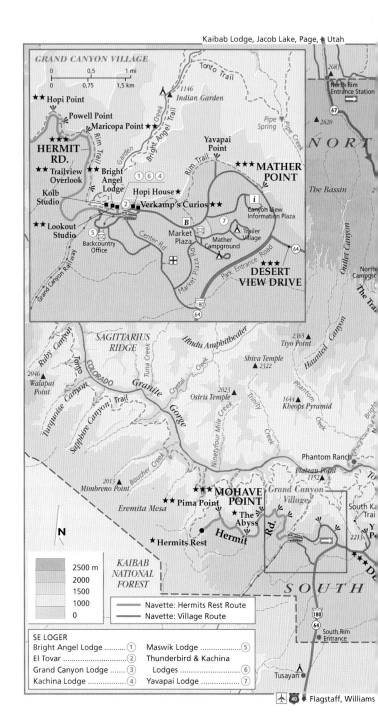

Kaibab Lodge, Jacob Lake, Page, Utah

GRAND CANYON VILLAGE

★★ Hopi Point

★ Powell Point

★★ Maricopa Point

Yavapai Point

★★★ **MATHER POINT**

★★★ **HERMIT RD.**

★★ Trailview Overlook

★★ Bright Angel Lodge

Kolb Studio

Hopi House ★

Verkamp's Curios ★★

★★ Lookout Studio

Canyon View Information Plaza

Backcountry Office

Center Rd.

Market Plaza

Mather Campground

Trailer Village

DESERT VIEW DRIVE ★★★

Park Entrance Road

Market Plaza Rd.

Grand Canyon Railway

SAGITTARIUS RIDGE

Hindu Amphitheater

2365 ▲ *Tiyo Point*

Shiva Temple ▲ 2322

Ruby Canyon

Tonto

COLORADO

Granite

2046 ▲ *Walapai Point*

Tuna Creek

Crystal Creek

2023 *Osiris Temple*

Trinity

1644 ▲ *Kheops Pyramid*

Phantom Creek

Turquoise Canyon

Sapphire Canyon Trail

Ninetyfour Mile Creek

Gorge

Boucher Creek

2013 *Mimbreno Point*

Phantom Ranch

Plateau Point 1152 ▲

N

★★★ **MOHAVE POINT**

★★ Pima Point

★ The Abyss

★ Hermits Rest

Eremita Mesa

Hermit Rd.

Grand Canyon Village

South K Trai

KAIBAB NATIONAL FOREST

2500 m	
2000	
1500	
1000	
0	

Navette: Hermits Rest Route
Navette: Village Route

SOUTH

South Rim Entrance

Tusayan

Flagstaff, Williams

SE LOGER

Bright Angel Lodge .... ①   Maswik Lodge .... ⑤

El Tovar .... ②   Thunderbird & Kachina

Grand Canyon Lodge .... ③   Lodges .... ⑥

Kachina Lodge .... ④   Yavapai Lodge .... ⑦

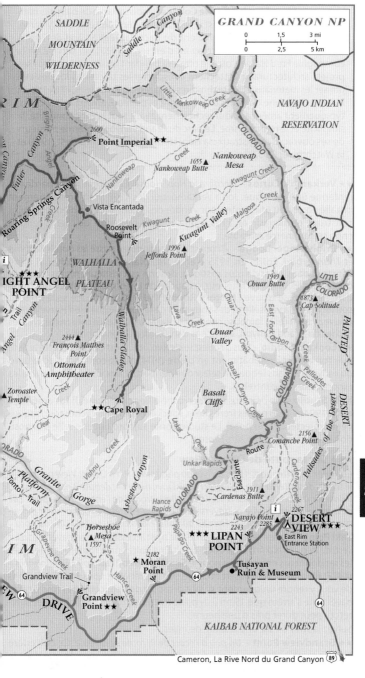

GRAND CANYON NP

| 0 | 1,5 | 3 mi |
| 0 | 2,5 | 5 km |

SADDLE
MOUNTAIN
WILDERNESS

Saddle Canyon

RIM

Little Nankoweap Creek

NAVAJO INDIAN
RESERVATION

COLORADO

2600
↯ Point Imperial ★★

Bright Angel Canyon

Tuller Canyon

Creek

1655 ▲
Nankoweap Butte

Nankoweap
Mesa

Nankoweap

Roaring Springs Canyon

Kwagunt Creek

Malgoca Creek

Creek

Vista Encantada

Roosevelt
Point

Kwagunt

Creek

Kwagunt Valley

1996 ▲
Jeffords Point

i

WALHALLA
PLATEAU

1949 ▲
Chuar Butte

LITTLE
COLORADO

★★★
BRIGHT ANGEL
POINT

Lava Creek

Chuar Creek

East Fork Carbon

1873 ▲
Cap Solitude

PAINTED

Trail

Angel Canyon

2444 ▲
François Matthes
Point

Walhalla Glades

Chuar
Valley

Creek

Ottoman
Amphitheater

Creek

Basalt Canyon Creek

Palisades Creek

▲ Zoroaster
Temple

★★ Cape Royal

Basalt
Cliffs

DESERT

Clear Creek

Vishnu Creek

Asbestos Canyon

Unkar Creek

2156 ▲
Comanche Point

Palisades of the Desert

COLORADO

Granite
Gorge

Platform

Tonto Trail

Route

Unkar Rapids

COLORADO

Escalante

1911 ▲
Cardenas Butte

Cardenas Creek

Hance
Rapids

Navajo Point
2243

2267
↯ DESERT
VIEW ★★★

2285
★★★ LIPAN
POINT

i

East Rim
Entrance Station

Grapevine Creek

Horseshoe
Mesa ▲
1 597

Papago Creek

Hance Creek

2182
★ Moran
Point

Tusayan
Ruin & Museum

Grandview Trail

64

RIM

DRIVE

64

↯ Grandview
Point ★★

KAIBAB NATIONAL FOREST

Cameron, La Rive Nord du Grand Canyon 89

5

L'ARCHITECTE DU SUD-OUEST

Le nom de **Mary Elizabeth Jane Colter** est indissociable de bien des bâtiments des parcs du Sud-Ouest américain. Née en 1869 en Pennsylvanie, la jeune femme passe l'équivalent du baccalauréat à l'âge de 14 ans et étudie l'art à San Francisco avant d'entrer, en 1901, au service de la compagnie Fred Harvey, où elle officiera pendant quarante ans. Tous ses projets architecturaux s'attachent à respecter les traditions locales et à utiliser les matériaux et les techniques de la région. En ce sens, elle est bien la contemporaine de Frank Lloyd Wright et du mouvement *Arts & Crafts*, typiquement américain, qui recherchent avant tout la fonctionnalité, la simplicité et le régionalisme. Le parc du Grand Canyon renferme plusieurs de ses ouvrages magistraux : la Hopi House (1905), Hermits Rest (1914) et la Watchtower (1932).

★★ **Verkamp's Curios** – *Derrière la Hopi House*. Ce bâtiment de bardeaux renferme une boutique. John Verkamp, qui dès 1898 avait provisoirement installé en ce lieu une tente pour vendre des « curiosités » indiennes, revint construire ce magasin en 1905, à une époque où l'afflux de clients rendait enfin ce commerce rentable.

★★ **Bright Angel Lodge** – *À l'ouest d'El Tovar Hotel, passé les hôtels Kachina et Thunderbird*. Édifié en 1935 d'après les plans de Mary Colter, il a été construit dans un style plus rustique, destiné aux visiteurs moins fortunés que ceux d'El Tovar. À l'intérieur, à gauche de l'énorme cheminée qui trône dans l'entrée, se trouve l'**History Room** *(9h-17h. Gratuit)*, une salle où sont conservés de la vaisselle et des souvenirs de la compagnie Fred Harvey. Vous pouvez y admirer la fameuse cheminée que Mary Colter fit construire avec les roches du Grand Canyon, agencées dans l'ordre chronologique.

★★ **Lookout Studio** – *Plus à l'ouest sur le Rim Trail*. C'est encore à cette artiste que l'on doit ce petit bâtiment en pierre (1914) qui se confond avec le bord du canyon, et dans lequel un télescope permettait aux visiteurs de suivre les randonneurs en contrebas.

Kolb Studio – *Un peu plus loin, accroché à flanc de falaise*. Il fut aménagé entre 1904 et 1926 par les frères Kolb, spécialisés dans les clichés touristiques (leur projecteur est exposé). Le studio abrite aujourd'hui une salle d'exposition et une librairie *(8h-20h. Gratuit)*.

★★★ Sur la route de Desert View

Comptez 3h. Attention, il faut arriver au plus tard à 16h à Desert View pour avoir le temps de visiter la tour. La Desert View Drive (Hwy 64) débute 3 miles à l'est du village pour aboutir à Desert View (25 miles), proche de l'entrée est du parc. Elle dessert six points de vue et traverse une agréable forêt où vous pouvez pique-niquer. Elle rejoint ensuite la Hwy 89 qui rallie Flagstaff au sud et Page au nord.

Yaki Point – Le premier des points de vue n'est accessible qu'en navette *(circuit vert, de déb. mars à fin nov.)*. Celle-ci fait une halte sur la route pour déposer les randonneurs en partance pour le **South Kaibab Trail** *(voir « Randonnées » p. 477)*. Bien que le lieu, désert et calme, soit appréciable, nous vous conseillons de vous y rendre uniquement si vous disposez de beaucoup de temps, car la navette ne s'arrête que 15mn *(elle passe ttes les demi-heures)* et le trajet aller-retour peut durer près d'une heure.

Suivez la Hwy 64 sur une dizaine de miles.

★★ **Grandview Point** – *Un peu à l'écart de la route principale*. Ce belvédère livre une vue à 180°. Les bords du canyon étant moins abrupts que dans la partie située à l'ouest du village, un grand nombre de buttes et de mesas s'offrent au regard dans une féerie de couleurs ocre, vert, rouge et beige. Avant l'arrivée du train (1901), le développement du village de Grand Canyon et l'explosion du tourisme, ce site était le principal point de vue de la région et un hôtel s'y tenait même en 1893. Le **Grandview Trail**, qui permettait aux mineurs de se rendre à Horse Shoe Mesa, la butte située au premier plan, est l'un des plus rudes : en moins de 5 km, le dénivelé chute de 793 m *(voir « Randonnées » p. 477)*.

★ **Moran Point** – À cette avancée, le panorama se dégage toujours plus vers l'est du canyon et vous avez quelques échappées sur le Colorado.

Continuez sur 5 miles et prenez à droite.

Tusayan – Le site abrite les vestiges d'un village anasazi, où une trentaine de personnes auraient vécu aux environs de 1185. Plus de 2 500 sites archéologiques ont été dénombrés dans le Grand Canyon. Mises au jour en 1930, ces ruines sont loin d'être les plus intéressantes de la région, mais ce sont les plus faciles d'accès dans le parc. Petit **musée** consacré aux différentes tribus indiennes *(9h-17h. Gratuit. Comptez 30mn)*.

Revenez sur la route.

★★★ **Lipan Point** – *Peu après Tusayan*. Superbe point de vue sur le Colorado et les **Unkar Rapids**. Les falaises se découpent à l'infini comme de la dentelle et vous pouvez apercevoir dans les replis rocheux en contrebas les vestiges d'habitations indiennes : la proximité de l'eau permettait ici de cultiver. Vous apercevez en contrebas les **Hance Rapids**, bien connus de ceux qui descendent le fleuve Colorado en bateau. Les nombreux rapides du Grand Canyon surviennent lorsque des débris rétrécissent la gorge, obligeant le fleuve à lutter pour se frayer un passage. En observant attentivement les lignes dessinées par la superposition des roches, vous remarquerez une couche légèrement inclinée, proche du niveau de l'eau : les roches qui la composent, visibles uniquement dans la partie est, appartiennent au *Grand Canyon Supergroup* de l'ère précambrienne (– 1 million d'années), et ont été totalement érodées ailleurs.

★★★ **Desert View** – Il s'agit du poste d'observation le plus élevé de la rive sud. La haute tour en pierre *(8h-17h)* qui s'élève sur le bord de la falaise a été construite en 1932 par Mary Colter. Elle offre en son sommet une vue à 360° sur le canyon et le fleuve Colorado, dont les méandres se profilent maintenant vers le nord. On aperçoit à l'est les collines aux couleurs indéfinissables du Painted Desert, ainsi que le Cedar Mountain, l'un des seuls vestiges de l'ère

---

LES INDIENS HOPIS

5

Intercalé au milieu des terres navajos, le territoire des Hopis s'étend à l'est du Grand Canyon, rassemblé dans une douzaine de villages. Très pacifique, leur culture se rapproche de celles des Indiens pueblos du Nouveau-Mexique. Dans la tradition, leurs femmes se remarquaient à leur coiffure caractéristique, évoquant deux larges oreilles de chaque côté du visage. Dans cette société matriarcale, les hommes vont habiter chez la femme qu'ils épousent et non l'inverse. Pour que les techniques de construction et les styles architecturaux des Hopis, qui avaient séduit Mary Colter, soient préservés, des ateliers ont été créés à l'intention des jeunes de la tribu. L'objectif est de pérenniser les liens qui existent entre la conception de l'espace de vie et les rites spirituels, particulièrement développés chez les Hopis. Ils établissent par exemple des correspondances entre les directions cardinales, les couleurs, les plantes et la cosmologie.

mésozoïque (245-60 millions d'années) de la région. À l'intérieur de la tour, vous pouvez admirer de belles peintures réalisées par des artistes hopis.

En retrait de la tour, un petit Visitor Center (tlj 9h-19h en été, 9h-17h après oct.) voisine avec une épicerie (tlj 8h-18h) et un snack-bar (tlj 8h-17h). Un peu plus loin, vous trouverez également une station-service (tlj 9h-17h, en saison uniquement).

D'UNE RIVE À L'AUTRE

Si vous souhaitez faire la randonnée d'une rive à l'autre, sachez que cette très belle aventure n'est pas sans risque et qu'elle s'adresse à des marcheurs expérimentés. Sachez également qu'il est vivement conseillé d'aller de la rive nord à la rive sud, la rive sud étant moins élevée que la rive nord, qui présente un dénivelé de plus de 1 000 m. Les rangers conseillent d'aller de la rive nord à la rive sud en trois jours avec une première nuit à Cottonwoodcamp et une deuxième à Bright Angel Camp, près de la rivière Colorado. Si vous avez laissé votre véhicule sur la rive nord, vous pouvez y revenir par la navette *(voir horaires plus bas)*. Prévoyez quatre litres d'eau par jour, des céréales, des barres énergétiques, des fruits, etc. Il est recommandé de porter plusieurs couches de vêtements, ce qui permet de s'adapter à la température en fonction de la montée ou de la descente. Il est aussi indispensable d'avoir une carte et, obligatoire, un permis de camper *(voir « Camper en pleine nature », p. 477)*. Avant de partir, informez-vous auprès des rangers pour obtenir le maximum de renseignements sur les passages difficiles et des conseils selon la saison.

★★ LA RIVE NORD

Comptez une journée. Pour atteindre la rive nord du Grand Canyon, vous devez emprunter la Hwy 89A, puis la Hwy 67 à hauteur de Jacob Lake. Comptez 5h à partir de la rive sud du canyon (216 miles) et 1h30 depuis Fredonia. Passé les guérites de l'entrée, la route (14 miles) conduit à la partie aménagée du parc, à proximité de Bright Angel Point, où se trouvent notamment le Visitor Center (8h-18h) et le Grand Canyon Lodge. Ces derniers ferment leurs portes de la mi-octobre à la mi-mai, mais le parc reste ouvert pendant la journée jusqu'à ce que les conditions météorologiques nécessitent la fermeture de la Hwy 67 (pour les prévisions, ✆ (928) 774 12 80). L'accès (deux rives comprises) coûte 25 $/véhicule.

Découverte de la rive nord

Plus isolée et moins accessible que sa jumelle du sud, la rive nord du Grand Canyon accueille dix fois moins de visiteurs, d'autant que chaque hiver d'abondantes chutes de neige en interdisent l'accès pendant plusieurs mois. Elle offre des vues tout aussi spectaculaires, mais moins nombreuses pour qui n'envisage pas de randonner. En effet, l'érosion a été ici plus importante, creusant des canyons secondaires qui s'enfoncent plus profondément dans les terres et créant de hautes falaises et des buttes élevées qui dessinent un premier plan moins dégagé que sur la rive sud.

Située sur une étroite langue de terre perpendiculaire à Bright Angel Canyon, cette partie du parc offre des vues plongeantes sur les canyons adjacents, **Transept et Roaring Springs Canyons** *(au départ du Grand Canyon Lodge, le Transept Trail longe le canyon du même nom et conduit jusqu'au camping ; 1h30 AR)*.

Visitez le **Grand Canyon Lodge★★**, un magnifique édifice en pierre construit en 1936 qui s'élève à flanc de falaise et comporte un salon et une terrasse panoramiques.

Le canyon au microscope

COMPRENDRE SON ANATOMIE

Les strates

Le Grand Canyon compte en moyenne 1 600 m de dénivelé donc de strates. Les roches les plus anciennes, dites précambriennes, datent de 2 milliards d'années et bordent le lit du Colorado. Issues de mouvements volcaniques, elles présentent un aspect noirâtre et forment des falaises à pic. Au-dessus reposent des roches sédimentaires, déposées en couches successives à l'ère primaire (550-250 millions d'années), quand les mers avançaient et reculaient sur le continent. Elles contiennent un grand nombre de fossiles. Les reliefs étagés et colorés résultent de l'altération de ces roches : les calcaires et les grès donnent des falaises abruptes, les schistes s'érodent en pentes douces.

L'érosion

À l'ère secondaire (– 245 à – 65 millions d'années), l'ensemble de la région fut surélevé, mais l'étagement des couches de roches fut préservé. Le soulèvement **Kaibab** (c'est ainsi que s'appelle la partie qui a été surélevée) présente une forme de dôme allongé. Le lit du Colorado passant dans la partie inclinée la plus au sud du dôme, la rive nord du canyon, ou **plateau Kaibab**, surplombe la rive sud, ou **plateau Coconino**, d'environ 305 m.

Cela explique pourquoi la rive nord reçoit davantage de précipitations et de neige, et que l'érosion y a été plus violente, créant un réseau de canyons beaucoup plus conséquent. Sa végétation est aussi plus abondante et diversifiée (sapins, épicéas, pins Ponderosa, trembles) qu'au sud, dominé par une végétation rencontrée dans les régions désertiques (pins, genévriers, yuccas).

DÉCOUVRIR SON HISTOIRE

Un canyon connu mais peu fréquenté

La découverte de figurines en tiges tressées fait remonter la présence humaine dans le canyon à 3 000 ou 4 000 ans, et il est avéré que les Anasazis, qui y ont vécu entre 500 et 120, y ont laissé quelques traces.

Les premiers Espagnols qui découvrirent le canyon arrivèrent quant à eux en 1540 : ils appartenaient à l'expédition menée par Francisco Vasquez de Coronado. Deux siècles plus tard, deux autres expéditions espagnoles, dont celle des pères Escalante et Dominguez, passèrent aux abords du Grand Canyon, mais cette gorge pratiquement infranchissable fut délaissée.

La redécouverte par les explorateurs et les touristes

Après l'acquisition de l'Arizona par les États-Unis, en 1848, la région fit l'objet d'études précises. En 1857, l'expédition menée par **Joseph Ives** entreprit de remonter le Colorado, mais elle se heurta aux étroites gorges et aux violents rapides du Grand Canyon, ce qui poussa l'explorateur à décréter qu'il n'y avait rien à tirer de cette région.

Il fallut donc attendre 1869, quand **John Wesley Powell** et son équipage franchirent pour la première fois le Colorado à travers le Grand Canyon, pour que cet endroit unique retienne l'attention des autorités et du grand public.

Les prospecteurs arrivèrent dès les années 1880 et les touristes commencèrent à affluer à la fin du 19e s. Aujourd'hui, la magie du lieu attire des visiteurs de toutes nationalités !

LE FORMIDABLE FLEUVE COLORADO

Ni le plus long ni le plus gros de tous les fleuves d'Amérique, le Colorado se distingue par sa puissance, car il prend sa source à plus de 4 000 m d'altitude, dans les montagnes Rocheuses. Artisan principal du Grand Canyon, il aurait commencé son œuvre d'érosion il y a environ 5 millions d'années, dans des couches de roches sédimentaires datant pour la plupart du paléozoïque (550-250 millions d'années). Alimenté par la fonte des neiges, par les eaux de pluie et par ses affluents, qui ont grandement contribué à l'érosion des parois, il charriait une quantité impressionnante de débris et de boue, qui lui ont valu son nom de fleuve « rouge » en espagnol.

★★★ Bright Angel Point

En suivant le sentier qui court le long de la corniche, du Grand Canyon Lodge à Bright Angel Point *(facile ; 30mn AR)*, vous distinguez nettement les strates supérieures de la formation du canyon, dont les couleurs tranchent les unes avec les autres : les falaises blanches qui bordent la rive sont composées de grès Coconino, contrastant avec les couches inférieures, composées d'argiles (Hermit Shale) et de roches du Supai Group, puis de calcaire Redwall. Plus bas, la vue est obstruée par l'étroitesse des canyons et les replis qu'ils dessinent. Parvenu à Bright Angel Point, vous apercevez les San Francisco Peaks qui se profilent dans le lointain. Ces montagnes des environs de Flagstaff sont nées de l'activité volcanique de l'ère cénozoïque (de 65 millions d'années à nos jours).

Seul le **North Kaibab Trail** descend au fond du canyon, mais en aucun cas il n'est possible de descendre jusqu'au fleuve Colorado et de revenir en une seule journée. Vous pouvez couvrir une partie du sentier pendant la journée, jusqu'à **Coconino Overlook** *(1-2h AR)*, **Supai Tunnel** *(3-4h AR)* et **Roaring Springs** *(très difficile ; 930 m de dénivelé ; 7-8h AR)*, mais soyez très prudent et planifiez votre retour.

Un permis est requis pour camper en pleine nature ; renseignez-vous au bureau des rangers. Mieux vaut réserver en écrivant à Backcountry Information Center, P.O. Box 129, Grand Canyon, Arizona 86023.

Voir aussi « Camper en pleine nature », p. 477, et « D'une rive à l'autre », p. 458.

★★ Les points de vue de l'est

Empruntez la route qui bifurque à 2 miles au nord du Visitor Center et mène aux points de vue de Point Imperial (11 miles) et de Cape Royal (23 miles), d'où partent de nombreux chemins de randonnée (reportez-vous au journal).

À plus de 2 600 m d'altitude, **Point Imperial★★** est le point de vue le plus haut de tout le parc. Regardant la partie est du canyon, il surplombe Marble Canyon, à l'endroit où le Colorado suit un cours nord-sud et permet de voir, en direction du sud-est, la gorge de la Little Colorado River.

Situé à l'extrémité sud du plateau Walhalla, le point de vue de **Cape Royal★★** offre un panorama très dégagé sur la rive sud du canyon.

À proximité Carte de région

Skywalk et Grand Canyon West (Peach Springs) A2

▶ *Comptez une demi-journée, une journée avec excursion. Peach Springs, capitale de la tribu Hualapai, est à env. 150 miles à l'ouest de la rive sud du Grand Canyon et à 113 miles de Flagstaff. Depuis Las Vegas, rendez-vous à Kingman*

(84 miles) puis à Peach Springs (50 miles), située le long de la Route 66. « Grand Canyon West » se trouve à 20 miles au nord de Peach Springs. ☏ (702) 220 8372, www.grandcanyonskywalk.com. Visite guidée du site dans des véhicules de la réserve (29,95 $/pers.). Skywalk : accès par ordre d'arrivée, 29,95 $. Ouvert du lever au coucher du soleil. Entrée : 43 $ pour Grand Canyon West.

Skywalk – Au printemps 2007 a été inauguré le « Skywalk », la première passerelle construite en verre et suspendue à 1 220 m au-dessus du Grand Canyon. Pour visiter cette stupéfiante construction, en forme de fer à cheval, des chaussons spéciaux seront fournis à chaque visiteur, à la fois pour protéger le verre et pour lui éviter de glisser.

Grand Canyon West – Le site se compose d'un village indien, d'un marché et d'un ranch Hualapai, constituant une véritable petite ville western, et permet l'accès à Guano Point et à Eagle Point. C'est le seul endroit où l'on peut effectuer des excursions en bateau d'une journée sur les rapides du Colorado. *Se renseigner au Hualapai Lodge, 900 Rte 66, Peach Springs, ☏ (928) 769 2230/1 866 264 5744, info@grandcanyonresort.com, où vous pourrez dormir avant l'excursion (100 à 110 $ pour une ch. double).*

😊 NOS ADRESSES AU GRAND CANYON NATIONAL PARK

La rive sud

TRANSPORT

En voiture – L'accès à la rive sud se fait par deux entrées : à l'est par Cameron et au sud par Tusayan. De Flagstaff, prendre la Hwy 180 vers Tusayan via Valle (81 miles) ; de Page, prendre la Hwy 89 vers Flagstaff jusqu'à Cameron puis la Rte 64 (139 miles).

En avion – L'aéroport le plus proche est situé à Tusayan, à 1,5 mile du parc. Vols touristiques et liaisons en provenance de Las Vegas (1h15) assurés par **Scenic Airlines**, ☏ (702) 638 3300/866 235 9422, www.scenic.com. Un bus relie toutes les heures l'aéroport au parc (35mn), en passant par Tusayan.

En train – Le **Grand Canyon Railway** assure une liaison quotidienne entre Williams et le village de Grand Canyon (2h15). Attraction à part entière, ce train transporte les voyageurs dans d'anciens wagons restaurés et propose des animations (quatre classes, de 70 $ à 130 $). Possibilité de passer la nuit sur place. *Rens. : ☏ (928) 773 1976/1-800 843 8724, www.thetrain.com*

En navette – Un important dispositif de navettes gratuites *(shuttles)* a été mis en place et certains tronçons de route sont interdits aux véhicules particuliers. Étudiez bien le plan et le journal qui vous est remis à l'entrée (l'édition française est un peu moins complète).

INFORMATION UTILE

Stations-service – À Tusayan et au Desert View Campground (fermé en hiver).

HÉBERGEMENT

L'idéal est de loger dans le parc ou à Tusayan (2 miles de l'entrée sud) mais les hébergements sont chers. Les prix sont plus abordables à Williams (58 miles/1h) ou à Flagstaff (81 miles/1h30) *(voir p. 530)*.

5

Dans le parc

Il est vivement conseillé de réserver longtemps à l'avance. Tous les hôtels sont gérés par Xanterra P & R, ℘ (928) 638 2631/1-888 297 2757 (303 297 2757 depuis l'étranger), www. grandcanyonlodges.com. Mais vous pouvez aussi tenter votre chance au dernier moment, car il y a souvent des désistements. Les prix varient entre 85 $ et 454 $.

☺ Le soir l'éclairage est minimun, prévoir une lampe électrique.

PREMIER PRIX

Les réservations sont toutes centralisées par l'administration des parcs nationaux, ℘ 1-877 444 6777, www.recreation.gov.

Mather Campground – *1 mile au sud du Visitor Center, ℘ 1 877 444 6777 pour signaler tout retard dans votre arrivée - 327 empl. 18 $.* Le plus grand des campings du parc. Toilettes, douches à proximité mais pas d'électricité. 1er mars à mi-nov.

Trailer Village – *Voisin du précédent, ℘ (888) 297-2757 et (928) 638-2631 pour le jour même - 84 empl. 34,50 $.* Réservés aux camping-cars.

Desert View Campground – *À 25 miles à l'est du Visitor Center - 50 empl. 12 $.* Toilettes, pas de branchement électrique. Minimarket et snack. Début mai à mi-octobre.

BUDGET MOYEN

Bright Angel Lodge – *G.C. Village - 85 ch. 81/340 $* 🖵 ✕ Trois catégories de chambres réparties dans deux grands bâtiments et une quinzaine de petits pavillons en bois, dont certains avec sanitaires communs. Quelques cabanes donnent directement sur le canyon.

Maswik Lodge – *G.C. Village, à 300 m en retrait du canyon - 278 ch.*

92/173 $ 🖵 ✕ Une trentaine de chambres réparties dans de petites cabanes, ainsi que des chambres classiques rénovées dans des bâtiments de style motel. Parmi les hébergements les moins prisés, car en retrait du bord du canyon, il est néanmoins sympathique, même si les prix sont équivalents à ceux du Bright Angel Lodge, bien mieux situé.

POUR SE FAIRE PLAISIR

Yavapai Lodge – *G.C. Village, à proximité de Market Plaza - 358 ch. 114/163 $* 🖵 ✕ Chambres confortables, mais assez sombres, aménagées dans des bâtiments situés au milieu des pins.

UNE FOLIE

Thunderbird & Kachina Lodges – *G.C. Village - 100 ch. 173/184 $* 🖵 ✕ Ces deux établissements modernes donnent directement sur le canyon et proposent des chambres confortables, dont la moitié avec vue.

El Tovar – *G.C. Village - 78 ch. 178/426 $* 🖵 ✕ Grand et bel hôtel en rondins situé au cœur du quartier historique. Les chambres, refaites récemment, sont très confortables.

Tusayan

Situé à 9 miles du Grand Canyon Village, Tusayan se résume à une succession d'hôtels et de restaurants le long de la Hwy 64.

PREMIER PRIX

Ten-X Campground – *À 2 miles au sud de Tusayan, ℘ (928) 638 2443. Mai - sept. 70 empl. 14 $.* Toilettes mais pas de douches ni de branchement électrique.

BUDGET MOYEN

7-Mile Lodge – *À l'entrée sud de Tusayan, à côté du Best Western, 56 Powell Ave., ℘ (928) 638 2291 - 20 ch. Env. 85 $* 🖵 Un tout petit motel aux chambres sans prétention mais confortables. L'adresse certainement la moins chère et la seule où l'on puisse trouver des chambres pour le jour même. Pas de réservation possible : formule « premier arrivé, premier servi ».

POUR SE FAIRE PLAISIR

Rodeway Inn - Red Feather – *106 Hwy 64, sur la gauche en entrant dans Tusayan,* ☏ *(928) 638 2414/1-866 561 2425, www. redfeatherlodge.com - 216 ch. 133/163 $* 🖥 ✘ ⚒ Motel tout confort, bien qu'un peu vieillot, et restaurant accueillant à proximité. Bon rapport qualité-prix.

UNE FOLIE

Best Western Grand Canyon Squire Inn – *100 Hwy 64, sur la gauche à l'entrée de Tusayan,* ☏ *(928) 638 2681 - 250 ch. 180/260 $* ✘ ⚒ Grand hôtel tout confort, à la décoration un peu kitsch dans la réception, mais les chambres sont impeccables.

Grand Hotel – *À droite à l'entrée de Tusayan, 149 Hwy 64,* ☏ *(928) 638 3333/1-888 634 7263, www. grandcanyongrandhotel.com - 121 ch. 229/409 $* ✘ ⚒ Un grand complexe construit dans l'esprit des cabanes de pionniers. Service luxueux et prix en conséquence.

Williams

Petite bourgade historique située sur la Route 66, Williams comprend deux rues principales où s'alignent des commerces et d'antiques motels. Le *Visitor Center* occupe un bâtiment proche de la voie ferrée, au croisement de Railroad Ave. et de Grand Canyon Blvd *(tlj 8h-18h30 ; 17h l'hiver).*

BUDGET MOYEN

Route 66 Inn – *128 E. Rte 66,* ☏ *(928) 635 4791/1-888 786 6956, www. route66inn.com - 25 ch. 60/130 $* 🖥 Motel classique, tout confort et impeccable. Petit-déj. continental.

The Canyon Motel – *1900 E. Rte 66,* ☏ *(928) 635 9371/1-800 482 3955, www.thecanyonmotel. com - 18 ch. 78/170 $* 🖥 ⚒ Excellent accueil dans ce vieux motel, où l'on peut entre autres dormir dans d'anciens wagons de la ligne de Santa Fe reconvertis en chambres. Petit-déjeuner inclus de mai à oct. Barbecue, 21 empl. de camping (tentes et camping-cars).

El Rancho – *617 E. Rte 66,* ☏ *(928) 635 2552/1-800 228 2370, www. williams-el-rancho-motel. com - 25 ch. 58/115 $* 🖥 Accueil professionnel dans ce motel très propre aux chambres bien équipées (machines à café, micro-ondes).

POUR SE FAIRE PLAISIR

Red Garter Inn Bed & Bakery – *137 W. Railroad Ave,* ☏ *1-800 328 1484, www.redgarter.com - 4 ch. 120/145 $* ☕ 🖥 ⚒ Le nom de cet ancien saloon et maison close (1897), dit de la « jarretelle rouge », évoque l'époque où les hommes venaient ici s'encanailler avec les *girls* ! Belles chambres restaurées dans leur atmosphère d'antan. Les plus spacieuses sont les 1 et 3. Le rez-de-chaussée est occupé par une bonne boulangerie.

RESTAURATION SUR LA RIVE SUD

Dans le parc

Si vous souhaitez déjeuner sur le pouce, vous trouverez des sandwichs au **Bright Angel Fountain** (dans le Bright Angel Lodge), ainsi qu'au supermarché de Market Plaza *(tlj 8h-19h).*

PREMIER PRIX

Pour une restauration rapide et à moindre coût, vous avez des selfs où l'on vous propose des plats chauds ou froids de 6h à 22h : à la **Maswik Cafeteria** (Maswik

Lodge), vous aurez plus de choix et un cadre plus agréable qu'au **Canyon Cafe** (Yavapai Lodge).

BUDGET MOYEN

Pour un vrai repas, vous avez le choix entre le **Bright Angel Restaurant** (plats env. 8,5/18 $) avec sa grande salle claire, et **El Tovar Dining Room** (plats env. 8/39 $) avec sa superbe salle et son décor de boiseries sombres, où le service s'efforce d'être à la hauteur du prestige de cet hôtel presque centenaire (tlj 6h30-22h, plats env. 10/30 $). Réservation conseillée pour le dîner au ☎ (928) 638 2631. S'il n'y a plus de place, vous pouvez essayer **The Arizona Room** (Bright Angel Lodge), 11h30-22h (plats 16/27 $). Notez que la carte et les prix changent entre midi et soir.

Tusayan

PREMIER PRIX

We Cook Pizza and Pasta – À l'extrémité sud du village, à côté du supermarché, 605 N. Hwy 64, ☎ (928) 638 2278, www.wecookpizzaandpasta.com. Tlj 11h-22h. Plats 9,95/16,95 $. Pizzas ou pâtes copieusement servies, à emporter ou à déguster dans une salle animée fréquentée par la population locale.

Cafe Tusayan – Adjacent au Rodeway Inn, ☎ (928) 638 2151. Tlj 7h-21h. Plats autour de 12 $. Une adresse sans prétention mais chaleureuse, où déguster une bonne cuisine familiale américaine (omelettes, burgers, etc.).

Williams

Java Cycle Coffe – 326 W Route 66, ☎ (928) 635-1117. Lun.-merc. 6h-19h (20h jeu.-vend.), sam. 7h-21h (18h dim.). Un sympathique café Internet avec une librairie, des canapés et un excellent expresso.

PREMIER PRIX

Pine Country Restaurant – 107 N. Grand Canyon Blvd, ☎ (928) 635 9718, www.pinecountryrestaurant.com. Lun.-jeu. 5h30-21h (22h vend.-dim.). Plats 9/22 $. Belles salles à l'ambiance sympathique. Idéal pour le petit-déj. ou un repas à prix doux. Ne manquez pas la boutique voisine, Avon & Guns : on y vend des armes et des cosmétiques !

Pancho McGillicuddy's – Face au Visitor Center, ☎ (928) 635 4150, www.vivapanchos.com. Tlj 11h-22h (0h vend.-sam.). Plats 9/19 $. Un appétissant choix de plats mexicains dans le plus ancien saloon de Williams (1895). Agréable pour dîner ou boire un verre.

Cruisers Route 66 Cafe – 233 W. Route 66, ☎ (928) 635 2445, www.cruisers66.com. Tlj 11h-22h. Plats 8/20 $. Bonne cuisine typiquement américaine dans un cadre qui ravira les nostalgiques de la Route 66. Plats copieux et terrasse.

LOISIRS

Imax Theater – Tusayan, ☎ (928) 638 2468, www.explorethecanyon.com. Mars-oct. 8h30-20h30, nov.-fév. 10h30-18h30, séance (34mn) à la demie de chaque heure, 12,50 $. Film sur la découverte historique du Grand Canyon, tenant à la fois du documentaire et du spot publicitaire sur le tourisme local. Visitor Center intégré au complexe.

ACHATS

General Store – Market Plaza, immense supermarché (8h-19h) où l'on trouve de tout pour préparer un pique-nique mais aussi cigarettes, chaussures, quincaillerie, etc., ainsi qu'un formidable rayon spécial campeurs (voir « Randonnées » et « Camper » ci-dessous).

Librairie - Kolb Studio – *G.C. Village. Tlj 8h-18h (19h de mi-avr. à oct.)*. Vous trouverez également une grande librairie en face du Canyon View Information Plaza.

ACTIVITÉS

Randonnées à pied – Quatre chemins de grande randonnée descendent dans le canyon depuis la rive sud.

Le **Bright Angel Trailhead** (*sentier escarpé 12 miles ; comptez de 8 à 12h ; départ au niveau du Kolb Studio, dans le village*) et le **South Kaibab Trail** (*sentier abrupt ; difficile ; 6 miles ; comptez de 4 à 6h*) sont les plus célèbres. Comptez le double de temps pour remonter. Le premier est considéré comme le moins difficile, le second comme le plus rapide mais plus abrupt. Il est formellement déconseillé de tenter de faire l'allée et le retour dans la même journée, prévoyez donc de passer une nuit dans l'un des trois campements (*Indian Garden, Bright Angel* et *Phantom Ranch*). Les bons marcheurs peuvent descendre par South Kaibab et remonter par Bright Angel, ce qui permet d'avoir deux approches différentes.

Les deux autres sentiers : le **Hermit Trail** et le **Grandview Trail** (*hikings boots* indispensables) sont l'un comme l'autre bien balisés dans la première partie, mais mal entretenus dans la seconde partie, qui descend au fond du canyon. Les rangers déconseillent de s'y aventurer. Faites preuve de prudence, car les conditions sont extrêmes, et suivez attentivement les indications données dans le journal du parc, même pour les randonnées d'une journée. Ne partez jamais seul, calculez votre temps de descente et considérez qu'il vous faudra le double de temps pour remonter. Ne pas marcher pas entre 12h et 15h. Emportez une lampe torche, des jumelles, des lunettes de soleil, un chapeau, un K-way, de la nourriture et de l'eau. Procurez-vous la carte *National Geographic Trailers illustrated*, très bien faite, vendue à la librairie du *Visitor Center*. Voir aussi « D'une rive à l'autre », p. 470.

Camper en pleine nature – Un permis est nécessaire (*10 $ et 5 $/pers.*) ; réservation : ✆ *(928) 638 7875*. Vous obtiendrez toutes les informations utiles au **Backcountry Office**, situé au nord du nouveau Maswik Depot (*tlj 8h-12h, 13h-17h*). Attention, les réservations pour dormir au gîte du Phantom Ranch, situé au fond du canyon, non loin de l'unique point de passage du fleuve Colorado, se font deux ans à l'avance, mais on peut s'inscrire sur une liste d'attente à son arrivée (en cas de désistements). Sachez qu'il est possible de louer un matériel de camping (tentes, sacs de couchage, *hiking boots*, etc.) au General Store du Market Plaza à des prix raisonnables (caution obligatoire). Consultez le *Backcountry Trip Planner* avant de partir.

À dos de mule – Renseignements et réservations aux bureaux des Bright Angel, Maswik et Yavapai Lodges, ✆ *(928) 638 3283/1-888 297 2757, www.grandcanyonlodges. com*. Randonnées pour Plateau Point à la journée (*env. 165 $*) et sur deux ou trois jours avec nuit au Phantom Ranch (*env. 880 $ et 1 170 $ pour deux personnes*). Réservez, mais vous pouvez vous inscrire sur les listes d'attente en arrivant. Une certaine compréhension de la langue anglaise est requise.

5

Rafting – Contrairement à ce que l'on pourrait croire, la descente des rapides du Colorado ne se fait pas à partir du Grand Canyon, mais principalement à partir de Lees Ferry *(voir p. 458)*, de Moab *(voir p. 4186)* et de Peach Springs *(voir p. 472)*. De nombreuses agences de voyages organisent des descentes du Colorado dans le Grand Canyon, pour une durée de 3 à 21 jours, d'avril à octobre, à partir de 1 600 $ tout compris. Réservation à l'avance indispensable et avant votre départ. La liste des agences habilitées figure sur le *Backcountry Trip Planner* distribué au Canyon View Information Plaza, et sur le site du parc, www.nps.gov/grca

Survol du Grand Canyon – À l'aéroport de Tusayan, plusieurs compagnies proposent des survols en avion ou en hélicoptère, plus chers. Toutes suivent les mêmes itinéraires et pratiquent des prix équivalents. À titre indicatif : env. 160 $ pour 30mn en hélicoptère ; env. 95 $ pour 1h en avion. Seuls les types d'appareils varient.

Grand Canyon Airlines – ☎ 1-866 235 9422, www. grandcanyonairlines.com, propose un trajet un peu plus long que le concurrent suivant, mais les 19 passagers ne sont pas tous assis à côté d'une fenêtre. Commentaires en français.

Air Grand Canyon – ☎ (928) 638 2686 emmène un maximum de 7 passagers (vue dégagée des deux côtés pour tous les passagers), mais n'assure aucun commentaire.

Maverick Helicopters – ☎ 1-888 261 4414, www.maverickhelicopter. com. Vols en hélicoptère.

Papillon Grand Canyon Helicopters – ☎ 1-888 635 7272, www.papillon.com, dispose d'hélicoptères (6 à 9 passagers).

La rive nord

TRANSPORT

En bus – **Transcanyon Shuttle** relie chaque jour les deux rives (5h de route, 80 $ A, 150 $ AR). Départs rive nord à 7h, rive sud à 13h30. *Réserv. :* ☎ *(928) 638 2820.*

INFORMATIONS UTILES

Stations-service – Stations dans le parc à proximité du camping *(7h-19h)* et peu avant l'entrée *(7h-20h)*. Celle de Jacob's Lake est ouverte 24h/24, paiement par carte bancaire obligatoire de 20h à 8h.

HÉBERGEMENT, RESTAURATION

Dans le parc

L'offre est limitée et les réservations sont prises longtemps à l'avance (hôtels et campings). Tous les équipements ferment entre mi-octobre et début mai.

PREMIER PRIX

North Rim Campground – *Peu avant le Grand Canyon Lodge,* ☎ *1-877 444 6777, www. recreation.gov/ – 63 sites. 18/25 $.* Douches, petit supermarché *(8h-20h)*, laverie, station-service *(7h-19h)*.

POUR SE FAIRE PLAISIR

Grand Canyon Lodge – ☎ (877) 386 4383 - www.grandcanyon lodgenorth.com - 210 ch. 121/187 $ ▤ ✕ À deux pas du bord du canyon, de charmantes petites cabanes (trois catégories) sont disséminées dans la forêt autour d'un bâtiment principal qui fait office de village. Les plus spacieuses sont agrémentées d'une cheminée. Vous pouvez vous restaurer tout en admirant le canyon dans la vaste salle à manger en bois (réservez pour le dîner) ou dans le saloon *(tlj 11h-22h)* et le snack-bar Deli *(à partir de 5 $, tlj 6h30-17h)* qui se font face dans la cour intérieure.

En dehors du parc
Il est possible de faire du camping sauvage dans la forêt de Kaibab. Renseignez-vous au *Visitor Center* de Jacob Lake *(tlj 8h-17h), ☎ (928) 643 7298.*

BUDGET MOYEN
Jacob Lake Inn – *À 30 miles au nord du parc, ☎ (928) 643 7232, www.jacoblake.com. Tte l'année.* 61 ch. 89/138 $ ✕. En pleine forêt, ces petites cabanes sont assez confortables, mais un peu les unes sur les autres. Il y a aussi des chambres dans un bâtiment annexe.

Kaibab Lodge – *À environ 6 miles de l'entrée du parc et à 25 miles de Jacob Lake, ☎ (928) 638 2389, www.kaibablodge. com. Mi-mai-début nov.* 29 ch. 85/180 $ ✕ Maisonnettes alignées au bord d'une prairie. Les moins chères sont anciennes et rustiques tandis que les plus récentes (Eastview Unit) sont très confortables avec un balcon et une décoration originale inspirée des pétroglyphes indiens. Accueil chaleureux. En face, de l'autre côté de la route, station-service et minimarket *(7h-19h).*

ACTIVITÉS

À dos de mule – *Rens. et réserv. au Grand Canyon Lodge, ☎ (435) 679 8665, www.canyonrides. com.* Excursions à l'heure *(40 $)*, à la demi-journée *(75 $)* ou à la journée *(165 $)* ; les circuits ne descendent pas jusqu'au Colorado.

Le sud de l'Arizona 6

Carte Michelin Western USA 585 – Arizona

▶ **PHOENIX**★ **ET SON CIRCUIT** 484

À 97 miles au sud-est de Phoenix :
▶ **TUCSON**★★ **ET SON CIRCUIT** 498

À 146 miles au nord de Phoenix :
▶ **FLAGSTAFF ET SON CIRCUIT** 513

Opuntia, aussi appelé cactus-raquette ou figuier de barbarie.
Luchschen / fotolia.com

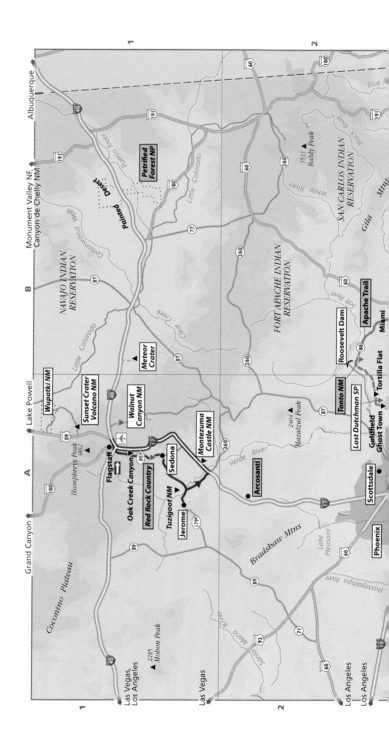

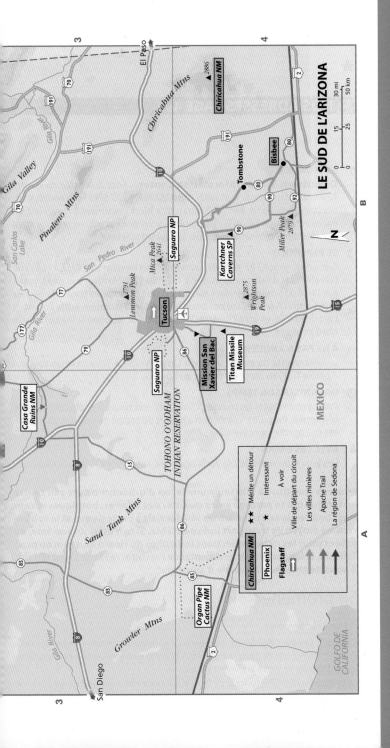

LE SUD DE L'ARIZONA

Phoenix

★

 NOS ADRESSES PAGE 495

1 445 632 habitants – Arizona

🏛 **S'INFORMER**

Downtown Visitor Information Center – *Face à l'entrée du Hyatt -
125 N. 2nd St.* (Plan II) - *℘ (602) 452 6282/(877) 225 5749 - www.visitphoe-
nix.com - lun.-vend. 8h-17h.* Bureau très bien documenté réservant un
excellent accueil. Selon la disponibilité, vous pouvez utiliser gratuitement
l'un des deux ordinateurs connectés sur Internet.

▶ **SE REPÉRER**

Carte de région A2 *(p. 482-483) - carte Michelin Western USA 585 E 11.* La capitale de l'État d'Arizona se trouve à 142 miles (227 km) au sud de Flagstaff
par l'I-17, 331 miles (530 km) au sud-est de Los Angeles par l'I-10. Sachez
que Central Avenue (axe nord-sud) constitue la frontière entre l'ouest et
l'est de la ville, et qu'à l'inverse, Washington St. marque la limite entre le
nord et le sud.

👀 **À NE PAS MANQUER**

La découverte du travail de Frank Lloyd Wright à Taliesin et un tour sur
Apache Trail, au cœur du désert du Sonora.

🕐 **ORGANISER SON TEMPS**

Prévoyez de visiter les musées, climatisés, aux heures les plus chaudes de
la journée. Préparez-vous sinon à passer du temps en voiture, car la ville
est incroyablement étendue.

👥 **AVEC LES ENFANTS**

Les jeux interactifs de l'Arizona Science Center et le Children's Museum.

**Phoenix constitue à elle seule une leçon d'urbanisme avec son centre
historique qui se partage entre quartier des affaires, boutiques et centres commerciaux, ses quartiers résidentiels à perte de vue et la voiture
comme moyen de transport indispensable. Si ce n'est pour son âme, on
y vient pour les riches collections indiennes du Heard Museum ou pour
Taliesin, le laboratoire expérimental de l'architecte Frank Lloyd Wright.
À vous de choisir votre angle d'approche.**

Se promener

Comptez une journée.

👀 **Bon à savoir** – Étirée sur plus de 70 km, Phoenix semble ne jamais finir.
Pour accélérer vos déplacements, vous pouvez prendre votre véhicule, mais
le centre-ville se visite aisément à pied.

Le centre, berceau historique de la ville, où se dresse aujourd'hui le centre de
convention et où se concentrent boutiques et centres commerciaux, a longtemps souffert d'une mauvaise réputation en raison d'un fort taux de crimi-

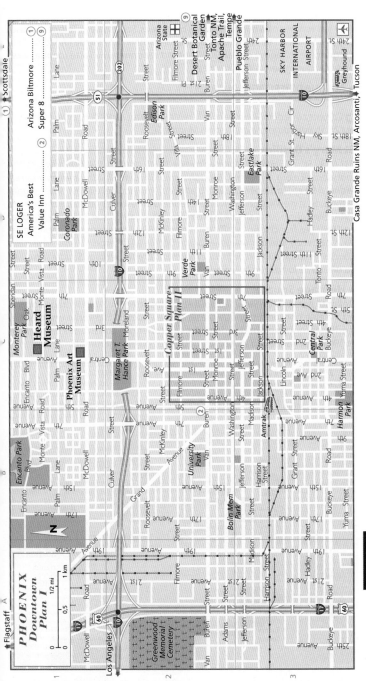

SE LOGER

América's Best
Value Inn .... ②

Arizona Biltmore .... ①
Super 8 .... ⑨

**PHOENIX
Downtown
Plan I**

Casa Grande Ruins NM, Arcosanti, Tucson

6

nalité. Il fait l'objet depuis une dizaine d'années d'un projet de revitalisation visant à reconquérir les entreprises et les habitants qui ont délaissé Phoenix pour ses voisines plus huppées et plus branchées, Scottsdale et Tempe. Baptisé **Copper Square** – en l'honneur du minerai qui fit la richesse de l'Arizona –, ce programme inauguré en l'an 2000 entend redonner une forte identité à ce quartier, qui vit surtout en journée.

★ **AUTOUR D'HERITAGE SQUARE** plan II

Comptez une demi-journée avec les visites - partez du Visitor Center et remontez 2ⁿᵈ St. puis tournez à droite dans Monroe St.

St Mary's Basilica

231 N. 3ʳᵈ St., à l'angle de Monroe St. et de 3ʳᵈ St., ℰ (602) 354 2100, www.saintmarysbasilica.org. Lun.-vend. 10h-16h (sam. 18h ; dim. 8h-13h) ; messes à 12h et le dim. à 9h et 11h. Repérable à sa blancheur immaculée, elle est dotée d'une façade de style Mission Revival, précédée d'un escalier latéral. Achevée en 1914, elle s'élève sur le site de la première église catholique de la ville, fondée en 1881. Les franciscains y officient depuis 1895. L'intérieur est simple, mais vous pouvez y admirer une jolie rosace dédiée à la Vierge.
Poursuivez jusqu'au bout de la rue et tournez à droite. Heritage Square se trouve au niveau de la halle en bois ajouré.

★ Heritage Square

Délimité par Monroe Street au nord et Adams Street au sud, Heritage Square est la seule portion historique préservée de Phoenix. Elle abrite une dizaine d'édifices, notamment des demeures victoriennes construites entre 1895 et 1901, aménagées en musée, en boutiques ou en restaurants.

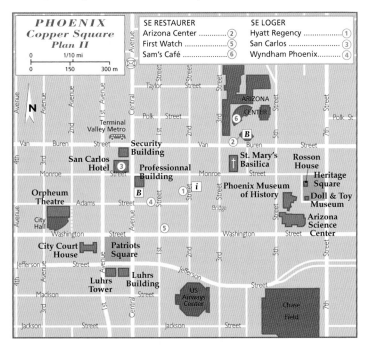

★★ **Rosson House** – ℘ (602) 262 5070, www.rossonhousemuseum.org. *Visite exclusivement guidée, merc.-sam. 10h-16h, dim. 12h-16h. Fermé lun. et mar., 1ᵉʳ janv., dim. de Pâques, 4 juil., 2ᵉ quinz. d'août, Thanksgiving et 25 déc. 4,50 $, 5 $, 6 $ ou 15 $ (selon la visite).* Vous l'identifierez à sa tourelle. De style Queen Anne, elle fut en son temps l'une des plus belles résidences de la ville. Elle a conservé son atmosphère d'antan, ses très beaux parquets, ses plafonds en métal repoussé et son mobilier d'époque. Au rez-de-chaussée, les salles d'apparat comptent un parloir, meublé d'un piano et d'un fauteuil chinois, une salle à manger, un cabinet médical et une cuisine. À l'étage étaient aménagées deux chambres d'enfants, les salles de bains et une pièce pour la couture, ainsi qu'un étonnant système d'interphone.

Arizona Doll & Toy Museum – *Angle sud-ouest de Heritage Square. ℘ (602) 253 9337. Mar.-sam. 10h-16h (dim. 12h), horaires irréguliers en août. Gratuit.* Le rez-de-chaussée de Stevens House, construite en 1900, abrite une impressionnante collection de poupées datant pour certaines du 19ᵉ s. Pour amateurs avertis…

Au sud-ouest de Heritage Square, sur une esplanade, se dresse le bâtiment du Arizona Science Center.

★ **Arizona Science Center**

Sur la même esplanade que le précédent. 600 E. Washington St., ℘ (602) 716 2000, www.azscience.org. Tlj 10h-17h, fermé Thanksgiving et 25 déc. 12 $ (enf. 10 $) et 8 $ (enf. 7 $) pour le planétarium ou l'IMAX.

Ce musée se consacre à la vulgarisation scientifique, depuis le corps humain jusqu'au monde digital, la Terre, le Soleil, les perceptions sensorielles, la maison… Chaque section dispose de jeux interactifs.

Suivez Washington St. vers l'ouest jusqu'à Central Ave. N'hésitez pas à prendre le tramway, arrêt Patriots Square.

★ **PROMENADE ART DÉCO**

Comptez 1h - partez de Patriots Square.

Au cœur de Copper Square, aux côtés des gratte-ciel qui ont vu le jour récemment, s'élèvent quelques beaux édifices Art déco (entre-deux-guerres), de taille plus modeste.

Patriots Square

Cette grande place verdoyante, dessinée en 1988, constitue un point de vue idéal pour observer la fantastique diversité architecturale de Downtown. Admirez notamment les deux édifices qui dominent le sud de la place : le **Luhrs Building**★★ (1924) fut en son temps le plus haut de Phoenix. À côté, la **Luhrs Tower**★★ (1929) est un magnifique exemple d'architecture Art déco.

À l'angle nord-ouest du square se dresse un imposant bâtiment de pierre beige rosé : la **City Court House** (palais de justice, 1928).

Tournez à cet angle pour suivre Washington St. vers l'ouest et prenez la première à droite : 2ⁿᵈ Av. Tournez ensuite à droite dans Adam St.

★★ **Orpheum Theatre**

Inaugurée en 1929, cette salle de spectacle se consacra au cinéma jusqu'en 1969, puis accueillit surtout des comédies musicales. Laissée à l'abandon au début des années 1980, elle fut déclarée Monument historique dans le cadre de la revalorisation du centre-ville, mais sa restauration ne débuta qu'avec la construction du nouvel hôtel de ville *(City Hall)* en 1993. Elle a aujourd'hui retrouvé sa splendeur d'antan, avec sa façade de style baroque espagnol richement ouvrée, et a rouvert ses portes en 1997.

6

Continuez vers l'est sur Adams St., vous passerez devant le **Wells Fargo History Museum** *(145 W. Adams, ☏ (602) 378 1852, www.wellsfargohistory.com. Lun.-vend. 9h-17h. Gratuit)* qui met l'accent sur la Conquête de l'Ouest et le développement minier (diligence, convoyage, télégraphe, pesée de l'or…).
Tournez à gauche dans Central Avenue.

★ San Carlos Hotel
À l'angle de Central Avenue et de Monroe Street.

Cet élégant hôtel (1927) a été bâti à l'emplacement de la première école de la ville. De l'autre côté du carrefour, vous apercevez les lignes épurées du **Professionnal Building** (1931), qui devrait accueillir un hôtel.
Remontez Central Avenue vers le nord.

★ Security Building
234 N. Central Ave.

Construit en 1928, c'est l'un des rares édifices de cette époque à être encore occupé par des bureaux et dans lequel vous puissiez entrer. Le hall, resplendissant de marbre polychrome et de boiseries, mène à une vitrine où est exposé un bronze du célèbre peintre-sculpteur Frederic Remington.

À voir aussi

★★★ Heard Museum Plan I C1
Comptez 2h. 2301 N. Central Ave., face à Encanto St., ☏ (602) 252 8848, www.heard.org. Tlj 9h30-17h (11h dim.), fermé 1er janv., Pâques, Memorial Day, 4 juil., Labor Day, Thanksgiving et 25 déc. Visites guidées 12h, 14h et 15h. 15 $.

Fondé en 1929 par Dwight B. et Maie Bartlett Heard pour accueillir leurs collections d'**art indien**, ce grand musée aux allures d'hacienda rassemble aujourd'hui quelque 32 000 œuvres dans le but d'initier le public à la très grande richesse culturelle des *Native Americans*.

Commencez la visite par l'espace intitulé *We are! Arizona's First People*★ qui recense 21 communautés, présentées au travers de témoignages et de l'artisanat. La lecture des autres salles vous en sera ainsi facilitée. Vous ressortirez du musée en connaissant les trois zones géographiques et climatiques de l'Arizona et l'histoire ainsi que le mode de vie des tribus qui les habitent : les Hohokams et leurs descendants, les O'odhams, dans le désert du Sonora, les Pais et les Apaches dans les terres hautes, et les Anasazis, les Navajos et les Hopis sur le plateau du Colorado.

Outre les poteries, les paniers, les habits traditionnels et les bijoux qu'il expose, ne manquez pas la collection de **Katsina dolls**, ces poupées que les Hopis ont coutume de donner aux enfants pour leur enseigner la culture et qui leur servaient de messagers avec les dieux. Un diaporama donne la parole à des Indiens contemporains.

À l'étage, dans l'East Gallery, l'exposition **The Boarding School Experience**★ témoigne de manière très vivante de l'expérience de jeunes Indiens, envoyés dans des pensionnats afin de les acculturer. Des événements temporaires viennent parfaire ce voyage chez les Indiens du Sud-Ouest.

★ Phoenix Art Museum Plan I C1
Comptez 1 à 2h. 1625 N. Central Ave., ☏ (602) 257 1222, www.phxart.org. Jeu.-sam. 10h-17h (21h le merc., 12h-17h le dim.), fermé lun.-mar. 10 $ (6-17 ans 4 $), possibilité de visite guidée (1h, inclus dans le billet).

Le musée d'Art de Phoenix regroupe quelque 14 000 œuvres exposées dans des salles thématiques, dont l'enchaînement est parfois déboussolant. Celles qui sont consacrées à l'**art européen** comptent 1 200 peintures, dessins et sculptures du 14ᵉ au 19ᵉ s. À noter, une *Madone à l'Enfant* (auteur inconnu) datée de 1350, des tableaux signés Boucher, Courbet, Boudin ou Monet. La **peinture américaine** est notamment représentée par des toiles du paysagiste Albert Bierstadt et d'artistes du célèbre Taos Society of Artists (groupe de Taos). Les galeries consacrées à l'**art d'Amérique latine** (18ᵉ-20ᵉ s.) s'enorgueillissent de peintures signées d'artistes mexicains prestigieux, tels que Diego Rivera et Frida Kahlo.

Le musée rassemble aussi 2 400 œuvres d'art contemporain (peintures et sculptures), au nombre desquelles figurent des œuvres de Calder et de Jean Dubuffet. Admirez *Pink Abstraction* (1929) de Georgia O'Keeffe.

À noter également une collection d'**art asiatique** (armures japonaises, belles céramiques, peintures et bronzes bouddhiques), ainsi qu'une exposition d'objets miniatures recréant divers intérieurs de maisons et permettant d'apprécier les styles en cours dans différents pays à différentes époques.

Une grande partie du musée est par ailleurs occupée par des expositions temporaires, souvent d'excellente qualité.

Pueblo Grande Plan I E2

Près de l'aéroport, face au 4619 E. Washington St. et à l'arrêt 18 du tram. 4619 E. washington St., ℘ (602) 495 0901, www.pueblogrande.com. Mai-sept. : mar.-sam. 9h-16h45 ; oct.-avr. : lun.-sam. 9h-16h45 (dim. 13h-16h45). 6 $ (6-17 ans 3 $).

L'endroit conserve les vestiges d'un village hohokam abandonné après 1450. Un petit circuit extérieur aborde son évolution au fil des siècles. Le musée expose la vie de ce peuple d'agriculteurs. Salle consacrée au **travail archéologique★** (datation, hypothèses sur l'abandon mystérieux du site…).

Desert Botanical Garden Plan I E2

Comptez 1h30. Dans Papago Park. Depuis Copper Square, prenez Van Buren St. vers l'est. 1,5 mile après le pont routier de la Hway 202, tournez à gauche. 1201 N. Galvin Parkway. ℘ (480) 941 -1225, www.dbg.org. Tlj 7h-20h, fermé 4 juil., Thanksgiving et 25 déc. 15 $ (3-12 ans 5 $), audioguide (3 $) disponibles au Visitor Center (fermeture 30mn av. celle du jardin).

Ce jardin s'organise autour de six espaces consacrés à la faune et à la flore locales. On découvre ainsi toute la biodiversité du désert : cactées, fleurs, herbes médicinales, mais aussi colibris, papillons, rongeurs et occupation humaine.

TEMPE

▷ *Située à 9 miles au sud-est de Phoenix, la ville universitaire de Tempe s'inscrit dans le prolongement de Van Buren St.*

6

ASU Art Museum

Comptez 1h. Situé à Tempe, à l'est de Phoenix par l'I-10, sur le campus de l'Arizona State University, Mill Av. et 10ᵗʰ St., ℘ (480) 965 2787. Tlj sf dim., lun. et j. fériés 11h-17h (20h mar.). Gratuit.

Hébergé dans le Nelson Fine Arts Center, ce musée se consacre à l'art contemporain régional et international, avec un accent sur celui de l'Amérique latine et des Indiens. Le **Ceramics Research Center**, inauguré en 2002, fait le lien avec l'artisanat traditionnel de la céramique et ses débouchés sur l'art contemporain.

DE L'AGRICULTURE À L'URBANISME GALOPANT

Il est avéré que les Indiens hohokams occupaient le site de l'actuel Greater Phoenix dès l'an 700. Ils maîtrisaient l'art de l'irrigation et construisirent près de 135 miles de canaux. Les raisons de leur départ, en 1450, sont en revanche mal connues. D'autres communautés indiennes prirent leur suite, mais elles furent évincées par les pionniers anglo-américains qui commencèrent à affluer après 1868 et réaménagèrent les canaux pour développer leurs cultures. Le nom de Phoenix fut alors choisi symboliquement, car la ville semblait renaître de ses cendres. Le premier plan de la ville fut dessiné en 1870, 61 lots furent mis en vente, et l'école accueillait 20 élèves dès 1872. En 1880, la petite communauté agricole comptait 2 453 personnes. Avec l'arrivée du chemin de fer en 1887, Phoenix devint le centre de ravitaillement et de distribution du Sud-Ouest et, deux ans plus tard, elle ravit le titre de capitale de l'Arizona à Tucson. En 1900, elle comptait 5 554 habitants, et la décision du président Theodore Roosevelt d'autoriser la construction de barrages pour les besoins en eau fut à l'origine d'un développement sans précédent. En 1920, le nombre d'habitants était multiplié par six. Lors de la Seconde Guerre mondiale, Phoenix entra dans l'ère industrielle et militaire, l'agriculture cessant d'être l'activité principale. La population dépassa les 100 000 individus en 1950 et l'agglomération commença sa croissance spectaculaire, qui demeure aujourd'hui l'une des plus rapides du pays.

★ SCOTTSDALE

▶ *Pour rejoindre Scottsdale, remontez l'I-17 jusqu'à Bell Rd et prenez à droite vers l'est. Comptez une demi-journée.*

À quelque 8 miles au nord-est du centre de Phoenix, Scottsdale, son élégante voisine, est recherchée pour ses boutiques huppées, ses galeries d'art, ses hôtels haut de gamme et ses restaurants branchés. Les alentours sont ponctués de résidences luxueuses, parmi lesquelles deux demeures atypiques, œuvres de l'architecte Frank Lloyd Wright et de celui qui fut un temps son élève, Paolo Soleri.

À Scottsdale, Bell Rd devient Frank Lloyd Wright Blvd. La route pour Taliesin se trouve sur la gauche, au croisement avec Cactus Rd.

★★ Taliesin West

Comptez 1h. 12621 N. Frank Lloyd Wright Blvd, ☏ (480) 860 2700, www.franklloyd wright.org. Visite guidée uniquement : intérieurs (1h30) 9h-16h, dép. ttes les 30mn (nov.-avr.), ttes les h. (mai-oct.) ; 26 $ (4-12 ans 14 $) ; extérieurs (1h) à 10h15, 11h15, 12h15, 13h15, 14h15 et 15h15 ; 18 $ (4-12 ans 7 $).

Installée sur les hauteurs de Scottsdale, isolée du reste de la ville, Taliesin jouit d'un site exceptionnel au sein duquel l'architecte **Frank Lloyd Wright** (1867-1959) a bâti une demeure à la mesure de sa philosophie, l'*organic architecture*, selon laquelle les édifices doivent épouser et s'inspirer du paysage qu'ils habitent.

À la fois résidence, bureau et atelier d'architecture pour apprentis, Taliesin se compose de plusieurs bâtiments peu élevés, reliés par des allées, des terrasses et des jardins. Les pierres apparentes, coulées dans du béton, proviennent des environs, et l'ensemble, dévié de l'axe nord-sud, bénéficie au maximum de l'ombre procurée par les auvents de bois et les indentations des murs. Elle fut conçue comme un campement d'hiver (pendant l'été, l'école rejoignait le Taliesin d'origine dans le Wisconsin), et les toits en canevas permettent de diffuser une lumière tamisée dans les pièces.

La visite intérieure permet d'apprécier les espaces privatifs et le salon, récemment restaurés. Leur aménagement est fidèle à la volonté de Wright de déconstruire les structures carrées : les pièces sont spacieuses et ouvertes, et le mobilier est créé sur mesure.

De 1937 jusqu'à sa mort, Frank Lloyd Wright, de concert avec ses étudiants, a agrandi et amendé l'édifice, véritable laboratoire architectural où il pouvait laisser libre cours à son imagination.

Pour rejoindre Cosanti, prenez Cactus Rd vers l'ouest et tournez à gauche dans Tatum Blvd. Passez Shea Blvd et tournez à gauche dans Doubletree Ranch Rd. Attention, dans ce quartier résidentiel, aucune signalisation ne vous indiquera Cosanti, excepté un panneau de bois sur la droite marqué **Soleri** *et planté au niveau même du parking.*

★ Cosanti Foundation

Comptez 1h. 6433 Doubletree Ranch Rd, ☏ *(480) 948 6145/1-800 752 3187, www. cosanti.com. Lun.-vend. 9h-17h. Contribution libre.*

Moins spectaculaire que Taliesin West, Cosanti demeure surprenante par son dédale de constructions en béton brut à demi enfouies dans le sol, ombragées par de grands arbres et rafraîchies par des cascades. Certains des édifices sont des demi-dômes à ciel ouvert, qui abritent les ateliers de céramique et de bronze, d'où sortent les cloches éoliennes dont le tintement accompagne la visite *(vendues dans la boutique)*.

L'ensemble a pris de l'âge mais demeure intéressant en ce qu'il exprime l'itinéraire d'un homme en recherche de nouvelles formes et figures d'architecture. Après dix-huit mois d'études à Taliesin, **Paolo Soleri** retourna dans son Italie natale (il est né à Turin en 1919) où il apprit l'art de la céramique. En 1956, de retour en Arizona, il s'installa à Cosanti, où il commença à créer des mobiles sonores. Faute de pouvoir s'acheter des moules, il utilisait des cavités creusées à même le sol. Il appliqua ce principe pour la construction des édifices : le béton est coulé sur des monts de terre qui sont ensuite évidés. Cosanti en est le premier exemple, et, tout en vivant ici, il poursuit son œuvre à Arcosanti, à l'échelle d'une ville *(ci-dessous)*.

Excursions Carte de région

AU NORD A2

★★ Arcosanti

▶ *À 63 miles au nord de Phoenix. Empruntez l'I-17 jusqu'à la sortie 262 (Cordes Junction), d'où le site est fléché.* ☏ *(928) 632 7135, www.arcosanti.org. Tlj 10h-16h. Visite guidée uniquement (1h ; en différentes langues, selon le nombre de visiteurs), aux heures pile. Contribution de 10 $ conseillée. Hébergement possible (40 à 65 $ en ch. double, avec petit-déj. continental), mais réservation obligatoire, de 9h à 17h, au* ☏ *(928) 632 7135.*

Laboratoire urbain de l'architecte italien **Paolo Soleri** *(voir ci-dessus)*, Arcosanti est en construction depuis les années 1970. Volontairement installé en plein désert, sur un promontoire et à proximité de sources, ce prototype de (future) grande ville est patiemment édifié par une communauté de bénévoles (noyau

6

permanent d'une quarantaine de personnes), qui vivent et travaillent dans les bâtiments déjà opérationnels : des immeubles d'habitation, une boutique, un café, deux ateliers à ciel ouvert, une scène et un amphithéâtre en plein air. Ils fabriquent notamment les mobiles de céramique et de bronze vendus dans la boutique. Quand les finances sont suffisantes, ils coulent du ciment.

L'idée maîtresse du projet d'*arcology* (architecture + écologie) est de minimiser les pertes d'espace et d'énergie en réduisant les distances entre les lieux de travail et de résidence. L'usage de la voiture est ainsi banni, sinon pour rallier d'autres cités. Les terres alentour sont cultivées pour les besoins des habitants.

AU SUD A3

★ Casa Grande Ruins National Monument

▶ *Comptez 1h. À 56 miles au sud-est de Phoenix, près de la ville de Coolidge. Accessible par l'I-10 (sortie 185 ; 1h de route). ℘ (520) 723 3172, www.nps.gov/cagr. 9h-17h. 5 $ par personne si vous ne possédez pas le National Parks Pass. Visite guidée (env. 40mn) nov.-mars, se renseigner sur les horaires.*

Protégée par un auvent métallique, l'imposante construction de la **Casa Grande★** (10 m de haut), dont les quatre étages demeurent en grande partie intacts, n'a toujours pas livré son secret. Érigée avant 1350, vers la fin de la période dite classique des **Hohokams** (1100-1450), elle résulte d'un plan bien défini et exécuté d'une seule traite. Ses quatre murs en boue séchée font face aux points cardinaux et plusieurs ouvertures s'alignent avec le Soleil et la Lune. L'une d'elles notamment est réglée sur le solstice d'été. Ces éléments laissent penser que l'édifice servait d'observatoire astronomique ou avait une signification religieuse.

La Casa Grande était le bâtiment principal d'un village exceptionnellement étendu, ceint par un mur de 2 m de haut et irrigué par un réseau de canaux reliés à la Gila River, au nord. Véritables agriculteurs du désert, les Hohokams cultivaient du maïs, des haricots, des courges, du coton et du tabac.

Plusieurs vestiges de villages ont été découverts à moins de 1 mile à la ronde et, au centre de cet ensemble de constructions dispersées, une enceinte circulaire, appelée *ballcourt*, a été mise au jour *(vous l'apercevez d'un promontoire situé derrière l'aire de pique-nique)*. C'est là qu'auraient été organisés des jeux de balle, similaires à ceux organisés au Mexique à la même époque.

Circuit conseillé Carte de région

★★ APACHE TRAIL AB2

▶ *Pour visualiser ce circuit de 137 miles, reportez-vous à la carte de région (p. 482-483). Comptez une journée. La boucle de l'Apache Trail débute à l'est de Phoenix, à Apache Junction, et emprunte l'US-88 puis la Hwy 60. En partie non bitumée, elle est cependant accessible aux véhicules de tourisme. Pour la rejoindre, suivez Van Buren St. jusqu'à Apache Blvd (dans Tempe, fourche où vous prenez à gauche), et continuez vers l'est jusqu'à Apache Junction. Tournez à gauche sur l'US-88.*

Apache Junction Chamber of Commerce – *Petit bâtiment situé à droite du carrefour avec la Hway 88, derrière le bâtiment de la Wells Fargo. 567 W. Apache Trail, ℘ (480) 982 3141, www.apachejunctioncoc.com. Lun.-vend. 8h-17h, et le sam. 9h-14h de nov. à avr.*

Rue de Phoenix.
D. MacDonald / Age Fotostock

Cette route touristique serpente au cœur du désert du Sonora et offre des panoramas variés, montagnes couvertes de fleurs sauvages au printemps, canyons vertigineux et lacs créés par les barrages érigés sur la Salt River.

Les premiers miles contournent le bord ouest des **Superstition Mountains**, un ensemble de pitons rocheux qui culmine à 1 541 m et s'élève abruptement au milieu d'une plaine parsemée de buissons. Elles furent ainsi nommées car plusieurs légendes y sont attachées, comme celle de la *Dutchman's Lost Gold Mine*, inspirée par un prospecteur d'origine allemande, mort en emportant le secret du fabuleux filon qu'il y avait soi-disant découvert.

Superstition Mountain Lost Dutchman Museum A2

3,5 miles sur l'US-88, 4087 N. Apache Trail, ℘ (480) 983 4888, www.superstition-mountainmuseum.org. Tlj 9h-16h, fermé Thanksgiving, 25 déc. et 1ᵉʳ janv. 5 $.
Dans les années 1960 se dressait *Apacheland Movie Ranch*, décor monté pour les besoins de séries télé et de films de westerns. Seuls demeurent la chapelle dédiée à Elvis Presley et la grange où Éric, le forgeron, officie *(oct.-mai)*. Maquette d'origine dans le musée, ainsi que tous les thèmes qui font l'Ouest : faune (animaux empaillés), Indiens, militaires, ranch, mine, banque, saloon…
Parcourez environ trois miles. Goldfield est à gauche.

Goldfield Ghost Town A2

6

4650 N. Mammoth Mine Rd., ℘ (480) 983 0333, www.goldfieldghosttown.com. Tlj 10h-17h.
La quinzaine de maisons en bois sombre s'égrène le long d'une rue typique du Grand Ouest des westerns. Et pour cause, construite en 1883, alors que la ruée vers l'or faisait rage dans la région, cette ville fantôme a été restaurée et transformée dans les années 1980 en parc d'attractions, proposant des visites de l'ancienne mine, des tours en carriole et des spectacles de rue en costume.
Reprenez la route pour un mile.

L'APACHE TRAIL : UNE VOIE HISTORIQUE

Utilisé par les Salados dès 900, lors de la transhumance vers les campements d'été, ce chemin a surtout été emprunté par les Apaches, qui vivaient dans les montagnes du Sud-Ouest depuis la fin du 15e s. et descendaient dévaliser les campements pimas, installés au sud et à l'ouest des Superstition Mountains. Avec l'arrivée des chercheurs d'or, vers le milieu du 19e s., ces raids s'intensifièrent, justifiant la construction d'un fort. Après la défaite des Apaches en 1886, suite à la reddition de Geronimo, les projets de barrage furent menés à bien. Décidé en 1903, le Roosevelt Dam nécessita une route praticable pour les engins motorisés. Pendant deux ans, le gouvernement employa des Apaches et des Pimas pour la construction de la Tonto Wagon Rd, qui reliait le barrage à la ville de Mesa. Dès 1906, les premiers touristes empruntèrent cette somptueuse route, qui fut baptisée Apache Trail en 1915.

★ Lost Dutchman State Park A2

☎ (480) 982 4485, www.azparks.gov/Parks/LODU. Visitor Center tlj 8h-16h. 7 $/véhicule.

Il donne accès à différentes randonnées dans les contreforts des Superstition Mountains. Le **Treasure Loop** *(facile, 30mn)* permet de découvrir à moindre effort la flore locale (saguaros, *mesquite trees*, cholla cactus).
Continuez sur l'US-88 (12 miles).

Tortilla Flat A2

www.tortillafl ataz.com. 6 hab.

Halte historique pour les voyageurs depuis plus de cent ans, ce hameau aux allures de bout du monde se résume à trois bâtisses alignées le long de la route. N'hésitez pas à entrer dans le saloon aux murs tapissés de billets de 1 $ paraphés *(9h-17h, 18h en hiver, w.-end 8h-19h).*

★★ Piste AB2

Comptez entre 1h30 et 2h pour parcourir les 27 miles. À éviter par temps de pluie, à moins d'avoir un 4 x 4.

Après 6 miles, le goudron cède la place à une piste poussiéreuse parsemée de nids de poule et de rainures plus ou moins rapprochées qui mettent la direction à rude épreuve. Cela dit, la route mérite le détour pour les paysages minéral ou ocre qu'elle dévoile. Au terme d'un tracé sinueux, elle surplombe les eaux vertes et tranquilles d'Apache Lake avant d'arriver au barrage Theodore Roosevelt.

★ Theodore Roosevelt Dam B2

Construit de 1903 à 1911, le barrage d'origine a été renforcé par une structure en béton moderne *(un promontoire permet d'observer l'édifice).*
4 miles à l'est du barrage et vous arrivez à l'embranchement pour le Tonto N.M.

★★ Tonto National Monument B2

☎ (928) 467 2241, www.nps.gov/tont. Visitor Center, tlj 8h-17h, dernière visite à 16h ; les ruines hautes se visitent uniquement avec un guide (comptez 3-4h de marche et réservez de nov. à avr.). 3 $/pers. si vous ne possédez pas le National Parks Pass.

Admirablement protégées par une grande alcôve, les ruines basses du Tonto National Monument, auxquelles on accède par un chemin pavé *(800 m)*, sont perchées à 100 m au-dessus du *Visitor Center*. Ce site exceptionnel a préservé plusieurs enceintes d'un **village salado**, qui comprenait une vingtaine de pièces accrochées à même la paroi de la grotte. À l'intérieur, on aperçoit encore quelques poutres et des traces noires laissées sur les murs à l'emplacement des foyers. Les Salados (« Gens salés ») ont habité le bassin de Tonto de 1150 à 1450. Leurs villages bordaient la Salt River qui, reliée à des canaux, permettait la culture du maïs, de courges, de haricots et du coton. Ils consommaient également les fruits des cactus, des *mesquite*, des yuccas et des agaves. Leurs tissages de coton figurent parmi les plus fins et les plus élaborés des cultures indigènes du Sud-Ouest.

Les 30 miles entre le Tonto National Monument et Globe se parcourent aisément, car la route est bitumée.

Globe s'étire autour d'une rue, **Broad Street**, bordée de bâtiments pittoresques mais décrépis, datant de 1870 à 1920. La bourgade voisine, **Miami**, partage l'histoire minière de Globe (argent, puis cuivre et turquoise jusqu'à aujourd'hui). Trois mines, toujours en activité, sont visibles de la route. L'exploitation du cuivre emploie encore 20 % des actifs de la région.

Pour regagner Phoenix (80 miles), suivez la Hwy 60 vers l'ouest.

😊 NOS ADRESSES À PHOENIX

TRANSPORT

En avion - Sky Harbor International Airport – *3400 Sky Harbor Drive* (Plan I E3), *à 2 miles au sud-est du centre-ville,* ☎ *(602) 273 3300, www.phxskyharbor.com.* Les trois terminaux sont reliés par des bus gratuits. Pour rejoindre le centre-ville en voiture, prenez la sortie ouest de l'aéroport, tournez à droite dans 24ᵗʰ St., puis à gauche dans Van Buren St. Vous pouvez aussi emprunter le bus de la ligne rouge, ou prendre le bus 13 et changer pour la ligne rouge dans 16ᵗʰ St. En taxi, comptez de 15 à 19 $.

En bus ou en tram – Le **DASH** effectue une boucle dans Downtown (entre 4ᵗʰ Ave. et 4ᵗʰ St.) en semaine *(ttes les 6-12mn, de 6h30 à 23h, sf j. fériés)*. Le service est gratuit.

Les bus ou le tram de **Valley Metro** couvrent l'ensemble de Greater Phoenix. La gare centrale se trouve 302 N. Central Ave. (Plan II), à l'intersection de Central Ave. et de Van Buren St. *Ticket, 1,75 $; Pass à la journée 3,50 $ ou 5,25 $ selon le mode de transport choisi.*

HÉBERGEMENT

Vous pouvez obtenir de bons prix pendant les mois d'été, notamment dans les grands hôtels. La haute saison correspondant au printemps, attendez-vous à une hausse sensible dès janvier. *Attention, les prix des hôtels donnés ici sont hors taxes.*

Downtown Plans I et II

BUDGET MOYEN

America's Best Value Inn – *424 W. Van Buren St.,* ☎ *(602) 257 8331, www. americasbestvalueinn.com* - 35 ch. *55/65 $* 🖥 Les chambres de ce sympathique motel rose et bleu sont soignées. Central et économique.

UNE FOLIE

San Carlos Hotel – *202 N. Central Ave.,* ☎ *(602) 253 4121/1-866*

6

*253 4121, www.hotelsancarlos.com -
128 ch. 79/139 $* ✗ ⚒ 🅿 Édifié en
1927, le San Carlos est le seul hôtel
historique de Downtown. Il a
conservé son atmosphère d'antan,
notamment dans la réception, où
lustres et miroirs sont d'origine.
Chambres confortables, sans plus.
Parking en sus.

Wyndham Phoenix – *50 E.
Adams St., ☎ (602) 333 0000, www.
wyndham.com - 533 ch. 93/279 $*
▤ ✗ ⚒ Reconstruit trois fois, cet
établissement propose le service
de qualité d'un grand hôtel et
accueille essentiellement une
clientèle d'hommes d'affaires. Les
chambres sont joliment décorées
dans les tons clairs.

Hyatt Regency – *122 N. 2nd St.,
☎ (602) 252 1234, www.phoenix.
hyatt.com - 712 ch. 185/249 $* ▤ ✗
⚒ Cet immense hôtel, surmonté
d'une coupole abritant un
restaurant panoramique tournant,
comprend un très joli hall d'entrée,
lumineux et aéré, et de vastes
chambres élégamment meublées.

Au nord de Downtown (Plan I)

UNE FOLIE

Arizona Biltmore – *2400 E.
Missouri Ave., à l'angle de 24th St.,
☎ (602) 955 6600/1-800 950 0086,
www.arizonabiltmore.com -
738 ch. 299/719 $* ✗ ⚒ Immense
complexe très prisé, le Biltmore
bénéficie d'un site somptueux,
agrémenté de pelouses et de
fleurs, dans les hauteurs de la
ville. Achevé en 1929, le bâtiment
principal s'inspire des principes de
Frank Lloyd Wright. Renseignez-
vous sur les offres spéciales.

Aux abords de l'aéroport
Plan I

PREMIER PRIX

Phoenix Sunrise Motel – *3644 E.
Van Buren St., ☎ (602) 275 7661/1-
800 573 7287 - 41 ch. 40/59 $* ▤
⚒ Ce motel impeccable dispose

d'une jolie piscine et dispense un
accueil très professionnel. Du café
vous y attend le matin.

Super 8 – *965 East Van Buren,
☎ (602) 252 6823, www.super8.
com - 59 ch. 74/91 $* ▤ Bien
qu'impersonnelle, l'adresse
présente l'avantage d'être proche
de l'aéroport.

RESTAURATION

Downtown Plan II

PREMIER PRIX

Arizona Center – *400 E. Van
Buren St.* Au 1er étage de ce grand
centre commercial, un agréable
food-court permet de déjeuner sur
le pouce sans se ruiner.

First Watch – *1 N. 1st St., ☎ (602)
340 9089, www.firstwatch.com.
Tlj 7h-14h30. Plats env. 7/10 $.*
Spécialiste des petits-déj. et des
brunchs : large choix de plats
originaux et d'omelettes, mais
aussi des crêpes et des gaufres.

Sam's Cafe – *Arizona Center, 455 N.
3rd St., ☎ (602) 252 3545. Dim.-merc.
11h-21h, jeu.-sam. 11h-22h. Plats env.
10/20 $.* Cet élégant restaurant est
très prisé (réservation conseillée)
pour sa cuisine du Sud-Ouest, fine
et relevée, à base de poivrons, de
piments et de haricots rouges,
accompagnant des viandes et des
poissons grillés.

Sur Camelback Rd

Camelback Rd est située à 3 miles
environ au nord de Downtown.

PREMIER PRIX

Oregano's Pizza Bistro – *1008
E. Camelback Rd, ☎ (602) 241 0707,
www.oreganos.com. Tlj 11h-22h.
Plats env. 7/18 $.* De généreuses
pizzas (*14/18 $*), servies dans la
salle du bas, baignée de musique
des années 1950, ou sur la terrasse
au premier. Également sur la carte,
des pâtes, des salades et des
sandwichs.

Tempe

Tempe s'inscrit dans le prolongement de Van Buren St. Passé le pont qui enjambe la Salt River, vous parvenez directement dans Mill Ave., bordée de bars et de restaurants branchés, très animés la nuit.

PREMIER PRIX

PF Chang's – *740 S. Mill Ave., ℰ (480) 731 4600, www. pfchangs.com. Dim.-jeu. 11h-22h, vend.-sam. 11h-23h. Plats 5/22,50 $.* Apprécié, ce bistrot offre des spécialités chinoises accommodées à la sauce du Sud-Ouest, avec des piments ou du coulis de haricot rouge.

Z'Tejas Grill – *15900 20 W. 6th St., ℰ (480) 377 1170, ztejas.com. Dim.-jeu. 11h-22h, vend.-sam. 11h-23h. Plats 10/22 $.* Les amateurs de plats épicés, notamment de viandes en sauce, se régaleront dans ce restaurant. Terrasse bien abritée.

BOIRE UN VERRE

Downtown Plan II

Alice Cooper's Town – *101 E. Jackson St., ℰ (602) 253 7337, www.alicecooperstown.com. Lun.-jeu. 11h-21h, vend. 22h (sam. 12h-22h), dim. 17h (ouverture lors d'événements seulement).* Installé dans l'un des entrepôts qui bordent la voie ferrée, l'établissement bénéficie de la popularité de son propriétaire, Alice Cooper, star planétaire qui est l'un des pères du heavy metal. Grande terrasse, salles intérieures, concerts le w.-end.

ACHATS

Arizona Center – *400 E. Van Buren St. (Plan II), ℰ (602) 271 4000, www. arizonacenter.com. Lun.-sam. 10h-21h, dim. 11h-17h.* En plein centre-ville, cet agréable complexe de boutiques et de restaurants bénéficie en plus de jardins ombragés.

Arizona Mills – *5000 S. Arizona Mills Circle, Tempe, ℰ (480) 491 7300, www.arizonamillsmall. com. Lun.-sam. 10h-21h, dim. 11h-18h.* Le plus vaste des *malls* d'Arizona se définit comme un *shoppertainment* (shops + entertainment), avec plus de 175 magasins, restaurants et cinémas.

ACTIVITÉS

Children's Museum – *215 N. 7th St., angle Van Buren St-7th St., ℰ (602) 253 0501, www. childrensmuseumofphoenix.org. Mar.-dim. 9h-16h. 11 $.* Ancienne école dédiée aux 0-10 ans. Espaces tactiles, piscine de balles, mur d'escalade…

6

Tucson

520 116 habitants – Arizona

😊 NOS ADRESSES PAGE 509

🛈 S'INFORMER

Visitor Center – *100 S. Church Ave., au fond de l'espèce de patio - Suite 7199* (B3) *- 📞 (520) 624 1817/1-800 638 8350 - www.visittucson.org - lun.-vend. 9h-17h, w.-end 9h-16h.*
Vous pouvez vous y procurer l'excellente brochure de la ville ainsi que la brochure *Downtown Walking Tour*, pour une promenade autoguidée d'environ 1h30 dans le cœur historique de la ville.

▶ SE REPÉRER

Carte de région B3 *(p. 470-471) - carte Michelin Western USA 585 E 12.* Tucson se trouve à 97 miles (155 km) au sud-est de Phoenix par l'I-10, 390 miles (624 km) au sud-est de San Diego par l'I-8 puis l'I-10.

▶ SE GARER

Le parking de Jackson St. *(4 $ jusqu'à 18h)*, situé derrière la cathédrale, permet de visiter tout le centre-ville à pied.

😊 À NE PAS MANQUER

Les salles consacrées à la civilisation indienne de l'Arizona State Museum et une excursion au parc de Chiricahua.

🕐 ORGANISER SON TEMPS

Évitez de séjourner à Tucson les deux premières semaines de février, durant la foire des pierres précieuses.

Tucson (prononcez « Tou-sone ») présente un double avantage : celui d'être à taille humaine et entourée de montagnes. La nature n'est donc jamais loin et, dans une même journée, on peut flâner dans les vieux quartiers puis marcher entre les saguaros, sans pour cela faire des kilomètres. L'ancienne capitale de l'Arizona est aussi une ville universitaire, très dynamique et multiculturelle, à portée de voiture des villes minières du sud ou, plus loin, des parcs d'Organ Pipes et de Chiricahua.

Se promener Plan de la ville

Comptez une journée à pied.
Gagnant toujours plus de terrain sur le désert, Tucson s'étend jusqu'aux contreforts des montagnes volcaniques qui bordent la vallée. Les lieux touristiques sont néanmoins rassemblés dans le centre, autour des deux quartiers historiques épargnés par les gratte-ciel : El Presidio, au nord de Congress Street, et El Barrio Historico au sud de cette même rue et du Convention Center. De là, il est facile de rallier les musées installés sur le campus de l'University of Arizona (au nord-est de Downtown). Petit repère : à Tucson, les avenues sont orientées nord-sud, et les rues ouest-est.

Mission San Javier del Bac au sud de Tucson.
A. Forterre / MICHELIN

★★ **EL PRESIDIO HISTORIC DISTRICT** B2

⬤ *Comptez 2h à 3h. Le cœur historique de Tucson est accessible à pied depuis le Visitor Center, grâce aux passerelles qui enjambent Broadway Blvd et Congress St.* Il ne reste rien du fort construit en 1775 (son enceinte se confond avec Washington St. au nord, Main Ave. à l'ouest, Pennington St. au sud et Church Ave. à l'est), mais ce quartier tranquille vaut le détour pour ses maisons pittoresques, notamment le long de Main Avenue, qui trahissent leur âge selon leur type d'architecture : les plus anciennes sont des bâtisses en adobe, accolées les unes aux autres, tandis qu'après l'arrivée du train (1880) sont apparues les demeures en brique, d'allure victorienne, entourées de jardins.

★ **Tucson Museum of Art**

140 N. Main Ave., ✆ (520) 624 2333, www.tucsonmuseumofart.org. Mar.-sam. 10h-17h, dim. 12h-17h, fermé lun. et j. fériés. 8 $, gratuit -12 ans et 1ᵉʳ dim. du mois. Au nord d'El Presidio Plaza, ce musée comprend plusieurs édifices restaurés datant de la seconde moitié du 19ᵉ s. Fondé en 1924, il expose essentiellement des **peintures américaines** des 19ᵉ et 20ᵉ s., mais également quelques **œuvres précolombiennes★** (inca, maya…) et des objets religieux de la période hispanique (Pavillon Palice). Le pavillon Goodman se consacre aux thèmes propres au Sud-Ouest (cow-boys et Indiens, grands espaces).

Ne manquez pas le **Museum Store★**, dédié à la poterie indienne. Le visiteur y est invité à dater et identifier les pièces exposées grâce aux outils mis à sa disposition (chronologie, microscopes…). Vue sur les réserves depuis une vitre. Le billet d'entrée du musée donne également accès à deux demeures dignes d'intérêt, sises dans le même pâté de maisons, appelé Historic Block.

★★ **Casa Cordova** – *Au nord du musée.* C'est peut-être la plus ancienne maison de Tucson (1850 environ). Ne manquez pas également *El Nacimento*, une collection d'innombrables sujets de crèche (plus de 300), installés chaque année de novembre à mars.

6

★ **Corbett House** – *Au nord-ouest du musée*. Elle mérite le détour pour son intérieur (1907) admirablement reconstitué dans le style *Arts & Crafts* du début des années 1900.

En sortant du musée sur Meyer Av., traversez la rue pour entrer dans le bloc des artisans.

★ Old Town Artisans

Charmante bâtisse en adobe (1850) dotée d'un agréable patio fleuri, autour duquel ont été aménagées différentes boutiques d'artisanat.

Prenez Telles St. Dans Court Ave. tournez à droite puis à gauche pour rallier Church St. Tournez à droite et une fois devant la **Pima County Courthouse** *(1929) reconnaissable à son dôme vernissé et à son style post-colonial, traversez la rue puis la place pour rejoindre, face à la bibliothèque municipale, l'entrée du musée historique.*

Downtown History Museum

140 N. Stone Ave., ☏ (520) 770 1473. Mar.-sam. 10h-16h. 3 $, gratuit -12 ans.

Il aborde l'histoire de la ville sous l'angle de ses commerces, services et loisirs (bazar, barbier, police, tramway, cinéma…). Photos, objets et reconstitutions.

★ EL BARRIO HISTORICO DISTRICT B3

▶ *Comptez 1h en partant du Visitor Center.*

Réduit à la portion congrue après la construction du Convention Center, ce quartier essentiellement résidentiel s'inscrit aujourd'hui au sud de Cushing Street et à l'ouest de Stone Avenue. Traditionnellement mexicain et chinois, il est en passe de s'offrir une nouvelle jeunesse en devenant le quartier branché de la ville. N'hésitez pas à vous promener dans ces quelques rues pittoresques bordées de maisons en adobe.

★ St Augustine's Cathedral

À deux pas du Visitor Center, 192 S. Stone Ave.

Les hautes tours blanches de la cathédrale émergent des palmiers et des orangers qui encadrent cet imposant édifice de la fin du 19e s., dont l'entrée est ornée de grès sculpté.

Descendez Stone St. vers le sud jusqu'à 14th St. Tournez à droite. Le quartier historique sera sur votre gauche à partir de Convent St. et Main Av. deux rues plus loin.

★ El Tiradito Wishing Shrine

Dans Main Avenue, à côté d'El Minuto Cafe (voir p. 511).

La légende veut que, sous les fleurs et les cierges qui brûlent devant cet autel populaire, soit enterré un amant assassiné par un mari trompé.

À voir aussi

UNIVERSITY OF ARIZONA C1/2

Comptez 3h. À 1,5 mile au nord-est du centre de Tucson. Au départ du terminal Ronstadt, le bus 6 remonte Euclid Ave. jusqu'à l'intersection avec University Blvd.

Le magnifique campus de l'University of Arizona occupe 176 ha en plein cœur de Tucson. Quand elle ouvrit ses portes en 1891, l'université ne comptait

TUCSON

0   1/2 mi
0   0,5   1 km

San Diego, Phoenix ⑬

Center for Creative Photography, Museum of Art

Arizona-Sonora Desert Museum, Saguaro NP, Old Tucson Studios

Museum of Arizona Historical Society

Arizona State Museum

University of Arizona

EL PRESIDIO HISTORIC DISTRICT

Old Town Artisans

Downtown History Museum

Amtrak

Tucson Museum of Art

Greyhound

Sentinel Peak Park

Garden of Gethsemane Santa Cruz River Park

St Augustine's Cathedral

CONVENTION CENTER

Armory Park

El Tiradito Wishing Shrine

EL BARRIO HISTORICO DISTRICT

"A" Mountain (Sentinel Peak)
▲883

Santa Rosa Park

Santa Rita Park

Ormsby Park

SE RESTAURER

Barrio Food & Drinks	②
Caruso's	④
Charro Cafe (El)	⑧
Cocina Restaurant (La)	⑪
Maya Quetzal	⑫
Minuto Cafe (El)	⑩
Tohono Chul Park	⑬

N

258 Numéro d'échangeur

Titan Missile Mus., Mission San Xavier del Bac, Tombstone, Bisbee, Pima Air & Space Mus.

SE LOGER

Best Western Royal Sun Inn & Suites .... ①

Congress .... ③
El Presidio B&B .... ⑤
Flamingo .... ⑥

Motel 6 .... ⑦
University Inn .... ⑨

6

UNE VILLE ATTRACTIVE

La vallée de Tucson est appréciée depuis fort longtemps pour ses cours d'eau saisonniers. Des chasseurs et des cueilleurs auraient habité la région il y a 8 000 à 10 000 ans. Au 3e s., les **Indiens hohokams** s'installèrent non loin de la rivière Santa Cruz, au pied du Sentinel Peak, pour cultiver les terres, avant de disparaître aux alentours de 1450.

À partir du 16e s., les pionniers européens qui s'aventuraient aux confins nord des possessions de la Couronne espagnole rencontrèrent les **Tohonos o'odhams**, une tribu indienne vivant encore aujourd'hui aux abords de Tucson (nom dérivé de celui du site indien Stjukshon qui signifie « Source coulant au pied de la montagne »). Le père **Eusebio Kino**, fondateur de la mission San Xavier à la fin du 17e s., fut le premier Européen à y établir sa résidence, mais la fondation de la ville remonte à 1775, date à laquelle **Hugh O'Connor**, un Irlandais dépêché par les Espagnols, construisit un fort *(presidio)* qui servait de poste militaire et de halte pour les voyageurs, à l'emplacement de l'actuel El Presidio District.

Tucson comptait plus de 7 000 habitants quand, en 1821, le Mexique, auquel elle était rattachée, acquit son indépendance. Elle passa sous le contrôle américain en 1854 et devint le siège du territoire d'Arizona de 1867 à 1889. Elle se tailla une réputation de « rude ville de l'Ouest », mais dès 1880 le chemin de fer facilita les échanges avec l'Est du pays et permit notamment la construction de bâtiments en brique.

La première **université** fut ainsi créée en 1891, mais la ville se développa surtout à partir de 1940 avec l'installation de la **base militaire** aérienne (elle demeure le premier employeur devant l'université). La population, qui avoisinait les 120 000 habitants en 1950, doubla en dix ans. Le climat sec et doux de la région continue d'attirer les visiteurs et, au rythme de 2 000 nouveaux résidents chaque mois, Tucson dépasse actuellement les 500 000 habitants, 33e ville des États-Unis.

qu'un bâtiment, isolé en plein désert, ce qui obligeait la poignée d'étudiants à s'y rendre à cheval ! Elle constitue aujourd'hui l'un des plus importants centres de recherche des États-Unis, avec de nombreux laboratoires reconnus, notamment en cancérologie, et accueille plus de 35 000 étudiants de plus de 100 nationalités différentes.

En voiture depuis Downtown, remontez plein nord jusqu'à Speedway Blvd que vous prendrez à droite vers l'est. Au croisement avec Park Avenue, tournez à droite et garez-vous le plus vite possible (parking devant le musée historique).

★★ Arizona State Museum

1013 E. University Blvd, à l'angle de Park Ave., ✆ (520) 621 6302, www.state museum.arizona.edu. Lun.-sam. 10h-17h, fermé 12h30-13h, dim. et j. fériés. 5 $.
Si vous voulez tout savoir sur les différents peuples indiens du Sud-Ouest, consacrez un peu de temps à ce musée créé en 1893. Il regroupe d'importantes collections relatives aux **cultures indiennes★★**. La visite s'organise de façon didactique, chaque salle du musée étant consacrée à une tribu (Seris, Tarahumaras, Yaquis, O'odhams, Colorado River Yumans, Southern Paiutes, Pais, Western Apaches, Navajos et Hopis). Les objets exposés et les panneaux explicatifs, élaborés en collaboration avec les Indiens, retracent clairement les origines, l'histoire et la vie contemporaine de chacune d'elles. Il est notamment fait état des revendications territoriales actuelles.

Revenez sur Park Avenue. Remontez-la et tournez à gauche dans 2nd St.

★ **Arizona Historical Society Museum**

949 E. 2nd St., ☎ (520) 628 5774/5695, www.arizonahistoricalsociety.org. Tlj sf dim. 10h-16h. 5 $, gratuit -11 ans, gratuit le 1ᵉʳ sam. du mois.

Dans le voisinage du précédent, cet autre musée mérite le détour si vous vous intéressez à l'histoire de l'Arizona en général. L'espace consacré à l'exploitation des richesses du sous-sol, primordiale dans l'histoire de l'État, reproduit notamment l'intérieur d'une mine. Une collection de carrioles et de diligences est également installée à demeure. Une partie du musée accueille par ailleurs des expositions temporaires, consacrées par exemple à l'habillement ou à l'ameublement d'une maison en 1900.

En sortant du musée, prenez à gauche. Traversez Park Avenue : 2ⁿᵈ St. se trouve une rue plus au nord. Suivez-la jusqu'à Olive Rd et tournez à gauche.

Center for Creative Photography

1030 N. Olive Rd, ☎ (520) 621 7968, www.creativephotography.org. Lun.-vend. 9h-17h, w.-end 13h-16h. Gratuit.

Dans le campus, vous pouvez aussi faire un tour par ce centre culturel dont les expositions photographiques sont toujours très saluées par la critique.

★ **University of Arizona Museum of Art**

1031 N. Olive Rd, University of Arizona. Mar.-vend. 9h-17h, w.-end 12h-16h, fermé lun. et j. fériés. 5 $.

Sur les 9000 œuvres que possède le musée, seul 1 % est exposé par roulement. Art précolombien, art européen du 15ᵉ s. au 20ᵉ s. : bel ensemble de Gallego et Bartolomé sur la vie du Christ (15ᵉ s.), peintures de l'atelier de Tiepolo (18ᵉ s.), Delacroix, Goya, Maurice Denis, Kandinsky… Le rez-de-chaussée est consacré à l'art contemporain.

À proximité

Entourée de montagnes désertiques et d'espaces naturels encore préservés, Tucson est la porte de belles excursions en pleine nature.

À L'OUEST Plan de la ville

★ **« A » Mountain** A3/4

◖ *Comptez 30mn. À Tucson, à l'extrémité ouest de Congress St., tournez à gauche dans Cuesta Ave. qui devient Sentinel Peak Rd et montez jusqu'au parking.*

Au sud-ouest du centre-ville, le **Sentinel Peak** (883 m) a été rebaptisé « A » Moutain depuis qu'une immense lettre « A » (comme Arizona) y a été installée pour marquer la victoire de l'équipe de football de l'université (1915). On a du haut de ce mont volcanique une **vue panoramique★** sur la vallée de Tucson et seuls les gratte-ciel de Downtown émergent de l'agglomération, en contrebas. Ceux-ci paraissent toutefois minuscules à côté des Rincon Mountains qui bordent le côté oriental de la vallée, et des Santa Catalina Mountains, plus au nord, qui culminent à plus de 2500 m. Par temps clair, on aperçoit même la mission San Xavier del Bac, à 12 miles au sud, et les sommets des Santa Rita Mountains dans le lointain.

6

★★ **Arizona-Sonora Desert Museum** Hors plan

◖ *Comptez 2 à 3h. 2021 N. Kinney Rd, 12 miles à l'ouest de Tucson par Speedway Blvd et Gates Pass Rd, ☎ (520) 883 2702, www.desertmuseum.org. Mars-mai et sept. : 7h30-17h ; juin-août : dim.-vend. 7h-16h, sam. 7h-10h. Juin-août 12 $ (6-12 ans 3 $), sept.-mai 14,50 $ (6-12 ans 4,50 $).*

LE FABULEUX DESTIN DU SAGUARO

Au commencement est l'éclatante fleur fuchsia du saguaro qui ne s'épanouit que 24h, pendant lesquelles se fait la pollinisation. Survient alors le fruit, porteur de plus de 2 000 graines, dont les hommes et les animaux du désert sont très friands. Les colombes à ailes blanches participent activement au disséminement de ces graines, mais faute de plante protectrice procurant de l'ombre à la jeune pousse, peu d'entre elles donneront naissance à un autre cactus.

Malgré les 200 fruits qu'il produit chaque année, on estime en effet que le saguaro n'aura qu'un seul descendant… mais quelle descendance ! Après une croissance difficile – à 25 ans, le jeune cactus atteint environ 30 cm –, il lui faut attendre 50, voire 60 ans, avant de porter ses premiers fruits. Sa taille avoisine alors les 2 m. Entre 75 et 100 ans, il produit enfin ses premières tiges, qui lui donneront une apparence unique, magistralement droite ou étrangement tortillée.

Fondé en 1952, le superbe musée en plein air du désert du Sonora est l'un des trésors de la ville de Tucson. Tout à la fois zoo et jardin botanique, ce musée est destiné à présenter les richesses de la région dans les conditions les plus naturelles possibles.

Vous trouverez ainsi un sentier qui mène à différents espaces thématiques (les montagnes, les prairies du désert, le jardin des cactus, les habitants des rivières, les félins…) protégés par un filin invisible, à l'intérieur desquels les animaux vivent comme à l'état sauvage.

Ne manquez pas notamment la serre des colibris. Des *docents* (guides), postés sous des tonnelles le long du chemin, peuvent vous fournir quelques renseignements.

★ Saguaro National Park Hors plan

▶ *Le parc est divisé en deux parties, situées de part et d'autre de la ville de Tucson. La portion ouest est accessible par Kinney Rd, environ deux miles au-delà de l'Arizona-Sonora desert Museum (voir ci-dessus).*

Faites halte au Red Hill Visitor Center, ☏ (520) 733 5158, www.nps.gov/sagu. 9h-17h, fermé le 25 déc. Le parc est ouvert de 7h au coucher du soleil. 10 $ par véhicule. Plusieurs chemins de randonnée sillonnent le parc (de 7 à 10 miles AR). Demandez conseil aux rangers.

★ **Portion ouest** – Une route touristique, la **Bajada Loop Drive★** *(9 miles)*, permet de traverser de véritables forêts de saguaros (prononcez « so-ouo-ro »), ces imposants cactus aux bras levés vers le ciel, emblèmes du Sud-Ouest américain, qui habillent les contreforts des Tucson Mountains.

Le **Valley View Overlook Trail** *(facile ; 30mn AR ; le sentier débute à 3,5 miles au nord du Visitor Center)* mène à un **point de vue★★** somptueux sur la vallée alentour.

Portion est – *Env. 15 miles du centre-ville. Suivez Broadway Blvd vers l'est. Tournez à droite dans Houghton Rd et parvenu à Escalante Rd, à gauche.* Cette partie dite des *Rincon Mountains* est moins colorée que son *alter ego* de l'ouest. Sept chemins de randonnée permettent de l'arpenter, les plus longs offrant les plus beaux points de vue sur les saguaros et Tucson *(dénivelé maximum 1 219 m)*.

Old Tucson Studios Hors plan

201 S. Kinney Rd, au sud de l'embranchement avec Gates Pass Rd, à proximité du Arizona-Sonora Desert Museum (voir ci-dessus). ℘ (520) 883 0100, www.old-tucson.com. 31 mai-30 sept. 10h-18h. 16,95 $ (4-11 ans 10,95 $).

Depuis sa construction en 1939 pour le tournage du film *Arizona* (avec William Holden), le site d'Old Tucson a conservé l'aspect d'une ville du *Wild Wild West* (l'une des rares productions à y avoir été tournées récemment).

Après avoir servi de décor à plus de 300 films (principalement des westerns!), le site a été reconverti en parc d'attractions pour enfants, avec manèges, petit train à vapeur et spectacles, tandis que le **musée** retrace l'histoire du lieu, dont le terrible incendie qui ravagea presque la moitié des studios en 1995.

AU SUD Carte de région

★★ **Mission San Xavier del Bac** B4

Comptez 1h. Située à 12 miles au sud de Tucson, dans la réserve des Indiens tohonos o'odhams (la deuxième plus étendue du pays), la mission est accessible par l'I-19 (sortie San Xavier Rd). 1950 W. San Xavier Rd, ℘ (520) 294 2624, www. sanxaviermission.org. Église 7h-17h (messes en semaine à 8h30, sam. à 17h30, dim. à 8h, 9h30, 11h, 12h30. Musée et boutique 8h-16h30. Gratuit.

La silhouette massive de cette mission édifiée à la fin du 18ᵉ s. se découpe sur le paysage désertique alentour. Au sommet du petit monticule voisin, où est nichée une réplique de la grotte de Lourdes, la vue sur l'ensemble du site est imprenable. Vous apercevrez peut-être les élèves Indiens, en uniforme, qui se rendent en rang serré à l'école de la mission, créée en 1864.

★★ **Église** – Elle est remarquable, tant pour sa façade asymétrique, où se mêlent les styles maure, byzantin et Renaissance mexicaine, que pour son intérieur coloré, où s'expriment les styles mexicain baroque et mudéjar (les peintures ont été rénovées par des artistes internationaux), et ses statues de bois expressives devant lesquelles brûlent des cierges.

On y voit également un gisant de saint François Xavier, recouvert d'un tissu satiné, qui est parsemé de petites amulettes symbolisant les requêtes des fidèles croyants.

La religion chrétienne et les traditions indiennes sont pratiquées de concert dans la réserve, la mission étant toujours en activité et dirigée par des pères franciscains.

Musée – Il présente l'histoire des missions, des Tohonos O'odhams, de la chapelle et de sa restauration.

> ### UN MISSIONNAIRE ENTREPRENANT
> La mission San Xavier fut construite par des franciscains de 1783 à 1797, mais l'histoire missionnaire est avant tout associée au père Eusebio Francisco Kino, qui découvrit le site en 1692.
>
> Il fut le premier à entrer en contact avec les Indiens tohonos o'odhams qui vivaient alors dans un village appelé Wa:k (« l'endroit où l'eau surgit »), devenu Bac depuis. Ce jésuite d'origine italienne sillonna pour la Couronne espagnole la majeure partie du nord du Mexique et du sud de l'Arizona, où il parcourut près de 20 000 miles à cheval.
>
> Après avoir fondé une vingtaine de missions, cet infatigable explorateur s'éteignit en 1711, à l'âge de 65 ans, dans la mission Santa Maria Magdalena (Mexique).

6

★ **Titan Missile Museum** B4

◗ *23 miles au sud par l'I-19, sortie 69. 1580 W. Duval Mine Rd, ℘ (520) 625 7736, www.titanmissilemuseum.org. Visite guidée (1h) uniquement en anglais (ttes les heures en été, dernier départ 16h). 8h45-17h. 9,50 $ (7-12 ans 6 $).*

Conçus dans les années 1960 dans la logique de la Guerre froide, les missiles Titan II ont été progressivement désactivés à partir de 1982. Sur les 53 sites de lancement, seul celui-ci demeure intact (hors d'état de marche). La visite comprend : une vidéo sur l'histoire de ce programme d'armement *(10mn)*, un tour des extérieurs pour comprendre le système de climatisation et de sécurité, et enfin la descente dans le silo de lancement qui conserve encore son missile.

À L'EST Plan de la ville

★ **Pima Air & Space Museum** Hors plan

◗ *17 miles au sud-est par l'I-19 puis l'I-10 et Valencia Rd. 6000 E. Valencia Rd, ℘ (520) 574 0462, www.pimaair.org. Tlj 9h-17h (dernière entrée 16h), fermé Thanksgiving et 25 déc. Juin-oct. 13,75 $ (7-12 ans 8 $), nov.-mai 15,50 $ (7-12 ans 9 $), auxquels il faut rajouter le Tram Tour ou l'Amarg.*

Hangars – Chacun des sept hangars développe une thématique ou un pan de l'histoire de l'aéronautique ou de la Deuxième Guerre mondiale : forteresses volantes (390th Memorial Museum), théâtre d'opérations européen (hangar 3), pacifique (hangar 4), conquête de l'espace… Les bénévoles sont là pour expliciter les panneaux ou détailler les avions.

Tarmac – Sur les 260 engins répartis en désordre sur le terrain d'aviation, certains sont encore en état de marche. On peut notamment monter dans l'Air Force One des présidents Kennedy et Johnson. La promenade pouvant prendre du temps, un petit train en montre l'essentiel *(Tram Tour 6 $, 1h15).*

Armag – *Visite guidée en anglais (1h30) : lun. et vend. 10h, 11h30, 13h30, 15h. 7 $, inscription à l'accueil.* La base militaire voisine abrite un « cimetière d'avions » où sont stockés les engins qui ne sont plus en service mais peuvent encore être utilisés. Une fois définitivement hors circuit, ils sont démontés. Si les rangées impeccables de gros porteurs, d'avions de chasse ou d'hélicoptères ont de quoi fasciner, seuls les passionnés vibreront réellement à l'énoncé technique des Mohawks, Vikings, F15, Iroquois et autres Falcons.

Excursions Carte de région

★★ **CHIRICAHUA NATIONAL MONUMENT** B4

◗ *Comptez la journée AR. 117 miles à l'est de Tucson, dont 77 miles sur l'I-10 jusqu'à Willcox, sortie 336, puis 44 miles sur la Hway 186, via Dos Cabezas, et ensuite la Hway 181. Attention, le parc est loin de tout : pas de restaurants, pas d'hôtels à proximité.*

Visitor Center – *℘ (520) 824 3560, www.nps.gov/chir. 8h-16h30, fermé Thanksgiving et 25 déc., parc ouv. 24h/24h. 5 $.*

Dans ce parc créé en 1924, l'érosion mécanique combinée à celle de l'eau a formé de véritables forêts de **pinacles naturels** appelés « Rochers debouts » par les Apaches. Les colonnes de rhyolite ne présentent pas une palette très colorée du fait de leur origine volcanique, cependant leur nombre et leur disposition rend fascinant le jeu de la lumière entre leurs rangs serrés.

★ **Scenic Drive** – Pour rallier les principales randonnées et les plus beaux points de vue, la Scenic Drive traverse une vallée arborée fleurant bon le genévrier, le pin, le cyprès d'Arizona ou le sycomore. En chemin, arrêtez-vous à **Organ Pipe Formation** pour apercevoir les orgues de pierre accrochés à la falaise. Après le canyon, la route grimpe à flanc de montagne pour atteindre Massai Point.

★★ **Massai Point** – Ce belvédère offre un panorama à 360° sur une vraie Manhattan minérale ! Les pinacles recouvrent tout le relief, des pentes les plus abruptes jusqu'au fond des canyons. Vous aurez le même panorama, mais à l'opposé de la vallée, depuis **Inspiration Point** *(accessible uniquement à pied ; 8,6 km AR depuis Massai ; entre 100 et 300 m de dénivelé ; 3h à 6h ; difficile)*. Le sentier y menant descend dans un labyrinthe d'aiguilles rocheuses, en contrebas du belvédère de Massai.

★★ **Echo Canyon Loop** – *Reprenez la Scenic Drive et garez-vous à Echo Canyon. Boucle de 5 km, revenant par Hailstone et Ed Riggs Trails, modéré.* Vous pouvez faire la randonnée entière, ou vous contenter de la portion menant du parking à Echo Canyon Grotto en suivant l'Echo Canyon Trail sur 1,3 km *(1h AR, facile)*.

★ ORGAN PIPE CACTUS NATIONAL MONUMENT A4

◖ *Comptez la journée. 132 miles à l'ouest de Tucson par la Hwy 86. À Why, bifurquez vers le sud sur la Hwy 85.*

Visitor Center – *22 miles au sud de Why sur la Hwy 85, ☏ (520) 387 6849, www. nps.gov/orpi. Tlj 8h-17h, fermé Thanksgiving et 25 déc. 8 \$/véhicule, valable 7 jours, compris dans le National Park Pass.*

Aux abords du *Visitor Center*, un court **sentier balisé** permet de se familiariser avec la flore locale comme les **buissons de créosote**, reconnaissables à leurs feuilles minuscules et à leurs fleurs jaunes, et surtout les **cactus** caractéristiques de la région (bras fins partant de terre et ressemblant à des tuyaux). Ils créent des réserves d'eau dans leurs racines creuses et dans leur tronc recouvert d'une substance grasse. Leurs épines acérées servent à décourager les animaux qui viennent y construire un abri, mais elles s'avèrent surtout une source d'ombre non négligeable pour eux-mêmes.

Les deux routes panoramiques du parc ne sont pas asphaltées, mais praticables en voiture de tourisme, à allure modérée.

★★ **Ajo Mountain Drive** – *Boucle de 21 miles (2h, sans les randonnées). Départ à l'est du Visitor Center. Demandez la brochure détaillant la végétation rencontrée aux 22 arrêts, matérialisés par des piquets en bois au bord de la route.*

La route mène aux contreforts des montagnes Ajo. À l'arrêt 13 *(9,4 miles du Visitor Center)*, l'**Arch Canyon Trail**★ offre une jolie balade *(1-2h AR)* au fond d'une vallée peuplée de buissons et de cactus. Le sentier conduit au pied d'un promontoire rocheux que vous pouvez escalader afin de profiter d'une vue panoramique sur le Mexique *(suivez les petits tas de cailloux)*.

Deux miles plus loin, à l'arrêt 15, vous parvenez à l'aire de pique-nique ombragée d'Estes Canyon, d'où partent les deux sentiers de randonnée de la boucle de l'**Estes Canyon-Bull Pasture Trail**★★, qui offre de superbes points de vue sur les vallées désertiques alentour *(2h AR ; il est conseillé de suivre le Bull Pasture Trail à l'aller et de redescendre par l'Estes Canyon Trail, moins abrupt)*. Les pentes douces des monts reçoivent plus de précipitations que les plaines et comptent une extraordinaire diversité de cactus et d'arbustes, dont le **paloverde**, reconnaissable à son tronc vert tendre.

6

★ **Puerto Blanco Drive** – *Comptez 3 à 4h. Départ derrière le Visitor Center, où vous pouvez acheter une brochure détaillant les 26 arrêts de la route.* Cette boucle de 53 miles permet de découvrir l'ouest du parc, qui offre un panorama très diversifié de la végétation de ce désert.

La route contourne les **Puerto Blanco Mountains**, des monts d'origine volcanique formés il y a 15 à 25 millions d'années. Elle permet d'apercevoir la vallée d'Ajo, au nord, puis elle longe la frontière mexicaine pour rejoindre la Hwy 85.

Circuit conseillé Carte de région

★★ LES VILLES MINIÈRES B4

▷ *Vous pouvez visiter les trois destinations ci-dessous en deux jours si vous voulez faire la totalité des visites.*

Tombstone

Comptez 1h30. Tombstone est située à 70 miles au sud-est de Tucson. Empruntez l'I-10 jusqu'à Benson, puis la Hwy 80 (comptez 1h de route). Arrivé à Tombstone, prenez à droite dans 4ᵗʰ St. pour rejoindre le Visitor Center.

🏠 *Angle Allen St.-4tʰ St., ℰ (520) 457 3929, www.tombstone.org. 9h-17h, w.-end 10h-17h. On vous y renseignera sur les horaires des spectacles.*

Fondée à la fin des années 1870, suite à la découverte de filons d'argent dans les montagnes voisines, Tombstone s'est forgée une réputation de rude ville de l'Ouest. C'est là qu'en 1881 se tint le fameux « règlement de comptes à OK Corral », lors duquel les frères Earp et Doc Holliday affrontèrent les McLaury et les Clanton *(un spectacle reproduit chaque jour la scène à 14h. Rés. ℰ (520) 457 3456, www.ok-corral.com)*. Au plus fort de son occupation, cette ville de 15 000 habitants (la population avoisine les 1 500 âmes aujourd'hui) était toutefois plutôt tranquille et comptait quatre églises, une école, deux banques, un journal et un opéra. Une partie de la rue principale, **Allen Street**, a été reconstruite avec ses auvents de bois sous lesquels s'alignent boutiques pour touristes et restaurants. Entre autres attractions (toutes payantes) : la mine, le théâtre, le plus grand rosier grimpant au monde…

Reprenez la Hwy 80. Bisbee est située à 20 miles au sud de Tombstone.

★★ Bisbee

Comptez une demi-journée.

🏠 *Face au musée, 2 Copper Queen Plaza, ℰ (520) 432 3554, www.discoverbisbee. com. 9h-17h, w.-end 10h-16h.*

Fine fleur des villes minières de l'Ouest, la petite bourgade de Bisbee apparaît au détour d'un virage, accrochée à flanc de montagne. L'exploitation des nombreuses richesses du sous-sol (cuivre, or, argent, plomb, zinc) à partir de 1875 en fit la ville la plus peuplée entre St Louis et San Francisco au début du 20ᵉ s. (20 000 habitants).

Ravagé par un incendie en 1908, le centre-ville fut immédiatement reconstruit et les demeures d'allure victorienne, en brique naturelle ou colorée, dégagent un charme authentique. La banque et la poste conservent d'ailleurs leurs bâtiments d'origine. Les anciens saloons abritent quant à eux de charmants cafés, une pléiade de boutiques et des échoppes d'artisans. Ne manquez pas celle du chapelier, O'Ptimo, au 47 Main Street. Depuis l'arrêt de l'activité minière en 1975, la ville attire principalement des retraités et des artistes qui animent les rues montueuses, où il est fort agréable de se promener.

★ **Bisbee Mining & Historical Museum** – *5 Cooper Queen Plaza, ✆ (520) 432 7071, www.bisbeemuseum.org. Tlj 10h-16h. 7,50 $, enf. 3 $.* Ce musée propose une belle exposition de photos et d'objets de cette époque. Reconstitution d'une galerie de mine. Salle sur l'exploitation du cuivre.

★ **Queen Mine** – *En lisière du centre-ville, dir. Douglas, presque tout de suite après être passé sous la Hway 80, sur la droite, rampe d'accès du camping. ✆ (520) 432 2071/1-866 432 2071, www.queenminetour.com. 9h, 10h30, 12h, 14h, 15h30 ; durée : 1h15. 13 $ (4-12 ans 5,50 $). Réservation conseillée.* Menée par d'anciens mineurs, la visite (en anglais) se fait dans de petits wagonnets qui déambulent dans les galeries.

★ **Kartchner Caverns State Park**

◗ *53 miles au sud-est de Tucson par l'I-10, sortie 302, puis la Hway 90. L'entrée du parc se trouve au mile 298. Accessible depuis Bisbee par les Hway 80 puis 90 (47 miles).*

🏷 *✆ (520) 586 4100 - réserv. conseillée, ✆ (520) 586 2283, www.pr.state.az.us/ parks/KACA/ 8h-17h. Visite guidée, se rens. sur les horaires : env. 3 départs/h tte l'année sf 25 déc. pour Rotunda-Throne Room (22,95 $, 7-13 ans 12,95 $) ; 2 départs/ h pour Big Room de mi-oct. à mi-avr. (22,95 $, 7-13 ans 12,95 $). 6 $ pour 2 adultes/ véhicule et 3 $ pour tte pers. en plus. Accès pour les pers. à mobilité réduite.*

Le parc préserve deux grottes, découvertes en 1974 par des spéléologues venus s'entraîner dans les Whetstone Mountains. Elles se sont formées suite au retrait progressif de la mer il y a 200 000 ans.

Rotunda-Throne Room – Elle rassemble cinq types de formations calcaires issues de l'action de l'eau : suintante (boucliers ou excentriques), coulante (rideaux et orgues), condensée (corail, c'est-à-dire avec un effet pop-corn), gouttante (stalagmites et stalactites) ou piscines. Le clou de la visite se trouve dans la **chambre du trône★** avec la colonne **Kubla Khan★★** (17 m).

Big Room Complex – En été, des milliers de chauve-souris nidifient dans cette grotte, d'où sa fermeture pendant cette période. Le reste de l'année, on peut admirer les jeux de couleurs de sa roche virant parfois au rose (Strawberry Room) et ses boucliers aux formes étranges.

😊 NOS ADRESSES À TUCSON

TRANSPORT

En avion - Tucson International Airport – *À 8 miles au sud de la ville, ✆ (520) 573 8100, www. flytucsonairport.com.* Pour le centre, prenez le bus 25 et changez dans Park Ave. pour le bus 6.
Il est conseillé de se déplacer en voiture, mais le réseau de bus est assez développé.

En bus – Les bus locaux sont gérés par la compagnie **Sun Tran** (*www.suntran.com*), dont la gare (Ronstadt) est située à l'angle de Congress St. et de 6th Ave. (C2). Prix d'un trajet, 1,25 $ (prévoyez l'appoint), d'un Pass à la journée 3 $. Un **trolley** remonte 4th Ave. à partir de 8th St. jusqu'à l'université (*www.oldpueblotrolley. org. Vend. 18h-22h, sam. 12h-0h, dim. 12h-18h. 1,25 $*).

6

HÉBERGEMENT

Tucson Downtown

Les prix sont en baisse à partir d'avril, car la haute saison correspond à l'hiver. Les deux premières semaines de février sont très chargées à cause de la foire aux pierres précieuses. Il est alors impératif de réserver. *Attention, certains prix sont donnés ici hors taxes (Motel 6, University Inn, Flamingo Hotel).*

BUDGET MOYEN

Motel 6 – *960 S. Freeway, sortie 258,* 📞 *(520) 628 1339/1-800 325 2525 - 111 ch. 42 $* 🖾 🏊
À l'ouest de l'autoroute, mais en étant peu éloigné du centre-ville, motel fidèle aux exigences de confort de la chaîne. Pratique et peu onéreux.

Congress Hotel – *311 E. Congress St.,* 📞 *(520) 622 8848/1-800 722 8848, www.hotelcongress. com - 40 ch. 75/129 $* 🖾 ✖
Construit en 1919 et rénové dans le style de l'époque, cet hôtel est déconseillé à ceux qui recherchent le calme, car il est fréquenté par les fêtards qui entrent gratuitement dans le club ouvert tous les soirs jusqu'à 1h. Dispose aussi de 2 chambres de 4 lits pour les petits budgets.

POUR SE FAIRE PLAISIR

El Presidio B & B – *297 N. Main Ave.,* 📞 *(520) 623 6151/ 1-800 349 6151, www.bbonline. com/az/elpresidio/ - 4 ch. 125/155 $ (2 nuits minimum d'oct. à mai)* 🖾
Ce B & B du quartier historique est installé dans une maison victorienne dont les chambres tout confort, joliment aménagées, donnent sur une cour intérieure verdoyante. Délicieux petit-déj.

Tucson Université

Une voiture est nécessaire pour séjourner dans ce quartier.

Chaque établissement de notre sélection dispose d'un parking gratuit.

BUDGET MOYEN

University Inn – *950 N. Stone Ave.,* 📞 *(520) 791 7503/1-800 233 8466, www.universityinntucson. com - 38 ch. 45/60 $* 🖾 🖾 🏊
Accueil sympathique et prix très abordables dans ce petit motel sur 2 étages. Les chambres sont sans originalité, mais propres.

Flamingo Hotel – *1300 N. Stone Ave.,* 📞 *(520) 770 1910, www. flamingohoteltucson.com - 80 ch. 65/70 $* 🖾 🖾 🏊 Très verdoyant, ce joli motel rose est particulièrement agréable. Certaines chambres portent le nom d'acteurs célèbres, faisant ainsi écho à l'impressionnante collection d'affiches de films exposées dans la réception.

POUR SE FAIRE PLAISIR

Best Western Royal Sun Inn & Suites – *1015 N. Stone Ave.,* 📞 *(520) 622 8871/866 293 9454, www.bwroyalsun.com - 608 ch. 75/1 $* 🖾 ✖ 🏊 Ce motel de luxe offre un excellent confort. Belles chambres, mais salles de bains petites.

Organ Pipes

Seul le camping est possible dans deux sites distincts peu ombragés. Ils ne prennent pas de réservation et fonctionnent sur la base du « premier arrivé, premier servi ». Prévoyez eau et ravitaillement en vivres et carburant.

Alamo Campground, très rudimentaire, ne possède même pas de toilettes et n'accepte que les tentes. *8 $/nuit.*

Twin Peaks Campground, 208 empl., accueille aussi les camping-cars. Eau et toilettes. *12 $/nuit.*

RESTAURATION

Choix très varié parmi une pléiade de restaurants sud-américains ou spécialisés dans la cuisine du Sud-Ouest des États-Unis.

Tucson Downtown

PREMIER PRIX

El Minuto Cafe – *354 S. Main Ave.* (B3), *☏ (520) 882 4145, www. elminutocafe.com. Lun.-jeu. 11h-22h, vend.-sam. 11h-23h. Plats 8/16 $.* Vaste restaurant mexicain, décoré de petites loupiotes, pour une cuisine savoureuse et typique dans une ambiance familiale. Allez jeter un œil juste à côté, à l'autel populaire appelé El Tiradito Wishing Shrine.

El Charro Cafe – *311 N. Court Ave.* (B2), *☏ (520) 622 1922, www. elcharrocafe.com. Tlj 10h-21h. Plats 8/18 $.* Ce restaurant mexicain s'est spécialisé dans les plats relevés, dans un décor enlevé et riche en couleurs. Au-dessus de la terrasse pendent les quartiers de viande *(carne seca)* qui sèchent au soleil.

La Cocina Restaurant – *201 N. Court Ave.* (B2), *☏ (520) 622 0351. Dim.-lun. 9h-15h, mar.-sam. 9h-22h (réserver). Plats moins de 12 $.* Installé dans une cour à l'ombre des bougainvillées, on déguste de copieuses salades ou des plats du Sud-Ouest épicés. Le restaurant voisine avec des boutiques d'artisanat, tandis qu'à l'intérieur la décoration varie au gré des expositions d'artistes contemporains.

Barrio Food & Drinks – *135 S. 6th Ave.* (B3), *☏ (520) 629 0191. Lun.-jeu. 11h-22h, vend.-sam. 0h, dim. 17h-21h. Plats 10/15 $.* Aménagé dans un beau bâtiment en brique à la décoration élégante, mêlant bois et métal, ce bistrot propose une cuisine inventive, notamment des plats de sucré-salé.

Tucson 4th Avenue

Il est agréable de parcourir à pied 4th Ave. (surtout entre 6th et 7th St.) qui, à l'instar d'University Blvd *(voir « Boire un verre »)*, est bordée de restaurants et de cafés et bénéficie d'une ambiance plus alternative que le voisinage de l'université.

PREMIER PRIX

Maya Quetzal – *429 N. 4th Ave.* (C2), *☏ (520) 622 8207. Lun.-jeu. 11h30-20h, vend.-sam. 12h-20h45. Plats entre 8/10 $.* Ce petit restaurant à la décoration typique propose des spécialités guatémaltèques dans une ambiance familiale. Pas de cartes de crédit.

Caruso's – *434 N. 4th Ave.* (C2), *☏ (520) 624 5765, www. carusositalian.com. Mar.-dim. 11h30-22h, vend.-sam. 23h. Plats 9/20 $.* Doté de grandes tablées réparties dans plusieurs salles, ce restaurant s'inscrit dans la tradition de la cuisine familiale italienne propre aux États-Unis.

Au nord de Downtown

PREMIER PRIX

Tohono Chul Park – *7366 N. Paseo del Norte, ☏ (520) 742 6455, www. tohonochulpark.org. Tlj 8h-17h. Plats env. 7/13 $.* Joli restaurant ombragé entouré d'un parc dédié à la connaissance des plantes autochtones : près de 25 ha de désert en pleine ville. Idéal pour une pause déjeuner ou pour un thé. Carte sans prétention, mais cuisine savoureuse.

BOIRE UN VERRE

Tucson Downtown

Grill – *100 E. Congress St.* (B3), *☏ (520) 623 7621. 24h/24.* L'un des établissements les plus accueillants de l'avenue. Concerts du jeudi au samedi soir dans une petite salle adjacente à la grande salle à manger.

6

Tucson Université

À partir d'Euclid Ave., University Blvd se pare de lumières qui invitent à la balade. L'atmosphère est estudiantine (mais pas exclusivement) et bon enfant.

Frog & Firkin – *874 E. University Blvd* (C2), ℘ *(520) 623 7507, frogandfirkin.com. Dim.-jeu. 11h-1h, vend.-sam. 11h-2h.* Pub anglais fort sympathique, dont la petite terrasse est très prisée.

Gentle Ben's – *865 E. University Blvd* (C2), ℘ *(520) 624 4177, www.gentlebens.com. Lun.-merc. 11h-21h, jeu.-sam. 22h (dim. 12h-22h).* La brasserie de Gentle Ben's, l'ours en bois qui vous accueille, produit 7 bières différentes. Le grand bâtiment en brique comprend une salle de restaurant, une petite terrasse et un bar.

Tucson 4th Avenue

Epic Cafe – *745 N. 4th Ave.* (C2), ℘ *(520) 624 6844. Tlj 6h-0h.* Larges canapés et tables en marbre meublent ce petit établissement aux tons rougeoyants, idéal pour discuter autour d'un café. Concerts les vendredi et samedi soir, mah-jong le mercredi soir.

ACHATS

Artisanat - Old Town Artisans – *201 N. Court Ave.* (B2), ℘ *(520) 623 6024, www.oldtownartisans. com. Sept.-mai : lun.-sam. 9h30-17h30, dim. 11h-17h. Juin-août : lun.-sam. 10h-16h, dim. 11h-16h.* Différentes boutiques d'artisanat, présentant notamment de très jolies poteries, ont investi une charmante bâtisse en adobe de 1850 dotée d'un agréable patio fleuri.

AGENDA

Gem and Mineral Show – *En fév. Rens. au* ℘ *(520) 322 5773, www.tgms.org.* Foire internationale aux pierres précieuses.

Wak Pow-wow – *2e w.-end de mars à la mission San Xavier del Bac.* ℘ *(520) 294 5727.*

Fourth Avenue Street Fair – *En mars et en déc.* ℘ *(520) 624 5004, www.fourthavenue.org.* Fête de quartier en plein air.

Fiesta de San Augustin – *Le 20 août.* ℘ *(520) 792 4806.* Animations festives en l'honneur du saint patron de la ville à El Presidio.

Old's Bisbee's Gem & Mineral Show – *Mai, à la vieille mine.* ℘ *(520) 432 2071.* Foire aux pierres précieuses à Bisbee.

Tucson Meet Yourself Festival – *Oct.* ℘ *(520) 792 4806.* Festival multiculturel dans le Presidio Park.

Flagstaff

65 870 habitants – Arizona

😊 NOS ADRESSES PAGE 523

🚩 S'INFORMER

Visitor Center – *1 E. Route 66, à la gare ferroviaire -* 📞 *(928) 774 9541/1 800 379 0065 -www.flagstaffarizona.org - lun.-sam 8h-17h, dim. 9h-16h.*
Le centre d'informations dispose de nombreuses brochures sur Flagstaff et ses environs. Le personnel, fort sympathique, s'avère de bon conseil.

🔘 SE REPÉRER

Carte de région A1 *(p. 482-483) - carte Michelin Western USA 585 E 10.* Le chef-lieu du comté de Coconino se trouve à 146 miles (234 km) au nord de Phoenix par l'I-17, 251 miles (407 km) au sud-est de Las Vegas par l'US-93 et l'I-40.

🔘 SE GARER

Le parking attenant à l'office de tourisme est gratuit toute la journée.

😊 À NE PAS MANQUER

Les arbres fossilisés de la Petrified Forest.

🕐 ORGANISER SON TEMPS

Après la matinée consacrée au vieux centre et aux musées, partez en excursion l'après-midi, notamment à Sedona dont les rochers s'enflamment le soir venu.

Nichée au milieu d'une forêt de pins noirs, au pied des San Francisco Peaks, Flagstaff dégage une agréable sensation d'authenticité. Son centre historique vit au rythme du passage des trains, ses motels selon le bruit de la Route 66 et ses saloons et cafés à l'heure étudiante. Souvent présentée comme la « porte d'entrée du Grand Canyon », elle donne aussi accès à nombre de vestiges indiens et de paysages grandioses, comme les incroyables roches rouges de Sedona ou les troncs fossiles de la forêt pétrifiée.

Se promener

LE CENTRE HISTORIQUE

6

🔘 *Comptez 2h. Le Visitor Center dispose d'une brochure détaillant les bâtiments historiques du quartier.*
Le centre historique se résume à un périmètre compris entre Beaver St. à l'ouest, Agassiz St. à l'est, Birch Ave. au nord et la Route 66 (Santa Fe Ave.) au sud. Suite à deux incendies qui ravagèrent la ville en 1886 et 1888, Flagstaff fut reconstruite en pierre et en brique. Certains bâtiments ont été recouverts de stuc par la suite, mais quelques-uns, comme le magasin des frères Babbitt, ont retrouvé leur apparence d'origine.
Partez de l'office de tourisme, à la gare.

★ Gare

Avec sa façade bleu et blanc aux allures de demeure anglaise, la **gare★** est l'emblème de la ville. Construite en 1926 pour remplacer un terminal situé un peu plus à l'est, elle accueille toujours les trains et abrite le *Visitor Center*.

Prenez à droite en sortant de la gare, traversez la Route 66 au niveau de San Francisco St., puis revenez sur vos pas.

Les établissements qui bordent la Route 66 sont tous d'anciens saloons. Construits vers 1888, ils étaient destinés aux ouvriers des chemins de fer venus s'installer à Flagstaff.

Passé la Flagstaff Brewery Corp., empruntez sur votre droite la Gateway Plaza, puis prenez à gauche pour déboucher dans Leroux St. Tournez à droite.

★★ Weatherford Hotel

21-23 N. Leroux St. à l'angle avec Aspen St.

Très élégant avec sa balustrade extérieure et sa façade de grès rouge, il se repère aisément. John Weatherford ouvrit d'abord un magasin dans les locaux les plus

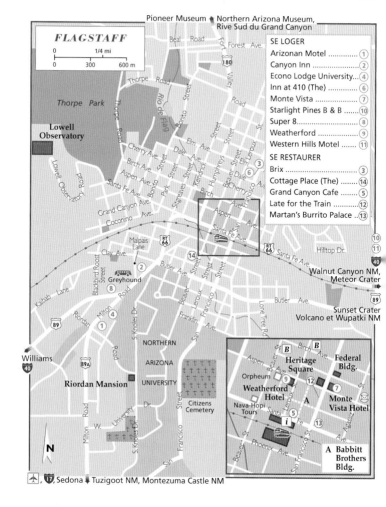

FLAGSTAFF

Pioneer Museum — Northern Arizona Museum,
Rive Sud du Grand Canyon

SE LOGER
Arizonan Motel .... ①
Canyon Inn .... ②
Econo Lodge University... ④
Inn at 410 (The) .... ⑥
Monte Vista .... ⑦
Starlight Pines B & B ...... ⑩
Super 8 .... ⑧
Weatherford .... ⑨
Western Hills Motel .... ⑪

SE RESTAURER
Brix .... ③
Cottage Place (The) .... ⑭
Grand Canyon Cafe .... ⑤
Late for the Train .... ⑫
Martan's Burrito Palace ..⑬

Walnut Canyon NM,
Meteor Crater

Sunset Crater
Volcano et Wupatki NM

✈, Sedona ⛴ Tuzigoot NM, Montezuma Castle NM

au sud, avant de construire l'hôtel en 1900. À l'étage, une magnifique salle de bal ouvre sur l'extérieur et comporte un joli bar en bois rehaussé de miroirs. J. Weatherford est aussi à l'origine du premier cinéma (1911) de Flagstaff, qui occupait le théâtre de l'Orpheum, situé plus à l'ouest, dans Aspen Ave. (*(928) 556 1580, www.orpheumpresents.com.* Projection de films et concerts).
Prenez à droite dans Aspen Ave.

Le bâtiment situé à l'angle de la rue (1898) abrita le premier des cinq bureaux de poste successifs de Flagstaff. Il fait face à Heritage Square, une place moderne décorée de statues métalliques, où les habitants aiment à se retrouver pour profiter des rayons du soleil.
Continuez jusqu'à San Francisco St.

Babbitt Brothers Building
À l'angle d'Aspen Avenue et de San Francisco Street.

Originaires de Cincinnati (Ohio), les cinq frères Babbitt décidèrent de tenter leur chance dans l'Ouest. David, l'aîné, délaissa le ranch qu'ils avaient commencé par acheter pour mener des opérations en ville.

En 1888, il édifia le **Babbitt Brothers Building**, cet imposant bâtiment de grès rouge, qui a été restauré depuis. Quelques années plus tard, il fit construire en tuf d'origine volcanique les commerces situés de l'autre côté de la rue *(15-25 E. Aspen Ave.)*.

Les Babbitt sont à l'origine de plusieurs édifices de Flagstaff, dont le troisième bureau de poste, qui arbore une jolie devanture classique et que vous pouvez admirer en prenant à gauche dans San Francisco Street *(108 N. San Francisco St., proche de l'hôtel Monte Vista)*. Il voisine avec le **Federal Building**★ (1936), dont la façade Art déco aux lignes épurées est rehaussée de plaques de cuivre.

★ Monte Vista Hotel
Face au Babbitt Brothers Building.

Cet hôtel, repérable de loin aux lettres jaunes qui surmontent sa façade, est un autre emblème de la ville. À partir de 1925, passé la période de crise d'après-guerre, le commerce reprit et un groupe d'habitants posa dans le journal local la question : « Voulons-nous un hôtel ? » En deux mois, les souscriptions furent si nombreuses qu'elles permirent rapidement la construction du Community Hotel.

Ce dernier ouvrit en grande pompe moins d'un an plus tard, en janvier 1927. Le Community Hotel devint le foyer de l'activité sociale de la ville, détrônant le Weatherford Hotel.

À voir aussi

EN VILLE

6

★ Riordan Mansion
Depuis la gare, prenez la direction de Phoenix, passez sous la voie ferroviaire, continuez tout droit sur Milton Rd, coupez Malpais-Butler Avenue et prenez ensuite la première à gauche. 409 W. Riordan Rd, (928) 779 4395. Mai-oct. : 9h30-17h (fermé mar.-merc.) ; nov.-avr. : 10h30-17h, fermé 25 déc. Visite guidée uniquement, ttes les heures de 10h à 16h (dernier départ). 7 $ (7-13 ans 3 $).

Cette maison de bois et de pierres a été construite en 1904 pour les frères Riordan qui, pour l'anecdote, avaient épousé deux sœurs. Chacune des familles occupait une aile : est pour celle de Tim, ouest pour celle de Michael.

UNE VILLE DE CHEMIN DE FER

La région avait été quadrillée dès le milieu du 19e s. par des expéditions de reconnaissance militaires, mais les premiers à établir un campement à Flagstaff furent des pionniers bostoniens qui, en 1876, affublèrent le tronc d'un pin d'un drapeau destiné à célébrer le centenaire de la création du pays. Ils partirent peu après, mais le nom de Flagstaff (*flag* pour « drapeau », *staff* pour « mât ») resta attaché au lieu et constitua un point de repère pour les voyageurs. La région étant peu propice à l'agriculture et à la prospection minière, les premiers habitants étaient des éleveurs de moutons. Puis, en 1882, l'arrivée du train marqua le véritable développement de Flagstaff, notamment grâce à l'exploitation du bois. En 1886, elle était la plus grande ville sur la ligne Albuquerque-côte Pacifique, et l'École normale d'Arizona, qui prendra le statut d'Université en 1966, s'y installa dès 1899. Lorsque la fameuse **Route 66**, qui reliait Chicago à Los Angeles, fut construite dans les années 1920, elle traversait le centre de Flagstaff, assurant ainsi la pérennité de la bourgade : de 1 271 habitants en 1900, la ville passa à près de 4 000 en 1930, à 18 214 en 1960, et à plus de 60 000 aujourd'hui.

La visite comprend les chambres et les salles de réception de la partie est, l'office, la cuisine. Elle s'achève à l'ouest par une exposition sur l'histoire de la famille et de la ville. L'ensemble illustre le niveau de confort le plus élevé que l'on pouvait atteindre à l'époque.

Lowell Observatory

Comptez 30mn. 1400 W. Mars Hill Rd, au bout de Santa Fe Ave. à l'ouest. ☎ (928) 774 3358, www.lowell.edu. Nov.-fév. : lun., merc., vend., sam. 12h-21h30, mar., jeu., dim. 12h-17h. Sept.-oct. et mars-mai : lun., merc., vend., sam. 9h-21h30, mar., jeu., dim. 9h-17h. Juin-août : tlj 9h-22h. Fermé 1er janv., 24-25 déc., 31 déc. 10 $ (5-17 ans 4 $).

L'Arizona compte un grand nombre de sites d'observation du ciel et des étoiles. Fondé en 1894, l'observatoire de Flagstaff compte trois télescopes, dont le plus célèbre, le **Pluto Dome**, est à l'origine de la découverte de Pluton, en 1930. L'observatoire et la bibliothèque se visitent avec un guide *(ttes les heures)*, mais vous pouvez aussi faire un tour par vous-même avec la brochure détaillée conçue à cet effet *(2,50 $)*. Le parc offre une jolie vue sur l'ensemble de Flagstaff.

AU NORD DU CENTRE-VILLE

Pioneer Museum

2340 N. Fort Valley Rd, sur l'US-180 N. en direction du Northern Arizona Museum, sur la droite. ☎ (928) 774 6272. Lun.-sam. 9h-17h. 3 $ (12-18 ans 4 $).

La grosse locomotive noire en bordure de route marque l'entrée de ce petit musée, dont le bric-à-brac occupe l'ancien hôpital pour indigènes. Objets chirugicaux, jeux d'autrefois, plaques routières…

★ Northern Arizona Museum

Comptez 2h. 3101 N. Fort Valley Rd, sur la N. Hwy 180, env. 3 miles au nord sur l'US-180. Le musée est caché par de grands arbres, sur la gauche (ne le confondez pas avec l'Arizona Historical Society's Pioneer Museum, sur cette même route, mais un peu avant sur la droite), ☎ (928) 774 5213, www.musnaz.org. Fermé 1er janv., 25 déc., Thanksgiving. Tlj 9h-17h. 7 $ (7-17 ans 4 $).

Le musée a été fondé en 1928 par un couple venu de Philadelphie, les Colton, avec l'aide de scientifiques et de personnalités de la ville. Harold Colton, zoologue de formation, et Mary Russell Colton, peintre, tous deux animés d'une curiosité sans limites, se sont passionnés pour la région.

Un bâtiment de style colonial espagnol (1936) abrite les collections permanentes dédiées à la région du **plateau du Colorado**, dont elles exposent la géologie et, surtout, l'héritage humain, c'est-à-dire **l'histoire et la culture des Indiens** qui habitent notamment le nord de l'Arizona, comme les Hopis et les Navajos : photos, objets d'artisanat de chaque culture (poteries, paniers et même diverses sortes de maïs) panneaux chronologiques des différentes tribus. Une salle présente l'évolution de la Terre et une reproduction d'un squelette de dinosaure.

Fidèle à sa devise première – « ce musée expose des idées, non des objets » –, le Northern Arizona Museum accueille aussi un centre de recherche, des expositions temporaires et organise des journées culturelles animées par des artistes ou des artisans hopis, navajos et zunis, visant à promouvoir les arts indiens.

Excursions Carte de région

◗ *Les deux sites de Sunset Crater Volcano et Wupatki National Monument sont reliés par une route qui décrit une boucle de 36 miles à partir de l'US-89, à 12 miles au nord de Flagstaff. La route ferme au coucher du soleil et l'ensemble constitue une première excursion. Billet combiné 5 $.*

★ SUNSET CRATER VOLCANO A1

Comptez une demi-journée en combinaison avec Wupatki.
Visitor Center – ✆ *(928) 526 0502, www.nps.gov/sucr et www.nps.gov/wupa. 9h-17h (8h de mai à oct.). 5 $, si vous n'avez pas le National Parks Pass, entrée valable également pour Wupakti. Un camping (✆ (928) 526 0866) ouvre ses portes de fin mai à oct. à proximité (pas de douche).*
À 2 miles à l'est de l'US-89 apparaît la silhouette conique du **Sunset Crater Volcano★**, qui est haut de 300 m, dévoilant le sommet rougeoyant qui a suggéré son nom (*sunset* signifie « coucher de soleil »).
Entré en activité en 1064, il est le plus récent des 600 volcans qui composent le **San Francisco Volcanic Field**. Cette dernière est une vaste étendue résultant de l'activité volcanique (5 120 km²), dont les San Francisco Peaks constituent le point culminant (le plus haut s'élève à 3 850 m).
Bonito Lava Flow – *Un parking permet de faire halte à environ 1 mile du Visitor Center.* Le Sunset Crater a connu des éruptions successives pendant près de 130 ans et, vers la fin de son activité, une importante coulée de lave a donné naissance sur son versant ouest à ce champ de basalte noir qui s'étend à gauche de la route.
Lenox Crater – *De l'autre côté de la route, face au parking.* Un chemin *(800 m ; 30mn AR ; fatigant)* s'enfonce dans la forêt de pins ponderosa, qui exhalent une douce odeur de vanille, et conduit au sommet de ce cratère, d'où la vue panoramique permet d'apercevoir les San Francisco Peaks et le mont Elder.
★ **Lava Flow Trail** – *150 m plus loin par la route. Comptez 30-45mn si vous suivez la plus grande des deux boucles, 15mn si vous vous en tenez à la partie asphaltée.* Un sentier serpente à travers différentes formations de lave, où des végétaux d'un vert cendré produisent des contrastes de couleur étonnants avec le sol noir. Il permet de s'approcher au plus près du volcan où il est interdit de randonner.
La route contourne le cratère et rejoint le Visitor Center de Wupatki (20 miles).

6

★ WUPATKI NATIONAL MONUMENT A1

Comptez une demi-journée en combinaison avec Sunset Crater. Visitor Center Wupatki National Museum, ☏ (928) 679 -2365, www.nps.gov/wupa. Mai-oct. 8h-17h (nov.-avr. 9h-17h). Visitor Center Sunset Crater Volcano, ☏ (928) 526 2365, www.nps.gov/sucr. Tlj 9h-17h. Fermé 25 déc. 5 $, entrée valable également pour Sunset Crater.

À l'approche du **Wupatki National Monument**, le paysage change et les forêts de hauts pins font place à des étendues arides piquetées de buissons. Au cœur de cette plaine désertique subsistent quelques vestiges de villages du 12e s. La région aurait compté plus de 3 000 individus au plus fort de son occupation par les Indiens sinaguas, cohoninas et kayentas anasazis, mais en 1255 les derniers bâtisseurs quittèrent le site, occupé occasionnellement par la suite.

★ Wukoki Pueblo

Peu avant le Visitor Center, une route sur la droite mène au site (2,5 miles).

Ce village ressemble à une véritable forteresse plantée en plein désert. L'extraordinaire **structure de pierres rouges** se marie parfaitement avec la saillie rocheuse sur laquelle elle est construite, surtout lorsque ses murs et sa tourelle flamboient sous les rayons du soleil couchant.

Revenez sur la route principale et arrêtez-vous au Visitor Center.

★ Wupatki

Derrière le Visitor Center.

Il s'agit du **plus grand édifice** des quatre sites protégés du *Monument*. Élevé sur un piton rocheux, le bâtiment principal comptait plus d'une centaine de pièces. À ses pieds, deux enceintes circulaires : l'une servait sans doute de lieu de réunion pour toutes les communautés de la région ; l'autre, plus tardive, était un terrain de jeux rituels. Au bout du chemin, ne manquez pas de jeter un œil au *blowhole*, une cavité naturelle dans le sol d'où s'exhale de l'air.

Reprenez la route principale pour 2,5 miles.

Doney Mountain

La route sur la gauche permet de rejoindre cette montagne, qui fait partie du San Francisco Volcanic Field. Deux sentiers permettent de gravir ses petits monts volcaniques, **Big Doney Crater** et **Little Doney Crater**, du haut desquels on a une vue panoramique sur les San Francisco Peaks, le Painted Desert et le bassin de Wupatki *(sentier facile ; comptez 30mn AR)*.

Quelque 5 miles plus loin, les sites de **Nalakihu Pueblo** et de **Citadel Pueblo** sont très facilement accessibles de la route.

★ Lomaki Puebloa et Box Canyon Dwellings

Ne manquez pas ces ruines à la maçonnerie très fine, mélange de pierres blanches et rouges, qui surplombent un adorable petit canyon.

La route s'achève 3 miles plus loin et rejoint l'US-89.

★ WALNUT CANYON NATIONAL MONUMENT A1

◗ *Comptez une demi-journée avec Meteor Crater. 17 miles à l'est de Flagstaff par l'I-40. Visitor Center, ☏ (928) 526 3367, www.nps.gov/waca. 8h-17h (9h de nov. à avr.). 5 $.*

Le défilé vertigineux du Walnut Creek a préservé près de 25 habitations sinaguas, nichées dans les parois des falaises depuis le 12e s.

Il est possible de randonner dans le parc de **Walnut Canyon★**. Outre le **Rim Trail** *(20mn AR)* qui suit le bord de la falaise, l'**Island Trail★** *(56 m de dénivelé; 1h AR; le chemin ferme à 17h en été, 16h en hiver)* mène à un piton rocheux où vous pouvez approcher quelques vestiges bien préservés, au sein d'une végétation très variée de pins ponderosa, de pins de Douglas, de pins pignons, de yuccas et de cactus.

Reprenez l'I-40 et 23 miles plus loin, prenez à droite, dir. Meteor Crater (5 miles).

★ METEOR CRATER B1

◗ ℘ *(928) 289 2362, www.meteorcrater.com. Tlj de mi-mai à mi-sept. : 7h-19h; de mi-sept. à mi-mai : 8h-17h; Thanksgiving 8h-13h, fermé 25 déc. 15 $ (6-17 ans 8 $). Demander la traduction française de l'historique du site. Librairie, beaux fossiles et minéraux en vente à la boutique. Cafétéria.*

C'est un cratère de 175 m de profondeur et de près de 5 km de circonférence, formé par l'impact d'une météorite il y a 50 000 ans. Le sentier qui suit le bord du cratère est uniquement accessible avec un guide, mais un circuit libre donne une bonne vision panoramique. Des panneaux explicatifs et des vidéos vous attendent dans l'intéressant **musée**.

C'est le cratère terrestre formé par l'impact d'une météorite le mieux conservé. Tous les astronautes du programme spatial Apollo ont reçu une instruction intensive à Meteo Crater.

★★ PETRIFIED FOREST NATIONAL PARK B1

◗ *Comptez une journée. 123 miles à l'est par l'I-40. Le parc compte deux entrées, situées à chaque extrémité de l'unique route touristique qui le traverse (28 miles). La sortie 311 de l'I-40 mène à l'entrée nord où le Visitor Center voisine avec une station-service, un restaurant et un magasin de souvenirs. ℘ (928) 524 6228, www.nps.gov/pefo. Début mai à début sept. 7h-19h, fév.-mai et sept.-oct. 7h-18h, le reste de l'année 8h-17h. 10 $ par véhicule. On accède à l'entrée sud par la Hwy 180. Demandez la brochure en français.*

Cette vaste **étendue désertique** conserve d'étonnants troncs aux nervures chatoyantes. Vestiges d'une forêt qui dominait un environnement tropical il y a 225 millions d'années, ces arbres de plusieurs dizaines de mètres ont été ensevelis sous des cendres volcaniques et des dépôts de sédiments. Privés d'oxygène, ils ne se sont pas désagrégés, mais se sont lentement transformés en écrins de quartz, sous l'action de la silice apportée par l'eau. Peu à peu, l'érosion a mis au jour ces étonnants fossiles contenus dans l'épaisse couche sédimentaire.

Cette dernière a également donné naissance aux paysages désolés du « Désert peint », rattaché au parc en 1932, dont les collines aux teintes pastel s'enflamment au lever et au coucher du soleil.

★★ Painted Desert

Après le *Visitor Center*, une boucle sillonne la partie nord du parc et dessert 9 points de vue. Un sentier relie **Tawa Point** à **Kachina Point** *(1,5 km)*, et surplombe un dédale de collines colorées *(permis nécessaire pour camper)*.

Les différents points de vue ne révèlent qu'une petite partie de cette bande de terre infertile appelée « Désert peint », qui court le long de la vallée du Little Colorado, du parc jusqu'au Grand Canyon, plus au nord. Les collines aux pentes douces se parent de couleurs différentes selon la composition des roches. Les dégradés de rouge et de violet proviennent d'oxydes de fer, de manganèse et d'aluminium, les tons blancs indiquent la présence de gypse, et les teintes grisées celle de restes d'animaux et de plantes.

6

Édifié en 1924, le **Painted Desert Inn★** abrite aujourd'hui un musée, où sont exposés les objets utilisés du temps où cette bâtisse appartenait à la célèbre compagnie Fred Harvey, une chaîne de restauration de luxe qui fit le prestige de la ligne de chemin de fer de Santa Fe. Subsistent également de belles peintures murales, œuvres d'un artiste hopi.

★ Les arbres pétrifiés

Dans la partie sud du parc, les troncs pétrifiés qui lui ont donné son nom constituent la principale curiosité, mais vous pouvez également y admirer des vestiges indiens, les ruines d'un village abandonné au 15e s. sur le site de **Puerco Pueblo**, et plus d'un millier de pétroglyphes gravés dans la roche au fil des siècles (les plus anciens remontent à 5 000 ans) sur le **Newspaper Rock**.

Les deux points de vue suivants, les **Teppes** et **Blue Mesa★★**, offrent des panoramas semblables à ceux du « Désert peint ». Au dernier arrêt de la boucle de Blue Mesa *(3 miles)*, un sentier guidé, le **Blue Mesa Trail★★** *(facile ; comptez 45mn)*, vous promène au cœur des formations rocheuses aux dégradés de tons violets.

Chacun des points de vue suivants donne accès à de courts sentiers, le long desquels reposent les arbres lentement mis au jour par l'érosion. Faites un détour par **Crystal Forest** et ne manquez pas le **Long Logs Trail★**, qui abrite la plus grande concentration de bois pétrifié et le **Giant Logs Trail**, où se succèdent des spécimens parmi les plus grands et les plus colorés. Ce dernier débute au **Rainbow Forest Museum**, où sont exposés des fossiles de plantes et des squelettes d'animaux préhistoriques découverts dans le parc *(8h-17h. Gratuit)*.

Circuit conseillé Carte de région

★★ LA RÉGION DE SEDONA A1

▶ *Pour visualiser ce circuit d'environ 150 miles, reportez-vous à la carte de région (p. 482-483) - comptez une journée. Pour rejoindre Sedona, à 30 miles au sud de Flagstaff, empruntez l'US-89A.*

À environ 12 miles au sud de Flagstaff, l'US-89A longe le splendide canyon de l'Oak Creek. Avant de vous engager sur la route en lacet qui descend au fond de la gorge, vous pouvez admirer la vue depuis **Oak Creek Vista**.

Si vous souhaitez vous baigner dans l'un des toboggans naturels creusés par l'Oak Creek, faites un tour au **Slide Rock State Park** *(à 5 miles au sud d'Oak Creek Vista, sur la Hwy 89A. Tlj 8h-19h en été. 8 $ par véhicule)*.

★ Sedona

🄸 *Visitor Center dans le centre, au croisement de Hwy 89A et de 331 Forest Rd, ☎ (928) 282 7336, www.visitsedona.com. Lun.-sam. 8h30-17h, dim. et j. fériés 9h-15h, mais de nombreux bureaux d'information ont ouvert à l'extérieur de la ville. Procurez-vous le Red Rock Pass (5 $) si vous souhaitez faire de la randonnée. La ville s'organise autour de l'US-89A, divisée en « Uptown » (la portion touristique) et en « West Sedona », plus à l'ouest (artère où se succèdent commerces et nombreux hôtels).*

Blottie au fond d'une vallée encadrée de buttes d'un rouge flamboyant, typiques du « **Red Rock Country** »★★, cette bourgade se consacre pleinement au tourisme et au New Age. Visiteurs et randonneurs sont séduits par la majesté

Painted desert dans le Petrified Forest N. P.
A. de Valroger / MICHELIN

de ces montagnes aux couleurs de feu, dont certains sites, appelés **vortex**, concentreraient de puissantes énergies électromagnétiques. Formées il y a plus de 250 millions d'années, ces couches de calcaire et de grès ont été soulevées, comme le plateau du Colorado, il y a 60 millions d'années, et s'élèvent à présent à 1 372 m au-dessus du niveau de la mer.

Empruntez Airport Rd, à gauche de l'US-89A dans West Sedona. En haut de la montée, à gauche de la route, un parking permet de faire halte.

Un **point de vue**★ permet d'embrasser du regard le paysage qui se dessine au nord de Sedona. Devant vous se déroule une frise de pitons rocheux dans un harmonieux dégradé de rouge et de blanc. Tous portent des noms évocateurs, tels Chimney Rock (« la Cheminée »), Capitol Butte (« le mont du Capitole ») ou Coffee Pot Rock (« la Cafetière »), et la plupart sont parcourus de **sentiers de randonnée**.

Randonnées – *Parking sur votre droite en redescendant de l'aéroport vers Sedona. Vous devez détenir le Red Rock Pass pour y stationner.* Deux **chemins** débutent au parking. L'un mène au mont voisin qui offre une vue à 360° *(facile ; 30mn AR)*, tandis que l'autre conduit sur la montagne située à droite du parking, plus au sud *(facile ; 2h AR). Renseignements à la station de rangers, 8375 State Route 179, au sud du village de Oak Creek, ☏ (928) 282 4119.*

★ **Chapel of the Holy Cross** – *11 miles au sud de Sedona, par la Hwy 179. Tournez à gauche dans Chapel Rd, 3 miles au sud du croisement entre l'US-89A et la Hwy 179. 9h-17h, mais accès libre au point de vue.* La **chapelle** est perchée sur un promontoire qui constitue l'endroit idéal pour admirer le coucher du soleil sur les formations situées au sud de Sedona. Imaginée en 1956 par l'artiste sculpteur Marguerite Brunswig Staude, cette chapelle moderne comporte une large baie vitrée qui permet de profiter du panorama.

Revenez sur l'US-89A que vous prenez vers le sud. À Cottonwood, empruntez Main St. qui conduit aux ruines de Tuzigoot (à 25 miles de Sedona).

Tuzigoot National Monument

Visitor Center – *À l'entrée du site, ☏ (928) 634 5564, www.nps.gov/tuzi. Juin-août : 8h-18h ; sept.-mai : 8h-17h, fermé 25 déc. 5 $ (gratuit -16 ans, 8 $ billet combiné avec Montezuma Castle) si vous ne possédez pas le National Parks Pass. Documentation en français (0,50 $).*

Les Indiens sinaguas qui vécurent dans la région à partir de l'an 1000 édifièrent sur cette butte un village qui comprenait plus d'une centaine de pièces. Il comptait 200 habitants au plus fort de son occupation, mais fut déserté au tout début du 15ᵉ s. Un sentier pavé permet de s'approcher des ruines d'un grand nombre de pièces, dont il ne subsiste que les fondations, et grimpe jusqu'au sommet de la colline, d'où l'on a une vue superbe sur la Verde Valley. Une petite exposition sur les Sinaguas est proposée au *Visitor Center.*
Reprenez l'US-89A jusqu'à Jerome (à 12 miles au sud de Cottonwood).

★ Jerome

Perchée sur la Mingus Mountain, cette ancienne ville minière, qui comptait 15 000 habitants en 1929, n'en recense plus que 500, dont une majorité d'artistes venus s'installer ici dans les années 1970. Ne manquez pas le magasin **House of Joy★** *(dans la rue principale, après la fourche)* qui déborde de vieilleries revisitées avec malice par la propriétaire.

De retour à Cottonwood, rejoignez l'I-17 par la Hwy 260. Prenez la sortie 289 de l'I-17 qui mène au Visitor Center du Montezuma Castle National Monument (à 50 miles au sud de Flagstaff et environ 100 miles au nord de Phoenix).

★ Montezuma Castle National Monument

☏ (928) 567 3322, www.nps.gov/moca. 8h-18h mai-sept. (17h l'hiver). 5 $ (gratuit - 16 ans, 8 $ billet combiné avec Tuzigoot National Monument). Documentation en français (0,50 $)

Nichés dans une alcôve naturelle à 30 m au-dessus du sol, ces vestiges sont admirablement préservés. Le village sinagua construit au 12ᵉ s. comprenait 45 pièces réparties sur six étages. Un sentier permet de s'en approcher, mais il demeure inaccessible au public. L'eau du Beaver Creek, qui s'écoule à proximité, permettait aux Indiens de cultiver.

À quelques miles plus au nord *(suivez l'I-17 vers le nord et prenez la sortie 293)*, sur le site de **Montezuma Well★★** (« puits de Montezuma »), les ruines d'habitations sinaguas sont disséminées non loin d'un joli bassin vert émeraude, formé par l'effondrement d'une caverne souterraine et alimenté par une source *(l'endroit est idéal pour pique-niquer).*

NOS ADRESSES À FLAGSTAFF

TRANSPORTS

En avion – L'aéroport (*(928) 556 1234*) est situé à 5 miles au sud de Flagstaff par l'I-17. Il est desservi par **US Airways** (*1-800 428 4322, www.flagstaff.az.gov*) ou **Horizon Air** (*1-800 547 9308, horizonair.com*).

En bus – Les six bus de la compagnie **Mountain Line** (*(928) 779 6624, www. mountainline.az.gov*) circulent entre 6h et 18h *(1,25 $)*, mais ils sont surtout utilisés par les locaux. **Arizona Schuttle** assure le transport entre Flagstaff et le Grand Canyon et vice-versa tlj *via* Williams ; *1-877 226 8060, www. arizonashuttle.com* (comptez *env. 27 $ AS et 54 $ AR*). Il est préférable de réserver.

HÉBERGEMENT

Flagstaff offre un très large choix d'hébergements, mais les week-ends d'hiver et de la belle saison (surtout les deux premières semaines de mai, période de remise des diplômes) sont très demandés, malgré une hausse des prix. *Attention, les prix donnés ici pour Canyon Inn et Econo Lodge University le sont hors taxes.*

Dans le centre historique

BUDGET MOYEN

Weatherford Hotel – *23 N. Leroux St., (928) 779 1919, www. weatherfordhotel.com - 10 ch. 49/139 $* De petites chambres claires et bon marché vous attendent dans ce très mignon hôtel historique. Trois d'entre elles partagent la même salle de bains. L'endroit peut être bruyant la nuit, car des concerts se déroulent régulièrement dans le pub de l'établissement.

Monte Vista Hotel – *100 N. San Francisco St., (928) 779 6971/ 1-800 545 3068, www.hotelmonte vista.com - 50 ch. 65/150 $* Édifié en 1926, cet hôtel constitue un monument incontournable de Flagstaff et, bien que rénové, conserve un confort parfois un peu vieillot. Les chambres sont propres et portent le nom de célébrités qui y ont séjourné. Il est prudent de réserver.

UNE FOLIE

The Inn at 410 – *410 N. Leroux St., (928) 774 0088/1-800 774 2008, www.inn410.com - 10 ch. 150/200 $* Ce B & B luxueux comprend des chambres splendides où aucun détail n'est négligé. Pour un séjour romantique dans un style rustique très américain. Copieux petit-déj., boissons en fin de journée.

Au sud du centre historique

Situés non loin du centre, le long d'une artère passagère sans grand charme, ces motels présentent l'avantage d'être un peu plus éloignés de la voie ferrée, donc plus calmes. Mieux vaut avoir une voiture pour sortir.

PREMIER PRIX

Arizonan Motel – *910 S. Milton Rd, 1 877 784 6835, www. arizonanmotelflagstaff.com - 26 ch. 45/90 $* Ce motel accueillant dispose de chambres propres réparties autour d'une cour centrale et donnant sur les montagnes.

BUDGET MOYEN

Canyon Inn – *501 S. Milton Rd, (928) 774 7301, www. canyoninnflagstaff.com - 21 ch. 45 $* Chambres spacieuses et tout confort dans ce motel situé à 3mn de la gare Greyhound.

Super 8 (ex-Crystal) – *602 W. Route 66, (928) 774 4581, www.*

6

flagstaffsuper8.com - 67 ch. 81 $ ▤
⛲ Motel classique, impeccable,
sans surprise.

Econo Lodge University – 914 S.
Milton Rd, ☎ (928) 774 7326, www.
econolodge.com - 66 ch. 80/100 $
▱ ▤ ⛲ Un bon confort dans
ce motel bien tenu. Petit-déj.
continental léger.

À l'est du centre historique

Des motels plus ou moins bien
entretenus bordent la portion
est de la Route 66, mais sachez
que celle-ci longe la voie ferrée
et que des trains passent très
régulièrement la nuit.
La sortie 198 de l'I-40 permet
de rejoindre les établissements
des différentes chaînes, assez
économiques, mais éloignés
du centre.

PREMIER PRIX

Western Hills Motel – 1580
E. Route 66, ☎ (928) 774 6633, 29 ch.
65 $ ▤ ⛲ Un peu en retrait de
la route, ce motel sympathique
comprend des petites chambres
tout confort.

SE FAIRE PLAISIR

Starlight Pines B & B –
3380 E. Lockett Rd, ☎ (928)
527 1912/1-800 752 1912, www.
starlightpinesbb.com - 4 ch.
159/179 $ ▤ À 2,5 miles à l'est
du centre par la Route 66, prenez
à gauche dans Fanning Drive,
puis de nouveau à gauche dans
Lockett Rd. Une superbe maison,
construite « à l'ancienne ». Les
chambres racontent toutes une
histoire à travers leur mobilier des
années 1920, rassemblé par les
propriétaires passionnés.

RESTAURATION

Fait rare aux États-Unis, aucune
chaîne de cafés ou de restaurants
ne s'est encore installée dans
le centre de Flagstaff. Les
établissements, pas trop éloignés
les uns des autres, offrent
l'occasion de jolies flâneries
nocturnes.

PREMIER PRIX

Late for the Train – 107 N. San
Francisco St., ☎ (928) 779 5975,
www.lateforthetrain.com. Dim.-
jeu. 6h-18h, vend.-sam. 6h-21h. Plats
env. 5/7 $. Cette petite salle baignée
de soleil se révèle un endroit idéal
pour prendre son petit-déj. et
savourer un bon café accompagné
de quelques douceurs.

Martan's Burrito Palace –
10 N. San Francisco St., ☎ (928)
773 4701. Tlj 8h-14h. Moins de 10 $.
Ambiance détendue dans ce
restaurant mexicain coloré, où les
habitués viennent savourer de
copieux petits-déj. ou déjeuners
avant de partir en randonnée.

Grand Canyon Cafe – 110 E. Rte
66, ☎ (928) 774 2252. Lun.-sam.
7h-21h. Plats env. 5/14 $. Typique
diner proposant des plats
américains et chinois dans un
décor qui semble inchangé depuis
60 ans, avec son long comptoir
et ses banquettes en Skaï vert.

BUDGET MOYEN

Brix – 413 N. San Francisco, ☎ (928)
213 1021, www.brixflagstaff.com.
Tlj à partir de 17h. Un joli cadre
pour ce bar à vin sympathique
où l'on peut se restaurer léger à
midi et faire un repas aux saveurs
du chef le soir (23/34 $ pour les
viandes). Vin au verre et assiette
de fromages (11/16 $). Agréable
patio.

The Cottage Place – 126 W.
Cottage Ave., ☎ (928) 774 8431,
www.cottageplace.com. Tlj sf lun. et
mar. 17h-21h30. Plats env. 10/35 $.
Une étape gourmande dans
une maison du début du 20e s.
Des plats élaborés et une carte
des vins assez complète. Réser.
recommandée.

BOIRE UN VERRE

Ville étudiante, Flagstaff connaît une véritable vie nocturne. Procurez-vous le journal gratuit *Flagstaff Live* pour le programme complet des animations, ou consultez le site www.flaglive.com.

Macy's – *14 S. Beaver St., ☎ (928) 774 2243, www.macyscoffee.net. Tlj 6h-22h*. Authentique *coffee shop*, où se retrouver à tout moment de la journée pour une pause gourmande autour d'un café fraîchement moulu. Décoration champêtre et jolies tables en bois. *Live music* tous les soirs du mardi au dimanche. Ambiance jeune et sympa.

Charly's – *23 N. Leroux St., ☎ (928) 779 1919*. Concerts certains soirs, une tradition du Weatherford Hotel, à partir de 21h. Bar avec billard animé jusqu'à 2h du matin.

Flagstaff Brewing Company – *16 E. Route 66, ☎ (928) 774 1442, www.flagbrew.com. Tlj 11h-1h*. Les amateurs de bière s'y donnent rendez-vous pour discuter autour d'un pichet de la cuvée maison. Concerts certains soirs.

Museum Club – *3404 E. Route 66, ☎ (928) 526 9434, www.museumclub.com. Tlj 11h-2h*. Facilement identifiable de la route grâce à l'immense guitare éclairée de néons roses qui précède la cabane de rondins, ce vieux et vaste bar (1916) habillé de bois ravira les amateurs d'ambiances country et de chapeaux de cow-boys. Country music vend. et sam. soir.

ACTIVITÉS

Sedona

Séjours New Age – Sedona est un haut lieu des philosophies New Age. Le **Center for the New Age** (☎ *888 881 6651, www.sedonanewagecenter.com*) propose toute une gamme de thérapies et des excursions sur les sites sacrés.

Le Nouveau-Mexique 7

Carte Michelin Western USA 585 – Nouveau-Mexique

▷ **ALBUQUERQUE**★ **ET SON CIRCUIT**   530
À 60 miles au nord-est d'Albuquerque :

▷ **SANTA FE**★★★ **ET SON CIRCUIT**   543
À 72 miles au nord de Santa Fe :

▷ **TAOS**★★ **ET SON CIRCUIT**   560

À 156 miles au nord-ouest d'Albuquerque :

▷ **CHACO CULTURE NATIONAL HISTORIC PARK**★★   568
À 139 miles à l'ouest d'Albuquerque :

▷ **GALLUP**   574

À 280 miles au sud-est d'Albuquerque :

▷ **WHITE SANDS NATIONAL MONUMENT**★★   579

▷ **RUIDOSO ET SES CIRCUITS**   584

À 76 miles à l'ouest de Ruidoso :

▷ **ROSWELL**   588

Maisons en adobe d'Acoma-Sky City.
A. Forterre / MICHELIN

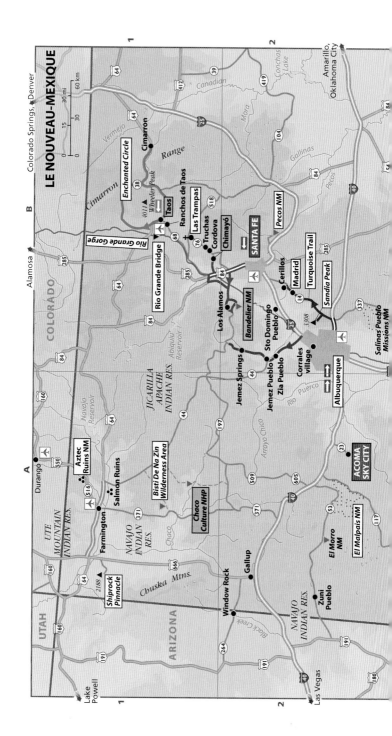

LE NOUVEAU-MEXIQUE

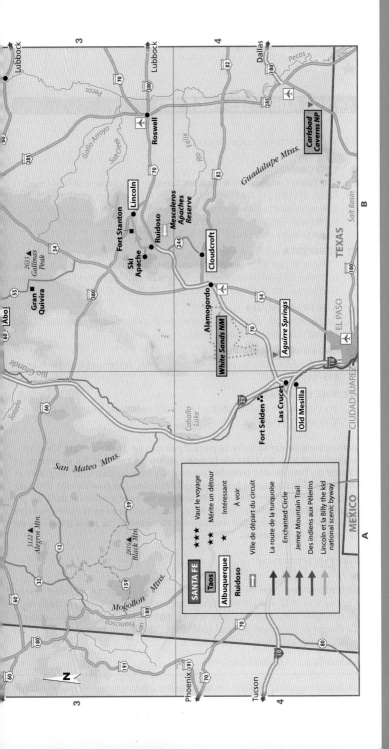

SANTA FE

Taos

Albuquerque

Ruidoso

★★★ Vaut le voyage

★★ Mérite un détour

★ Intéressant

À voir

Ville de départ du circuit

La route de la turquoise

Enchanted Circle

Jemez Mountain Trail

Des indiens aux Pèlerins

Lincoln et la Billy the kid national scenic byway

Albuquerque

★

NOS ADRESSES PAGE 539

545 852 habitants – Nouveau-Mexique

S'INFORMER
Old Town Convention & Visitors Center – *303 Romero St. NW, Don Luis Plaza, ℘ (505) 243 3125 - www.cabq.gov - mai-sept. lun.-vend. 8h-17h.* Bien renseigné sur la ville et sa région (brochures, plans de ville et dépliants sur la Route 66). Vous trouverez un autre bureau d'information à l'aéroport au niveau des arrivées (*℘ (505) 842 9918, tlj 9h30-20h*).

SE REPÉRER
Carte de région B2 *(p. 528-529) - carte Michelin Western USA 585 G 11.* La ville se trouve à 562 miles (899 km) au sud-est de Las Vegas par l'I-40, 453 miles (725 km) au nord-est de Phoenix par l'I-17 puis l'I-40.

À NE PAS MANQUER
Une promenade dans Old Town en fin d'après-midi, une randonnée au Petroglyph National Monument.

ORGANISER SON TEMPS
Pour bien voir tous les néons de la Route 66, descendez Central Avenue à la nuit tombée.

AVEC LES ENFANTS
Les dinosaures du New Mexico Museum of Natural History and Science et le jardin botanique.

Albuquerque est la ville la plus dynamique du Nouveau-Mexique, accueillant plus du tiers de la population de cet État. La présence et l'essor de l'université contribue à en faire une agglomération jeune et vibrante, dans laquelle les cultures hispanique et pueblo ont droit de cité. Les terres indiennes du Rio Grande ne sont d'ailleurs qu'à un jet de pierre de la mythique Route 66 et vous trouverez sans problème des excursions à faire du côté des Sandia Mountains, du Jemez Trail ou de la route de la Turquoise.

Se promener

Bon à savoir – Très étendue, la ville s'organise autour du croisement entre Central Ave. et la voie ferrée. Les numéros vont croissant à partir de là dans chaque direction. Les deux lettres après le nom de la rue se réfèrent aux points cardinaux et indiquent de quel côté de ces axes il faut prendre la rue et de quel côté de la rue se trouve le numéro.

LA ROUTE 66 ET DOWNTOWN Plan I

Un dépliant gratuit, « Route 66 in New-Mexico », listant toutes les étapes historiques de la route le long de Central Ave., est disponible au Visitor Center. Demandez aussi la brochure « Historic Route 66 ». Parcours d'est en ouest.

Évocation de la mythique Route 66.
C. Barrely / MICHELIN

Bien que remplacée par l'I-40 et définitivement débaptisée en 1984, la **Route 66** reste si populaire qu'elle a repris son nom pour la traversée d'Albuquerque par **Central Avenue**. Motels, stations-service, fast-foods ont même été classés Monuments historiques. Les styles architecturaux sont éclectiques : néopueblo (toits plats, parapets arrondis, poutres et porches…), hispanique ou moderne jusqu'aux années 1950, style ranch, colonial ou même polynésien dans les années 1960.

À l'est
Parmi les bâtiments qui sont restés presque inchangés, notez les **Puerta Motor Lodge** (9710 Central Ave. E. ; 1949) et **Luna Lodge** (9119 Central Ave. E. ; 1949).

Vers Midtown/University
Notez les **Tewa Motor Lodge** (5715 Central Ave. ; 1946), **Desert Sands Motor Hotel** (5000 Central Ave. SE. ; 1953) et surtout le pittoresque **Aztec Motel★** (3821 Central Ave. NE. ; 1931), l'un des plus anciens motels de la ville, avec ses murs tapissés de cadres et de poteries.
Puis vous passez, à droite, le **Club Rythm & Blues**, qui fut aussi une station-service (3523 Central Ave. NE. ; 1946).
Au n° 3201, la **Monte Vista Fire Station** (1936) était la caserne des pompiers. Pour une étape milk-shake, le **66 Diner** a conservé l'allure des années d'après-guerre (1405 Central Ave. NE. ; 1946).
Un peu plus loin, l'**Old Albuquerque Library** (423 Central Ave. NE. ; 1925) est un bel exemple de style néopueblo et abrite le **Center for the Book Museum**, petit musée avec des imprimeries de différentes époques.

Downtown
Après avoir croisé la voie de chemin de fer, vous abordez Downtown et ses quelques bâtiments d'époque, banques, bureaux et surtout salles de théâtre ou de cinéma, comme le **Sunshine Theatre** (120 Central Ave. SW. ; 1923), l'éton-

7

nant **KiMo Theatre★** (423 Central Ave. NW.; 1927) et sa façade de céramique décorée, mélange de styles pueblo et Art déco, où se produisirent Ginger Rogers et Gloria Swanson, ou l'**El Rey Theatre** (620 Central Ave. SW.; 1941).

★★ OLD TOWN Plan II

Old Town est situé juste au nord de Central Ave., à l'angle de Rio Grande Blvd. Parking payant, à moins de stationner dans les rues transversales au sud de Central Ave.

C'est au cœur de la vieille ville que flotte le souvenir de l'époque espagnole, avec ses rues bordées de bâtiments en adobe, de style territorial ou pueblo, et ses patios fleuris où pépient les oiseaux et sèchent les piments. Le quartier demeure inchangé depuis un siècle, lorsque l'arrivée du chemin de fer, en 1880, déplaça les commerces vers la gare, là où se trouve aujourd'hui Downtown. On respire l'air du soir sur les bancs de la Plaza ombragée, entre le kiosque à musique et la ravissante **église San Felipe de Neri★**, datant de la fondation de la ville (1706). Quelques Indiens des *pueblos* voisins vendent leurs bijoux à l'ombre des galeries de San Felipe Street. N'hésitez pas à flâner dans les rues autour de la place et à emprunter les impasses conduisant à de frais patios, où se nichent boutiques d'artisanat et galeries d'art. Au nord-est d'Old Town, deux musées méritent le détour.

★ New Mexico Museum of Natural History and Science

1801 Mountain Rd N.W., ☎ (505) 841 2800, www.nmnaturalhistory.org. Tlj 9h-17h. Fermé 1er janv., Thanksgiving et 25 déc. 7 $, 3-12 ans 4 $, spectacle en sus.

On y apprend l'histoire géologique de l'État, l'apparition des volcans et des grottes souterraines, des dinosaures et autres stégosaures, des plantes, etc. Certains squelettes sont particulièrement bien conservés ! Un planétarium et un cinéma Dynamax proposent des spectacles à thème. Quant à la Start-Up Gallery *(www.startupgallery.org)*, elle aborde l'histoire de la révolution informatique en commençant par l'Altair, qui était le premier ordinateur personnel commercialisé (conçu à Albuquerque).

★★ The Albuquerque Museum of Art and History

2000 Mountain Rd N.W., Old Town, ☎ (505) 243 7255, www.cabq.gov/museum. Tlj sf lun. 9h-17h. 4 $, 4-12 ans 1 $, gratuit 1er merc. du mois et dim. 9h-13h.

Ce musée résume toute l'histoire du Nouveau-Mexique et de la domination espagnole. On y découvre, à travers **objets★★** et reconstitutions, le quotidien des premiers cow-boys, les artisanats du passé, l'art local, ancien et contemporain. Ne manquez pas la chapelle et les vitrines consacrées aux *vaqueros*.

À voir aussi Plan I

Les sites indiqués ci-dessous le sont d'ouest en est.

★ Petroglyph National Monument

Compter 1 à 2h. 6001 Unser Blvd, à 7 miles au nord-ouest d'Old Town. Suivez Central Ave. vers l'ouest, puis tournez à droite dans Unser Blvd. ☎ (505) 899 0205, www.nps.gov/petr. Visitor Center tlj de 8h à 17h, fermé Thanksgiving et 25 déc., 1er janv. Parking : 1 $ en semaine, 2 $ le w.-end.

Au pied de cet escarpement volcanique long de 17 miles, les Indiens ont laissé plus de 20 000 pétroglyphes gravés dans le basalte. Bien que certains remontent à 3 000 ans, la plupart ont été exécutés après 1300, lorsque les anciens Pueblos désertèrent le plateau du Colorado pour s'installer le long

Les secrets d'une réussite

ALBUQUERQUE À LA CROISÉE DES CHEMINS

Une occupation ancienne

Bien que les innombrables pétroglyphes découverts aux environs témoignent d'une occupation indienne depuis 3 000 ans, la ville ne fut officiellement fondée qu'en 1706.

Elle prit le nom de **Villa de Alburquerque** en l'honneur du vice-roi du Mexique, le duc d'Alburquerque (le premier « r » du nom a disparu par la suite).

Camino Real et chemin de fer

La présence d'eau, de forêts et de pâturages au cœur du désert en faisait un endroit de choix pour les colons mexicains le long d'El Camino Real (« la Route royale »), qui reliait Mexico à Santa Fe (2 400 km, à peu près le tracé de l'I-25).

Sa prospérité date toutefois de l'arrivée du **chemin de fer**, en 1880, qui en fit un carrefour commercial de première importance et amena une seconde vague de colons, américains cette fois.

La Route 66

En 1926, la construction de la **Route 66** mit enfin un terme à l'isolement relatif du Nouveau-Mexique, rapprochant Albuquerque des brumes de Chicago et des palmiers de Los Angeles, et devenant le paradis des bikers en Harley-Davidson. La ville en garde un collier de motels variés et de néons colorés.

UN CENTRE DYNAMIQUE DE RECHERCHE ET DE FÊTE

Des liens avec la recherche nucléaire

La suite de l'histoire locale devint beaucoup plus sérieuse avec la Seconde Guerre mondiale et les recherches ultrasecrètes sur la fission de l'atome. Si Los Alamos *(voir p. 553)* abrite le laboratoire où naîtra la bombe atomique, Albuquerque possède la base aéronavale de Kirtland et le Sandia National Laboratory où sont aussi menées des **recherches militaires**.

C'est encore au Nouveau-Mexique, à White Sands *(voir p. 579)*, que l'on se livra au premier essai nucléaire. Avec la guerre froide et la course aux armements, Albuquerque développa son industrie et ses technologies de pointe, grâce à des grandes firmes comme Honeywell Defense Avionics Systems, GE Aircraft Engines, Intel, etc.

Ces dernières décennies, la recherche s'est attachée aux applications plus pacifiques du **nucléaire**, en médecine notamment.

Une ville universitaire et festive

La ville a ensuite découvert le tourisme et les montgolfières. Chaque année, en octobre, l'**International Balloon Fiesta**, le plus important festival au monde, rassemble plus de 1 000 ballons dans le ciel d'Albuquerque.

Quant à l'université, elle garantit un bouillonnement intellectuel et culturel dans des domaines variés et parfois inattendus, comme le département spécialisé dans les études sur le *chile* (« piment »), l'un des emblèmes du Nouveau-Mexique.

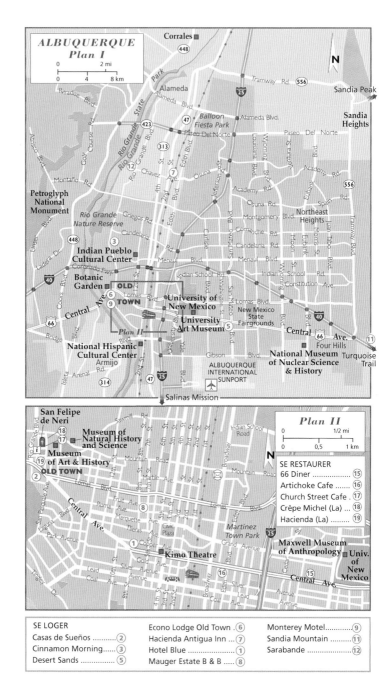

ALBUQUERQUE
Plan I

0   2 mi
0   4   8 km

Corrales

448

N

Tramway Rd.   556

Sandia Peak

Paradise Blvd.

Alameda

25

Sandia
Heights

Paseo Del Norte

Balloon
Fiesta Park

47

Alameda Blvd.

423

Rio Grande State Park

Rio Grande Blvd.

313

Chavez

12

7

Osuna

Paseo Del Norte

Wyoming Blvd.

Academy

556

Rd.

Montaño Rd.

4th

2nd

Jefferson

Academy

Osuna Rd.

Petroglyph
National
Monument

Rio Grande
Nature Reserve

Griegos Rd.

Edith

San Mateo

Montgomery Blvd.

Northeast
Heights

Eubank

Comanche Rd.

Juan Tabo

Tramway Blvd.

Candelaria

Carlisle

Rd.

Candelaria Rd.

Moon

Eubank Blvd.

Spain

448

3

Coronado Fwy.

Menaul

Blvd.

Indian School Rd.

Menaul Blvd.

Indian School Rd.

Constitution Ave.

Unser Blvd.

Ladera Dr.

Coors Blvd.

40

Indian Pueblo
Cultural Center

Botanic
Garden

OLD
TOWN

6

9

Lomas

University of
New Mexico

Lomas Blvd.

Wyoming

Eubank

Central

Ave.

66

Bridge

Plan II

University
Art Museum

5

New Mexico
State
Fairgrounds

Central

66

Ave.

40

Four Hills

11

National Hispanic
Cultural Center

Armijo

Yale

Gibson

Blvd.

National Museum
of Nuclear Science
& History

Turquoise
Trail

Isleta

Arenal Rd.

314

47

25

ALBUQUERQUE
INTERNATIONAL
SUNPORT

✈

Salinas Mission

San Felipe
de Neri

Sawmill Rd.

Indian School
Road

Plan II

0   1/2 mi
0   0,5   1 km

N

18

17

Museum of
Natural History
and Science

6th

5th

3rd

2nd

Broadway

Mountain Road

Museum
of Art & History

19

OLD TOWN

2

Mountain

Road

Mountain

SE RESTAURER

66 Diner 15
Artichoke Cafe 16
Church Street Cafe . 17
Crêpe Michel (La) ... 18
Hacienda (La) 19

Lomas

Blvd.

Central

Ave.

Roma Ave.

Fruit Ave.

Marquette

Tijeras

8

Marble Ave.

Civic
Plaza

Lomas

Blvd.

Martinez
Town Park

25

Maxwell Museum
of Anthropology

Univ.
of
New
Mexico

San Pasquale Ave.

Laguna Blvd.

Park Avenue

1

Copper Ave.

Kimo Theatre

Gold Ave.

Silver Avenue

Lead Ave.

Coal Ave.

Grand Avenue

16

Central

15

Ave.

Silver

Lead

Avenue

Coal

Avenue

Cedar

SE LOGER

Casas de Sueños 2
Cinnamon Morning...... 3
Desert Sands 5

Econo Lodge Old Town . 6
Hacienda Antigua Inn ... 7
Hotel Blue 1
Mauger Estate B & B 8

Monterey Motel............. 9
Sandia Mountain 11
Sarabande 12

du Rio Grande. Ces dessins étranges et stylisés représentent des figures animales ou humaines et des symboles spirituels, dont l'interprétation diffère selon les tribus.

Boca Negra Canyon – *Au bout d'Unser Blvd, à 2,5 miles au nord du Visitor Center. Tlj 8h-17h. 1 $/véhicule, 2 $ le w.-end.* Le site compte trois petits circuits prenant de 5 à 30mn et permettant d'apercevoir certains des 200 pétroglyphes répartis sur les rochers.

★ **Rinconada Canyon** – *0,5 mile au sud du Visitor Center sur Unser Blvd. Comptez 1h30 AR. Tlj 8h-17h.* Le sentier sablonneux suit à l'aller des falaises sur lesquelles sont dispersés des dessins parfois très visibles (le canyon en dénombre 700). Au lieu de suivre la boucle dans son ensemble, longez plutôt les rochers aller-retour. Agréable promenade à faire le soir.

Botanic Garden

2601 Central Ave. NW, à l'intersection de Central et de New York Ave., à l'ouest de l'Old Town, en bordure du Rio Grande. ℘ (505) 764 6200. 9h-17h (18h le w.-end de mai à sept.), fermé 1er janv., Thanksginving et 25 déc. 7 $ (3-12 ans 5 $).

Plantes méditerranéennes et locales se partagent les 10 ha de ce jardin agréablement frais.

Ne manquez pas d'emmener les enfants musarder parmi les insectes géants du Fantasy Garden. Aquarium et serre aux papillons, circuit de petit train électrique en plein air.

★ Indian Pueblo Cultural Center

2401 12th St. N.W., au nord d'Old Town, ℘ (505) 843 7270, www.indianpueblo.org. Tlj sf j. fériés 9h-17h. Entrée gratuite, musée 6 $ (5-17 ans 3 $).

Ce centre culturel, géré en association par les 19 pueblos des environs d'Albuquerque, compte un musée, une librairie, une grande boutique d'artisanat indien (plus cher que dans les villages, mais cela donne une idée des différents styles) et un restaurant de cuisine indienne et locale.

Il faut traverser ces espaces commerciaux pour atteindre le **musée**, en sous-sol. Ce dernier présente l'évolution à travers les siècles des modes de vie et de l'artisanat de chacune des communautés tribales.

Le week-end, les Indiens des différents pueblos présentent des **spectacles de danses traditionnelles★★** en costume *(avr.-oct. : 11h, 14h ; nov.-mars : 12h).*

National Hispanic Cultural Center

1701 4th St. S.W., le long du Rio Grande. Suivez Central Ave. jusque dans Downtown et tournez à droite dans 4th St. Le centre se trouve de l'autre côté du carrefour avec Bridge Blvd. ℘ (505) 246 2261, www.nhccnm.org. Musée : mar.-dim. 10h-17h. 3$.

Ouvert en 2000, cet espace a pour but de promouvoir la culture hispanique, au travers d'une riche programmation sur les arts visuels, la littérature ou le théâtre. Les **expositions temporaires** mettent en valeur des courants artistiques, historiques ou pas, liés à cette culture typique.

★ Université

Au centre d'Albuquerque, à l'est de la voie ferrée et de l'I-25.

Au carrefour de Central Avenue et de Yale Boulevard, l'**University of New Mexico★**, fondée en 1889, compte près de 24000 étudiants. Elle a été conçue pour accroître le rayonnement de la ville après l'arrivée du chemin de fer.

Son architecture privilégie le style néopueblo et l'adobe. Les meilleurs exemples en sont, entre autres, le Hodgin Hall ou l'Alumni Memorial Chapel. L'université est surtout réputée pour ses départements d'anthropologie, de culture latino-américaine et de médecine.

7

★ **Maxwell Museum of Anthropology** – *1 University of New Mexico, à l'ouest du campus, près de Redondo Road qui est parallèle à University Blvd et à Central Ave. On la rejoint par Yale Blvd (perpendiculaire à la Route 66), ℘ (505) 277 4405, www.unm.edu/~maxwell/. Mar.-sam. 10h-16h. Gratuit.* Ce musée est réputé pour ses collections sur le Sud-Ouest américain. **Méthodes de recherches archéologiques★**, différents objets, dont de belles **poteries★★**, ainsi qu'une importante collection de photographies anciennes expliquent l'évolution des peuplades indiennes depuis 10 000 ans.

University of New Mexico Art Museum – *Près de Central Ave., dans le Center for the Arts, sur l'esplanade qui est dans le prolongement de Cornell Ave., ℘ (505) 277 4001, unmartmuseum.unm.edu. Mar.-vend. 9h-16h, w.-end. 13h-16h ; fermé pdt les vac. universitaires. Gratuit.* Il réunit des œuvres de maîtres européens, de Rembrandt à Picasso, américains comme Georgia O'Keefe, de l'art colonial espagnol et des expositions contemporaines.

Meteorite Museum – *Northrup Hall, 200 Yale Blvd NE, dans le prolongement de l'avenue sur le campus. ℘ (505) 277 2747. Lun.-vend. 9h-17h. Gratuit.* La salle ouverte face à l'entrée rassemble quelques beaux spécimens de météorites, avec leur composition (fer, verre…). Dans le même couloir, une autre salle est consacrée à la géologie : éclats de pierres, minéraux, fossiles… *(lun.-vend. 8h-12h, 13h-16h30).*

À l'est de l'université, autour de Central Avenue, s'étend le quartier de **Nob Hill**, bordé de restaurants et de bars, avec ses rues résidentielles ombragées vers le nord.

★ **National Museum of Nuclear Science & history**

601 Eubank Blvd S.E. Suivez Central Ave. plein est jusqu'à Eubank Blvd où vous tournez à droite, ℘ (505) 245 2137, www.nuclearmuseum.org. 9h-17h, fermé 1er janv., Pâques, Thanksgiving et 25 déc. 8 $ (6-17 ans 7 $).

La fusée pointée vers le ciel à l'extérieur du bâtiment donne le ton de ce musée dédié à l'histoire de l'énergie nucléaire américaine. Le Nouveau-Mexique occupe une place de premier plan dans celle-ci, avec notamment le Manhattan Project de Los Alamos *(voir p. 553)*, qui déboucha sur la fabrication de la bombe atomique et les explosions d'Hiroshima et de Nagasaki. On découvre l'évolution des armes nucléaires, ainsi que les débouchés civils et médicaux de cette technologie.

À proximité Carte de région

Corrales Village B2

▶ *Au nord-ouest, à 10 miles au nord de l'I-40 par Coors Blvd puis Corrales Rd.* Donnant une idée de la vie que pouvaient mener les colons au bord du Rio Grande avant le boom de la ville, ce paisible village agricole noyé dans la verdure a conservé ses vieilles fermes en adobe, ses corrals à chevaux et l'émouvante **chapelle San Ysidro★** (1868) avec son toit et ses deux amusants clochetons en tôle ondulée *(de Corrales Rd, suivez les panneaux « Old church »).*

★★ **Le téléphérique du Sandia Peak** (Sandia Peak Aerial Tramway) B2

▶ *Au nord-est d'Albuquerque. Suivre l'I-40 vers l'est (sortie 167), puis Tramway Blvd N. sur environ 9 miles, ou prendre l'I-25 vers le nord (sortie 234), puis Tramway Rd E. sur 5 miles. Accessible également par la Hwy 14, sur le Turquoise Trail. ℘ (505) 856 7325, www.sandiapeak.com. De Memorial Day à Labor Day 9h-21h (le reste de l'année 20h et mar. 17h-20h). 20 $ (5-12 ans 12 $, 13-20 ans 17 $).*

La Sandia Crest barre l'est d'Albuquerque et culmine au **Sandia Peak★** (3 113 m). À mesure que le téléphérique s'élève, on est surpris par le contraste entre la vallée semi-désertique et la succession de canyons boisés. Au sommet, des sentiers, avec plus de 34 km de randonnée à pied ou en VTT, au cœur d'une flore et d'une faune très riches (ours bruns, lynx, ratons laveurs, cerfs, aigles…). En hiver, on pratique le ski.

Excursions Carte de région

Acoma-Sky City★★★ *(66 miles)*, **El Malpais N.M.★** *(72 miles)* et **El Morro N.M.** *(115 miles)* peuvent faire l'objet d'une journée d'excursion à l'ouest d'Albuquerque *(voir à Gallup, p. 574)*.

★ LA ROUTE DE LA TURQUOISE (Turquoise Trail) B2

▶ *Comptez une demi-journée, sur la route de Santa Fe. Quittez Albuquerque vers l'est par l'I-40. À 16 miles de Downtown (5 miles après la jonction entre l'I-40 et Central Ave.), prenez la sortie 175 pour rejoindre la Hwy 14.*

Idéal pour rejoindre Santa Fe, ce circuit longe la Sandia Crest par l'est et suit une vallée, autrefois célèbre pour ses mines de turquoise, d'argent, d'or et de charbon. Vous passez d'abord la bifurcation vers le Sandia Peak *(13 miles de la Hwy 14)*, puis, 10 miles plus loin, les maisons délabrées de Golden, premier hameau fantôme. Continuez sur 12 miles.

★ **Madrid** – Dernier vestige de l'époque florissante de la vallée. La turquoise y est exploitée depuis la préhistoire. Les Espagnols y concentrèrent leurs efforts, utilisant des esclaves indiens. Après la turquoise, le charbon fit sa richesse jusqu'en 1956, comme le rappelle l'**Old Coal Mine Museum** *(2846 Hwy 14. ☎ (505) 473 0743. Tlj avr.-oct. 11h-17h. 4 $)*, avec sa vieille locomotive, ses tacots et ses outils anciens. Madrid tomba ensuite dans l'oubli, jusqu'à sa vente aux enchères en 1975. Artistes, artisans, hippies ou marginaux investirent les vieilles maisons qui ont gardé intact tout le charme des années 1960. Chaque année, durant le mois de décembre, le village s'illumine de brillantes **décorations de Noël★★**. En été, le Ballpark accueille chaque dimanche après-midi des concerts de jazz, de blues ou de musique de chambre *(programme ☎ (505) 255 9798, www.nmjazz.org. 12-15 $)*.

Cerillos – *3 miles après Madrid*. Ce village aux maisons et aux palissades de bois a été fondé en 1879 sur le site d'une mine de turquoise. Les panneaux Post Office mènent au **Casa Grande Trading Post** qui fait aussi office de musée de la mine : en vrac et presque sous la poussière, outils, minéraux, objets divers… *(17 Waldo St., ☎ (505) 438 3008, www.casagrandetradingpost. com. 9h-18h)*. Ménagerie à l'extérieur, turquoises brutes.

SALINAS PUEBLO MISSIONS NATIONAL MONUMENT B2/3

▶ *Comptez une demi-journée. Suivez l'I-25 vers le sud sur 52 miles. À Bernardo, prenez la Hwy 60 vers l'est sur 30 miles. ☎ (505) 847 2585 (Visitor Information), www.nps.gov/ sapu. Tlj de Memorial Day à Labour Day 9h-18h (17h le reste de l'année). Gratuit.*

Les Indiens **mogollons** ont d'abord occupé la Salinas Valley, avant d'être rejoints par les **Anasazis** descendus du plateau du Colorado après 1300. Les deux tribus se sont mélangées, partageant leurs savoir-faire. Attirés par le sel que les Indiens tiraient des lacs, les Espagnols colonisèrent les environs dès 1598 et fondèrent des missions tenues par les franciscains. Ils utilisèrent la main-d'œuvre et les techniques des Indiens.

7

Les **trois missions** en ruine donnent une idée de l'étonnant mariage de la tradition des *kivas* sacrées des Pueblos et de l'implantation de l'Église. Les moines apportèrent de nouvelles techniques de culture (blé, arbres fruitiers, vigne) et d'artisanat, un art culinaire (le pain), mais aussi de nouvelles maladies qui décimèrent les populations. La plupart des Pueblos finirent par se révolter contre les Espagnols en 1680. Les autres, harcelés par les raids apaches, émigrèrent vers le sud.

★ **Abo Ruins** – *Au nord de la Hwy 60, à 30 miles de l'I-25.* C'est la première mission que vous rencontrez sur la route. Le site possède les ruines de l'une des très rares églises du 17e s. des États-Unis.

Mountainair et Quarai – *9 miles plus loin, sur la Hwy 60.* Ce paisible village héberge le *Visitor Center* (✆ *(505) 847 2585, tlj 9h-17h*), qui présente l'histoire de la région et les trois sites. La mission de **Quarai** *(à 9 miles au nord de Mountainair par la Hwy 55)* possède l'église la mieux conservée.

Gran Quivira – *25 miles au sud de Mountainair par la Hwy 55.* Bien que très abîmé, le site était le plus important (jusqu'à 1 500 habitants) avec son église, son *pueblo* de quelque 300 pièces et ses sept *kivas*.

Circuit conseillé Carte de région

★★ JEMEZ MOUNTAIN TRAIL B2

▶ *Comptez une demi-journée. Circuit de 35 miles à travers les Jemez Mountains, de Jemez Pueblo à Los Alamos (prévoyez un pique-nique). Pour rejoindre Jemez Pueblo, à 45 miles au nord d'Albuquerque, empruntez l'I-25 (sortie 242) puis les Hwys 550 et 4 en passant par Zia Pueblo.*

Zia Pueblo

Typique avec ses maisons carrées en adobe au cœur d'une terre désertique et ses fours extérieurs traditionnels, ce *pueblo* poussiéreux est dominé par une émouvante petite **chapelle** blanche ornée de motifs indiens. Notez les noms ronflants que portent les allées de terre battue : plaza, boulevard, avenue. Le symbole du village est célèbre, car c'est aussi l'emblème de l'État (un cercle traversé de trois rayons dans les quatre directions). On vient ici surtout pour les poteries polychromes ornées de motifs traditionnels. La fête de l'Assomption, le 15 août, est aussi celle du *pueblo*, qui organise alors une Corn Dance. *À San Ysidro, bifurquez à droite sur la Hwy 4.*

Jemez Pueblo

Bien que sans intérêt architectural**, Jemez Pueblo** est renommé pour ses fêtes et ses danses rituelles *(les 2 août, 12 nov. et 12 déc.).* Il ouvre surtout la route des Jemez Mountains qui encadrent de façon spectaculaire le Jemez Creek. Le cours d'eau se faufile entre des falaises aux couleurs changeantes, du rose et du jaune au rouge et à l'orange. Peu à peu, la route s'éloigne du désert, la terre est d'un incroyable rouge vif et les arbres envahissent le canyon en un paysage de cinéma.

Le long de la Highway 4, vous passez le **Jemez State Monument** *(Jemez Springs. Tlj sf lun.-mar. 8h30-17h. 3 $)* qui retrace l'histoire d'un ancien *pueblo* en ruine et de sa mission fondée en 1621, lors de l'évangélisation forcée des Indiens.

Jemez Springs

Le village contemporain semble rescapé des années 1940 avec son saloon, où ne manquent que les chevaux attachés à la barrière, et sa maison de bains d'eau thermale. On vous y explique la richesse minérale des sources chaudes des environs et leurs bienfaits contre le stress et la déprime *(Bath House, ℘ (575) 829 3303/1-866 204 8303, www.jemezsprings.org. Tlj 10h-19h. Comptez 12 $/pers. pour un bain de 30mn ou 42 $ pour un massage de 30mn. Réserv. conseillée).*

Soda Dam

À la sortie de Jemez Springs, le **Soda Dam** est un étonnant barrage naturel (90 m de long, 15 m de haut et 15 m d'épaisseur) formé par la calcification progressive d'une eau très riche en carbonate. La route s'élève ensuite dans les montagnes, et la végétation change : les conifères, de plus en plus nombreux le long de crêtes torturées, composent un paysage alpin.

Battle Ship Rock

Bien signalé sur la droite

Au **Battle Ship Rock**, de menaçantes murailles de pierre noire s'élèvent au-dessus des arbres *(du parking, un petit sentier mène vers les falaises).*

Les environs sont couverts d'une épaisse forêt sillonnée de nombreux sentiers permettant la randonnée, en particulier pour descendre vers la rivière en contrebas *(notamment à partir des parkings du Dark Canyon National Recreation Area ou de l'aire de repos de La Cueva).*

Plus on monte, plus la forêt se fait dense, les bouleaux se mêlant aux pins, avant d'aborder de larges pâturages. La chaîne montagneuse culmine au **Redondo Peak**, à 3 376 m. Sur le plateau, la **Valles Caldera**, aussi appelée Valle Grande, est une vallée d'altitude (2 550 m) de 22 km de diamètre. Il s'agit en fait d'un gigantesque cratère (l'un des plus grands au monde), formé il y a plusieurs millions d'années, après l'effondrement d'une série de volcans.

☺ NOS ADRESSES À ALBUQUERQUE

TRANSPORT

En avion – Albuquerque International Sunport, ℘ (505) 244 7700, www.albuquerque-abq. airports-guides.com. À 3,5 miles au sud-est de Downtown par l'I-25 S. Pour rejoindre le centre-ville, suivez le panneau *Limos, buses, shuttles*, puis allez à l'arrêt **City Bus**. Les grands hôtels proposent souvent une navette gratuite *(shuttle)* de/vers l'aéroport. Les navettes payantes *(env. 10 $)* sont plus intéressantes que les taxis si vous êtes seul.

En train – Amtrak Station, 214 1st St. S., ℘ 1-800 872 7245, www.amtrak.com. La ligne Southwest Chief part vers Kansas City (18h) et Chicago (25h) à l'est, vers Flagstaff (4h) et Los Angeles (15h30) à l'ouest.

En car – Des navettes desservent Santa Fe et Taos à partir de l'aéroport : **Twin Hearts Express** ℘ (575) 751 1201/1-800 654 9456.

En bus – Le réseau de la compagnie **Sun Tran** dessert la ville et les environs entre 6h et 19h en sem., 18h le w.-end ; plus tard pour la ligne sur Central Ave. **ABQ Ride** assure un service urbain plus rapide. Le ticket est valable sur les deux compagnies pour une durée fixe (1 $, One-Day Pass 2 $).

En taxi – On ne peut arrêter un taxi dans la rue. Vous en trouverez à l'aéroport *(12-13 $ pour Downtown)*.

HÉBERGEMENT

☺ **Bon à savoir** – Central Ave. est bordée de motels datant de l'époque de la Route 66, souvent mal insonorisés et pas toujours très propres. Downtown étant cher et sans caractère, l'idéal est de loger entre Downtown et Old Town ou, si vous avez une voiture, dans les quartiers résidentiels, pour les B & B de charme. Prix plus élevés lors des festivals.

Près d'Old Town (Plan II)

BUDGET MOYEN

Econo Lodge Old Town – *2321 Central Ave. N.W., ☏ (505) 243 8475, www.econolodge.com -* 43 ch. 50/60 $ ☲ ▦ ⚓ Une chaîne d'un bon confort. À 10mn à pied d'Old Town. Petit-déj. continental léger. Piscine couverte et Jacuzzi.

Monterey Motel – *2402 Central Ave.S.W., ☏ (505) 243 3554 -* 15 ch. 62 $ ▦ ⚓ Un motel d'un excellent rapport qualité-prix tenu par un couple de Polonais. Belles chambres avec machine à café et frigo-bar. Laverie. À 10-15mn à pied d'Old Town. Fumeurs s'abstenir.

Hotel Blue – *717 Central Ave. N.W., ☏ (505) 924 2400/877 878 4868, www.thehotelblue.com -* 144 ch 70/126 $ ☲ ⚑ ⚓ Un bon hôtel bien situé, en face du parc Robinson, avec des chambres très confortables, cafetières, micro-ondes. Bon rapport qualité-prix. Transfert aéroport et parking gratuits.

UNE FOLIE

Casas de Sueños – *310 Rio Grande Blvd. S.W., à 2mn à pied d'Old Town, ☏ (505) 247 4560/1-800 665 7002,* www.casasdesuenos.com - 21 ch. 139/199 $ ▦ *Casitas* en adobe, dispersées autour d'un jardin, et équipées pour la plupart d'une kitchenette. Bon petit-déj.

Mauger Estate B & B – *701 Roma Ave. N.W., ☏ (505) 242 8755/1-800 719 9189, www.maugerbb.com -* 10 ch. 129/169 $. Une maison en brique pleine de charme, à la déco raffinée très anglo-américaine. Jardin et jolie terrasse. Accueil soigné, apéritif, petit-déj. et gentilles attentions. Parking gratuit.

L'est de Central Avenue Plan I

PREMIER PRIX

Desert Sands – *5000 Central Ave. S.E., loin à l'est de la ville, près de la seule tour des environs, ☏ (505) 255 7586 -* 68 ch. 43 $ ▦ ✗ Un autre motel historique, repérable à son joli néon. Propre, pas cher et sans prétention. Laverie.

À la périphérie de la ville
Plan I

BUDGET MOYEN

Sarabande – *5637 Rio Grande Blvd N.W., ☏ (505) 345 4923/1-888 506 4923, www.sarabandebnb. com -* 6 ch. 99/159 $ ▦ ⚓ Élégante maison en adobe. Les chambres les plus belles donnent sur le patio et sa fontaine, les autres sur la piscine. Copieux petit-déj. Jacuzzi.

POUR SE FAIRE PLAISIR

Cinnamon Morning – *2700 Rio Grande Blvd N.W., ☏ (505) 345 3541/1-800 214 9481, www. cinnamonmorning.com -* 7 ch. 109/225 $ ▦ Adresse de charme aux abords nord de la ville. Cette maison de style mexicain est décorée avec goût. Patio avec Jacuzzi. Copieux petit-déj. Tarifs moins élevés hors saison.

Hacienda Antigua Inn – *Suivez 2nd St. vers le nord jusqu'à Osuna Rd, prenez à droite, puis la première à gauche. 6708 Tierra Drive N.W., ☎ (505) 345 5399/800 201 2986, www.haciendantigua.com - 8 ch. 149/229 $* 🏊 Cette hacienda mexicaine en adobe, avec son jardin et ses galeries ombragées, vous transporte deux siècles en arrière. Petit-déj. très copieux.

Turquoise Trail (hors plan)

PREMIER PRIX

Sandia Mountain Hostel – *12234 Hwy 14 N., Cedar Crest, 3,4 miles au nord de la I-40, ☎ (505) 281 4117 - 16 lits.* Pied-à-terre idéal pour les randonnées dans les montagnes. Cuisine équipée, laverie. 3 ch. privées dans un bâtiment séparé (*30 $ pour une chambre double*). Prix à la semaine.

Jemez Trail (30 miles au NO)

BUDGET MOYEN

La Cueva Lodge – *38690 Hwy 126, au croisement avec la Hwy 4, ☎ 1-866 312 0102, www. lacuevalodge.com - 15 ch. 75/95 $* ✗ Motel relativement basique et simple à 25 miles de Los Alamos. Certaines chambres donnent sur la montagne.

POUR SE FAIRE PLAISIR

Canon del Rio B & B – *16445 Hwy 4, au sud de Jemez Springs, ☎ (505) 829 4377, www.canondelrio.com - 6 ch. 139/149 $* 🏊 Maison moderne en adobe, avec patio au bord de la rivière. Petit-déj. très copieux. Pour ceux qui chercheraient un cadre propice à l'introspection, possibilité de retraite « spirituelle » avec méditation dans la nature, massages ou bains thérapeutiques. Deux nuits minimum en haute saison.

RESTAURATION

Albuquerque

PREMIER PRIX

66 Diner – *1405 Central Ave. N. E., le long de la Route 66, ☎ (505) 247 1421, www.66diner.com. Lun.- vend. 11h-23h, sam. 8h-23h (22h dim.). Plats 5/7 $.* Pour les fans de l'Amérique des années 1950, cette adresse datant de la grande époque sert tous les classiques américains (burgers, poulet frit, chilis, milk-shakes, etc.) dans un décor de néons, juke-box et moleskine.

Church Street Cafe – *2111 Church St. N.W., ☎ (505) 247 8522, www. churchstreetcafe.com. Tlj 8h- 21h (dim. 16h). Plats 5/15 $.* Une charmante maison dans une ruelle d'Old Town. Idéal pour les salades, burgers, *burritos, rellenos, tamales*.

La Crêpe Michel – *400 San Felipe Drive, ☎ (505) 242 1251, www. lacrepemichel.com. Mar.-dim. 11h30-14h et mar.-sam. 18h-21h. Plats 5/14 $.* Une bonne table située au fond d'une pittoresque impasse d'Old Town. Des crêpes fourrées originales et copieuses, mais aussi une vraie cuisine mijotée par Claudie, française, installée ici depuis des années. Terrasse miniature. Il est préférable de réserver.

La Hacienda – *302 San Felipe N. W., au bord de la Plaza d'Old Town, ☎ (505) 243 3131. Tlj 11h-21h (vend.-sam. 21h30). Plats 7/16 $.* Une grande salle décorée à la mexicaine de bois sombre et de couleurs vives. Plats typiques du Sud-Ouest, comme les exquises *fajitas*, des salades, des poissons…

POUR SE FAIRE PLAISIR

Artichoke Cafe – *424 Central S.E., à l'angle d'Edith St., face à l'Old Library, ☎ (505) 243 0200, www.artichokecafe.com. Déj. lun.-*

7

vend. 11h-14h, dîner tlj 17h30-22h (21h dim.-lun.). Plats soir 19/30 $. Considérée comme l'une des meilleures tables d'Albuquerque, pour une cuisine internationale de qualité : magret de canard aux prunes, *crab cake* au coulis de piments… Belle carte des vins. Salle élégante, mais bruyante et climatisation assez fraîche…

Corrales

BUDGET MOYEN

Casa Vieja – *4541 Corrales Rd, ☏ (505) 508 3244, www. casaviejanm.com. 11h30-15h, 17h-21h. Plats soir autour de 17/30 $.* Cuisine variée aux accents du Nouveau-Mexique (piments vert et rouge, maïs, *burritos*…). L'établissement met à contribution les producteurs locaux.

Madrid

PREMIER PRIX

The Mine Shaft Tavern – *2846 Hwy 14, ☏ (505) 473 0743, www. themineshafttavern.com. Tlj 11h30-19h30 (vend.-sam. 21h). Plats 5/10 $.* Un vrai saloon où manger des snacks américains classiques : burgers énormes, salades, spécialités mexicaines.

Jemez Trail

Los Ojos – *Jemez Springs, ☏ (505) 829 3547, losojossaloon.com. Tlj 11h-0h (sam.-dim. 8h).* Saloon avec tabourets et bar en bois massif, collections de fusils, chapeaux et trophées empaillés au mur. On y mange pour moins de 12 $. Musique country *live* certains w.-ends.

BOIRE UN VERRE

Le journal hebdomadaire gratuit *Alibi* liste concerts, manifestations, bars et clubs *(www.alibi.com)*.
El Rey – *620-624 Central Ave. S.W., entre 6th et 7th St., ☏ (505) 242 2353,* elreytheater.com. Tlj 19h-2h. L'ancien cinéma des années rock s'est transformé en bar et club, avec concerts au moins trois soirs par semaine. On y danse aussi.

ACTIVITÉS

Balade en ballon - Rainbow Ryders – *5601 Eagle Rock Ave. N.E., ☏ (505) 823 1111/1-800 725 2477, www.rainbowryders.com.* Comptez 160 $ pour une matinée au-dessus des Sandia Mountains et de la vallée du Rio Grande (395 $ durant la Balloon Fiesta).

AGENDA

Gathering of Nations Pow-wow et **American Indian Week** – *Dernière sem. d'avr. ☏ (505) 836 2810, www.gatheringofnations. com.* Le plus important pow-wow des États-Unis rassemble toutes les tribus nord-américaines, pour des spectacles et compétitions de danses et costumes, et l'élection de Miss Indian World.
Cinco de Mayo Celebration – *Dim. précédant le 5 mai.* Cette fête mexicaine célèbre la victoire du Mexique sur la France en 1862. Musique, danses et cuisine mexicaines dans les rues.
International Balloon Fiesta – *9 jours à partir du premier w.-end d'oct. ☏ (505) 821 1000/1-888 422 7277, www.balloonfiesta.com.* Le plus grand rassemblement de montgolfières au monde. Pour voir l'envol massif des ballons à l'aube, il faudra vous lever à 4h du matin, mais cela vaut le coup !
Noël – *Très pittoresque dans Old Town.* Les lampions sont remplacés par plus de 500 000 *luminarias*, des cierges placés dans des sacs en papier et dispersés sur les plazas, les arbres, les balcons, devant l'église et dans les ruelles (tout déc.).

Santa Fe

★★★

67 947 habitants – Nouveau-Mexique

 NOS ADRESSES PAGE 554

S'INFORMER

Convention Center & Visitors Bureau – *201 W. Marcy St. - ℘ (505) 955 6200/1-800 777 2489 - www.santafe.org - tlj 9h-17h*. Dispose de brochures en langues étrangères. Demandez la *Walking Map*.

SE REPÉRER

Carte de région B2 *(p. 528-529) - carte Michelin Western USA G 10*. La capitale du Nouveau-Mexique est située à l'écart de l'I-25 qui vient d'Albuquerque (60 miles, 96 km). Pour entrer en ville, sortez de l'I-25 par la sortie 278 (Cerrillos Rd). Pour quitter Santa Fe vers Taos, suivez Guadalupe St. vers le nord : elle rejoint la Hwy 84/285.

SE GARER

Downtown est circonscrit par le Paseo de Peralta. Parking payant dans le centre, mais les places sont rares en été. Les distances étant raisonnables, mieux vaut garer sa voiture à l'extérieur du centre et continuer à pied.

À NE PAS MANQUER

Le Museum of Indian Arts and Culture et le Museum of International Folk Art.

ORGANISER SON TEMPS

Évitez le week-end.

Mariage réussi des cultures indienne, espagnole et américaine, Santa Fe est une ville mythique qui ose les métissages. Ici, l'art se partage la scène avec les technologies les plus avancées, les mélopées des Pueblos avec les plus grands opéras et la ferveur catholique avec les danses sacrées des kivas. Vous remarquerez aussi l'architecture douce et ronde, le bonheur de vivre à l'ombre des galeries où sèchent les colliers de piments, l'exubérance créative, la fantaisie posthippie et l'anticonformisme : c'est le Santa Fe Style. Tout un programme…

Se promener

★★ AUTOUR DE LA PLAZA

Circuit autour de la Plaza du vieux Santa Fe - comptez une demi-journée.

Pensez au Pass 4 jours pour visiter les musées.

Comme dans toutes les villes espagnoles, la **Plaza**★★ est le centre de la ville. Celle de Santa Fe, encadrée d'un bel ensemble de maisons anciennes, fut longtemps le lieu de rendez-vous des habitants. Au 19ᵉ s., c'était là que se terminait le Santa Fe Trail (une pierre en marque l'emplacement au coin nord-est) et que les marchands se pressaient pour examiner les marchandises nouvellement arrivées.

7

LE SANTA FE STYLE

En même temps que la ville attirait les artistes, l'idée naquit de redonner à Santa Fe un caractère architectural à l'image de son héritage culturel. Là où les Américains avaient apporté les styles territorial puis victorien, on décida de revenir aux influences mexicaines et pueblos et à des maisons agencées autour d'un patio. Construites en adobe, elles sont peu élevées, le toit est plat et les angles sont arrondis. Les fenêtres sont petites, les murs épais, et les poutres soutenant les plafonds restent apparentes sur les façades. La norme s'est si bien imposée qu'elle est devenue obligatoire. Les hauteurs sont strictement réglementées (aucun immeuble de plus de 20 m, pas plus de 11 m pour les bâtiments commerciaux et 7,50 m pour les maisons individuelles), la couleur doit respecter les teintes de terre brunie et le style se fondre dans l'environnement.

★★ Palace of the Governors

www.palaceofthegovernors.org. Visites guidées du centre-ville, tlj sf dim. à 10h15, 12h d'avr. à oct. 10 $.

Sur le côté nord de la place se dresse l'un des plus vieux édifices publics du pays. Il servait à la fois de logement pour les gouverneurs et de siège du pouvoir. Le plus célèbre de ses occupants fut Lew Wallace, auteur de *Ben Hur*. Aujourd'hui, le palais héberge le passionnant **New Mexico History Museum**★★ *(voir ci-dessous)*. À l'extérieur, la galerie qui longe la façade accueille chaque jour des Indiens venus des *pueblos* voisins pour vendre leurs bijoux (ils sont seuls à en avoir le droit, à tour de rôle).

★★ New Mexico History Museum – *113 Lincol Ave., ℘ (505) 476 5200, www.nmhistorymuseum.org. Tlj sf lun. 10h-17h (20h le vend.). 9 $, gratuit vend. 17h-20h.*

Il conserve quelque 17 000 objets retraçant l'histoire de Santa Fe, des Indiens aux colons espagnols et aux territoires anglo-américains. On y découvre l'évolution des *Native Americans* au fil des siècles, ainsi que la vie que menaient les colons.

Sortez du musée et traversez Lincoln Ave.

★★ New Mexico Museum of Art

107 W. Palace Ave., ℘ (505) 476 5072, www.mfasantafe.org. Tlj sf lun. de sept. à mai 10h-17h (20h le vend.), fermé 1er janv., dim. de Pâques, Thanksgiving et 25 déc. 9 $, -16 ans gratuit.

La portion ouest de Palace Avenue était le repaire des maisons de jeu et des prostituées au temps du Santa Fe Trail. Ce bâtiment se reconnaît à son architecture néopueblo. Construit en 1917, il marqua le début du **Santa Fe Style** *(voir encadré ci-dessus)*. Il est consacré à l'art du Nouveau-Mexique, des peintres espagnols jusqu'aux contemporains, en passant par ceux des différentes colonies artistiques de Santa Fe et de Taos, y compris Georgia O'Keeffe, et par les photographes.

Suivez Palace Ave. vers l'ouest, tournez à droite dans Grant Ave., puis tout de suite à gauche dans Johnson St.

★★ Georgia O'Keeffe Museum

217 Johnson St., ℘ (505) 946 1000, www.okeeffemuseum.org. Tlj 10h-17h (20h le vend.), fermé dim. de Pâques, Thanksginving et 25 déc. 10 $, gratuit -18 ans et vend. 17h-20h ; non inclus dans le Pass.

Avec plus de 130 peintures, ce musée rassemble la plus importante collection au monde des œuvres de la célèbre artiste (1887-1986). Un film retrace les étapes de sa vie, présente sa maison d'Abiquiu (au nord de Santa Fe) et expose sa conception de l'art. Inlassablement, pendant quarante ans, elle a peint le désert, les mesas, les chapelles des environs et s'attacha à des détails, comme ses célèbres fleurs qu'elle cadrait en très gros plan, car, disait-elle, « si je les peignais en petit, personne ne les regarderait… ».

Revenez sur la Plaza et prenez Palace Avenue vers l'est. East Palace Avenue conserve de nombreux souvenirs de l'histoire locale.

East Palace Avenue

Le **109 East Palace Avenue** servit par exemple de relais lorsque les chercheurs en énergie nucléaire investirent la ville de Los Alamos. Le laboratoire devant rester secret, tous les nouveaux arrivants passaient par ici pour les vérifications, puis des militaires venaient les chercher. Leur seule adresse était désormais celle-ci, accompagnée d'un numéro de boîte postale.

Plus loin, le long de la rue, plusieurs cours intérieures évoquent le mode de vie des colons espagnols. La plus belle est la **Sena Plaza★★** *(125 E. Palace Ave.)*, avec ses arbres et sa profusion de fleurs : c'était la cour d'une immense hacienda espagnole, résidence d'une famille de 11 enfants.

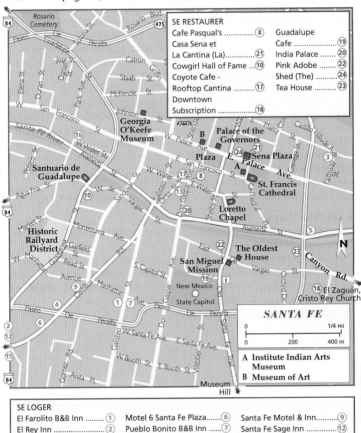

SE RESTAURER

Cafe Pasqual's	⑧		Guadalupe	
Casa Sena et			Cafe	⑲
La Cantina (La)	㉑		India Palace	⑳
Cowgirl Hall of Fame	⑩		Pink Adobe	㉒
Coyote Cafe -			Shed (The)	㉔
Rooftop Cantina	⑰		Tea House	㉓
Downtown				
Subscription	⑱			

A Institute Indian Arts Museum
B Museum of Art

7

SE LOGER

El Farolito B&B Inn	①	Motel 6 Santa Fe Plaza	⑥	Santa Fe Motel & Inn	⑨
El Rey Inn	②	Pueblo Bonito B&B Inn	⑦	Santa Fe Sage Inn	⑫
Hacienda Nicholas B&B	③	St. Francis	⑬	Super 8 Motel	⑮
Inn on The Alameda	⑤	Santa Fe	④	Water Street Inn	⑯

Suivez E. Palace Ave. et tournez à droite dans Cathedral Place.

★ Institute of American Indian Arts Museum

108 Cathedral Place, ✆ (505) 983 8900, www.iaia.edu. Tlj 10h-17h (12h le dim.), fermé mar. nov.-mai, 1er janv., dim. de Pâques, Thanksgiving et 25 déc., 10 $.

Cet institut se consacre exclusivement à l'art indien contemporain. Outre de riches collections de peinture, sculpture, céramique, joaillerie et vannerie, il abrite la seule école des beaux-arts des États-Unis strictement dédiée à la promotion des méthodes et des cultures artistiques de tous les Indiens d'Amérique du Nord.

★ St Francis Cathedral

✆ (505) 982 5619, www.cbsfa.org. Tlj 6h-18h.

De l'autre côté de la rue, la cathédrale ne date que de la fin du 19e s. (1869-1886). Contrairement aux églises traditionnelles du Nouveau-Mexique, elle n'est pas construite en adobe mais en pierre dorée, extraite localement. Son style néoroman imposant (deux clochers-flèches de 48 m de haut devaient même surmonter les tours) tranche avec le reste de la ville. Cela était voulu. Après la conquête par les Américains des territoires sur le Mexique, le pape décida en effet d'envoyer un Français à Santa Fe, Jean-Baptiste Lamy, qui en devint le premier archevêque en 1851. Décidé à remettre de l'ordre dans une église devenue tolérante, il commença par défroquer certains prêtres qu'il jugeait trop libérés et projeta de bâtir une cathédrale à la française qui donnerait une juste idée de la grandeur du catholicisme.

L'édifice fut construit autour de la chapelle précédente (1714) qui existe encore à l'angle nord-est et abrite une Vierge de bois habillée, surnommée **La Conquistadora**★★, apportée du Mexique en 1625 (c'est la plus ancienne des États-Unis). Très vénérée, elle sort en procession en juin, pour Corpus Christi, la Fête-Dieu, et pour la Fiesta. Durant la révolte des Pueblos, les Espagnols l'emportèrent dans leur fuite puis la ramenèrent en 1692, lui attribuant la reconquête de Santa Fe. Chaque jour, une fidèle change ses vêtements. Les vitraux de la cathédrale ont été réalisés en France.

Suivez Cathedrale St. vers la rivière et tournez à droite dans E. Water St.

★ Loretto Chapel

207 Old Santa Fe Trail, ✆ (505) 982 0092, www.lorettochapel.com. Lun.-sam. 9h-18h (17h en hiver), dim. 10h30-17h. 3 $.

Construite en 1878 pour une communauté de religieuses, elle se veut inspirée de la Sainte-Chapelle de Paris (toutes proportions gardées…) et fut édifiée par les architectes de la cathédrale. Elle vaut la visite pour son **escalier en spirale**★★ qui tourne deux fois de 360°, sans vis et sans support apparent.

Revenez vers la Plaza par Shelby St.

À voir aussi

★ SUR L'OLD SANTA FE TRAIL

Dernier vestige de l'ancienne route commerciale, l'Old Santa Fe Trail a conservé son nom. À l'époque, on arrivait de l'est en contournant les Sangre de Cristo Mountains par le sud.

La rue part de Loretto Chapel, passe la rivière et croise E. De Vargas St.

Barrio de Analco

À l'époque espagnole, cette partie de la ville, au sud du cours d'eau, fut la première à être urbanisée. Son nom signifie *« le quartier de l'autre côté de l'eau »*. Les officiels, soldats et missionnaires vivaient autour de la Plaza, tandis que les serviteurs mexicains, les ouvriers et les Indiens convertis étaient cantonnés à l'écart. Avec l'ouverture du Santa Fe Trail qui passait par là, de plus en plus de nouveaux arrivants s'installèrent le long d'East De Vargas Street, qui conserve les plus vieux édifices de la ville *(voir ci-après* **The Oldest House***)*.

★ San Miguel Mission

401 Old Santa Fe Trail, ☎ (505) 983 3974. Lun.-sam. 9h-17h, dim. 16h. 1$.
Juste à côté, cette mission fut fondée aux débuts de la ville, en 1610, mais partiellement détruite lors de la révolte des Pueblos. Elle servait d'église aux Mexicains et convertis du quartier voisin.

Le bâtiment actuel, à l'exception des murs, fut reconstruit en 1710 et fortifié. Le **retable★** de San Miguel y date de 1798. Notez aussi les **peintures sur peau de buffle et de cerf★,** qui datent de 1630, et qu'utilisaient les moines pour enseigner aux Indiens.

★ CANYON ROAD

▷ *Circuit à partir de la mission San Miguel - comptez 2 à 3h. Suivez E. De Vargas St. vers l'est.*
Notez **The Oldest House** *(215 E. De Vargas St.)*, une vieille maison en adobe aux murs massifs, que les poutres ont permis de dater aux environs de 1750. *Parvenu au Paseo de Peralta, traversez et continuez tout droit.*

ARTISTES OU MYSTIQUES

Le sort qui a voulu que Santa Fe échappât au train lui a certainement valu de garder son charme intact. Sa réputation de « bout du chemin », de liberté et de vie sauvage attira les artistes et les bohèmes. Les plus grands peintres américains s'y sont succédé. Au début du 20e s., ils colonisèrent **Canyon Road**, un chemin presque campagnard, à l'écart de la Plaza. Les prix y étaient modestes et les ateliers se multiplièrent.

Après 1916, une solide communauté s'installa, financée par de riches mécènes de la côte Est. Toute l'architecture de la ville fut repensée pour retrouver l'inspiration d'origine : ce furent les débuts du **style Santa Fe**. En 1917, **Georgia O'Keeffe**, peintre originaire de la côte Est, tomba amoureuse du Nouveau-Mexique. Elle emménagea en 1949 dans une petite maison des environs de Santa Fe. Dans les années 1930 et 1940, les cinéastes de Hollywood vinrent tourner des films dans la région, amenant la célébrité et son cortège de stars.

Toute cette faune colorée fit encore grandir la réputation de Santa Fe. Hippies, babas cool, marginaux et mystiques venaient s'y ressourcer et n'en repartaient pas. Avec la vogue New Age, on ne compte plus les mouvements de quête spirituelle, de retour aux sources et de redécouverte de soi. Les prix ont emboîté le pas à cette folie et les véritables artistes ont dû quitter Canyon Road pour laisser la place aux galeries, mais la marque exubérante et libre qu'ils ont laissée sur la ville continue d'attirer les visiteurs.

Pour tenter de revivre la grande époque artistique de Santa Fe, ne manquez pas de remonter vers l'est Canyon Road, une rue bordée de galeries d'art. Le temps des peintres impécunieux qui y vivaient en pleine bohème est révolu, le prix des loyers les a chassés depuis longtemps à l'extérieur de la ville, même si quelques irréductibles s'y accrochent encore. En tout cas, la visite des différentes expositions permet de découvrir l'art contemporain de Santa Fe.

Project Tibet Inc.

403 Canyon Rd. ☏ (505) 982 3002. Un peu à l'écart de la rue, sur la gauche.
La boutique d'artisanat rappelle qu'une communauté tibétaine est installée à Santa Fe.

★ El Zaguán

545 Canyon Rd, jardin accessible au public tlj sf dim. et j. fériés 9h-17h.
Il s'agit d'une ancienne hacienda, construite après 1850 par un riche marchand. Parfait exemple de style territorial, avec son long couloir central et sa galerie à colonnes, elle possède un étonnant jardin victorien, créé par Adolph Bandelier, l'anthropologue découvreur du site pueblo de Los Alamos, qui importa même une partie des plantes utilisées.

En flânant le long de la rue, remarquez la variété du Santa Fe Style et l'esthétique de certains jardins. Ne manquez pas, ici ou là, des galeries ou ateliers pleins d'humour et de fantaisie, comme celui de l'inénarrable **Ed Larson** *(821 Canyon Rd, dans d'anciennes étables)*, avec ses tableaux en relief et ses cow-boys irrévérencieux. *Une fois arrivé au bout de la rue, tournez à droite dans Camino Cabra.*

★ Cristo Rey Church

Tlj horaires variables.
Construite en 1940, uniquement en adobe, selon les procédés ancestraux, c'est la plus grande église de ce type. Plus de 200 000 briques de terre crue furent fabriquées sur place par les habitants des environs. L'église contient surtout un beau **retable de pierre★★** sculpté au Mexique en 1760.

VERS GUADALUPE STREET

▶ *Guadalupe St. se déploie à l'ouest du centre-ville, le secteur abordé ci-dessous se trouvant sur la rive sud - Comptez 2h.*

★ Santuario de Guadalupe

100 Guadalupe St., ☏ (505) 988 2027. Lun.-sam. 9h-16h.
Notre-Dame de Guadalupe peut paraître un peu excentrée, mais, construite en 1781, elle mérite le coup d'œil, notamment pour les collections de l'archidiocèse : statues de saints, peintures italiennes ou œuvres du baroque mexicain. Ne manquez pas la représentation de N. D. de Guadalupe (1783) par Jose de Alzibar, l'un des peintres mexicains les plus renommés.

Historic Railyard District

Guadalupe St., à l'angle avec Montezuma St.
Ce quartier, en pleine renaissance, s'organise autour de l'ancien **dépôt ferroviaire** du Atchison Topeka & Santa Fe Railway, qui reliait autrefois la ville à Lamy, plus au sud. Un petit rappel du fait que Santa Fe passée à côté de la révolution du chemin de fer pour cause de cupidité. Ayant eu vent du projet, des spéculateurs achetèrent en effet les terrains du tracé supposé de la future ligne, mais plutôt que de négocier les prix, les compagnies ferroviaires préférèrent aller à Albuquerque. Voilà pourquoi Santa Fe conserve encore son air de bout du monde.

De l'Espagne à l'Union

LA CONQUÊTE ESPAGNOLE

C'est en 1540 que les Espagnols venus du Mexique explorèrent pour la première fois la région. En 1598, 129 familles s'installèrent au nord de Santa Fe, dans la vallée d'Española, sous la conduite de **Don Juan de Oñate**. Mais c'est Santa Fe que choisit son successeur, **Don Pedro de Peralta**, en 1609, pour devenir la capitale du nouveau territoire (c'est la plus ancienne ville des États-Unis à avoir gardé ce titre sans interruption).

L'année suivante, on construisit le palais des Gouverneurs et la mission San Miguel. Soldats, colons et marchands empruntaient **El Camino Real** (« la Route royale »), qui reliait Mexico à Santa Fe. Les missionnaires convertirent massivement les Indiens pueblos, que leur mode de vie sédentaire rendait plus familiers que les tribus nomades. En 1617, 14 000 d'entre eux avaient adopté le catholicisme sans vraiment renoncer à leurs traditions.

LA RÉVOLTE DES INDIENS

Excédés d'être exploités par les colons et les missionnaires ainsi que par l'interdiction croissante de pratiquer les rites ancestraux, les Indiens des villages environnants, menés par un chaman du nom de Popé, de Taos Pueblo, se révoltèrent le 11 août 1680. Les colons s'enfuirent de Santa Fe vers le sud et s'installèrent à El Paso, près du Mexique.

Les Indiens reprirent le contrôle de la région et s'emparèrent des chevaux abandonnés par les fuyards, ce qui contribua à changer leur mode de vie car avant l'arrivée des Espagnols, l'usage du cheval leur était inconnu. Par voie de troc, les chevaux passèrent aux tribus du nord, les Utes, puis se répandirent parmi les Indiens des Grandes Plaines.

En 1692, les Espagnols récupérèrent le Nouveau-Mexique et Santa Fe (c'est cet événement que célèbre la Fiesta, chaque année en septembre), mais ils étaient devenus plus tolérants envers les traditions indiennes. La domination espagnole cessa en 1821, quand le Mexique devint indépendant.

LE SANTA FE TRAIL

Aussitôt les troupes espagnoles parties, des aventuriers venus de l'est se hasardèrent dans la région. Le premier était un colporteur qui arrivait du Missouri avec un chariot plein de marchandises. Il vendit ses denrées avec un énorme bénéfice. La nouvelle se répandit vite et d'autres l'imitèrent : ce fut le début du célèbre **Santa Fe Trail**, une route commerciale longue de 900 miles que suivront des générations de pionniers et d'interminables caravanes dans des conditions souvent pénibles.

En 1846, lors de la guerre des États-Unis contre le Mexique, l'armée américaine s'empara de Santa Fe et déclara le Nouveau-Mexique **Territoire américain**. Des forts furent construits tout le long du Santa Fe Trail pour le protéger des raids indiens. Les ranchs se multipliaient avec l'arrivée de nouveaux immigrants européens des États de l'Est. Pourtant, le Nouveau-Mexique resta un simple territoire jusqu'en 1912, date à laquelle il accéda au statut d'État.

Santa Fe Southern Railway – *℘ (505) 989 8600/1 888 989 8600, www.sfsr. com. Avr.-oct. dép. 11h, tte l'année dép. 12h, trajet 4h. 32 $.* Vous pouvez encore aujourd'hui embarquer pour le voyage à bord de voitures d'époque.

Sanbusco – Au nord de la gare. Ce marché est une sorte de mall de centre-ville. Cafés, boutiques.

Quelques galeries d'art ont élu domicile au sud du dépôt, le long de la voie ferrée.

★★ MUSEUM HILL

▶ *Pour rejoindre les musées, continuez sur l'Old Santa Fe Trail vers le sud jusqu'au Camino Lejo et suivez les panneaux. Les 4 musées sont à env. 2 miles de la Plaza. Vous pouvez vous y rendre par le bus M (départ toutes les 45mn du Bus Terminal sur Sheridan Ave., entre Marcy et Palace Ave., au nord de la Plaza).*

★ Museum of Spanish Colonial Art

750 Camino Lejo, ℘ (505) 982 2226, www.spanishcolonial.org. Tlj de Memorial Day à Labor Day 10h-17h (fermé le lun. le reste de l'année). 8 $ (- 16 ans gratuit).

Fort d'une collection de 3 000 objets, ce musée, installé dans une maison de style Pueblo Revival en vogue au début du 20ᵉ s., présente figurines et retables, mobiliers, outils et bijoux de l'époque coloniale.

★★★ Museum of Indian Arts and Culture

710 Camino Lejo, ℘ (505) 476 1250, www.miaclab.org. Tlj de Memorial Day à Labor Day 10h-17h (fermé le lun. le reste de l'année), fermé 1ᵉʳ janv., dim. de Pâques, Thanksgiving et 25 déc. 9 $. Visite guidée passionnante (1h30, en anglais uniquement) 10h30 et 14h.

La visite de ce musée est indispensable pour comprendre la culture indienne et son adaptation progressive, souvent douloureuse, à l'intrusion des Européens.

Elle s'organise autour de huit thèmes : les ancêtres (chasse, cueillette, agriculture, habitat, migrations), les cycles (de la naissance à la mort, les objets, les rites, les costumes), l'architecture (utilisation de l'adobe, présentation d'un *hogan navajo*, d'une cuisine apache, méthodes culinaires), le langage et les chants (légendes, instruments de musique, du sacré au rock ou aux techniciens radio navajos durant la Seconde Guerre mondiale), la flore et la faune (comment les Indiens utilisent les ressources de la nature pour la gastronomie et l'artisanat), le troc (les denrées que l'on échange, argent et turquoises, tissages, poteries, les *trading posts*), la survie (préserver la culture, l'éducation, la religion, l'armée, la politique) et les arts (tous les savoir-faire).

★★★ Museum of International Folk Art

706 Camino Lejo, ℘ (505) 476 1200, www.moifa.org. Tlj, sf lun. sept.-mai, 10h-17h, fermé 1ᵉʳ janv., dim. de Pâques, Thanksgiving et 25 déc. 9 $. Ne manquez pas de retirer les brochures explicatives sans lesquelles la visite perd de son intérêt. Comptez 2 à 3h.

Il s'agit du plus important musée d'art populaire au monde. Ses réserves comptent plus de 130 000 objets fascinants, venant des cinq continents. Plus de 100 pays sont représentés à travers des expositions permanentes, comme celle de la **Girard Wing★★** qui héberge les collections léguées par l'architecte Alexander Girard : jouets et objets décoratifs ou usuels du monde entier. D'autres sont temporaires, comme celles de la **Neutrogena Collection★★** qui s'intéresse à l'artisanat populaire à travers le monde.

Façade à Santa Fe.
Topic Photo Agency In / Topic Photo Agency/Age Fotostock

Quant aux départements comme celui des **textiles★** (costumes du monde entier) ou l'**héritage hispanique★★** dédié aux traditions des pays hispaniques, ils prolongent le voyage à travers le globe.

Wheelwright Museum of American Indians
704 Camino Lejo, ℘ (505) 982 4636, www.wheelwright.org. Lun.-sam. 10h-17h, dim. 13h-17h. Fermé 1ᵉʳ janv., Thanksgiving, 25 déc. Donation recommandée 3 $.
Cette maison de style navajo accueille des expositions temporaires d'art indien.

À proximité Carte de région

El Rancho de las Golondrinas
◗ *À 15 miles au sud de Santa Fe par l'I-25 (sortie 276). 334 Los Pinos Rd, La Cienaga, ℘ (505) 471 2261, www.golondrinas.org. Juin-sept. : merc.-dim. 10h-16h ; visite guidée du lun. au vend. avr., mai et oct. Réserv. et programme ℘ (505) 473 4169. 6 $ (13-18 ans à 4 $).*
Cette ancienne hacienda permet de découvrir la vie des colons espagnols aux 18ᵉ et 19ᵉ s., le long d'El Camino Real. Les habitations, l'école et le magasin ont été restaurés, ainsi que les ateliers. Pour les week-ends, des volontaires en costume font revivre l'hacienda avec des démonstrations de tissage, broderie, forge, menuiserie…

★ Pecos National Monument B2
◗ *À 30 miles au sud-est de Santa Fe. Suivez l'I-25 vers l'est, sortez à Pecos-Glorieta (sortie 299) pour prendre la Hwy 50 vers l'est jusqu'à Pecos, puis la Hwy 63 vers le sud. ℘ (505) 757 7200 (Visitor Information)/(505) 757 7241 (Visitor Center). www.nps.gov/ peco. 8h-18h de Memorial Day à Labor Day (16h30 le reste de l'année), fermé 1ᵉʳ janv., Thanksgiving, 25 déc. 3 $/pers. Demandez le petit guide en français prêté sur place.*
Pour les passionnés d'archéologie, voici les ruines d'un *pueblo* indien du début du 15ᵉ s., christianisé par les franciscains. On y voit les vestiges d'une

mission des 17e et 18e s. Sur les schémas, on lit la structure du village initial, avec plus de 20 *kivas* et 600 pièces sur 4 ou 5 étages, agencées en rectangle autour de la Plaza.

Notez la présence d'une *kiva* dans le couvent, preuve que les missionnaires toléraient les rites des convertis.

Circuit conseillé Carte de région

★★ DES INDIENS AUX PÈLERINS B1/2

▶ *Pour visualiser ce circuit de 120 miles, reportez-vous à la carte de région (p. 528-529) - comptez la journée. Quittez Santa Fe au nord par l'US-285. À Pojoaque, bifurquez à gauche sur la Hwy 502, dir. Los Alamos, et suivez ensuite la Hwy 4.*

★★ Bandelier National Monument B2
Comptez une demi-journée.

🏛 ☎ *(505) 672 0343, www.nps.gov/band. 8h-18h l'été, 9h-17h30 au printemps et à l'automne, 9h-16h30 l'hiver. 12 $/véhicule si vous n'avez pas le National Parks Pass. Achetez le « Frijoles Canyon Trail Guide » (1 $), pour ses explications sur les sites et les cartes des plus de 110 km de sentiers de randonnée. Arrivez très tôt car le parking est vite plein en été. Sur la mesa, un camping rudimentaire est ouvert de mars à nov. : venez tôt le matin pour une place.*

Les **canyons** autour de Los Alamos étaient déjà fréquentés il y a 7 000 ans par des chasseurs nomades. Les premiers à s'y sédentariser furent les anciens Anasazis de l'époque des *basketmakers*, au 6e s. Ils occupaient par petits groupes familiaux des grottes creusées dans les falaises calcaires. Ils commencèrent à se rassembler en villages à partir du 12e s.

Peu nombreux au départ, ils bénéficièrent après 1300 de l'arrivée des peuples du plateau du Colorado. La région se dépeupla au 16e s., après la colonisation espagnole. Les Indiens s'établirent plus loin dans la plaine, là où se trouvent les *pueblos* actuels.

Les habitants de Cochiti, de Santo Domingo et de San Felipe se disent leurs descendants. Les canyons furent redécouverts en 1880 par un anthropologue suisse, Adolph Bandelier, autodidacte passionné. Le Bandelier National Monument compte parmi les plus beaux et les plus passionnants vestiges des anciens Pueblos.

Au fil du parc, vous découvrirez les **ruines d'un *pueblo*** du 14e s., des **habitations troglodytiques** dans les falaises, une grotte rituelle et sa *kiva*, et ferez une agréable balade le long du ruisseau. Mais arrêtez-vous d'abord au *Visitor Center* pour bien comprendre la structure du *pueblo* du temps de sa splendeur.

L'accès au Visitor Center se fait par une route impressionnante, qui descend dans le canyon.

★★ **Main Loop Trail** – *Départ derrière le Visitor Center. Facile ; 1h, 2 km.* Imaginez que vous êtes sur les terres agricoles des anciens Indiens. Vous passez d'abord une grande *kiva*, où ils se livraient à des pratiques rituelles et se transmettaient la tradition orale.

À l'époque, la *kiva* était recouverte d'un toit de rondins et de terre. Tout près, les ruines de **Tyuonyi Pueblo★★** *(à 400 m du Visitor Center)* sont tout ce qu'il reste d'un village de 400 habitations, agencé en cercle autour de la plaza où l'on faisait les travaux quotidiens. Notez les trois petites *kivas*.

Approchez ensuite la base de la falaise et passez des **grottes troglodytiques★**, dont la plupart ont été creusées avec des outils rudimentaires. Les plafonds noircis rappellent qu'on y entretenait un feu pour la chaleur et la cuisine.

Certaines maisons troglodytiques, les **talus houses★**, sont plus évoluées : construites avec les pierres trouvées sur place, elles utilisaient la falaise comme mur arrière et pouvaient atteindre plusieurs étages.

Ne manquez pas, le long du sentier, de vous retourner pour admirer le panorama sur Tyuonyi : d'en haut, on voit clairement son plan circulaire.

À son apogée, le canyon comptait 500 habitants. Plus loin, vous abordez **Long House**, un exemple de *talus house*. Il ne reste que les traces de ce qui devait être un immeuble de l'époque : près de 250 m de long et plusieurs étages accrochés à la falaise. Les rangées de trous dans la paroi servaient à ancrer de grosses poutres. Au-dessus, remarquez quelques pétroglyphes.

★ **Nature Trail** – *800 m.* Il prolonge le Main Loop Trail, le long de la rivière, et conduit à **Alcove House★**. Cette anfractuosité de la falaise, située à 42 m en hauteur, s'atteint en grimpant quatre échelles en bois, comme le faisaient les Anasazis.

Elle abrite une *kiva* parfaitement restaurée dans laquelle vous pouvez descendre et où se tenaient sans doute des rites réclamant isolement et secret.

★ **Falls Trail** – *5,6 km AR ; 2h ; au sud du Visitor Center.* Pour ceux qui veulent profiter du splendide environnement naturel, ce sentier mène à deux chutes d'eau du canyon.

Bandelier N.M. est à une quinzaine de miles au sud de Los Alamos. Reprenez la Hwy 4 vers l'ouest et tournez ensuite à droite sur la Hwy 501.

Los Alamos B2

�ℹ *109 Central parc Square, ☎ (505) 662 8105, visit.losalamos.com. Lun.-sam. 9h-17h, dim. 10h-15h.*

Los Alamos est une ville tirée au cordeau, propre et verdoyante, en contraste étonnant avec sa géologie tourmentée et la pauvreté des *pueblos* de la plaine. Sa bonne santé économique la dispense de courtiser le touriste et, si elle n'est plus fermée aux intrus, elle garde une atmosphère de retrait et d'isolement.

★ **Bradbury Science Museum** – *À l'angle de Central Ave. et de 15th St., ☎ (505) 667 4444, www.lanl.gov/museum. Mar.-sam. 10h-17h, dim.-lun. 13h-17h, fermé 1er janv., Thanksgiving et 25 déc. Gratuit.* La visite passionnera ceux qui s'interrogent sur la fabrication des armes nucléaires et leur histoire. Elle suit une présentation en trois parties, l'histoire, la recherche et la défense.

On y voit, par exemple, un courrier d'Einstein à Roosevelt à propos de l'utilisation de l'uranium, ou une bombe atomique Little Boy de 5 tonnes, comme celle lâchée sur Hiroshima. On y découvre toutes les techniques impliquées.

Ne manquez pas le petit film *(demandez à l'accueil la traduction française)*, qui évoque l'étrange histoire de la ville au temps où elle devint *top secret*.

Seul bémol : comme le musée est sponsorisé par le National Laboratory, les expositions ne présentent que l'aspect positif des recherches.

★ **Los Alamos Historical Museum** – *1050 Bathtub Row, à l'angle de Central Ave. et de 20th St., derrière l'Art Center, ☎ (505) 662 6272, www.losalamoshistory.org. Lun.-vend. 9h30-16h30 (hiver 10h-16h), sam. 11h-16h, dim. 13h-16h, fermé 1er janv., Pâques Thanksgiving et 25 déc. Gratuit.* Pour une vision plus objective, ce modeste musée, hébergé dans d'anciens locaux de la **Ranch School**, présente le côté humain des choses : la vie des habitants et des scientifiques à l'époque du Manhattan Project et les effets dévastateurs de la bombe atomique. Vous apprendrez aussi l'histoire des Indiens qui occupaient la région depuis la préhistoire.

Suivez la Hwy 502 en direction d'Espanola où vous prendrez la Hwy 76.

7

★★ **Chimayó** B1

Ce village typique de la colonisation espagnole est spécialisé dans le tissage, exécuté par les mêmes familles depuis 250 ans.

★★ **El Santuario de Chimayó** – *www.elsantuariodechimayo.us. Oct.-avr. 9h-17h, mai-sept. 9h-18h, messe en sem. 11h, messe dim. 10h30, 12h.* Achevée en 1816, elle accueille chaque Vendredi saint le plus important pèlerinage des environs. Plus de 30 000 fidèles y viennent à pied, car la terre du sanctuaire est réputée pour soigner tous les maux, y compris les cœurs brisés… L'extérieur de la chapelle est d'une touchante simplicité avec ses deux modestes tours en adobe rose et en bois sombre, et sa galerie de guingois.

À l'intérieur, remarquez les très beaux **retables**★★ et statues en bois peint. À gauche de l'autel, une petite porte mène à une antichambre remplie de béquilles et d'**ex-voto**★ portant les vœux des pèlerins. Au fond, une minuscule pièce conserve un trou dans le sol où chacun vient prendre un peu de la terre bénie. On vous dira qu'il est bien miraculeux que le niveau n'ait jamais baissé…

Avant de repartir, faites un petit détour par la **Santo Niño Chapel**, modeste grange couverte de zinc, parfait exemple de la piété populaire avec ses ex-voto naïfs et ses statues en plâtre coloré *(9h-14h)*.

Revenez à Santa Fe par **Española**, *qui s'est fait une spécialité des voitures customisées, à admirer surtout lors des sorties du week-end, et l'US-285.*

☺ **Bon à savoir** – De Chimayó, vous pouvez faire route vers Taos en suivant la Route 76 *(comptez 1h30 avec des arrêts)*. Elle passe de nombreux villages intacts, ignorés des touristes : **Cordova** *(7 miles de Chimayó)*, **Truchas** *(4 miles de Cordova)*, choisi par des artistes en quête de solitude et de simplicité. 6 miles plus loin, l'**église de Las Trampas**★ offre un exemple remarquable d'église en adobe de la période espagnole.

☺ NOS ADRESSES À SANTA FE

TRANSPORT

En avion – Il n'y a pas d'aéroport à Santa Fe, mais plusieurs navettes relient en permanence Santa Fe à l'aéroport d'Albuquerque. Chacune effectue une dizaine de trajets chaque jour *(1h20 ; 27 $)* ; **Sandia Shuttle**, ℘ 1-888 775 5696, www.sandiashuttle.com. Réservez la veille. Également des liaisons vers Taos.

En bus – Un service urbain est assuré par la **Santa Fe Trails** *(www.santafenm.gov)*. Les bus circulent de 6h à 23h en sem., de 8h à 20h le sam. ; seules les lignes 1, 2, 4 et M fonctionnent le dimanche, différents horaires les jours fériés. Billet : 1 $; forfait à la journée : 2 $.

INFORMATIONS UTILES

Santa Fe
Informations touristiques - New Mexico Department of Tourism/ Santa Fe Visitor Center – *491 Old Santa Fe Trail, ℘ (505) 827 7400, www.newmexico.org. Tlj 8h-17h.* Dispense des informations générales sur tout l'État du Nouveau-Mexique.

État des routes - State Highway and Transportation Department – *℘ (505) 827 5100/1 - 800 432 4269, www.nmshtd.state. nm.us.* Important en hiver, surtout si vous prenez la route de Taos.

Mariage – Plus romantique que Las Vegas et aussi simple : prévoyez les pièces d'identité et 25 $ en liquide pour le **Santa Fe**

County Clerk's Office, *102 Grant Ave.*, *☎ (505) 986 6280, lun.-vend. 8h-17h.* Cérémonie avec cadre au choix, styles et spiritualités à la carte (indien, celte…), à cheval ou en voiture, avec fleurs ou vidéos, chez l'une des entreprises spécialisées : renseignements sur *www.santafe.org/weddings*

Los Alamos
Visitor Center – *109 Central Square Square*, *☎ (505) 662 -8105, www.visit.losalamos.com. Lun.-sam. 9h-17h, dim. 10h-15h.*

HÉBERGEMENT

Dans le centre-ville
☺ **Bon à savoir** – Les hôtels de charme sont nombreux mais chers. Si votre budget ne vous le permet qu'une fois au cours de votre voyage, c'est ici qu'il faut faire une petite folie. Attention, les prix augmentent très nettement pour l'Indian Market ou la Fiesta, périodes où il faut réserver plusieurs mois à l'avance.
Les motels les moins chers se trouvent le long de Cerrillos Rd. Les prix diffèrent selon les dates et sont souvent moins élevés en semaine.

BUDGET MOYEN

Motel 6 Santa Fe Plaza – *646 Cerrillos Rd, ☎ (505) 982 3551, www.motel6.com - 48 ch. 70/76 $* ⌂ ▤ ⌁ L'adresse n'a pas de caractère, mais c'est l'un des deux motels abordables si près de la Plaza (10mn à pied). Chambres bien équipées, demandez celles en retrait de la route.

Santa Fe Motel & Inn – *510 Cerrillos Rd, ☎ (505) 982 1039/1-800 930 5002, www.santafemotel. com - 23 ch. 79/105 $* ⌂ ▤ Chambres aux tons lumineux avec une décoration recherchée et des salles de bains au joli carrelage, avec ou sans kitchenette. Adorables *casitas* (plus chères), avec une terrasse. Accès Internet gratuit.

POUR SE FAIRE PLAISIR

Santa Fe Sage Inn – *725 Cerrillos Rd, ☎ (505) 982 5952/1-866 433 0335, www.santafesageinn.com - 157 ch. 135/145 $* ⌂ ▤ ⌁ En face du précédent. Chambres bien équipées avec baignoire. Demandez une chambre dans les *buildings* B ou D, en retrait de la route.

Pueblo Bonito B & B Inn – *138 W. Manhattan Ave., ☎ (505) 984 8001/1-800 461 4599, www. pueblobonitoinn.com - 20 ch. 150/170 $* ⌂ ▤ À moins de 5mn à pied du centre, une série de maisonnettes de style pueblo, avec cheminée. Les suites disposent d'une cuisine et d'un salon. Apéritif inclus.

UNE FOLIE

Hotel St. Francis – *210 Don Gaspar Ave., ☎ (505) 983 5700/1-800 529 5700, www.hotelstfrancis. com - 80 ch. 288/445 $* ▤ ✕ Élégance feutrée, très anglo-américaine, salles imposantes et hautes de plafond, meubles anciens. Bon restaurant et joli jardin. Les chambres standard sont très bien *(150/170 $)*.

El Farolito B & B Inn – *514 Galisteo St., ☎ (505) 988 1631/1-888 634 8782, www. farolito.com - 8 ch. 195/275 $* ▤ Jolie maison décorée dans les styles espagnol et pueblo, avec un ravissant patio, à moins de 5mn de la Plaza. Chambres avec cheminée, dispersées dans de petites *casitas* avec parking privé. Copieux petit-déj. Réservez plusieurs mois à l'avance. Le propriétaire possède aussi le B & B **Four Kachinas Inn** *(512 Webber St., www.fourkachinas. com, ☎ (505) 982 2550/800 397 2564, 190/240 $)*.

Water Street Inn – *427 W. Water St., ☎ (505) 984 1193, www.waterstreetinn.com - 11 ch. 195/275 $* ⌂ ▤ Une ancienne

7

demeure coloniale en adobe, avec balcons et galeries en bois, dans une ruelle près du centre. Déco sobre et raffinée, typique du Sud-Ouest américain, et multiples attentions. Apéritif inclus.

Inn on The Alameda – *303 E. Alameda St., ☏ (505) 984 2121/1-888 984 2121, www. innonthealameda.com - 71 ch. 215/370 $* 🛏 🖥 Agréable hôtel de style Santa Fe, dans un cadre reposant et élégant. Chambres spacieuses. Apéritif inclus. Jacuzzis extérieurs. Proche de Canyon Rd.

Hotel Santa Fe – *1501 Paseo de Peralta, angle Cerrillos Rd, ☏ (505) 982 1200/1-800 825 9876, www. hotelsantafe.com - 163 ch. 189/331 $* 🖥 ✕ 🛁 Un bel hôtel tout proche du centre, tenu par des Indiens de Picuris Pueblo. Excellent restaurant, grand confort, accueil gentil et efficace.

Au nord

SE FAIRE PLAISIR

Hacienda Nicholas B & B – *320 E. Marcy St., ☏ (505) 986 1431/1-888 284 3170, www. haciendanicholas.com - 7 ch. 165/260 $* 🛏. Les chambres ne sont pas très grandes mais très confortables, certaines avec une cheminée. Charmante maison, très calme, avec un petit patio où l'on vous offre fromage, fruits et verre de vin entre 17h et 19h. Accueil attentionné. Même propriétaire que **The Madeleine B & B** (*106 Faithway St., à 5mn, ☏ (505) 982 3465/888 877 7622, www.madeleineinn. com, 165/260 $*), tout aussi recommandable.

Le long de Cerrillos Road

Les hôtels sont très loin du centre.

BUDGET MOYEN

Super 8 Motel – *3358 Cerrillos Rd, ☏ (505) 471 8811, www.super8.*

com - 96 ch. 136/154 $ 🛏 🖥 Motel rose à 4 miles du centre. Accueil agréable. Petit-déj continental et accès Internet gratuit. Laverie.

SE FAIRE PLAISIR

El Rey Inn – *1862 Cerrillos Rd, ☏ (505) 982 1931/1-800 521 1349, www.elreyinnsantafe.com - 86 ch. 105/165 $* 🛏 🖥 🛁 Joli motel de la grande époque de la Route 66, verdoyant et fleuri, à l'architecture mexicaine toute blanche. Laverie, sauna et Jacuzzi à disposition, petit-déj. continental. Demandez les chambres les plus éloignées de la route.

RESTAURATION

🍽 **Bon à savoir** – Il est préférable de réserver sa table pour dîner, sinon il faut parfois se résoudre à attendre sur le trottoir. Le dimanche, la plupart des restaurants proposent un brunch.

Dans le centre-ville

PREMIER PRIX

Tea House – *821 Canyon Rd, ☏ (505) 992 0972, teahousesantafe. com. Tlj 8h-19h. Moins de 15 $.* Après avoir flâné dans Canyon Rd, vous apprécierez une halte dans ce salon de thé : petites salles intimes et belle terrasse. Grand choix de thé, de gâteaux, mais aussi des soupes, salades et sandwichs.

Downtown Subscription – *376 Garcia St. (perpendiculaire à Canyon Rd vers le sud), ☏ (505) 983 3085. Tlj 7h-19h. Moins de 10 $.* Pour boire un café et manger un gâteau sur une agréable terrasse, une adresse décontractée et accueillante qui fait maison de la presse (plus de 1 600 titres, dont la presse étrangère).

India Palace – *227 Don Gaspar St., ☏ (505) 986 5859, www. indiapalace.com. Tlj 11h30-14h30* et 17h-22h. Plats 12/25 $. Bonnes spécialités indiennes notamment les inévitables currys. Agréable patio, service aimable. Le midi, excellente formule de buffet à volonté pour 11 $.

Cowgirl Hall of Fame – *319 S. Guadalupe St., ℰ (505) 982 2565, www.cowgirlsantafe.com. Lun.-vend. 11h-0h, sam.-dim. 10h (dim. 23h), bar tlj jusqu'à la fermeture. Plats 5/22 $.* Ambiance country et déco western avec vieilles photos de cow-girls au mur. Plats américains typiques. Musique blues, country, jazz ou rock, selon les soirs (à partir de 21h).

The Shed – *113 1/2 E. Palace Ave., ℰ (505) 982 9030, www.sfshed.com. Tlj sf dim. 11h-14h30, 17h30-21h. Plats autour de 10/20 $.* Cuisine traditionnelle du nord du Nouveau-Mexique, comme le *red chile* ou les *quesadillas*. Adorable patio. Réservez le soir et demandez une table dans le patio.

Guadalupe Cafe – *422 Old Santa Fe Trail (en face du Visitor Center), ℰ (505) 982 9762. Mar.-vend. 7h-14h, 8h le w.-end et mar.-sam. 17h30-21h. Plats 7/18 $.* Adresse très prisée des locaux pour sa cuisine mexicaine relevée, ses copieuses salades, son ambiance détendue et sa belle terrasse.

Cafe Pasqual's – *121 Don Gaspar St., ℰ (505) 983 9340, www.pasquals.com. Déj. lun.-sam. 8h-15h, dîner à partir de 17h30 (réserv. conseillée), dim. 8h-13h. Plats 7/16 $, le soir 15/30 $.* Un restaurant coloré et à l'accueil souriant. Bonne cuisine latino-américaine (du Salvador principalement).

BUDGET MOYEN

Pink Adobe – *406 Old Santa Fe Trail, ℰ (505) 983 7712, www.thepinkadobe.com. Déj. lun.-vend. 11h30-14h, dîner tlj à partir de 17h30. Plats déj. 7/16 $, dîner*

18/30 $. Pittoresque maison en adobe de 350 ans et table mexicaine très à la mode. Le bar **Dragon Room** est l'endroit où il faut être vu à Santa Fe. Clientèle éclectique, artistes, célébrités locales.

La Casa Sena et **La Cantina** – *125 E. Palace Ave., ℰ (505) 988 9232, www.lacasasena.com. Déj. tlj 11h-15h, dîner dim.-merc. 17h30-21h (vend.-sam. 22h). Plats 11/25 $ (24/31 $ le soir).* Une ancienne hacienda de style territorial, dont le patio est sans doute le plus beau de la ville. Cuisine inspirée du Sud-Ouest, mais inventive et d'influence européenne. **La Casa Sena**, dans le patio ou à l'intérieur, est un restaurant gourmet (carte des vins), **La Cantina** est moins formelle et propose des concerts. On peut aussi seulement venir y prendre un verre.

POUR SE FAIRE PLAISIR

Coyote Cafe - Rooftop Cantina – *132 W. Water St., ℰ (505) 983 1615, www.coyotecafe.com. Tlj à partir de 17h30. Plats 14/45 $.* Encore une table à la mode, pour des plats latino-américains inventifs. Salle malheureusement bruyante. D'avr. à oct., préférez la **Rooftop Cantina**, la partie aménagée sur le toit dans une atmosphère très Caraïbes (*plats 13/23 $*).

Canyon Road

POUR SE FAIRE PLAISIR

Geronimo – *724 Canyon Rd, ℰ (505) 982 1500, www.geronimo restaurant.com. Tlj 17h45-21h30. Plats 30/50 $.* Régulièrement élu meilleure table du Nouveau-Mexique, ce restaurant propose une cuisine très créative, inspirée de la tradition locale. Cadre élégant. Cher, mais prix justifiés. Réserv. conseillée.

7

À la périphérie de la ville

PREMIER PRIX

Marisco's La Playa – *537 W. Cordova Rd,* ℘ *(505) 982 2790, www.mariscoslaplaya.com. Tlj 11h-21h. Plats 10/15 $.* Restaurant de fruits de mer sans prétention, fréquenté par une clientèle locale. Plats simples et frais. Déco colorée avec tables en Formica et chaises en vinyle.

Mu Du Noodles – *1494 Cerrillos Rd,* ℘ *(505) 983 1411, mudunoodles.com. Tlj sf dim. et lun. 17h30-21h. Plats 9/18 $.* Restaurant thaï de bonne qualité, à la décoration sobre et à l'éclairage chaleureux. Entrées et salades délicieuses, plats copieux (parfois un peu trop salés). Ne sert pas après 21h.

Los Alamos

⊛ **Bon à savoir** – Les quelques restaurants sont situés sur Central Ave. et Trinity Dr. Après 20h, il faut se contenter des fast-foods.

BUDGET MOYEN

Central Avenue Grill – *1789 Central Ave.,* ℘ *(505) 662 2005. Tlj sf dim. 11h-20h30 (jeu.-sam. 21h l'été). Comptez 10/15 $ à midi, 16/30 $ le soir.* Une adresse populaire auprès des gens du coin. Spécialités américaines (salades, pâtes, pizzas et grillades).

De Colores – *2470 E. Rd,* ℘ *(505) 662 6285. Sem. 11h-14h, 17h-20h, plats 15/25 $.* Cuisine fraîche et copieuse, typique du Sud-Ouest et du Mexique.

Sur la route de Taos

PREMIER PRIX

Rancho de Chimayó – *SF County Rd 98, Chimayó,* ℘ *(505) 351 4444/(505) 984 2100, ranchodechimayo.com. Tlj 11h30-21h, sf lun. en hiver, et w.-end 8h30-10h30. Plats 8/15 $.* Vieille maison, restaurant familial et chaleureux

pour une bonne cuisine du Nouveau-Mexique. Il est préférable de réserver.

BOIRE UN VERRE

⊛ **Bon à savoir** – Chaque vendredi, le quotidien *Santa Fe New Mexican* sort **Pasatiempo**, un supplément résumant les programmes de la semaine.

Maria's – *555 W. Cordova Rd, près de St Francis Drive,* ℘ *(505) 983 7929, www.marias-santafe. com. Tlj 11h-22h (w.-end 12h). Fermé 1er janv. et 25 déc.* L'adresse incontournable pour boire une véritable Margarita (100 recettes différentes). On y mange aussi *(moins de 15 $),* mais il vaut mieux réserver. La salle du bar est plus sympa et elle accepte les fumeurs.

El Farol – *808 Canyon Rd,* ℘ *(505) 983 9912, www.elfarolsf.com. Tlj 11h30-15h, 17h30-22h, bar jusqu'à 2h (0h le dim.).* Un très bon restaurant espagnol *(déj. 9/18 $, dîner 26/33 $)* où se déroulent tous les soirs dans une ambiance chaleureuse d'excellents concerts de jazz, blues ou salsa (vers 20h30).

Lensic Theater – *211 W. San Francisco St.,* ℘ *(505) 988 7050, www.lensic.org.* Ce beau théâtre des années 1930 a rouvert ses portes avec une programmation artistique variée : concerts, ballets, théâtre, danse, etc.

ACHATS

Western Warehouse – *Villa Linda Mall, 4250 Cerrillos Rd, à plus de 5 miles au sud de la ville,* ℘ *(505) 471 8775. Lun.-vend. 10h-20h.* Pour vous procurer un équipement complet de cow-boy, des santiags au stetson. Dans le centre, le **Santa Fe Village Mall** *(227 Don Gaspar Ave. 10h-17h)* est une petite galerie, avec des boutiques tout à fait dans le même style.

Jackalope – *2820 Cerrillos Rd,* 📞 *(505) 471 8539 , www.jackalope. com/santafe.htm. Tlj 10h-18h.* De vastes entrepôts pour un joyeux bric-à-brac d'objets ethniques pour maison ou jardin, tels les crânes de bétail.

Tesuque Flea Market – *Sur la Hwy 84/285, à 8 miles au nord de la ville.* 📞 *(505) 670 2599/(505) 231 8536. Mars.-déc. : vend.-dim. 8h-16h.* Ce marché aux puces propose un incroyable déballage de toutes sortes de choses : fripes, vannerie, bijoux… On y trouve quelques occasions. Ambiance très sympa.

ACTIVITÉS

Rafting - Kokopelli Rafting Adventures – 📞 *1-800 879 9035, www.kokopelliraft.com.* Forfaits d'une demi-journée *(53 $)*, une journée *(95-135 $)*ou 2 jours *(324 $, avec bivouac et repas)*, sur le Rio Grande ou le Rio Chama.

AGENDA

Rodeo de Santa Fe – *4 jours, du merc. au sam., aux environs du 21 juin.* 📞 *(505) 471 4300, www. rodeodesantafe.org. Billets 17/27 $.* Le festival se tient sur Rodeo Rd, à 5 miles du centre. Shows à 18h30.

María Benítez Teatro Flamenco – *Tous les soirs, sf lun., de mi-juin à Labour Day, à l'hôtel The Lodge at Santa Fe.* 📞 *(505) 467 3773, www.mariabenitez. com. Billet 30-50 $.* Une danseuse de flamenco légendaire à Santa Fe, où elle se produit avec sa compagnie depuis des années.

Santa Fe Opera – *Juil.-août. 7 miles au nord de la ville sur la Hwy 84/285.* 📞 *(505) 986 5900/800 280 4654, www.santafeopera.org. Billets 37/194 $. Les places debout coûtent 10 $.* L'opéra de Santa Fe est reconnu mondialement pour la qualité des œuvres présentées et la stature des interprètes. Durant

huit semaines, une quarantaine de spectacles ont lieu dans une salle aux parois latérales ouvertes, donnant une impression de plein air. Réservez longtemps à l'avance pour les places assises, car la saison est le grand événement mondain de Santa Fe.

Santa Fe Chamber Music Festival – *208 Griffin St. Mi-juil. à mi-août.* 📞 *(505) 983 2075, www. sfcmf.org. Billets 15/55 $. Réserv. dès la 3e sem. de juin.* Durant cinq semaines, une cinquantaine de concerts sont donnés au St Francis Auditorium du Museum of Fine Arts, le plus souvent en fin d'après-midi ou en soirée. Manifestation de grande qualité, très éclectique.

Spanish Market – *Deux jours durant, fin juil. et mi-déc. www. spanishcolonial.org.* Tous les artisanats d'inspiration espagnole et mexicaine (objets en fer-blanc peint, images pieuses, céramique…) sont représentés : sur la Plaza, en été, au Convention Center en hiver. Spécialités culinaires, musique et danses.

Indian Market – *3e w.-end d'août. www.swaia.org.* Le plus grand marché indien des États-Unis réunit plus de 200 artisans autour de la Plaza et constitue le principal événement de l'été. Danses.

Santa Fe Fiesta – *Sem. suivant Labor Day, à partir du jeudi.* Célébrée depuis 1712, c'est la plus ancienne grande fête des États-Unis. Elle commémore le retour des Espagnols en 1692. La vedette de la fête est la Conquistadora ou Vierge de la Victoire. La Fiesta commence avec la mise à feu de Zozobra, un immense bonhomme en carton-pâte. Ensuite, ce ne sont que danses, défilés et messes…

Noël – Le soir du 24 décembre, les environs de la Plaza et de Canyon Rd sont illuminés de *farolitos* (*luminarias*). Procession et cantiques de Noël.

7

Taos

5 551 habitants – Nouveau-Mexique

🙂 NOS ADRESSES PAGE 565

🛈 **S'INFORMER**
Visitors Center – *1139 Paseo del Pueblo Sur -* 📞 *(575) 758-3873/1-800 348 0696 - www.taosvacationguide.com - tlj 9h-17h.*

▶ **SE REPÉRER**
Carte de région B1 *(p. 528-529) – carte Michelin Western USA 585 H 10.* Taos se situe à 72 miles (115 km) au nord de Santa Fe. La Hwy 68 passe Ranchos de Taos et devient El Paseo del Pueblo Sur à l'entrée de Taos en venant de Santa Fe. En montant vers le centre-ville, elle croise la Hwy 64 (Kit Carson Rd), à partir de laquelle elle devient El Paseo del Pueblo Norte.

😊 **À NE PAS MANQUER**
La visite de Taos Pueblo.

🕐 **ORGANISER SON TEMPS**
Arrivez très tôt à Taos Pueblo.

Taos offre un double visage : d'un côté, les haciendas et les trading posts typiques des villes coloniales, de l'autre, l'architecture pueblo traditionnelle du seul village indien inscrit au patrimoine mondial de l'Unesco. La destination est aussi un centre : de ski l'hiver (l'un des meilleurs des Rocheuses) et de rafting au printemps et en été. Cet étonnant mélange explique son ambiance à la fois artiste, bohème et sportive.

Découvrir

★★★ TAOS PUEBLO

▶ *2 miles au nord de la Plaza de Taos par El Paseo del Pueblo Norte, puis à droite par El Camino del Pueblo.*
🛈 📞 *(575) 758 1028, www.taospueblo.com. Alt. 2 120 m. Tlj 8h-16h30, 16h de nov. à fév., fermé certains jours de cérémonies. Accès 10 $, droit de photo, de caméra et de vidéo 6 $; photos interdites durant les fêtes et danses.*
En langue *tiwa*, on appelle ce *pueblo* le « Lieu du saule rouge », en raison des arbres qui poussent le long de la rivière. C'est un village dont les blocs de maisons en terre ocre sont restés intacts malgré le temps, ce qui lui a valu d'être inscrit au patrimoine mondial de l'Humanité en 1992. Ni eau courante ni électricité : la vie et les rythmes sont les mêmes depuis des siècles. À peine 200 Pueblos continuent à vivre ici, les autres (2 000 environ) préférant habiter des maisons plus modernes sur les terres de la réserve tribale.
Le **Red Willow Creek**, qui traverse le *pueblo*, vient d'une source sacrée appelée Blue Lake, dans les Sangre de Cristo Mountains. Cette rivière partage le village en deux grandes structures, le **North Side★★★** *(rive nord)* et le **South Side** *(rive sud)*, qui se relaient tous les six mois pour administrer la communauté.

Construction en adobe de Taos Pueblo.
Carbonbrain / fotolia.com

⊙ **Bon à savoir** – La promenade dans le village est strictement canalisée pour préserver l'intimité des habitants. Vous ne pourrez flâner dans les ruelles qui longent l'arrière des bâtiments, pas plus que sortir de la place centrale ou monter dans les étages.

★★★ North Side

Gardant l'entrée de la place centrale, la **San Geronimo Church★★**, dédiée par les missionnaires à un saint catholique (Jérôme) et à la Vierge, est l'un des plus récents bâtiments du village (1850). Le culte de la Vierge a toujours été bien accepté par les Indiens qui y retrouvent leur concept traditionnel de Mère Nature. 75 % des Indiens de Taos sont catholiques et une messe est célébrée ici tous les dimanches à 7h.

Bien que des portes aient été rajoutées, on comprend bien l'agencement des villages pueblos en pièces juxtaposées, où l'on entrait par le toit au moyen d'une échelle (facile à retirer en cas de visite hostile). Parmi les traditions conservées au village, les fours en terre *(hornos)* servent encore à cuire le pain ou une pièce de viande (on allume un feu vif qui chauffe les parois, puis on retire les cendres, on enfourne le pain et on ferme la porte). Notez aussi les *ramadas*, des abris de rondins qui fournissent l'ombre en été, et les séchoirs, des tables de rondins à claire-voie pour faire sécher la viande, les céréales et les haricots.

Situés au nord-ouest du village, vous verrez les ruines de la chapelle primitive et le cimetière. Ces deux endroits sont sacrés et interdits. C'est dans la chapelle que furent exécutés les rebelles qui s'y étaient réfugiés après l'assassinat du gouverneur Bent. Au nord-est, vous croiserez une autre zone proscrite, à savoir celle des *kivas*, réservées aux rites sacrés.

South Rim

Moins imposante que son *alter ego* de la rive nord, cette portion de village paraît plus concentrée. On ne peut y pénétrer, pas plus qu'en faire le tour. Vous vous contenterez donc de passer en revue le front des premières maisons et leurs échoppes.

VENT DE LIBERTÉ À TAOS

En 1540, une première expédition espagnole, partie chercher de l'or, découvrit le *pueblo* de Taos. En 1598, la mission San Geronimo fut fondée dans le village indien, au sud duquel des familles espagnoles créèrent une petite ville. Mais en 1680, Taos Pueblo mena la rébellion des Indiens et les Espagnols s'enfuirent, pour revenir quinze ans plus tard. Au début du 20e s., ce furent les artistes qui découvrirent le site et vinrent y chercher l'inspiration. Fondée en 1914, la **Taos Society of Artists** devint l'une des écoles de peinture les plus célèbres des États-Unis. Dans les années 1960-1970, les hippies apportèrent à Taos leur mode de vie bohème et décontracté. Depuis, la ville est restée un lieu créatif et authentique, où l'art est une passion vivante, moins mercantile qu'à Santa Fe.

Se promener

Construite sur un plateau entre le Rio Grande et les Sangre de Cristo Mountains (le Wheeler Peak, au nord-est, culmine à 4011 m), Taos compte deux parties : la ville historique créée par les Espagnols (65 % de la population), vieille de trois siècles, et le pueblo occupé par les Indiens depuis plus de mille ans.

★ AUTOUR DE LA PLAZA

Typique des villes espagnoles, la **Plaza★** abritait jadis les transactions commerciales entre Indiens et colons. La foire traditionnelle attirait chaque année les caravanes venues du Mexique, mais aussi les trappeurs français et les colporteurs anglo-américains.
Suivez l'une des allées quittant la Plaza au nord et rejoignez Bent Street.

Governor Bent House

117 Bent St. ☏ (575) 758 2376. Tlj 9h-17h en été, 10h-16h l'hiver. 1 $ (enfants 50 c).
Cette maison où règne un bric-à-brac rappelle la violence des siècles passés. Charles Bent, le premier gouverneur américain de la ville, y habitait en 1846. Réfractaires à son autorité, des rebelles d'origine hispanique et indienne assiégèrent sa maison et le tuèrent. La famille s'échappa par un trou dans le mur.
Retournez sur la Plaza et quittez-la vers le sud-ouest par El Camino de Santa Fe. Traversez El Camino de la Placita et prenez en face Ledoux St., qui regroupe la plupart des galeries d'art, de qualité très inégale. La **Navajo Gallery** *(210 Ledoux St., ☏ (575) 758 3250. Tlj sf dim. 11h-17h. Gratuit)* présente les œuvres de R.C. Gorman, peintre indien célèbre, originaire de Taos.

★ Ernest Blumenschein's House

222 Ledoux St., ☏ (575) 758 0505, www.taoshistoricmuseums.com. Tlj sf merc. 10h-17h (dim. 12h). 8 $ (-16 ans 4 $).
Ici demeurait l'un des fondateurs de la Taos Society of Artists (1915) qui fut l'un des premiers à découvrir Taos en 1898. Elle abrite une collection de ses tableaux et d'autres peintres de Taos.

★★ Harwood Museum of New Mexico

238 Ledoux St., ☏ (575) 758 9826, http://harwoodmuseum.org. Tlj 10h-17h (fermé le lun. de nov. à avr.), dim. 12h-17h., fermé 1er janv., Thanksgiving, 25 déc. 10 $.
Il présente lui aussi une sélection d'œuvres d'artistes de Taos, du début du 20e s. à aujourd'hui. Une galerie est consacrée à l'art hispanique avec une belle collection de retables et de sculptures.

Revenez ensuite sur la Plaza et traversez El Paseo del Pueblo Sur pour emprunter Kit Carson Rd.

★ Kit Carson Home and Museum

113 Kit Carson Rd., ℰ (575) 758 4945, www.kitcarsonhomeandmuseum.com. Tlj 11h-17h. 5 $.

Ce musée occupe l'ancienne maison du célèbre *frontier man* (homme de la frontière), dont on apprend l'histoire à travers une vidéo (20mn), des objets d'époque et des documents. Cette demeure était son cadeau de mariage pour sa jeune femme d'origine espagnole. Ils y vécurent jusqu'à leur mort en 1868.

À voir aussi

AU NORD DU CENTRE-VILLE

◯ *Les musées ci-dessous se trouvent le long d'El Paseo del Pueblo Norte, qui devient ensuite la Hwy 64.*

Taos Art Museum

227 Paseo del Pueblo Norte, ℰ (575) 758 2690, www.taosartmuseum.org. Tlj sf lun. 10h-17h; se rens. pour les horaires d'hiver. 8 $ (-16 ans 4 $).

Demeure dans les années 1920 d'un artiste russe, la **Fechin House** présente les œuvres des peintres de Taos depuis le début du 20e s., notamment de la Taos Society of Artists.

★★ Millicent Rogers Museum

◯ *4 miles du centre par la Hwy 64. Millicent Rogers Rd sera fléché sur la gauche. 1504 Millicent Rogers Rd, ℰ (575) 758 2462, www.millicentrogers.org. Tlj sf lun. nov.-mars 10h-17h, fermé 1er janv., Pâques, 30 sept., Thanksgiving et 25 déc. 10 $.*

Cette maison possède une exceptionnelle collection d'art indien et hispanique rassemblée par la riche mécène, installée là en 1947. **Bijoux★★** zunis ou navajos, **tissages★**, poteries, peintures, photographies et **objets hispaniques★★** résument la culture très métissée du Nouveau-Mexique.

AU SUD DU CENTRE-VILLE

★★ Hacienda de los Martinez

◯ *708 Hacienda Way, au sud-ouest du centre-ville, au bout de Ledoux St., tournez à gauche dans Ranchitos Rd (il est conseillé de s'y rendre en voiture). ℰ (575) 758 1000, www.taoshistoricmuseums.com. Tlj sf merc. 10h-17h (dim. 12h). 8 $ (-16 ans 4 $).*

Cette hacienda permet de découvrir le mode de vie des colons espagnols. Son allure fortifiée souligne les dangers du quotidien. 21 pièces meublées comme au 17e s. se répartissent autour de deux patios. Les Martinez étaient une famille de fermiers et de marchands qui affrétaient des caravanes vers Chihuahua, le long d'El Camino Real, puis le long du Santa Fe Trail, après 1821.

7

Ranchos de Taos

◯ *À 4 miles environ au sud de la Plaza par El Paseo del Pueblo Sur. Vous apercevrez le chevet fortifié de l'église après une placette, sur la gauche.*

Ce village possède l'une des plus célèbres églises du Nouveau-Mexique, la **San Francisco de Assisi Church★★**, qui a inspiré peintres et photographes comme Georgia O'Keeffe ou Ansel Adams *(9h-16h, fermée 1ʳᵉ quinz. de juin; plusieurs messes par jour)*. Cette église fortifiée construite entre 1710 et 1755 possède un remarquable chevet et d'énormes contreforts arrondis, ainsi que de jolis retables en bois peint. C'est autour de ce lieu de culte que les Espagnols s'installèrent, plutôt qu'à Taos, quand ils revinrent d'exil après la rébellion de 1680.

À proximité Carte de région

★ **Rio Grande Gorge** B1

▶ *À 10 miles au nord-ouest de Taos par la Hwy 64 en direction de Tres Piedras.* Le Rio Grande traverse le plateau de Taos en creusant une gigantesque gorge que l'on peut admirer du **Rio Grande Bridge★**, qui enjambe la rivière à 195 m en contrebas.

À 1,5 mile au-delà du Rio Grande, la route longe un étrange village de maisons semi-enterrées tout en rondeurs : **Earthship★** est un concept d'architecture et d'habitat utilisant uniquement les énergies naturelles (solaire, éolienne…) et les matériaux naturels ou de récupération (vieux pneus, bouteilles, canettes, cartons, terre, etc.). La visite passionnera les adeptes d'écologie et de solutions alternatives *(℘ (575) 751 0462/1-800 841 9249, www.earthship.net. Tlj 10h-16h. 5 $).*

Circuit conseillé Carte de région

★ **ENCHANTED CIRCLE** B1

▶ *Circuit total de 120 miles (74 miles pour Enchanted Circle, 46 miles AR pour Cimarron). Quittez Taos vers le nord par la Hwy 522, suivez la Hwy 38, puis la Hwy 64.*

Cet agréable circuit contourne l'imposant **Wheeler Peak**. D'impressionnants aplombs rocheux dominent la route qui longe le Columbine Creek et traverse un paysage de haute montagne et de larges alpages propices au ski de fond.

On passe ensuite le **Bobcat Pass** (2 995 m), puis on longe les hauts sommets avec, de part et d'autre de la route, les portails des immenses ranchs. *Parvenu à l'intersection avec la Hwy 64, vous pouvez continuer vers l'ouest et terminer la boucle, ou tourner à gauche pour faire un détour par Cimarron.*

Cimarron

Cimarron (« sauvage » en espagnol) recouvre un ancien territoire des Indiens utes et apaches. Située sur le Santa Fe Trail, dans sa traversée des montagnes, la petite ville est vite devenue le rendez-vous des aventuriers de l'Ouest. Aujourd'hui complètement assoupie, elle conserve l'**Hôtel Saint-James★**, un ancien saloon où les hors-la-loi venaient se soûler. Fondé par un Français, ancien cuisinier du président Abraham Lincoln à la Maison Blanche, il fut le théâtre de 26 meurtres : en ces temps troublés de la conquête de l'Ouest, on avait la gâchette facile… Buffalo Bill, Wyatt Earp, Billy the Kid et Jesse James ont lustré le bois de ses comptoirs. Le plafond garde encore les traces des règlements de compte au pistolet. La femme du propriétaire fut tellement troublée que son fantôme hante encore l'hôtel…

😊 NOS ADRESSES À TAOS

TRANSPORT

En navette – Faust's Transportation, ☎ (575) 758 3410, et **Twin Hearts Express**, ☎ (575) 751 1201, assurent des transferts quotidiens vers Santa Fe ou l'aéroport d'Albuquerque.

HÉBERGEMENT

🔖 **Bon à savoir** – Il y a deux hautes saisons, l'hiver et l'été. Les motels les moins chers sont à l'écart du centre-ville, le long de la route de Santa Fe. Hors saison, les prix baissent de 20 à 30 %.

PREMIER PRIX

Adobe Wall Motel – *227 Kit Carson Rd, à 0,5 mile de la Plaza,* ☎ *(575) 758 3972 - 18 ch. 56/66 $.*
À quelques encablures du centre, un petit motel tout simple à l'ombre de grands arbres. Déco colorée.

BUDGET MOYEN

Super 8 Motel – *1347 Paseo del Pueblo Sur,* ☎ *(575) 758 1088 - 50 ch. 72/96 $* ☕ 🖥 L'un des moins chers de la ville, à 2 miles au sud de la Plaza.

Sun God Lodge – *919 Paseo del Pueblo Sur,* ☎ *(505) 758 3162/1-800 821 2437, www.sungodlodge. com - 56 ch. 69/99 $.* Ce joli motel aménagé autour d'une pelouse dispose de chambres spacieuses et bien décorées. Laverie, Jacuzzi, barbecue… Internet gratuit.

Best Western Kachina Lodge – *413 Paseo del Pueblo Norte,* ☎ *(575) 758 2275/1-800 522 4462, www.kachinalodge. com - 118 ch. 100/120 $* ☕ 🖥 ✗ 🏊 Confortable motel de style adobe rose et bleu. Piscine très agréable. Spectacle de danses indiennes tous les soirs de mai à octobre et navettes gratuites pour l'aéroport, la gare routière et les sites historiques.

La Doña Luz Inn B & B – *206 Des Georges Lane,* ☎ *(575) 758 9000/1-888 758 9060, www. ladonaluz.com - 15 ch. 84/229 $* ☕ 🖥 Toutes les chambres sont différentes dans cette auberge vieille de deux siècles. La « Santiago Room » plaira aux fans de style espagnol. Les chambres plus chères peuvent accueillir 4 à 6 pers.

POUR SE FAIRE PLAISIR

Casa Benavides – *137 Kit Carson Rd,* ☎ *(575) 758 1772/1-800 552 - 1772, www.taos-casabenavides. com - 39 ch. 105/300 $.* Un B & B de charme à deux pas de la Plaza, avec des chambres au décor indien (comptez *env. 145/165 $* pour la plupart), réparties dans 6 petites maisons, et un joli patio. Copieux petit-déj. et goûter avec pâtisseries maison.

Old Taos Guesthouse – *1028 Witt Rd,* ☎ *(505) 758 5448/1-800 758 5448, www.oldtaos.com - 9 ch. 115/165 $.* À 2 miles de la Plaza, dans un quartier calme et résidentiel (suivez Kit Carson Rd sur 1,2 mile et tournez à droite dans Witt Rd). Cette ravissante maison ancienne en adobe, nichée au cœur d'un joli jardin, possède un charme fou. Petit-déj., Jacuzzi.

UNE FOLIE

Inn at La Loma Plaza – *315 Ranchitos Rd,* ☎ *(505) 758 1717/1-800 530 3040, www. vacationtaos.com - 7 ch. 175/475 $* 🖥 Une belle hacienda en adobe à moins de 1 mile de la Plaza. Grand confort, service irréprochable, apéritif et planteureux petit-déj., immense Jacuzzi en plein air et accès à un club de sport avec piscine et tennis. Les suites, beaucoup plus chères, peuvent accueillir de 4 à 6 personnes.

7

Cimarron

BUDGET MOYEN

St James Hotel – *Route 1 (Hwy 21), à l'angle de 17th St. et Collinson St., ℘ (575) 376 2664/1-866 472 5019. Fermé 24-25 déc. - 22 ch. 70/130 $*
✕ Un hôtel historique qui a gardé son allure. Si l'on s'amuse des histoires de fantômes, les témoignages sont tellement nombreux que le doute s'installe et qu'on tend l'oreille vers la chambre 18, toujours fermée à clef…

RESTAURATION

PREMIER PRIX

Eskes'Brewery – *106 Des George Lane, à l'arrière du parking central, ℘ (575) 758 1517, www. eskesbrewpub.com. Tlj 11h30-22h. Plats moins de 10 $.* Idéal pour un repas simple (salade, burger, *burrito*). Plat spécial les mar., jeu. et dim. soir. Trente variétés de bières, certaines brassées sur place. Musique *live* les soirs d'été.

BUDGET MOYEN

Doc Martin's – *125 Paseo del Pueblo Norte, en plein centre, ℘ (505) 758 1977, www.taosinn. com. Tlj 9h-14h30, dîner 17h-21h30. Plats 15/26 $.* Un chef inventif, inspiré de la cuisine locale, qui allie saveurs acides et sucrées dans des plats raffinés et originaux.

Trading Post Cafe – *4179 Paseo del Pueblo Sur (Hwy 68), Ranchos de Taos, à 4 miles au sud de la Plaza, ℘ (575) 758 5089, tradingpostcafe. com. Mar.-sam. 11h-21h (dim. 17h). Plats déj. 10/14 $, dîner 10/32 $.* Une carte variée aux influences méditerranéennes. Plats copieux et bien présentés. Décor chaleureux, avec des tableaux d'artistes. L'un des restaurants les plus recherchés des environs.

BOIRE UN VERRE

The Sagebrush Inn – *1508 Paseo del Pueblo Sur, ℘ (575) 758 2254.* La popularité de cet hôtel très fréquenté par les gens du coin vient de ses soirées dansantes, débutant à 21h les jeu., vend., sam. Musique country, cow-boys et señoritas : on s'en donne à cœur joie sur la piste et l'ambiance est très conviviale.

ACTIVITÉS

Rafting – Le Rio Grande et le Rio Chama permettent de descendre des rapides, dont le plus célèbre est le Taos Box, à 17 miles au fond d'un canyon. Sorties d'une demi-journée ou d'une journée (*de 54 à 104 $ hors taxes*), ou excursions de plusieurs jours alliant rafting et camping sauvage (*à partir de 279 $ hors taxes*). **Native Sons Adventures**, *1203 King Drive, ℘ (575) 758 9342/800 753 7559, www.nativesonsadventures.com.* Loue aussi des vélos et des skis. **Far Flung Adventure Tours**, *El Prado, ℘ (575) 758 2628/1-800 359 2627, www.farflung.com*

Randonnée avec un lama - Wild Earth LLamas Adventures – *℘ 1-800 758 5262, www. llamaadventures.com.* D'une demi-journée à 8 jours (*à partir de 99 $*) dans les Sangre de Cristo Mountains. Le lama porte votre chargement, on vous sert les repas et on vous fournit tout le matériel de camping. Rythme adapté aux personnes non entraînées.

Randonnée équestre – Pour se noyer dans les grands espaces et se sentir revenu aux temps des grands ranchs. **Taos Indian Horse Ranch**, *340 little Dear Run Road, sur la route du Pueblo, ℘ (575) 758 3212/1-800 659 3210, www.taosindianhorseranch.com.*

Environ 85 $/2h, 350 $/j. Pour une randonnée de plusieurs jours, réserver à l'avance.

Pêche à la mouche – Si votre rêve est d'apprendre ce sport raffiné, les Streit Père & Fils vous enseigneront la technique, les pieds dans l'eau. **Taos Fly Shop** – *308 C Paseo Del Pueblo Sur, ☏ (575) 751 1312, www.taosflyshop.com. À partir de 250 $ la demi-journée, 325 $ la journée.*

AGENDA

Rodeo de Taos – *Dernier w.-end de juin.* Rodeo Grounds, Camino de la Merced (donne dans El Paseo del Pueblo Sur).

Taos Pueblo Pow-wow – *2e w.-end de juil. ☏ (575) 741 0974/(575) 741 0181, www. taospueblopowwow.com. 10 $.* Il rassemble des Indiens de tous les États-Unis et du Canada, pour des danses et des exhibitions de costumes.

Corn Dances à Taos Pueblo – Pour les fêtes des principaux saints. Santa Cruz (3 mai), San Antonio (13 juin), San Juan (24 juin), Santiago (23 juil.) et Santa Ana (24 juil.).

San Geronimo Feast – *Le soir du 29 et le 30 septembre, à Taos Pueblo.* C'est la fête du saint patron du *pueblo*, qui conjugue les influences catholiques (le 30) et les danses indiennes (le 29). À cette occasion se déroule la **Taos Trade Fair** (foire).

Fêtes ayant lieu au Taos Pueblo en hiver : la **Deer Dance** le 25 déc. ; la **Turtle Dance** le 1er janv. ; les **Deer and Buffalo Dances** le 6 janv.

Chaco Culture National Historic Park

😊 **NOS ADRESSES PAGE 573**

▷ **S'INFORMER**

Visitor Center – 📞 *(505) 786 7014 - www.nps.gov/chcu - 8h-17h, fermé 1ᵉʳ janv., Thanksgiving et 25 déc. - sentiers ouverts de 7h au coucher du soleil - 8 $/véhicule, inclus dans le N.P. Pass.*
Téléphonez pour connaître l'état de la piste d'accès.

▷ **SE REPÉRER**

Carte de région A1 (p. 528-529) - carte Michelin Western USA 585 G 10. Chaco N.H.P. est perdu au beau milieu d'une étendue semi-aride à l'est d'un axe Farmington-Gallup. *L'endroit se rallie uniquement par deux pistes, chacune longue d'une vingtaine de miles (comptez 1h) – voir détail des circuits ci-dessous.*

😊 **À NE PAS MANQUER**

La vue sur Pueblo Bonito depuis la falaise, Shiprock au lever du jour et Bisti Wilderness au coucher du soleil.

🕐 **ORGANISER SON TEMPS**

Comptez la journée pour découvrir le parc sous tous ses points de vue.

Chaco Canyon est de loin le plus important vestige de la civilisation ana-sazi. Imaginez un ensemble urbain réparti sur 10 km², avec des fondations mystérieuses et des murs à la maçonnerie extrêmement fine, illustrant la grandeur et l'importance de cet ancien peuple. Beaucoup de tribus indiennes actuelles se réclament d'une parenté avec lui, notamment les Pueblos et les Hopis. Même les Navajos placent encore ce canyon parmi leurs sites sacrés.

Découvrir

★★ CHACO CULTURE NATIONAL HISTORIC PARK

▷ **Depuis Farmington**, *au nord, comptez 80 miles (128 km) en suivant l'US-64 E. jusqu'à Bloomfield, où vous tournez à droite sur l'US-550. Après Nageezi, bifurquez sur la Country Rd 7900 et suivez les panneaux. Les 16 derniers miles ne sont pas goudronnés.*

Depuis Gallup, *au sud-est, comptez 96 miles (148 km) en suivant l'I-40 E. jusqu'à Thoreau, puis la Hway 371 dir. Farmington. 4 miles après Crownpoint, au mile 53, prenez la piste 9 à droite (dir. Torreon, Cuba), roulez 13 miles et prenez à gauche la piste 14 (dir. Nageezi, 22 miles).*

😊 Chaco Canyon comprend 13 sites en ruine, dont les plus beaux sont sur le côté nord du canyon. Commencez par le *Visitor Center* où est diffusé un petit film sur la culture des Anasazis. Derrière le bâtiment, **Una Vida** est un exemple de village moyen de 150 pièces et cinq *kivas*.

Ruines de Pueblo Bonito sur le site de Chaco.
C. Barrely / MICHELIN

Prenez la voiture et roulez jusqu'à **Chetro Ketl★**, qui ne fut commencé qu'au 11e s. Ses ruines comptent parmi les plus importantes (500 pièces, 16 *kivas* et une plaza fermée).

Un sentier, au pied de la falaise, relie ce village à Pueblo Bonito. Vous pouvez aussi faire la centaine de mètres qui les séparent en voiture.

★★★ Pueblo Bonito

Fascicule à l'entrée du sentier.

Ce site illustre le mieux la complexité de l'architecture des Anasazis. Avec ses 600 pièces, jadis sur quatre étages, ses 40 *kivas* et ses deux plazas, c'est une véritable petite ville. À la différence de beaucoup de *pueblos* plus simples où les pièces furent ajoutées au fur et à mesure des besoins, son plan général en D était déterminé dès le départ, bien que la construction se soit étalée entre 850 et 1150.

L'épaisseur des murs décroît vers le haut à la fois pour plus de stabilité et plus de légèreté dans les hauteurs. La qualité et la variété de la maçonnerie sont remarquables : on y voit un système de cœur de mur en pierre et mortier, recouvert sur chaque face d'un parement élaboré de grès taillé. À l'époque, le tout était recouvert d'un revêtement qui simplifiait la maintenance. Pour former les étages, on avait recours à un système de poutres perpendiculaires, recouvertes d'un torchis (on évalue à 225 000 le nombre d'arbres que les bâtisseurs ont dû aller chercher à des dizaines de kilomètres…). L'absence de foyer et les difficultés d'aération laissent penser que les pièces du rez-de-chaussée servaient au stockage, laissant celles des étages pour les habitations.

L'orientation du *pueblo* et des pièces répond à des contraintes astronomiques sophistiquées. Malgré sa taille, les archéologues pensent que seulement 50 à 100 personnes y vivaient à demeure, l'ensemble étant plutôt une sorte de grand édifice public, utilisé de façon saisonnière pour accueillir les flux de visiteurs venus à Chaco pour les cérémonies ou le commerce.

7

CANNIBALES ?

Troublante découverte que celle de nombreux ossements humains apportant la preuve que les habitants de Chaco se sont à un moment livrés au cannibalisme. La façon dont les corps ont été dépecés, les chairs arrachées et les traces de cuisson laissent peu de place au doute. Certains archéologues voient dans cet usage, inconnu chez les tribus voisines, des rites rattachés au sacrifice humain pratiqué par une élite voulant asseoir son pouvoir, ou encore la marque de cérémonies guerrières sacrées. On trouve un parallèle dans les anciennes sociétés mexicaines, notamment celle de l'Empire toltèque. Cette influence a pu se répandre *via* les routes commerciales très importantes qui reliaient Chaco au Mexique. Ainsi, on a découvert que certains habitants de Chaco et des environs se limaient les dents de façon similaire aux traditions d'Amérique centrale.

Le grand mur extérieur, à l'arrière du *pueblo*, a été rajouté à la fin du 11e s. pour doubler le mur précédent. Entre les deux, on a trouvé une rangée de pièces n'ayant accès que sur l'extérieur et munies de plates-formes qui servaient peut-être de couchettes aux visiteurs. D'autres particularités sont à remarquer, dont les grandes *kivas* des plazas, sans doute réservées aux cérémonies ou rassemblements importants (plusieurs centaines de personnes). Notez aussi les différentes formes de portes, en T ou en coin, avec des seuils plus ou moins hauts.

Suivez ensuite le sentier vers **Pueblo del Arroyo**, ses 280 pièces et plus de 20 *kivas*.

★★ Pueblo Alto Trail

Départ 500 m après Pueblo del Arroyo. Circuit total de 2 à 3h ; permis obligatoire ; la première partie implique une montée raide entre deux pans de falaises, la suite est facile. Emportez de l'eau.

Ne manquez pas ce sentier qui mène au sommet de la mesa et à un très beau **panorama★★★** sur Pueblo Bonito et le canyon *(1h AR)*. Il forme ensuite une large boucle en passant par d'autres ruines. L'ensemble du canyon abritait entre 4 000 et 6 000 personnes à l'année, principalement dans les plus petits *pueblos*.

À proximité Carte de région A1

Farmington

Entre les réserves des Navajos à l'ouest, des Utes au nord, et des Apaches jicarillas à l'est, Farmington est profondément marquée par l'héritage indien. C'est aussi la porte des « **Four Corners** », point de rencontre du Nouveau-Mexique, du Colorado, de l'Utah et de l'Arizona. La ville elle-même ne présente pas d'intérêt, mais constitue une base idéale pour de belles excursions. Les environs sont particulièrement animés au moment des grandes fêtes traditionnelles indiennes. Même si ces manifestations sont ouvertes au public, sachez rester discret, dans le respect des rites des tribus.

★ Aztec Ruins National Monument

▶ *Comptez 30mn. 14 miles à l'est de Farmington par la Hwy 516.*

Visitor Information – ✆ (505) 334 6174, www.nps.gov/azru. Tlj 8h-17h (18h de Memorial Day à Labor Day), fermé 1er janv., Thanksgiving et 25 déc. 5 $. Livret en français.

Cet ancien *pueblo* en ruine date de l'âge d'or des Anasazis (1100-1300). Avec ses 400 pièces, son plan rectangulaire symétrique et sa vaste plaza, il s'apparente aux *pueblos* de Chaco Canyon *(voir p. 568)* et de Mesa Verde *(voir p. 430)*. On pense d'ailleurs qu'Aztec faisait partie d'un vaste réseau de villages *(voir encadré et Salmon Ruins ci-dessous)* rayonnant à partir de Chaco et en lien étroit avec des communautés indiennes du Mexique.

Son principal intérêt est une immense **kiva★** de 15 m de diamètre (la plus grande existante), très bien restaurée. Le **musée★** explique parfaitement comment les Anasazis construisaient leurs villages, leurs méthodes d'agriculture et leurs savoir-faire. Une maquette permet d'imaginer le *pueblo* au 12e s.

Salmon Ruins

▶ *Comptez 40mn. Env. 12 miles à l'est de Farmington, sur l'US-64. ☎ (505) 632 2013, www.salmonruins.com. 8h-17h (sam. 9h et dim. 12h en hiver, 9h en été), fermé 1er janv., Thanksgiving et 25 déc. 3 $ (6-16 ans 1 $).*

Le site porte le nom de la famille indienne établie, à la fin du 19e s., à l'emplacement d'un ancien village anasazi. Ce dernier aurait été occupé aux 11e s. et 12e s., comptant une population d'au moins 200 personnes. Les recherches archéologiques l'incorporent dans le réseau de villages liés à Chaco Canyon. Commencez la visite par le musée qui expose les objets retrouvés pendant les fouilles (jarres, bris de flèches, poteries, outils en os, morceaux d'adobe…).

En contrebas de la colline, vous verrez la maison des Salmon et la reconstitution d'habitats indiens dans l'espace intitulé *Heritage Park*.

Les ruines conservent quant à elles les fondations d'une centaine de chambres ainsi que deux **kivas** (une grande et une tour-kiva). Pensez à demander le livret explicatif à l'accueil du *Visitor Center (anglais)*.

LA SPHÈRE D'INFLUENCE DES ANASAZIS

Les découvertes archéologiques dans le nord-ouest du Nouveau-Mexique et le plateau du Colorado ont montré que **Chaco Canyon**, outre son importance architecturale et culturelle, est au centre d'un réseau de plus de 650 km de routes travaillées et entretenues, qui rayonnaient vers quelque 200 villages périphériques pour former une sorte d'**empire** de 100 000 km^2.

Le long de ces routes, les villages étaient régulièrement séparés par un jour de marche. Les différents sites du canyon révèlent aussi que Chaco avait des liens commerciaux et sans doute culturels et religieux avec le nord du **Mexique** (on a retrouvé des poteries, coquillages, plumes de perroquet et clochettes de cuivre importés de ces régions). À leur tour, les villages de la périphérie du réseau de Chaco ont adopté à des degrés divers les technologies et les traditions de cette civilisation mère, notamment leur maîtrise architecturale.

L'**âge d'or** de Chaco s'étend du milieu du 9e s. à la fin du 12e s., lorsque toute construction cessa dans le canyon. Pourtant, son influence se poursuivit malgré un certain déclin. Peut-être chassés par la dégradation du climat ou par l'épuisement des terres, les Chacoans partirent fonder **Aztec**, dont la richesse est encore un écho de leur splendeur passée, puis d'autres villages du Sud-Ouest. Leur culture s'est ensuite fondue dans celle des peuplades qu'ils intégraient. Des archéologues voient même leur survivance dans certaines communautés du Mexique, comme celle de Paquimé au Chihuahua.

7

Excursions Carte de région A1

★ Shiprock Pinnacle

▶ *Comptez une demi-journée. 47 miles à l'ouest de Farmington par la Hwy 64. À Shiprock, prenez la Hwy 666 vers le sud sur environ 6 miles, puis prenez à droite vers la Red Valley, sur environ 7 miles. Roulez jusqu'au pied de l'étonnante crête de pierre qui ressemble à un immense mur (peu après le panneau « Mile 14 »). Une piste la longe sur la droite vers Shiprock Pinnacle (4 miles).*

😕 Ne vous engagez pas dans le labyrinthe de pistes au-delà de Shiprock, même en 4 x 4, car vous risqueriez de vous y perdre.

La route s'approche lentement de l'impressionnante silhouette de la montagne sacrée des Navajos. Jaillissant du plateau désertique à plus de 510 m de haut, c'est un énorme bouchon de lave solidifiée, vieux de plus de 3 millions d'années. En l'abordant par ce côté, il évoque deux grandes ailes repliées : en navajo, son nom est **Tsé bit'a'i** (« Rocher avec des ailes »). De plus près, on admire ses hautes parois roses et cannelées qui s'élèvent vers le ciel.

Sa nature sacrée interdit absolument d'y grimper. Plusieurs légendes sont en effet attachées au lieu : l'une dit qu'il s'agit du vaisseau fantôme qui amena les Navajos dans la région, une autre raconte que des oiseaux géants y nichaient et qu'ils nourrissaient leurs petits d'humains. Les guerriers jumeaux débarrassèrent le Peuple de ces monstres.

★ Bisti/De-na-zin Wilderness

Comptez une demi-journée. 36 miles au sud de Farmington par la Hwy 371. Passez la Bisti Compressor Station (centrale), la Bistahi United Methodist Church, remontez la côte. Un panneau indique Bisti sur la gauche. Suivez le chemin de terre sur 2 miles et garez-vous au parking.

Superbe exemple de *badlands* (mauvaises terres), cette zone aride à la géologie tourmentée était, il y a 70 millions d'années, un marécage luxuriant peuplé de dinosaures, de lézards et de poissons. Aujourd'hui asséché et érodé, le sol libère des fossiles et du bois pétrifié. C'est aussi l'érosion des strates de nature différente qui cause les formes étranges dressées autour de multiples petits canyons.

😕 **Attention** car aucun sentier n'est dessiné, encore moins balisé ! N'hésitez pas à laisser des marques de votre passage, branches piquées ou petits tas de pierres, afin de revenir sans problème à votre voiture. Prenez absolument de l'eau.

😊 NOS ADRESSES À CHACO CULTURE NATIONAL HISTORIC PARK

HÉBERGEMENT

Chaco

Le parc ne dispose d'aucun hébergement, sauf un camping *(tte l'année, 64 emplacements, 10 $/ nuit, interdit aux camping-cars de plus de 9 m)*. Visez plutôt un motel à Bloomfield, Farmington ou Gallup *(voir p. 574)*.

Farmington

BUDGET MOYEN

Travelodge – *510 Scott Ave., à l'entrée de Farmington en venant d'Albuquerque par la Hwy 64, ✆ (505) 327 0242, www.travelodge. com - 98 ch. 52/62 $* ☕ 🏊 Un motel impersonnel, mais bon marché hors saison.

POUR SE FAIRE PLAISIR

La Quinta – *675 Scott Ave., à l'entrée de Farmington par la Hwy 64 venant d'Albuquerque, ✆ (505) 327 4706, www.lq.com - 108 ch. 89/139 $* ☕ 🏊 Un motel agréable et calme. Jolie piscine. Moins de 90 $ hors saison.

Bloomfield

BUDGET MOYEN

Super 8 Motel Bloomfield – *525 W. Broadway St., à la jonction des Hwys 64 et 44, ✆ (505) 632 8886, www.super8.com - 42 ch. 83 $*. Motel de chaîne qui présente l'avantage d'être dans la direction de Chaco.

RESTAURATION

Farmington

PREMIER PRIX

Three Rivers Eatery & Brewhouse – *101 E. Main St., ✆ (505) 324 2187, www. threeriversbrewery.com. Lun.-jeu. 11h-22h (23h vend.-sam., 21h dim.).*

Plats 6/25 $. Pub sympa qui brasse ses propres bières et propose des plats à tous les prix, depuis les burgers maison jusqu'au saumon pané aux noix de pécan ou aux « BBQ ribs ». Essayez les bières locales aux noms évocateurs : Bisti Blonde, Badlands Pale…

BUDGET MOYEN

K.B. Dillons Bar & Grille – *101 W. Broadway, ✆ (505) 325 0222. Lun.- vend. à partir de 11h et lun.-sam. à partir de 17h30*. Ambiance western et décor chaleureux. Demandez le *Bar Menu*, carte de snacks à l'américaine *(10/15 $)*. Le soir, c'est un peu plus élaboré et plus cher *(à partir de 20 $)*, sur fond de musique country.

AGENDA

Little Beaver Roundup – *3e w.- end de juil.* À Dulce, capitale des Apaches jicarillas. Il comprend un rodéo et un pow-wow.
Go-Jii-Ya Feast – *Vers le 15 sept., à Stone Lake (18 miles au sud de Dulce), chez les Apaches jicarillas.* Pow-wow et rodéo.
Bear Dance (printemps) et **Sun Dance** (été) – *Au Southern Ute Indian Tribe's Cultural Center, à Ignacio (48 miles au nord-est de Farmington). ✆ (970) 563 0100, www.southern-ute.nsn.us*

7

Gallup

20 209 habitants – Nouveau-Mexique

😊 NOS ADRESSES PAGE 578

🔲 S'INFORMER

Gallup Visitors and Information Center – *Gallup-McKingley County Chamber of Commerce - 103 West Historic Route 66 - NM 87301 - ℘ (505) 722 2228/800 380 4989 - www.thegallupchamber.com - lun.-vend. 8h-17h et de Memorial Day à Labour Day, sam. 10h-16h.*

Ce centre d'information jouxte le centre culturel qui se trouve sur la Route 66, contre la voie de chemin de fer.

◗ SE REPÉRER

Carte de région A2 (p. 528-529) - carte Michelin Western USA 585 F 10. Gallup se trouve à 139 miles (222 km) à l'ouest d'Albuquerque, ou 186 miles (288 km) à l'est de Flagstaff par l'I 40.

⌂ À NE PAS MANQUER

Les *trading posts* et les prêteurs sur gages, pour les bijoux indiens ; le panorama depuis la mesa d'Acoma-Sky City.

🕐 ORGANISER SON TEMPS

Venez le samedi au Flea Market et déjeunez sur le pouce de spécialités navajos.

Poumon commercial de la région, Gallup est le point de convergence de toutes les communautés indiennes alentour si bien que les fans d'artisanat y chinent volontiers, car c'est ici que l'on trouve les plus beaux bijoux zunis ou les tapis navajos. Les pow-wows sont aussi une bonne occasion de découvrir la culture des premiers Américains, tout comme la visite d'Acoma-Sky City. Mais si ce sont les espaces naturels qui ont votre faveur, rendez-vous sur les champs volcaniques d'El Malpais N.M.

Se promener

Gallup et ses motels fatigués vivent au son des interminables convois ferroviaires qui traversent la ville en sifflant. Un destin bien normal quand on doit son nom à un intendant des chemins de fer, David Gallup. Il avait ouvert un bureau en prévision de l'arrivée du train et les ouvriers allaient chez lui chercher leur paie. Le nom est resté.

Mais ce qui fait l'identité de la ville, ce sont surtout, depuis 1881, les *trading posts* et les prêteurs sur gages, points de rendez-vous incontournables de la population indienne. La ville est en effet cernée de réserves : celle des Hopis à l'ouest, celle des Zunis au sud et, surtout, l'immense réserve navajo et ses quelque 210 000 habitants au nord-ouest (Gallup accueille la plus importante concentration de Navajos en dehors de cette réserve). Nul étonnement, donc, à voir autant d'objets et d'artisanat indiens dans les vitrines, le long de la Route 66 et dans le centre-ville.

Longez la Hwy 66 et garez-vous à côté du Cultural Center, face à 1st St. Partez de la chambre de commerce et traversez la Route 66 - comptez 1h-2h.

> ### PRÊTEURS SUR GAGES
> Le prêt sur gages fait partie intégrante de la vie des Indiens, tradition-nellement méfiants à l'égard des banques. Ils investissent leurs gains en bijoux, en tapis, en armes, en sellerie, et chaque fois qu'ils ont besoin d'argent liquide, ils vont chez le prêteur qui leur en donne en échange de leurs biens. Celui-ci fait en même temps fonction pour eux de coffre de banque. Un taux et une durée sont fixés, que la plupart respectent scru-puleusement, car ils attachent une grande valeur à ce qu'ils ont mis en gage. S'ils en sont incapables, la marchandise, après expiration des délais, revient au prêteur qui peut la vendre (c'est alors un *dead pawn*). Si vous achetez ce genre d'objet, vérifiez sur l'étiquette la date de la transaction, le nom de l'emprunteur et l'âge du bien.

Pour découvrir de beaux bijoux, poteries ou tapis anciens, visitez de préfé-rence les *trading posts* et les *pawnshops* (ou *cash pawn*, prêteurs sur gages), qui présentent quelques merveilles. C'est là que se pressent les vieilles Indiennes croulant sous les bijoux, qui viennent négocier un prêt *(voir encadré ci-dessus pour le mode d'emploi)*. Coal Avenue, parallèle à la Route 66, au sud, compte aussi des magasins.

Murals
Documentation disponible à la chambre de commerce. Périmètre compris entre la Route 66 au nord, Hill St. au sud, 3rd St. à l'ouest et 2nd St. à l'est.

Le centre-ville de Gallup arbore une petite dizaine de fresques, illustrant chacune un thème fondateur de l'histoire et de l'identité de la ville ou des Indiens : le commerce, le Grand Gallup, la Longue Marche navajo *(voir Roswell, Fort Sumner State Monument)*, les *Code Talkers'* navajos de la Deuxième Guerre mondiale, les Zunis… Elles ont aussi bien été réalisées par des artistes d'ori-gine indienne que par des peintres venus d'autres États.

À proximité Carte de région

Window Rock A2
26 miles au nord-ouest de Gallup par l'US-491, dir. Shiprock, puis après 23 miles, la Hwy 264 à gauche - comptez 1h.

Centre du gouvernement de la Nation navajo depuis les années 1930, ce village doit son nom à une **falaise★** de grès ocre percée d'un énorme trou (14 m de diamètre). À son pied avaient lieu des cérémonies. Aujourd'hui, on y voit le mémorial dédié aux vétérans de la Deuxième Guerre mondiale, les bureaux des services juridiques et des archives, ainsi que le bâtiment octogo-nal construit en 1936 pour accueillir les sessions de la **Chambre du Conseil navajo** (88 délégués à ce jour).

Navajo Nation Museum – *Dans le même bâtiment que le Visitor Center, visible depuis la Hwy 264, sur la droite en venant de l'est.* ☎ *(928) 871 7941. Lun-vend. 8h-17h (merc. 20h), sam. 9h-17h, fermé dim. Gratuit.* Cet espace, récent, privilégie pour l'instant les expositions temporaires, aussi bien sur l'histoire ou la culture navajo que sur des thèmes ou sur l'art étranger au *Diné* (peuple navajo).

Navajo Zoo – *Jouxtant le musée.* ☎ *(928) 871 6574, www.navajozoo.org. Lun.-sam. 10h-17h. Gratuit.* Petit zoo réunissant dans ses enclos l'essentiel de la faune de la réserve : ours noir, cougars, cervidés, porc-épic…

Excursions Carte de région

Les destinations suggérées ci-dessous peuvent donner lieu à une journée d'excursion si elles sont combinées avec le Malpais National Monument.

ENTRE ARTISANAT ET HISTOIRE A2

◗ *Circuit de 128 miles - comptez une demi-journée. Si vous décidez de découvrir El Malpais, partie est et ouest, et donc de revenir par Grants, comptez la journée (304 miles). Quittez Gallup au sud, par la Hwy 602, puis la Hwy 53 à droite.*

Zuni Pueblo

Le plus peuplé des *pueblos* ne présente guère d'intérêt touristique, si ce n'est pour son artisanat (bijoux finement travaillés, entrelacs compliqués d'argent et de turquoise, ou mosaïques de pierres ressemblant à de la marqueterie), ses animaux fétiches en pierre ou ses poupées *kachinas* figurant les esprits d'animaux, de plantes ou de forces de la nature. Les rites zunis sont parmi les plus élaborés et presque toujours interdits au public.

Revenez sur vos pas et suivez la Hwy 53, plein est jusqu'à El Morro (34 miles).

El Morro National Monument

𝒫 *(505) 783 4226, www.nps.gov/elmo. Tlj 9h-19h en été (9h-18h en automne, 17h le reste de l'année). Sentier : tlj 9h-18h en été, 9h-16h en hiver. Fermé 25 déc. et 1ᵉʳ janv. 3 $.*

Cette imposante mesa de grès qui domine la vallée de ses 60 m vaut pour ses roches qui portent des **inscriptions humaines★** de toutes les époques dont des pétroglyphes indiens datant de 1000 à 1400, mais aussi la marque du premier gouverneur espagnol du Nouveau-Mexique, Don Juan de Oñate, en 1605. Un agréable **sentier★** longe la base de la mesa et mène aux ruines indiennes du sommet *(boucle de 3 km ; 1h30)*.

Vous pouvez retourner à Gallup en faisant demi-tour, ou bien continuer sur la Hwy 53 vers Grants (43 miles). Vous longerez ainsi la partie ouest d'El Malpais N.M.

★ EL MALPAIS NATIONAL MONUMENT A2

◗ *87 miles à l'est par l'I-40 jusqu'à Grants (64 miles-sortie 81) puis la Hwy 53 pour atteindre la partie nord - comptez une journée si vous faites plusieurs randonnées au nord et à l'est, ou si vous combinez avec la visite d'El Morro.*

Cette zone protège une gigantesque coulée de lave refroidie, issue, il y a 2 000 ans, d'une quarantaine de volcans. Deux routes y donnent accès : la Hwy 53 au nord et la Hwy 117 à l'est.

Passer de l'une à l'autre en voiture exige de transiter par Grants. Si vous disposez d'un véhicule solide et que le temps est sec, vous pouvez risquer la **piste 42**, à l'ouest du parc, mais il faut avoir du temps *(env. 4h, sans arrêt randonnée)* et prendre ses précautions *(plein d'essence, d'eau…)*. La route n'est pas praticable par temps de pluie, même en 4 x 4.

Autrement, le **Zuni-Acoma Trail★★** relie bien les deux routes à travers le champ de lave, mais il s'agit d'une très longue randonnée *(env. 7h AS)* qui nécessite d'être récupéré à l'arrivée *(vérifiez au préalable si le chemin est accessible)*.

🛈 **Northwest New Mexico Visitor Center** – I-40, sortie 85 à Grants, 𝒫 (505) 876 2783, www.nps/gov/elm. **El Malpais Information Center**, 23 miles sud I-40, Hwy 53, 𝒫 (505) 783 4774, www.nps/gov/elma.

Partie nord

Elle attire surtout les spéléologues en raison des tunnels et des boyaux de lave à explorer. Certains sont accessibles aux amateurs (**El Calderon**, *2,5 miles à l'est du Visitor Center, dir. Grants*), d'autres sont plutôt réservés aux spécialistes comme **Big Tubes area** *(par la piste 42 qui débute sur la gauche, à 4 miles à l'ouest du Visitor Center, dir. Zuni Pueblo. Comptez 4,5 miles jusqu'au parking).*

En tous cas, munissez-vous toujours de l'équipement adéquat : chaussures de marche, pantalon, gants (les rochers coupent) et surtout une lumière électrique assez puissante ! Le Visitor Center vous donnera la documentation nécessaire et de précieux conseils. Tenez-en compte.

Bandera Crater Ice Caves – *2 miles à l'ouest du Visitor Center. www.icecaves. com. Se renseigner*. La même famille tient depuis plusieurs générations ce *trading post* donnant accès à une grotte de glace naturelle.

★ Partie est

De la route, vous apercevez sur la droite les affleurements rocheux noirs de la coulée de lave refroidie. Le meilleur point de vue sur cette vaste vallée lunaire est **Sandstone Bluffs Overlook★**, le long de la Hwy 117 *(10 miles du Visitor Center).*

★★ **Zuni-Acoma Trail** – 4 miles plus loin est signalé le départ de cette ancienne route commerciale reliant les deux *pueblos* et traversant le champ de lave *(elle rejoint la Hwy 53 en 12 km).*

★ **Ventana Natural Arch** – *2,8 miles plus au sud*. Il s'agit de l'une des plus grandes arches naturelles du Nouveau-Mexique. Le sentier des **Narrows** *(départ 4 miles plus loin le long de la route ; 3-4h AR)* permet de l'admirer depuis la falaise qui lui fait face.

★ **Lava Falls Area** – *Env. 12 miles au sud de l'arche, 1h30*. Cette boucle balisée par des cairns permet de marcher en plein chaos volcanique. Soyez vigilants car le terrain est très accidenté. Livret explicatif au *Visitor Center*.

★★★ ACOMA-SKY CITY A2

◗ *90 miles à l'est par l'I-40, sortie 96 - comptez une demi-journée, une journée si vous allez aussi à El Malpais.*

🏠 ✆ *1-800 747 0181, www.acomaskycity.org. Visite guidée uniquement (1h). Tlj 9h-17h (en hiver vend., sam. et dim.). Visite à partir de 9h30 (l'hiver 10h15), la dernière à 15h30 (en hiver 15h). Haak'u Museum, jours et horaires d'ouverture sujets à changement, se renseigner. Entrée 20 $; droit photo 10 $; vidéo interdite.*

Le plus spectaculaire des *pueblos* est perché sur une mesa (plateau volcanique) vertigineuse, à 110 m au-dessus de la plaine. Beaucoup d'Indiens s'y sont réfugiés après la révolte des Pueblos en 1680 pour échapper aux terribles représailles espagnoles.

On nomme Sky City la partie historique du *pueblo* d'Acoma : c'est le plus ancien village habité, puisqu'il est sans doute occupé depuis le 11e s. Quelque 50 personnes y résident à l'année, malgré l'absence de tout confort : électricité et eau courante.

La **mission San Esteban del Rey★★** (1629-1640) est un superbe exemple d'église en adobe. Elle est particulièrement pittoresque pour Noël, lorsque le village est illuminé par les luminarias. Le 2 septembre se déroule la fête de San Esteban avec la danse de la Moisson.

7

😊 NOS ADRESSES À GALLUP

HÉBERGEMENT

Gallup

BUDGET MOYEN

Red Roof Inn – *5 miles à l'O, près de la jonction entre la Route 66 et l'I-40 (sortie 16), 3304 W. Hwy 66,* 📞 *(505) 722 7765, www.redroof.com - 103 ch. 54/66 $* 🛏 Motel tout neuf. Laverie.

El Rancho Hotel – *1000 E. Hwy 66,* 📞 *(505) 863 722 2285, www.elranchohotel.com - 76 ch. 104/121 $* 🍽 🛏 Hôtel historique, ouvert en 1937, jadis fréquenté par les stars du cinéma. Belle architecture en brique et en bois, hall imposant, avec tapis et photos.

Acoma-Sky City

POUR SE FAIRE PLAISIR

Sky City Hotel & Casino – *Acoma Pueblo, I-40 (sortie 102), à 11 miles de Sky City,* 📞 *(505) 552 6123/1-888 759 2489, www.skycity.com - 132 ch. 98/149 $* 🍽 🛏 Établissement impersonnel mais confortable, bien tenu par la communauté indienne.

RESTAURATION

Gallup

PREMIER PRIX

Earl's – *1400 E. Hwy 66,* 📞 *(505) 863 4201. Lun.-sam. 6h-21h (dim. 7h-21h). Plats moins de 10 $ (viandes grillées autour de 30 $).* Restaurant local très populaire, servant une cuisine mexicaine ou américaine. Bon rapport qualité-prix.

ACHATS

Ellis Tanner Trading Co. – *1980 Hwy 602, à l'angle de la Hwy 602 et de Nizhoni St.,* 📞 *(505) 863 4434/800 469 4434, www.etanner.com.* Sur la route de Zuni Pueblo, ce *trading post* et prêteur sur gages propose de beaux bijoux à tous les prix.

Thunderbird Supply Co. – *1907 W. Hwy 66,* 📞 *(505) 722 4323, www.thunderbirdsupply.com. Lun.-sam. 8h30-18h. Fermé dim.* Les Navajos des réserves se fournissent ici pour fabriquer leurs bijoux. On y vend au détail : pierres, montures et fils en argent ou en or, fétiches…

Stone Jewelers Supply – *101 W. Coal Ave.,* 📞 *(505) 726 2866.* Pierres taillées ou non, turquoises naturelles ou stabilisées. Prix intéressants. Montures en argent. On monte les pierres sur place.

Flea Market – *Tlj sf dim. Prenez l'US-491 dir. Shiprock au nord, tournez à droite dans Jefferson Ave., juste après la station Texaco. Allez jusqu'au « Stop » puis tournez à gauche. Le marché aux puces se tient plus loin sur la droite.*

AGENDA

Danses indiennes – *Tous les soirs à 19h, de Memorial Day à Labor Day. À côté du Cultural Center, angle de Hwy 66 et 1er St. Gratuit.*

Intertribal Ceremonial Pow-wow – *2 jours mi-mai. Rens. sur gallup-ceremonial.org.*

Annual Intertribal Ceremonial Pow-wow – *4 jours, 2e sem. d'août. www.nmpws.com.* Le plus important rassemblement de tribus dans le cadre splendide du Red Rock State Park (danses, artisanat, rodéo).

Red Rock Balloon Rally – *3 jours fin nov.-début déc. www.redrockballoonrally.com.* Grand rassemblement de montgolfières au Red Rock State Park.

Navajo Nation Fair – *Windows Rock. merc.-dim. suivant le Labour Day en sept.* La plus grande foire amérindienne de la région (danses, cérémonies…).

White Sands National Monument

NOS ADRESSES PAGE 582

S'INFORMER

Visitor Center – ℘ *(575) 679 2599 - www.nps.gov/whsa - hiver 9h-17h (vac. d'hiver 8h), printemps 9h-18h, été 8h-19h, automne 8h-18h - 3 $/pers. Possibilité de camping sauvage sur demande au Visitor Center.* Demandez la carte des sentiers et le feuillet *Who passed this way* sur les empreintes animales.

SE REPÉRER

Carte de région B4 *(p. 528-529) - carte Michelin Western USA 585 G 12.* Les dunes se dressent à 52 miles (82 km) au nord-est de Las Cruces par l'US-70, Las Cruces se trouvant à 224 miles (358,4 km) au sud d'Albuquerque, vers la frontière mexicaine.

À NE PAS MANQUER

White Sands au lever ou au coucher du soleil.

ORGANISER SON TEMPS

Évitez le milieu de journée : la lumière efface tous les contrastes, vous ne verrez pas grand-chose et vos photos seront ratées.

710 km² de dunes si blanches que l'on dirait de la neige, enchâssées entre les San Andres Mountains et le Chihahuan Desert : le panorama qu'offre White Sands est tout simplement étonnant. Vous aurez sans doute l'impression d'aller au bout du monde pour le voir, et avec raison car c'est l'une des zones les plus isolées et les plus pauvres du Nouveau-Mexique (les premiers essais nucléaires y ont été réalisés en 1945). Cependant, le site mérite bien cette peine, et vous pourrez prolonger le séjour à Alamogordo ou Las Cruces.

Découvrir

Comptez une demi-journée. Boucle de 16 miles, tlj de 7h jusqu'au coucher du soleil. Prévoyez de l'eau, un pique-nique, des lunettes de soleil et de la crème solaire, car la réverbération est aussi forte que sur la neige.

Ce sable étincelant, ondulant sous le vent, doit son incroyable blancheur à sa composition : il s'agit de **gypse**, très rare sous forme de sable, car soluble dans l'eau (une forme de sulfate de calcium). À l'origine, il constituait le lit d'une ancienne mer. Après le soulèvement des montagnes avoisinantes, le gypse qui les composait s'est dissous progressivement sous l'effet de la pluie, de la neige et des rivières pour venir s'accumuler dans le Tularosa Basin, le bassin occupé par White Sands. Les vents dominants se sont ensuite chargés de sculpter un merveilleux paysage mouvant, autour de vastes mares, comme le lac Lucero. Lorsque le temps est humide et l'évaporation lente, le gypse se dépose sous forme de cristaux le long des berges.

7

Débutez la visite par le **film documentaire★** du *Visitor Center*, qui explique comment les espèces végétales et animales s'adaptent à ce milieu hostile.

★ Circuit

La route permet de se faire une idée du spectaculaire phénomène naturel des dunes de gypse. Notez, sur la chaussée, comme elles avancent inexorablement.

🐾 Plusieurs sentiers très courts et aménagés permettent de voir l'évolution de la végétation. Mais pour bien sentir la magie du site, allez jusqu'au bout de la route et empruntez l'**Alkali Flat Trail★★★**, qui passe plusieurs barrières de dunes et mène au lit asséché d'un ancien lac *(boucle de 7,5 km, balisée par des piquets. Attention, car par grand vent ils peuvent être enterrés ; faites demi-tour si vous ne voyez pas le suivant. Facile mais fatigant ; comptez au moins 3h et emportez 2 à 4 l d'eau)*. En chemin, guettez les empreintes des nombreux animaux qui réussissent à vivre dans ce désert blanc.

À proximité Carte de région

★ AGUIRRE SPRINGS ET LES ORGAN MOUNTAINS B4

🚗 *Comptez une demi-journée au moins pour les balades. Suivez la Hwy 70 en direction de Las Cruces, puis env. 34 miles plus loin, prenez une petite route sur la gauche, indiquant « Recreation Campground » et suivez-la sur 6 miles. Tlj 8h-19h (avr.-oct.), 17h le reste de l'année. Visitor Center 8h-17h. 3 $/véhicule, gratuit si l'on ne fait que passer. Possibilité de camper en s'adressant au gardien.*

Les Organ Mountains, qui culminent à plus de 2 700 m, sont cannelées à la manière de tuyaux d'orgue. Le site d'**Aguirre Springs★**, situé sur leur versant est, offre une oasis bienvenue au-dessus du désert. Des sentiers de randonnée partent à l'assaut de la montagne, notamment le **Baylor Pass Trail★** *(6,5 km AR)* qui conduit à un col dominant Las Cruces et tous les environs.

LAS CRUCES A4

🚗 *Comptez une demi-journée. 50 miles au sud-est du parc par l'US-70.*
La Cruces Convention & Visitors Bureau – *211 N. Water St.,* ☏ *(575) 541 2444, www.lascrucescvb.org. Lun.-vend. 8h-17h.*

Irriguée par le Rio Grande et bordée par les Organ Mountains, cette ville universitaire fondée en 1849 doit son nom (« Les Croix ») aux innombrables

Dunes de gypse blanc au White Sands N. M.
C. Barrely / MICHELIN

tombes de colons massacrés par les Apaches. Elle commande une région agricole importante, produisant des piments, du coton et des noix de pécan. Son célèbre marché du terroir témoigne de la qualité des produits locaux.

★ Old Mesilla

Comptez 1h. 4 miles au sud du centre-ville, par la Hwy 28.

Aux abords de Las Cruces, le village de Mesilla fut créé dès 1598, lorsque les Espagnols de Juan de Oñate arrivèrent du Mexique en route vers le nord. Le village ne fut rattaché aux États-Unis qu'en 1854, après le rachat au Mexique d'une portion supplémentaire de territoire. C'est ici que la transaction fut signée et la frontière actuelle établie. Mesilla fut aussi le théâtre du jugement et de la condamnation à mort de Billy the Kid, avant que le hors-la-loi ne s'évade.

Plaza – Avec son atmosphère toute mexicaine, elle présente toutes les caractéristiques des places espagnoles : carrée, avec un kiosque à musique, bordée de maisons, ici de style territorial, et dominée par les tours de l'**église San Albino** *(tlj sf dim. 9h-16h).*

Cimetière maçonnique – *Au bout de la Calle de Guadalupe, à l'opposé de l'église, traversez la Calle del Sur et continuez tout droit jusqu'au bout de la route vicinale.* Les amateurs d'histoire de l'Ouest iront au vieux cimetière où est enterré le shérif Pat Garrett, qui mit un terme à la cavale de Billy the Kid.

Fort Selden

Comptez 2h. Radium Springs, 15 miles au nord de Las Cruces par l'I-25 (sortie 19). Tlj sf mar. 8h30-17h. 3 $.

Pour les passionnés d'histoire, ce fort en adobe (en ruine), fondé en 1865 pour protéger les colons des raids indiens, était celui de la célèbre Black Cavalry, composée de soldats noirs américains. Le général MacArthur, héros de la Seconde Guerre mondiale, y a passé une partie de son enfance.

ALAMOGORDO B4

◗ *Comptez 1 à 2h. 15 miles au nord-est du parc par l'US-70.*

Information touristique - Chamber of Commerce – *1301 N. White Sands Blvd, ☎ (575) 437 6120, www.alamogordo.com. Lun.-vend. 9h-17h.*

C'est à la première bombe atomique que l'on fit exploser le 16 juillet 1945 tout près d'ici, à Trinity Site (au nord de White Sands), que cette petite ville isolée doit sa célébrité. L'installation d'une base aérienne militaire et d'un pas de tir de missiles au nord du parc de White Sands (c'est là qu'atterrissent les navettes spatiales) acheva de la consacrer à l'industrie et à la recherche spatiales, sans pourtant lui ajouter de charme. Son principal intérêt pour le visiteur est la proximité de White Sands et son musée de l'espace.

★ **New Mexico Museum of Space History**

Hwy 2001, ☎ (575) 437 2840/877 333 6589, www.nmspacemuseum.org. Tlj 9h-17h, fermé Thanksgiving et 25 déc. 6 $, 4-12 ans 4 $.

Ce musée retrace l'histoire de l'aventure spatiale, depuis la fusée artisanale de Robert Goddard ou la première capsule habitée par un chimpanzé, jusqu'aux vols Apollo et les stations spatiales du futur. Amusez-vous à simuler l'atterrissage de Columbia et ne manquez pas la vitrine consacrée à la nourriture dans l'espace.

Le Dome IMAX propose une sélection de films sur ces sujets *(5 à 6 films par jour en été et le w.-end, 4 en sem. l'hiver. 6 $, 4-12 ans 4,50 $).*

😊 NOS ADRESSES AUTOUR DE WHITE SANDS NATIONAL MONUMENT

TRANSPORT

Las Cruces

En car – Le **LasCruces Shuttle Service** *(☎ (505) 525 1784/1-800 288 1784, www.lascrucesshuttle. com)* assure 12 liaisons quotidiennes du lun. au vend. avec l'aéroport d'El Paso (Texas), à 45 miles au sud de la ville.

HÉBERGEMENT

Le parc ne disposant d'aucun hébergement, vous devrez chercher un toit du côté de Alamogordo (14 miles) ou de Las Cruces (52 miles).

Alamogordo

PREMIER PRIX

Motel 6 – *251 Panorama Blvd, ☎ (575) 434 5970, www.motel6. com - 97 ch. 38 $* 🛁 Un motel impersonnel, mais pratique et bon marché.

BUDGET MOYEN

Best Western Desert Aire Hotel – *1021 S. White Sands Blvd, ☎ (505) 437 2110, bestwesternnewmexico.com - 81 ch. 77/120 $* 🛁 🖥 🛁 Une adresse très confortable et impeccable. Billard.

Las Cruces

PREMIER PRIX

Super 8 Motel – *245 La Posada Lane (sortie 142 sur l'I-10), ☎ (575) 523 8695, www.super8.com - 59 ch. 62 $* 🛁 Un motel au confort standard, sans surprise.

BUDGET MOYEN

Days Inn – *901 Avenida De Mesilla, ☎ (505) 524 8603, www. mesillavalleyinn.com - 158 ch. 69/160 $* 🍴 🛁 Même confort que le précédent, mais un peu plus près de Mesilla.

The Lundeen Inn of the Arts – *618 S. Alameda Blvd, ☎ (505) 526 3326/1-888 526 3326, www. innofthearts.com - 20 ch. 89/155 $.* Un B & B de style territorial à la déco espagnole, abritant également une galerie d'art. Copieux petit-déj. Les suites sont un peu plus chères, mais on y dort à 4.

RESTAURATION

Las Cruces

BUDGET MOYEN

Peppers Cafe – *2355 Calle de Guadalupe, Old Mesilla Plaza, ☎ (505) 523 4999. Tlj 11h-22h (21h le dim.). Plats 10/15 $ (viandes*

30/43 $). Situé autour du ravissant patio couvert du très chic restaurant Double Eagle, ce café attire une clientèle jeune avec une cuisine éclectique, néomexicaine, et des salades énormes. Bon rapport qualité-prix. En réservant, on peut dîner dans l'une des élégantes salles intérieures.

POUR SE FAIRE PLAISIR

Double Eagle – *2355 Calle de Guadalupe, Old Mesilla Plaza, ℘ (505) 523 6700, www.double-eagle-mesilla.com. Tlj 11h-22h (21h le dim.). Plats 30/55 $.* Une table raffinée, considérée comme la meilleure de la ville, inspirée des cuisines méridionales. Déco dans le style Vieux Sud.

AGENDA

Las Cruces

Farmers & Craft Market – *Tous les merc. et sam., de 8h à 12h30, au Downtown Mall.* Un marché vivant, avec produits du terroir, musique, dégustations et artisans variés.

American Indian Week – *Fin mars-début avr. ℘ (505) 646 4207.* Pow-wow et danses traditionnelles.

Cinco de Mayo Fiesta – *Les 5 et 6 mai sur l'Old Mesilla Plaza.* Danses et musiques hispaniques, défilés.

Hatch Chile Festival – *Le week-end de Labor Day, à Hatch (35 miles au nord de Las Cruces).* On célèbre la cueillette des piments. Musique, danses, défilés égayent la manifestation.

The Whole Enchilada Fiesta – *La 1re sem. d'oct. au Downtown Mall.* Fête dédiée à cette spécialité mexicaine et au *chile.* Le tout en musique.

7

Ruidoso

8 029 habitants – Nouveau-Mexique

🙂 NOS ADRESSES PAGE 587

🛈 S'INFORMER

Visitor Information - Chamber of Commerce – *720 Sudderth Drive -* 📞 *(575) 257 7395/877 784 3676 - www.ruidosonow.com/www.ruidosovisitorscenter.com - lun.-sam. 8h-16h30.*

◐ SE REPÉRER

Carte de région B3 *(p. 528-529) - carte Michelin Western USA 585 G 12.* Ruidoso se trouve à 182 miles (282 km) au sud-est d'Albuquerque par l'I-25, l'US 380 puis la Hway 37 ; 117 miles (180 km) au nord-est de La Cruces par l'US-70.

😊 À NE PAS MANQUER

Le village de Lincoln pour son atmosphère hors du temps.

🕐 ORGANISER SON TEMPS

Essayez d'y aller en période de courses pour l'atmosphère typique de ce pays d'élevage, mais réservez alors votre hébergement.

Si vous avez soif d'altitude et de forêt, allez à Ruidoso. Vous serez au cœur de la Lincoln National Forest, qui englobe trois chaînes montagneuses : les Sacramento Mountains, où se trouvent Ruidoso et la réserve apache, les Capitan Mountains, au nord du village de Lincoln, et les Guadalupe Mountains, plus au sud. Cette vaste région, sauvage et isolée, entretient de larges pâturages et le souvenir de célèbres hors-la-loi. C'est aussi un paradis pour les amateurs de randonnée.

Se promener

RUIDOSO

Comptez de 1 à 2h.

😊 Attention, la ville s'organise en deux entités : Ruidoso Downs, le long de l'US-70, et Ruidoso, autour de la Hway 48, c'est-à-dire de Sudderth Drive.

Au centre des Sacramento Mountains, cette petite ville est renommée pour ses courses de **quarter horses** (chevaux américains, mélange de chevaux espagnols et anglais) qui attirent une foule passionnée et pittoresque entre fin mai et début septembre.

★ **Hubbard Museum of the American West**

26301 Hwy 70 W., Ruidoso Downs, US-70 vers l'est, près du champ de courses, 📞 *(575) 378 4142, www.hubbardmuseum.org. Tlj 9h-16h30, fermé Thanksgiving et 25 déc. 6 $, 6-16 ans 2 $.*

Tout à la gloire du cheval et de son rôle dans l'histoire de l'Ouest, ce musée possède plus de 10 000 objets anciens : carrioles, buggys, chariot, harnachements de cheval ou de mule…

Circuits conseillés Carte de région

★ LINCOLN ET LA BILLY THE KID NATIONAL SCENIC BYWAY B3

 Boucle de 70 miles - comptez 3h. Quittez Ruidoso par la Hwy 48, dir. Capitan, et après env. 6,5 miles sur la Hwy 48, bifurquez à droite sur la Hwy 220 qui mène à Fort Stanton.

L'un des plus célèbres hors-la-loi de l'Ouest a laissé son empreinte dans la région au point de donner son nom à une route : la **Billy the kid National Scenic Byway**.

Cette dernière forme un triangle reliant Ruidoso à Capitan, au nord (Hwy 48), et Hondo à l'est, en passant par Lincoln. Elle intègre également la Hwy 220 qui part de la Hwy 48 pour rallier la Hwy 380, *via* Fort Stanton. Chacun de ces lieux présente un personnage ou une activité emblématique de l'histoire locale. L'itinéraire ci-dessous n'en développe qu'une partie.

Fort Stanton

Ce poste-frontière avancé, établi en 1855, resta en activité jusqu'en 1896. Le célèbre Kit Carson *(voir Taos)* le commanda pendant la Guerre civile. Il servit par la suite d'hôpital aux tuberculeux de la marine, de camp d'internement pendant la Seconde Guerre mondiale.

On peut encore voir les maisons de briques blanchies à la chaux qui les accueillaient. Petit musée sur l'histoire du site à l'entrée du camp *(horaires incertains, www.fortstanton.com)*.

Poursuivez sur la Hwy 220, puis tournez à droite sur la Hwy 380.

★ Lincoln

Lincoln State Monument – *Anderson-Freeman (sortie est) ou Courthouse Museum (sortie ouest)*, ℘ (575) 653 4372, www.nmmonuments.org. Tlj 8h30-16h30. Fermé Thanksgiving, 25 déc., 1er janv. et Pâques. 5 $.

C'est à Billy the Kid et à la sanglante **Lincoln County War** que le paisible village (70 hab.) agricole de Lincoln, fondé entre 1840 et 1850, doit sa célébrité. Dès le départ, il rassemblait tout ce que l'Ouest comptait de contradictions : colons espagnols, éleveurs, prospecteurs, officiers de cavalerie, Apaches et *desperados* de tout poil…

THE KID AND THE SHERIFF

Né sur la côte Est, William Bonney devient orphelin à 13 ans et s'engage comme cow-boy dans les ranchs d'Arizona. Très vite, il tombe dans la délinquance et doit s'enfuir au Nouveau-Mexique où il arrive en 1877. L'adolescent, désormais connu sous le nom de **Billy the Kid**, s'enrôle au service de Tunstall, un homme d'affaires à l'origine de la guerre de Lincoln. Son patron se fait assassiner sous ses yeux et le jeune homme est pris dans une spirale de violence, tuant lui-même un shérif et son adjoint. Sa cavale figure parmi les légendes de l'Ouest.

Plusieurs maisons de Lincoln l'ont abrité et c'est dans cette prison qu'il fut transféré après son jugement à Las Cruces.

Trompant et tuant son gardien (on y voit encore le trou de la balle), il s'évada pour être finalement rattrapé trois mois plus tard et exécuté à 21 ans à Fort Sumner, par le shérif Pat Garrett.

En 1878, une véritable guerre opposa deux hommes d'affaires et leurs partisans. C'est à cette occasion que Billy the Kid bascula définitivement dans le camp des hors-la-loi. Le village-rue est resté en l'état et restitue parfaitement l'atmosphère de l'époque, avec ses maisons en adobe de style territorial et ses enclos à bestiaux.

Courthouse – *Sortie ouest du village, à droite*. Son musée explique toute la County War et l'évasion de Billy the Kid, détenu à l'étage *(voir encadré page précédente)*.

Tunstall Store – *Sur la gauche en traversant le village vers l'est*. Il donne une bonne idée de ce qu'était un magasin général : caisse enregistreuse et vitrines d'époque, exemples d'articles vendus… *(ouv. en saison uniquement)*.

Anderson-Freeman Museum – *Sortie est du village, sur la gauche*. L'espace d'exposition aborde tous les aspects de l'histoire locale : la guerre du comté, les Apaches, les Buffalo Soldiers, les cow-boys…

MESCALEROS APACHES RESERVE B3/4

▶ *Comptez une demi-journée. Quittez Ruidoso par la Hwy 70. La réserve apache s'étend au sud et à l'ouest de Ruidoso, de part et d'autre de la Hwy 70, jusqu'au village de Mescalero au sud (à 17 miles). La plus belle traversée se fait par la Hwy 244 qui quitte la Hwy 70 en direction de Cloudcroft.*

Avant la colonisation, les **Apaches** se déplaçaient librement sur un vaste territoire allant du Chihuahua (Mexique) à l'Arizona et au Kansas, en passant par le Nouveau-Mexique. Le nom de Mescaleros concerne ceux du sud du Nouveau-Mexique et leur a été donné par les Espagnols, en raison de leur abondante consommation de *mescal* (une sorte de cactus, dont ils mangeaient le cœur). Cette tribu farouche, qui vénère les Esprits de la Montagne *(Mountain Spirits)*, s'est distinguée par sa résistance acharnée aux colons et à la christianisation et par ses nombreux raids sanglants, tant sur les villages espagnols ou américains que sur les tribus avoisinantes. Le plus célèbre de ses chefs est Geronimo, l'un des derniers grands guérilleros indiens du 19e s.

La réserve (2 800 hab.) qui a été attribuée aux Mescaleros couvre 184 000 ha de montagnes, de pâturages et de forêts, que traverse la Hwy 244 reliant Cloudcroft à Mescalero, dans un paysage inchangé depuis la conquête de l'Ouest.

★ Cloudcroft B4

Ce petit village de chalets en rondins a été créé pour loger les ouvriers construisant la ligne de chemin de fer de la Southern Pacific Railroad. Vous traverserez de beaux paysages de haute montagne, mêlant de gros rochers et d'épaisses forêts.

Ski Apache B3

℘ (575) 464 3600, www.skiapache.com

La tribu gère aussi cette station qui offre, sur les flancs de la Sierra lanca (3 591 m), au nord-ouest de Ruidoso, un beau réseau de **sentiers de randonnée★** en été et un vaste domaine skiable en hiver.

Monjeau Fire Lookout Tower – *Quittez Ruidoso par la Hway48, dir. Capitan, et après env. 10-15mn, tournez à gauche après la station-service pour prendre la Ski Run Road NM 532. Après 1 mile, bifurquez à droite et grimpez jusqu'au parking (20mn)*. Cette tour de surveillance des feux de forêt, construite en 1936, est toujours en activité. Elle offre un joli point de **vue★** sur les Sacramento Mountains. Point de départ de randonnées *(procurez-vous le détail des randonnées du secteur – kilométrage, durée, niveau – à l'office de tourisme)*.

😊 NOS ADRESSES À RUIDOSO

HÉBERGEMENT

Ruidoso

BUDGET MOYEN

Motel 6 – 412 Hwy 70 W., Ruidoso Downs, ☏ (575) 630 1166, www. motel6.com - 83 ch. 80/100 $ 🛁 Un motel propre, à l'écart de la ville. Jacuzzi.

POUR SE FAIRE PLAISIR

Comfort Inn – 2709 Sudderth Dr., en haut de la ville, ☏ (575) 257 2770/1- 866 859 5146, www. comfortinnruidoso.com - 54 ch. 100/135 $ 🛁 Un motel agréable. Jacuzzi et piscine couverte.

Mescaleros-Apaches Reserve

UNE FOLIE

Inn of the Mountain Gods – 287 Carrizo Canyon Rd, à 4 miles au sud-ouest de Ruidoso, ☏ 1-800 545 9011/1-888 220 7363, www.innofthemountaingods. com - 273 ch. 129/278 $ ✕ 🛁 Beau complexe hôtelier géré par la tribu apache, avec golf et casino. Chambres spacieuses avec balcon ; demandez la vue sur le lac. Offres spéciales hors été.

Cloudcroft

POUR SE FAIRE PLAISIR

The Lodge Resort & SPA – 601 Corona Place, ☏ 1-800 395 6343, www.thelodgeresort.com - 59 ch. 89/129 $ ✕ 🛁 L'un des hôtels les plus élégants du sud de l'État, au cœur d'un paysage de montagnes boisées. Tous les attributs du grand luxe : golf 9 trous, sauna, massages et excellent restaurant. Décor victorien et meubles anciens. Les chambres les moins chères sont dans le Pavilion, une annexe nettement moins bien. Packages et promotions sur le site Internet.

AGENDA

Coming of the Age Ceremony – ☏ 1-888 324 0348. 4 jours autour du w.-end du 4 juil., au village de Mescalero.

Lincoln County Cowboy Symposium – ☏ (575) 378 4431, www. cowboysymposium.org. Trois jours vers la mi-oct., à Lincoln. Musique country, chants et poésie de cow-boys, contes et danses.

Roswell

48 366 habitants – Nouveau-Mexique

😊 NOS ADRESSES PAGE 590

🛈 **S'INFORMER**

Roswell Civic Center - Visitor Information – *912 N. Main St., sur la gauche en roulant plein nord (passé 8ᵗʰ St.) - ℰ (575) 624 7704, Roswellmysteries. com - lun.-vend. 8h-17h.*

◑ **SE REPÉRER**

Carte de région B3 *(p. 528-529) - carte Michelin Western USA 585 H 12.* Roswell se trouve dans l'angle sud-est de l'État du Nouveau-Mexique, à 185 miles au nord-est de Las Cruces (290 km, 3h40) et à 203 miles au sud-est d'Albuquerque (320 km, 3h40).

😊 **À NE PAS MANQUER**

Les grottes de Carlsbad, pour leur écosystème.

🕐 **ORGANISER SON TEMPS**

Consacrez la matinée à Roswell puis filez plein sud pour arriver aux grottes de Carlsbad avant l'envol des chauves-souris, en fin de journée. Le mieux est de passer ensuite la nuit sur place. Pour la visite de Fort Sumner, au nord, privilégiez l'aller-retour dans la journée.

Si vous n'avez jamais entendu parler de l'homme de Roswell, vous quitterez cette ville en sachant tout sur lui et les aliens en général. Au passage, vous apprendrez que les premières fusées ont été lancées ici et qu'avant de devenir la Mecque des amateurs de science-fiction, ce plateau désertique était occupé par les Apaches et les Comanches. Ajoutez un peu d'art contemporain, une excursion aux grottes de Carlsbad ou à Fort Sumner, et vous aurez un aperçu de votre séjour !

Se promener

Sans grand charme, la ville s'organise autour de l'intersection de l'US 380, c'est-à-dire 2ⁿᵈ St. (axe est-ouest) et de l'US 285, soit Main St. (axe nord-sud). La Hwy 70 traverse Roswell en adoptant le même tracé que ces deux *highways*, selon une orientation nord-ouest. À l'exception de l'UFO, la plupart des sites à visiter se concentrent autour de North Main St., entre 2ⁿᵈ St. et College Blvd.

★ International UFO Museum

114 N. Main St., presque à l'angle sud-ouest avec 2ⁿᵈ St., dans l'ancien théâtre. ℰ 1-800 822 3545, www.roswellufomuseum.com. Tlj 9h-17h, fermé Thanksgiving, 25 déc. et 1ᵉʳ janv. 5 $ (5-15 ans 2 $). Il est nécessaire de lire l'anglais pour comprendre la foule de documents exposés. Rens. sur www.majesticdocuments.com.

Début juillet 1947, un éleveur trouve des débris bizarres dispersés sur ses terres ; on parle de « corps non identifiables » (*alien bodies* ou « corps étrangers »). L'armée déclare d'abord qu'il s'agit des restes d'une soucoupe volante, puis se rétracte, invoquant un ballon-sonde et des mannequins expérimentaux. Mais la presse internationale et de nombreux témoignages troublants sèment le doute. Beaucoup concluent à un complot d'État visant à cacher l'existence d'extraterrestres.

UN VISIONNAIRE SUPERSONIQUE

C'est vers l'âge de 7 ans que le jeune **Robert Goddard** (1882-1945) commença à rêver de voler dans l'espace. Après ses études, il commence à déposer des brevets (en tout 214 !). Il met peu à peu au point le type de carburant, le moteur, les plans et lance un premier engin en 1926, que des problèmes de stabilisation font échouer. Il attendra 1935 pour lancer une autre série de fusées de 5 m de long, dont l'une dépasse pour la première fois la vitesse du son et atteint une altitude de 2 250 m. En 1937, il établit son record : 2 700 m ! Ce n'est cependant que le 12 avril 1961 que son rêve se réalisera grâce au vol spatial du Russe Iouri Gagarine.

Ce stupéfiant musée, tenu par des bénévoles convaincus que quelque chose d'« extranormal » s'est bien passé ici en 1947, rassemble coupures de presse de l'époque de l'« *Incident at Roswell* », documents officiels, courriers, reconstitution d'un *alien*, témoignages troublants, manipulations de l'information par l'armée. Même les sceptiques sont interpellés… et repartent avec des questions sans réponse.

★ Roswell Museum and Art Center (RMAC)

100 W. 11th St. (rue donnant sur N. Main St.), dans un bâtiment d'adobe presque attenant au Roswell Civic Center. ℘ (575) 624 6744, roswellmuseum.org. Lun.-sam. 9h-17h, dim. et vac. 13h-17h, fermé Thanksgiving, 25 déc. et 1er janv. Gratuit.

Ce musée très éclectique propose une reconstitution de l'atelier de **Robert Goddard** et de sa première fusée *(voir encadré ci-dessus)*, tandis qu'une **galerie★★** expose objets usuels et costumes de cow-boys et d'Indiens, avec des détails sur le sens des coiffures et des ornements, ainsi que des panneaux exposant l'histoire des colons du Nouveau-Mexique.

Notez aussi l'intéressante collection d'art contemporain, témoignant de la politique dynamique du musée et du travail des artistes résidents *(voir ci-dessous)*.

Anderson Museum of Contemporary Art (AMOCA)

409 E. College Blvd, ℘ (575) 623 5600, www.roswellamoca.org. Tlj 9h-12h, 13h-16h, w.-end 13h-17h. Entrée libre.

Photographies, peintures, dessins, sculptures ou nouveaux médias : l'AMoCA permet de suivre l'évolution de l'art contemporain sur plus de 30 ans. Sa collection se compose en effet des œuvres réalisées dans le cadre du programme des artistes résidents, lancé en 1967 par l'homme d'affaires Donald B. Anderson. Ce programme sélectionne, chaque année, cinq nouveaux artistes qui se voient offrir toutes les facilités pour leur travail de création. En échange, ils laissent au musée certaines pièces produites pendant cette période.

Excursions Carte de région

★★ Carlsbad Caverns National Park B4

◗ *99 miles au sud de Roswell, 23 miles au sud de Carlsbad.*
🏛 *3225 National Parks Hwy, ℘ (575) 785 2232, www.nps.gov/cave. 8h-19h (17h de Labor Day à Memorial Day). 6 $. Chaussures plates à semelles antidérapantes et lainage recommandés, car le sol est très glissant et il fait très frais dans les grottes.*

Ce réseau de 88 **grottes souterraines** couvre 189 km² à une profondeur atteignant 470 m. La plus vaste mesure 78 m de haut, 550 m de long et 245 m

7

de large. Vous y verrez drapés, stalactites, stalagmites, et surtout les traces d'une colonie de 250 000 chauves-souris *(d'avr. à oct.)*. À la tombée de la nuit, elles s'envolent pour la chasse nocturne, formant un impressionnant nuage.

Le mieux est de découvrir les grottes en empruntant l'entrée naturelle *(fermée 1h30 avant la fermeture du parc ; 1 mile en pente ; comptez 1h)*. Sinon, un ascenseur conduit aux grottes principales *(facile ; 1 mile ; comptez une demi-heure)*. Les deux circuits peuvent se cumuler.

Fort Sumner State Monument B3

▶ *91 miles au nord de Roswell, 7 miles au sud-est de Fort Sumner par la Hwy 60/84, puis la NM 272.* ☏ *(575) 355 2575. Tlj 8h30-17h. 5 $.*

C'est ici que fut tué et enterré Billy the Kid, mais l'endroit a surtout connu l'un des plus grands drames de la colonisation des Indiens. Après leur défaite par Kit Carson au canyon de Chelly *(voir p. 447)*, les 9 000 Navajos survivants furent déportés ici lors de la **Longue Marche** à travers le Nouveau-Mexique, et internés de 1864 à 1868 dans ce que l'on peut appeler un camp. L'armée américaine entendait leur imposer une organisation sédentaire sur le modèle agricole des colons, mais plus de 3 000 moururent sur place, de maladies, de l'échec des cultures, des raids comanches et, plus tristement encore, du déracinement.

😊 NOS ADRESSES À ROSWELL

HÉBERGEMENT

Roswell

BUDGET MOYEN

Super 8 – 3575 N. Main St. (Hwy 70/285), ☏ (575) 622 8886, www.super8.com - 64 ch. 77/125 $ 🛏 Motel standard, gratuit pour les enfants de moins de 17 ans. Piscine couverte et laverie.

Motel 6 – 3307 N. Main St. (Hwy 70/285), ☏ (575) 625 6666, www.motel6.com - 83 ch. 66/76 $ 🛏 Un peu en retrait de la route. Simplement fonctionnel. Avec piscine couverte et laverie.

Best Western El Rancho Palacio – 2205 N. Main St. (Hwy 70/285), ☏ (575) 622 2721, bestwesternnewmexico.com - 45 ch. 70/75 $ 🍴📺🛏 Un motel plutôt agréable. Piscine extérieure.

POUR SE FAIRE PLAISIR

Comfort Inn – 3595 N. Main St. (Hwy 70/285), ☏ (575) 623 4567, www.comfortinnroswell.com - 55 ch. 110/129 $ 🍴📺🛏 ✗ Tout confort, bien qu'impersonnel. Piscine couverte, salle de fitness.

Carlsbad

PREMIER PRIX

Motel 6 – 3824 National Parks Hwy, sur la route des grottes, ☏ (575) 885 0011/1-800 466 8356, www.motel6.com - 80 ch. 46 $ 📺🛏 Le moins cher, tout à fait standard et un peu bruyant, mais pratique.

BUDGET MOYEN

Super 8 Motel – 3817 National Parks Hwy, ☏ (575) 887 8888, www.super8.com - 46 ch. 76/86 $ 📺🛏 Motel de bon confort avec petit-déj. continental et cafetière dans les chambres.

Best Western Stevens Inn –
*1829 S. Canal St. (sortie du
centre vers le sud et les grottes),
☎ (575) 887 2851/800 730 2851,
www.bestwestern.com/www.
stevensinn.com - 220 ch. dont
46 suites 110 $* 🍽 ✕ 🛗 Un
agréable motel assez calme.
Demandez les chambres du fond
qui sont plus éloignées de la
route. Le restaurant, **The Flume**,
est l'un des meilleurs de la ville.

RESTAURATION

Roswell

PREMIER PRIX

Golden Corral – *2624 N. Main St.,
☎ (505) 622 5102. Tlj 11h-21h30
(22h30 vend.-sam. et à partir de 7h
le w.-end). Buffet du soir env. 10 $.*
Un système très économique
de buffet à volonté, moins cher
à midi.

BUDGET MOYEN

Cattle Baron Steak & Seafood –
*1113 N. Main St., ☎ (575) 622 2465,
www.cattlebaron.com. Tlj
11h-21h30 (22h le vend. et le sam.,
21h le dim.). Plats 12/25 $.* Grillades
traditionnelles et poissons, le tout
frais et copieux. La formule buffet
de salades permet de manger
léger, mais à satiété.

AGENDA

**Mescal Roast and Mountain
Spirit Dances** – *4 jours mi-mai,
au Living Desert Zoo & Gardens de
Carlsbad, ☎ (505) 887 5516.* Les
Apaches cuisent le *mescal* suivant
la méthode ancestrale, et se
livrent aux danses guerrières et de
l'Esprit de la Montagne.

UFO Festival – *1re semaine de juil.
à Roswell, www.ufofestivalroswell.
com.* Pour les inconditionnels
d'ovnis. Conférences, concerts
et représentation d'une invasion
d'*aliens*…

Une meilleure façon d'avancer

L'aventure Michelin

Tout commence avec des balles en caoutchouc ! C'est ce que produit, vers 1880, la petite entreprise clermontoise dont héritent André et Édouard Michelin. Les deux frères saisissent vite le potentiel des nouveaux moyens de transport. L'invention du pneumatique démontable pour la bicyclette est leur première réussite. Mais c'est avec l'automobile qu'ils donnent la pleine mesure de leur créativité. Tout au long du 20e s., Michelin n'a cessé d'innover pour créer des pneumatiques plus fiables et plus performants, du poids lourd à la F 1, en passant par le métro et l'avion.

Très tôt, Michelin propose à ses clients des outils et des services destinés à faciliter leurs déplacements, à les rendre plus agréables... et plus fréquents. Dès 1900, le Guide Michelin fournit aux chauffeurs tous les renseignements utiles pour entretenir leur automobile, trouver où se loger et se restaurer. Il deviendra la référence en matière de gastronomie. Parallèlement, le Bureau des itinéraires offre aux voyageurs conseils et itinéraires personnalisés.

En 1910, la première collection de cartes routières remporte un succès immédiat ! En 1926, un premier guide régional invite à découvrir les plus beaux sites de Bretagne. Bientôt, chaque région de France a son Guide Vert. La collection s'ouvre ensuite à des destinations plus lointaines (de New York en 1968... à Taïwan en 2011).

Au 21e s., avec l'essor du numérique, le défi se poursuit pour les cartes et guides Michelin qui continuent d'accompagner le pneumatique. Aujourd'hui comme hier, la mission de Michelin reste l'aide à la mobilité, au service des voyageurs.

MICHELIN AUJOURD'HUI

N°1 MONDIAL DES PNEUMATIQUES

- 70 sites de production dans 18 pays
- 111 000 employés de toutes cultures, sur tous les continents
- 6 000 personnes dans les centres de Recherche & Développement

Avancer
monde où la

Mieux avancer, c'est d'abord innover pour mettre au point des pneus qui freinent plus court et offrent une meilleure adhérence, quel que soit l'état de la route.

LA JUSTE PRESSION

BONNE PRESSION

- Sécurité
- Longévité
- Consommation de carburant optimale

-0,5 bar

- Durée de vie des pneus réduite de 20% (- 8 000 km)

-1 bar

- Risque d'éclatement
- Hausse de la consommation de carburant
- Distance de freinage augmentée sur sol mouillé

ensemble vers un mobilité est plus sûre

C'est aussi aider les automobilistes à prendre soin de leur sécurité et de leurs pneus. Pour cela, Michelin organise partout dans le monde des opérations **Faites le plein d'air** pour rappeler à tous que la juste pression, c'est vital.

L'USURE

COMMENT DETECTER L'USURE

La profondeur minimale des sculptures est fixée par la loi à 1,6 mm.

Les manufacturiers ont muni les pneus d'indicateurs d'usure. Ce sont de petits pains de gomme moulés au fond des sculptures et d'une hauteur de 1,6 mm.

Les pneumatiques constituent le seul point de contact entre le véhicule et la route.

Ci-dessous, la zone de contact réelle photographiée.

PNEU NEUF

PNEU USÉ
(1,6 mm de sculpture)

Au-dessous de cette valeur, les pneus sont considérés comme lisses et dangereux sur chaussée mouillée.

Mieux avancer,
c'est développer une mobilité durable

Chaque jour, Michelin innove pour diviser par deux d'ici à 2050 la quantité de matières premières utilisée dans la fabrication des pneumatiques, et développe dans ses usines les énergies renouvelables. La conception des pneus MICHELIN permet déjà d'économiser des milliards de litres de carburant, et donc des milliards de tonnes de CO_2.

De même, Michelin choisit d'imprimer ses cartes et guides sur des «papiers issus de forêts gérées durablement». L'obtention de la certification ISO14001 atteste de son plein engagement dans une éco-conception au quotidien.

Un engagement que Michelin confirme en diversifiant ses supports de publication et en proposant des solutions numériques pour trouver plus facilement son chemin, dépenser moins de carburant.... et profiter de ses voyages !

Parce que, comme vous, Michelin s'engage dans la préservation de notre planète.

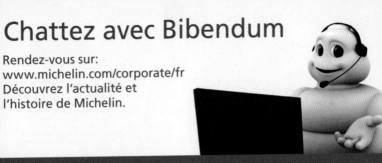

Chattez avec Bibendum

Rendez-vous sur:
www.michelin.com/corporate/fr
Découvrez l'actualité et
l'histoire de Michelin.

QUIZZ

Michelin développe des pneumatiques pour tous les types de véhicules. Amusez-vous à identifier le bon pneu...

Notes

Las Vegas : villes, curiosités et régions touristiques.
Muir, John : noms historiques ou termes faisant l'objet d'une explication.
Les sites isolés (châteaux, abbayes, grottes…) sont répertoriés à leur propre nom.
Nous indiquons par son code, entre parenthèses, l'État auquel appartient chaque ville ou site. Pour rappel :
AZ : Arizona
CA : Californie
NV : Nevada
NM : Nouveau-Mexique
UT : Utah

A

Abbey, Edward 114
Abo Ruins 538
Achats 21
Acoma Sky City (NM) 577
Adobe 105, 308
Agriculture 59
Aguirre Springs (NM) 580
Alamogordo (NM) 581
Albuquerque (NM) 530
  Botanic Garden 535
  Downtown 531
  Indian Pueblo Cultural Center 535
  Midtown 531
  National Hispanic Cultural
    Center 535
  National Museum of Nuclear
    Science & shistory 536
  New Mexico Museum of Natural
    History and Science 532
  Old Town 532
  Petroglyph N.M. 532
  Route 66 531
  The Albuquerque Museum
    of Art and History 532
  Université 535
Alcool 22, 82
Américains (les) 48
Anasazis 93, 443, 447, 537, 552
Anasazi S.P. (UT) 404
Andrew Molera S.P. (CA) 277
Año Nuevo S.R. (CA) 264
Antelope Canyon (AZ) 456
Anza-Borego Desert S.P. (CA) 363
Apaches 51, 96, 586
Apache Trail (AZ) 492, 494

Arches N.P. (UT) 411
Architecture 102
Arcosanti (AZ) 491
Arizona-Sonora Desert
  Museum (AZ) 503
Art 110
Artisanat indien 21, 77
Asu Art Museum (AZ) 489
Avion 8
Aztec Ruins N.M. (NM) 570

B

Bagages 9
Balcony House (CO) 433
Bandelier, Adolph 552
Bandelier N.M. (NM) 552
Banks, Russell 114
Battle Ship Rock (NM) 539
Beach Boys 121
Beat generation 114, 143
Berkeley (CA) 189
Betatakin (AZ) 444
Bibliographie 39
Bierce, Ambrose 114
Bière 82
Big Basin Redwoods S.P. (CA) 265
Big Sur (CA) 277
Bijoux indiens 74, 76
Billy the Kid 99, 581, 585
Bipartisme 47
Bisbee (AZ) 508
Bisti Wilderness Area (NM) 572
Black Canyon of the Gunnison
  N.P. (CO) 424
Black Panthers 187
Bliss, D.L. S. P. (CA) 225

Bodie S.H.P. (CA) 240
Bolinas (CA) 201
Boulder (UT) 403
Bright Angel Point (AZ)....................472
Bryce, Ebenezer 399
Bryce Canyon N.P. (UT) 398
Budget.. 14
Buffalo Bill 98
Bukowski, Charles 114
Butterfield Trail 97

C

Cable car..155
Cabrillo, Juan Rodriguez 94, 136
Cabrillo National Monument
   (CA) 358
California Trail....................................97
Californie 58
Calistoga (CA) 210
Camino Real, El (NM)..........................94
Canyon de Chelly N.M. (AZ) 447
   Canyon del Muerto 449
Canyonlands N.P. (UT) 414
Capitol Reef N.P. (UT) 407
Carlsbad Caverns N.P. (NM) 589
Carmel (CA) 274
Carmel Mission (CA) 275
Carson, Kit...96
Carver, Raymond............................. 114
Casa Grande Ruins N.M. (AZ)........492
Cash, Johnny....................................120
Cassidy, Butch.....................................99
Catholicisme 62
Cedar Breaks N.M. (UT) 395
Central Valley......................................86
Cerillos (NM)......................................537
Chaco Culture N.H.P. (NM) 568
Chemin de fer......................................97
Chihuahua (désert du) 87
Chili..81
Chimayó (NM).................................. 554
Chiricahua N.M. (AZ)....................... 506
Chumashs 52, 290
Cimarron (NM)................................. 564
Cincos Pintores, Los 111
Clark, William.....................................95
Cliff Palace (CO)................................433
Climat 34

Cloudcroft (NM)............................... 586
Coast Ranges 86
Colorado (fleuve)..............................472
Colorado (plateau du) 88
Colorado N.M. (CO)..........................422
Colter, Mary Elizabeth Jane 468
Connelly, Michael............................ 115
Coronado, Francisco Vasquez de ..94
Coronado Island (CA)........................357
Corrales Village (NM) 536
Cosanti Foundation (AZ) 491
Country, musique 120
Cuisine..80

D

D.L. Bliss S.P. (CA) 225
Dead Horse Point S.P. (UT).............417
Death Valley N.P. (CA) 249
Déserts 87
Desert View (AZ) 468
Disneyland Resort (CA) 341
Donner Memorial S.P. (CA) 226
Douanes 22
Durango (CO).................................... 436

E

Earp, Wyatt 99
Earthship...109
East Bay...186
Eau 58
Économie 56
Éducation..68
Ed Z'berg - Sugar Pine Point
   S. P. (CA).. 225
Ellroy, James 115
El Malpais N.M. (NM).......................576
El Morro N.M. (NM) 576
El Niño...88
El Rancho de las Golondrinas
   (NM).. 551
Emerald Bay S.P. (CA) 224
Enchanted Circle (NM)................... 564
Escalante Petrified Forest S.P.
   (UT) 403
Espagnols (les)....................................93
Española (NM)................................... 554
Évangélisme..61

F

Farmington...570
Far West..98
Féminisme...70
Filoli (CA)..196
Fisher Towers (UT)..................391, 418
Flagstaff (AZ)..513
  Lowell Observatory.......................*516*
  Northern Arizona Museum..........*516*
  Pioneer Museum..........................*516*
  Riordan Mansion...........................*515*
Ford, John................................117, 443
Formalités..13
Fort Selden (NM)................................581
Fort Stanton (NM).............................585
Fort Sumner S.M. (NM).....................590
Four Corners..89
Fremont, John Charles.............95, 113
Fremont, peuple...................................92
Frontière...99
Fruita (UT)...408
Furnace Creek (CA).............................249
Fusion food..81

G

Gallup (NM)..574
Gehry, Frank..104
Getty, J. Paul..326
Ginsberg, Allen...................................143
Glen Canyon Dam (AZ).....................455
Globe (AZ)...495
Goddard, Robert.................................589
Goldfield Ghost Town (AZ)...............493
Goosenecks S.P. (UT).........................442
Goulding's Museum (UT)..................442
Grand Canyon N.P. (AZ)....................462
Grand Junction (CO)...........................423
Grand Mesa (CO)................................424
Gran Quivira (NM)..............................538
Great Sand Dunes N.M. (CO)...........427
Greene, frères......................................109
Guacamole..81
Guadalupe Hidalgo, traité................96
Guerres indiennes................................96

H

Habillement...24
Hagiwara, Makato...............................157
Hamburger..80
Hammer, Armand................................321
Haraszthy, Agoston........................... 208
Harte, Bret.. 113
Hearst, William Randolph.............278
Hearst Castle (CA)...............................278
Heavenly Ski Resort............................224
Heavenly Ski Resort (CA)..................224
Henry Cowell Redwoods S.P.
  (CA)...265
Heure...24
High Sierra (CA)...................................232
Highway 12 (UT)................................ 402
Hispaniques (les)..................................55
Histoire...92
Hitchcock, Lillie...................................145
Hogan...105
Hohokams.................92, 490, 492, 502
Hole-in-the-Rock Road (UT)........ 403
Hopis.. 52, 469
Horseshoe Bend (AZ).......................... 458
Hubbell, John Lorenzo......................451
Hubbell Trading Post (AZ)..............452
Hughes, Howard..................................379

I

Immigrants (les)....................................53
Indian Removal Act..............................96
Indiens (les).........................50, 63, 115
Industrie...59
Ingalls Wilder, Laura........................ 113
Island in the Sky (UT).......................414

J

Jackson, Michael.................................121
James, Jesse..99
Jemez Mountain Trail (NM)............538
Jemez Pueblo (NM).............................538
Jemez Springs (NM)............................539
Jerome (AZ)...522
Journaux..26
Jours fériés...25
Julian (CA).. 362
Julia Pfeiffer Burns S.P. (CA)............278

K

Kachinas 52, 78
Kartchner Caverns S.P. (AZ) 509
Keet Seel (AZ) 444
Kerouac, Jack 114, 143
Khalili, Nader................................... 109
Kings Canyon N.P. (CA)................... 245
Kino, Eusebio Fransisco 502, 505
Kiva 435
Kodachrome Basin S.P. (UT) 403
Kolob Canyons (UT)........................395

L

Lake Mead (NV)...................... 383, 384
Lake Powell (UT, AZ)...................... 454
La Sal Mountains (UT)......................418
Las Cruces (NM) 580
Las Trampas (NM) 554
Las Vegas (NV) 372
  Bellagio 377
  Caesars Palace 377
  Circus Circus................................ 374
  City Center....................................378
  Cosmopolitan 380
  Excalibur..................................... 382
  Flamingo 377
  Fremont Street 382
  Hard Rock Hotel and casino 383
  Imperial Palace 376
  Luxor... 382
  Mandalay Bay et The Hotel 382
  MGM Grand 380
  Mirage 376
  New York-New York 380
  Paris Las Vegas............................378
  Planet Hollywood 378
  Stratosphere 373
  The Liberace Foundation
    & Museum..................................383
  The Venetian................................ 374
  Treasure Island.............................376
  Wynn et Encore............................ 374
Lees Ferry (AZ) 458
Lewis, Meriwether 95
Lincoln (NM)................................... 585
Littérature.......................................113
Logement 15
London, Jack............................113, 207

Lone Pine...................................... 254
Long Beach (CA) 329
Longue Marche............................ 96, 590
Los Alamos (NM)............................553
Los Angeles (CA) 298
  A + D Museum............................. 321
  Angels Flight Railway...................303
  Beverly Hills................................ 317
  Biltmore Hotel.............................302
  Broadway.....................................302
  Bunker Hill...................................302
  California African American
    Museum 312
  California Plaza 303
  California Science Center 309
  Central Library 305
  Chinatown 309
  Chinese Theater........................... 315
  Civic Center 306
  Downtown L.A...............................302
  Egyptian Theater.......................... 315
  El Capitan Theater 315
  Exposition Park 309
  Farmers Market 319
  Financial District 302
  Geffen Contemporary at MOCA
    (The).................................. 306, 307
  Getty Center.................................326
  Getty Villa....................................324
  Grammy Museum 306
  Grand Central Market 303
  Greystone House (jardins).............322
  Hammer Museum..........................321
  Hancock Park 323
  Hollywood 312
  Hollywood & Highland 316
  Hollywood Boulevard 313
  Holocaust Museum........................321
  Jane's House 313
  Japanese American National
    Museum 307
  LACE... 314
  LACMA (Los Angeles County
    Museum of Art)..........................319
  Laurel Canyon...............................322
  Little Tokyo.......................... 306, 307
  Los Angeles Times Building 306
  Miracle Mile 319
  Museum of Contemporary Art
    (MOCA)..................................... 305

National Center for the Preservation
  of Democracy 307
Natural History Museum 309
Olvera Street 308
Pacific Center 302
Pacific Design Center 322
Page Museum at the La Brea
  Tar Pits 320
Pantages Theater 314
Paramount Studios 316
Pershing Square 302
Petersen Automotive Museum 321
Roosevelt Hotel 315
Santa Monica 323
Santa Monica Mountains N.R.A..327
Schindler House 322
Skid Row 307
Sunset Blvd 322
Union Station 308
Universal Studios 316
Venice 327
Walk of Fame 313
Walt Disney Concert Hall 305
Warner Bros Studios 317
Warner Pacific Theater 313
West Hollywood 317
Westin Bonaventure Hotel 305
Westwood 317
Lost Dutchman S.P. (AZ) 494

M

Madrid (NM) 537
Maïs 52
Mammoth Lakes (CA) 240
Mariage 376, 554
Marin City (CA) 200
Marin County 199
Marin Headlands (CA) 200
Mariposa Grove (CA) 234
Maybeck, Bernard 104, 109, 151
Maze District (UT) 417
Mesa Top (CO) 436
Mesa Verde N.P. (CO) 430
Mescaleros Apaches reserve
  (NM) 586
Meteor Crater (AZ) 519
Milk, Harvey 162
Miller, Arthur 114
Miller, Henry 277

Miwoks 53
Moab (UT) 418
Mogollons 92, 537
Mojave (désert du) 87
Mono Lake (CA) 238
Monterey (CA) 268
Montezuma Castle N.M. (AZ) 522
Montrose (CO) 425
Mont Tamalpais S.P. (CA) 201
Monument Valley (UT, AZ) 441
Mormons (les) 62, 96
Morro Bay (CA) 280
Mountainair (NM) 538
Mount Carmel (UT) 392
Muir, John 91, 114, 231
Muir Beach (CA) 200
Muir Woods N.M. (CA) 200

N

Napa (CA) 208
National Monuments 91
National Parks 91
National Parks Pass 27
National Steinbeck Center 272
Navajo Bridge (AZ) 458
Navajo N.M. (AZ) 442
Navajos 50, 63, 96, 449, 458
Needles District (UT) 415
New Age 65

O

O'Connor, Hugh 502
O'Keefe, Georgia 112, 547
Oak Creek Canyon (AZ) 520
Oakland (CA) 186
Old Mesilla 581
Old Tucson Studios (AZ) 505
Organ Mountains (NM) 580
Organ Pipe Cactus N.M. (AZ) 507
Ouray (CO) 437

P

Pacific Grove (CA) 272
Page (AZ) 457
Paiutes 52
Palo Alto (CA) 194
Palomar Mountains S.P. (CA) 362

Parcs nationaux 27, 90
Parkman, Francis 113
Pasadena (CA) 344
   Gamble House 346
   Norton Simon Museum 345
   Pacific Asia Museum.................. 344
   The Huntington 346
Peach Springs (AZ) 472
Pecos N.M. (NM)..............................551
Peralta, Don Pedro de 94, 549
Petaluma (CA)..................................211
Petrified Forest (CA) 208
Petrified Forest N.P. (AZ)................519
Petroglyph N.M. (NM)......................532
Petroglyph Point Trail (CO) 433
Pfeiffer Big Sur S.P. (CA) 277
Phoenix (AZ) 484
   Arizona Science Center 487
   Desert Botanical Garden............. 489
   Heard Museum 488
   Heritage Square.......................... 486
   Orpheum Theatre 487
   Patriots Square 487
   Phoenix Art Museum 488
   Phoenix Museum of History 487
   Pueblo Grande 489
   Rosson House 487
   San Carlos Hotel 488
   Security Building 488
   St Mary's Basilica........................ 486
   Tempe... 489
Piano, Renzo....................................104
Pike, Zebulon 95
Pima Air & Space Museum (AZ) .. 506
Point Reyes Lighthouse 202
Point Reyes National Seashore
   (CA) 202
Point Sur S.P. (CA) 277
Politesse..27
Politique 46
Portolá, Gaspar de 271
Poste 27
Pourboire 28
Pow-wow 73
Prosélytisme 61
Pueblos 51, 64, 94, 434
Purísima Mission (CA) 281
Puritanisme 60

Q – R

Quarai (NM) 538
Rainbow Bridge (AZ)....................... 456
Ranchos de Taos (NM) 563
Rangers 91
Red Hot Chili Peppers......................121
Red Rock Canyon (NV)..................... 383
Religions...60
Reynolds, Michael............................109
Rhyolite (NV) 254
Rio Grande Gorge (NM) 564
Rocheuses (montagnes)....................90
Roosevelt Dam (AZ) 494
Roswell (NM) 588
Route 66 ....57, 68, 533
Ruée vers l'or.....................................219
Ruidoso (NM) 584

S

Sacramento (CA)...............................216
   California Automobile Museum..221
   California Military Museum 218
   California Museum 221
   California State Railroad
     Museum 217
   Crocker Art Museum....................221
   Discovery Museum 218
   Governor's Mansion 218
   State Indian Museum 221
   Sutter's Fort State Historic Park ...221
Saguaro.. 504
Saguaro N.P. (AZ)............................. 504
Salinas (CA) 272
Salinas Pueblo Missions N.M.
   (NM) 537
Salmon Ruins 571
San Andreas (faille de)............. 86, 202
Sand Harbor 226
Sandia Peak (NM) 536
San Diego (CA) 348
   5th Avenue 352
   Aerospace Museum 354
   Art Institute 354
   Balboa Park 353
   Botanical Building 355
   Cabrillo NM.................................358
   Casa de Balboa 356
   Coronado Island..........................357

East Village 352
Gaslamp Quarter 349
Horton Plaza 349
Japanese Friendship Gardens......354
Maritime Museum 352
Mingei International Museum......354
Mission Basilica San Diego
  de Alcala 359
Mission Bay................................359
Model Railroad Museum...............356
Museum of Art...........................354
Museum of Man...........................354
Museum of Photographic Arts.....356
Natural History Museum...............357
Old Town 358
Point Loma.................................358
R.H. Fleet Science Center 357
San Diego History Center.............356
San Diego Zoo...........................357
Seaport Village 352
Seaworld...................................... 360
Spanish Village............................357
Timken Museum of Art 355
San Francisco (CA) 126
Alamo Square 139
Alcatraz......................................149
Alta Plaza Park 153
Aquarium of the Bay 146
Asian Art Museum.......................139
Baie..149
Baker Beach................................164
Balmy Alley 161
Beat Museum 143
Botanical Gardens 160
Buena Vista Park...........................156
Cable Car Museum..........................155
California Academy
  of Sciences............................ 158, 160
California Street..............................154
Cannery (the)................................148
Cartoon Art Museum 138
Castro District...............................162
Chinatown 140
Chinatown Gate 140
Ching Chung Temple.....................140
City Hall 139
Civic Center.................................138
Clay Street 141
Cliff House 164
Coit Tower 144

Columbus Avenue...........................143
Conservatory of Flowers...............157
Contemporary Jewish Museum .. 138
Cow Hollow 152
Davies Symphony Hall...................139
De Young Memorial Museum,
  M.H...158
Dolores, mission 160
Eagle's Point 164
Exploratorium..............................151
Filbert Steps 145
Fillmore Street..............................152
Financial District 131
Fish Alley....................................148
Fisherman's Wharf.......................145
Florence Street 153
Fort Mason..................................150
Fresques murales...........................161
Ghirardelli Square..........................149
Glide Memorial United Methodist
  Church 131
Golden Gate Bridge 164
Golden Gate National Recreation
  Area......................................150
Golden Gate Park 156
Grant Avenue 140
Haas-Lilienthal House 152
Haight-Ashbury............................155
Haight Street 156
Hallidie Building............................132
Hayes Valley............................. 138, 139
Hyde Street Pier-San Francisco
  Maritime National
  Historical Park 148
Jackson Square.............................134
Japanese Tea Garden.....................158
Japantown...................................153
Legion of Honor, palace 163
Levi Strauss Plaza........................145
Lombard Street.............................153
Maiden Lane................................131
Marina District 150
Marina Green 150
Metreon.....................................135
Mission District 160
Musée mécanique..........................146
Museum of the African Diaspora 138
Music Concourse 158
Nob Hill......................................154
Noe Valley...................................162

North Beach.................................. 142
North Beach Museum 144
Octagon House.............................. 152
Old St Mary's Cathedral................. 140
Pacific Avenue 142
Pacific Heights 152
Painted Ladies 139
Paix, pagode................................. 153
Palace of Fine Arts........................ 150
Pier 39.. 146
Pier 45.. 146
Portsmouth Square 141
Precita Eyes Mural Art Center 162
Presidio 150
Ross Alley 142
Russ Building 132
Russian Hill 153
San Francisco Art Institute 154
San Francisco Maritime National
   Historical Park 148
San Francisco Museum of Craft
   and Folk Art.............................. 135
San Francisco Museum
   of Modern Art 135
San Francisco War Memorial
   and Performing Art Center.......... 139
South of Market (SoMa)................. 134
Spreckels Mansion 152, 156
St Mary's Cathedral 153
Stockton Street............................. 142
Stow Lake 160
St Patrick's Church 138
Sts Peter and Paul Church 144
Telegraph Hill 144
Tin How Temple............................ 142
Transamerica Pyramid................... 134
Tremblements de terre................... 137
Twin Peaks 163
Union Square 130
Union Street................................. 152
United Nations Plaza..................... 139
USS Pampanito............................. 146
Walt Disney Family Museum........... 151
War Memorial Opera House........... 139
Washington Square........................ 144
Washington Street......................... 141
Yerba Buena Gardens 135
San Jose (CA)............................... 196
San Lorenzo Valley (CA) 264
San Luis Obispo (CA)..................... 280

San Luis Rey de Francia (Mission)
   (CA) 362
San Simeon (CA) 277
Santa Barbara (CA).......................288
Santa Barbara Mission (CA) 292
Santa Catalina Island (CA) 329
Santa Cruz (CA) 260
Santa Fe (NM).............................. 543
   Barrio de Analco........................547
   Canyon Road.............................547
   Cristo Rey Church 548
   East Palace Avenue.....................545
   El Zaguán 548
   Georgia O'Keeffe Museum........... 544
   Historic Railyard District............. 548
   Institute of American Indian Arts
      Museum 546
   Loretto Chapel 546
   Museum hil 550
   Museum of Indian Arts
      and Culture............................550
   Museum of International
      Folk Art 550
   Museum of Spanish Colonial Art 550
   New Mexico History Museum 544
   New Mexico Museum of Art 544
   Palace of the Governors 544
   Plaza.......................................543
   Project Tibet Inc. 548
   San Miguel Mission.....................547
   Santuario de Guadalupe............... 548
   Sena Plaza.................................545
   St Francis Cathedral.................... 546
   Wheelwright Museum
      of American Indians.................551
Santa Fe Trail............................... 549
Santa Inés Mission (CA).................281
Santa Monica (CA) 323
Santé 29
San Xavier del Bac (Mission) (AZ) 505
Sausalito (CA)...............................199
Scenic Byway 128 (UT)...................418
Scenic Byway 279 (UT) 418
Schwarzenegger, Arnold 47
Scott, Walter.................................253
Scottsdale (AZ)............................. 490
Sécession, guerre de......................97
Sécurité aérienne 9
Sedona (AZ).................................520
Seniors 66

Sequoia N.P. (CA) 242
Séquoias 246
Serra, Junípero 94, 271, 290, 361
Shiprock Pinnacle (NM) 572
Shoshones 52
Sierra Nevada 86
Silicon Valley (CA) 194
Silverton (CO) 437
Ski Apache (NM) 586
Skywalk (Grand Canyon West)
    (AZ) 472
Slab City 79
Slide Rock S.P. (AZ) 520
Smith, Jedediah 95
Soda Dam (NM) 539
Soleri, Paolo 491
Solvang (CA) 281
Sonoma (CA) 206
Sonora (désert du) 87
South Lake Tahoe (CA) 223
Spruce Tree House (CO) 431
Stanford, University (CA) 195
Steinbeck, John 114, 270, 272
St Helena (CA) 210
Stinson Beach (CA) 201
Sugar Pine Point S.P. (CA) 225
Sumac 30
Summer of Love 156
Sunset Crater Volcano (AZ) 517
Superstition Mountain Lost
    Dutchman Museum (AZ) 493
Sutter, John 219

T

Tahoe, Lake (CA) 223
Tahoe City (CA) 225
Taliesin West (AZ) 490
Taos (NM) 560
    Ernest Blumenschein's House 562
    Governor Bent House 562
    Hacienda de los Martinez 563
    Harwood Museum
        of New Mexico 562
    Kit Carson Home and Museum....563
    Millicent Rogers Museum.............563
    Taos Art Museum...........................563
    Taos Pueblo................................... 560
Taos Society of Artists 111, 562
Taxes 32

Tectonique.......................................85
Téléphone 33
Tequila...82
Territoire 96
Titan Missile Museum (AZ) 506
Tohonos O'odhams 502
Tombstone (AZ) 508
Tonto N.M. (AZ) 494
Torrey Pines S.R. (CA) 360
Tortilla Flat (AZ) 494
Trading post 21
Truchas (NM) 554
Tucson (AZ)..................................... 498
    «A» Mountain 503
    Arizona State Museum....................502
    Casa Cordova 499
    Center for Creative Photography 503
    Corbett House 500
    Downtown History Museum 500
    El Barrio Historico District 500
    El Presidio Historic District 499
    El Tiradito Wishing Shrine..............500
    Museum of Art 499
    Museum of Art (université) 503
    Old Town Artisans...........................500
    St Augustine's Cathedral 500
Turquoise Trail (NM) 537
Tuzigoot N.M. (AZ) 522
Twain, Mark 114

U – V

Unités de mesure 35
Utah..96
Utes 52
Valley of the Gods (UT)................... 442
Vasquez de Coronado, Francisco 471
Venice (CA).....................................327
Vikingsholm 224
Vins 208
Vins californiens 83
Voiture...34

W

Walnut Canyon N.M. (AZ)...............518
Waterpocket Fold (UT) 409
Watsonville (CA) 265
Wawona (CA) 233

Wayne, John.................................. 117
Wetherill Mesa (CO)..................... 436
White Sands N.M. (NM) 579
Whitney, mont (CA) 86
Why ?... 121
Wild Animal Park (CA)................... 362
Window Rock (AZ) 575
Wine Country (CA) 206
Wright, Frank Lloyd 104, 131, 490
Wupatki N.M. (AZ)...........................518

Y – Z

Yosemite N. P. (CA).......................... 228
Yountville (CA) 209
Zapata Falls (CO)...........................429
Zia Pueblo (NM) 538
Zion Canyon (UT) 392
Zion N.P. (UT) 391
Zuni Pueblo (NM) 576
Zunis 52

CARTE GÉNÉRALE

Premier rabat de couverture

CARTES DES RÉGIONS

1 San Francisco
et ses environs.............................124
2 Sacramento
et la Sierra Nevada......................214
3 Central Coast...............................258
4 Los Angeles et le Sud...............296
5 Le plateau du Colorado ...370-371
6 Le sud de l'Arizona............482-483
7 Le Nouveau-Mexique.......528-529

PLANS DE VILLE

San Francisco
Agglomération I.........................128-129
Downtown II......................................133
Fisherman's Wharf III......................147
*Golden Gate Park-Mission-
Castro IV*.....................................159
Oakland 188
Berkeley 190
Sacramento 220
Santa Cruz...262
Monterey..274
Santa Barbara 300-301
Los Angeles
Agglomération I.........................296-297
Downtown II.......................................304

Hollywood III...314
West Hollywood IV 318
Venice-Santa Monica V 325
San Diego
Agglomération I....................................350
Downtown II..351
Balboa Park III......................................356
Las Vegas..375
Phoenix
Downtown I... 485
Copper Square II................................ 486
Tucson..501
Flagstaff...514
Albuquerque 534
Santa Fe 545

CARTES DES ITINÉRAIRES

Wine Country..................................207
Lake Tahoe...................................... 225
Yosemite N.P. 230
Kings Canyon-Sequoia N.P. 244
Death Valley N.P............................. 252
Zion N.P..393
Bryce Canyon N.P. 401
Capitol Reef N.P. 408-409
Canyonlands N.P..............................416
Mesa Verde N.P................................432
Canyon de Chelly N.M................... 448
Lake Powell.......................................455
Grand Canyon N.P. 466-467

LÉGENDE DES CARTES ET PLANS

Curiosités et repères

◉ ⇨	Itinéraire décrit, départ de la visite
♠ ⌂ ♠ ♠	Église
♠ ▣ ♠ ♥	Mosquée
▦ ✿ ▨	Synagogue
♣ ♦ ♠	Monastère - Phare
○	Fontaine
₩ ✳	Point de vue
✕ ⁖	Château - Ruine ou site archéologique
⌣ ⌢	Barrage - Grotte
☗	Monument mégalithique
▥ ✲	Tour génoise - Moulin
☗ ▥	Temple - Vestiges gréco - romains
₫▣ Ψ ▦	Temple : bouddhique - hindou
▼ ▲	Autre lieu d'intérêt, sommet
⌒	Distillerie
▦	Palais, villa, habitation
†† ɣɣ ⌐	Cimetière : chrétien - musulman - israélite
✿ ✿	Oliveraie - Orangeraie
☂	Mangrove
▦	Auberge de jeunesse
✥	Gravure rupestre
ℝ	Pierre runique
♣	Église en bois
✳	Église en bois debout
▦ ♣	Parc ou réserve national
▦	Bastide

Sports et loisirs

≋ ▦	Piscine : de plein air - couverte
⚐ ⚑ ○ ○	Plage - Stade
⚑ ●	Port de plaisance - Voile
▦ ✕ ⚑ ⚐	Plongée - Surf
⚠ ⚑ ⚑	Refuge - Promenade à pied
✖	Randonnée équestre
► ▸ ◆	Golf - Base de loisirs
⚑	Parc d'attractions
✲	Parc animalier, zoo
✿	Parc floral, arboretum
◉	Parc ornithologique, réserve d'oiseaux
▦	Planche à voile, kitesurf
✎	Pêche en mer ou sportive
◐	Canyoning, rafting
△ ▲△ ▲	Aire de camping - Auberge
☗	Arènes
◐	Base de loisirs, base nautique ou canoë-kayak
✣	Canoë-kayak
▦ ▦	Promenade en bateau

Informations pratiques

▣ i	Information touristique
P P ▣	Parking - Parking - relais
▦	Gare : ferroviaire - routière
┈┈┈	Voie ferrée
1 •┄┄•	Ligne de tramway
✖	Départ de fiacre
Ⓜ▦ ⊖ ⊖ ®®	Métro - RER
● ◍	Station de métro (Calgary, ...) (Montréal)
▫━●━━▫	Téléphérique, télécabine
▫┄┼┄┼▫	Funiculaire, voie à crémaillère
▭ ✲	Chemin de fer touristique
▦	Transport de voitures et passagers
▬	Transport de passagers
▦	File d'attente
☁	Observatoire
▌ ▫	Station service - Magasin
▣▨⊕✆▦	Poste - Téléphone
@	Internet
H ▣ B	Hôtel de ville - Banque, bureau de change
J ▣ ⊗ × POL	Palais de justice - Police
▣ ◆▦ ▣	Gendarmerie
T ▣ U M	Théâtre - Université - Musée
▦	Musée de plein air
▦ ▦ ⊞	Hôpital
▦	Marché couvert
✈ ▦	Aéroport
▣	Parador, Pousada (Établissement hôtelier géré par l'État)
A	Chambre d'agriculture
D	Conseil provincial
G	Gouvernement du district, Délégation du Gouvernement Police cantonale
L	Gouvernement provincial (Landhaus)
▣	Chef lieu de province
✛	Station thermale
✸	Source thermale

Axes routiers, voirie

▭▭ ▭▭	Autoroute ou assimilée
❶ ❶	Échangeur : complet - partiel
▭▭	Route
▦▦	Rue piétonne
ⅠⅠⅠⅠ ▦▦ ┈	Escalier - Sentier, piste

Topographie, limites

▲ ≈≈	Volcan actif - Récif corallien
▦ ⁖⁖	Marais - Désert
━━━ ┄┄ ┈┈┈	Frontière - Parc naturel